国家科学技术学术著作出版基金资助出版

建筑结构抗爆分析理论

Blast Analysis of Building Structures

李忠献　师燕超　著

科学出版社
北京

内 容 简 介

本书系统总结作者及研究团队近二十年来在民用建筑结构抗爆领域的研究成果。主要内容包括：爆炸冲击波在城市复杂环境中和典型建筑物内部的传播规律，以及作用于建筑结构上的爆炸荷载模型；建筑材料动态性能的试验方法，以及常用建筑材料的动力性能及动态本构关系；爆炸荷载作用下梁、板、柱等结构构件的动态响应、破坏模式与损伤机理，砌体填充墙等非结构构件的破碎过程及灾害效应；爆炸荷载作用下钢筋混凝土结构构件的损伤评估方法，以及爆炸荷载与火灾联合作用下钢结构构件的损伤评估方法；建筑结构连续倒塌分析的常用方法，以及爆炸荷载作用下建筑结构连续倒塌分析的高效方法；爆炸荷载作用下典型建筑结构的动态响应行为与连续倒塌机理，以及建筑结构防连续倒塌设计方法；建筑结构抗爆的分类设防标准与概念设计方法，以及建筑抗爆安全防护距离等。

本书可供从事建筑结构抗爆防爆科研和设计人员参考，也可作为高等院校土木工程学科研究生的教材和参考书。

图书在版编目(CIP)数据

建筑结构抗爆分析理论/李忠献，师燕超著. —北京：科学出版社，2015. 3
ISBN 978-7-03-043658-0

Ⅰ. ①建… Ⅱ. ①李…②师… Ⅲ. ①建筑结构-抗爆性 Ⅳ. ①TU352. 1

中国版本图书馆 CIP 数据核字(2015)第 046238 号

责任编辑：刘宝莉 孙 芳 / 责任校对：郭瑞芝
责任印制：肖 兴 / 封面设计：陈 敬

科学出版社 出版
北京东黄城根北街 16 号
邮政编码：100717
http://www.sciencep.com

北京凌奇印刷有限责任公司 印刷
科学出版社发行 各地新华书店经销
*
2015 年 9 月第 一 版 开本：720×1000 1/16
2015 年 9 月第一次印刷 印张：28 3/4 插页：4
字数：564 000

POD定价： 180. 00元
(如有印装质量问题，我社负责调换)

前言

恐怖袭击或生产生活中的意外事故所引发的各种突发性爆炸事件，导致众多的人员伤亡和大量的财产损失，严重干扰和阻碍了人类社会的稳定和文明的进步。爆炸一旦发生，不仅直接对爆源附近的人员和财产造成杀伤和毁坏，而且爆炸产生的冲击波和碎片作用到周边建筑上，会引起建筑结构的局部破坏甚至整体倒塌，加剧灾害程度。因此，如何提高建筑抗爆安全性，降低建筑爆炸灾害，减少生命和财产损失，成为世界各国学术界和工程界的一项迫切任务。

自 2001 年 9 月 11 日美国纽约世贸中心大厦因飞机撞击倒塌以来，世界范围内对建筑结构的抗爆分析与设计开展了广泛的研究，并且已有一些国家制订了较完善的设计标准，实现了工程应用。本书纵观国内外建筑结构抗爆分析与设计领域的发展动态，系统总结作者及研究团队近二十年来在此领域的研究成果。全书共 8 章。第 1 章主要综述了国内外恐怖袭击或意外事故爆炸引发的建筑结构破坏与倒塌事件，包括美国 Oklahoma 州联邦大楼恐怖爆炸致倒塌事件和纽约世贸中心双子塔遭飞机撞击致坍塌事件等。第 2 章主要阐述了爆炸冲击波在城市复杂环境中和典型建筑物内部的传播规律，及其作用于建筑结构及关键结构构件上的爆炸荷载及简化模型。第 3 章主要阐述了动力荷载作用下建筑钢材、混凝土、钢筋及砖砌体材料的动力性能及动态本构关系，以及建筑材料动态性能的试验方法等。第 4 章主要阐述了梁、板、柱等结构主要受力构件在爆炸荷载作用下的动态响应特征、破坏模式与损伤破坏机理，以及砌体填充墙等非结构构件在爆炸荷载作用下的破碎分析及灾害效应评估等。第 5 章主要阐述了建筑结构梁、板、柱等结构受力构件在爆炸荷载作用后的损伤程度评估方法，以及钢柱在爆炸与火灾联合作用后的损伤程度评估方法等。第 6 章主要阐述了建筑结构连续倒塌分析的常用方法，以及爆炸荷载作用下钢筋混凝土结构、钢结构、高层建筑结构等连续倒塌分析的高效方法等。第 7 章主要阐述了爆炸荷载作用下典型钢筋混凝土结构和钢结构的动态响应行为与连续倒塌机理，以及建筑结构防连续倒塌设计方法。第 8 章主要阐述了建筑结构抗爆的分类设防标准、概念设计方法和安全防护距离等。

本书是作者及研究团队近二十年来相关研究成果的结晶，团队成员郝洪教授参加了第 3、5、6 章的部分研究工作，丁阳教授参加了第 4、5、6、8 章的部分研究工作，都浩博士参加了第 2、4、7 章的部分研究工作，汪明博士参加了第 4、5、6 章的部分研究工作，曲树盛博士参加了第 2 章的部分研究工作等。他们的辛勤工作和创新成果是本书的基础，在此表示衷心感谢。

本书研究工作得到国家杰出青年科学基金项目(50425824)、海外青年学者合作研究基金项目(50528808)、国家自然科学基金重点项目(50638030、51238007)、国家自然科学基金仪器专项(51227006)、国家自然科学基金面上项目(51378346、51178306)和国家自然科学基金青年基金项目(51008209)等的资助，同时得到“十一五”和“十二五”国家科技支撑计划重点课题(2006BAJ13B02、2012BAJ07B05)、天津市科技计划项目(08JCZDJC19500、06QTPTSF05600、12JCQNJC04800)和教育部高等学校博士学科点专项科研基金项目(20120032110049、20100032120042)等的资助，对此表示衷心的感谢。

我国在建筑结构抗爆分析与设计领域的研究工作起步较晚，相关研究成果和技术集成相对较少。因此，希望本书的出版可以促进我国开展相关领域的研究和应用。

由于作者水平有限，书中难免存在不足之处，敬请读者批评指正。

目　　录

第1章　绪　　论

随着人类社会物质生产力的巨大发展，人们的工作和生活条件得到了质的改善。然而在人们尽享现代文明和富足生活之时，诸如地震、飓风、火山喷发、海啸、战争、恐怖袭击以及生产生活中的意外事故等各种自然或人为灾害时有发生，导致大量的财产损失和众多的人员伤亡，严重干扰和阻碍了人类社会的稳定和文明的进步[1,2]。在这些灾害中，作为一种特殊的灾害类型，因恐怖袭击以及生产和生活中的疏忽和不慎而引发的各种突发性爆炸事故，越来越受到人们的重视。爆炸一旦发生，不仅直接对爆源附近的人员和财产造成杀伤和毁坏，而且爆炸产生的冲击波以及飞片作用到周边建筑上，还可引起建筑结构的局部破坏甚至整体倒塌，从而加剧灾害程度。

如何有效地防止建筑结构在各种突发性强烈爆炸作用下发生破坏和倒塌，从而大幅度地降低人民生命和财产的损失，已经成为各国科学研究与工程技术人员所面临的一项重要而又迫切的攻关课题。当前的主要研究领域有如下三个方面：①通过搜集情报、排除隐患，预防爆炸发生；②通过设置障碍，隔离爆源，防护爆炸对建筑的冲击作用，避免建筑的破坏和倒塌；③通过建筑抗爆设计与加固，抗御爆炸对建筑的冲击作用，防止建筑的破坏和倒塌。土木工程领域的专家和学者更多关注的是②和③方面的研究，因此，本书亦针对②和③对建筑结构的抗爆防爆设计，防倒塌设计以及防护设计等方面进行阐述。

1.1　恐怖或意外爆炸事件中建筑结构的破坏现象

建筑结构内部或周围的恐怖或意外爆炸在造成人员伤亡的同时，往往会造成建筑物的局部或整体破坏。有的爆炸事件能够摧毁整座建筑结构，有的则导致结构局部关键构件的失效或者引起砌体填充墙、门窗等非受力构件的破坏。与此同时，建筑结构在爆炸引起的碎片、地面振动以及火灾等次生灾害作用下，亦有可能发生显著的局部破坏，以及因局部破坏引起的连续倒塌。

爆炸事件引起的建筑结构破坏，一方面取决于结构本身的类型、几何布置、材料等，另一方面则取决于炸药与结构的相对位置以及炸药的质量。本小节将简单综述近几十年来恐怖或意外爆炸事件引起的建筑结构破坏情况。近几十年，世界范围内已经发生的爆炸事件众多，并且导致了很多的建筑结构受到破坏，本节仅从不同国家的众多爆炸事件中选取典型事件进行描述。

1.1.1 Oklahoma 州联邦大楼

1995 年 4 月 19 日美国 Oklahoma 州联邦大楼门前遭汽车炸弹爆炸事件为美国遭受的较大恐怖袭击之一。根据爆炸事件后的分析，一辆载有重约 1800kg 炸药的汽车炸弹，停放在距离大楼北侧（正面）3～5m，距离大楼东部 12～15m 处发生爆炸，导致 168 人死亡，500 多人受伤，引发建筑前部的连续坍塌，导致整个建筑毁坏，如图 1.1 所示。除此之外，联邦大楼周围约 75 栋建筑物，也受到了不同程度的破坏。

(a) 爆炸前

(b) 爆炸后

图 1.1 美国 Oklahoma 州联邦大楼汽车炸弹爆炸事件

该联邦大楼共9层，为钢筋混凝土框架结构，长61.5m，宽21.5m。爆炸引起的巨大爆坑长9.15m，宽2.45m。爆炸破坏掉了4根底层柱，包括3根前排柱，1根中排柱。上层地板向北方下倾，导致200mm厚的钢筋混凝土板脱离中排柱，最终导致建筑北部10跨中的8跨，建筑南部失效中排柱两侧的2跨倒塌。同时，在南入口处二层的相邻两跨楼板倒塌。

1.1.2　纽约世贸中心大厦

早在1993年2月26日，纽约世贸中心地下停车场发生汽车炸弹爆炸，致使6人死亡、1000多人受伤，地下室的多层楼板被炸开一个大洞，如图1.2所示。若按恐怖分子预想的遭爆炸破坏的一座大楼倒向另一座大楼，则可能会引起高达数万人死亡。

图1.2　纽约世贸中心大厦内部遭汽车炸弹袭击事件

纽约世贸中心两座塔楼在地面以上均为110层，高411m，另有6层地下室。塔楼平面为正方形，边长63m，采用钢框架套筒体系，9层以下承重外柱间距为3m，9层以上外柱间距为1m，标准层窗宽约0.55m。

据事后判断，汽车炸弹炸药重约900kg，于北塔地下2层停车场南墙附近发生爆炸。爆炸造成了地板的严重破坏，北塔南墙上的砌体填充墙碎片被抛射到建筑外部。

2001年9月11日，恐怖分子劫持了2架商业飞机，分别撞向了纽约世贸中心双子塔，随后发生爆炸并引发火灾，造成两座摩天大楼彻底倒塌和近3000人死亡，如图1.3所示。

(a) 撞击前

(b) 撞击后

图 1.3 纽约世贸中心大厦遭飞机撞击事件

纽约世贸中心双子塔遭到撞击后，虽然显著遭到破坏，尤其是局部破坏，整个建筑结构并未倒塌。然而，由于每架飞机都载有大量燃油，燃油泄漏到地板上、电梯间等处，导致上部建筑的严重火灾。火灾导致钢框架结构的钢材强度降低，最终导致了两幢建筑结构的整体坍塌。建筑结构倒塌时，建筑碎片抛向周围的建筑结构，导致部分结构的严重破坏，以及一些结构的倒塌。事件造成 10 幢建筑整体或局部坍塌，超过 3000 万 $ft^2$① 的商业办公空间不能正常使用。

1.1.3 伦敦 Ronan Point 公寓楼

1986 年 5 月 16 日，英国伦敦 Ronan Point 公寓楼因 18 层东南角某室内煤气爆炸而导致大楼一角连续倒塌，造成 4 人死亡，17 人受伤。

Ronan Point 公寓楼共 22 层，高 64m，由预制构件装配而成。该楼建于 1966～1968 年，由于当时伦敦正处在第二次世界大战之后的重建期，为了加快建设速度，这一时期的建筑多采用工厂预制结构构件，现场整体装配的建设形式。

煤气爆炸由 18 层东南角的居住者点燃火柴引起，爆炸首先引起该房间外墙破坏，由于该外墙直接承受上部荷载，直接导致 19～22 层的上部结构连续的坍塌，上部四层的楼板落到 18 层楼板上产生的冲击效应导致该楼板破坏，自上而下坍塌，直到地面，如图 1.4 所示。

① $1ft^2$(平方英尺)$=9.290304\times10^{-2}m^2$。

图 1.4　伦敦 Ronan Point 公寓楼燃气爆炸事件

研究表明，导致伦敦 Ronan Point 公寓楼连续坍塌的爆炸荷载低于 70kPa，该楼的倒塌是由于设计缺陷，导致结构整体性能差。

1.1.4　辽宁盘锦某办公大楼

1990 年 2 月 12 日，辽宁盘锦某办公大楼因天然气管道泄漏遇明火爆炸，3600m^2 的办公大楼全部坍塌，造成 24 人死亡，17 人受伤。

该办公大楼共 5 层，与 1 层的裙房相连，如图 1.5 所示，为砖混结构，按照 7 度抗震设防标准设计。

图 1.5　辽宁盘锦某办公大楼煤气爆炸事件

当天，与该办公大楼相连的独立单层裙房内发生天然气管道泄漏，早晨遇明火后发生燃气爆炸，爆炸压力通过门厅进入办公楼的底层，爆炸冲击波推倒了一面承重墙，进而引起大楼的连续倒塌，整个大楼瞬时夷为平地。

1.2　爆炸破坏效应

爆炸作用对邻近建筑、设备和人员等均产生强烈的破坏效应。根据作用原理不同，其破坏效应体现在四个方面，即爆炸冲击波的破坏效应；爆炸碎片的破坏效应；爆炸地震的破坏效应；爆炸引发的次生灾害。

1.2.1　爆炸冲击波的破坏效应

以空气为传播介质的爆炸冲击波是最主要的爆炸破坏形式。用于表征爆炸冲击波杀伤力的参数包括超压峰值、超压冲量、动压等。

冲击波对人体的伤害主要表现在对肺、鼓膜、肝脏等器官的破坏作用。当超压峰值到达一定数值后，人体各种器官将产生不同程度的损伤。生理学研究表明肺在不同超压峰值情况下的破坏概率可用图 1.6 表示[3]。

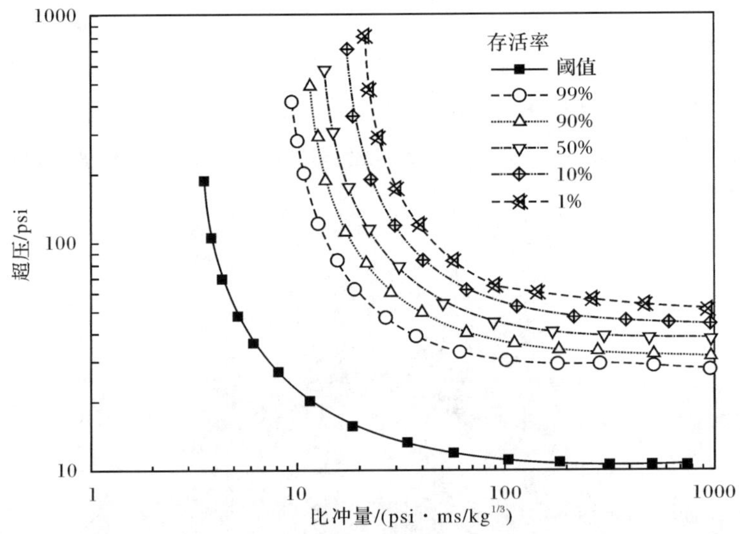

图 1.6　爆炸超压与肺破坏概率的关系[3]（1psi（每平方英寸）＝0.155cm^{-2}）

冲击波对建筑物的破坏程度不仅与爆炸荷载的特点有关，还与结构自振周期 T 有关。若爆炸正压持时 t_p 远远小于 T，则建筑物的破坏程度取决于爆炸冲击冲量；若爆炸正压持时 t_p 远远大于 T，则建筑的破坏取决于冲击波的超压峰值。根据对一些爆炸事件中建筑物破坏程度的统计，得到表 1.1 所列的统计结果[4]。

表 1.1 空气冲击波超压、冲量与建筑物破坏程度的关系[4]

超压值/($\times 10^5$Pa)	冲量值/($\times 10^{-3}$N·s/m^2)	建筑物的破坏程度
0.001～0.05	0.01～0.015	门窗玻璃完全无损
0.08～0.10	0.016～0.02	门窗玻璃有局部损坏
0.15～0.20	0.05～0.10	门窗玻璃完全破坏
0.25～0.40	0.10～0.30	门、窗框、隔板损坏；不坚固的干砌砖墙、铁皮烟囱被摧毁
0.45～0.70	0.30～0.60	轻型结构完全破坏；输电线铁塔倒塌；大树连根拔起
0.75～1.00	0.50～1.00	砖瓦结构的房屋被摧毁；钢结构建筑物严重破坏

对于部分特殊建筑物，需特别考虑正压消逝后的负压作用。与正压阶段相比，负压的峰值较小，但持时较长，因此，一般情况下，负压冲量与正压冲量相当。对于一些由脆性材料构成的建筑物，在高强正压作用下，易开裂，甚至形成大量碎片，建材的开裂消耗大量爆炸波正压能量，当碎片的抛射动能不大时，易在负压的吸力作用下往与爆炸波相反的方向运动。

1.2.2 爆炸碎片的破坏效应

根据碎片母体不同，爆炸所产生的碎片可分为一级碎片和二级碎片两大类。一级碎片通常是指炸药金属壳体或容器在爆轰发生时猝然解体而产生的金属碎片；二级碎片是指建筑物或设备在爆炸荷载作用下开裂、破碎形成的碎片。决定碎片破坏力和杀伤力的因素包括碎片数量、碎片尺寸、碎片抛射速度等。

与二级碎片相比，一级碎片具有抛射速度快、数量多、尺寸小等特点。碎片特性与炸药容器的形状、厚度、材质、工艺等因素有关。一级碎片的特性在一定程度上是可预判的，是炸弹设计的一项重要设计内容。

除了碎片速度，一级碎片的重量分布、抛射轨迹等重要特性均可按照一些经验公式计算确定。

关于爆炸产生的二级碎片的研究比较复杂。二级碎片的特性与爆炸荷载、碎片母体材料特性、结构约束条件等诸多不确定因素相关。因此，二级碎片的破坏效应难以预估。但是，由于脆性建筑材料普遍应用于建筑物中，在爆炸发生时，由二级碎片导致的伤亡和破坏效应不容忽视。

人员对碎片撞击的承受力很低。试验数据表明，爆炸碎片刺透皮肤概率达到50%所需的碎片速度，随碎片撞击面积与其质量的比值增大而增加[5]。一级碎片的速度快、质量小，因此对人员的杀伤力很大；二级碎片的质量较大，当与人体发生碰撞时也同样会给人体产生严重损伤。

相比于爆炸冲击波，碎片对建筑物的破坏效应较小。主要表现在建筑物局部侵彻现象和撞击作用，易产生构件局部破损或屈曲。

1.2.3　爆炸地震的破坏效应

爆炸荷载一方面以空气冲击波的形式施加于建筑物表面；另一方面以地下应力波的形式对地下建筑物或地表建筑物的基础部分施加冲击荷载，被称为“爆炸地震”。

爆炸地震对地下建筑物的作用很复杂，涉及介质与结构的相互作用。当土中的爆炸入射波作用于地下结构时，一方面形成反射波，沿相反方向在土介质中传播；另一方面形成在结构内部传播的应力波。由于波在结构中的传播速度大于在土介质中的传播速度，导致当结构内部的应力波到达结构侧面和背面时，在结构和土介质之间形成压缩波，该压缩波超前于在土介质中传播的爆炸入射波。另外，由于结构侧壁和介质之间的相对运动，产生垂直于侧壁的剪切波。若地下建筑埋设于岩体中，地下爆炸波与结构的相互作用形态更加复杂，由于岩体和建筑物的声阻抗比较接近，在冲击波作用下，结构将产生较大的变形，其变形形态又与结构的支护形式、几何形状及回填层介质特性紧密相关。综上，爆炸产生的冲击波对地下结构的破坏作用主要体现在两方面：一是介质与结构的相互作用力施加到结构的周边抗力构件上，当周边抗力构件承载力不足时，结构遭受破坏；二是地震动的幅值超过一定限值，引起结构内部的人员伤亡和设备损坏。

爆炸地震对地表结构的作用体现在地震动对建筑基础结构的振动作用，其破坏效应与地基情况、基础形式、基础埋深等诸多因素有关。与一般天然地震作用相比，爆炸引起的地震动峰值较大，持时较短。

1.2.4　爆炸引起的次生灾害

火灾是爆炸最常见的次生灾害。对于大部分钢结构建筑，火灾是最具有破坏效应的特殊作用之一，例如美国“9・11”事件中，纽约世贸中心大厦倒塌的根本原因就在于飞机燃油爆炸后引起火灾，在高温环境下，关键钢构件失去承载力导致结构整体坍塌。钢结构的抗火研究是近几十年来一直开展的热点研究课题之一，并取得了大量较成熟的研究成果。但是关于钢结构在爆炸和火灾相继作用下的破坏机理的研究，目前的研究成果还不够完善，有待于进一步深入。爆炸荷载和爆炸引发的火灾均会给建筑结构造成破坏。两种作用的形式不同，而且作用时间也不耦合，但是两者在对结构的作用机理和破坏效应上存在相关性，主要表现为爆炸荷载导致的结构损伤将严重降低结构的抗火性能，具体表现为以下三点：

(1) 几何损伤。爆炸荷载作用下，构件局部出现塑性应变，产生的永久变形将成为抗火分析的初始几何缺陷。

(2) 物理损伤。钢材在爆炸冲击作用下微观结构发生不可恢复性改变,在宏观性能上表现为材料强度和刚度的下降。

(3) 防火涂料的破坏。相关调查表明现有大部分防火涂料在构件承受爆炸、冲击或大变形时极易开裂或脱落。

爆炸产生的火灾不仅是建筑物破坏的直接原因,同时也可能引起严重的人员伤亡。

除火灾之外,爆炸还可能引起其他次生灾害,如爆炸噪声、爆炸毒气等,均可能对建筑物、人员、设备等造成严重的破坏效应。

1.3 建筑结构抗爆研究现状

如前所述,近几十年来,为配合严峻的反恐形势和消除生产中的各类安全隐患,在建筑结构抗爆分析理论方面开展了大量的研究,内容涵盖作用于建筑结构上的爆炸冲击荷载、建筑结构构件在爆炸冲击荷载作用下的力学行为、建筑结构在爆炸荷载作用下的动态响应、损伤破坏机理及倒塌机制、地下结构和建筑门窗的抗爆研究以及结构抗爆防爆与减灾的理论与标准等诸多方面,取得了丰硕的研究成果。

1.3.1 作用于建筑结构上的爆炸荷载

各类意外爆炸环境下,作用于建筑结构上的爆炸荷载及其分布受建筑物所处的复杂城市环境,炸药与建筑结构的相对位置(如建筑外部爆炸和建筑内部爆炸,近距离爆炸与远距离爆炸等)以及冲击波与建筑结构相互作用等众多因素的影响。与此同时,爆炸波的传播规律及爆炸荷载模型的研究为大型及重要建筑抗爆防爆研究的基础领域,亦为最重要的领域之一。近几十年来,国内外众多学者对各类意外爆炸情况下爆炸波的传播规律及其与建筑结构的相互作用机理和超压荷载模型进行了长期的研究,取得的研究成果列述如下。

在建筑外部爆炸引起的爆炸冲击荷载方面,国内外学者分别通过参数分析,研究了在爆炸波传播及其与结构相互作用的数值模拟中的网格尺寸效应,并提出了消除网格尺寸效应的爆炸荷载参数的数学修正方法[6]。通过数值分析与模型试验,研究了城市复杂环境中爆炸波的传播及其在建筑结构间的反射、绕射规律,给出了作用在建筑物外表面的爆炸超压荷载的特性及预测公式[7,8];同时研究了建筑外部爆炸情况下,爆炸冲击波与结构构件的相互作用规律,研究了影响结构构件上的爆炸荷载的关键因素,建立了确定结构构件爆炸荷载各参数及超压时程曲线简化模型的方法[9]。

在建筑内部爆炸引起的爆炸冲击荷载方面,国内外学者分别通过数值模拟或简化分析方法，研究了地下隧道、地下建筑等封闭、半封闭空间内部爆炸下爆炸冲击波的传播规律，探讨了作用于隧道内壁及建筑内表面上爆炸荷载的分布规律，给出了相应的预测公式或简化计算方法[10~12]。其中，爆炸荷载作用下地下隧道的动力响应研究中，考虑了隧道结构和土之间的相互作用、裂缝的开合以及波在土介质中的传播[13]。

1.3.2 结构构件在爆炸荷载作用下的力学行为

对于梁、板、拱类构件在爆炸荷载作用下的力学行为研究，一些学者采用单自由度法或改进的单自由度法对梁板结构在爆炸冲击荷载作用下的动力响应进行了分析[14,15]；同时，对梁类构件在爆炸荷载下的响应进行了可靠性分析，分析中考虑了爆炸荷载及结构尺寸不确定性等因素对结构构件动力响应的影响，着重研究了结构的变形与动力响应对各参数不确定性的敏感程度[16,17]；一些学者则通过在数值模拟中引入新的材料模型[18]、新的有限元计算方法[19]等，对普通钢筋混凝土板、高强钢纤维混凝土板、钢筋混凝土梁以及钢板与钢筋混凝土组合梁等结构构件在爆炸荷载作用下的动力响应与破坏形态等进行了研究。一些学者综合采用试验与数值方法对爆炸荷载作用下钢板、钢筋混凝土板以及钢筋混凝土拱形防护门的动力特性及损伤破坏情况进行了研究[20]。

对于墙体、柱等构件在爆炸荷载作用下的力学行为，研究集中在爆炸荷载作用下钢筋混凝土剪力墙、土体填充墙、普通防爆墙及特殊防爆墙的破坏形态与抗爆性能的研究[21~23]；爆炸荷载作用下砌体填充墙爆炸碎片尺寸分布与抛射距离分析及爆炸碎片与冲击波的耦合作用研究[24]；爆炸荷载作用下钢筋混凝土柱的破坏模式、破坏形态及损伤程度评估研究以及爆炸与火灾联合作用下钢柱的破坏分析与损伤程度评估研究等几个方面[25~28]。同时，一些学者对爆炸荷载和爆破飞片联合作用下钢筋混凝土墙的动力响应与破坏进行了数值模拟研究[29]。

对于壳体结构及构件在爆炸荷载作用下的力学行为研究，国内外学者主要进行了层状薄曲板[30]、球壳形钢筋混凝土结构[31]、浅埋圆柱形管线[32]及浅埋隧道[33]等在内外爆炸荷载作用下的动力响应分析。其中，针对层状薄曲板结构，探讨了层状薄曲板的曲率等参数对其动力响应的影响；针对球壳形钢筋混凝土结构，给出了球壳形钢筋混凝土结构保证结构安全的结构外不同装药量的临界距离。

1.3.3 地面建(构)筑物抗爆研究

在砖石建筑抗爆研究方面，国内很少涉及，国外学者主要就平层接缝处加筋的砖石结构、砖砌体结构和砖砌体填充墙框架结构承受爆炸荷载的损伤破坏情况进行了精细的数值分析与试验研究[34,35]。针对平层接缝处加筋的砖石结构，给出了相应的抗爆设计的方法和准则。

在钢筋混凝土建筑抗爆研究方面,国内外学者主要通过试验及数值模拟方法,对核电站主体结构[36]、钢筋混凝土框架结构[37]、典型海洋平台顶部结构[38]以及盾构隧道行车道板[39]等在爆炸荷载作用下的动力响应进行分析研究。其中,针对核电站主体结构,提出了快速判断核电站主体结构在可能的爆炸荷载作用下的可靠度的方法;针对典型海洋平台顶部结构,提出了一种基于性能的典型海洋平台顶部结构的抗爆设计方法,该方法给出了典型海洋平台顶部结构的抗爆设计的各个层次的性能需求,并基于此给出了抗爆设计的基本原理以及设计算法。针对盾构隧道行车道板,探明了盾构隧道内接触爆炸荷载下衬砌结构的动力响应规律,找出了隧道衬砌结构最易破坏的部位。

在钢结构建筑抗爆研究方面,一方面,主要研究了钢框架结构在爆炸荷载作用下的动力响应与破坏模式,研究了材料的损伤累积效应对结构动力响应的影响,提出了提高钢结构抗爆承载力的方法[40];另一方面,通过对钢框架结构遭受爆炸荷载局部冲击后又受到火灾的安全性进行了分析和评估,建立爆炸荷载与火灾联合作用下钢框架结构的分析模型,进而对爆炸对钢结构抗火性能的影响进行了研究[41,42]。

在多高层建筑的抗爆研究方面,当前主要以数值模拟为主要研究手段,对钢筋混凝土多层建筑在爆炸荷载作用下的破坏形态,抗爆建筑设计模型以及抗倒塌结构体系进行研究[43]。同时,对地表多层建筑遭受附近地下隧道内爆炸引起的动力响应及滑移隔震系统对于降低结构响应的有效性也进行了研究[44,45]。

在结构连续坍塌研究方面,早期,多采用 GSA 和 DOD 导则中规定的方法,对现有的钢筋混凝土及钢框架结构的连续倒塌过程进行模拟分析,进而比较分析 GSA 和 DOD 导则中各类方法的适用性。鉴于 GSA 和 DOD 导则中规定的方法的局限性,近些年来,国内外学者提出了一系列改进的建筑结构连续倒塌分析方法。一些方法中考虑了在倒塌的过程中结构构件的刚度和材料强度的损失[46,47];一些方法则提出了建筑结构连续倒塌分析中,在移除结构关键构件的同时,应考虑爆炸荷载引起的其相邻构件的非零初始条件和初始损伤的思想[48,49]。

1.3.4 地下结构抗爆研究

在地下结构抗爆研究的理论及数值分析方面,一些学者对爆炸冲击波在土体及岩石中的传播规律以及爆炸荷载作用下饱和土介质的本构模型进行了研究,对地下爆炸产生的地冲击进行预测,并给出了一系列可用于工程设计的经验公式[50,51]。一些学者以箱型地铁等浅埋结构、钢筋混凝土框架等地下结构为研究对象,着重研究地表及空气中爆炸情况下作用到土中结构上的荷载、土-结构相互作用的规律以及结构非线性反应的关键影响因素[52,53]。其中,为分析地下结构在爆炸荷载作用下的局部层裂机理，基于层状介质中应力波的传播理论，提出了地下结构典型组合形式的局部层裂破坏模型。通过实际算例，分别得到了软岩、硬岩情况下地下结构中的应力波历史曲线，分析了岩石性质对地下结构局部层裂的影响。

在地下结构抗爆研究的现场试验方面，国内外学者分别对实际地下结构、浅埋结构、部分埋置的掩体与埋设管线在邻近地下某深度处爆炸以及内部爆炸作用下的动态响应和破坏进行了试验研究[54,55]。其中，着重研究了爆炸荷载作用下浅埋结构振动响应的断面加速度的分布规律，并给出结构、地坪上振动加速度的计算公式。与此同时，还对爆炸波作用下三相饱和土本构关系以及爆炸波在饱和土自由场中的传播规律及其在刚性边界上的反射问题进行了研究[56]。

1.3.5 建筑结构抗爆设计及防爆措施

在建筑结构的抗爆设计方法研究方面，国外学者提出了基于层间偏移控制的钢筋混凝土框架结构抗爆设计准则[57]以及同时考虑冲击波整体作用和碎片局部作用的设计准则[58]。国内学者则提出重要建筑物防护恐怖爆炸的概念设计[59]，同时提出了“可能发生的爆炸不发生，已经发生的爆炸不扩展，已经扩展的爆炸所造成的破坏不加重，尽可能避免类似灾害的再次发生”的抗爆设计原则。

在建筑结构受力构件的防爆措施研究方面，国内外学者分别通过数值模拟与试验对比，研究了采用高强建筑材料如高强纤维混凝土(plain ultra-high performance fibre concrete，UHPFC)、钢筋高强纤维混凝土等提高建筑结构构件的抗爆性能的可行性；同时，研究了采用外表面粘贴钢板、碳纤维材料(CFRP)、玻璃纤维材料(GFRP)等不同的加固方法对于提高钢筋混凝土板、钢筋混凝土柱以及砌体砖墙抗爆性能的有效性[60]；学者 Schenker 和 Anteby 等[20]以及 Hanssen 等[61]分别对受到泡沫铝材料保护以及没有保护措施的钢筋混凝土薄板承受爆炸冲击的变形及破坏形态进行了详细的原型现场试验，并验证了泡沫铝材料消波作用的有效性。国内学者还研究了普通防爆墙、水体防爆墙以及在结构上附加阻尼器等措施等对降低结构响应、提高结构抗爆性能的作用[62,63]。

在建筑结构非结构构件的防爆措施研究方面，国内外学者主要进行了两方面的研究：一方面重点研究了爆炸荷载作用下防爆门可能的破坏过程，对各种不同工况下防爆门的技术性能进行评估[63]；另一方面，对爆炸荷载作用下门窗玻璃及玻璃幕墙的破坏进行了分析，提出了通过结构可靠性分析计算爆炸荷载作用下门窗玻璃破坏以及产生安全灾害的可能性[64]，给出了玻璃幕墙抵抗爆炸冲击波设计的途径，建立了冲击波荷载的计算原则[65]。研究提出玻璃安全防爆距离的计算方法，给出了简化的安全距离计算公式，而后又对不同厚度玻璃板夹层玻璃在长期、短期静力和爆炸冲击荷载作用下的变形进行了模拟计算，并指出荷载作用类型、持续时间等是影响夹层玻璃整体变形的主要因素[66,67]。

总体上看，目前国内外的相关研究工作涉及的范围很广，研究内容很多，但仍存在一些问题。国内外对自由空气中地面爆炸等建筑外部爆炸引起的爆炸波的传播规律的研究较为成熟，并且有了相对应的爆炸荷载各参数的预测公式。然而，由于爆炸荷载时程曲线的复杂性及其分布的不均匀性，在建筑近距离爆炸(包括接触爆炸)及建筑内部爆炸情况下爆炸波与建筑结构的相互作用规律以及爆炸荷载模型的研究较少。目前国内外关于爆炸荷载的研究多针对恐怖爆炸，研究对象多为 TNT 等固体炸药，然而，意外爆炸事故多为燃气、蒸气云、粉尘等爆炸，爆炸所产生的冲击波的特性不同于常规固体炸药爆炸。为了尽可能减少意外爆炸造成的人员伤亡和财产损失，燃气、蒸气云、粉尘爆炸条件下冲击波在城市环境及建筑物内部的传播机理与规律，成为亟待研究的关键问题。

1.4 本书内容

本书结合近几十年来国内外形成和发展的建筑结构抗爆分析的主要成果，系统地总结和阐述了作者及其合作者近二十年来相关的研究成果，全书共 8 章。第 1 章绪论，较全面综述了国内外因恐怖袭击或意外事故爆炸引起的建筑结构破坏与倒塌事件，包括美国 Oklahoma 州联邦大楼恐怖爆炸致倒塌事件、纽约世贸中心双子塔遭飞机撞击倒塌事件等。第 2 章爆炸荷载，主要讲述了作用于建筑结构上的爆炸荷载及其简化模型。本章首先阐述了常见的爆炸现象，并列出近期的恐怖袭击及意外爆炸事故，研究了常见爆炸事故中爆炸冲击波的传播规律以及与建筑结构相互作用的机理；同时简单介绍了爆炸冲击波传播的相似规律，以及爆炸荷载的分类；详细阐述了建筑外部爆炸以及内部爆炸情况下爆炸冲击波传播的数值模拟与模型试验方法，给出了爆炸冲击波在城市复杂环境中，以及地铁车站等典型建筑物内部的传播规律；同时阐述了建筑外部及内部爆炸情况下作用于建筑结构及关键结构构件上的爆炸荷载的分布规律，并提出了相应的简化模型。爆炸的产生往往会伴随着爆炸碎片、地面振动甚至火灾等次生灾害的发生，本章亦对这些次生灾害的产生机理与灾害效应进行了简单的介绍。第 3 章建筑材料的动态本构关系，详细阐述了动力荷载作用下结构钢材、混凝土、钢筋以及砖砌体材料的动力性能及动态本构关系，并探讨了建筑材料动态性能的试验方法。第 4 章爆炸荷载作用下结构构件的动态响应与损伤破坏，主要阐述了梁、板、柱等结构主要受力构件在爆炸荷载作用下的动态响应特征、破坏模式与损伤破坏机理，同时给出了砌体填充墙等非结构构件在爆炸荷载作用下的破碎分析及灾害效应评估。第 5 章爆炸荷载作用下结构构件的损伤程度评估，主要阐述了建筑结构梁、板、柱等结构受力构件在爆炸荷载作用后的损伤程度评估方法，针对钢柱，则对其在爆炸与火灾联合作用下的损伤评估进行了阐述。第 6 章爆炸荷载作用下建筑结构的连续倒塌分析方法，主要介绍建筑结构连续倒塌分析的常用方法，并针对爆炸荷载致灾特点，分别针对钢筋混凝土结构、钢结构、高层建筑结构的特点，提出了实用的连续倒塌分析的高效方法。第 7 章爆炸荷载作用下建筑结构的连续倒塌机制，介绍了爆炸荷载作用下典型钢筋混凝土结构与典型钢结构的动态响应行为，并通过连续倒塌分析，研究了典型钢筋混凝土结构与典型钢结构的连续倒塌机理，进一步提出了建筑结构防连续倒塌设计方法；第 8 章建筑结构抗爆设防标准与概念设计，着重介绍了建筑结构抗爆分类设防标准、建筑结构抗爆的概念设计方法、建筑结构抗爆安全防护距离等。

参考文献

[1] 钱七虎，王明洋. 高等防护结构计算理论. 南京：江苏科学技术出版社，2009.

[2] 钱七虎. 反爆炸恐怖安全对策. 北京：科学出版社，2005.

[3] 钱七虎. 钱七虎院士论文选集. 北京：科学出版社，2007.

[4] 李忠献，方秦. 工程结构抗爆防爆的研究与发展//国家自然科学基金委员会工程与材料学部. 学科发展战略研究报告：建筑、环境与土木工程Ⅱ（土木工程卷）. 北京：科学出版社，2006.

[5] 陈肇元，等. 地下防护结构. 北京：中国建筑工业出版社，1982.

[6] Shi Y，Li Z，Hao H. Mesh size effect in numerical simulation of blast wave propagation and interaction with structures. Transactions of Tianjin University，2008，14(6)：396－402.

[7] 李忠献，师燕超，周浩璋，等. 城市复杂环境中爆炸波的传播规律与超压荷载. 工程力学，2009，26(6)：178－183.

[8] Remennikov A M，Rose T A. Modelling blast loads on buildings in complex city geometries. Computer and Structures，2005，83：2197－2205.

[9] 都浩，李忠献，郝洪. 建筑物外部爆炸超压荷载的数值模拟. 解放军理工大学学报(自然科学版)，2007，8(5)：413－417.

[10] Shi Y，Hao H，Li Z X. Numerical simulation of blast wave interaction with structure columns. Shock Waves，2007，17(1-2)：113－133.

[11] Tian L，Li Z，Zhou Q. Simplified analysis for reflective overpressure on walls of rectangular-section tunnel due to its inner-explosion. Transactions of Tianjin University，2008，14(5)：363－370.

[12] 曲树盛，李忠献. 地铁车站内爆炸波的传播规律与超压荷载. 工程力学，2010，27(9)：240－247.

[13] Feldgun V R，Kochetkov A V，Karinski Y S，et al. Internal blast loading in a buried lined tunnel. International Journal of Impact Engineering，2008，35(3)：172－183.

[14] Li QM，Meng H. Pressure-impulse diagram for blast loads based on dimensional analysis

and single-degree-of-freedom model. Journal of Engineering and Mechanics, 2002, 128(1): 87—92.

[15] Rong H C, Li B. Probabilistic response evaluation for RC flexural members subjected to blast loadings. Structural Safety, 2007, 29(2): 146—163.

[16] Borenstein E, Benaroya H. Sensitivity analysis of blast loading parameters and their trends as uncertainty increases. Journal of Sound and Vibration, 2009, 321(3-5): 762—785.

[17] Low H Y, Hao H. Reliability analysis of direct shear and flexural failure modes of RC slabs under explosive loading. Engineering Structures, 2002, 24(2): 189—198.

[18] Zhou X Q, Kuznetsov V A, Hao H, et al. Numerical prediction of concrete slab response to blast loading. International Journal of Impact Engineering, 2008, 35(10): 1186—1200.

[19] Chen L, Fang Q, Zhang Y, et al. Rate-sensitive numerical analysis of dynamic responses of arched blast doors subjected to blast loading. Transactions of Tianjin University, 2008, 14(5): 348—352.

[20] Schenker A, Anteby I, Gal E. Full-scale field tests of concrete slabs subjected to blast loads. International Journal of Impact Engineering, 2008, 35(3): 184—198.

[21] Remennikov A M, Rose T A. Predicting the effectiveness of blast wall barriers using neural networks. International Journal of Impact Engineering, 2007, 34(12): 1907—1923.

[22] Langdon G S, Schleyer G K. Deformation and failure of profiled stainless steel blast wall panels. Part III: Finite element simulations and overall summary. International Journal of Impact Engineering, 2006, 32(6): 988—1012.

[23] 陈肇元，高健，王志浩. 人防工程抗爆隔墙的设计. 防护工程，1992, 42: 12—18.

[24] Wang M, Hao H, Ding Y, et al. Prediction of fragment size and ejection distance of masonry wall under blast load using homogenized masonry material properties. International Journal of Impact Engineering, 2009, 36(6): 808—820.

[25] Shi Y, Hao H, Li Z X. Numerical derivation of pressure-impulse diagrams for prediction of RC column damage to blast loads. International Journal of Impact Engineering, 2008, 35(11): 1213—1227.

[26] Bao X, Li B. Residual strength of blast damaged reinforced concrete columns. International Journal of Impact Engineering, 2010, 37(4): 295—308.

[27] 师燕超，李忠献. 爆炸荷载作用下钢筋混凝土柱的动力响应与破坏模式. 建筑结构学报，2008, 29(4): 112—117.

[28] 李忠献，师燕超，史祥生. 爆炸荷载作用下钢筋混凝土板破坏评定方法. 建筑结构学报，2009, 30(6): 60—66.

[29] Ulrika N, Kent G. Numerical studies of the combined effects of blast and fragment loading. International Journal of Impact Engineering, 2009, 36(8): 995—1005.

[30] Terry H, Liviu L. Dynamic response of doubly-curved anisotropic sandwich panels impacted by blast loadings. International Journal of Solids and Structures, 2007, 44(20): 6678—6700.

[31] Pandey A K, Ram K, Paul D K, et al. Non-linear response of reinforced concrete contain-

ment structure under blast loading. Nuclear Engineering and Design，2006，236（9）：993－1002.

[32] Feldgun V R,Kochetkov A V,Karinski Y S,et al. Internal blast loading in a buried lined tunnel. International Journal of Impact Engineering,2008,35(3):172－183.

[33] George P K,George D B,Charis J G. Analytical calculation of blast-induced strains to buried pipelines. International Journal of Impact Engineering,2007,34(10):1683－1704.

[34] Mayrhofer C. Reinforced masonry walls under blast loading. International Journal of Mechanical Sciences,2002,44(6):1067－1080.

[35] Wu C,Hao H,Lu Y. Dynamic response and damage analysis of masonry structures and masonry infilled RC frames to blast ground motion. Engineering Structures,2005,27(3):323－333.

[36] Cizelj L,Leskovar M,Cepin M,et al. A method for rapid vulnerability assessment of structures loaded by outside blasts. Nuclear Engineering and Design,2008,239(9):1641－1646.

[37] Hao H,Ma G W,Lu Y. Damage assessment of masonry infilled RC frames subjected to blasting induced ground excitations. Engineering Structures,2002,24(6):799－809.

[38] Mohamed R M,Louca L A. Performance-based design of blast resistant offshore topsides. Part II:Modelling and design. Journal of Constructional Steel Research,2008,64(9):1046－1058.

[39] 刘沐宇,卢志芳. 接触爆炸荷载下长江隧道的动力响应分析. 武汉理工大学学报,2007,29(1):113－117.

[40] 李忠献,刘志侠,丁阳. 爆炸荷载作用下钢结构的动力响应与破坏模式. 建筑结构学报,2008,29(4):41－47.

[41] Richard J Y. Survivability of steel frame structures subject to blast and fire. Journal of Constructional Steel Research,2008,64(7):854－866.

[42] Chen H, Liew J Y. Explosion and fire analysis of steel frames using mixed element approach. ASCE Journal of Engineering Mechanics,2005,131(6):606－616.

[43] Luccioni B M,Ambrosini R D,Danesi R F. Analysis of building collapse under blast loads. Engineering Structures,2004,26(1):63－71.

[44] 田力,李忠献. 地下爆炸冲击波引起的基底滑移隔震建筑的动力响应. 爆炸与冲击,2004,24(1):16－23.

[45] 严东晋,钱七虎,等. 爆炸冲击震动下隔震系统设计的可靠性. 土木工程学报,2001,034(003):23－28.

[46] Izzuddin B A,Vlassis A G,Elghazouli A Y,et al. Progressive collapse of multi-storey buildings due to sudden column loss. Part I: Simplified assessment framework. Engineering Structures,2008,30(5):1308－1318.

[47] Li Z,Shi Y. Methods for Progressive collapse analysis of building structures under blast and impact loads. Transactions of Tianjin University,2008,14(5):329－339.

[48] 师燕超,李忠献,郝洪. 爆炸荷载作用下钢筋混凝土框架结构的连续倒塌分析. 解放军理工

大学学报(自然科学版),2007,8(6):652—658.

[49] Shi Y,Li Z X,Hao H. A new method for progressive collapse analysis of RC frames under blast loading. Engineering Structures,2010,32(6):1691—1703.

[50] 范俊余,方秦,柳锦春. 炸药地面爆炸条件下土中浅埋结构上荷载的作用特点. 解放军理工大学学报(自然科学版),2008,9(6):676—680.

[51] Lu Y,Wang Z Q,Chong K. A comparative study of buried structure in soil subjected to blast load using 2D and 3D numerical simulations. Soil Dynamics and Earthquake Engineering,2005,25(4):275—288.

[52] 赵晓兵,方秦. 爆炸荷载作用下地下复合结构的合理刚度匹配. 爆炸与冲击,2001,021(002):117—120.

[53] 李秀地,郑颖人,徐干成. 爆炸荷载作用下地下结构的局部层裂分析. 地下空间与工程学报,2005,1(6):853—856.

[54] 孙杰,朱立新,王飞,等. 爆炸荷载作用下浅埋结构内振动实验研究与计算. 爆破,2003,020(004):7—10.

[55] Krauthammer T,Ku C K. Backfill effects on partially-buried shelter response under close-in conventional explosions//The 3rd International Conference on Structures under Shock and Impact,Madrid,1994:349—358.

[56] 赵跃堂,郑守军,郑大亮,等. 爆炸波在饱和土介质中传播时压力变化规律的试验研究. 防灾减灾工程学报,2004,24(1):15—21.

[57] Li B,Rong H C,Pan T C. Drift-controlled design of reinforced concrete frame structures under distant blast conditions. Part I:Theoretical basis. International Journal of Impact Engineering,2007,34(4):743—754.

[58] Joosef L. Experiments and numerical analyses of blast and fragment impacts on concrete. International Journal of Impact Engineering,2005,31:843—860.

[59] 田志敏,张想柏,杜修力. 防恐怖爆炸重要建筑物的概念设计. 土木工程学报,2007,40(1):34—41.

[60] Wu C,Oehlers D J,Rebentrost M,et al. Blast testing of ultra-high performance fibre and FRP-retrofitted concrete slabs. Engineering Structures,2009,31(9):2060—2069.

[61] Hanssen A G,Enstock L,Langseth M. Close-range blast loading of aluminum foam panels. International Journal of Impact Engineering,2002,27(6):593—618.

[62] Mao Y M,Fang Q,Zhang Y D,et al. Numerical simulation of water mitigation effects on shock wave with SPH method. Transactions of Tianjin University,2008,14(5):387—390.

[63] 方秦,陈力,杜茂林. 端部设置弹簧和阻尼器提高防护门抗力的理论与数值分析. 工程力学,2008,25(3):194—199.

[64] Netherton M D,Stewart M G. The effects of explosive blast load variability on safety hazard and damage risks for monolithic window glazing. International Journal of Impact Engineering,2009,36(12):1346—1354.

[65] 张青松,陈峻,李兴华,等. 高层建筑玻璃幕墙冲击波防护问题的研究. 建筑科学,2007,

23(6):32—37.
[66] Wei J,Dharani L R. Fracture mechanics of laminated glass subjected to blast loading. Theoretical and Applied Fracture Mechanics,2005,44(2):157—167.
[67] Krauthammer T,Altenberg A. Negative phase blast effects on glass panels. International Journal of Impact Engineering,2000,24(1):1—7.

第2章　爆炸荷载

爆炸是一种极为迅速的物理或化学的能量释放过程。在此过程中，体系中的物质以极快的速度把内部所含有的能量释放出来，转变成机械功、光和热等能量形态[1]。爆炸做功的根本原因在于系统原有的高压气体或爆炸瞬间形成的高温、高压气体骤然膨胀。爆炸根据形成的原因可以分为物理爆炸和化学爆炸两种。物理爆炸是由于某些介质中的温度或压力突然升高引起的，例如蒸汽锅炉或高压气瓶的爆炸[2,3]；化学爆炸则是由于物质在一定的条件下产生化学变化，急剧释放能量造成的，例如普通炸药的爆炸及核爆炸[4]。由爆炸的形成原因可以看出，爆炸的一个最重要特征是在爆炸点周围介质中发生的急剧压力突跃，这种压力突跃是造成周围介质破坏或对周围生命体杀伤的直接原因。

爆炸产生的效应主要体现在爆炸产生的冲击波。爆炸冲击波是爆炸瞬间形成的高温火球猛烈向外膨胀、压缩周围空气形成的高压气浪。它以超音速向四周传播，随距离的增加，传播速度逐渐减慢，压力逐渐减小。如果建筑结构正好处在爆炸冲击波的传播路径中，当爆炸波传来，建筑结构会逐步被爆炸波包围，从而其四周承受相应的爆炸荷载。爆炸荷载的强度以及在建筑结构上的分布与下列参数有关：①炸药的属性，譬如说炸药的种类、重量等；②建筑结构和炸药起爆点之间的相对位置；③爆炸冲击波和地面以及建筑结构的相互作用。

2.1　爆炸荷载的分类

作用在建筑结构上的爆炸荷载依据炸药的约束情况可以分为两大类，即无约束爆炸荷载和约束爆炸荷载。

2.1.1　无约束爆炸荷载

无约束爆炸荷载又可以分为自由空气爆炸(free air burst explosion)荷载、空气爆炸(air burst explosion)荷载和地面爆炸(surface burst explosion)荷载。

1. 自由空气爆炸荷载

爆炸发生在远离结构的自由空气中，产生的爆炸冲击波传播到离起爆位置较远的距离后才作用到结构上，这类荷载称为自由空气爆炸荷载[5]。此类荷载中，由于爆源离地面较远，作用于结构之前，爆炸波尚未传播到地面上，爆炸冲击波不会因为地面的反射而增强。图 2.1 所示为自由空气爆炸示意图,由此产生的作用在结构上的荷载称为自由空气爆炸荷载。

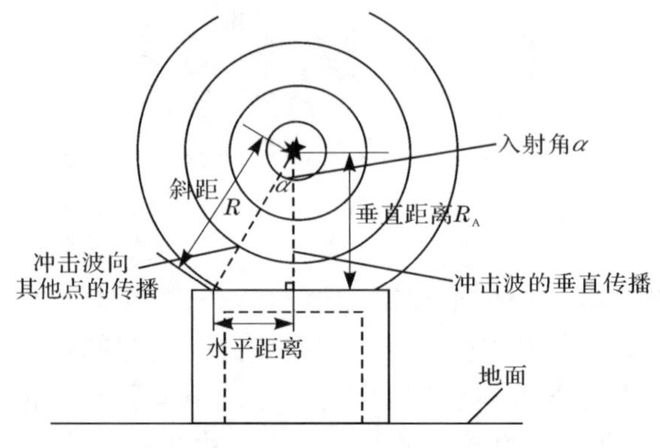

图 2.1 自由空气爆炸[5]

自由空气爆炸产生的冲击波的典型压力时程曲线如图 2.2 所示,P_0为目标点的大气压,自由空气中的爆源起爆后产生的冲击波经过时间 t_A到达目标点,目标点处的压力瞬间迅速上升至峰值 P_{s0}。随着冲击波的向前传播,目标点处的压力逐渐下降,经过时间 t_0后恢复到大气压。之后,目标点的压强并不是停留在大气压上,而是随着冲击波的向前传播继续下降至负压,直到降到负的峰值 P_{s0}^-,然后逐渐恢复到大气压强,负压的持续时间为 t_0^-。

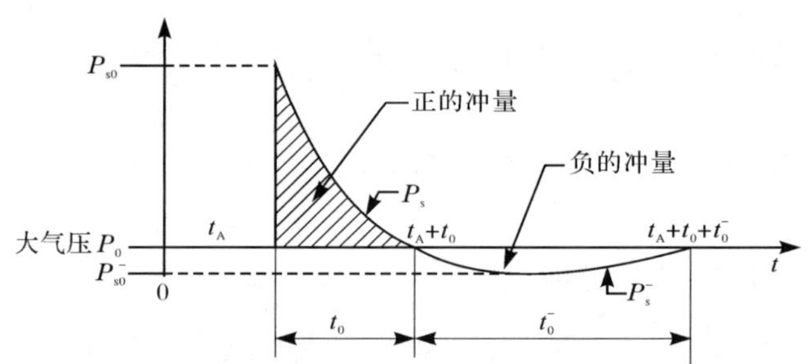

图 2.2 爆炸冲击波的典型压力时程曲线[5]

如果爆炸产生的冲击波传播到地面或者在传播的过程中遇到障碍物或者结构物,会在地面、障碍物或结构物的表面产生反射,反射波和入射波相互作用,从而使作用在物体表面的冲击波的压强峰值和总冲量都得到加强。图 2.3 给出了自由空气爆炸的冲击波经无限大刚性平面反射后产生的反射波和入射波超压时程曲线的对比。由图可以看出,经反射后,反射波的正压力峰值,负压力峰值绝对值,正冲量及负冲量的绝对值均有不同程度的提高,提高的幅度与入射波压力峰值 P_{s0}、入射角以及目标物和炸药起爆位置的距离等因素有关。

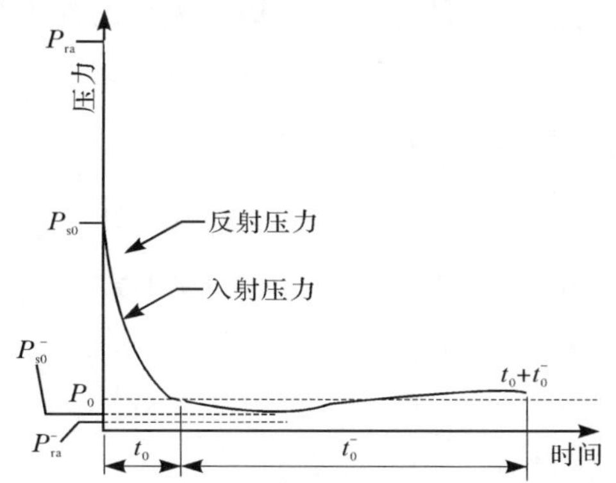

图 2.3 反射和入射冲击波压力时程曲线对比[5]

2. 空气爆炸荷载

爆炸发生在结构斜上方的一定距离处，产生的初始爆炸冲击波在到达结构前，首先到达地面并经反射而产生反射冲击波，反射波和初始冲击波耦合后共同作用在结构上。图 2.4 所示为空气爆炸示意图，由此产生的作用在结构上的荷载称为空气爆炸荷载[5]。

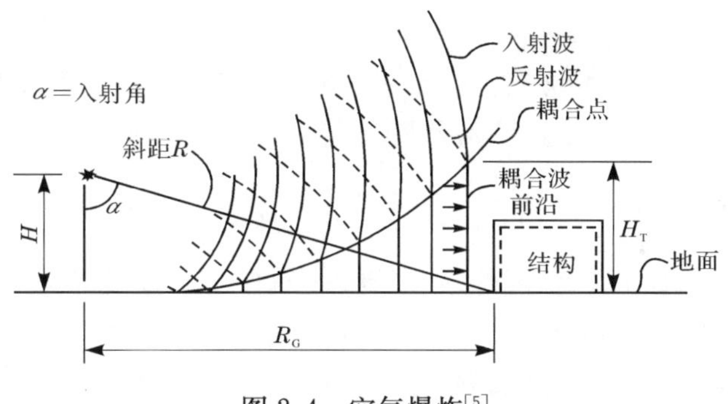

图 2.4 空气爆炸[5]

爆炸冲击波在作用于结构之前，在地面反射波和初始冲击波的耦合作用下形成马赫波(Mach wave)，在马赫波波前高度范围内，反射波压力可以近似看作均匀分布。马赫波波前高度等于初始入射波，反射波和马赫波三者相互作用的耦合点(triple point)距地面的垂直距离，随着冲击波的传播而逐渐增高。如果结构物的高度小于耦合点的高度，则作用在结构物迎波面上的波为平面波；如果结构物的高度大于耦合点的高度，作用在结构物迎波面上耦合点之下的部分仍为平面波，耦合点之上的部分，峰值超压将会变小。

当然，上述平面波或混合波传播到结构物上，也会在结构物的表面产生反射，反射波和入射波相互作用，从而使作用在结构物表面的冲击波的压力峰值和总冲量都得到加强。

3. 地面爆炸荷载

爆炸发生在地面上或者地面附近，产生的爆炸冲击波在爆源处因为地面的反射而增强，然后作用在结构上。图 2.5 所示为地面爆炸示意图，由此产生的作用在结构上的荷载称为地面爆炸荷载[5]。

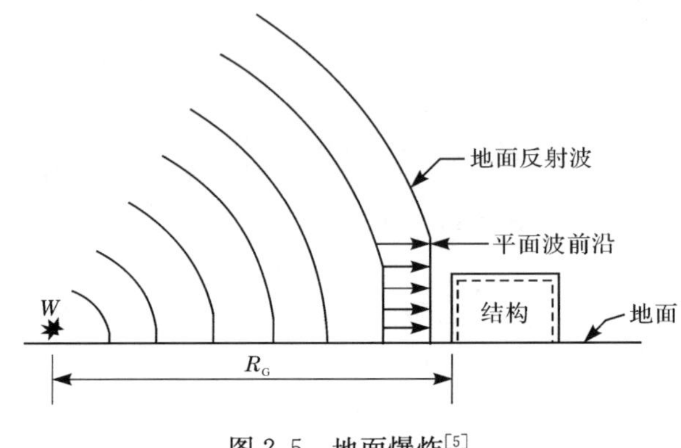

图 2.5　地面爆炸[5]

和空气爆炸荷载相似，地面爆炸产生的冲击波与地面反射波相互作用，从而形成平面波。平面波作用到结构物上，发生反射作用，入射波和反射波彼此耦合，使得作用在结构物上荷载的压力峰值和冲量增加。

2.1.2　约束爆炸荷载

当结构内部发生爆炸后，爆炸波在传播过程中因为墙体或其他结构构件的阻碍、反射等原因，爆炸波的传播过程相比在空气爆炸或地面爆炸的情况要复杂得多。由于结构内部可能的多次反射，作用于结构构件表面的爆炸荷载可能会有若干个超压峰值，并且爆炸荷载的冲量与无约束情况下相比会高出许多。在约束爆炸情况下，作用在结构或构件上的爆炸荷载十分复杂，与约束结构的形状尺寸、炸药重量、位置等因素相关，具体确定约束爆炸荷载的方法可参阅 TM5-1300 手册[5]。

约束爆炸荷载可以分为以下几种：

(1) 有孔约束爆炸(fully vented explosion)荷载。爆炸发生在障碍物附近，或者在有一个或多个自由面的结构中。初始冲击波会因为障碍物或结构的反射而加强，但由于结构有敞开的自由面，冲击波会因此向空气中传播扩散。

(2) 部分约束爆炸(partially confined explosion)荷载。爆炸指发生在障碍物

内或者盒状结构内，结构具有有限小的自由出口或者易碎的面。初始冲击波因为易碎面或者结构其他部分的反射而加强，爆炸物在起爆一定时间后冲出结构，分散到空气中，因此此类爆炸形成的压力持续时间相对较长。

(3) 完全约束爆炸(fully confined explosion)荷载。爆炸发生在完全封闭的障碍物或结构中。内部的爆炸荷载包括冲击荷载和拟静态空气压力荷载，其中拟静态空气压力荷载的大小与约束情况有关，可以描述为约束情况的某一函数。完全约束爆炸情况下，障碍物或者约束结构外部的泄漏压力值通常很小。

2.1.3 作用于建筑结构上的爆炸荷载

爆炸产生的爆炸冲击波，传播到结构上，即和结构产生相互作用，发生一系列的反射、衍射以及绕射。在相互作用的过程中，爆炸冲击波本身受到削弱，同时，以爆炸荷载的形式作用在结构的各个构件上，引发结构的动力响应、损伤破坏甚至连续倒塌。

当建筑结构外部发生爆炸后，爆炸冲击波对于建筑结构的作用通常可以分为如图 2.6 所示的三个过程[6]：①对迎向爆炸冲击波的结构外围墙、柱及窗户产生向内的推力，窗户上的玻璃可能变成碎片，柱也可能被破坏，如图 2.6(a)所示；②对楼板及梁等构件产生向上的推力，如图 2.6(b)所示；③结构处于爆炸冲击波的包围之中，屋顶有向下的压力，整个建筑四周构件受到向内的压力作用，如图 2.6(c)所示。

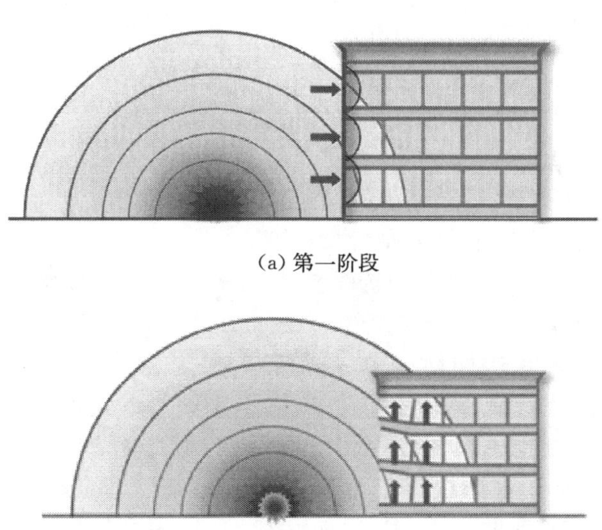

(a) 第一阶段

(b) 第二阶段

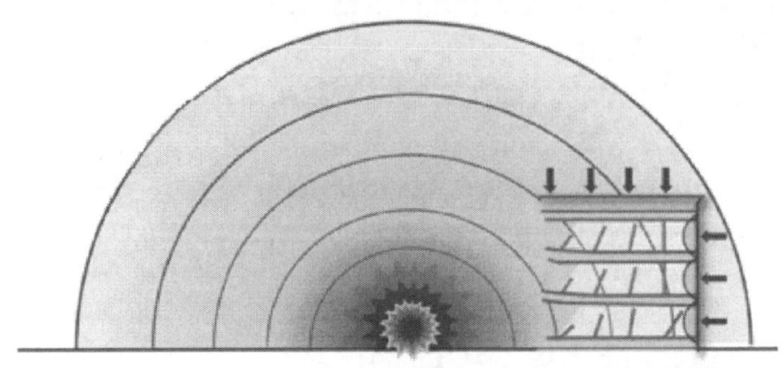

(c) 第三阶段

图 2.6 外部爆炸环境下建筑结构上的爆炸荷载

建筑外爆炸环境下作用于建筑结构或构件上的爆炸荷载和下列因素有关：

(1) 炸药的重量。

(2) 炸药起爆点和建筑结构或构件的相对位置。

(3) 建筑结构或构件本身的几何形状。

(4) 建筑结构或构件与地面的关系(地上或地下)。

2.2 建筑外部爆炸情况下作用于结构上的爆炸荷载

2.2.1 城市复杂环境中作用于建筑结构上的爆炸荷载

爆炸所释放出的巨大能量会引起空气中急剧的压力突变和复杂运动，往往会对建筑物造成非常严重的破坏效应，因此需要对易于遭受破坏的建筑物进行抗爆设计与加固。而在对建筑物进行抗爆设计与加固时，首先需要计算爆炸产生的荷载作用，确定作用在建筑物上的爆炸荷载模型。

造成重大人员伤亡和经济损失的爆炸事故多发生在人口密集的城市复杂环境中，而对于城市复杂环境中的建筑物，在确定其爆炸超压荷载方面仍然存在很多困难[7~9]。这是因为在这种环境中，建筑物的外形、尺寸和位置等因素复杂多样，爆炸波在向目标建筑物传播的过程中，由于受到邻近建筑物的阻碍或多重反射，作用在目标建筑物上的爆炸超压荷载也会相应地减小或增大[10,11]。

目前，工程上用于计算爆炸超压荷载的经验或半经验的公式和方法，一般都是基于空旷场地的试验或假设[3]，这与城市复杂环境中实际作用在建筑物上的爆炸荷载有很大的差别。如果按这些经验或半经验的公式和方法确定建筑结构上的爆炸荷载，并进行结构的抗爆防爆设计与加固，将会给建筑物的抗爆安全性带来隐患。然而在城市街区中进行爆炸试验研究将直接影响到公共安全，而且这也是不现实的。因此对于城市复杂环境中建筑物上的爆炸荷载作用的研究，通常是采用模型试验[4]和计算机数值模拟技术[12]。

为了研究邻近建筑物对爆炸波传播的影响，进一步了解爆炸波在城市复杂环境中的传播规律，确定建筑结构上的爆炸荷载作用模型，本节应用非线性显式有限元软件 AUTODYN 建立爆炸波在自由空气和城市复杂环境中传播的数值分析模型，进而分析爆炸波的传播、建筑物上的爆炸荷载作用以及邻近建筑物的影响因素。

1. 爆炸波传播的数值模拟

1) 材料参数

数值模型中，材料参数的选取对于数值模拟结果的可靠性起到非常重要的作用。对于城市复杂环境中爆炸波传播的数值模拟，主要涉及的材料是空气、炸药和建筑物。

在数值分析模型中，假定空气为理想气体，因此空气的状态方程采用式(2.1)所示的理想气体的状态方程：

$$p=(\gamma-1)\rho E \tag{2.1}$$

式中，p 为静水压力；γ 为绝热指数；ρ 为质量密度；E 为能量密度。数值分析模型中所采用的空气材料的初始质量密度为 $1.225\times10^3\,\mathrm{g/cm^3}$，绝热指数 $\gamma=1.4$。

此外，为了保证在初始状态时建筑物周围环境中的空气压强为一个标准大气压强(101.3kPa)，在数值模型中，将空气的初始能量密度设置为 $2.068\times10^5\,\mathrm{mJ/mm^3}$。同时，为了使有限元模型能够模拟空气介质的无限边界，在数值分析模型中，空气的外边界处采用 Flow_Out 边界条件，允许空气的流出。

数值模型中采用的爆炸材料为 TNT 炸药，其状态方程采用式(2.2)所示的 JWL 状态方程：

$$p=A\left(1-\frac{\omega}{R_1V}\right)\mathrm{e}^{-R_1V}+B\left(1-\frac{\omega}{R_2V}\right)\mathrm{e}^{-R_2V}+\frac{\omega E}{V} \tag{2.2}$$

式中，p 为静水压力；V 为相对体积；E 为能量密度；A、B、R_1、R_2、ω 均为材料常数。

当炸药爆炸后膨胀到大于其 10 倍初始体积时，计算程序自动将其状态方程转化为理想气体状态方程进行计算。

所采用的 TNT 炸药的初始质量密度为 $1.63\mathrm{g/cm^3}$，其他材料参数均列于表 2.1 中。

表 2.1　炸药材料参数

A/kPa	B/kPa	R_1	R_2	ω
3.73×10^8	3.74×10^6	4.15	0.9	0.35

由于组成建筑物的材料多种多样，很难将诸多建筑材料同时应用到数值模型中。此外，本章的研究重点是爆炸冲击波的传播规律以及建筑物上的爆炸荷载作用，而不是建筑材料的动力性能和结构的动力反应。因此，为了简化计算模型，将数值模型中所有的建筑物均视为刚体，只考虑爆炸冲击波在建筑物之间的传播，而忽略由爆炸冲击波所引起的建筑物的变形与破坏。

2）网格尺寸对数值模拟结果的影响

在采用有限单元法进行数值分析时，减小有限单元的网格尺寸可以提高计算精度，但这同时也会相应地增加计算时间，提高计算费用。因此在数值模拟中需要了解有限单元的网格尺寸大小对于数值计算结果的影响，进而选择合理的网格尺寸。

在研究空气中炸药爆炸时，需要将空气划分为若干个有限单元网格。为了研究网格尺寸对数值模拟结果的影响，应用 AUTODYN 软件建立了 1000kg 球形装药的 TNT 炸药在空气中爆炸的数值分析模型。在距离爆炸中心 10m 位置处，对于不同的网格尺寸，计算得到的压强时程曲线如图 2.7 所示。

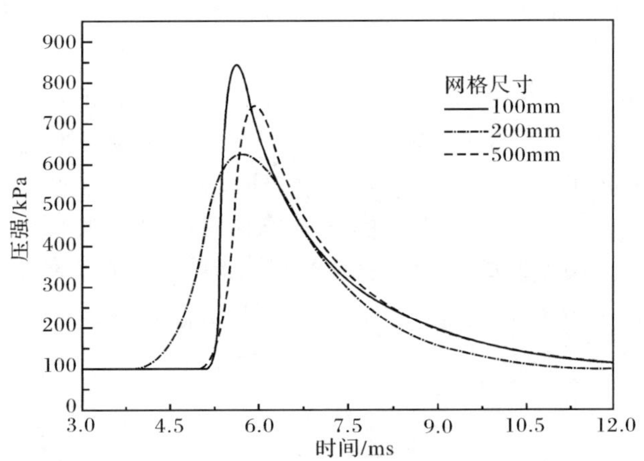

图 2.7　网格尺寸对压强时程曲线的影响

从图 2.7 中可以看出，数值分析的计算结果与网络尺寸的大小有关。网格尺寸越小，计算所得到的冲击波到达时间越晚，峰值压强越大；相反地，网格尺寸越大，计算得到的冲击波到达时间越早，峰值压强越小。此外，网格划分越粗，所得到的爆炸波的压强时程曲线越趋于平缓，冲击波的升压时间也越长。

建立爆炸波传播的数值分析模型时，采用三维有限单元网格对空气单元进行划分。因此如果网格划分过细，会使得空气单元数目太多，超出 AUTODYN 软件所允许的范围，从而造成程序的崩溃。相对而言，采用 200mm 的网格尺寸既可以取得令人满意的计算结果，同时又可以有效地减少计算时间。因此在后面的数值分析中,空气的三维有限单元网格尺寸采用 200mm。

3) 计算结果映射(REMAP)技术的应用

在数值模拟中,应用了 AUTODYN 软件提供的 REMAP 技术。整个分析过程可以分为两步进行:在第一个阶段,刚性地面上的炸药引爆后,在爆炸冲击波未到达建筑物之前,暂时可以先不考虑建筑物的影响,因此爆炸冲击波是在半无限空间上传播,利用问题的对称性,可以简化到二维空间中进行计算;在第二阶段,需要考虑爆炸冲击波与建筑物的相互作用时,必须到三维空间中进行计算,可以将二维空间中的计算结果映射到三维空间中,然后采用三维数值模型,计算爆炸冲击波遇到建筑物后的情况。

与完全采用三维数值模型相比,达到相同的精度,采用二维有限元模型所需要的单元数大大减少。整个过程不仅减少了计算时间,同时在二维空间分析阶段,可以采用更精细的有限元网格,从而提高计算的精度。

2. 作用在单体建筑上的爆炸荷载

1) 数值分析模型描述

首先研究在简单环境中爆炸冲击波的传播,此时仅考虑有一个目标建筑物的情况。如图 2.8 所示,炸药在刚性地面上发生爆炸,爆炸中心至目标建筑物的距离 $D=10\text{m}$,炸药的 TNT 当量 $W=1000\text{kg}$。目标建筑物的外形为长方体,其尺寸分别 $B=5\text{m}$, $L=10\text{m}$, $H=10\text{m}$。选取炸药和目标建筑物周围空气的尺寸为 20m×20m×11m,并且在空气的边界上允许空气的流出。目标建筑物为刚体,采用拉格朗日单元,而空气则采用欧拉单元进行划分。基于所分析问题的对称性,在建立有限元模型时仅取一半结构进行建模。

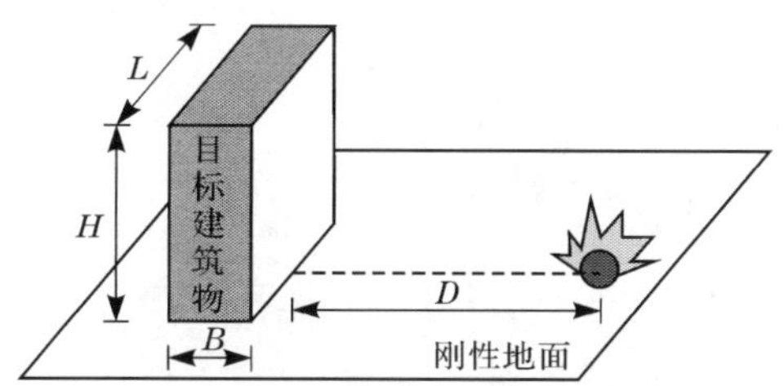

图 2.8　作用在单体建筑物上的爆炸荷载作用

2) 作用在目标建筑物正面的爆炸荷载

位于刚性地面上的炸药引爆后,产生的爆炸冲击波迅速传播到目标建筑物上,由于目标建筑物的反射作用,在建筑物表面产生很大的反射超压。图 2.9 给出了炸药引爆并经过 5ms 后,空气和目标建筑物上的压强云图。从图中可以看出,爆炸在建筑物底部表面上产生了很大的压强。

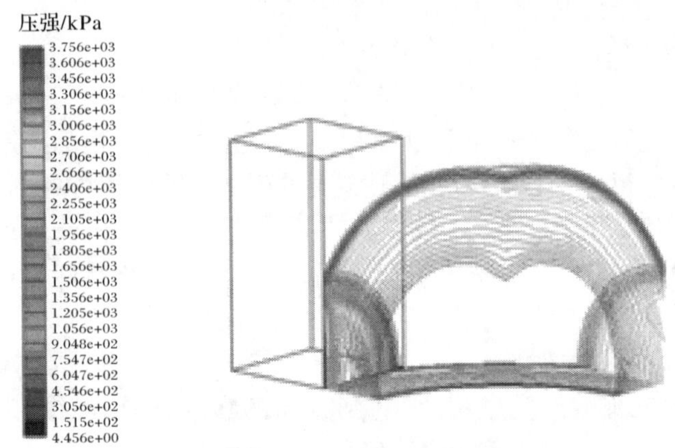

图 2.9　炸药引爆后 5ms 时的压强云图(见彩图)

对于爆炸中心在建筑物正面的投影处的测点,计算得到的建筑物的压强时程曲线如图 2.10 所示。从图中可以看出,在爆炸冲击波传播到目标建筑物后,由于建筑物表面的反射,其压强迅速达到了约 4MPa 的峰值压强,但爆炸作用的持续时间很短。在建筑物表面先后作用有正向超压和负向超压。此外,与自由空气中的爆炸相比,对于相同比例距离的情况,由于建筑物自身的反射,作用在目标建筑物上的峰值超压增大了 5 倍。

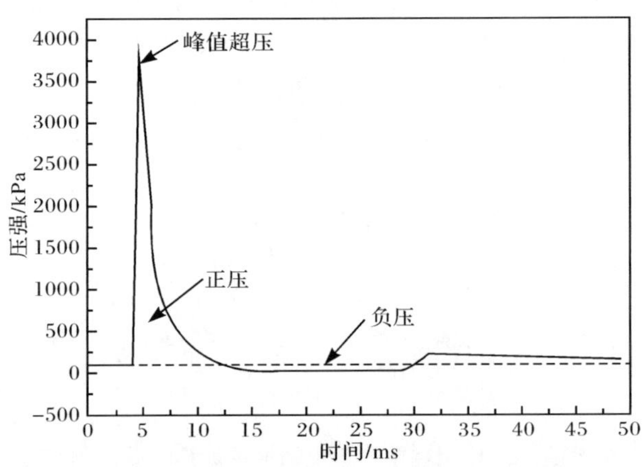

图 2.10　目标建筑物底部的压强时程曲线

在距建筑物正面的竖向对称轴不同距离的位置处,沿目标建筑物正面的底部设置测点,所测得 0m、2.5m 和 5m 处的压强时程曲线如图 2.11 所示。在建筑物正面的竖向对称轴上,距地面每隔 1m 高度设置一个测点,用于计算爆炸冲击波的参数。图 2.12 给出了距地面 0m、5m、10m 处的测点上的压强时程曲线。从这两个图可以看出，不同位置处的压强时程曲线的外形相近，但各条曲线的峰值压强及到达时间均不相同。

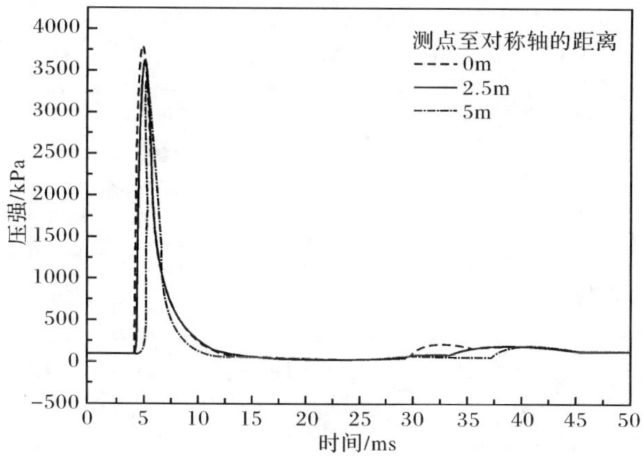

图 2.11　目标建筑物正面不同水平位置处的压强时程曲线

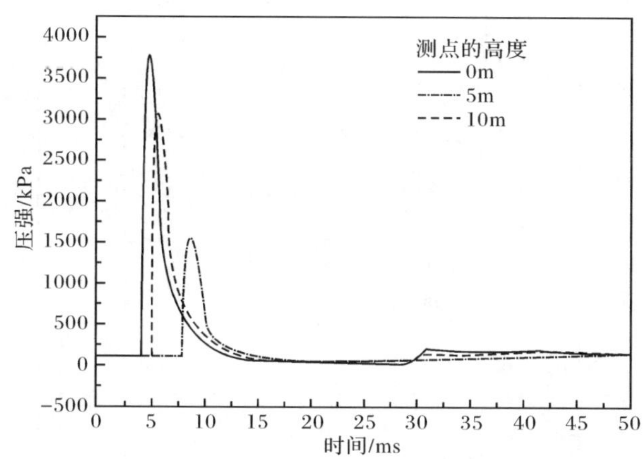

图 2.12　目标建筑物正面不同高度处的压强时程曲线

对于目标建筑物正面不同高度处的测点，图 2.13 给出了测点的峰值超压的大小及变化规律。从图中可以看出，地面爆炸在建筑物的底部产生了很大的峰值超压，在距地面 1m 高度处的测点计算所得峰值超压最大，这是由于地面和建筑物同时反射所造成的。然而沿着建筑物的高度方向，由于至爆炸中心的距离增大，同时地面反射作用减小，作用在建筑物上的爆炸超压荷载迅速减小。

图 2.14 给出了建筑物正面不同高度处的峰值超压的到达时间。可见随着至爆炸中心的距离的增大，爆炸冲击波的传播速度和加速度都在减小，达到峰值超压所需要的时间也在增加。由于目标建筑物底部至爆炸中心最近，爆炸冲击波首

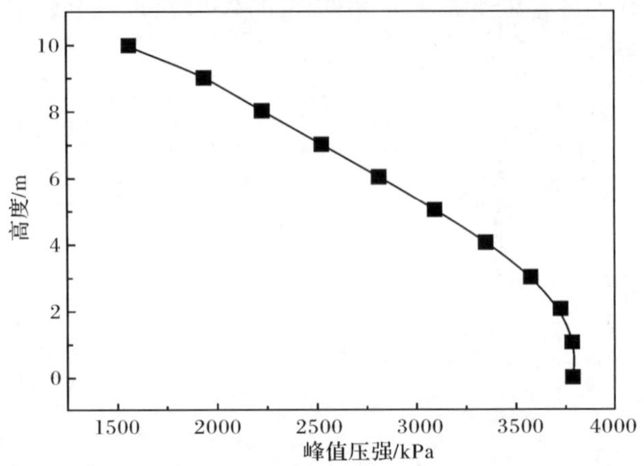

图 2.13　目标建筑物正面的峰值压强

先达到峰值超压，可见目标建筑物底部的爆炸荷载非常具有代表性。因此在爆炸荷载的研究中，选择目标建筑物底部的峰值超压作为主要研究对象，研究作用在建筑结构上的爆炸荷载的特性。

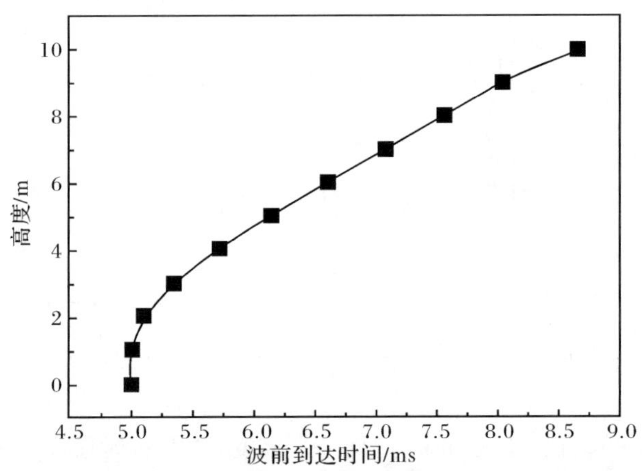

图 2.14　目标建筑物正面峰值超压的到达时间

3) 作用在目标建筑物侧面的爆炸荷载

爆炸冲击波遇到目标建筑物后，一部分爆炸冲击波被反射回来，还有部分冲击波会绕过建筑物继续向前传播，同时发生冲击波的绕流现象。图 2.15 给出了爆炸发生经过 7ms 后冲击波的压强云图。可以看到，爆炸冲击波绕过建筑物继续向前传播，由此可知在目标建筑物的侧面也会产生相应的爆炸超压荷载。

在目标建筑物侧面的竖向对称轴上，沿建筑物高度方向每隔 1m 设置一个测

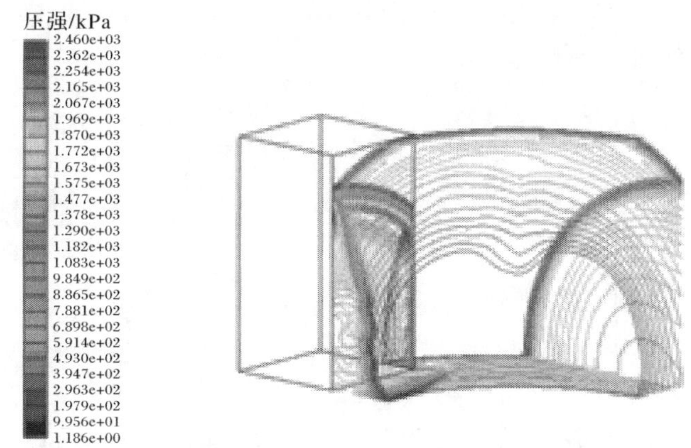

图 2.15　炸药引爆后 7ms 时的压强云图(见彩图)

点。位于 0m、5m 和 10m 高度处的测点上的压强时程如图 2.16 所示。可以看出，同样对于传播到目标建筑物底部的爆炸冲击波，侧面的峰值压强不到 400kPa，仅为正面的峰值压强的十分之一。

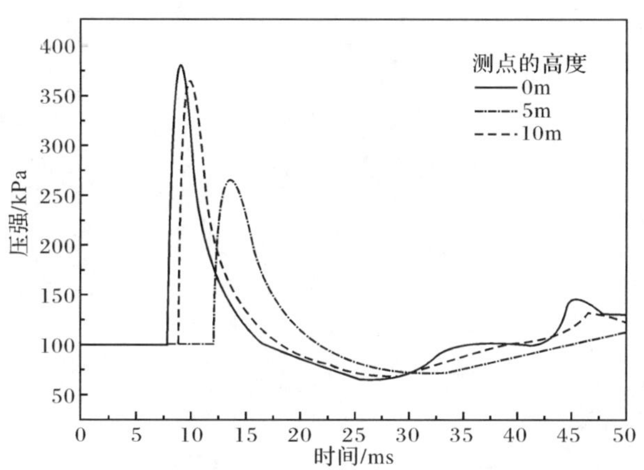

图 2.16　目标建筑物侧面的压强时程曲线

此外，沿着建筑物的高度方向，各点的压强时程曲线外形相似，正压作用时间相近，但是峰值压强随着建筑物高度的增大而减小。建筑物侧面的峰值压强沿高度方向的变化规律如图 2.17 所示。

4) 作用在目标建筑物背面的爆炸荷载

爆炸冲击波除了会在建筑物的正面和侧面产生超压荷载以外，还会在目标建筑物的背面产生爆炸作用。这是因为有一部分爆炸冲击波从建筑物的侧面和顶部绕过建筑物，到达建筑物的后面，从而在目标建筑物的背面产生爆炸超压荷载

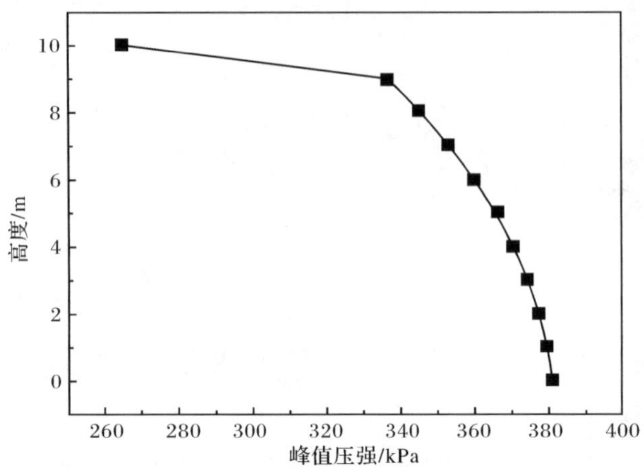

图 2.17 目标建筑物侧面的峰值压强

作用,这种现象可以从图 2.18 中看出。

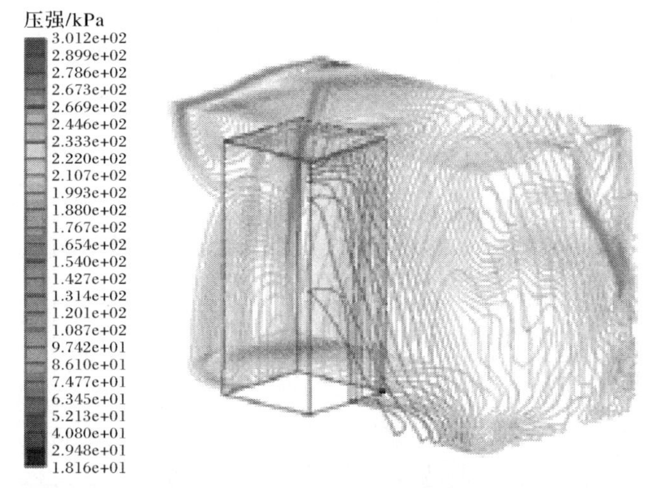

图 2.18 炸药引爆后 21.5ms 时的压强云图(见彩图)

对于目标建筑物背面的竖向对称轴,图 2.19 给出了不同高度处的压强时程曲线。从图中可以看出,背面的峰值压强最大值位于顶部,这是由爆炸冲击波从建筑物顶部绕过之后在背面产生的。然而这个峰值压强不到 220kPa,相比建筑物正面的峰值压强要小得多。

在图 2.19 中,实线所绘制的曲线表示建筑物背面底部的测点上计算得到的压强时程。从曲线上可以看到两个峰值,这是因为绕过建筑物侧面和绕过顶部的两部分冲击波分别先后到达测点所形成的。也正是由于建筑物背面存在多个方

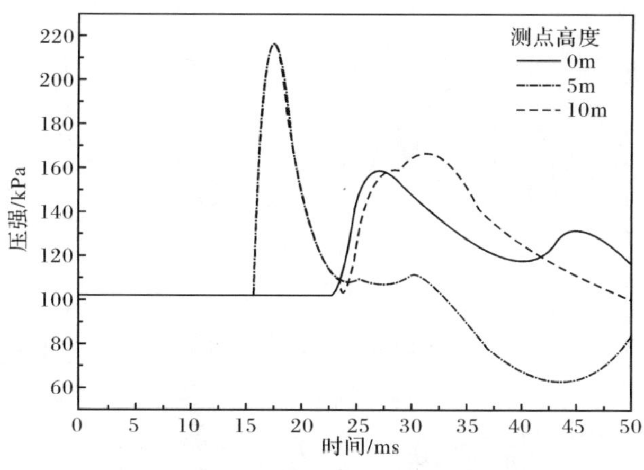

图 2.19　目标建筑物背面的压强时程曲线

向的绕流和多重反射，使得其爆炸超压荷载变得非常复杂，较难得到爆炸超压荷载模型。

5）门窗洞口对作用在建筑物上爆炸荷载的影响

在前面的研究中，没有考虑门窗洞口的影响，实际上建筑物上是存在门窗洞口的。当爆炸冲击波遇到门窗洞口时，门窗上的玻璃立刻被破坏，随后爆炸冲击波进入建筑物的内部，威胁建筑物内部的生命财产安全。而且由于门窗洞口的存在，使爆炸冲击波的传播路径发生变化，从而改变了建筑物外部的爆炸超压荷载，因此需要研究门窗洞口对爆炸冲击波传播的影响。

为了研究有无门窗洞口的情况下建筑物外部的爆炸超压荷载的区别，在原有数值模型中的目标建筑物上设置门窗洞口，其尺寸及布置如图2.20所示。整个建筑物的正面共设置 12 个门窗洞口，应用问题的对称性，仅取一半结构进行建模。为了简化计算，建模时不考虑门窗玻璃的影响，仅设置洞口，允许爆炸冲击波直接从门窗洞口中传播。

炸药引爆 5ms 时，计算得到的压强云图如图 2.21 所示。从图中可以看到爆炸冲击波通过门窗洞口进入建筑物内部的情况。

对于是否设置上述门窗洞口的两种情况，图 2.22 分别给出了位于建筑物正面底部测点上的压强时程曲线。从图中可以看出，在升压阶段，对于有无门窗洞口的两种情况，计算得到的建筑物底部的压强时程曲线接近重合，所得到的峰值压强也非常接近。然而在压强下降阶段，有门窗洞口的情况下，其压强下降较快，因此其正相冲量要小于没有门窗洞口的情况。这是由于门窗洞口的存在，一部分爆炸冲击波通过门窗洞口继续传播，相比没有门窗洞口的情况，增加了泄压渠道，因而目标建筑物外表面的爆炸超压下降得比没有门窗洞口的情况要快。当进入

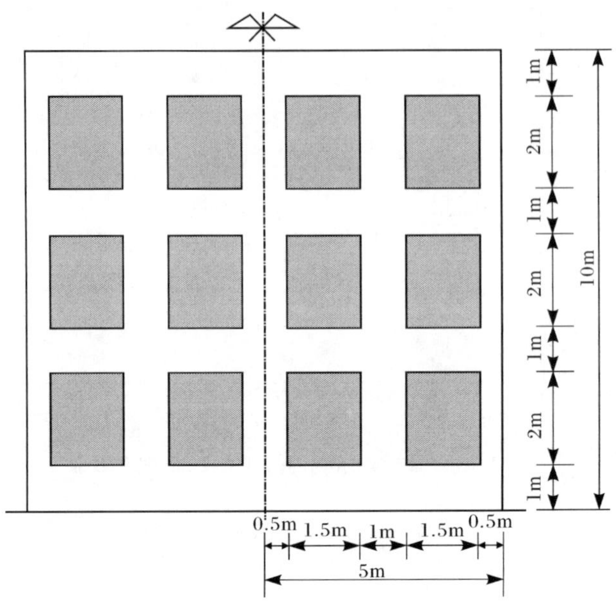

图 2.20　目标建筑物正面的门窗洞口布置

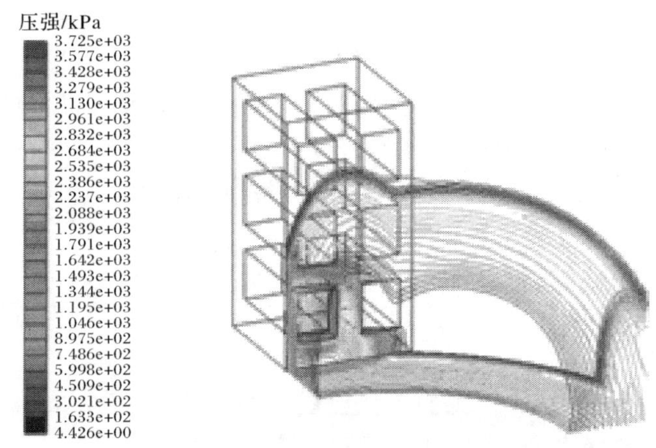

图 2.21　炸药引爆 5ms 时的压强云图(见彩图)

爆炸超压的负压阶段,从图中可以看出,门窗洞口的存在对压强时程曲线影响不大。

3. 邻近建筑对爆炸波的反射作用

前面讨论的是单体建筑物上的爆炸荷载作用,而在城市复杂环境中,由于存在邻近建筑物,爆炸冲击波在向目标建筑物传播的过程中,会受到邻近建筑物的

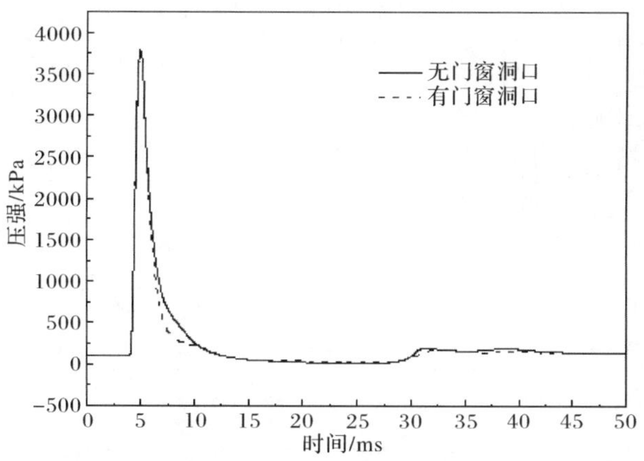

图 2.22　有无门窗洞口情况的建筑物底部压强时程曲线

反射。因此,相比单体建筑物的情况,作用到目标建筑物的爆炸超压荷载会有一定的变化。下面研究邻近建筑物对爆炸冲击波的反射作用。

1) 数值分析模型

如图 2.23 所示,炸药在目标建筑物与邻近建筑物之间的刚性地面上发生爆炸。为了便于和单体建筑物的情况进行对比分析,在数值分析模型中所使用炸药的 TNT 当量仍然为 1000kg,而且爆炸中心至目标建筑物的距离 D 仍为 10m,目标建筑物的尺寸与前面单体建筑物的情况相同,B=5m,L=10m。邻近建筑物的高度为 H_1,另外两个方向的尺寸与目标建筑物相同。邻近建筑物到爆炸中心的距离为 D_1。应用问题的对称性,取一半结构进行建模分析。

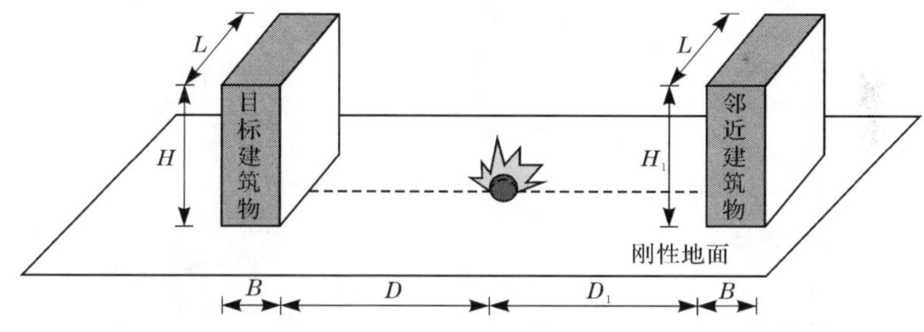

图 2.23　考虑邻近建筑物的反射

对于邻近建筑物的高度 H_1=10m,至爆炸中心的距离 D_1=10m 的情况,炸药爆炸后,计算得到的作用在目标建筑物底部的压强时程曲线如图 2.24 所示。图中同时给出了没有邻近建筑物的情况加以对比。

从图 2.24 中可以看出,相对于单体建筑物的情况,邻近建筑物的存在并没有改变目标建筑物上的第一个峰值压强,两种情况下的压力时程曲线几乎重合。但

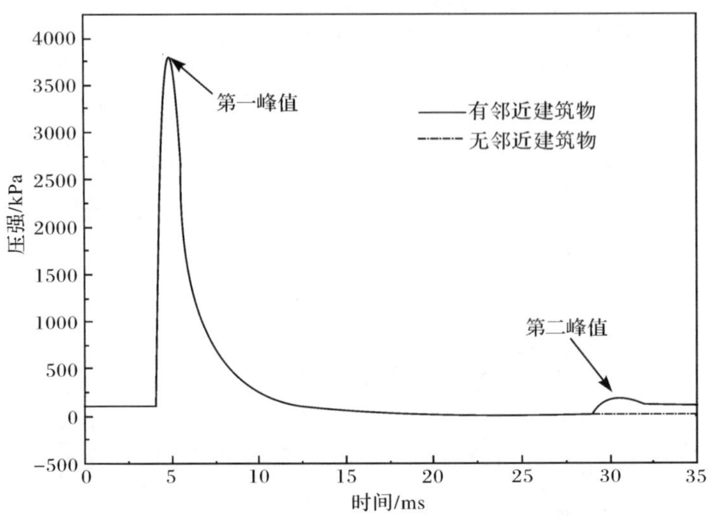

图 2.24　邻近建筑物对目标建筑物底部的压强时程的影响

是由于邻近建筑物对爆炸冲击波的反射作用，爆炸冲击波在传播到邻近建筑物上以后，又被反射到目标建筑物上，因而目标建筑物的超压时程曲线上出现了第二个峰值。图 2.25 给出了炸药引爆后 31ms 时的压强云图，可以看到邻近建筑物反射回来的冲击波作用在目标建筑物底部的情况。

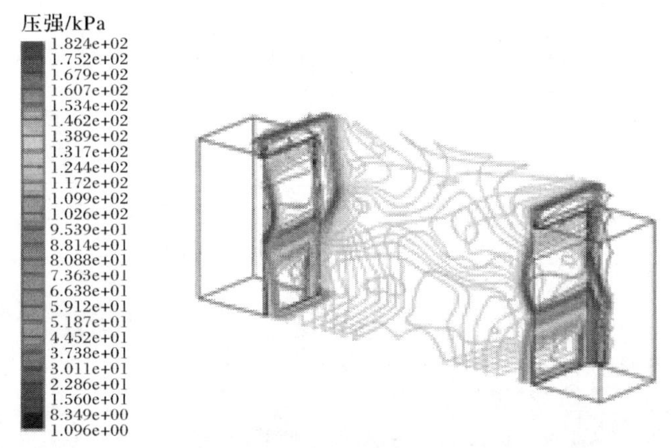

图 2.25　炸药引爆后 31ms 时的压强云图(见彩图)

下面研究邻近建筑物的相对位置和尺寸对爆炸冲击波传播的影响。

2) 邻近建筑物位置的影响

首先研究邻近建筑物的相对位置对爆炸冲击波传播的影响。在数值分析模型中，保持邻近建筑物的高度 $H_1=10\text{m}$ 不变，改变其至爆炸中心的距离 D_1，分别取值为 2m、4m、6m、8m 和 10m 进行建模分析。

计算得到的邻近建筑物的位置对于目标建筑物上的底部压强时程的影响如图 2.26 所示。计算结果表明，邻近建筑物至爆炸中心的距离 D_1 的改变，对于作用在目标建筑物底部的第一个峰值超压几乎没有什么影响。不同的 D_1 所得到的压力时程曲线的前半段接近重合。

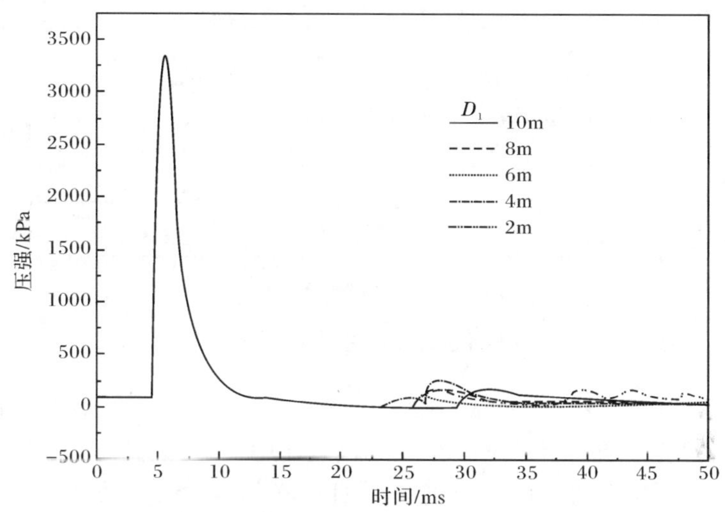

图 2.26 邻近建筑物的相对位置对压强时程的影响

所不同的是邻近建筑物的位置对压强时程的后半段的影响。由于爆炸冲击波在两个建筑物和刚性地面之间发生多重反射，因此在目标建筑物的压强时程曲线上出现第二个峰值压强。从图中可以看出，在建筑物之间的距离越小，第二个峰值的到达时间越早。对于 D_1 比较小的情况，例如 2m、4m 和 6m，从图中还可以看到第三个峰值压强。

3) 邻近建筑物高度的影响

为了研究邻近建筑物的尺寸对目标建筑物上爆炸冲击荷载的影响，在数值分析模型中，保持邻近建筑物至爆炸中心的距离 $D_1 = 10\text{m}$ 不变，改变邻近建筑物的高度 H_1，分别取值为 2m、4m、6m、8m 和 10m 进行建模分析。

对于目标建筑物上的底部压强时程，计算得到的邻近建筑物的高度的影响如图 2.27 所示。计算结果表明，邻近建筑物的高度 H_1 的改变，对于作用在目标建筑物底部的第一个峰值压强几乎没有影响，不同的 H_1 所得到的压力时程曲线的前半段几乎重合。

但是邻近建筑物的高度对压强时程曲线的后半段的影响并不相同。第二个峰值压强的到达时间和大小都不尽相同。计算得到的目标建筑物底部的第二个

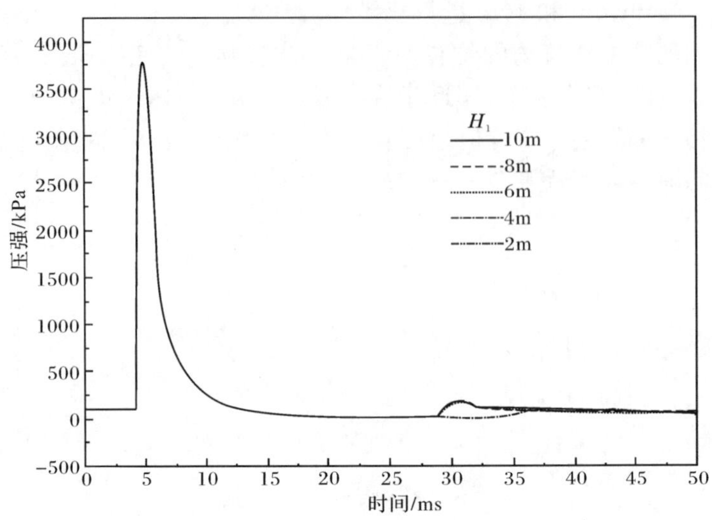

图 2.27　邻近建筑物的高度对压强时程的影响

峰值压强的大小及变化规律如图 2.28 所示。从图中可以看出，随着邻近建筑物高度的增大，目标建筑物上的第二峰值压强也在增大。但是第二个峰值压强仅在建筑物的高度由 2m 变为 8m 时提高幅度相对较大，当建筑物的高度超过 8m 时，其对第二个峰值压强的影响就很小了。

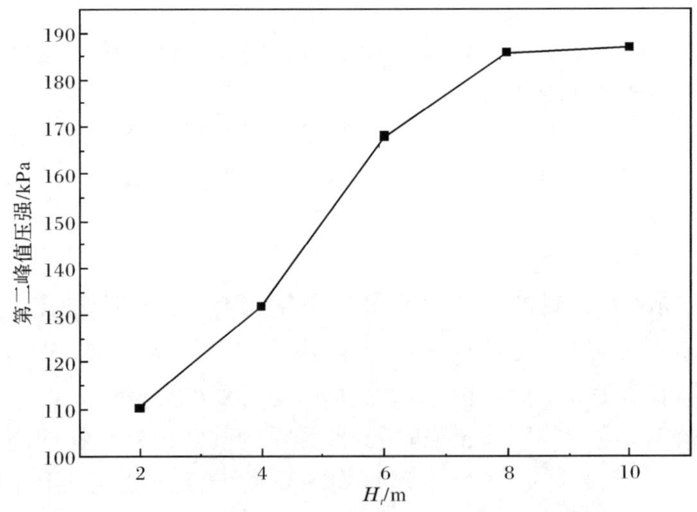

图 2.28　邻近建筑物的高度对第二个峰值压强的影响

4. 爆炸冲击波在 T 形街道中的传播

当在城市街区发生爆炸事故时，产生的爆炸冲击波向目标建筑物传播的过程中，由于受到街道两旁建筑物的反射作用，目标建筑物上的爆炸荷载作用会相应地改变，这种现象被称为“峡谷效应”。为了研究城市复杂环境中街道两旁建筑物对目标建筑物上的爆炸荷载模型所产生的影响，建立了爆炸冲击波在 T 形街道中传播的数值分析模型。

1) 数值分析模型

如图 2.29 所示，质量为 1000kg 半球形装药的 TNT 炸药在刚性地面上爆炸，爆炸中心通过街道的中轴线，爆炸中心至目标建筑物正面的距离 $D=20\text{m}$。目标建筑物的相应尺寸为 $L-15\text{m}$，$H=10\text{m}$，$B=3\text{m}$，$W_1=10\text{m}$。假定街道两旁建筑物相同，其尺寸 $B_1=3\text{m}$，高度为 H_1，街道宽度为 W。由于问题的对称性，以通过街道的中轴线并垂直于刚性地面的平面为对称平面，取一半结构进行建模分析，模拟爆炸冲击波在 T 形街道中的传播过程。

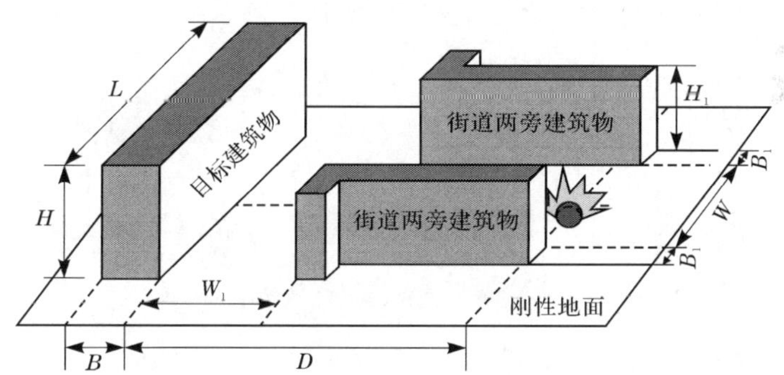

图 2.29　爆炸冲击波在 T 形街道中的传播

对于街道两旁建筑物高度 $H_1=10\text{m}$，街道宽度 $W=10\text{m}$ 的情况，建立其有限元模型进行计算分析，所得到的爆炸冲击波在街道中的传播过程如图 2.30 所示。图中分别给出了炸药引爆后 3ms、10ms 以及 17ms 时的压强云图。从图中可以看到，爆炸引发的爆炸冲击波在被街道两旁的建筑物反射之后，继续向目标建筑物传播的过程。

计算得到的目标建筑物底部的压强时程曲线如图 2.31 所示。为了便于对比分析，图中还绘出了街道两旁没有建筑物时的压强时程曲线。

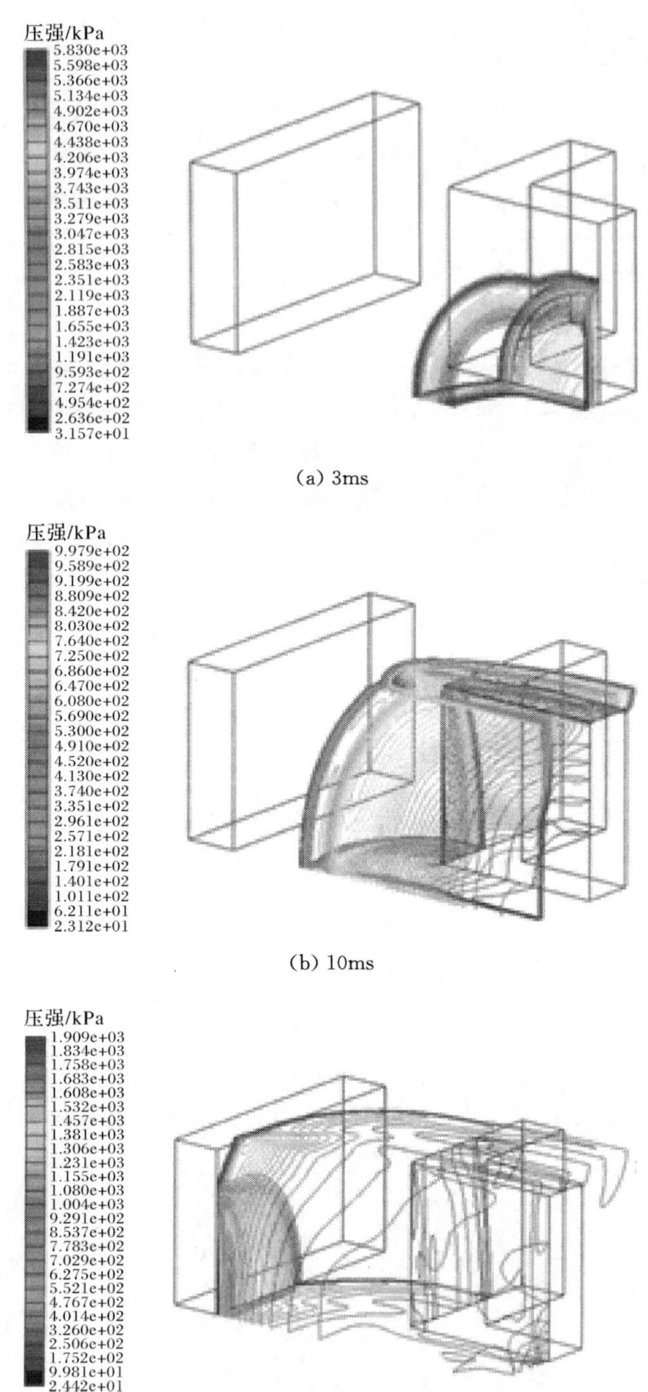

(a) 3ms

(b) 10ms

(c) 17ms

图 2.30　爆炸冲击波在 T 形街道中传播的压强云图(见彩图)

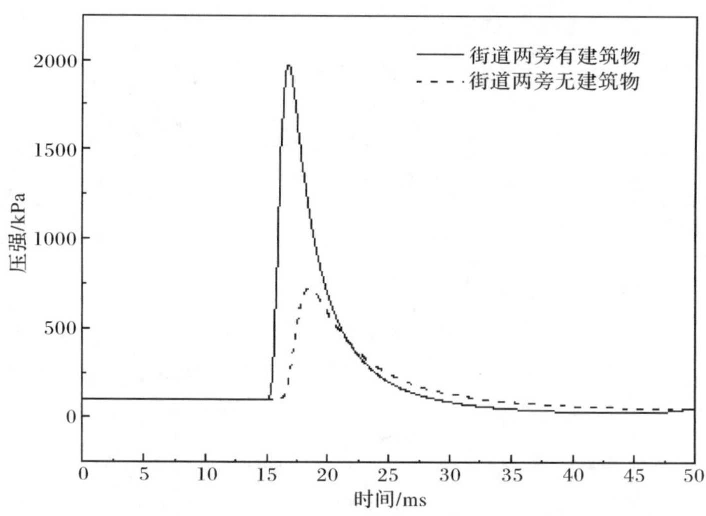

图 2.31　街道两旁建筑物对目标建筑物底部的压强时程的影响

从图 2.31 中可以看出，由于街道两旁建筑物的存在，爆炸冲击波传播到目标建筑物上之后，相比不考虑街道两旁建筑物的情况，其峰值压强增大了近 3 倍。这是由于爆炸冲击波在传播到目标建筑物之前，在街道两旁建筑物之间发生了多重反射，使爆炸冲击波的峰值压强和冲量有所增强。

但街道两旁建筑物对目标建筑物上爆炸荷载作用的增强效应受到街道宽度和街道两旁建筑物的尺寸的影响，下面研究这两种影响因素。

2) 街道宽度对爆炸冲击波的影响

在上面的数值分析模型中，保持其他参数不变，仅改变街道两旁建筑之间的距离，即街道的宽度 W，其取值范围在 10～20m。计算得到的不同街道宽度的情况下，目标建筑物底部的压强时程曲线如图 2.32 所示。

从图中可以看出，随着街道宽度的增大，街道两旁建筑物对传播到目标建筑物的爆炸冲击波的增强效应减小，作用在目标建筑物上的峰值压强和冲量都相应地减小。同时可以发现，在本算例中当街道宽度超过 14m 时，目标建筑物上的压强时程出现了两个峰值，前一个是从爆炸中心出发的爆炸冲击波传播到目标建筑物上形成的，而后一个峰值是被街道两旁建筑物反射的爆炸冲击波传播到目标建筑物上而形成的。在街道宽度为 14m 时，后一个峰值大于前一个峰值，而当街道宽度大于 14m 时，后一个峰值要小于前一个峰值。也就是说当街道的宽度超过一定值，两旁建筑物对爆炸冲击波的增强效应就很小了，可以忽略不计。因此在建筑物的抗爆设计及灾害评估中，要合理考虑街道对爆炸冲击波的增强效应。

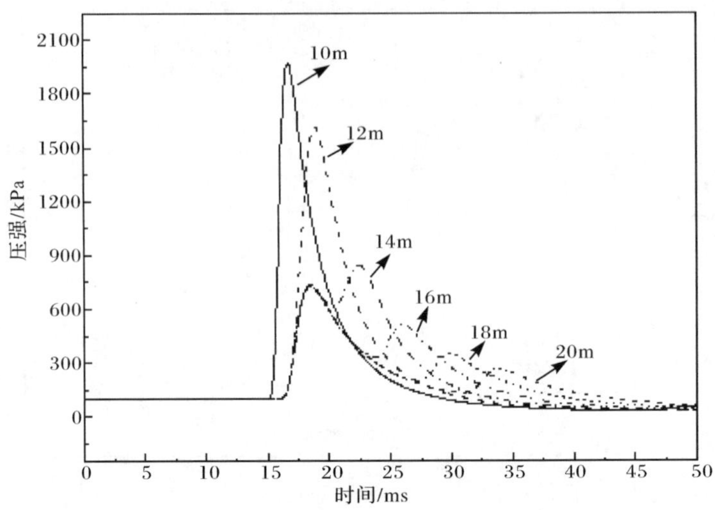

图 2.32 不同街道宽度情况下目标建筑物上的压强时程曲线

3) 街道两旁建筑物高度对爆炸冲击波的影响

为了研究街道两旁建筑物的高度对爆炸冲击波的影响，在上面的数值分析模型中，保持其他参数不变，街道宽度仍为 $W=10\text{m}$，仅改变街道两旁建筑物的高度 H_1，取值范围在 2～10m。对于街道两旁的建筑物取不同高度的情况，计算得到的目标建筑物底部的峰值压强的变化规律如图 2.33 所示。

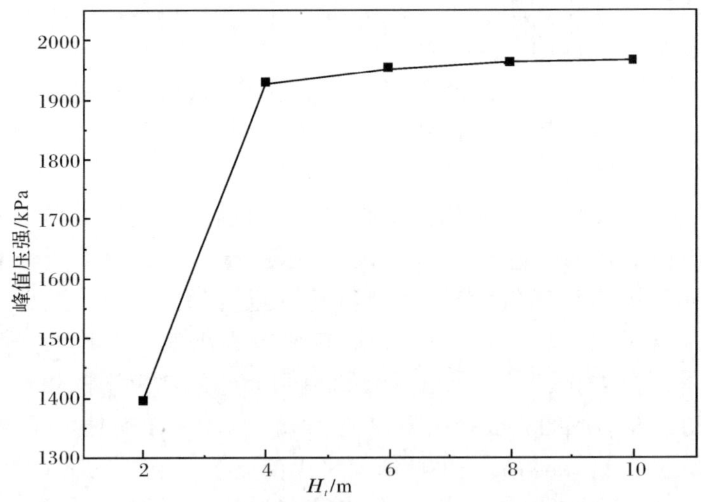

图 2.33 街道两旁建筑物的高度对峰值压强的影响

从图中可以看到，当街道两旁建筑物的高度从 2m 增加至 4m 时，爆炸冲击波的峰值压强增大了近 40%；而当街道两旁建筑物的高度超过 4m 时，随着街道两旁建筑物高度的增加，峰值压强也在增加，但增加值很小，甚至不到 1%。由此可见，街道两旁建筑物的高度的增加，会使得传播到目标建筑物上的爆炸荷载作用增强，但这种增强效应是有限制的，当街道两旁建筑物的高度超过一定值，它的增加对目标建筑物上的爆炸荷载作用的改变非常小。

2.2.2 建筑外部爆炸作用于结构柱上的爆炸荷载

准确的预测结构上的爆炸荷载是结构爆炸响应分析和结构抗爆设计的关键。目前，在结构爆炸响应分析和结构抗爆设计中常用的爆炸荷载均来自于现场爆炸试验得到的经验公式。由于存在试验安全及费用昂贵等问题，现场爆炸试验的数据非常有限，因此，目前的经验公式都是在结构物反射面无穷大假定基础上建立起来的。显然，这种假定对于底层无填充墙的框架结构的单个柱并不适用。现场试验[13,14]结果表明，在有填充墙和无填充墙两种情况下，在相同的爆炸环境下作用在柱上的爆炸荷载相差很大。同时，对于单个无填充墙的框架柱来说，当爆炸冲击波与其相遇时，在其迎爆面即前表面会瞬时产生比入射波强度高出很多倍的反射波，随后，反射波传播到迎爆面的边沿并向低压区继续传播。当柱子的尺寸比较小时，随着爆炸波的持续传播，整个柱便会逐渐处于爆炸冲击波的包围之中，在这种情况下，作用在柱的后表面的爆炸荷载就不能再被忽略(本节中，结构构件或建筑结构的前表面均指其迎爆面，即面向爆炸冲击波的一面，后表面均指其背向冲击波的一面，侧面则指除前后表面、底面和顶面外的其他两个面)。显然，如果继续运用目前的适用于无穷大反射面的经验公式预测该类柱上的爆炸荷载，将会产生很大的错误。

随着现代建筑的发展，在实际工程应用中，一方面，由于近些年来对停车场的需求不断增加，尤其在西方国家，很多公共建筑将结构底层设计为停车层，相应的，结构柱间也就没有填充物；另一方面，基于美观方面的考虑，大多数的公共建筑底层均采用玻璃幕墙，爆炸冲击波袭来的瞬间，玻璃幕墙很快被摧毁，将结构底层柱置于爆炸波的包围之中。在上述情况下，对结构进行抗爆分析时，确定单个框架柱上的爆炸荷载时，必须考虑爆炸波与柱的相互作用，而在此类建筑结构的抗爆设计时，为了使设计即可靠又经济，也必须对结构柱上的爆炸荷载进行准确定义，这同样需要考虑爆炸波与柱之间的相互作用。

爆炸冲击波与柱的相互作用非常复杂，图 2.34 给出了单个柱与爆炸冲击波相互作用的示意图。如图所示，当爆炸波传播到柱上时，一部分被柱的前表面反射形成反射冲击波，剩余的部分则形成衍射波。在反射的部分，反射超压可能会使柱产生明显的变形，从而可能会影响作用在柱前表面的爆炸荷载。在衍射的部分，冲击波在与柱的相互作用中被消弱，并在柱后形成重组波。同时，在相互作用的过程中，在柱后两角处会产生两组涡流。鉴于这种相互作用的复杂性，有很多因素可能会影响爆炸冲击波与柱间的相互作用及作用于柱上的爆炸荷载，如炸药的重量，炸药起爆位置和柱之间的实际距离，柱的刚度、尺寸和截面形状等。然而，目前在这方面尚未看到相关的文献报道。在国内外期刊上，仅仅发现一些研究者们对爆炸冲击波与楔形体和圆柱体等小型构件的相互作用进行试验和数值模拟[15~19]，也有一些学者对爆炸冲击波和防空洞相互作用产生的爆炸荷载分布进行了研究[20,21]。在这些数值研究中，全部采用二维的有限元模型，并且，他们关注的焦点仅仅是爆炸冲击波的衍射和涡流的产生，对作用于小型构件和结构上的爆炸荷载并未做太多的研究。

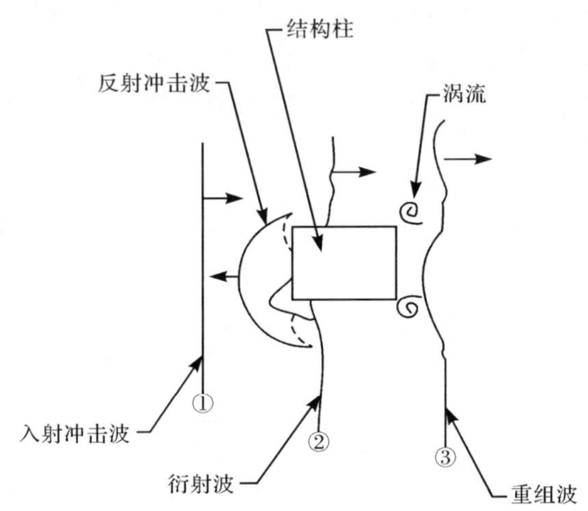

图 2.34　单柱与爆炸冲击波相互作用示意图

本书的目的就是要通过对爆炸冲击波与柱相互作用的研究，建立建筑外部爆炸环境下预测在爆炸波与柱相互作用过程中作用于单个柱上爆炸荷载的公式。首先，运用 AUTODYN 有限元显示动力分析软件建立包括 TNT 炸药，空气和结构柱在内的三维有限元模型，并对爆炸冲击波的爆轰，在空气中的传播以及与结构柱的相互作用进行模拟。在此基础上，通过参数分析研究爆炸波和柱的相关参数对爆炸波与柱相互作用的影响。这些参数包括爆炸波的比例距离，柱的刚度、质量比、截面形状和截面尺寸。最后，在大量有限元模拟数据的基础上，采用曲线拟合方法，建立预测柱前、后表面任意点爆炸荷载参数的公式，并提出基于所建立的公式的爆炸荷载模型的简化方法。

1. 爆炸波传播及其与结构柱相互作用的数值模拟

爆炸波的传播属于弹塑性流体动力学的范畴，是当前研究的前沿课题，也是目前为止尚未完全解决的难题[22]。爆炸问题的计算通常采用拉格朗日法或欧拉法。拉格朗日法中的运动方程形式比较简单,容易建立精度较高而又稳定的格式。而且,拉格朗日法跟踪固定的介质,可以用来计算包含多种物质的系统,不同物质间的界面能清晰地表示出来,自由面的处理也很方便。因此本节采用拉格朗日网格模拟结构柱。而欧拉方法采用固定的网格,物质在网格中流动,更适用于计算流体以及严重扭曲的问题。因此本节采用欧拉网格模拟炸药及空气。

AUTODYN[23]是美国 CENTURY DYNAMICS 公司推出的非线性动力分析程序,现已被 ANSYS 公司收购。该程序主要采用中心差分法进行显式分析,避免了刚度阵求逆,适合求解高速碰撞、侵切、爆炸等非线性动力学问题。该软件包含多种材料模型,也可以用户自定义材料模型。因此该软件可以针对各种材料进行二维和三维动力分析。其中含有典型的 TNT 炸药模型,特别适合求解爆炸力学问题。因此,在本节中,运用 AUTODYN 软件模拟爆炸波传播及其与结构柱的相互作用。

如前所述,爆炸冲击波与结构柱的相互作用很复杂,为了有效地研究这一问题,在研究之前,提出以下假定:

(1) 在本节中,仅考虑地面爆炸荷载。即炸药放置在地面,爆炸产生的冲击波被地面反射后再与柱产生相互作用。炸药假定为半球形装药,炸药中心距离柱迎爆面的水平距离即实际距离(stand-off distance)假定为 10m,通过改变炸药的重量来获取不同比例距离(scaled distance,定义如下,$Z=D/W^{1/3}$,D 为实际距离,W 为炸药的质量)的爆炸冲击波。

(2) 炸药放在柱前表面中线的正前方,保证爆炸冲击波传播到并撞击柱的前表面时,入射角为 0°。

1) 有限元模型

数值模拟从炸药的爆轰以及爆炸冲击波在空气中的传播开始,直至爆炸冲击波传播到柱子所在位置并与之发生相互作用,继而向更远处传播为止。为了减少计算时间,提高计算效率,采用了两步模拟方法。第一步,利用二维模型模拟炸药爆轰以及爆炸冲击波在空气中的传播,直至传播到柱子前但尚未和柱发生相互作用,在此步模拟中,考虑了地面反射。第二步,利用 AUTODYN 特有的功能,将先前二维模拟的结果映射并重现到三维模型中,形成三维的爆炸冲击波。随后,在三维模型中,模拟爆炸冲击波与柱的相互作用。这种两步模拟法较之完全的三维模拟,由于在第一步的二维模拟中,可以采用较少数量的网格、较小的网格尺寸获得更为准确的模拟结果,因此,对于整个模拟过程而言,不仅能够有效的提高计算效率,而且能够提高计算结果的精度[23]。图 2.35 分别给出了模拟炸药爆轰以及爆炸冲击波传播的二维有限元模型以及将二维模型计算结果映射到三维模型中后的爆炸冲击波示意图。从图中可以清楚地看出在爆炸冲击波与柱发生相互作用前，二维有限元模拟的结果映射到三维有限元模型中的情形，形成的三维爆炸冲击波可以用于爆炸冲击波与结构柱相互作用的模拟和计算。

(a) 模拟炸药爆轰以及爆炸冲击波传播的二维有限元模型

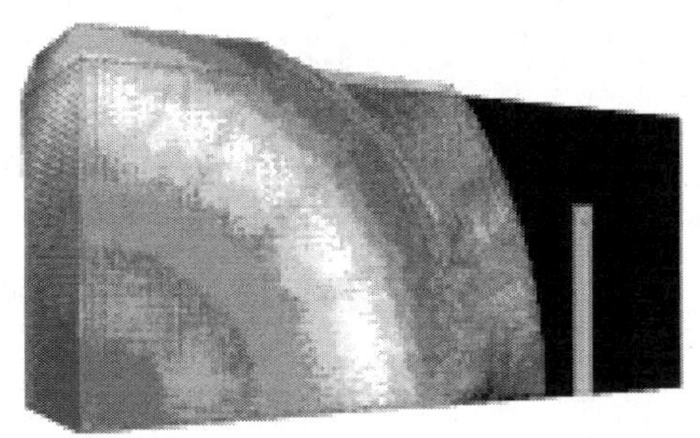

(b) 二维有限元模型结果向三维有限元模型的映射

图 2.35　二维有限元模型及其结果向三维有限元模型的映射

在数值模拟中，炸药和空气采用欧拉单元模拟，柱采用拉格朗日单元模拟，用具有合理材料属性和密度的拉格朗日单元模拟柱顶支承质量。利用 AUTODYN 提供的欧拉/拉格朗日全接触算法(fully coupled Euler/Lagrange interaction algorithm)模拟爆炸波与柱的相互作用[23]。

图 2.36 给出了三维有限元模型的三视图，图中标出了模型的边界条件。从图中可以明显地看出，柱子的底部固结，并通过置于顶端的集中质量块来模拟柱顶的边界条件即其上部支承结构对它的动力响应的影响。

在数值模拟中，空气的材料模型假设为理想气体，其压力 p 和能量 e 的关系

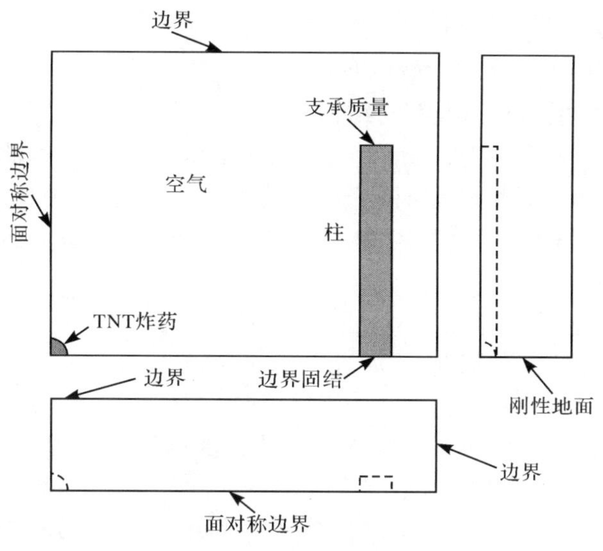

图 2.36 三维有限元模型三视图

可由下式确定[23]：

$$p=(\gamma-1)\rho e \tag{2.3}$$

式中，ρ 为空气的密度；e 为空气的初始内能；γ 为材料常数。在本节的分析中，空气密度 $\rho=1.225\text{kg/m}^3$，空气的初始内能取为 $e=2.068\times10^5\text{kJ/kg}$，材料常数 $\gamma=1.4$。

炸药 TNT 采用 JWL 状态方程模拟。该状态方程可以用来计算爆炸中由化学能转化成的压力。其压力和能量的关系可由下式确定[23]：

$$p=C_1\left(1-\frac{\omega}{r_1 v}\right)e^{-r_1 v}+C_2\left(1-\frac{\omega}{r_2 v}\right)e^{-r_2 v}+\frac{\omega E}{v} \tag{2.4}$$

式中，p 为压力；v 为炸药相对体积；E 为炸药单位体积初始内能；C_1、r_1、C_2、r_2 和 ω 为材料常数。炸药 TNT 的材料参数为：$C_1=3.7377\times10^5\text{MPa}$，$r_1=4.15$，$C_2=3.7471\times10^3\text{MPa}$，$r_2=0.9$，$\omega=0.35$。

为了研究结构柱刚度对爆炸波与结构柱相互作用的影响，假定结构柱为工程中常用的钢筋混凝土柱，钢筋混凝土采用 RHT 混凝土模型模拟，RHT 混凝土模型是一种全新的考虑材料动力学特征的混凝土模型，它同时考虑了混凝土的静水压力作用(pressure hardening)、应变强化(strain hardening)、应变率效应(strain rate hardening)以及混凝土的残余强度(residual strength)，并考虑了混凝土的损伤和裂缝开展对其强度的不利影响(damage softening and crack softening)[23]。在数值模拟中，并未建立钢筋单元，而是通过人为提高 RHT 混凝土的抗拉强度来考虑钢筋对混凝土强度的影响，而忽略钢筋对柱刚度的影响。同时，混凝土模型采用 P-α 状态方程。混凝土的材料参数采用 AUTODYN 材料库提供的 CONC-

35MPa 材料模型的默认值。

2) 数值模拟中的网格尺寸效应及其修正方法

对爆炸波的传播过程以及其与结构的相互作用进行数值模拟时，模拟结果的准确度在很大程度上取决于有限元模拟时采用的网格尺寸。因此，在大多数情况下，在数值模拟之前，都应该进行网格尺寸的收敛性分析，从而找到可以接受的网格尺寸。在数值模拟中，只有利用这一网格尺寸或使用更小的网格尺寸进行模拟方能得到准确的结果。

在实际的数值模拟中，一方面，通过网格尺寸收敛性分析得到的合理的网格尺寸往往仅仅适用于某些情况，比如说，相同的网格尺寸，用于模拟较大比例距离的爆炸波传播时可以得到较为准确的结果，但用于小比例距离的爆炸波传播的模拟时却可能因为网格尺寸过于粗糙而得到错误的结果[24]。因此，在数值模拟中，对不同的算例均需要做相应的网格尺寸收敛性分析，十分烦琐；另一方面，对于同一问题，减小网格尺寸的同时也会增加单元的个数，计算的最小步长也随之减小，故减小网格尺寸必然会降低计算的效率并增加对计算机硬件水平的要求。因此，在某些情况下，受计算机硬件、软件以及计算时间的限制，在爆炸波的传播以及其与结构的相互作用的模拟中，不得不采用较大的网格尺寸，这无疑会给模拟结果带来一定的误差。为了修正这种误差，本节对爆炸波的传播以及其与结构的相互作用数值模拟中的网格尺寸效应进行深入的研究。

目前，已经有部分学者提到或研究过爆炸波数值模拟中的网格尺寸效应。Krauthammer 等[25]研究了爆炸荷载作用下钢筋混凝土结构动力响应数值模拟中的网格尺寸、重力以及静力荷载等的影响，研究结果表明有限元模型的网格尺寸对于爆炸荷载作用下钢筋混凝土结构的变形和应力结果有较大影响。Luccioni 等[26]讨论了利用流体力学软件模拟预测爆炸荷载时的网格尺寸效应，认为 10cm 的网格尺寸就可以较为精确的模拟爆炸荷载的传播而较粗的网格尺寸则仅仅可以用来定性的模拟爆炸荷载在城市复杂环境中传播的基本规律。Chapman 等[24]研究了在 AUTODYN 2D 中模拟爆炸波传播时的网格尺寸效应，提出了一个网格尺寸修正系数用来修正在数值模拟中由于网格尺寸过大引起的误差。尽管这些学者在研究中对爆炸荷载数值模拟中的网格尺寸效应有所涉及并给出了一些网格尺寸的选取原则以及当不得不使用较大网格尺寸时的简单修正方法，仍有必要对这一问题进行更加深入的研究，因为：①需要更加深入的研究网格尺寸效应对爆炸荷载各参数的敏感度；②已有消除网格尺寸的修正方法仅仅适用于网格尺寸小于 10mm 时的情况，而在实际运用中，尤其是对城市复杂环境中爆炸波传播的数值模拟中，所采用的网格尺寸要远大于 10mm，因此，有必要提出新的消除网格尺寸效应的修正方法。

在本节中，将通过参数分析方法详细研究爆炸荷载的各参数对有限元网格尺寸的敏感度，并研究炸药起爆位置和目标点的实际距离以及爆炸冲击波的比例距离对这些敏感度的影响。在研究结果的基础上，提出一种消除爆炸冲击波传播及其与结构柱相互作用数值模拟中的网格尺寸效应的模拟结果修正方法。

首先，对爆炸荷载的各参数(包括波前到达时间，正入射超压峰值/正反射超压峰值和正入射冲量/正反射冲量等)对网格尺寸的敏感度进行研究。

为了研究波前到达时间，正入射超压峰值和正入射冲量等参数对网格尺寸的敏感度，利用流体力学显式动力分析软件 AUTODYN 建立了如图 2.37 所示的有限元模型，用来模拟爆炸冲击波在自由空气中的传播。在自由空气中，炸药起爆后会自起爆位置沿着球体半径方向成球状向外扩散，因此，根据对称原理，可以采用一维的中心对称模型来模拟爆炸冲击波三维的扩散问题，这将大幅度的减少网格的数量，提高计算效率。因此，在本小节中采用 AUTODYN 提供的一维楔体中心对称单元对自由空气中爆炸冲击波的传播进行模拟[23]。

图 2.37　有限元模型

如图 2.37 所示，在有限元模拟中对炸药和空气均采用欧拉单元模拟。起爆位置在炸药的中心点，在距离炸药中心点不同的位置处设置目标点，用来记录不同比例距离处的爆炸超压时程曲线。炸药为 1000kg TNT，目标点的比例距离处于 0.5～1.5m/kg$^{1/3}$。在远端采用 AUTODYN 提供的 Outflow 边界条件[23]。

利用本节建立的有限元模型，分别采用不同的网格尺寸，如 5mm、10mm、25mm、50mm、100mm 和 200mm 对自由空气中爆炸冲击波的传播进行模拟。图 2.38 给出了不同网格尺寸得到的比例距离为 1m/kg$^{1/3}$ 目标点处爆炸荷载的超压时程曲线比较。从图中可以看出，随着网格尺寸的增加，正超压由零上升到最大值的斜率降低，由最大值降低到零的阶段则变得平缓，同时正超压峰值降低。

为了深入研究上述参数对网格尺寸的敏感性，依据数值模拟得到的各目标点的超压时程曲线，提取出各目标点处爆炸荷载的波前到达时间，正超压峰值和正冲量。图 2.39～图 2.41 分别给出了不同网格尺寸得到的不同比例距离处爆炸荷载各参数的比较，从这些图中可以看出，爆炸荷载的波前到达时间和正冲量对网格尺寸的敏感性较低，相反的，爆炸荷载的正超压峰值对网格尺寸非常敏感，随着目标点比例距离的减小，爆炸荷载的正超压峰值对网格尺寸的敏感性增强。

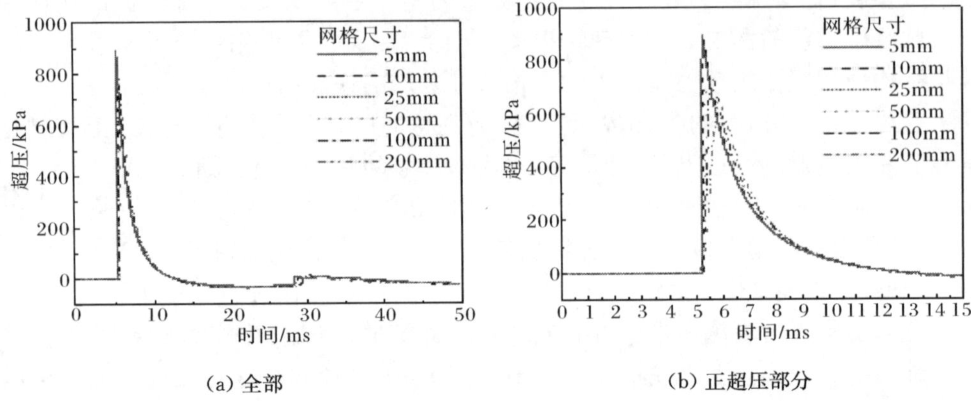

(a) 全部

(b) 正超压部分

图 2.38 不同网格尺寸得到的比例距离为 $1m/kg^{1/3}$ 目标点处超压时程曲线比较

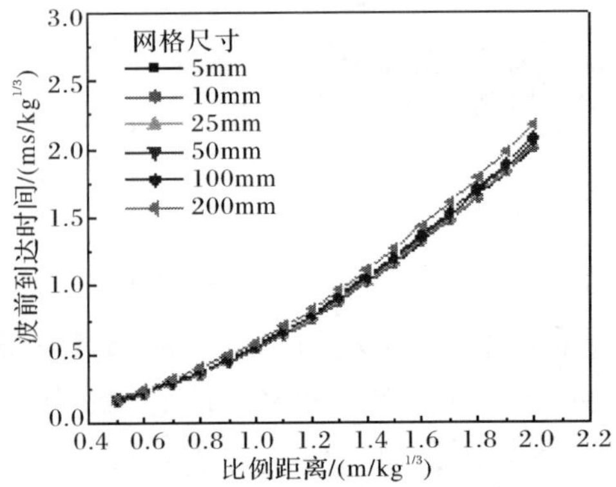

图 2.39 不同网格尺寸得到的不同比例距离处爆炸荷载的波前到达时间比较

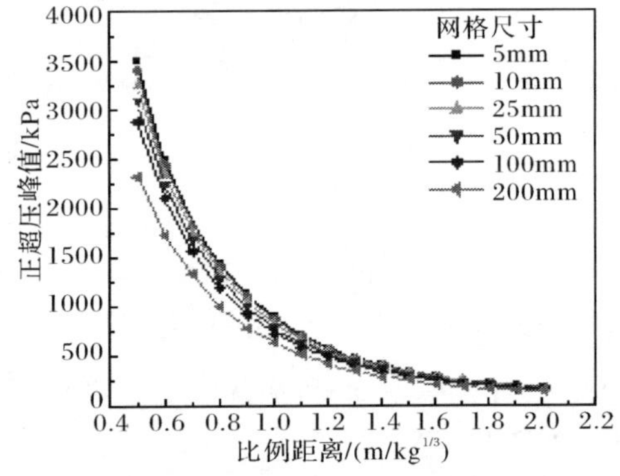

图 2.40 不同网格尺寸得到的不同比例距离处爆炸荷载的正超压峰值比较

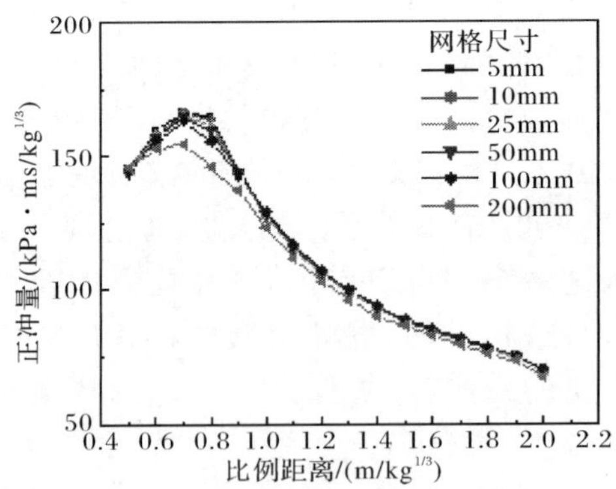

图 2.41 不同网格尺寸得到的不同比例距离处爆炸荷载的正冲量比较

为了研究炸药起爆位置和目标点的实际距离对爆炸荷载各参数网格尺寸敏感度的影响，同样采用图 2.37 所示的有限元模型，采用不同的网格尺寸，模拟一组炸药的爆炸及爆炸波的传播过程。模拟中，炸药的质量改为 8kg，因此，在距离炸药中心点实际距离为 1m 的目标点，比例距离即为 $0.5\text{m/kg}^{1/3}$，同样，在距离炸药中心点实际距离为 3m 的目标点，比例距离即为 $1.5\text{m/kg}^{1/3}$。图 2.42～图2.44 分别给出了不同实际距离情况下得到的各个比例距离处爆炸荷载的波前到达时间、正超压峰值和正冲量的比较。由这几幅图可以看出，当比例距离一定时，如实际距离较小，则爆炸荷载的正超压峰值对网格尺寸的敏感性较高，而随着实际距离的增大，波前到达时间对网格尺寸的敏感性降低。这一趋势对于爆炸荷载的波前到达时间和正冲量同样适用，尽管不是特别明显，如图 2.42 和图 2.44 所示。

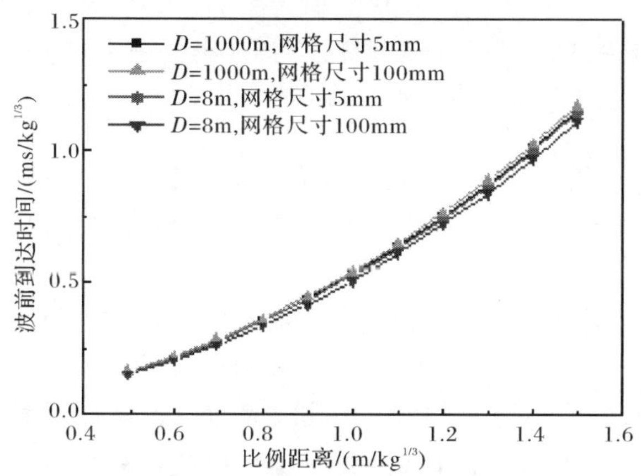

图 2.42　不同实际距离情况下得到的各个比例距离处爆炸荷载的波前到达时间比较

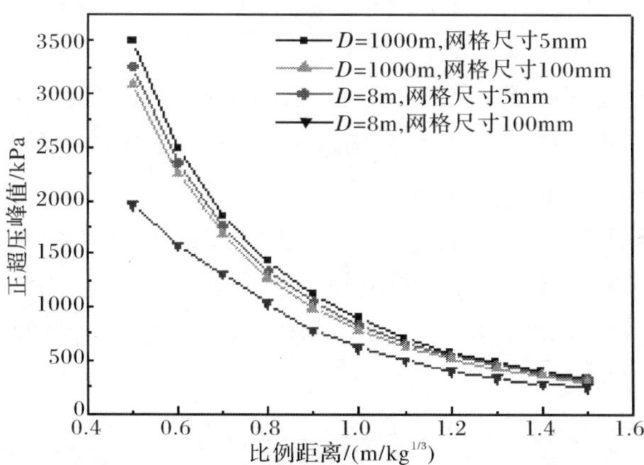

图 2.43　不同实际距离情况下得到的各个比例距离处爆炸荷载的正超压峰值比较

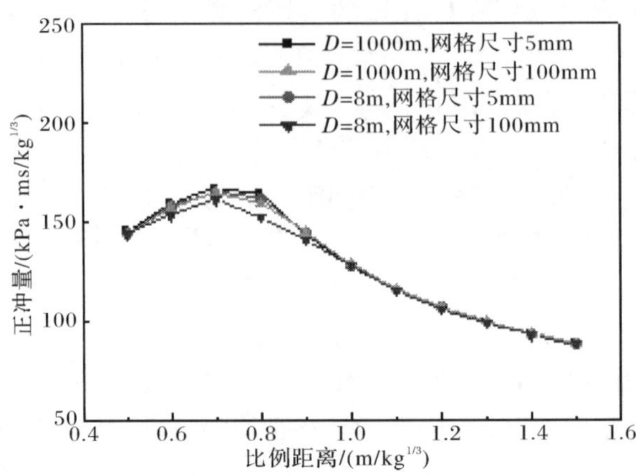

图 2.44 不同实际距离情况下得到的各个比例距离处爆炸荷载的正冲量比较

上述研究成果表明,与炸药起爆位置和目标点的实际距离较小时相比,当实际距离较大时,可以通过适当增大单元网格的尺寸,以提高计算效率,同时并不会降低模拟结果的精度。

如前所述,与正超压峰值相比,爆炸荷载的波前到达时间和正冲量对网格尺寸的敏感性较低,也就是说,在数值模拟中,相对较大的网格尺寸即能模拟出较为准确的爆炸荷载的波前到达时间和正冲量。然而,要得到精度相同的正超压峰值,就需要小很多的网格尺寸。同时,在对爆炸荷载各参数对网格尺寸的敏感性研究中还发现,当网格尺寸较大时,正爆炸超压由零上升到最大值需要一个上升时间,并且网格尺寸越大,上升时间越长。而在实际爆炸中,爆炸荷载由零上升到最大值的时间几乎是瞬时的,该上升时间常常假定为零。因此,该上升时间完全是由于在数值模拟中采用较大的网格尺寸而引起的误差。基于以上分析,本节提出一种网格尺寸效应的数值修正方法,该方法利用有限元模拟中得到的对网格尺寸不敏感的爆炸荷载参数来修正对网格尺寸敏感的爆炸荷载参数,从而提高网格尺寸较大情况下有限元模拟结果的精度。

人们通常用假想的三角形超压时程曲线对实际的爆炸荷载超压时程曲线进行简化。基于这种思想,爆炸荷载的正超压部分就可以简化为瞬间由零上升到最大值然后线性下降至零的三角形荷载,描述这种荷载的参数为波前到达时间、正超压持时和正超压峰值,如图 2.45 所示。

所提出的网格尺寸效应的数值修正方法基于以下假定:

(1) 数值模拟采用的网格尺寸对于波前到达时间和正冲量等爆炸荷载参数来说是合理的,仅仅不足以用来准确预测爆炸荷载的正超压峰值。

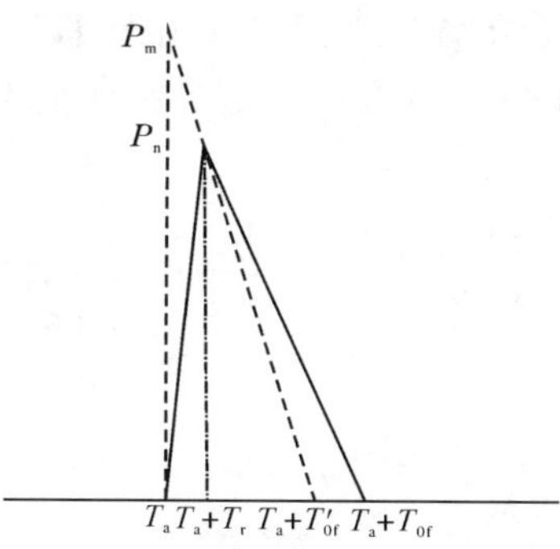

图 2.45 数值修正方法简图

(2) 数值模拟得到的正超压的非零上升时间完全是由于较粗的网格尺寸引起的错误,数值修正后应当被去除。

(3) 正超压由峰值降低到零的时间(即正超压持续时间)对网格尺寸的敏感度与波前到达时间和正冲量的相同。

网格尺寸效应的数值修正方法的步骤如下:

(1) 依据有限元模拟得到的结果,得到爆炸荷载的波前到达时间 T_a、上升时间 T_r、正超压峰值 P_n以及正冲量 I_n。

(2) 如图 2.45 所示,将模拟得到的爆炸荷载超压时程曲线简化为三角形荷载,则该三角形荷载的正超压持时可以表示为

$$T_{0f}=\frac{2I_n}{P_n} \tag{2.5}$$

(3) 修正后的爆炸荷载的三角形曲线如图 2.45 中的短划线所示,正超压持时可以由下式得到:

$$P_m=\frac{2I_n}{T'_{0f}} \tag{2.6}$$

$$T'_{0f}=T_{0f}-T_r \tag{2.7}$$

利用上述步骤,即可得到修正后的爆炸荷载的简化模型,如图 2.45 中的短划线所示。

为了对这一方法的适用性进行验证,采用本节提出的步骤,对数值模拟的原始结果进行了数值修正。图 2.46 给出了利用数值模拟得到的(网格尺寸为 200mm)以及修正后的比例距离为 $1\text{m/kg}^{1/3}$ 处爆炸荷载的正超压荷载的比较,从图中可以看出,经过修正后的爆炸荷载有着更高的正超压峰值,并且去除了由于较大的网格尺寸引起的非零上升时间。表 2.2 给出了在自由空气爆炸情况下爆炸波传播的数值模拟中,采用不同网格尺寸得到的有限元模拟与经修正后的爆炸荷载正超压峰值结果的比较。从表中可以看出,修正后,与 TM5-1300 中的试验

数据相比,爆炸荷载峰值超压的误差与修正前相比有较大的降低。在网格尺寸为200mm时,经修正后爆炸荷载正超压峰值的误差降至10%以下,属工程领域可以接受的误差范围之内。

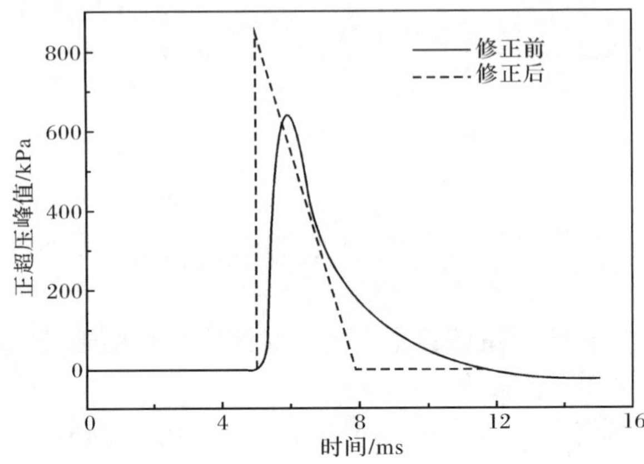

图 2.46　数值修正方法的修正效果(网格尺寸 200mm)

表 2.2　不同网格尺寸得到的修正前与修正后的爆炸荷载正超压峰值的比较

网格尺寸/mm	TNT 质量 W=1000kg,实际距离 D=10m,比例距离 Z=1.0kg/m$^{1/3}$			
	修正前正超压峰值/kPa	与 TM5-1300 相比误差/%	修正后正超压峰值/kPa	与 TM5-1300 相比误差/%
5	889	5.0	900	3.8
10	872	6.8	893	4.6
25	831	11.2	877	6.3
50	786	16.0	867	7.4
100	735	21.3	863	7.8
200	640	31.6	844	9.8

虽然本节仅以自由空气爆炸及爆炸波传播中产生的爆炸荷载为背景,提出并验证了爆炸荷载参数网格尺寸效应的数值修正方法。然而,由于此方法的理论基础对于地面爆炸产生的爆炸荷载,以及经建筑结构反射后产生的反射爆炸荷载同样适用,因此,本节提出的修正方法同样适用于对自由空气爆炸产生的反射爆炸荷载以及地面爆炸产生的入射及反射爆炸荷载的参数的数值模拟中产生的网格尺寸效应进行修正。

在本节研究爆炸波传播及爆炸波与柱相互作用的数值模拟中,网格尺寸的确定主要采用网格收敛性分析方法。由于在本节所有关于爆炸冲击波与柱相互作用的数值模拟中,炸药起爆位置和结构柱的实际距离均为10m,仅仅通过改变炸药的质量来模拟不同比例距离的爆炸冲击波与结构柱的相互作用。因此，结合本节得出的关于爆炸荷载参数网格尺寸敏感性的结论，仅需对最小比例距离爆炸波与结构柱相互作用的算例进行网格的收敛性分析，得到的合理网格尺寸就可以应用于较大比例距离的情况。因此，本节仅对比例距离 $Z=0.5\text{kg/m}^{1/3}$ 情况下爆炸冲击波与柱的相互作用的数值模拟进行了网格尺寸的收敛性分析，结果发现，在本节采用的二维数值模拟中，网格尺寸取为 10mm，在三维数值模拟中，网格尺寸取为 50mm，便可以满足本节爆炸冲击波与结构柱相互作用数值模拟中对最小网格尺寸的要求。因此，在本节所有的数值模拟中，均采用了这一网格尺寸。

3）数值模拟方法的验证

为了验证本节提出的爆炸冲击波传播及其与结构柱相互作用模拟的数值方法，利用该方法对 Watson 和 MacPherson 等[27]做的爆炸试验进行数值模拟，并将数值模拟结果与试验结果进行对比分析。图 2.47 给出了爆炸试验的布置图，试验中采用光栅压力传感器测量试件 1 和 2 前表面中心点的爆炸荷载。图 2.48 比较了数值模拟和试验得到的试件 2 中心反射超压的时程曲线，从图中可以看出，数值模拟得到的反射超压时程曲线和试验结果吻合较好。与试验结果相比，数值模拟得到的反射超压由零上升到最大值的时间略长，正峰值超压的数值略小。这是由于在分析中采用了本节通用的网格尺寸，由于本试验的炸药起爆位置和试件 2 间的实际距离很小，根据前面得出的关于爆炸荷载网格尺寸敏感性的结论，50mm 的网格尺寸对于本次数值模拟来说偏大。尽管如此，数值模拟的结果仍与试验结果比较吻合，这更进一步说明了提出的数值模拟方法的准确性。

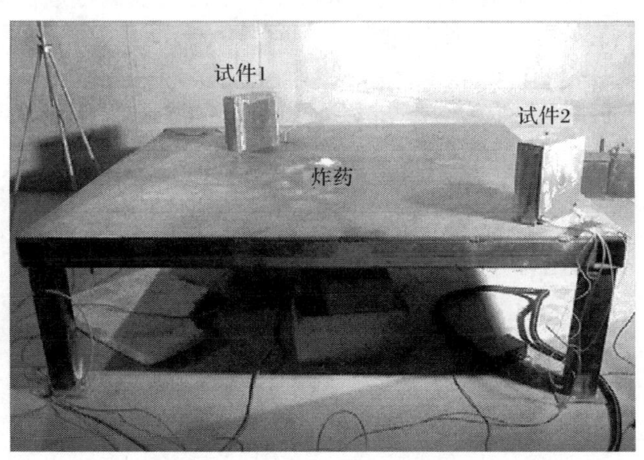

图 2.47 爆炸试验布置图[27]

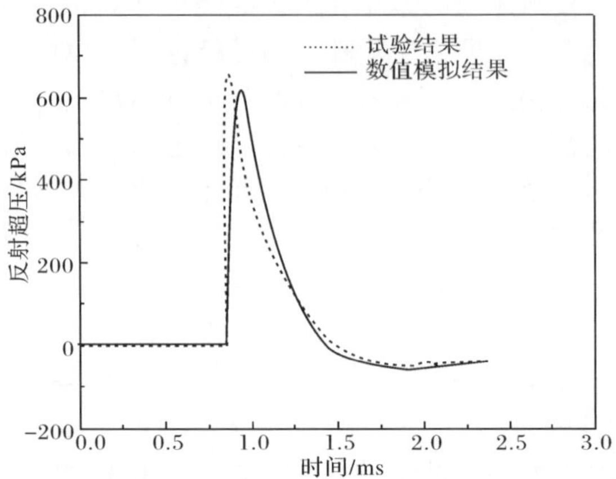

图 2.48　数值模拟和试验得到的试件 2 中心反射超压时程曲线比较

4) 典型模拟结果

通过数值模拟,得到了大量的关于爆炸波传播以及爆炸波与结构柱相互作用的数据。本节仅给出一些典型的模拟结果。

图 2.49 给出了爆炸波的传播及其与矩形结构柱的相互作用过程,结构柱距离炸药起爆位置的比例距离为 1.0m/kg$^{1/3}$,柱的截面宽度即柱宽 b=0.5m,柱的截面高度即柱深 h=0.5m,柱的等效刚度($K=EI/L^3$)$K=5.14\times10^6$N/m,质量比(柱顶支承质量与柱质量之比)M/m=20。从图中可以清楚地看到爆炸波的传播以及与结构柱相互作用的全过程。在 t=3.61ms,爆炸冲击波仍沿半球状向外传播;在 t=4.40ms,爆炸冲击波传播至柱前表面,在柱前表面形成反射波,在柱内产生应力波;在 t=5.60ms,爆炸冲击波绕过柱两侧和柱顶,形成衍射波;在 t=6.60ms,爆炸冲击波淹没柱,并在柱后表面形成重组波。

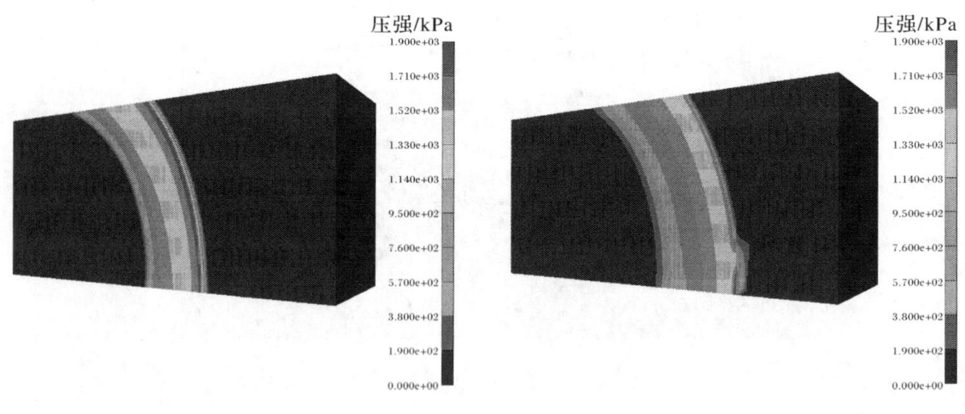

t=3.61ms　　　　t=4.40ms

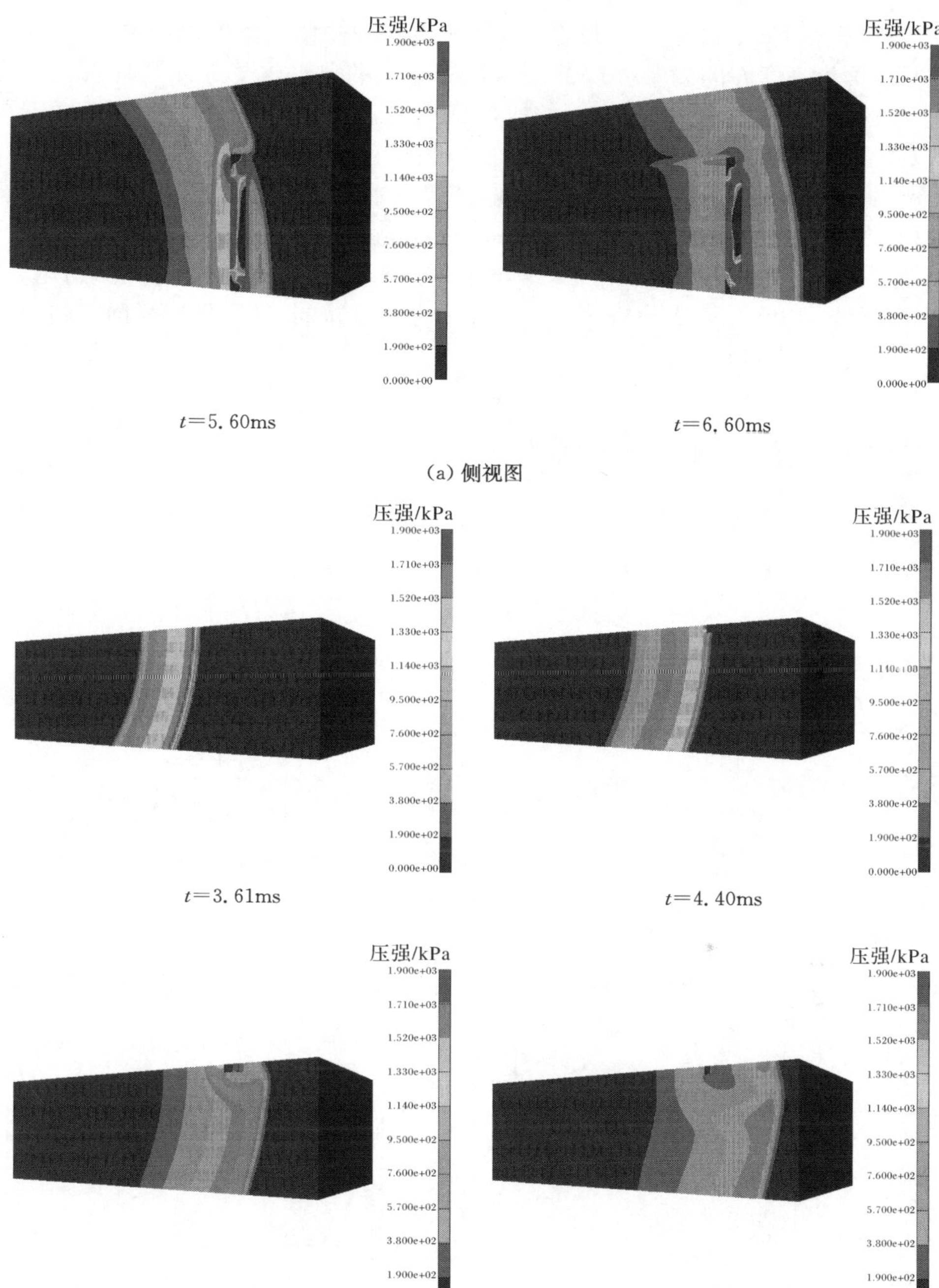

(a) 侧视图

(b) 仰视图

图 2.49　爆炸波的传播及其与结构柱的相互作用过程

图 2.50～图 2.52 分别给出了在爆炸波与结构柱相互作用过程中，作用在柱前、后表面沿高度方向以及柱底部四周目标点上的典型爆炸超压与冲量时程曲线。从这些图中可以看出：①在柱的前表面，爆炸荷载的分布是非均匀的，随着目标点高度的增加，作用在目标点上爆炸荷载的正超压峰值和正冲量逐渐减小；②爆炸冲击波与结构柱相互作用后减弱，使得作用在柱后表面的爆炸荷载的正超压峰值和冲量较之前表面有较大削弱；③在柱的后表面，爆炸荷载的分布近似均匀。这可能是因为，在柱的后表面，爆炸冲击波被急剧削弱，如图 2.50(b)所示，在这种情况下，地面对爆炸冲击波的反射作用也相应减弱，使得柱后表面上超压荷载的分布近似均匀。

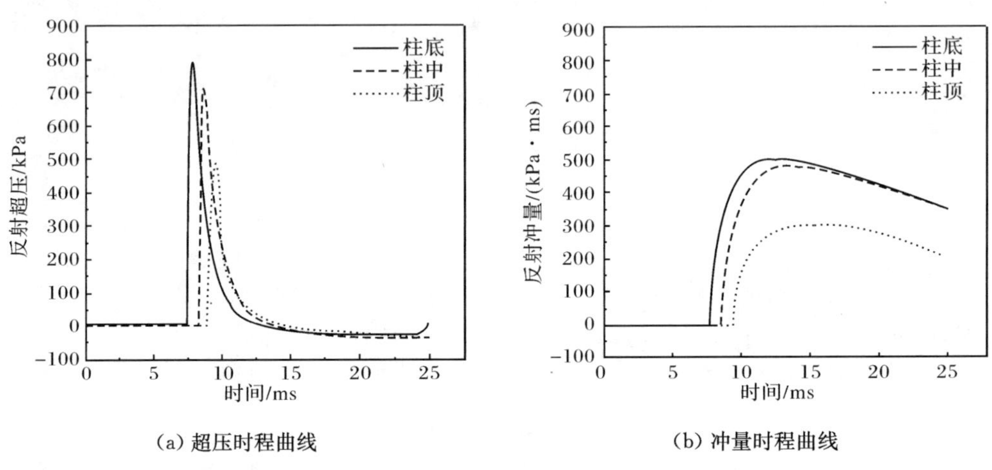

(a) 超压时程曲线　　(b) 冲量时程曲线

图 2.50　柱前表面各点的反射超压及冲量时程曲线比较

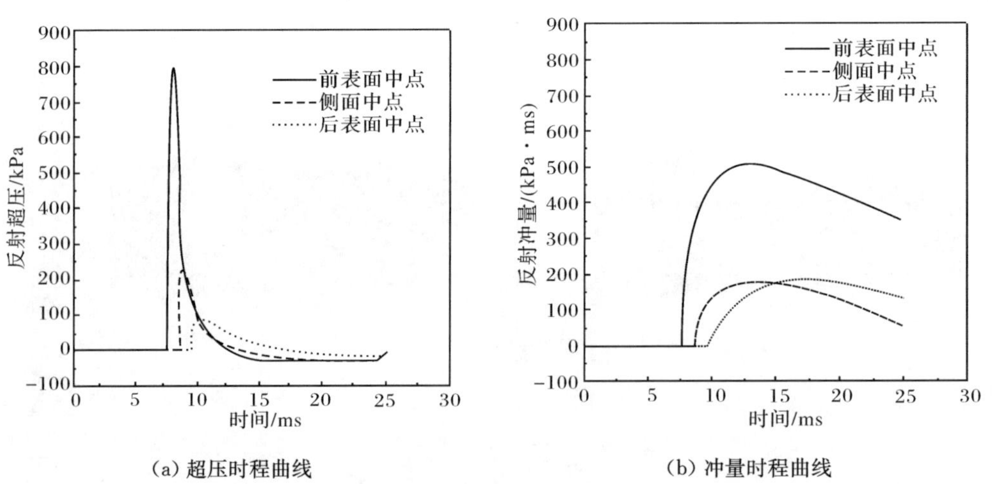

(a) 超压时程曲线　　(b) 冲量时程曲线

图 2.51　柱底部各点的反射超压及冲量时程曲线比较

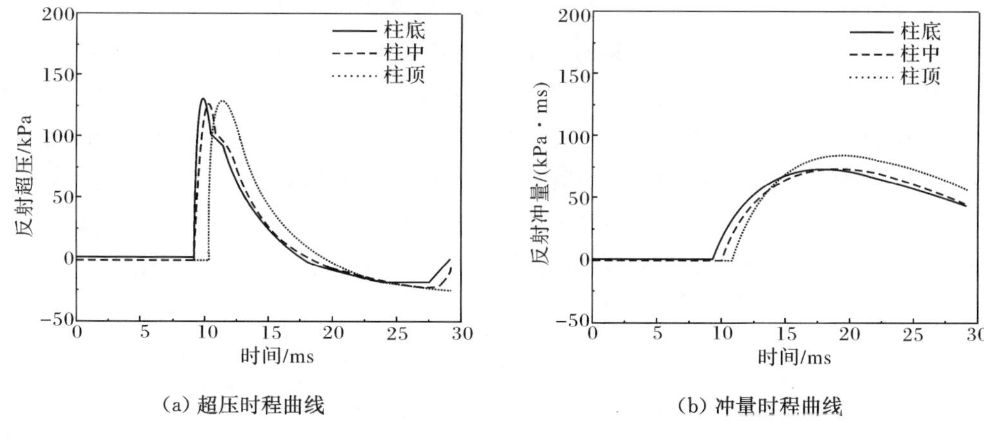

(a) 超压时程曲线　　(b) 冲量时程曲线

图 2.52　柱后表面各点的反射超压及冲量时程曲线比较

2. 结构柱上爆炸荷载的参数分析

在本节中，考虑可能影响爆炸波与结构柱相互作用进而影响结构柱上爆炸荷载的五个参数，通过数值模拟，研究这些参数对爆炸波与结构柱相互作用以及结构柱上爆炸荷载的影响程度。这五个参数为：比例距离(Z)、柱顶支承质量与柱质量的比值(M/m)、柱的刚度($K=EI/L^3$)、柱的截面形状(矩形柱或圆形柱)和尺寸。对于矩形柱，截面尺寸表示为柱宽(b)和柱深(h)，圆形柱则表示为柱的直径(d)。

在此需要说明的是，由于在本节的研究中，炸药均放在柱前表面中线的正前方，入射角为 0°，由于结构的对称性，作用在柱两侧面上的爆炸荷载完全一致，对于柱而言，在该方向上的净爆炸荷载为零。尽管柱侧面上的爆炸荷载可能对柱造成某些局部的损伤，但其对于柱的整体响应的影响远远低于柱前表面和后表面上的爆炸荷载。因此，在本节中，仅仅讨论各个参数对柱前、后表面爆炸荷载的影响。

1) 柱顶支承质量与柱质量的比值

通过有限元模拟，研究了柱顶支承质量与柱质量的比值(M/m)对爆炸波与结构柱相互作用以及结构柱前、后表面上爆炸荷载的影响。结果表明，比值 M/m 对爆炸波与结构柱相互作用以及结构柱前后表面上爆炸荷载几乎没有影响。这是因为，在爆炸荷载作用下，结构柱被激起的主要是高阶的局部响应，而在柱顶的楼层平面内，即在代表柱顶支承物的集中质量的放置位置，构件的响应很小。因此，在后续的讨论中，将忽略柱顶支承质量与柱质量的比值 M/m 的影响。后续的数值模拟及本节给出的结果中，柱顶支承质量与柱质量的比值均假定为 40。

2) 柱刚度

在爆炸冲击波与结构柱的相互作用过程中，在反射爆炸波的作用下，柱可能会产生较大的变形。而柱的变形，可能会反过来影响作用在柱上的爆炸荷载，改变爆炸荷载的正超压峰值和正冲量。因此，在本小节中，研究柱的刚度对爆炸波与结构柱相互作用以及结构柱前、后表面上爆炸荷载的影响。

表 2.3 给出了相同爆炸环境中不同柱刚度情况下作用在柱前、后表面柱中的爆炸荷载峰值及柱中点最大位移的比较。在数值模拟中，除了柱的刚度不同外，其他参数都相同，取值分别为：$Z=1\mathrm{m/kg}^{1/3}$，$b=0.5\mathrm{m}$，$h=0.3\mathrm{m}$，$M/m=40$。

表 2.3　不同柱刚度情况下作用在柱上的爆炸荷载峰值及柱中点最大位移比较

刚度 /(N/m)	柱前表面柱中反射超压峰值 /kPa	柱前表面柱中反射冲量 /(kPa · ms)	柱后表面柱中反射超压峰值 /kPa	柱后表面柱中反射冲量 /(kPa · ms)	柱中点最大位移/mm
5.14×10^5	3912	4395	215	910	38
5.14×10^6	3938	4281	215	908	12
5.14×10^7	3947	4272	214	903	3
Rigid	3964	4174	217	918	0

从表 2.3 可以看出，在相同的爆炸环境中，虽然结构柱的刚度对柱中点最大位移有较大影响，但对作用在柱前、后表面上柱中的爆炸荷载的影响并不明显。当柱的刚度从 $5.14\times10^7\mathrm{N/m}$ 变化到 $5.14\times10^5\mathrm{N/m}$，作用在柱表面上爆炸荷载的反射超压峰值和冲量的变化都小于 5%。由此可见，结构柱刚度对爆炸波与结构柱相互作用以及结构柱前、后表面上爆炸荷载的影响并不像人们想象的那么明显，这可能是因为在爆炸冲击波与柱的相互作用过程中，作用在柱上的爆炸荷载的反射超压在瞬间即由零上升到最大值，并在数毫秒甚至微秒内降低为零(如图 2.23 所示)。在这么短的时间里，柱还没来得及发生变形，也就不可能反过来作用于爆炸冲击波，从而影响到作用于柱上的爆炸荷载。

由此可以得出结论，结构的刚度和变形并不能显著影响作用于柱上的爆炸荷载。因此，当采用有限元模拟方法模拟爆炸波与结构的相互作用时，可以假定结构为刚体，从而提高计算效率。然而，在此需要说明的是，在研究室内爆炸冲击波与结构的相互作用时，由于结构对爆炸波的约束作用，在结构的多次反射下，作用于结构上的爆炸荷载的持时可能会很长。在这种情况下，结构的变形可能会反过来显著影响作用于结构上的爆炸荷载，因此，在室内爆炸冲击波与结构的相互作用的研究中，不能仅仅简单地将结构假定为刚体。

3) 柱的截面形状

本小节研究工程界常用的两种不同截面形状，即矩形和圆形，对爆炸波与结构柱相互作用以及结构柱前、后表面上爆炸荷载的影响。为了便于比较，矩形柱选择方柱，并且使方柱的边长和圆形柱的直径相等，即 $b=h=d$。

数值模拟的结果表明，与方柱相比，当爆炸波与圆形柱进行相互作用时，柱前表面上的爆炸荷载强度较低，而柱后表面上的爆炸荷载强度较高，爆炸冲击波由柱前表面传播到后表面所需要的时间变短。这是因为爆炸冲击波更容易通过衍射绕过圆形柱，这样，当爆炸波与圆形柱相互作用时，只有一小部分波在柱前表面被反射，更多的爆炸波绕过结构柱发生衍射，并在柱后表面汇合形成新的爆炸波，同时，圆形柱的弧形边界使得爆炸波由柱前表面传播到后表面所需要的时间缩短。

4) 柱的截面尺寸

为了研究柱的截面尺寸对爆炸波与结构柱相互作用以及结构柱前、后表面上爆炸荷载的影响，通过有限元数值模拟方法，模拟一系列不同尺寸的矩形柱和圆柱在不同比例距离处与爆炸冲击波的相互作用过程，并得到了结构柱上的爆炸荷载。在研究中，对于矩形柱，分别考虑柱宽 b 和柱深 h 的影响；对于圆形柱，则考虑柱直径 d 的影响，考虑的尺寸范围为 0.3～1.0m。

(1) 爆炸波的反射。

如前所述，在爆炸冲击波与结构柱的相互作用过程中，一部分爆炸波会被结构柱的前表面反射，形成反射波，强度得到急剧加强。为了更为简单直观的研究爆炸波的反射与柱的截面尺寸的关系，引入了如下四个参数，即反射波的正反射超压峰值放大系数 A_{pp}、正反射冲量放大系数 A_{pi}、负反射超压峰值放大系数 A_{np} 和负反射冲量放大系数 A_{ni}，定义如下：

$$P_{rF}(0)=A_{pp}P_{s0F} \tag{2.8}$$

$$I_{rF}(0)=A_{pi}I_{sF} \tag{2.9}$$

$$P_{rF}^{-}(0)=A_{np}P_{s0F}^{-} \tag{2.10}$$

$$I_{rF}^{-}(0)=A_{ni}I_{sF}^{-} \tag{2.11}$$

式中，$P_{rF}(0)$、$I_{rF}(0)$、$P_{rF}^{-}(0)$ 和 $I_{rF}^{-}(0)$ 分别是柱前表面底部中点处爆炸荷载的正反射超压峰值、正反射冲量、负反射超压峰值和负反射冲量；P_{s0F}、I_{sF}、P_{s0F}^{-} 和 I_{sF}^{-} 分别是柱前表面底部中点处在无反射时的正超压峰值、正冲量、负超压峰值和负冲量。

数值模拟结果表明，矩形柱的柱深 h 对爆炸波与柱相互作用过程中柱前表面的反射波没有明显影响。但矩形柱的柱宽 b 和圆形柱的直径 d 对反射波的影响很显著，即矩形柱柱宽和圆形柱直径不同时柱前表面底部中点处的正反射超压峰值放大系数、正反射冲量放大系数、负反射超压峰值放大系数和负反射冲量放大系数变化显著。图 2.53～图 2.56 分别给出了不同截面尺寸和比例距离情况下各放大系数的比较。如图所示，正反射超压峰值放大系数 A_{pp} 和正反射冲量放大系

数 A_{pi} 随着矩形柱柱宽和圆形柱直径的增大而增大，这说明，随着矩形柱柱宽和圆形柱直径的增大，柱前反射冲击波的强度增强。因为矩形柱柱宽以及圆形柱直径的增大会直接增加反射面积，使得更多的爆炸波被反射，从而增大反射波的强度。负反射超压峰值放大系数 A_{np} 和负反射冲量放大系数 A_{ni} 也随着矩形柱柱宽和圆形柱直径的增大而增大，因为反射荷载的负压部分和反射冲击波中空气分子的动能有关[28]。当矩形柱柱宽和圆形柱直径增大时，会导致柱前反射超压的增大，相应的，空气分子的速度也增大，从而直接导致负向反射超压和冲量峰值的增大。

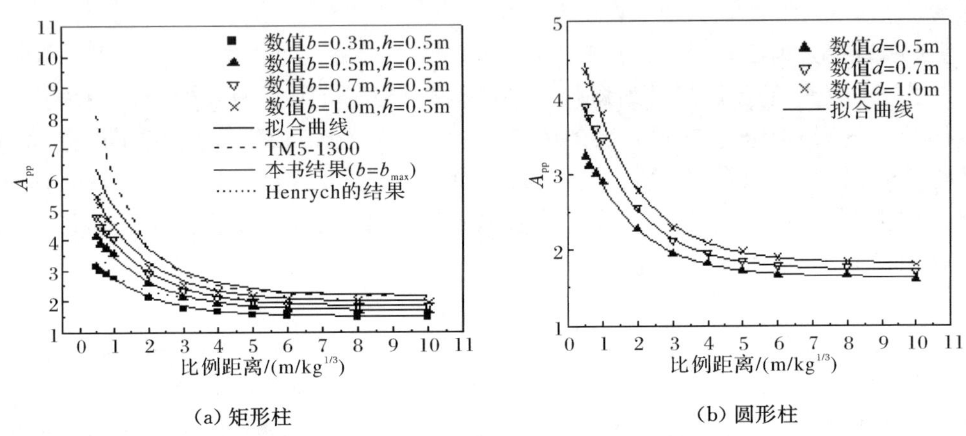

(a) 矩形柱 (b) 圆形柱

图 2.53 不同截面尺寸和比例距离情况下正向反射超压峰值放大系数 A_{pp} 比较

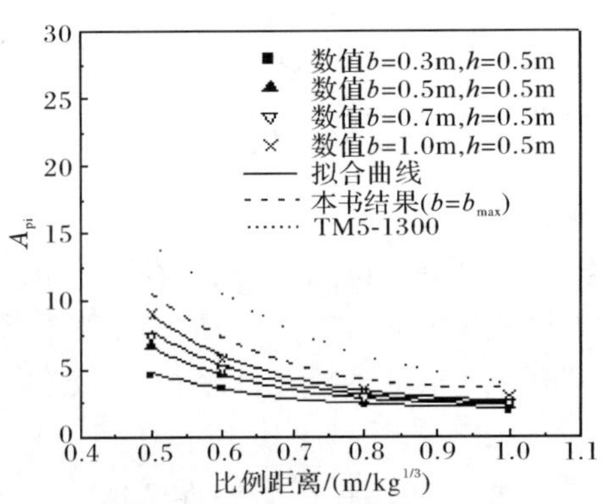

(a) 矩形柱（$0.5\text{m/kg}^{1/3} \leqslant Z < 1.0\text{m/kg}^{1/3}$）

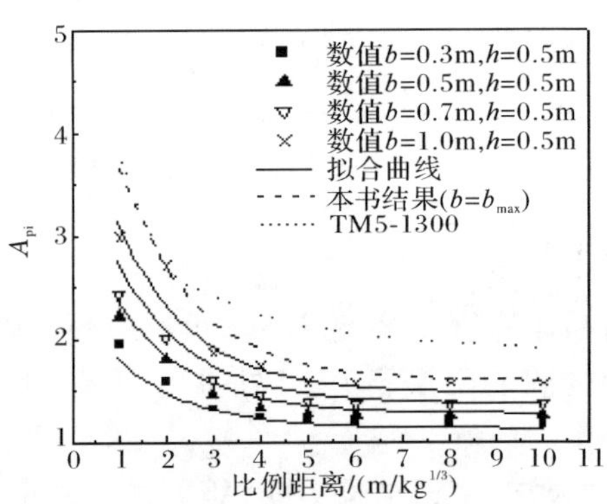

(b) 矩形柱（$1.0\text{m/kg}^{1/3} \leqslant Z \leqslant 10.0\text{m/kg}^{1/3}$）

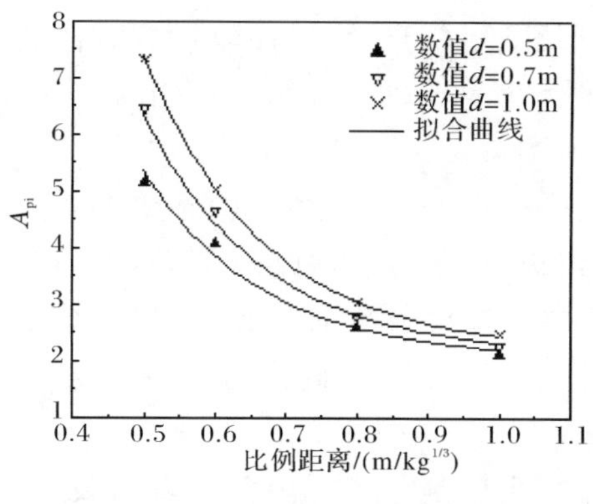

(c) 矩形柱($0.5m/kg^{1/3} \leqslant Z < 1.0m/kg^{1/3}$)

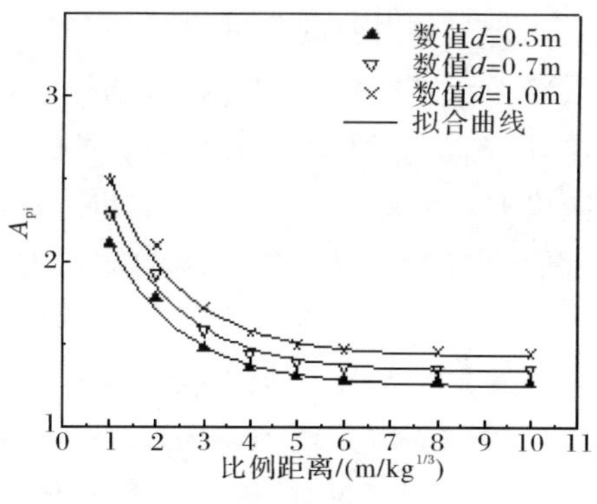

(d) 矩形柱($1.0m/kg^{1/3} \leqslant Z \leqslant 10.0m/kg^{1/3}$)

图 2.54　不同截面尺寸和比例距离情况下正向反射冲量放大系数 A_{pi} 比较

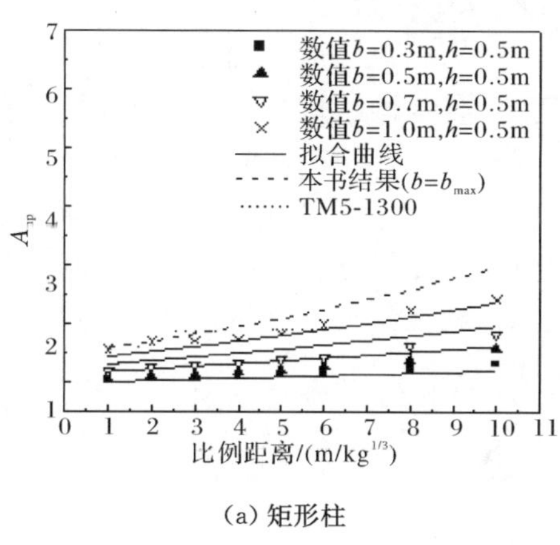

(a) 矩形柱

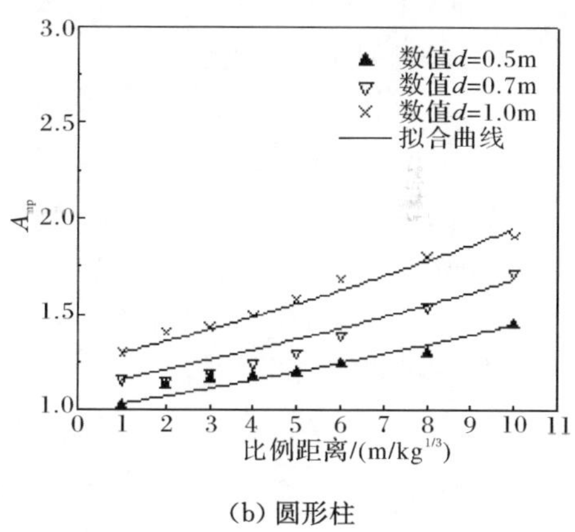

(b) 圆形柱

图 2.55　不同截面尺寸和比例距离情况下负向反射超压峰值放大系数 A_{np} 比较

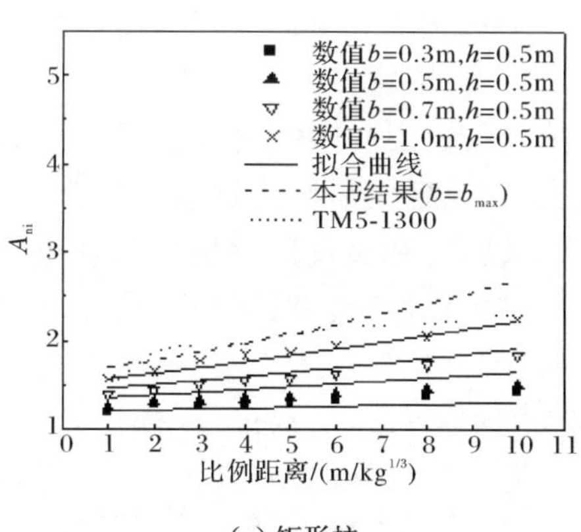

(a) 矩形柱

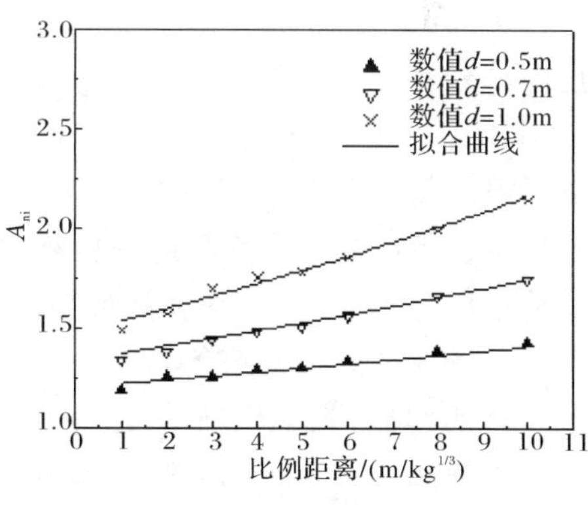

(b) 圆形柱

图 2.56　不同截面尺寸和比例距离情况下负向反射冲量放大系数 A_{ni} 比较

在此需要说明的是，随着矩形柱柱宽以及圆形柱直径的持续增大，对柱前表面底部中点处反射波的各放大系数的影响将会降低。对于矩形柱，存在一个临界柱宽，即 b_{max}，当柱的宽度大于临界柱宽时，继续增大柱的宽度时，各放大系数不再相应增大。因此，当柱宽 $b>b_{max}$时，柱前表面底部中点处反射波的各放大系数可以近似取值为 $b=b_{max}$时对应的值。为了得到 b_{max}的值，通过有限元数值模拟，计算了不同柱宽不同比例距离下柱前表面底部中点处反射波的各放大系数，结果表明，b_{max}的大小与比例距离无关，对于矩形柱，$b_{max}=1.6$m。同样的，研究发现圆形柱也存在一个临界直径，即 d_{max}，$d_{max}=3.0$m。

在 TM5-1300 中，图和表格给出的爆炸荷载皆是基于无限大反射面假定，因此，通过比较相同比例距离情况下，$b=b_{max}$时方形柱柱前表面底部中点反射波的各放大系数和相对应的通过 TM5-1300 中的图和表格得到的计算值，可以验证本节数值模拟结果的正确性，相应的比较会在后续章节中给出。

(2) 爆炸波的绕射。

衍射的部分爆炸波绕射过结构柱后，其强度会急剧减弱。研究表明，爆炸荷载减弱的程度亦和结构柱的截面尺寸有关。同样的，为了简单直观的研究衍射的部分爆炸波绕射过结构柱后的减弱程度和柱的截面尺寸的关系，以柱前表面底部中点处爆炸荷载的各个参数值为参照，同样引入四个参数，即正反射超压峰值折减系数 R_{pp}、正反射冲量折减系数 R_{pi}、负反射超压峰值折减系数 R_{np}和负反射冲量折减系数 R_{ni}，定义如下：

$$P_{rR}=R_{pp}P_{rF}(0) \tag{2.12}$$

$$I_{rR}=R_{pi}I_{rF}(0) \tag{2.13}$$

$$P_{rR}^{-}=R_{np}P_{rF}^{-}(0) \tag{2.14}$$

$$I_{rR}^{-}=A_{ni}I_{rF}^{-}(0) \tag{2.15}$$

式中，P_{rR}、I_{rR}、P_{rR}^{-}和 I_{rR}^{-}分别是柱后表面底部中点处爆炸荷载的正反射超压峰值、正反射冲量、负反射超压峰值和负反射冲量。

图 2.57～图 2.60 分别比较了不同截面形状、截面尺寸和比例距离情况下各折减系数的值。由图 2.57～图 2.60 可以看出，正反射超压峰值折减系数 R_{pp}、正反射冲量折减系数 R_{pi}、负反射超压峰值折减系数 R_{np}和负反射冲量折减系数 R_{ni}均随着矩形柱的柱宽、柱高及圆形柱的直径的增大而减小。对于矩形柱，改变柱宽对于上述各个折减系数的影响要强于改变柱深。这是因为，当柱宽增大时，衍射作用削弱，绕射过结构柱的爆炸冲击波减少，从而导致结构柱后表面上爆炸荷载强度的降低。当柱深增大时，爆炸波由柱前传播到柱后的距离增大，距离的增大同样会导致柱后表面上的爆炸荷载强度的降低。圆形柱直径的增大相当于矩形柱柱宽和柱深的同时增大。

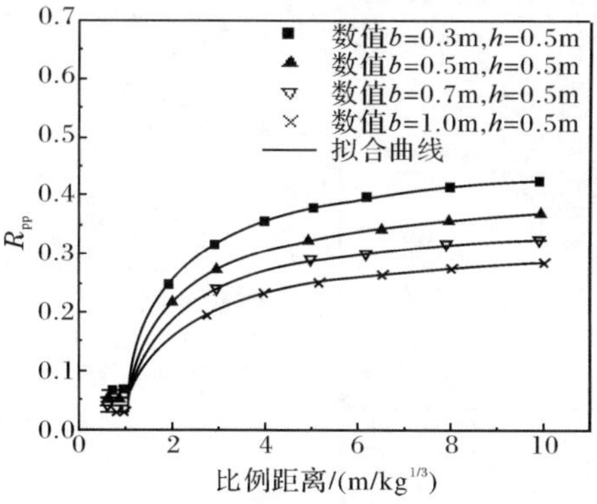

(a) 不同柱宽矩形柱

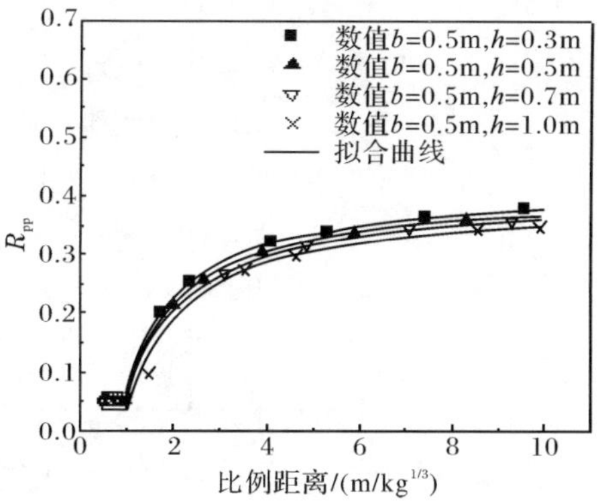

(b) 不同柱深矩形柱

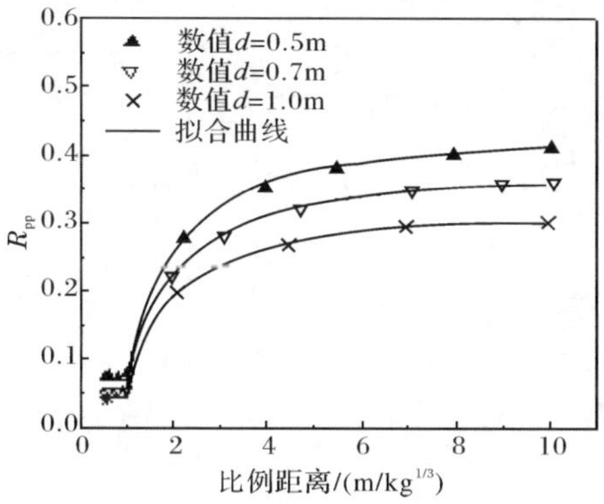

(c) 圆形柱

图 2.57　不同截面尺寸和比例距离情况下正向反射超压峰值折减系数 R_{pp} 比较

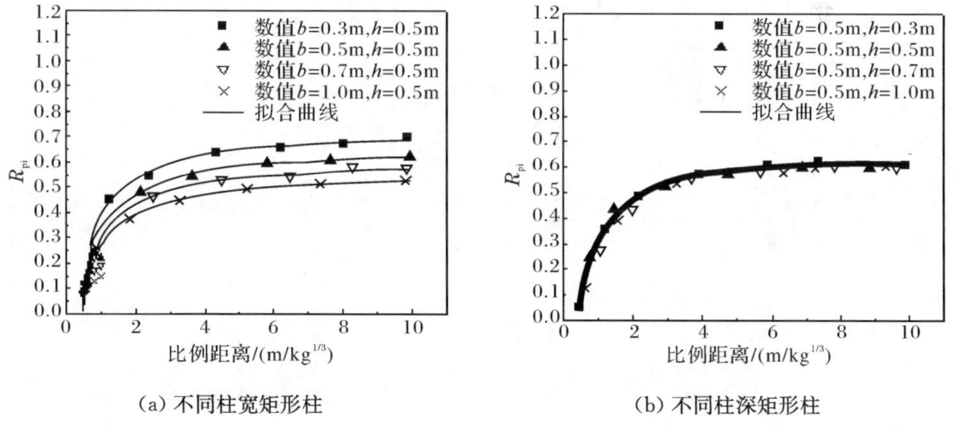

(a) 不同柱宽矩形柱

(b) 不同柱深矩形柱

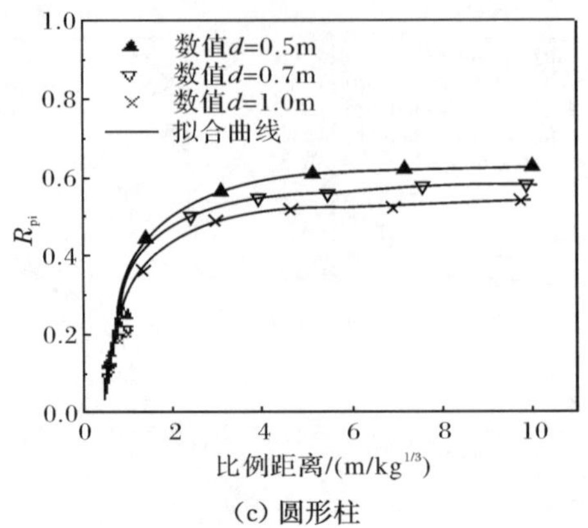

(c) 圆形柱

图 2.58　不同截面尺寸和比例距离情况下正向反射冲量折减系数 R_{pi} 比较

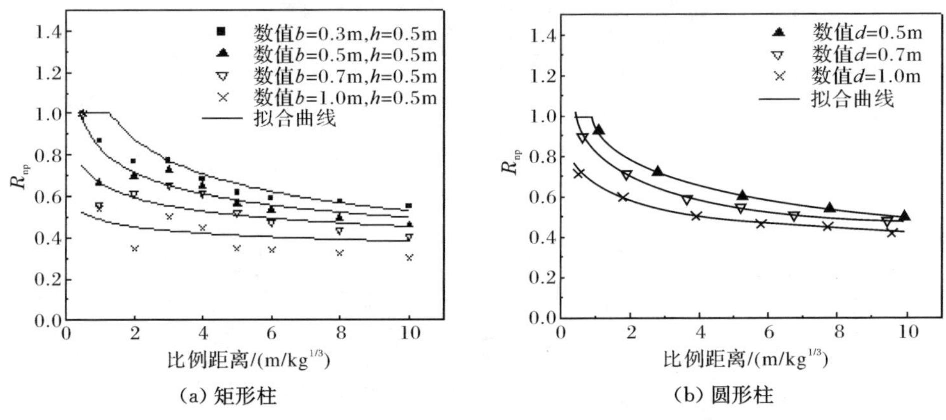

(a) 矩形柱　　(b) 圆形柱

图 2.59　不同截面尺寸和比例距离情况下负向反射超压峰值折减系数 R_{np} 比较

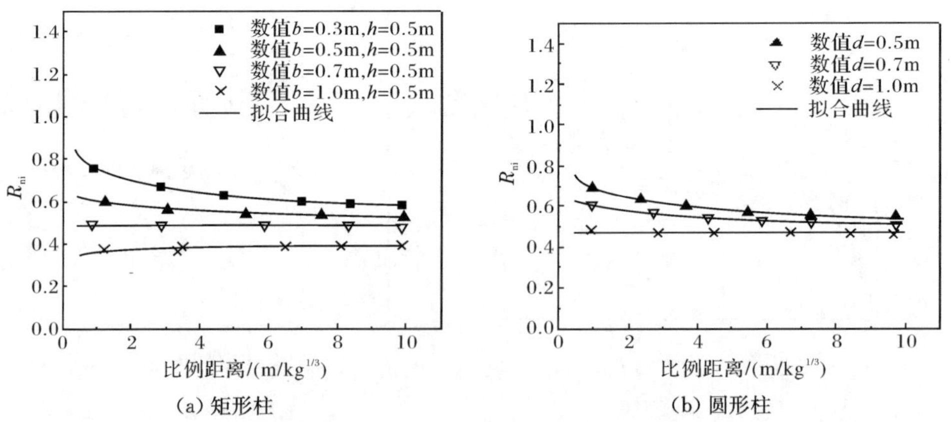

(a) 矩形柱　　(b) 圆形柱

图 2.60　不同截面尺寸和比例距离情况下负向反射冲量折减系数 R_{ni} 比较

(3) 时间差。

时间差定义为爆炸荷载由柱前表面底部中点传播到柱后表面底部中点的时间。图 2.61 给出了不同截面尺寸和比例距离情况下比例时间差(时间差除以炸药质量的立方根)的比较。从图中可以看出,随着矩形柱的柱宽、柱高和圆形柱的直径的增大,时间差也相应增大。

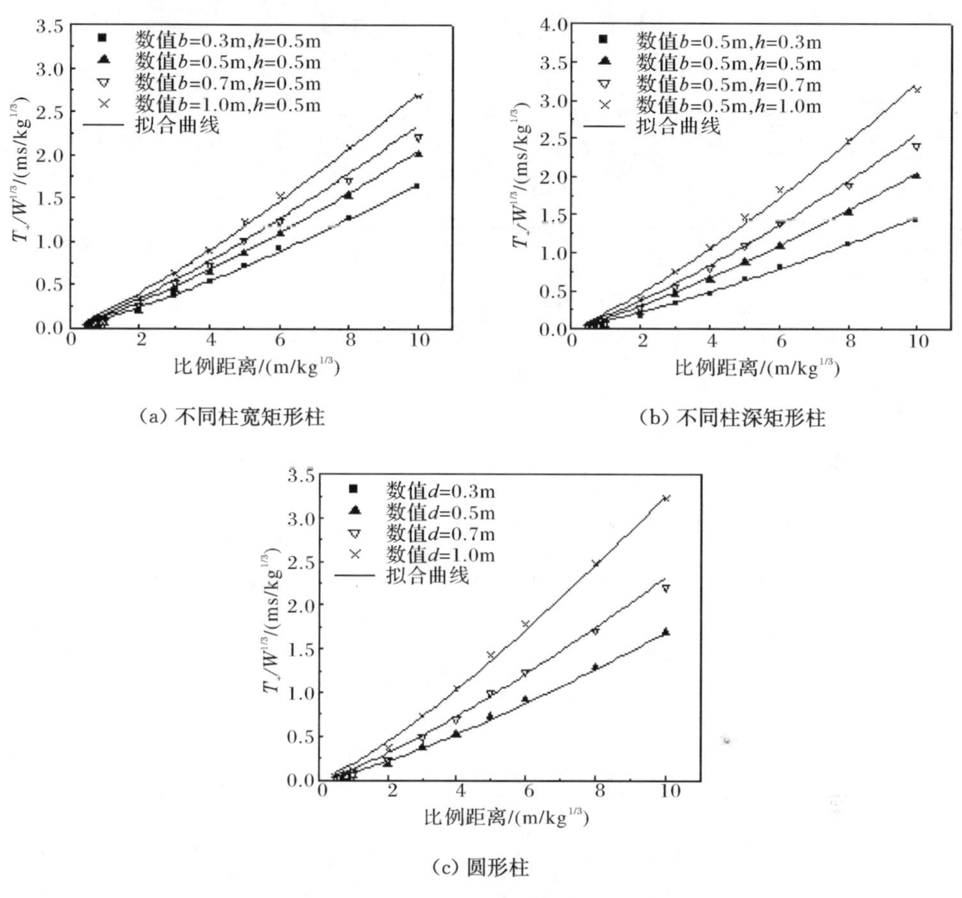

(a) 不同柱宽矩形柱

(b) 不同柱深矩形柱

(c) 圆形柱

图 2.61 不同截面尺寸和比例距离情况下比例时间差比较

3. 结构柱前表面爆炸荷载的确定

如前所述,结构柱的截面形状和尺寸均对爆炸冲击波与结构柱的相互作用以及相互作用过程中作用在结构柱上的爆炸荷载有显著的影响。在这种情况下,由于当前常用的经验公式皆是基于反射面无限大的假定,均不能准确预测单个结构柱上的爆炸荷载。因此,在本小节中,在大量的数值模拟结果数据的基础上,通过曲线拟合方法,建立预测不同形状和尺寸结构柱前表面任意点爆炸荷载各参数的拟合公式。

1) 爆炸荷载沿柱高的分布

本小节对爆炸荷载沿柱高方向的分布进行研究。图 2.62 给出了某矩形柱柱前表面(b=0.5m,h=0.5m)归一化后的爆炸荷载沿柱高的分布(爆炸荷载的各个参数通过除以柱前表面底部中心点处爆炸荷载的各参数进行归一化处理)。从图中可以看出,归一化的爆炸荷载的正反射超压峰值随着目标点高度的增加而降低。归一化的正反射冲量总体也呈现这种趋势,但当比例距离 $Z<1\text{m/kg}^{1/3}$ 时,在距离柱底约三分之一柱高处的值稍大于柱上其他高度处的值,这可能是由于地面反射造成的。当比例距离 $Z>1\text{m/kg}^{1/3}$ 时,地面反射的效应变得不明显,归一化的正反射冲量表现为随着目标点高度的增加而单调降低。

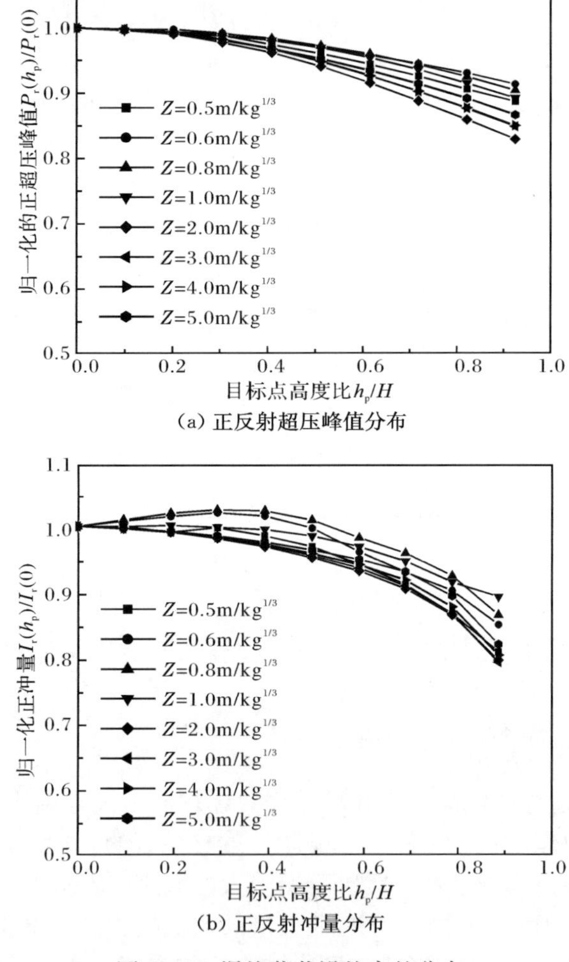

图 2.62　爆炸荷载沿柱高的分布

与正反射超压和冲量相比，在柱前表面上，负反射超压和冲量沿柱高的分布并不明显。因此，一般假定负反射超压和冲量沿柱高均匀分布。研究还发现，爆炸荷载正超压持时和负超压持时沿柱高的分布变化也不明显，因此，同样假定它们沿柱高均匀分布。

爆炸波到达结构柱上不同高度各目标点的时间，即波前到达时间不同，尽管时间差值的绝对值很小，但考虑到通常情况下，爆炸荷载的持时也很小，结构柱上不同高度各点爆炸荷载施加时间的不同对结构柱的动力响应可能会有很大影响。因此，在本节中，研究柱前表面各点波前到达时间沿柱高的分布规律。

基于大量数值模拟的结果，运用最小二乘曲线拟合方法，建立了预测柱前表面正反射超压峰值沿柱高度变化的公式。单柱前表面上高度为 h_p 的某点的正反射超压峰值可以表示为

$$P_{rF}(h_p)=P_{rF}(0)+\alpha h_p^2,\quad P_{rF}(h_p)\geqslant 0(\mathrm{kPa}) \tag{2.16}$$

式中，h_p 为柱前表面上目标点高度，m；$P_{rF}(0)$ 为柱前表面底部中点处的正反射超压峰值；α 是一个与比例距离 Z 有关的常数，它们之间的关系为

$$\alpha=-31.53Z^{-2.64},\quad 0.5\leqslant Z\leqslant 10 \tag{2.17}$$

拟合公式(2.16)的回归系数 R^2 为 0.9865，说明拟合公式与数值模拟数据吻合良好。

采用同样的方法，得到了单柱前表面上高度为 h_p 处正反射冲量的拟合公式：

$$I_{rF}(h_p)=I_{rF}(0)-(49.86Z^{-2.82})h_p^2,\quad I_{rF}(h_p)\geqslant 0(\mathrm{kPa}) \tag{2.18}$$

式中，$I_{rF}(0)$ 为柱前表面底部中点处的正反射冲量。该拟合公式的回归系数为 0.9293。

同样，在大量数值模拟结果的基础上，得到了预测爆炸波波前到达时间沿柱高分布的拟合公式，即

$$T_{aF}(h_p)=T_{aF}(0)+(0.0426Z^{0.505})h_p^2(\mathrm{ms}) \tag{2.19}$$

式中，$T_{aF}(0)$ 表示柱前底部中点处的波前到达时间。拟合公式的回归系数为 0.9547。

Wu 等[29]曾经提出过一个预测某刚性墙上爆炸荷载沿高度分布的公式，即：

$$P_{rF}(h_p)=P_{rF}(0)(1-0.006P_{rF}(0)^{0.46}h_p^2),\quad P_{rF}(0)\leqslant 10(\mathrm{MPa}) \tag{2.20}$$

图 2.63 给出了 Wu 等[29]的公式和本节提出的公式得到的正反射超压峰值沿柱高分布之间的对比。由于 Wu 等[29]的公式仅仅适用于比例距离 $Z\geqslant 1\mathrm{m/kg^{1/3}}$ 的情况，图 2.63 仅仅给出了在这一范围内的比较。从图中可以看出，本节提出的公式得出的归一化的正反射超压随高度下降的趋势与 Wu 等[29]的公式得出的结果比较吻合，所不同的是，目标点的高度较高时，本节公式得出的下降幅度较大。这可能是因为在二者的研究中，采用的炸药起爆位置与目标物间的实际距离不同所引起的。在本节的研究中，所有的数值模拟中均假定炸药起爆位置与结构柱间的

实际距离为 10m，而在 Wu 等[29]的研究中，炸药起爆位置与墙体间的实际距离为 30m。在二者的研究中，仅仅考虑了比例距离对爆炸荷载及其分布的影响，均忽略了炸药起爆位置和目标物间实际距离对作用在目标物上的爆炸荷载及其分布的影响。实际上，这种影响是存在的，只是相对比较复杂，未来需要对这一问题进行更深入的研究。

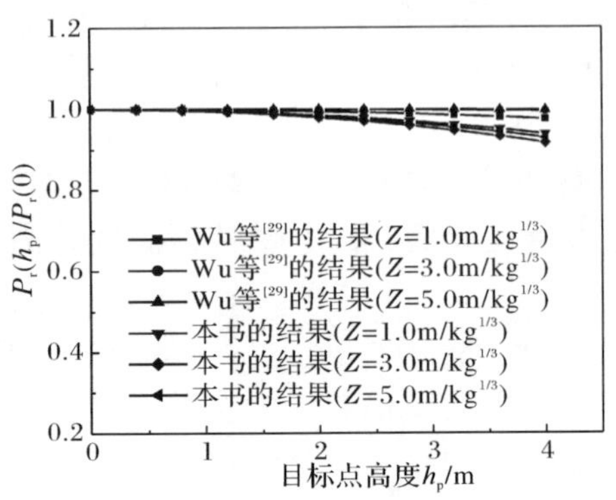

图 2.63 正反射超压峰值分布比较

2) 柱前表面底部中点处爆炸荷载的超压峰值和冲量

在上节中，已经得到了预测柱前表面各点爆炸荷载的各参数沿柱高分布的拟合公式，因此，只需得到柱前表面底部中点处的爆炸荷载参数，结合前面建立的公式便可得到柱前表面上任意点处的爆炸荷载。

上节引入了正反射超压峰值放大系数 A_{pp}、正反射冲量放大系数 A_{pi}、负反射超压峰值放大系数 A_{np}和负反射冲量放大系数 A_{ni}。由于柱前表面底部中点在无反射情况下的正超压峰值、正冲量、负超压峰值和负冲量可通过有关的设计图表及经验公式(例如 TM5-1300)获得[5,29,30]。因此，只需求得柱前表面底部中点处反射波的各放大系数，即可利用式(2.8)～式(2.11)得到柱前表面底部中点处爆炸荷载的对应参数。

(1) 正反射超压峰值放大系数。

通过有限元模拟，得到不同比例距离不同结构柱上的反射超压和冲量以及与之对应的入射超压和冲量。利用这些数据，依据本节引入的各放大系数的定义，即可得到每一算例中这些放大系数的数值。然后，运用最小二乘曲线拟合方法，可以建立预测本节引入的各放大系数的拟合公式。

正反射超压峰值放大系数 A_{pp}的拟合公式如下：

$$A_{pp}=A+Be^{-\beta Z},\quad 0.5\leqslant Z\leqslant 10 \tag{2.21}$$

式中，A、B 与柱的尺寸和外形有关；β 为一个与比例距离 Z 有关的常数。对于矩形柱，$A=1.936+0.402\ln b$，$B=4.833+1.980\ln b$，$\beta=0.65$，拟合公式的回归系数

为 0.9980；对于圆形柱，$A=1.812+0.264\ln d$，$B=3.644+1.871\ln d$，$\beta=0.65$，拟合公式的回归系数为 0.9958。其中，b 为矩形柱的柱宽，m；d 为圆形柱的直径，m。

图 2.53 给出了式(2.21)得出的正反射超压峰值放大系数 A_{pp} 随比例距离变化的曲线和数值模拟得到的离散点之间的比较，从图中可以看出，拟合公式与数值模拟的数据点吻合较好。

目前，其他研究者也提出了一些预测正反射超压峰值的公式，如 Henrych[30] 在正入射超压峰值的基础上得到了正反射超压峰值的公式如下：

$$P_{rF}=\frac{8P_{s0F}^2+14P_{s0F}}{P_{s0F}+7.2},\quad P_{s0F}\leqslant 4(\text{MPa}) \tag{2.22}$$

TM5-1300 中也给出了预测正反射超压峰值及正入射超压峰值的图表[5]。显然，式(2.22)和 TM5-1300 均可以用来预测柱前表面底部中点处反射波的正反射超压峰值放大系数。图 2.53 给出了式(2.22)、TM5-1300 以及式(2.21)得到的不同比例距离下柱前表面底部中点处的正反射超压峰值放大系数的比较。如前所述，因为式(2.22)和 TM5-1300 中的图表使用的前提为假定反射面无限大，因此，在比较时，运用式(2.21)时，取 $b=b_{max}$。比较结果显示，当比例距离 $Z\geqslant 1\text{m/kg}^{1/3}$ 时，式(2.21)得出的结果比式(2.22)得到的结果偏大，但和 TM5-1300 的结果吻合良好；当比例距离 $Z<1\text{m/kg}^{1/3}$ 时，式(2.21)得出的结果比式(2.22)得到的结果偏大，比 TM5-1300 的结果偏小。这可能是因为，当比例距离比较小时，无论是采用试验的手段或是采用数值模拟的手段，都很难得到特别准确的爆炸荷载参数。综合来讲，本节提出的公式能够用来较为准确的预测不同比例距离下柱前表面底部中点处的正反射超压峰值放大系数。

(2) 正反射冲量放大系数。

依据数值模拟的结果，经研究表明，当比例距离 $Z<1\text{m/kg}^{1/3}$ 时，正反射冲量放大系数随着比例距离的减小急剧增加，因此，预测正反射冲量放大系数的拟合公式被分成两部分，一部分适用于 $0.5\text{m/kg}^{1/3}\leqslant Z<1\text{m/kg}^{1/3}$ 的情况，另一部分适用于 $1\text{m/kg}^{1/3}\leqslant Z\leqslant 10\text{m/kg}^{1/3}$ 的情况。

研究结果表明，预测正反射冲量放大系数的拟合公式和式(2.21)有着相同的形式，只是有着不同的 A、B 和 β 值。即

$$A_{pi}=A+B\text{e}^{-\beta Z},\quad 0.5\leqslant Z\leqslant 10 \tag{2.23}$$

式中，当 $0.5\text{m/kg}^{1/3}\leqslant Z<1\text{m/kg}^{1/3}$ 时，对于矩形柱，$A=2.154+0.291\ln b$，$B=136.554+65.001\ln b$，$\beta=6$，拟合公式的回归系数为 0.9957；对于圆形柱，$A=2.193+0.207\ln d$，$B=104.720+55.238\ln d$，$\beta=6$，拟合公式的回归系数为 0.9952。当 $1\text{m/kg}^{1/3}\leqslant Z\leqslant 10\text{m/kg}^{1/3}$ 时，对于矩形柱，$A=1.452+0.287\ln b$，$B=3.221+1.577\ln b$，$\beta=0.65$，拟合公式的回归系数为 0.9498；对于圆形柱，$A=1.426+0.261\ln d$，$B=2.089+0.560\ln d$，$\beta=0.65$，拟合公式的回归系数为

0.9886。

图 2.54 给出了式(2.23)得出的正反射冲量放大系数随比例距离变化的曲线和数值模拟得到的离散点之间的比较，由图 2.54 可以看出，拟合公式和数值模拟数据点吻合良好。

TM5-1300 中也给出了预测正反射冲量及正入射冲量进而计算正反射冲量放大系数的图表[5]。图 2.54 给出了式(2.23)得出的正反射冲量放大系数(矩形柱，$b=b_{max}$)与 TM5-1300 中得出结果的比较。从图中可以看出，式(2.23)得出的结果较之 TM5-1300 中得出的结果要小，尤其是在比例距离 $Z\leqslant 0.8\text{m/kg}^{1/3}$ 的情况下，最大的误差为 25%。但在比例距离 $0.8\text{m/kg}^{1/3}\leqslant Z\leqslant 2.0\text{m/kg}^{1/3}$ 范围内，式(2.23)得出的结果与 TM5-1300 中得出的结果吻合较好。

(3) 负反射超压峰值放大系数。

在结构抗爆设计以及结构在爆炸荷载作用下的动力响应和损伤破坏分析中，爆炸荷载的负超压部分远远没有正超压部分重要，然而，在某些时候，爆炸荷载的负超压可能会主导结构构件破坏的方向以及碎片的产生和飞行方向等。因此，为了研究的完整性，同样建立了预测负反射超压峰值放大系数和负反射冲量放大系数的拟合公式。

负反射超压峰值放大系数的拟合公式为

$$A_{np}=\begin{cases}1, & 0.5\leqslant Z<1\\ Ae^{\beta Z}, & 1\leqslant Z\leqslant 10\end{cases} \tag{2.24}$$

式中，对于矩形柱，$A=1.316+0.311\ln b$，$\beta=0.057+0.030\ln b$，拟合公式的回归系数为 0.8884；对于圆形柱，$A=1.240+0.354\ln d$，$\beta=0.045+0.011\ln d$，拟合公式的回归系数为 0.9591。

由式(2.24)可以看出，当比例距离 $Z<1\text{m/kg}^{1/3}$ 时，负反射超压峰值放大系数 $A_{np}=1$，并不随结构柱特性及比例距离的改变而改变。这是因为，在所有的情况下，爆炸荷载负向超压峰值的绝对值必然小于或等于一个标准大气压。当比例距离较小时，无论是负向入射超压峰值还是负向反射超压峰值均达到或接近可能的最大值即一个标准大气压，在这种情况下，负向反射超压峰值放大系数则应为 1。本节数值模拟中观察到的这一现象与 TM5-1300 中的数据也十分吻合，在 TM5-1300 中，比例距离小于 $0.8\text{m/kg}^{1/3}$ 时，负反射超压峰值放大系数变得和比例距离无关并且恒等于 1[5]。

图 2.55 比较了式(2.24)得出的负反射超压峰值放大系数随比例距离变化的曲线和数值模拟得到的离散点间的比较，从图中可以看出，式(2.24)能够很好地预测数值模拟得到的结果。在 $1\text{m/kg}^{1/3}\leqslant Z\leqslant 10\text{m/kg}^{1/3}$ 的范围内，图 2.55 同时对式(2.24)在矩形柱 $b=b_{max}$ 情况下得到的负反射超压峰值放大系数的结果和 TM5-1300[5] 对负反射超压峰值放大系数的预测结果进行了比较，如图所示，二者

吻合良好。

(4) 负反射冲量放大系数。

负反射冲量放大系数 A_{ni} 的拟合公式与负反射超压放大系数 A_{np} 具有同样的形式，即

$$A_{ni}=\begin{cases}1, & 0.5\leqslant Z<1\\ Ae^{\beta Z}, & 1\leqslant Z\leqslant 10\end{cases} \tag{2.25}$$

但其中的系数 A 和 β 的表达式有所不同。对于矩形柱，$A=1.496+0.260\ln b$，$\beta=0.039+0.025\ln b$，拟合公式的回归系数为 0.9214；对于圆形柱，$A=1.477+0.401\ln d$，$\beta=0.038+0.032\ln d$，拟合公式的回归系数为 0.9914。

与负反射超压峰值放大系数一样，在比例距离 $Z<1\text{m/kg}^{1/3}$ 时，负反射冲量放大系数 A_{ni} 与比例距离无关并且恒等于 1。

式(2.25)得出的负反射冲量峰值放大系数随比例距离变化的曲线和数值模拟得到的离散点之间的比较如图 2.56 所示。同时，图 2.56 也比较了式(2.25)在矩形柱 $b=b_{max}$ 情况下得到的结果与 TM5-1300[5] 对负反射冲量放大系数的预测结果。

3) 柱前表面底部中点处爆炸波的波前到达时间和正超压持时

为了得到柱前表面底部中点处爆炸荷载的超压时程曲线，在本节中，建立柱前表面底部中点处爆炸波的波前到达时间和正超压持时的拟合公式。

(1) 波前到达时间。

首先，从数值模拟得到的爆炸荷载超压时程曲线中提取出爆炸冲击波波前到达时间。通过分析得知，柱前表面底部中点处爆炸波的波前到达时间仅与炸药的质量和结构柱底部与炸药起爆位置间的比例距离有关。运用最小二乘拟合方法，得到爆炸冲击波波前到达时间的拟合公式如下：

$$\frac{T_{aF}}{W^{1/3}}=\exp(-0.834+1.753\ln Z),\quad 0.5\leqslant Z\leqslant 10(\text{ms/kg}^{1/3}) \tag{2.26}$$

式中，T_{aF} 为爆炸冲击波波前到达时间，拟合公式的回归系数为 0.9974。

图 2.64 给出了式(2.26)预测得到的比例波前到达时间(即波前到达时间除以炸药质量的立方根)随比例距离的变化曲线和数值模拟数据点间的比较。从图中可以看出，由式(2.26)预测得到的结果与数值模拟数据点吻合较好。

Wu 等[29] 也给出了预测爆炸冲击波波前到达时间的公式，如下：

$$T_{aF}=0.34\,\frac{D^{1.4}W^{-0.2}}{c_a}(\text{s}) \tag{2.27}$$

式中，D 为目标点距离炸药起爆位置的实际距离，m；W 为炸药的质量，kg；c_a 为空气中的声速，取 340m/s。

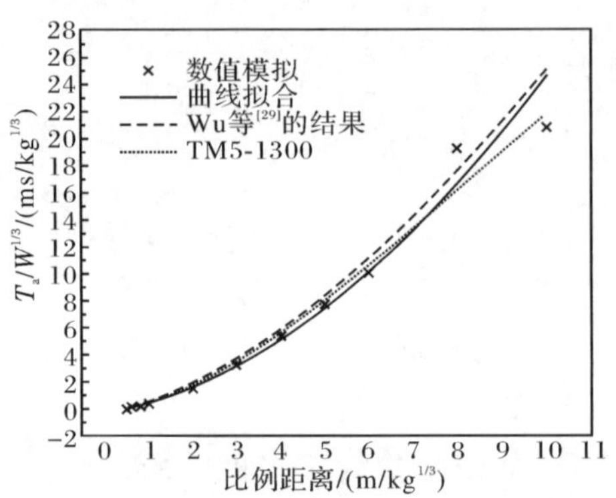

图 2.64　数值模拟及各种公式预测到的比例波前到达时间比较

TM5-1300 中也有查询爆炸冲击波波前到达时间的图表[5]。

图 2.64 同时给出了分别由式(2.26)、式(2.27)和 TM5-1300 得到的比例波前到达时间随比例距离的变化曲线比较，从图中可以清楚地看出，这三种方法得到的预测结果相互吻合很好。

(2) 正超压持时。

爆炸冲击波正超压持时 T_{0F} 回归公式如下：

$$T_{0F}/W^{1/3}=e^{A+B\ln Z},\quad 0.5\leqslant Z\leqslant 10(\mathrm{ms/kg^{1/3}}) \tag{2.28}$$

式中，对于矩形柱，$A=-0.416-0.015\ln b$，$B=0.846-0.063\ln b$，拟合公式的回归系数为 0.9198；对于圆形柱，$A=-0.305$，$B=0.793$，拟合公式的回归系数为 0.9440。

在此值得说明的是，对于圆形柱，柱的截面尺寸对式(2.28)中的参数 A 和 B 没有影响，这是因为圆形柱的反射面为曲面，相比矩形柱的平面反射面，对柱前爆炸荷载正超压持时的影响较小，可以忽略不计。

图 2.65 给出了由拟合公式(2.28)得到的比例正超压持时（即正超压持时除以炸药质量的立方根）随比例距离的变化曲线与数值模拟数据点间的比较。可以看出，由式(2.28)预测得到的结果与数值模拟数据之间在一定程度上吻合较好。

从图 2.65 还可以看出，对于矩形柱，随着柱宽的增大，正超压持时相应缩短。这可能是因为，随着柱宽的增大，爆炸荷载的正超压峰值随之增大，从而增大柱前底部空气分子运动的速度，空气分子运动速度的加快则直接导致正超压持时缩短。

Henrych[30] 在大量试验数据的基础上，提出了预测爆炸荷载正超压持时的经验公式，即

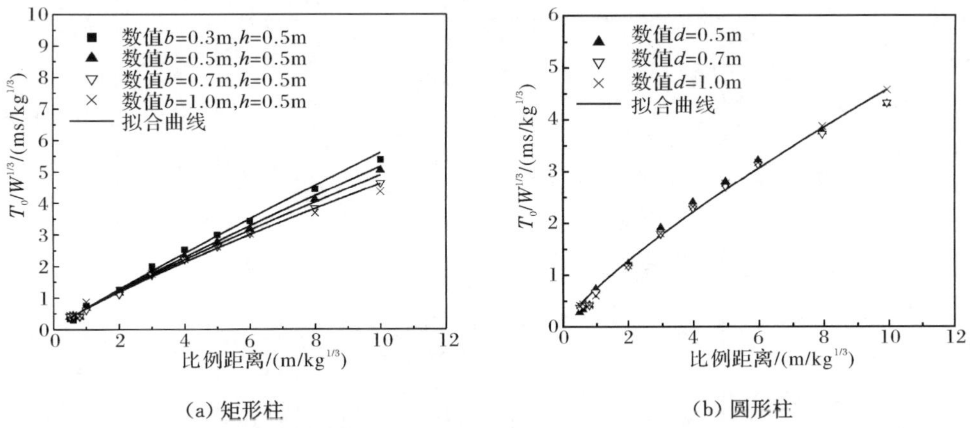

(a) 矩形柱　　(b) 圆形柱

图 2.65　拟合公式得到的柱前底部中点处比例正超压持时和数值模拟结果比较

$$T_{0F}/W^{1/3}=0.107+0.444Z+0.264Z^2-0.129Z^3+0.0335Z^4$$
$$0.05\leqslant Z\leqslant 3(\mathrm{ms/kg^{1/3}}) \tag{2.29}$$

TM5-1300 中也给出了预测爆炸荷载正超压持时的图表[5]。

图 2.66 给出了分别由式(2.28)、式(2.29)和 TM5-1300 得到的爆炸荷载正超压持时随比例距离变化曲线的比较,其中采用式(2.28)进行预测时,假定结构柱为矩形柱且 $b=b_{\max}$。从图中可以看出,由式(2.28)预测得到的结果和 Henrych 的结果比较接近,但小于 TM5-1300 得到的结果。这可能因为,在 TM5-1300 中,认为正入射超压持时和正反射超压持时相同,而实际上,正反射超压持时要小于正入射超压持时。另一个可能的原因是,在本节的研究中,结构柱与炸药起爆位置间的实际距离假定为常数,即 10m。实际上,除了比例距离这一参数外,目标点距炸药起爆位置的实际距离可能也会影响目标点爆炸冲击波的正反射超压持时。一般情况下,相同比例距离时,实际距离越大,正反射超压持时越长。

4. 结构柱后表面的爆炸荷载预测

由图 2.52 可以看出,结构柱后表面的爆炸荷载及各参数均可以近似看做沿柱高均匀分布,因此,在本小节中,仅给出预测柱后表面底部中点处爆炸荷载各参数值的拟合公式。

1) 柱后表面底部中点处爆炸荷载的超压峰值和冲量

前面引入了正反射超压峰值折减系数 R_{pp}、正反射冲量折减系数 R_{pi}、负反射超压峰值折减系数 R_{np} 和负反射冲量折减系数 R_{ni}。同样,由于柱前表面底部中点处无反射情况下的正超压峰值、正冲量、负超压峰值和负冲量可通过有关的设计图表及经验公式(例如 TM5-1300)获得。因此,在本节中,只需给出柱后表面底部

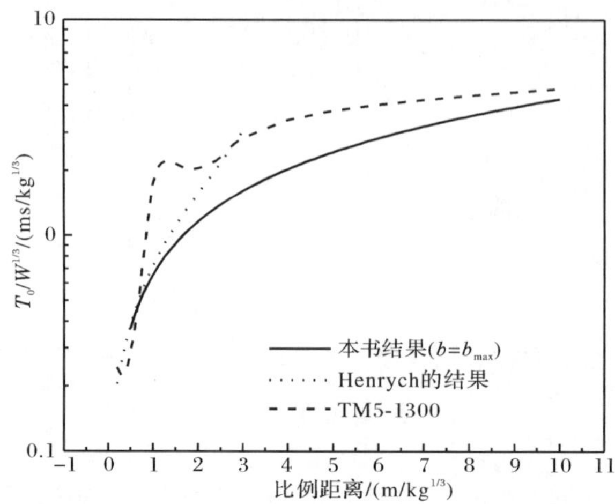

图 2.66 各种方法得到的比例正超压持时比较

中点处爆炸波的各个折减系数，即可利用式(2.12)～式(2.15)得到柱后表面底部中点处爆炸荷载的相应参数。

在大量有限元模拟结果的基础上，采用最小二乘拟合方法得到正反射超压峰值折减系数 R_{pp} 的拟合公式为

$$R_{pp}=A+Be^{-\beta Z},\quad 1.0\leqslant Z\leqslant 10 \tag{2.30}$$

式中，对于矩形柱，$A=0.314-0.135\ln b-0.022\ln h$，$h$ 为矩形柱的柱深，单位为 m，$B=-0.305+0.099\ln b$，$\beta=0.8$，拟合公式的回归系数为 0.9280；对于圆柱，$A=0.336-0.167\ln d$，$B=-0.291+0.133\ln d$，$\beta=1$，拟合公式的回归系数为 0.9458。

数值模拟结果表明，当比例距离 $0.5\text{m/kg}^{1/3}\leqslant Z<1.0\text{m/kg}^{1/3}$，正反射超压峰值的折减系数可近似取 $Z=1.0\text{m/kg}^{1/3}$ 时的值。

图 2.57 给出了由式(2.30)得出的正反射超压峰值折减系数随比例距离变化的曲线与数值模拟得到的离散点之间的比较。从图中可以看出，由拟合公式预测的结果与数值模拟的数据吻合良好。

正反射冲量折减系数 R_{pi} 的拟合公式为

$$R_{pi}=A+Be^{-\beta Z},\quad 0.5\leqslant Z\leqslant 10 \tag{2.31}$$

式中，对于矩形柱，$A=0.564-0.146\ln b-0.013\ln h$，$B=-0.325+0.059\ln b$，$\beta=0.8$，拟合公式的回归系数为 0.9498；对于圆形柱，$A=0.567-0.134\ln d$，$B=-0.267+0.046\ln d$，$\beta=1$，拟合公式的回归系数为 0.9886。

图 2.58 给出了式(2.31)得出的正反射冲量折减系数随比例距离变化的曲线和数值模拟得到的结果之间的比较，从图中可以看出，由拟合公式预测的结果能

够很好地吻合数值模拟的结果。

负反射超压峰值折减系数 R_{np} 的拟合公式为

$$R_{np}=AZ^{-\beta},\quad 0.5\leqslant Z\leqslant 10 \tag{2.32}$$

式中，对于矩形柱，$A=0.476-0.504\ln b-0.007\ln h$，$\beta=0.109-0.174\ln b$，拟合公式的回归系数为 0.7726；对于圆形柱，$A=0.672-0.421\ln d$，$\beta=0.199-0.128\ln d$，拟合公式的回归系数为 0.8261。

在此需要说明的是，当目标点距离炸药起爆位置的比例距离很小时，柱前表面底部中点处和柱后表面底部中点处的负峰值超压均达到或接近它们可能的最大值，即一个标准大气压，在这种情况下，负反射超压峰值折减系数 $R_{np}=1$。因此，从物理本质上来讲，由拟合公式得到的负反射超压峰值折减系数应小于或者等于 1。如果由式(2.32)在比例距离较小的情况下预测得到的负反射超压峰值折减系数 $R_{np}>1$ 的话，应该将该目标点的负反射超压峰值折减系数赋值为 1。

图 2.59 给出了由式(2.32)预测得出的负反射超压峰值折减系数随比例距离变化的曲线与数值模拟得到的离散点之间的比较。从图中可以看出，由拟合公式预测得到的结果和数值模拟得到的数据吻合良好。

负反射冲量折减系数 R_{ni} 的拟合公式为

$$R_{ni}=AZ^{-\beta},\quad 0.5\leqslant Z\leqslant 10 \tag{2.33}$$

式中，对于矩形柱，$A=0.339-0.331\ln b-0.030\ln h$，$\beta=-0.040-0.140\ln b$，拟合公式的回归系数为 0.7644；对于圆形柱，$A=0.482-0.309\ln d$，$\beta=0.01-0.156\ln d$，拟合公式的回归系数为 0.7077。

同样的，由式(2.33)预测得到的负反射冲量折减系数也应小于或者等于 1。

图 2.60 给出了由式(2.33)预测得出的随比例距离变化的曲线与数值模拟得到的结果之间的比较。从图 2.60 中可以看出，由拟合公式得到的结果能够很好地吻合数值模拟的结果。

2) 柱后表面底部中点处爆炸波的波前到达时间和正超压持时

为了建立柱后表面底部中点处爆炸荷载的完整超压时程曲线，引入了时间差 T_{+} 和正向超压持时折减系数 R_{t0}。

T_{+} 定义为爆炸冲击波波前分别到达柱后表面底部中点处和柱前表面底部中点处的时间差，即

$$T_{aR}=T_{aF}+T_{+} \tag{2.34}$$

运用最小二乘曲线拟合方法，得到 T_{+} 的拟合公式为

$$\frac{T_{+}}{W^{1/3}}=\exp(A+B\ln Z),\quad 0.5\leqslant Z\leqslant 10(\mathrm{ms/kg^{1/3}}) \tag{2.35}$$

式中，对于矩形柱，$A=-1.361+0.465\ln b+0.665\ln h$，$B=1.221-0.023\ln h$；对于圆形柱，$A=-1.707+1.067\ln d$，$B=1.253-0.050\ln d$。对于这两类柱，拟合公

式的回归系数均为 0.8900。

综合运用式(2.34)和式(2.35)即可得到柱后表面底部中点处爆炸波的波前到达时间。

图 2.61 给出了由式(2.35)预测得出的比例时间差(即时间差除以炸药质量的立方根)随比例距离变化的曲线与数值模拟得到的离散点之间的比较。从图中可以看出,由拟合公式得到的结果和数值模拟得到的数据吻合良好。

R_{t0} 为柱后表面底部中点处爆炸荷载正向超压持时与柱前表面底部中点处爆炸荷载正向超压持时比,即

$$T_{0R}=R_{t0}T_{0F} \tag{2.36}$$

其拟合公式为

$$\frac{R_{t0}}{W^{1/3}}=\exp(A+B\ln Z),\quad 0.5\leqslant Z\leqslant 10(1/\text{kg}^{1/3}) \tag{2.37}$$

式中,对于矩形柱,$A=-1.708+0.142\ln b+0.061\ln h$,$B=0.946$,拟合公式的回归系数为 0.8400;对于圆形柱,$A=-1.941+0.201\ln d$,$B=0.899-0.047\ln d$,拟合公式的回归系数为 0.8413。

综合运用式(2.36)和式(2.37)即可得到柱后表面底部中点处爆炸波的正超压持时。

图 2.67 给出了由拟合式(2.37)得到的柱后表面底部中点处比例正超压持时(即正超压持时除以炸药质量的立方根)随比例距离变化的曲线与数值模拟结果之间的比较。从图中可以看出,由拟合公式预测得到的曲线能够很好地吻合数值模拟的结果。

在结构抗爆设计及结构在爆炸荷载作用下的动力响应和损伤破坏分析中,大多需要用到爆炸荷载的超压时程曲线(超压指超过大气压强的压力值)。给出了结构上某点爆炸荷载的典型超压时程曲线,由于该时程曲线的不规则性,不便于

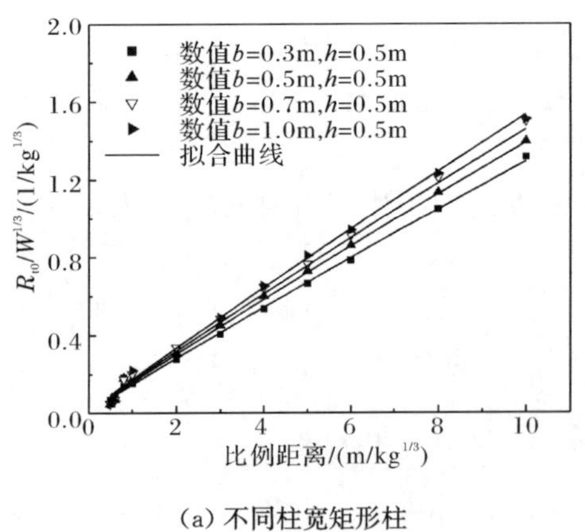

(a) 不同柱宽矩形柱

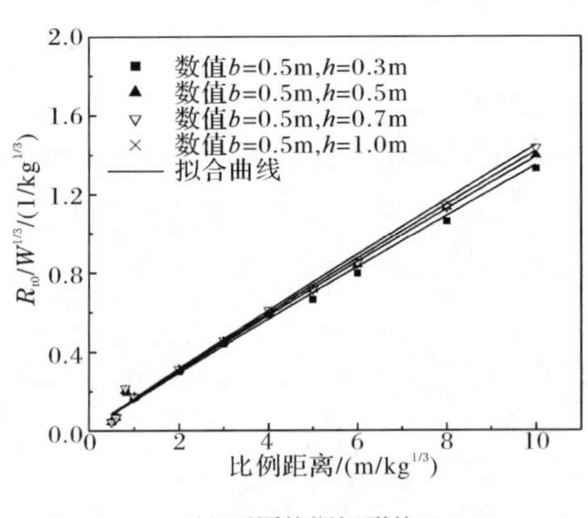

(b) 不同柱深矩形柱

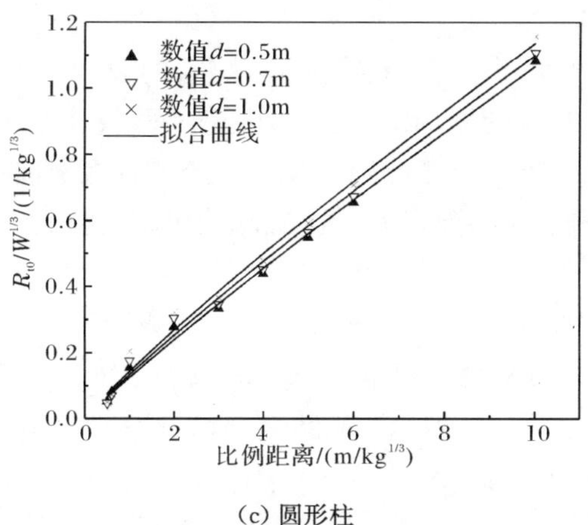

(c) 圆形柱

图 2.67　拟合公式得到的柱后底部中点处比例正超压持时和数值模拟结果比较

在实际计算中运用。因此，一般的，将该时程曲线简化为两个假想的三角形荷载，即正超压脉冲荷载和负超压脉冲荷载。同时，在简化的过程中，将实际的正超压持时简化为假想的正超压持时，如图 2.68 所示。

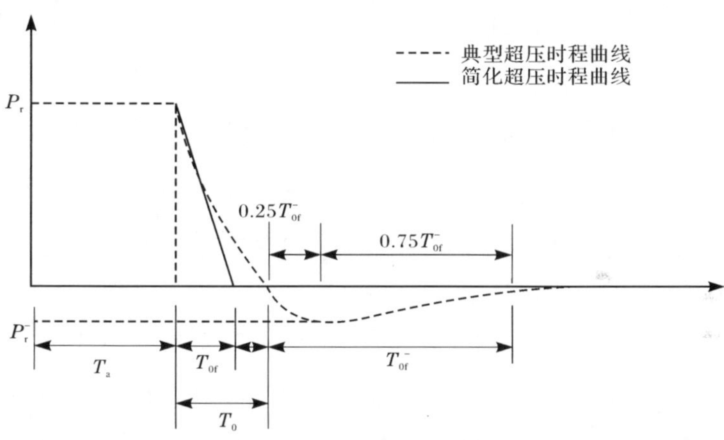

图 2.68　简化的爆炸超压荷载模型

简化的正超压脉冲荷载部分的爆炸超压在爆炸冲击波到达的瞬间从零上升到最大值，然后，经过一段时间(正超压持时)降低为零。这部分可以通过以下几个参数来定义：波前到达时间 T_a(wave front arrival time)、正反射超压峰值 P_r 以及假想的正超压持时 T_{0f}。参照 TM5-1300 中的方法，假想的正超压持时定义为

$$T_{0f}=\frac{2I_r}{P_r} \tag{2.38}$$

式中，I_r为正反射冲量。

由于式(2.38)得到的假想的正超压持时 T_{0f}的值要小于实际的正超压持时 T_0，所以在简化模型中，正超压荷载结束和负超压荷载开始的时刻间有一个时间间隔，如图 2.68 所示。为了能够准确定义负超压脉冲荷载部分，在简化的荷载模型中，保留了时间间隔这一参数，相应的，实际的正超压持时 T_0也成为必不可少的爆炸荷载参数。

简化的负超压脉冲荷载部分的定义也参照 TM5-1300 中的做法，如图 2.68 所示，其等效的负超压荷载曲线的超压首先由零开始线性下降到负的最大值，经历的时间假定为 $0.25T_{0f}^-$，T_{0f}^-为假想的负超压持时。可以由下式得到：

$$T_{0f}^- = \frac{2I_r^-}{P_r^-} \tag{2.39}$$

式中，I_r^-为负反射冲量；P_r^-为负反射超压峰值。

完整的定义简化的爆炸超压荷载模型需要以下参数：波前到达时间 T_a、正反射超压峰值 P_r、正反射冲量 I_r、假想的正超压持时 T_{0f}、实际的正超压持时 T_0、假想的负超压持时 T_{0f}^-、负反射超压峰值 P_r^-和负反射冲量 I_r^-。运用上述参数，建立简化的爆炸超压荷载模型如下：

$$P(t)=\begin{cases} 0, & t<T_a \\ P_r, & t=T_a \\ P_r-\dfrac{P_r}{T_{0f}}(t-T_a), & T_a\leqslant t\leqslant T_a+T_{0f} \\ 0, & T_a+T_{0f}\leqslant t\leqslant T_a+T_0 \\ \dfrac{P_r^-}{0.25T_{0f}^-}(t-T_a-T_0), & T_a+T_0\leqslant t\leqslant T_a+T_0+0.25T_{0f}^- \\ P_r^- -\dfrac{P_r^-}{0.75T_{0f}^-}(t-T_a-T_0-0.25T_{0f}^-), & T_a+T_0+0.25T_{0f}^-\leqslant t\leqslant T_a+T_0+T_{0f}^- \\ 0, & t\geqslant T_a+T_0+T_{0f}^- \end{cases} \tag{2.40}$$

5. 比较和验证

在前述各节中，建立了确定结构柱前、后表面任意点处超压荷载各参数的拟合公式，利用这些公式，可以预测确定任意尺寸结构柱的前、后表面在任意爆炸环境中承受的爆炸荷载的各参数，包括波前到达时间 T_a、正反射超压峰值 P_r、正反射冲量 I_r、假想的正超压持时 T_{0f}、实际的正超压持时 T_0、假想的负超压持时 T_{0f}^-、负反射超压峰值 P_r^-和负反射冲量 I_r^-。因此，由本节所建立的各组拟合公式连同简化爆炸超压荷载模型的式(2.40)便可以定义结构柱前、后表面上任意点的简化超压荷载模型。

图 2.69 给出了利用式(2.40)预测确定的结构柱前、后表面底部中点处的超压时程曲线与数值模拟结果的比较。其中,图 2.69(a)所示为 $Z=2\mathrm{m/kg}^{1/3}$,$b=0.5\mathrm{m}$,$h=0.5\mathrm{m}$ 的矩形柱,图 2.69(b)所示为 $Z=2\mathrm{m/kg}^{1/3}$,$d=0.5\mathrm{m}$ 的圆形柱。从图 2.69 可以看出,无论是矩形柱,还是圆形柱,本节所提出的拟合公式连同式(2.40)能够较为准确地预测结构柱前、后表面任意点的超压时程曲线。

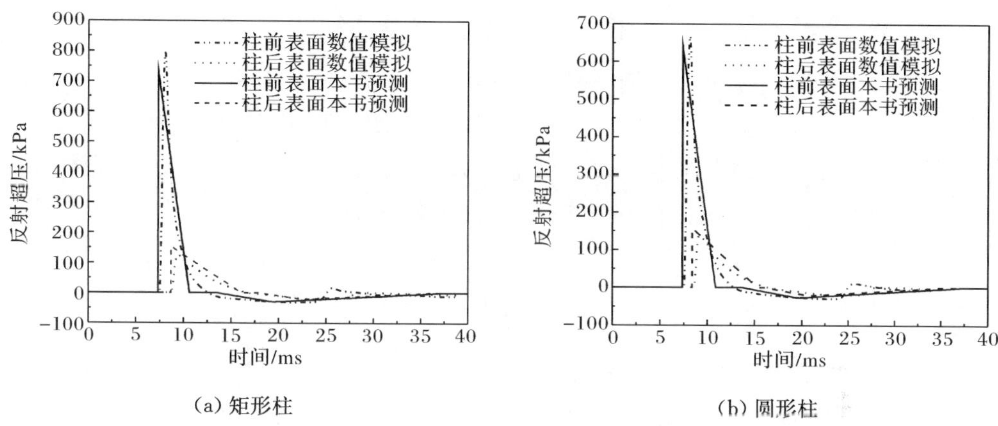

(a) 矩形柱　　(b) 圆形柱

图 2.69　本节拟合公式得到的柱底部中点爆炸荷载超压时程曲线与数值模拟结果的比较

2.3　建筑内部爆炸情况下作用于结构上的爆炸荷载

在封闭环境内,爆炸波在传播过程中因为墙体或其他构件的阻碍、反射等原因,爆炸波的传播机理相比其在简单环境下的传播机理要复杂得多。在以往发生的恐怖袭击中,有许多就是在封闭环境的爆炸袭击,如 2005 年伦敦发生的地铁大爆炸。在封闭环境内,由于四周墙体和构件的阻碍和反射,爆炸超压随时间变化关系十分复杂。

2.3.1　典型结构内部爆炸波的传播规律与超压荷载模型

本节将利用 AUTODYN 软件,采用 Euler 方法研究爆炸波在一个典型结构内部的传播。首先,建立一个典型房屋结构的模型,在结构内部布置多种爆炸点,每个爆炸点设置多种炸药量,研究各种情况下结构所受超压荷载情况;分析整理计算结果,得到了超压荷载分布、冲量分布及各个位置处超压-时程曲线等数据。

1. 模型建立与计算分析

1) 模型的建立

利用 AUTODYN 软件建立了一个典型的结构，模型的几何尺寸如图 2.70 所示。

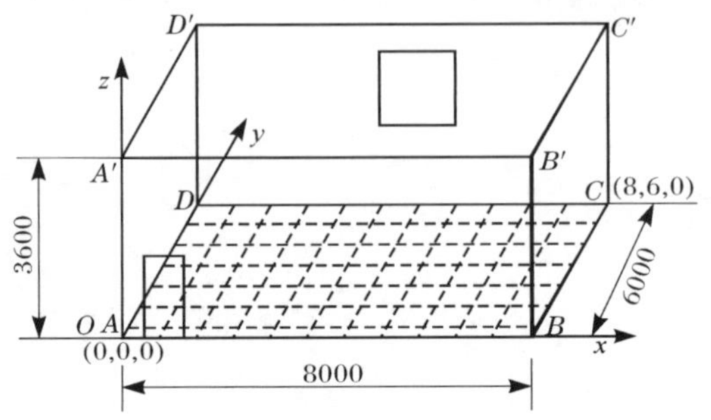

图 2.70 模型几何尺寸示意图

模型中，在 XOY 平面上虚线相交的位置，共设置了 35 个爆炸点，每个爆炸点分别设置了 1.63kg、6.52kg、13.04kg、29.34kg、44.00kg 共五种质量的 TNT 炸药。在墙体上，均匀布置了共 448 个参考点，如图 2.71 所示。

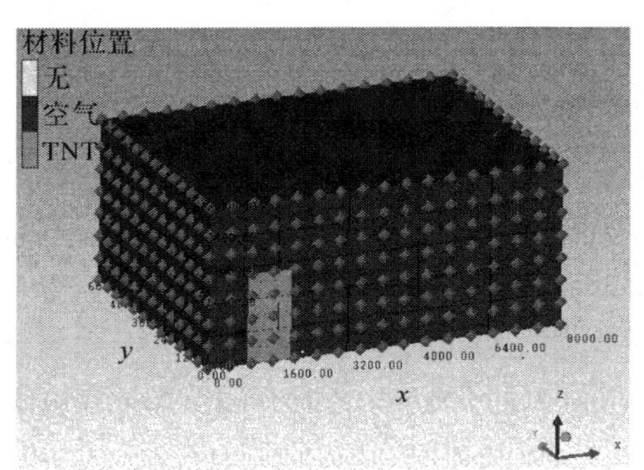

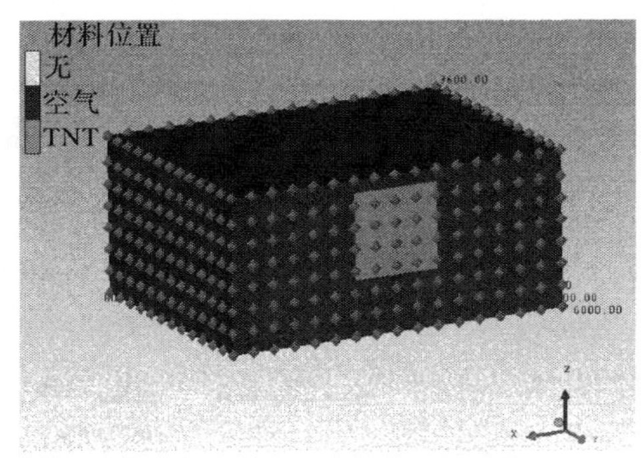

图 2.71 计算模型示意图

根据爆炸点及炸药量的布置情况，共完成了 175 种不同情况下的数值模拟，采集了每个参考点在不同情况下所受爆炸超压荷载情况。

2) 计算结果与分析

图 2.72 给出了爆炸点设置在(4,3,0)位置、药量为 13.04kg 的情况下空气超压分布的可视化显示。

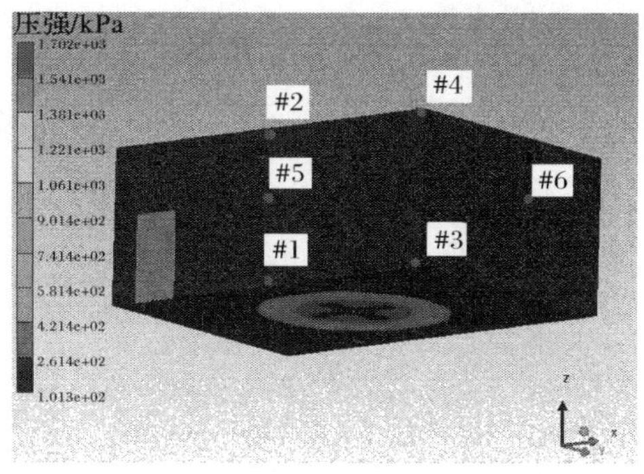

(a) 0.76ms

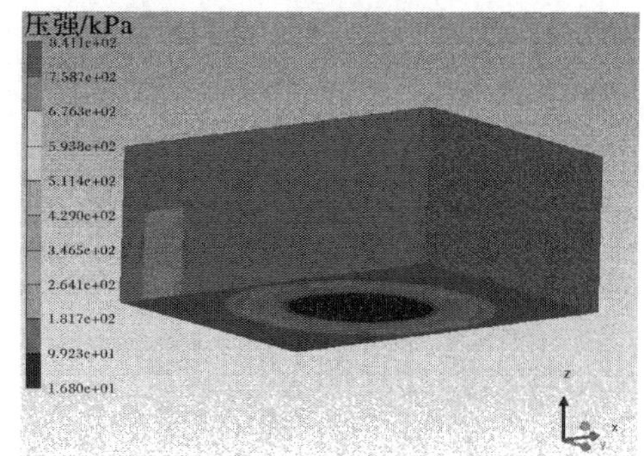

(b) 1.4ms

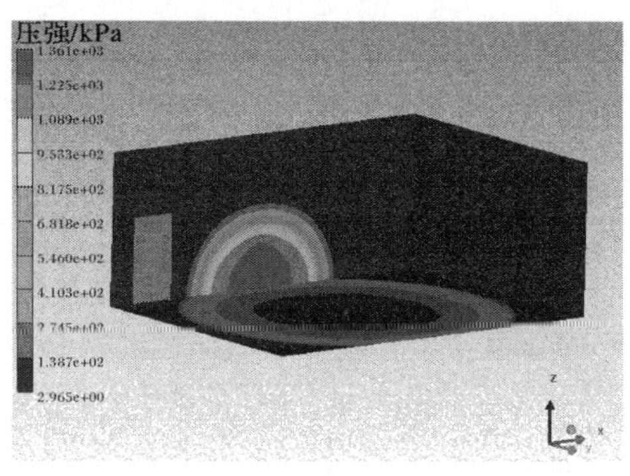

(c) 2.2ms

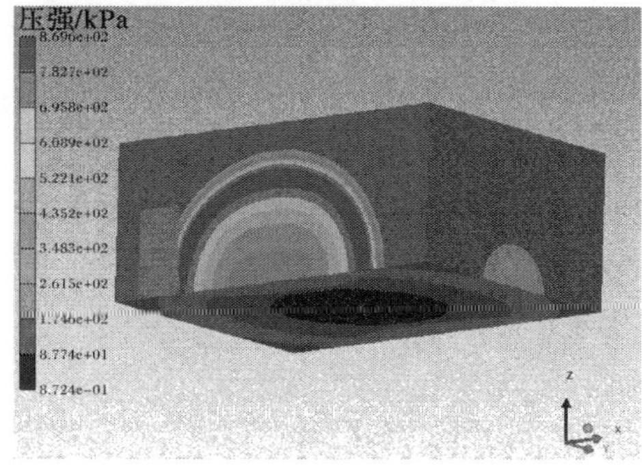

(d) 3ms

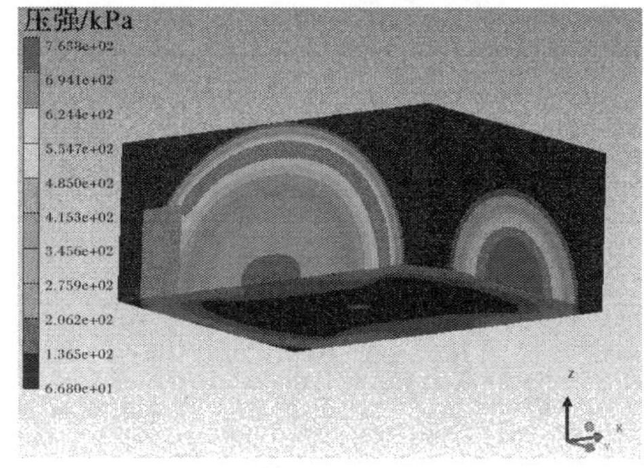

(e) 3.7ms

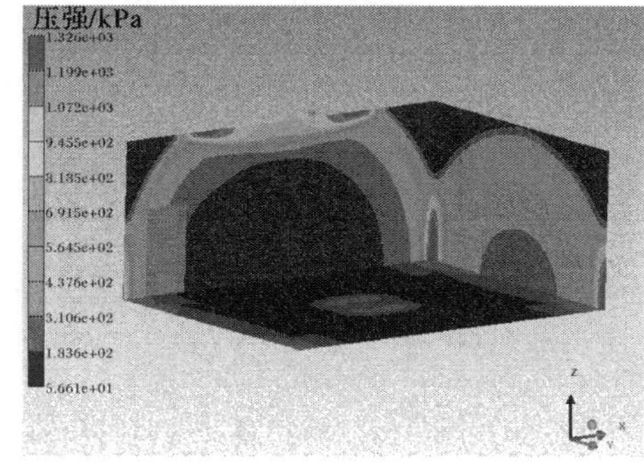

(f) 4.9ms

图 2.72　不同时刻模型受爆炸超压荷载示意图

通过分析可以得到，地面爆炸产生的爆炸波在接触到墙体之前，呈半球形向四周传播，当到达墙体时发生反射。当爆炸波传播到墙体转角处以及墙体与屋面板接触的位置时，可以观察到爆炸波有明显的积聚，从动态显示中可以看到，在墙体转角及墙体和屋面板连接处的超压明显高于其他位置。

为了更准确地了解爆炸波的传播情况，取图 2.72(a)中 1 #、2 #、3 #、4 #、5 #、6 #六处参考点的压力时程曲线进行观察，如图 2.73 所示。

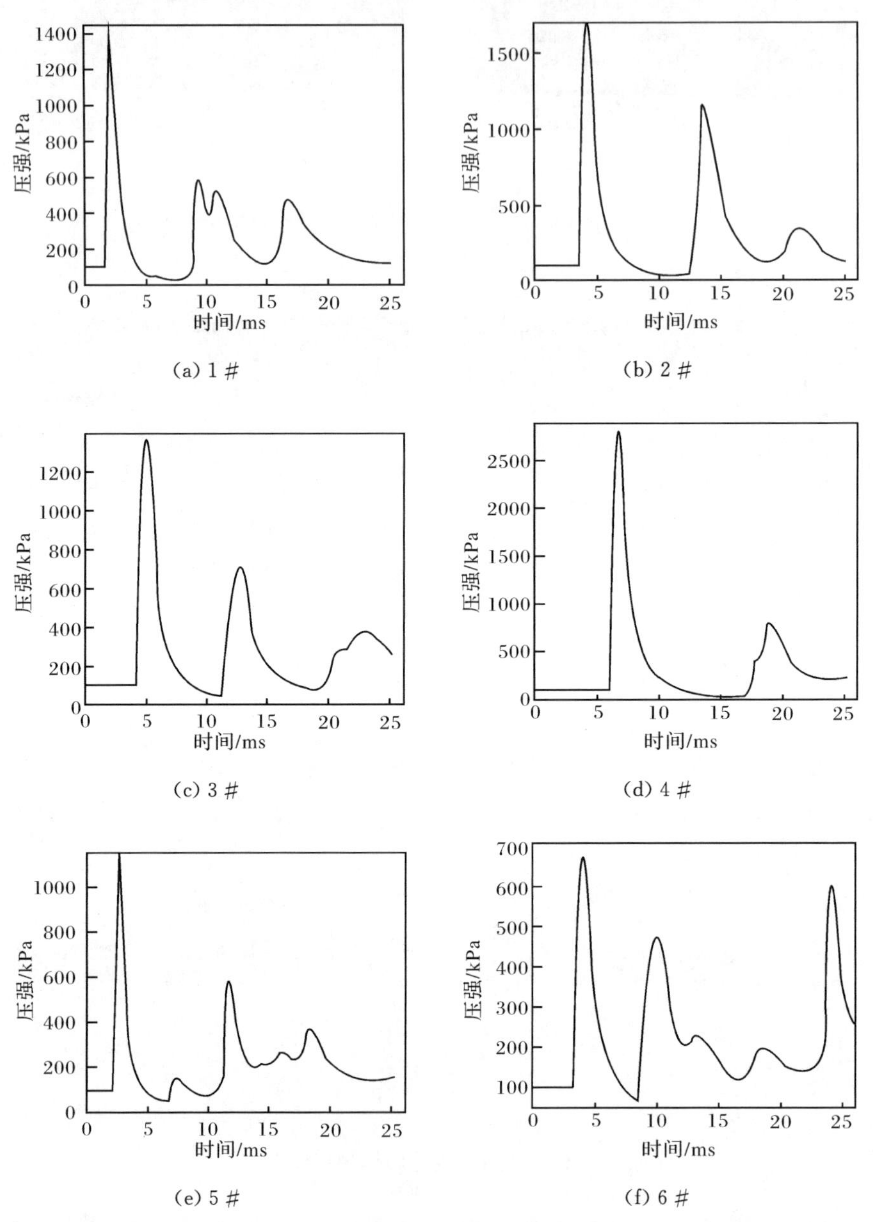

图 2.73　不同参考点压力时程曲线

通过分析可以得出：

(1) 每个参考点在经历过第一个峰值之后，都会出现一段负压区，随后将又会出现第二个以至更多的峰值。

(2) 1＃、2＃、3＃、4＃的最大超压明显高于5＃、6＃的最大超压，其中1＃、2＃、3＃最大超压相差并不大，而4＃的最大超压显然又高于1＃、2＃、3＃，基本上是其他参考点最大超压的2倍。

2. 墙体所受的超压峰值与冲量

1) 墙体各处所受的超压峰值

由 AUTODYN 本身的局限性，导出的计算结果全部是 html 格式的文件，175 种情况下的计算结果文件总数达 1575 个，这种文件格式不仅占用磁盘空间大，而且不利于后续的数据处理。因此首先将所有的 html 文件中的内容手动转到Excel中，通过处理把全部的结果文件归入到 175 个 Excel 文件中，每个 Excel 文件表示一种情况的计算结果，这样不仅利于查询计算结果，而且方便后续的数据处理工作。

Excel 文件中记录了某种情况下 448 个参考点所受压力随时间的变化情况，由于炸药量的区别，单个参考点记录的压力值的数据量也有所区别，少则 700 个左右，多则 1400 个左右。

这些参考点的布置是离散的，为了考察墙体所受爆炸超压的情况，首先将模型中的四面墙体分别标记为 $ABB'A'$、$BCC'B'$、$CDD'C'$ 和 $ADD'A'$，标记如图 2.70 所示。利用 Excel 首先将每个参考点所受的最大超压提取出来，然后按照参考点在墙体上的位置制成表格，每个表格表示一面墙体所受超压峰值的情况。

在整理出这些表格之后，可以将表格内的数据导入 MATLAB 中，利用 MATLAB 中的图形工具生成 3D Surface 图形，如图 2.74 所示，3D Surface 图形可以比表格更直观地表示出墙体受爆炸超压最大的位置，并且可以清晰的表示出各个位置受超压的大小关系。

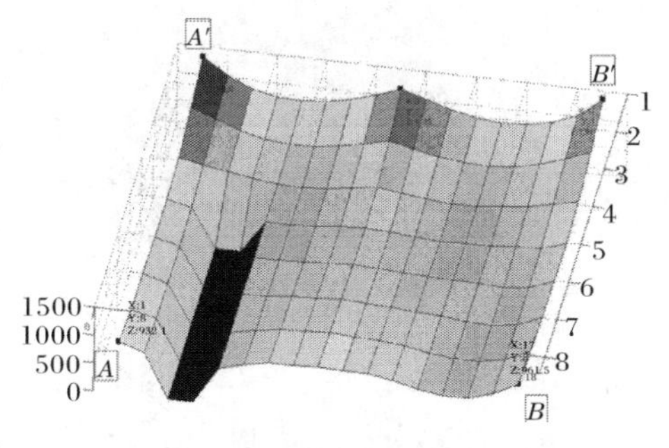

(a) $ABB'A'$墙

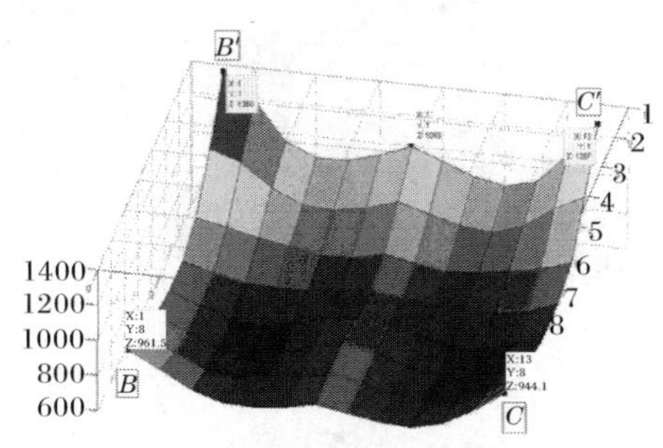

(b) $BCC'B'$墙

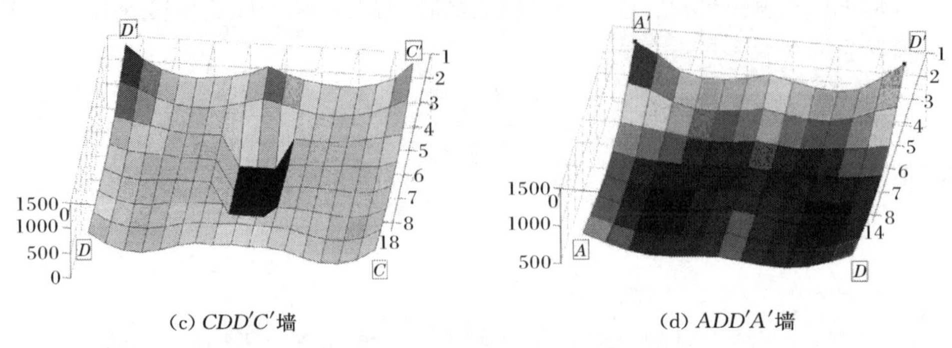

(c) $CDD'C'$墙　　(d) $ADD'A'$墙

图 2.74　某工况下墙体受超压荷载的 3D Surface 图像

2）墙体所受的冲量

在爆炸对结构的破坏研究中，除了爆炸波的最大超压这项重要的影响要素以外，爆炸波冲击超压给结构带来的瞬态冲量也是影响结构破坏的重要因素。结构在受到爆炸瞬态冲量作用时，在设计中必须考虑结构端部的抗剪破坏，尤其框架结构和平板结构。即震塌破坏和剪切破坏是瞬态冲量对结构的两大破坏效应。

考虑到上述爆炸瞬态冲量的影响，利用 MATLAB 软件编程，将 AUTODYN 输出的各个参考点的压力记录导入到程序中，即可获得每个参考点所在的区域所受瞬态冲量的大小。

在得到各个参考点所在区域的瞬态冲量值以后，通过处理可以得到墙体所受冲量分布列表。同样，可以利用 MATLAB 的图形工具得到各个墙体受瞬态冲量的 3D Surface 图形，如图 2.75 所示。

图 2.72～图 2.75 均是在同一种爆炸情况下得到的，通过这些图表可以清晰明了地观察爆炸波对墙体的荷载情况。

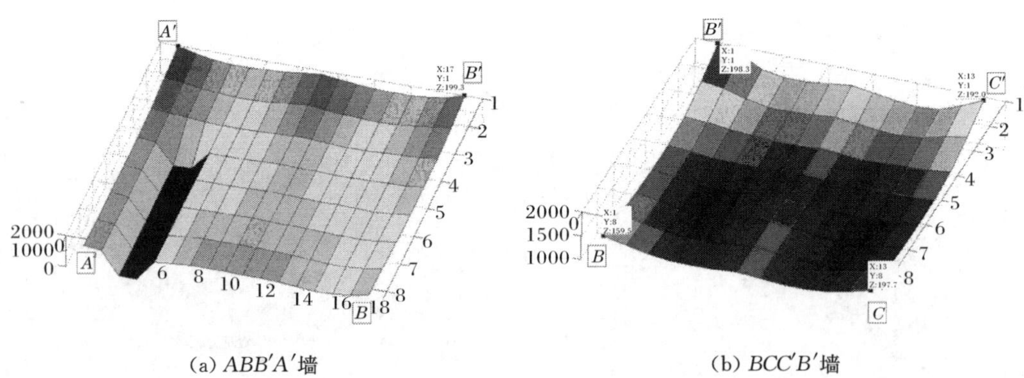

(a) $ABB'A'$墙　　(b) $BCC'B'$墙

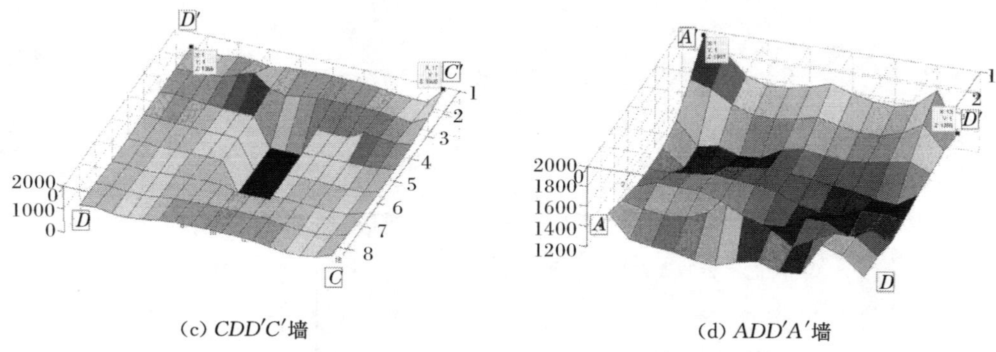

(c) $CDD'C'$墙　　(d) $ADD'A'$墙

图 2.75　某工况下墙体所受瞬态冲量的 3D Surface 图像

通过比较和分析可知,在墙体连接处附近,爆炸波发生积聚,墙体所受超压荷载明显高于其他位置,这些位置的超压荷载最大值基本上能达到其他位置的 2 倍左右,同时,这些位置的瞬态冲量也会比其他位置超出 30%左右。超压荷载作用在墙体连接处的时间略少于其他位置。

3. 内部爆炸下结构的超压荷载模型

在实际工程设计中,对于一些敏感建筑,往往需要考虑爆炸对结构安全性的影响。本节利用前期典型结构内爆炸数值模拟生成的数据库,通过统计分析的方法建立结构内部爆炸产生时超压荷载的简化计算模型。

1) 超压荷载几何模型的引入

图 2.76 为建立荷载模型所需的几何结构模型,该几何模型是在对大量数据比较和分析的基础上建立的。其中,A、A'、B、B'为矩形墙体的四个角点,边界 1 为矩形墙体边界,边界 2 为边界 1 向内偏移 1m 所得到的边界;O 为爆炸点在墙体上的垂点;C 为边界 2 的下边界上任意一点,C'为与 C 相对应的边界 1 的上边界上的点。

2) 超压荷载模型的建立

为了建立起可供工程设计参考的荷载模型,引入下列变量:

W——O 点到墙体边界上 A 点的实际距离,m;

L——爆炸点到 O 点的比例距离,$\mathrm{m/kg^{1/3}}$;

D——C 点到 O 点的比例距离,$\mathrm{m/kg^{1/3}}$;

R——边界 2 区域内任意一点到 O 点的比例距离,$\mathrm{m/kg^{1/3}}$,其中,比例距离$=\dfrac{\text{实际距离}}{\text{炸药质量}^{1/3}}$,$\mathrm{m/kg^{1/3}}$。

为了建立整个墙体的超压荷载模型,现将墙体的超压荷载分成如下几部分:

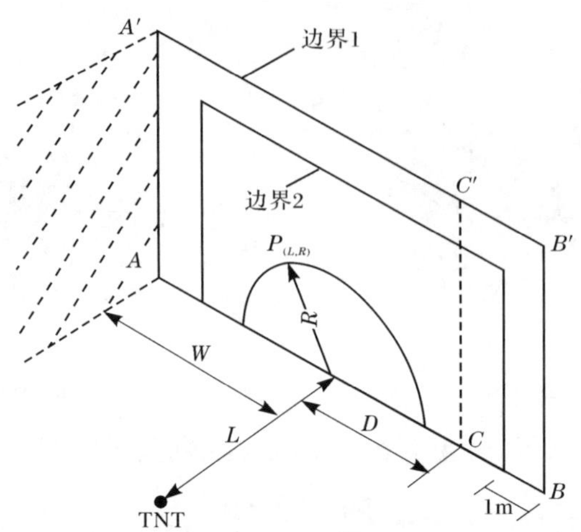

图 2.76　墙体超压荷载几何模型

$P_{(L,R)}$——边界 2 区域内(包括边界 2 上的点)任意位置的超压荷载峰值；

P_W——边界 1 上 A 点的超压荷载峰值；

$P_W{}'$——边界 1 上 A'点的超压荷载峰值；

P_D——边界 2 的下边界上任意一点 C 的超压荷载峰值；

$P_D{}'$——与 C 相对应的边界 1 的上边界上的 C'点的超压荷载峰值。

3) $P_{(L,R)}$的分布规律

通过对数值模拟得到的结果进行比较和分析，发现在边界 2 区域内，超压荷载峰值的分布存在一定的规律，利用 MATLAB 编程以及 Excel 对数值模拟得到的结果进行处理，得到了 $P_{(L,R)}$随 L、R 的变化规律，列于表 2.4 中，表中 $P_{(L,R)}$的单位为 kPa。

表 2.4　$P_{(L,R)}$随 L、R 的分布列表

$L/(\mathrm{m/kg^{1/3}})$ $R/(\mathrm{m/kg^{1/3}})$	3.067	2.454	1.840	1.227	0.767
3.000	56	65	89	104	112
2.800	52	69	96	110	118
2.600	58	69	95	114	123
2.400	59	73	108	130	139
2.200	59	75	111	145	153
2.000	63	77	119	170	176
1.900	65	79	125	186	191
1.800	69	81	131	198	203

续表

$R/(m/kg^{1/3})$ \ $L/(m/kg^{1/3})$	3.067	2.454	1.840	1.227	0.767
1.700	71	82	135	207	218
1.600	73	83	137	220	224
1.500	75	84	140	232	239
1.400	76	85	142	240	244
1.300	79	87	144	253	259
1.200	89	90	152	276	282
1.100	90	91	154	298	302
1.000	91	93	156	303	306
0.900	92	95	158	310	315
0.800	93	96	160	312	316
0.700	94	97	162	315	317
0.600	95	98	165	319	319
0.500	95	98	166	327	327
0.400	95	98	167	329	329
0.300	95	98	168	330	330
0.200	95	99	169	332	332
0.000	95	99	169	332	333
$R/(m/kg^{1/3})$ \ $L/(m/kg^{1/3})$	0.613	0.460	0.383	0.307	0.230
1.700	226	301	305	311	409
1.600	234	303	308	321	479
1.500	244	305	314	342	525
1.400	249	311	320	372	566
1.300	264	315	339	392	580
1.200	295	330	360	424	585
1.100	310	356	368	443	594
1.000	319	370	376	453	613
0.900	344	380	389	501	639
0.800	346	382	390	528	656
0.700	346	383	396	550	681
0.600	347	409	413	564	699

续表

L/(m/kg$^{1/3}$) R/(m/kg$^{1/3}$)	0.613	0.460	0.383	0.307	0.230
0.500	348	451	455	583	742
0.400	349	447	458	606	758
0.300	349	472	485	636	795
0.200	341	493	501	650	840
0.000	342	492	547	672	874
L/(m/kg$^{1/3}$) R/(m/kg$^{1/3}$)	0.170	0.136	0.114	0.102	0.091
1.300	641	806	913	978	1097
1.200	658	844	964	1033	1118
1.100	675	881	998	1075	1184
1.000	702	939	1066	1139	1457
0.900	780	1064	1122	1351	1800
0.800	799	1079	1177	1408	1951
0.700	854	1192	1228	1542	2086
0.600	908	1250	1342	1637	2208
0.500	976	1302	1494	1769	2386
0.400	1025	1393	1581	1862	2498
0.300	1102	1407	1622	1968	2558
0.200	1187	1491	1708	2049	2646
0.000	1229	1538	1886	2078	2749
L/(m/kg$^{1/3}$) R/(m/kg$^{1/3}$)	0.077	0.068	0.045	0.034	0.023
1.200	1178	1276	1301	1451	1678
1.100	1254	1413	1507	1719	1849
1.000	1560	1689	1836	1859	2020
0.900	1851	2210	2298	2396	2408
0.800	2201	2681	2907	2925	3178
0.700	2374	3064	3724	3846	3950
0.600	2557	3314	4740	5134	5681
0.500	2781	3581	5342	6007	7373
0.400	3007	3748	5662	9009	9751

续表

$R/(\mathrm{m/kg^{1/3}})$ \ $L/(\mathrm{m/kg^{1/3}})$	0.077	0.068	0.045	0.034	0.023
0.300	3066	3859	5821	10149	12498
0.200	3198	3997	5581	12526	16418
0.000	3349	4073	5689	13856	18392

从表中的数据可以看出，当 L 保持不变，$P_{(L,R)}$ 随 R 的减小而增大；当 R 保持不变，$P_{(L,R)}$ 随 L 的减小而增大。

对于边界 2 区域内(包括边界 2 上的点)的超压荷载峰值可以直接查表或者通过表中数值进行插值得到。

4) P_D 和 P'_D 的分布规律

由于 P_D 属于边界 2 区域内，因此 P_D 的计算与 $P_{(L,R)}$ 相同，通过查表和插值即可得到。通过对数值模拟结果的分析可以发现，P_D 和 P'_D 的大小存在如下的关系：

$$P'_D = \alpha_D P_D \tag{2.41}$$

式中，比例系数 α_D 与 D 的关系如表 2.5 所示，α_D 可直接按照表 2.5 进行线性插值选取。

表 2.5　α_D 与 D 的对应关系

$D/(\mathrm{m/kg^{1/3}})$	0	1.4	2.2	3
α_D	1	1.2	1.4	0.7

5) P_W 和 P'_W 的分布规律

通过分析可以发现，P_W 与 $P_{(L,R=0)}$ 存在一定的比例关系，取比例系数

$$\alpha_W = \frac{P_W}{P_{(L,R=0)}} \tag{2.42}$$

α_W 与 W 的关系曲线如图 2.77 所示。

由图 2.77 可以看出，5 条曲线变化规律基本相同。α_W 随着 W 的增大而增大，当 $W=2$ 时达到最大，然后随着 W 的增大而减小。5 条曲线的主要差别就是 $W=2$ 时 α_W 的大小，因此接下来考虑 $W=2$ 时，质量对 α_W 的影响，通过分析可以发现 α_W 与炸药质量的关系，如图 2.78 所示。

由图 2.78 可知，$W=2$ 时，α_W 与炸药质量基本属于一次线性对应关系，再结合 α_W 与 W 的变化关系，得到如下关系式：

$$\alpha_W = \begin{cases} 1+(0.382+0.013m)W, & 0<W\leqslant 2 \\ 2.22+0.0364m-0.2528W-0.0052mW, & 2<W\leqslant 7 \end{cases} \tag{2.43}$$

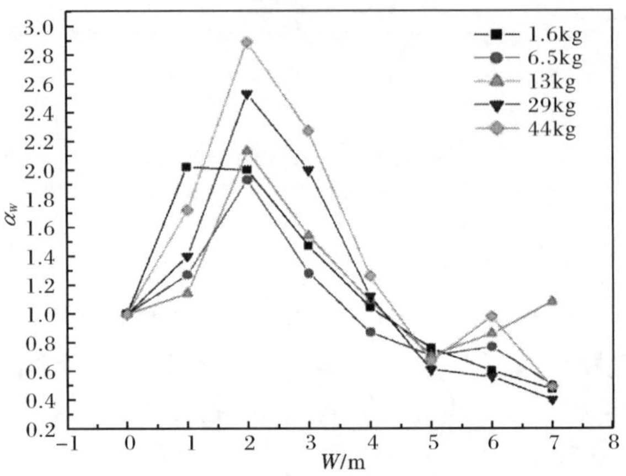

图 2.77 α_W 与 W 的关系曲线

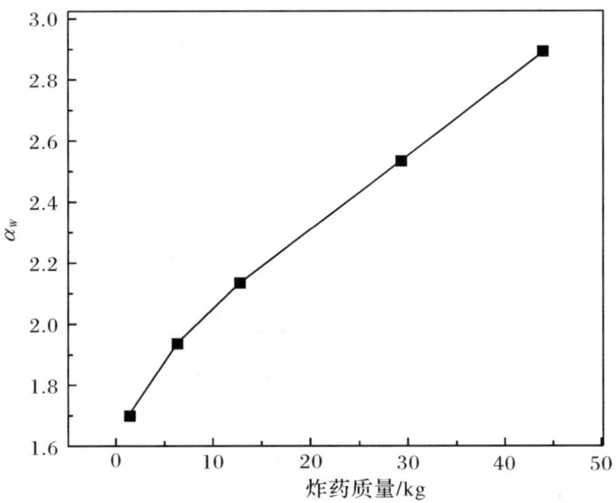

图 2.78 $W=2$ 时质量对 α_W 的影响

式中，m 为炸药质量。

得到 α_W 之后，则 P_W 的分布则可以确定如下：

$$P_W=\begin{cases}\alpha_W P_{(L,R=0)}, & 0<W\leqslant 7\\ \max(0.5P_{(L,R=0)},P_{(L,R=W)}), & W>7\end{cases} \tag{2.44}$$

式(2.44)中 $P_{(L,R=W)}$ 选取步骤：首先按实际距离 W(单位 m)计算比例半径 R(单位m/kg$^{1/3}$)，然后根据比例半径 R 查表 2.5 得到 $P_{(L,R=W)}$。

又根据大量数据结果得到 P_W 和 P_W'的关系如下：

$$P_W'=2P_W \text{ 且 } P_W'\leqslant 3P_{(L,R=0)} \tag{2.45}$$

A 与 A'之间点的超压荷载可根据 P_W 和 P_W'的值进行插值取得。

2.3.2 地铁车站内爆炸波的传播规律与超压荷载模型

在地铁车站内复杂环境中，爆炸波由于四周结构和构件的限制，爆炸波的传播机理和冲击效应都远不同于简单环境中爆炸波的传播机理和冲击效应，对复杂环境中爆炸波的传播机理和冲击效应展开研究具有极其重要的理论意义和现实意义。本节将利用三维流体动力学软件 AUTODYN，采用 Euler 方法研究爆炸波在地铁车站内的传播规律。首先，建立地铁车站三维模型，研究爆炸波在车站结构内的传播过程，对爆炸波在内部的传播进行动态模拟显示，找出爆炸超压和冲量沿地铁车站纵向的衰减规律，研究爆炸超压和冲量沿地铁车站竖向的分布规律；研究在大型爆炸条件下结构所受到的爆炸冲击荷载，并建立爆炸波的简化超压荷载模型。

1. 地铁车站研究模型的确定

以天津地铁一号线某车站为依据，建立地铁车站结构简化计算模型。车站总长度为 120m，站台结构层净高 4.8m，轨道处结构层净高 6m，站台宽 11m，车站内柱子的截面为 800mm×800mm，车站中心长度方向两侧 28m 处分别有一个 7.2m×4m 的出口和楼梯，车站两端分别有两个 4.1m×6m 的矩形截面行车区间隧道。车站结构横截面如图 2.79 所示。

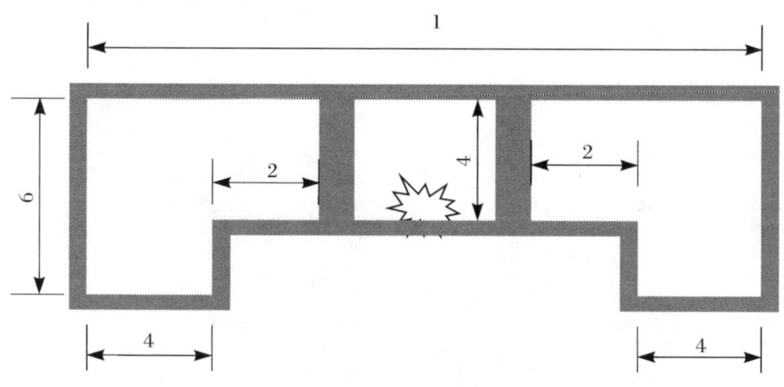

图 2.79 地铁车站结构横截面

针对当前国际形势和地铁车站的特殊环境，考虑其遭受意外爆炸的主要来源是人体炸弹、包裹炸弹等中小型爆炸装置，因此将课题所研究的爆炸源定为放置在车站地面中心上的 20kg 半球形装药 TNT。

在数值模拟中，空气的材料模型假设为理想气体，其压力 P 和能量 E 的关系可由下式确定：

$$P=(k-1)\rho E \tag{2.46}$$

式中，ρ 为空气的密度；E 为内能；k 为空气的绝热指数。

在本节的分析中，空气密度 $\rho=1.225\times10^{-3}\text{g/cm}^3$，绝热指数 $k=1.4$，为保证周围环境空气的压强为一个标准大气压(101.332kPa)，将空气的初始内能设为 $E=2.068\times10^5\text{mJ/mm}^3$。

炸药 TNT 的材料模型假设为 JWL 状态方程。该状态方程可以用来计算爆炸中由化学能转化成的压力。其压力和能量的关系可由下式确定：

$$P=C_1\left(1-\frac{\omega}{r_1 v}\right)\exp(-r_1 v)+C_2\left(1-\frac{\omega}{r_2 v}\right)\exp(-r_2 v)+\frac{\omega e}{v} \tag{2.47}$$

式中，P 为压力；v 为炸药相对体积；e 为炸药内能；C_1、r_1、C_2、r_2 和 ω 为材料常数。炸药 TNT 的材料参数可以假定为：$C_1=3.7377\times10^5\text{MPa}$，$r_1=4.15$，$C_2=3.7471\times10^3\text{MPa}$，$r_2=0.9$，$\omega=0.35$。

实际上地铁车站内结构与构件的材料多为钢筋混凝土，为了简化计算模型，将所有的结构和构件都视为刚体，忽略爆炸冲击波所引起的构件变形和破坏。

2. 爆炸波在地铁车站内的传播

1) 数值模型的确定

为研究爆炸波在地铁车站内的传播规律，利用结构的对称性，取长度 60m、宽度 9.6m 的 1/4 结构，建立三维模型，爆源采用放置在车站中心地面上的 20kg 半球形装药 TNT 炸药，模型如图 2.80 所示。

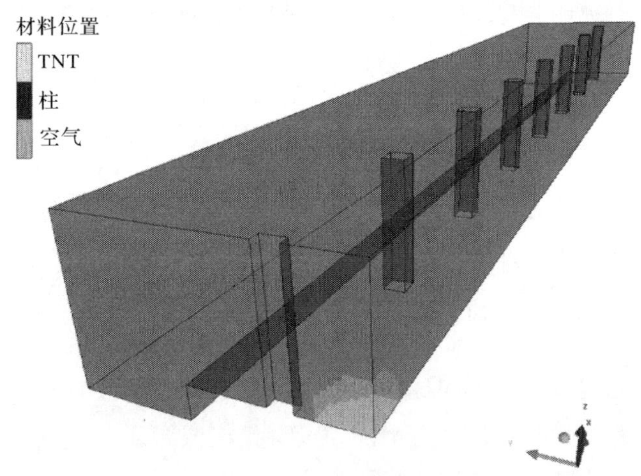

图 2.80　地铁车站三维模型图

为保证计算精度和节省计算机资源，模型中的爆源采用的是将 20kgTNT 在 2m 距离内的一维计算结果重分布到三维模型中，本节以后的爆源均采用此种形式。

车站结构横截面上参考点位置与分类编号如图 2.81 所示。

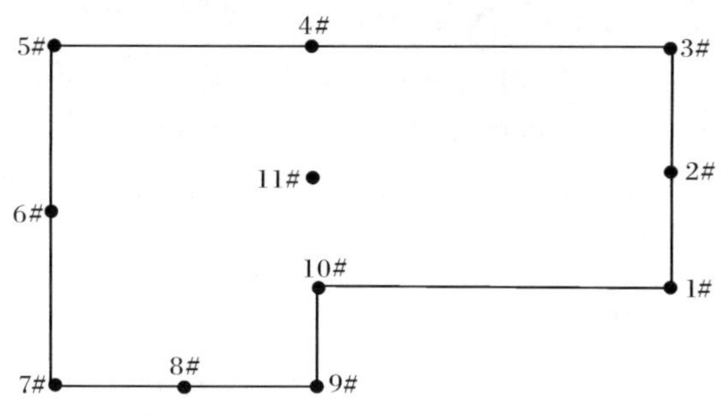

图 2.81 参考点位置与分类编号

2) 网格尺寸的确定

在利用有限元分析软件 AUTODYN 对爆炸流场进行数值模拟时，计算的精度受网格尺寸的大小影响严重，总体来讲，网格尺寸越小，计算精度越高，而且随着所研究对象的比例距离的不同，计算精度对网格尺寸大小敏感程度也不同。比例距离越小，达到相同计算精度所需的网格尺寸也越小。用 g_f 表示网格尺寸影响系数，则有

$$P_{sf}=g_f P_s \tag{2.48}$$

式中，P_{sf}表示基于试验基础上得到的爆炸超压；P_s 表示数值模拟得出的爆炸超压。

网格尺寸影响系数 g_f 与网格尺寸的关系[30]如图 2.82 所示。

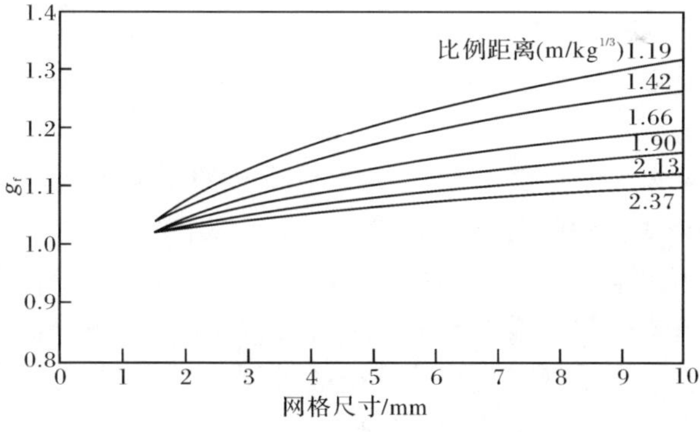

图 2.82 网格尺寸影响系数[30]

在进行爆炸流场数值模拟的过程中，为提高计算效率，可以通过一定的方法找到并利用满足精度要求的最大网格尺寸。

通过一维、二维与三维的数值模拟比较发现，在相同炸药量、距离和网格尺寸的情况下，直接由爆炸产生的冲击波在一维、二维与三维中结果相同，由于一维模型分析具有模型简单、计算量小、速度快的特点，通过它能够迅速地找到满足精度需要的最大网格尺寸。根据所研究的具体环境，建立不同网格尺寸的一维模型，并将计算结果与 TM5-1300[5] 中的试验值进行比较，如图 2.83 所示。

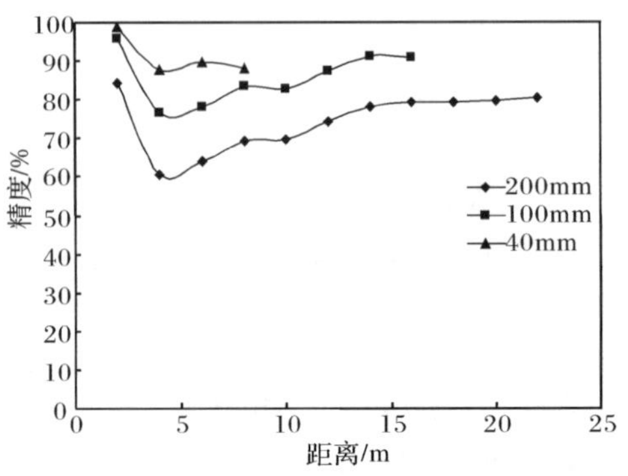

图 2.83　不同网格尺寸的计算精度

鉴于所研究的地铁车站结构模型较大，为满足精度要求，若采用统一的网格尺寸，必然造成单元数庞大，超出计算机的性能允许范围。因此为保证 80%的超压计算精度，在建模时采用如下方案：建立 3 个有限元数值模型，A 模型为长度方向的 0～8m 段，采用 40mm 网格进行划分；B 模型为长度方向的 0～18m 段，采用 100mm 网格进行划分；C 模型为长度方向的 0～60m 段，采用 200mm 网格进行划分。在结果分析时，大于 18m 范围采用 C 模型的计算结果，8～18m 范围内采用 B 模型的计算结果，0～8m 范围内采用 A 模型的计算结果。

3) 爆炸波在地铁车站内的传播过程

在地铁车站内部发生爆炸时，由于所处的地下空间的半密闭性、截面不规则性以及柱子等结构构件的阻挡作用，爆炸波在其内部爆炸后形成的空气流场极为复杂。为对这种环境下爆炸波的传播过程有一较清楚的认识，本节将利用 AUTODYN 中专门的后处理软件对计算结果进行后处理分析，对爆炸波在空气中的传播以及引起的空气压强分布进行可视化的显示。图 2.84 和图 2.85 分别从不同的视角给出了不同时刻空气压强分布的可视化显示，其有利于更好地理解爆炸波在地铁车站的复杂环境里的传播过程。

通过对以上爆炸冲击波传播过程的动态显示进行分析，可以看出：

(1) 爆炸物起爆后，在没有接触障碍物前，仅受到刚性地面的反射，形成一个接近半球形的爆炸冲击波波阵面，并迅速的向外扩张，伴随着冲击波压强的不断降低。

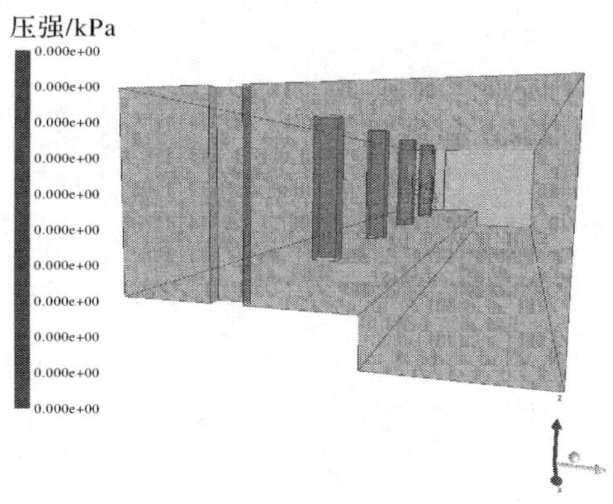

(a) t—0ms

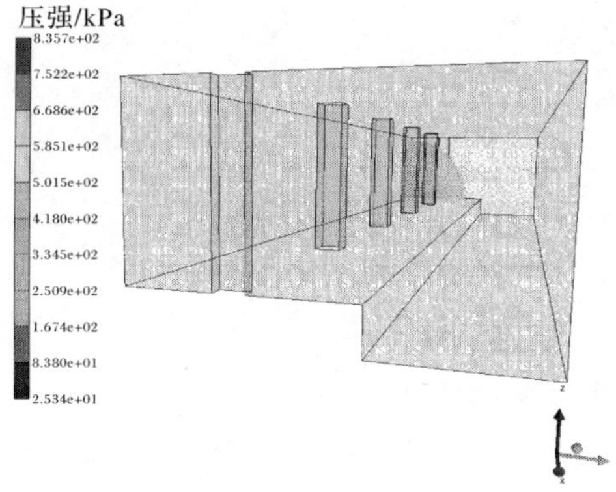

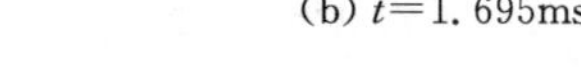
(b) t=1.695ms

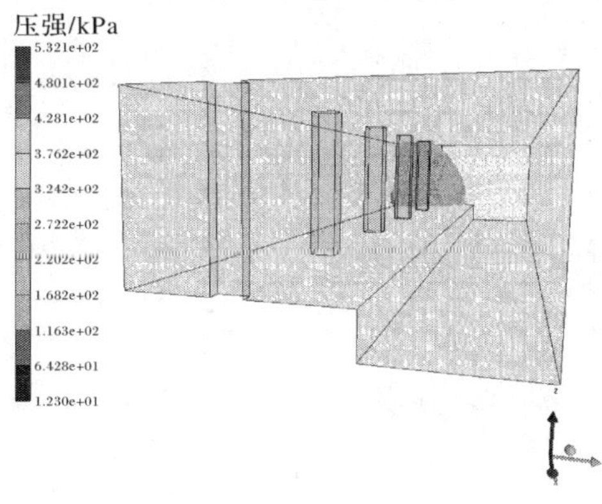

(c) t=3.117ms

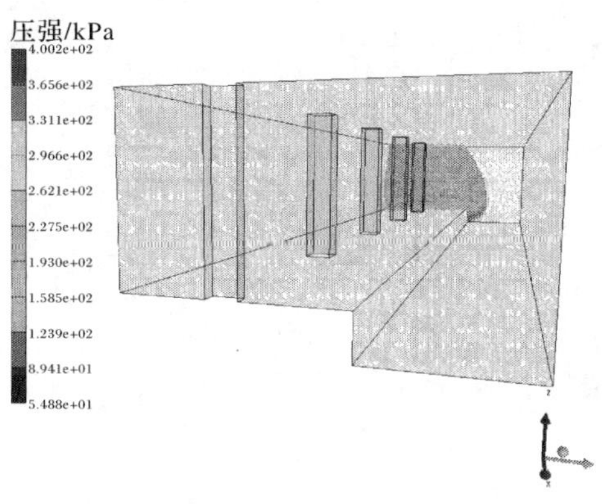

(d) t=6.735ms

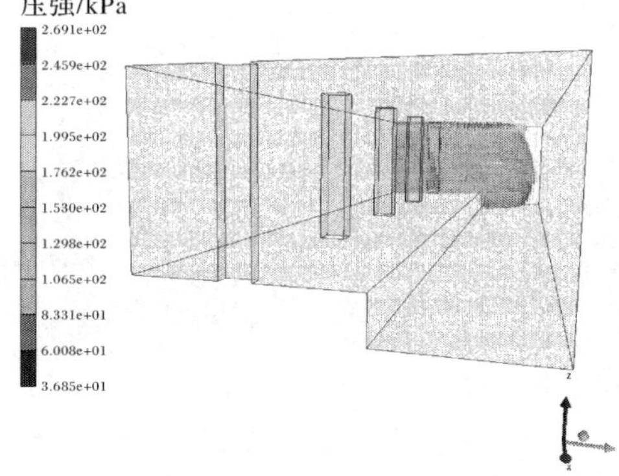

(e) t=11.49ms

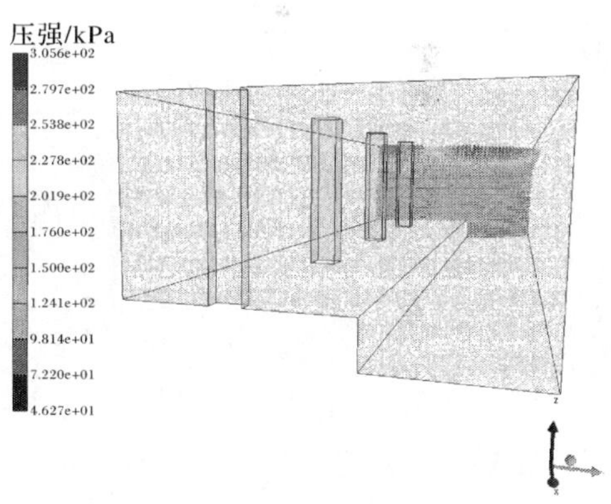

(f) t=16.65ms

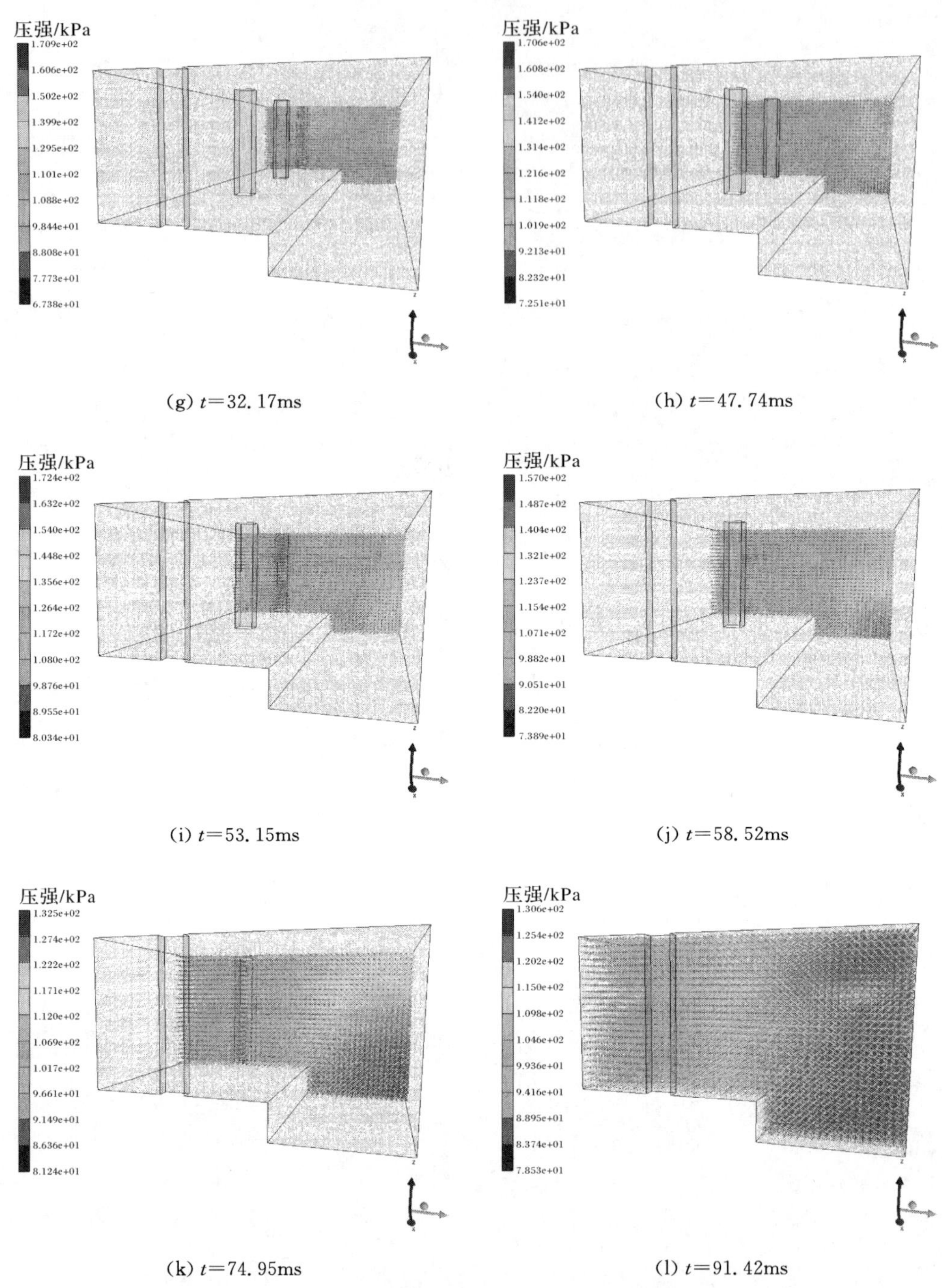

(g) t=32.17ms　(h) t=47.74ms

(i) t=53.15ms　(j) t=58.52ms

(k) t=74.95ms　(l) t=91.42ms

图 2.84　不同时刻的爆炸冲击波(内部视角)

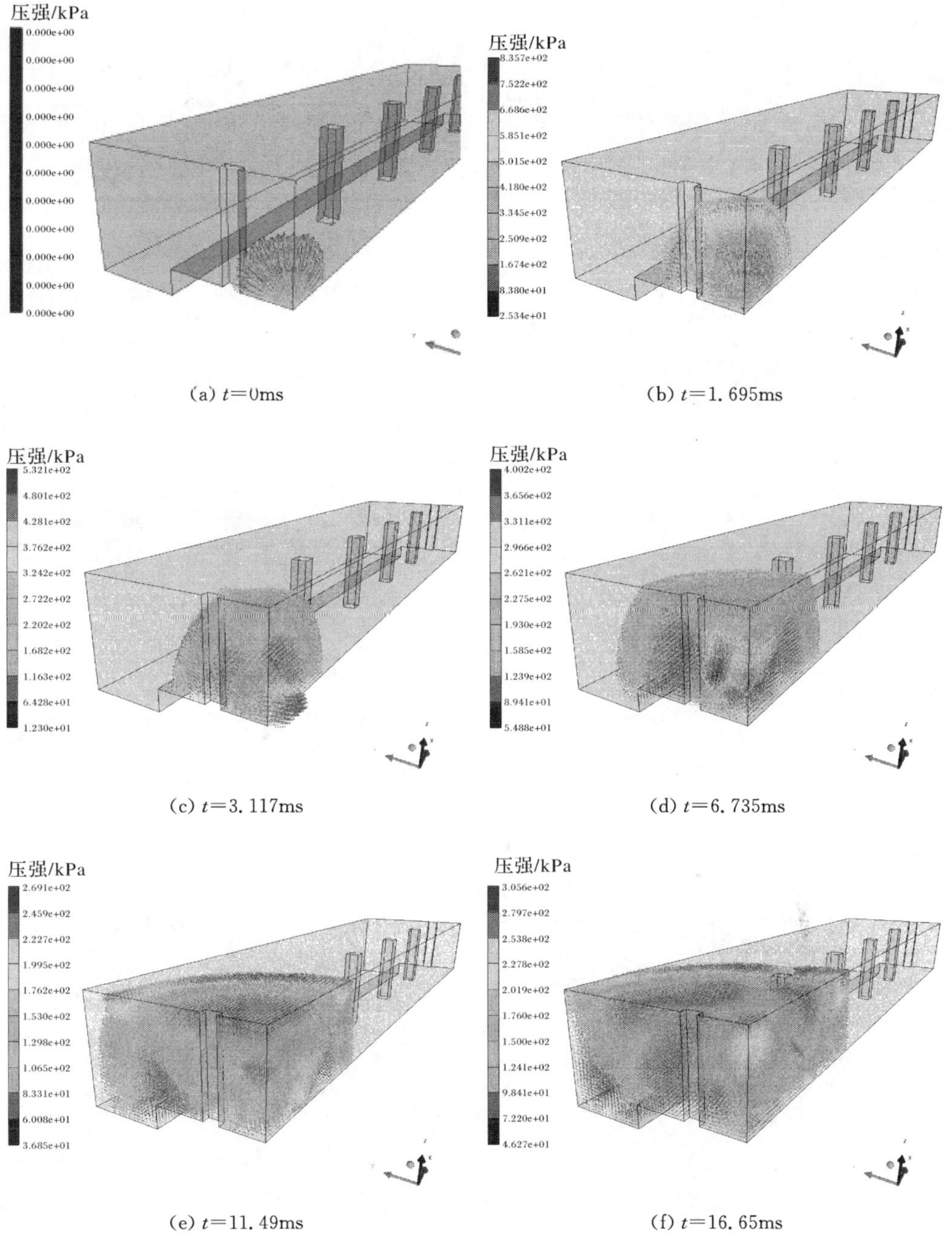

(a) t=0ms　　(b) t=1.695ms

(c) t=3.117ms　　(d) t=6.735ms

(e) t=11.49ms　　(f) t=16.65ms

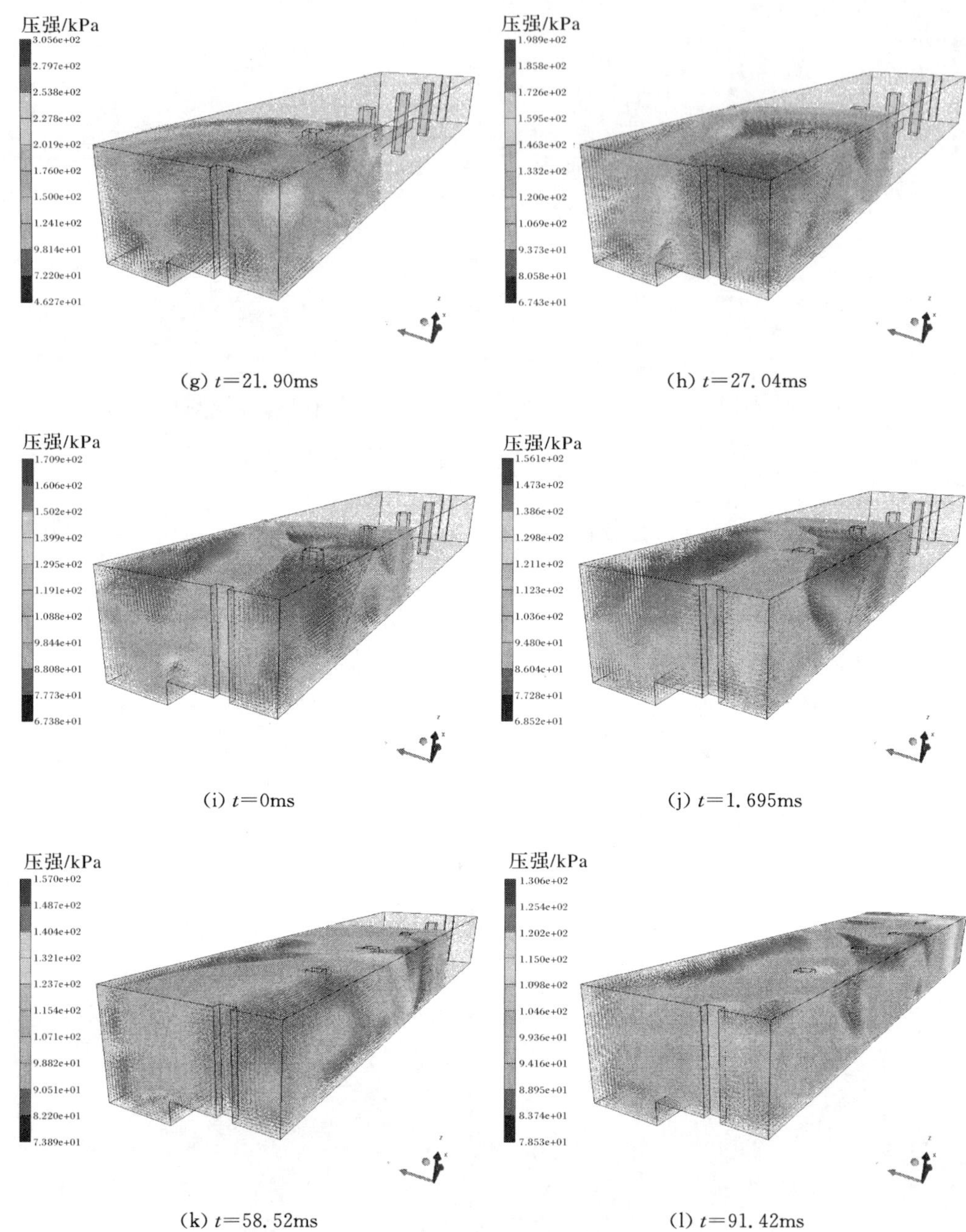

(g) t=21.90ms　(h) t=27.04ms

(i) t=0ms　(j) t=1.695ms

(k) t=58.52ms　(l) t=91.42ms

图 2.85　不同时刻的爆炸冲击波(外部视角)

(2) 爆炸冲击波在遇到顶板和柱子立面时,发生反射,并且反射冲击波压强要比入射冲击波压强提高数倍。

(3) 由于爆炸冲击波具有高密度、高压强、高能量,在截面高度变大处,冲击波能够迅速地扩展到整个截面。

(4) 爆炸冲击波在绕射过柱子后,只在有限的范围内压强有所降低,之后冲击波又恢复到之前的波阵面形状,可见柱子对爆炸冲击波有一定的阻挡作用,但影响不很大,在有些情况下甚至可以忽略。

(5) 在3倍柱间距范围内,地铁车站纵向传播的爆炸冲击波波阵面是一个不规则的凸面,在3倍柱间距以外,冲击波波阵面可以近似的认为是平面。

(6) 由于爆炸冲击波在上下结构层以及侧壁的来回反射,反射波与入射波、反射波与反射波多次叠加,使结构内部各点都受到多次冲击波压强峰值的作用,而且压强峰值的大小、冲击波的到达时间和作用时间都很复杂。

4) 不同参考点的压强时程曲线

距离爆源不同距离处、横截面内不同参考点(图2.81)的典型爆炸压强曲线如图2.86~图2.88所示。

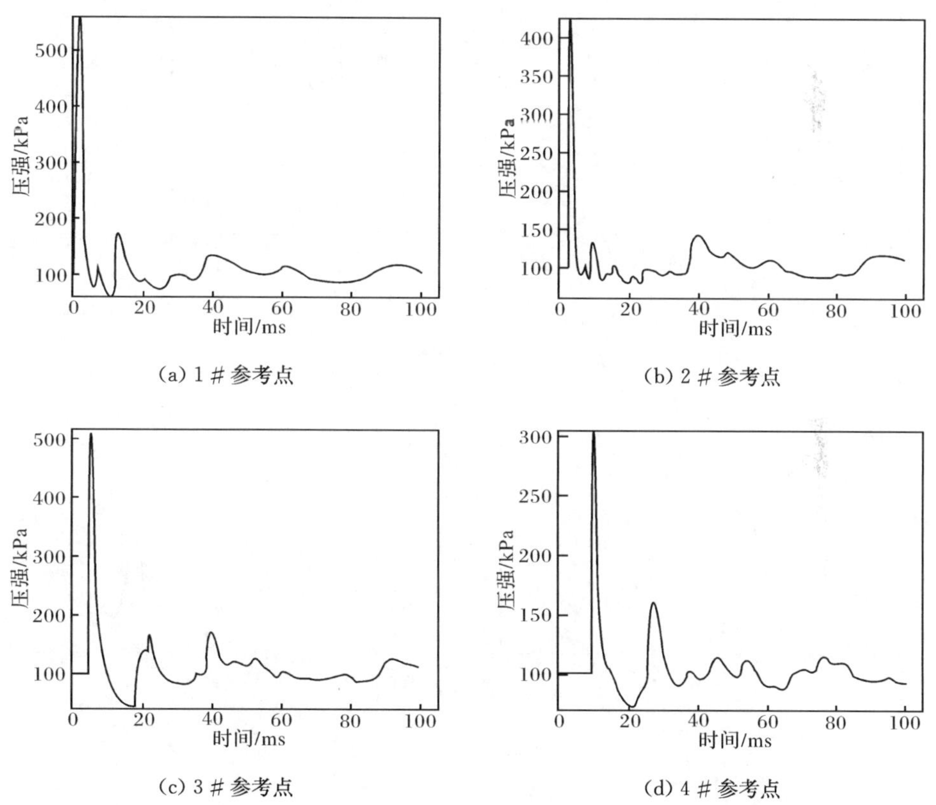

(a) 1#参考点　(b) 2#参考点

(c) 3#参考点　(d) 4#参考点

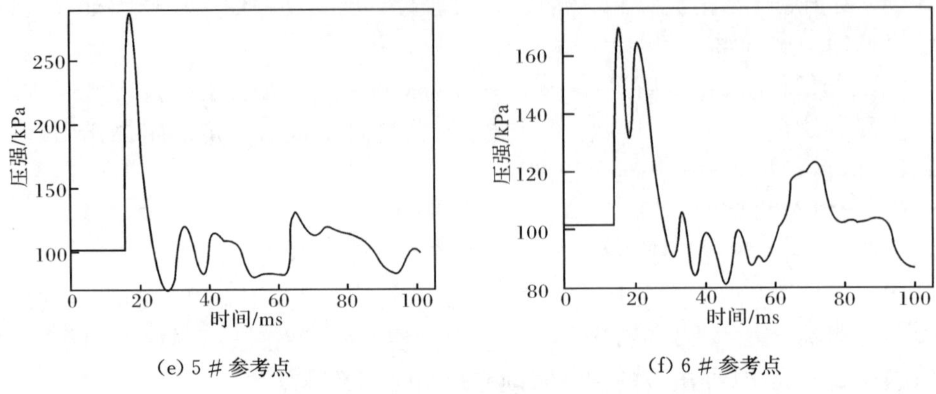

图 2.86　距离爆源 4m 处爆炸压强时程曲线

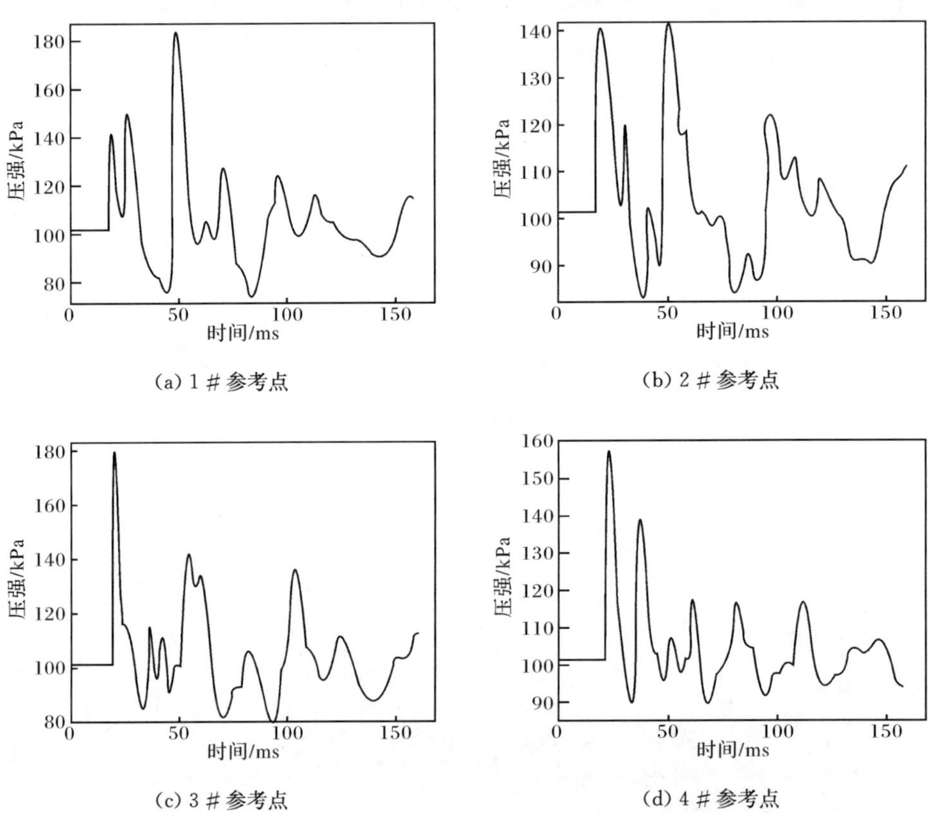

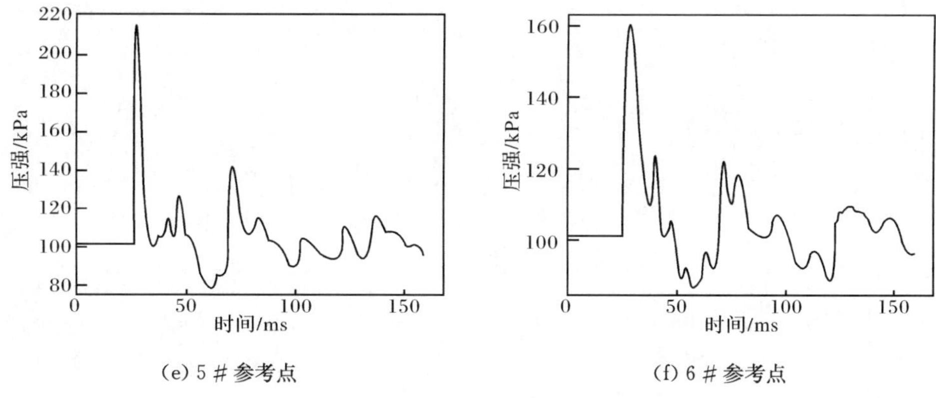

(e) 5 # 参考点　　(f) 6 # 参考点

图 2.87　距离爆源 12m 处爆炸压强时程曲线

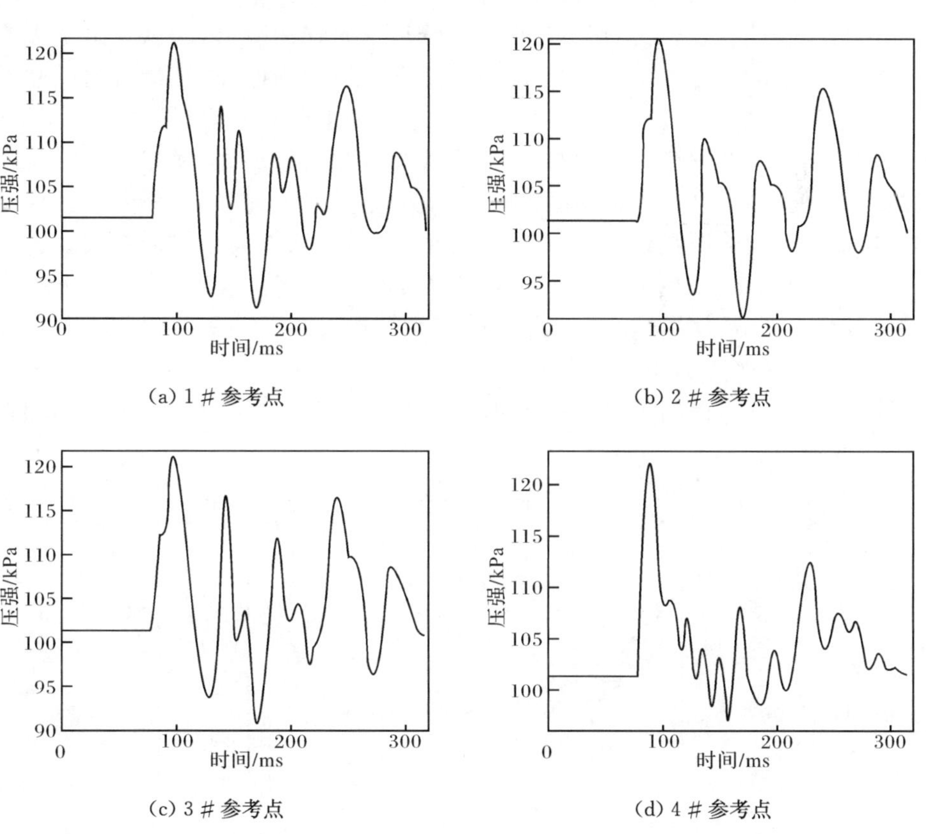

(a) 1 # 参考点　　(b) 2 # 参考点

(c) 3 # 参考点　　(d) 4 # 参考点

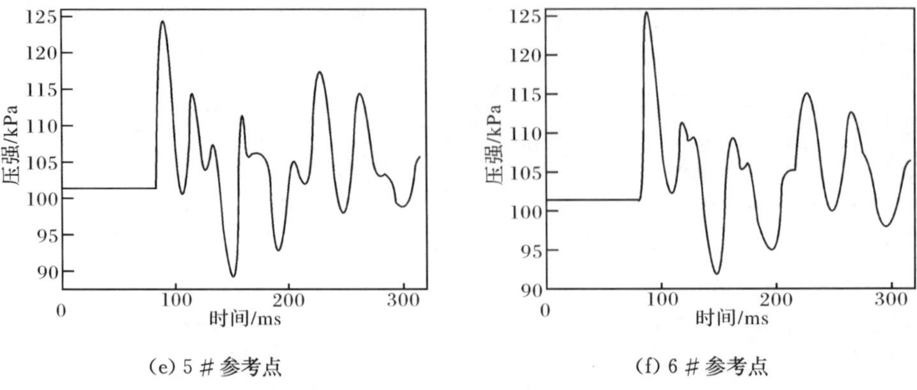

(e) 5＃参考点　　(f) 6＃参考点

图 2.88　距离爆源 36m 处爆炸压强时程曲线

通过比较不同距离处不同参考点的爆炸压强时程曲线可以看出，由于爆炸波在结构内部的多次反射，各参考点都经历了多个压强峰值，并且最大超压并不一定出现在第一个峰值处。在距离爆源近处，爆炸冲击波对结构只产生一个显著的冲击波波峰，其他波的峰值都相对较小；距离爆源相对较远处，爆炸冲击波对结构的爆炸超压变小，但会有多个峰值，并且峰值大小呈递减的趋势；距离爆源相对较远处，爆炸冲击波的压强继续变小，压强峰值较多，但峰值大小差别不大。这是由于爆炸冲击波在向前传播的同时，在结构内部经历了多次反射，冲击波正压区拉长并分成很多部分，使爆炸产生能量的分布变得均匀。

5) 爆炸冲击波超压和冲量的衰减规律

通过数值模拟，得到了横截面上不同参考点上最大超压沿距离的衰减曲线，如图 2.89 所示。

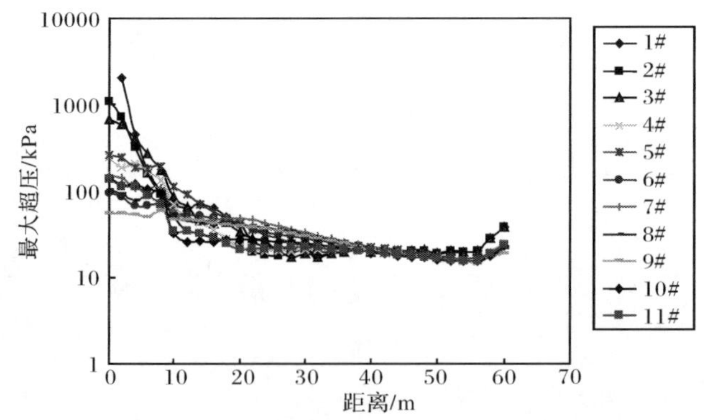

图 2.89　横截面上不同参考点的最大超压衰减曲线

从图 2.89 可以看出，在 0～10m 段，随着传播距离的增大，爆炸波的最大超压衰减很快，并且横截面内不同位置最大超压的差别巨大，最大可达 40 倍；距离在 10m 之后时，随着传播距离的增大，爆炸波最大超压的衰减速度减缓，而且横截面内不同位置的最大超压差别变小，最大值与最小值比值在 3 以内，尤其在 35m 后，横截面内最大超压基本相同，可以认为在地铁车站内传播的是平面冲击波；在 56～60m 段，由于地铁车站端部墙壁的反射，使部分位置超压有所增大，但增大幅度较小，没有影响爆炸波整体的传播规律。

根据北约 NATO 规范[31]，产生肺损伤的压力阈值是 5psi(34.5kPa)，1%死亡率的压力阈值是 15psi(103.4kPa)，概率为 2% 的耳膜破裂的压力值 2.9psi(20kPa)。根据美国 DoD 规范[32]，对人体保护的最低压力值为 2.3psi(15.9kPa)。针对这些具体的压力值，表 2.6 列出了对应的距离。

表 2.6　峰值超压-距离

超压/kPa	15.9	20	34.5	103.4
距离/m	—	40～56	22～58	10～60

从表 2.6 中可以看出，如果在地铁车站中心发生 20kg TNT 当量的意外爆炸事件时，距离爆源 40～56m 段，耳膜破裂的概率小于 2%；距离爆源 22～58m 段，不会产生肺损伤；距离爆源 10m 以外人的死亡概率小于 1%；同时还发现整体车站内的峰值超压均大于 DoD 规范规定的人体保护的最低压力值。

不同参考点处爆炸冲击波的到达时间如图 2.90 所示。

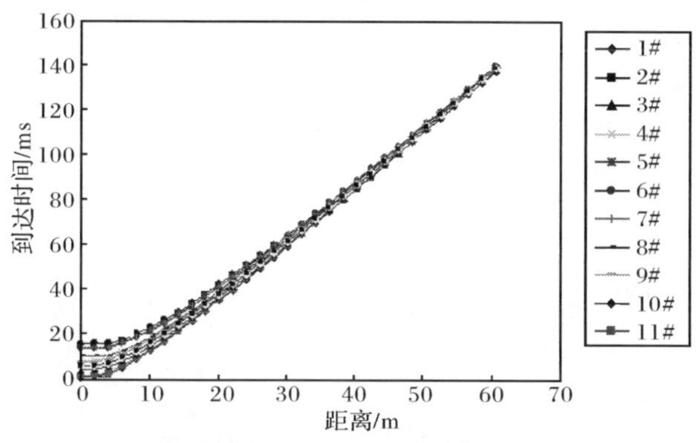

图 2.90　不同参考点处冲击波到达时间

从图 2.90 可以看出，在同一个横截面内，爆炸冲击波到达不同参考点的时间不同，在爆源截面处相差最大，达 15.15ms，随着沿长度方向传播距离的增大，同一横截面内不同参考点爆炸波到达的时间差变小，到达车站另一端(60m 处)时，时差仅有 2.7ms，爆炸冲击波逐渐表现出平面冲击波的特点。

6）结构内爆炸超压和冲量的竖向分布

在地铁车站的特殊环境下，存在着上下两个爆炸冲击波反射面，根据爆炸冲击波的传播规律，入射冲击波在遇到壁面反射后压强可能增大。由于以上原因，可能会造成爆炸冲击波超压和冲量沿柱高分布不一致。在对地铁车站内的柱子进行抗爆研究时，如果假设其受到均布的爆炸荷载存在一定的局限性，因此有必要对爆炸冲击波超压和冲量的竖向分布规律进行研究。

依据实际环境建立模型，模型采用 25m×4.8m 二维模型，爆源采用置于地面上的 20kg 半球形装药 TNT，参考点布置在距离爆源 2～15m 段，横向间距 1m，竖向间距 0.4m，如图 2.91 所示。

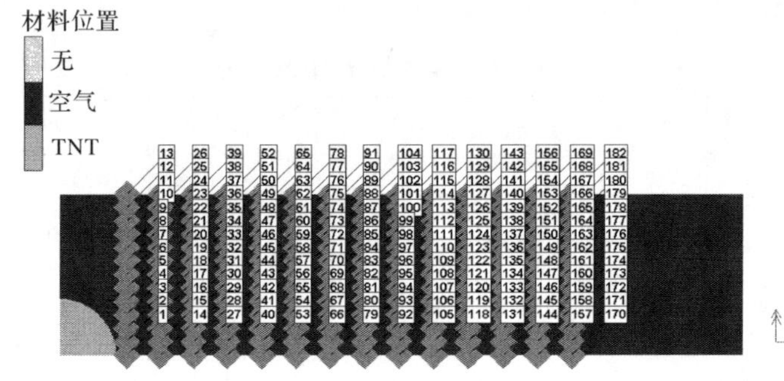

图 2.91　研究模型与参考点分布图

通过计算和分析，得到了各参考点的最大超压和冲量，其沿柱高分布分别如图 2.92 和图 2.93 所示。

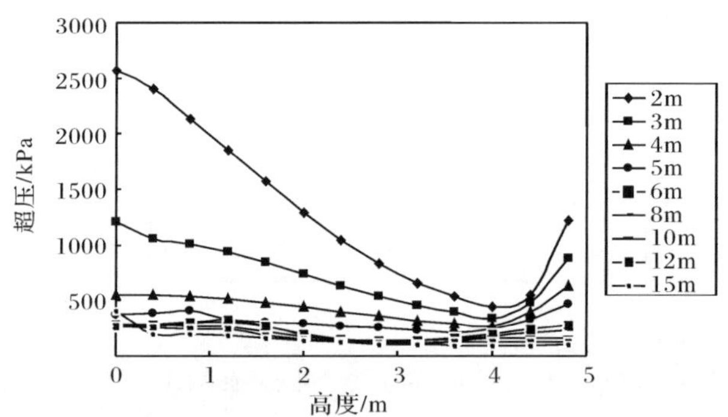

图 2.92　距爆源不同距离处超压的竖向分布图

从图中可以看出，在距离爆源不同距离处，爆炸超压和冲量的分布规律不同：在 6m 范围内，爆炸超压和冲量在竖向的分布不均匀，顶部和底部相对较大，中部较小，超压最大值与最小值的比值可达到 6 倍，冲量可达到 3 倍；在 6m 范围之外，

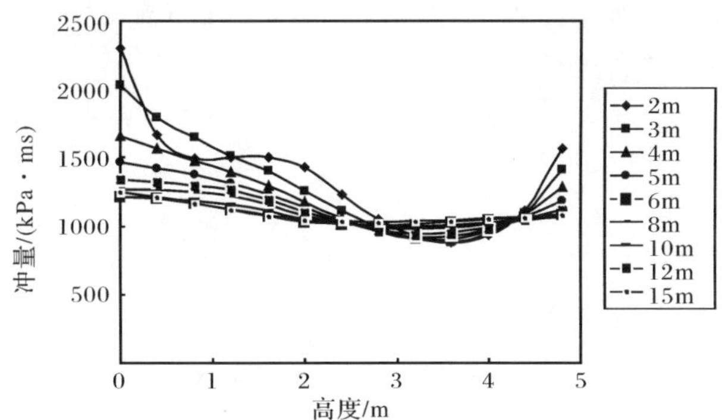

图 2.93 距爆源不同距离处冲量的竖向分布图

爆炸超压和冲量沿高度变化不大，可以认为是均匀分布的。

7）临近柱子的爆炸冲击效应

根据上节的内容，在距离爆源 6m 之外，爆炸超压和冲量沿竖向分布可以认为是均匀分布的，因此除了距离爆源最近的 2 个柱子外，其他柱子可以认为是受到均布的爆炸超压作用，其受到的爆炸超压和冲量可由爆炸波的衰减规律中得到，而对于离爆源最近的 2 个柱子，由于缺少相应的理论，其受到的爆炸冲击效应必须单独进行分析和研究。

建立柱子、炸药和空气的三维模型，利用其对称性，取长度方向 0.8m、宽度 3.3m、高度 4.8m，网格尺寸采用 20mm，建立模型如图 2.94 所示。

为研究临近柱子所受到的爆炸冲击效应，在柱面上布置了若干参考点，横截面内参考点布置如图 2.95 所示，参考点的竖向间距为 0.4m。

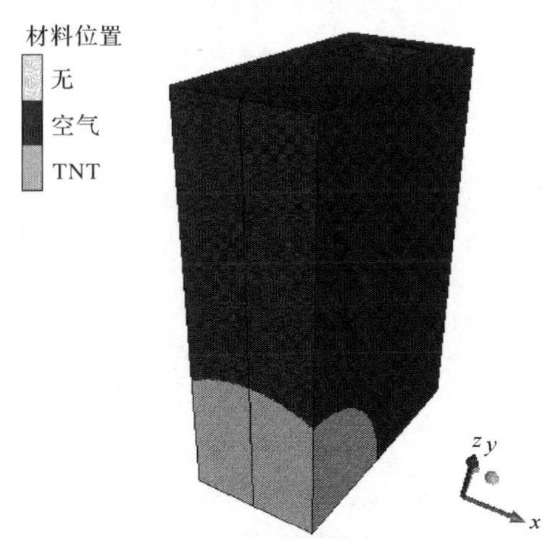

图 2.94 临近柱子三维计算模型

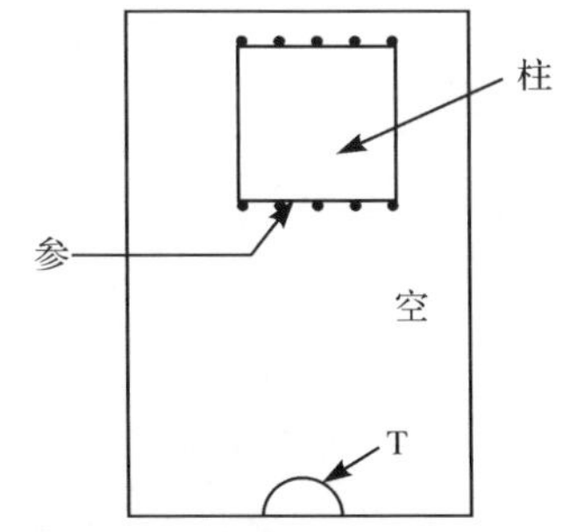

图 2.95 柱子横截面内参考点布置

通过计算,得到了各参考点的压强时程曲线,其中柱表面中线上参考点的压强时程曲线如图 2.96 所示。

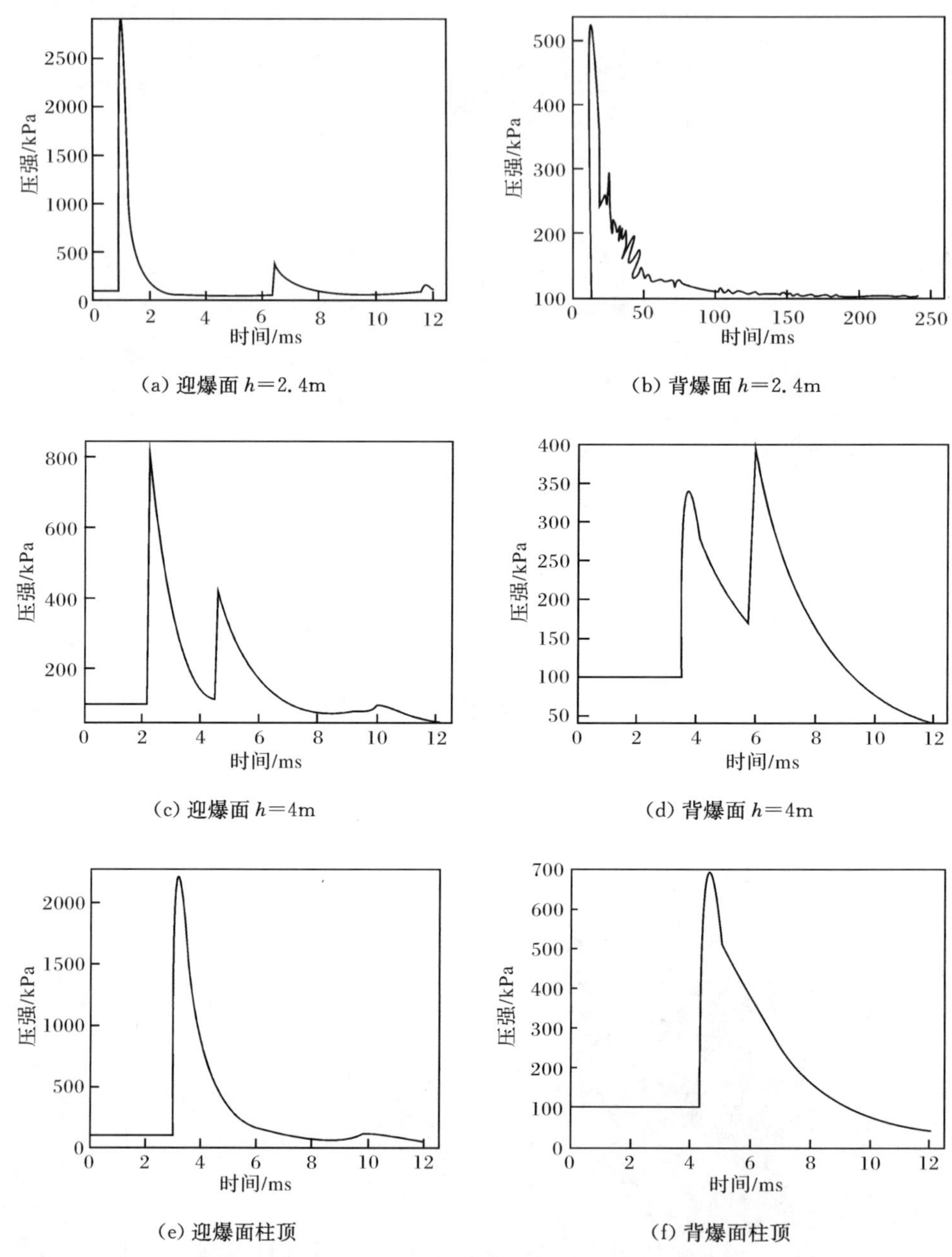

(a) 迎爆面 h=2.4m　　(b) 背爆面 h=2.4m

(c) 迎爆面 h=4m　　(d) 背爆面 h=4m

(e) 迎爆面柱顶　　(f) 背爆面柱顶

图 2.96　柱表面中线上参考点的压强时程曲线

图 2.96(a)中给出了柱子迎爆面距离地面 h=2.4m 处的压强时程曲线,可以

看出在 0.95ms 处出现了第一个 2880kPa 的峰值超压，这是直接由爆炸产生的冲击波在遇到柱子迎爆面后发生反射后的反射冲击波压强；在 6.5ms 处出现了第二个 380kPa 的峰值压强，这是由顶板反射回的爆炸冲击波作用在柱子上造成的。通过比较迎爆面不同高度处测得的压强时程曲线可以看出，所有参考点都存在两个峰值压强，第一个峰值压强随高度增加而减小，第二个峰值压强随高度增加而增加；两个峰值之间的时间间隔随高度增大而减少，在柱顶位置只有一个压强峰值。

根据数值模拟的压强时程曲线，找出各参考点的最大超压和冲量，得到其沿高度变化的曲线，如图 2.97 和图 2.98 所示。

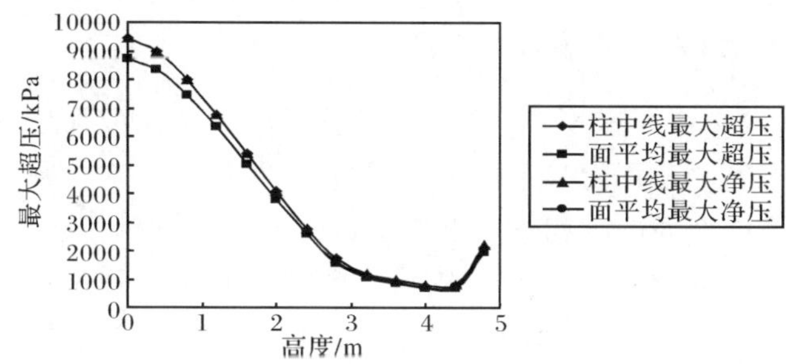

图 2.97　最大超压沿高度变化图

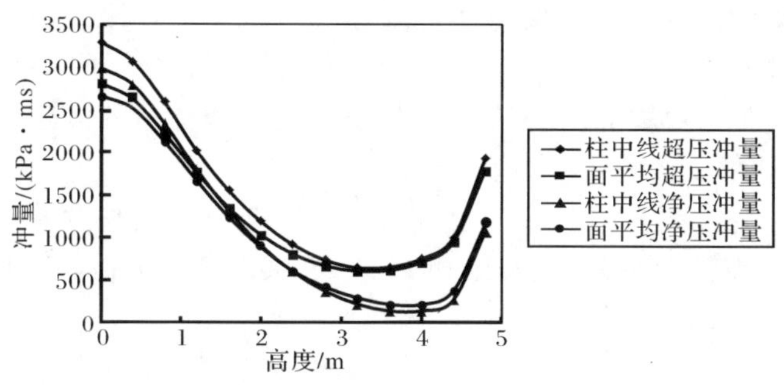

图 2.98　冲量沿高度变化图

通过比较图 2.97 和图 2.98 可以得出以下结论：

(1) 柱子某一高度处最大超压和冲量的取值：柱表面中线上的值与同高度处多个参考点加权后的平均值相差不大，在 10%以内，因此可以将某一高度处柱表面中线上的最大超压和冲量作为该高度处柱子受到的最大超压和冲量，简化计算过程，且具有很高的精度。

(2) 柱子受到爆炸冲击效应的计算方法：最大超压与最大净压（迎爆面上的压强与相应背爆面上的压强之差）数值基本相同，因此可采用最大超压作为研究柱子爆炸冲击效应的压强因素；而冲量计算，采用超压冲量与净压冲量结果相差较大，这是由于爆炸冲击波在顶板反射后压强增大，在背爆面（尤其靠近柱顶部分）对柱子产生较大的负冲量，因此采用净压冲量更加符合爆炸冲击下柱子所受到的实际冲量效应。

(3) 最大超压和冲量的分布规律基本一致，均在柱子底部最大，随着高度的增大而变小，在接近柱顶处又有所增大，这是由顶板反射后的冲击波作用造成的。由于 TNT 药量较少，顶板高度较大，反射冲击波能量较小，因此对柱子造成的冲击效应相对较小，在进行计算时可以将柱子上的最大超压和冲量分布简化为沿高度递减的三角形分布。

3. 地铁车站内爆炸波传播的影响因素

地铁车站内发生意外爆炸事件时，影响爆炸波在结构内部传播的因素很多，其中主要的是炸药量、截面高度和出口的影响。本节通过建立一系列数值模型，对不同炸药量、不同截面高度和不同出口位置的地铁车站模型进行计算和比较分析，研究其对爆炸冲击波在地铁车站内传播和对结构冲击效应的影响，为建立地铁车站典型位置的爆炸冲击超压简化计算模型提供依据。

1) 炸药量对爆炸波传播的影响

当地铁车站内发生爆炸时，爆炸波的传播由于受到上下结构表面的约束，将在上下结构表面内来回反射，反射冲击波超压的大小不仅跟入射角度有关，而且与入射冲击波的超压有关，而且二者之间并不是线性关系。不同炸药量产生的爆炸超压不同，继而会对爆炸波的传播以及爆炸超压和冲量的衰减产生影响，必须对其影响进行研究。

建立地铁车站二维模型，利用对称性，长度方向取车站长度的二分之一 60m，高度采用 4.8m，爆源分别采用 5kg、10kg、20kg、40kg 和 80kg 半球形装药 TNT 炸药，模型如图 2.99 所示。

图 2.99　炸药量影响分析模型

为研究爆炸波超压和冲量沿地铁车站方向的衰减规律，在数值模型 3～60m 段的地面处、$h/4$、$h/2$、$3h/4$ 以及顶板处设置了参考点，参考点间距 1.5m，从而得到这些参考点的超压时程曲线，通过计算同一爆距竖向 5 个参考点的平均值得到横截面内的平均超压和平均冲量，从而对不同炸药量对爆炸波最大超压和冲量衰减的影响进行比较，结果分别如图 2.100 和图 2.101 所示。

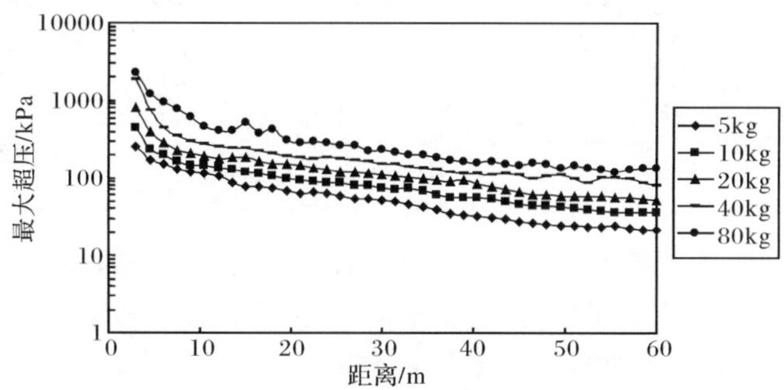

图 2.100　不同炸药量对爆炸波最大超压衰减的影响图

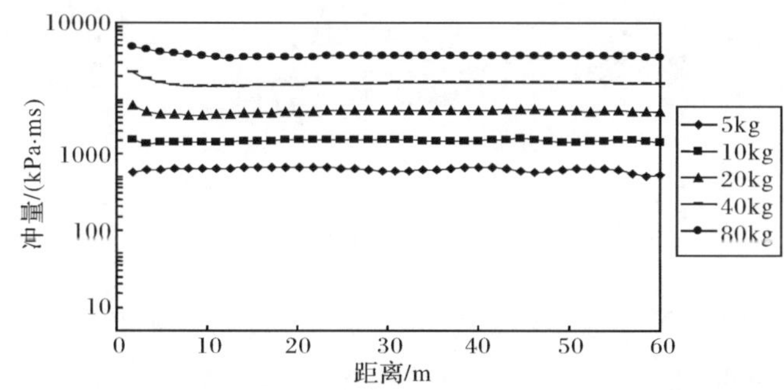

图 2.101　不同炸药量对爆炸波冲量衰减的影响图

从图中可以看出，不同炸药量对应的最大超压和冲量不同，炸药量越大，对应的最大超压和冲量越大，这是由于不同炸药量所释放出的能量不同，对结构的爆炸冲击效应随着炸药量的增大而增强；但其沿传播距离的衰减趋势相同，随着传播距离的增大，爆炸冲击波的最大超压迅速衰减，但由于结构限制了能量的向外传播，导致冲击波作用时间增大，从而使冲量沿传播距离基本保持常量。

2）高度对爆炸波传播的影响

当地铁车站内发生爆炸时，爆炸波的传播会受到上下结构表面的约束，从而改变其传播过程，因此地铁车站的高度会对爆炸波的传播以及爆炸超压和冲量的衰减产生影响，须对其进行研究。

建立地铁车站二维模型，利用对称性，长度方向取车站长度的二分之一 60m，高度分别采用 1m、2m、3m、4m、5m、6m、8m、10m，爆源采用 20kg 半球形装药 TNT 炸药，模型如图 2.102 所示。

为研究爆炸波超压和冲量沿地铁车站方向的衰减规律，在数值模型 1.5～60m 段的地面处、$h/4$、$h/2$、$3h/4$ 以及顶板处设置了参考点，参考点间距 1.5m，从

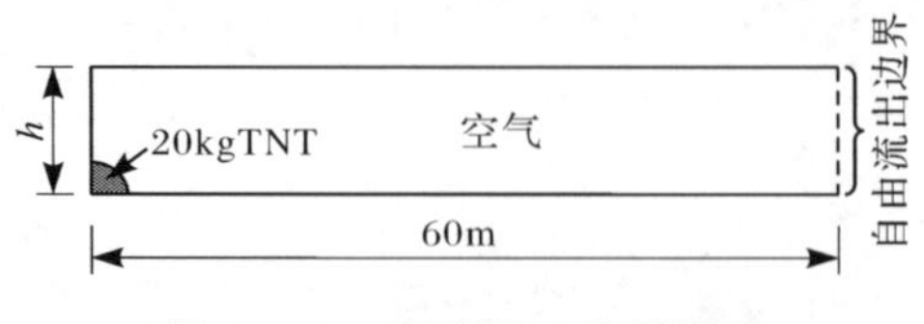

图 2.102　高度影响分析模型

而得到这些参考点的超压时程曲线，通过计算同一爆距竖向 5 个参考点的平均值得到横截面内的平均超压和平均冲量，从而对不同高度对爆炸波超压和冲量衰减的影响进行比较，结果分别如图 2.103 和图 2.104 所示。

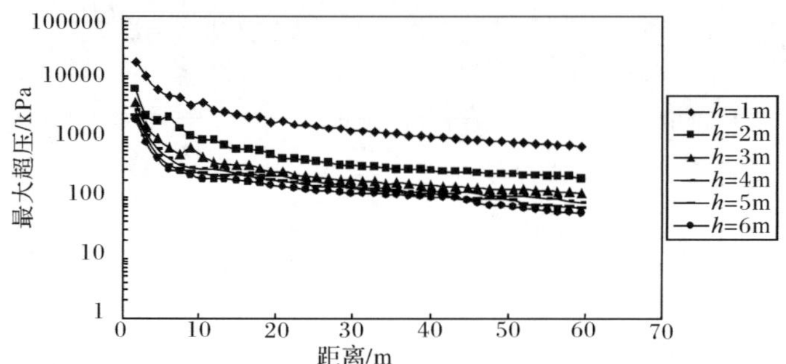

图 2.103　不同截面高度对爆炸波最大超压衰减的影响图

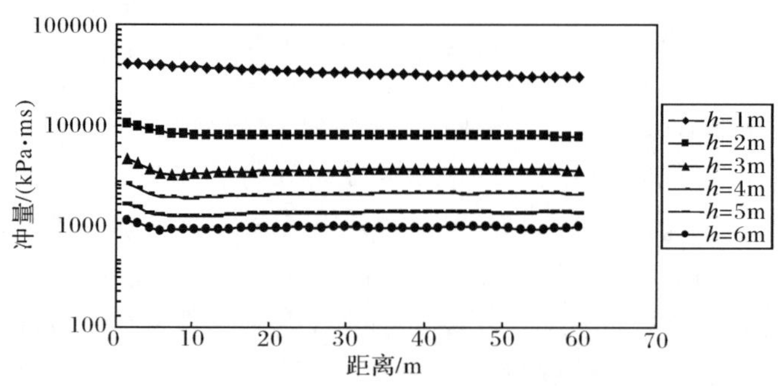

图 2.104　不同截面高度对爆炸波冲量衰减的影响图

从图中可以看出，不同截面高度对应的最大超压和冲量不同，高度越大，对应的最大超压和冲量越小，这是因为对于相同炸药量所释放出的能量，单位面积上所受到的爆炸冲击效应，随着高度和截面面积的增大而减弱；但其沿传播距离的衰减趋势相同，随着传播距离的增大，爆炸冲击波的最大超压迅速衰减，但由于结构限制了能量的向外传播，导致冲击波作用时间增大，从而使冲量沿传播距离基本保持常量。

对于不同截面高度的模型,取距离爆源 15m,高度为 $h/2$ 处参考点的压强时程曲线如图 2.105 所示。

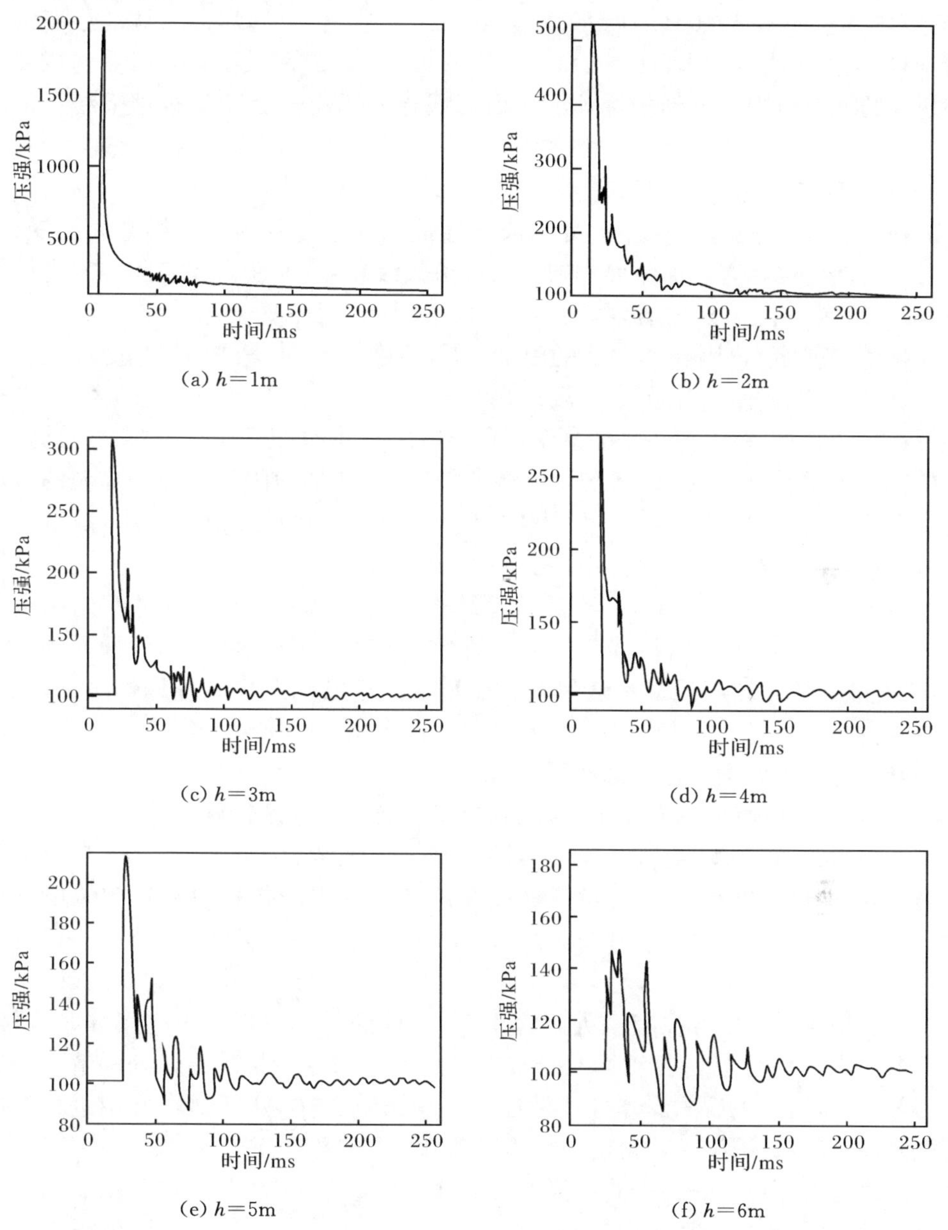

图 2.105 不同截面高度模型的压强时程曲线

通过比较不同截面高度模型相同位置处的压强时程曲线可以看出,不同截面尺寸的模型对于爆炸冲击波的约束不同，不仅表现在最大峰值的大小，而且表现在冲击波波形的差异上。当截面尺寸很小时，爆炸冲击波波形较光滑，而且只有1个绝对峰值，如图2.105(a)所示；随着截面尺寸的增大，爆炸冲击波波形变的粗糙，而且压强峰值数增多，如图2.105(b)～(g)所示。这种波形的差异是造成在小型规则的地下结构中得到的爆炸效应研究成果不适用于大型复杂地下结构的原因之一。

3）出口位置的影响

在无限大气中，爆炸产生的冲击波迅速地以球形波阵面向三维空间扩展，波阵面上的能量也随着传播距离的增大而成指数级衰减，但在密闭空间内发生爆炸时，爆炸所产生的空气冲击波将在四壁及顶、底板之间往复反射，使内部产生多个超压峰值，超压值也因相邻壁面的叠加效应而提高，且冲击波的作用时间也相应增长，因此其破坏作用比在空旷场地爆炸时严重得多。当空气冲击波完全静止后，封闭空间内仍将维持一定的余压。在半密闭空间内，由于开口的存在，爆炸产生的能量能够传播出去，即起到了泄爆的作用，因此半封闭空间内爆炸波的破坏作用要比封闭空间内小。开口泄爆作用的大小与炸药量、开口的大小、数量和位置以及炸药的位置等多种因素有关。

由于门、窗等开口的存在，实际建筑结构多为半密闭空间。地铁车站结构整体位于地下，但行车方向两端有无限长的行车区间隧道，中间有通往地面的乘客出口，有的地铁车站内还设有通风孔。如果地铁车站内发生意外爆炸事件，这些开口则会起到一定的泄爆作用。因此在对地铁车站进行抗爆研究的过程中，应对这些开口的泄爆作用进行考虑和研究。

在地铁车站模型中，若发生意外爆炸，由于两端行车区间隧道的存在，爆炸冲击波在传播到两端时不会发生反射，对地铁车站内的结构和构件不会产生反射冲击波，因此端部区间隧道不会对爆炸波在地铁车站内的传播过程产生影响。在AUTODYN中进行数值模拟时，无限区间隧道可直接采用flowout边界条件进行模拟。

由于地铁车站中部设有两处乘客出口，当地铁车站内某处发生爆炸时，爆炸波沿着行车方向传播，在经过乘客出口时，将有一部分能量从出口处随着气流流出，因此会对出口之后的爆炸冲击波压强产生影响。在AUTODYN中进行数值模拟时，乘客出口同样采用自由流出边界条件进行模拟。

为研究出口对爆炸冲击波传播的影响，建立一系列炸药与出口不同距离的二维数值模型，距离模数采用出口长度的二分之一，$d=l/2=3.6\text{m}$。数值模型中取25m地铁车站，炸药采用20kg半球形装药，参考点位于距离爆源22～25m处，利用对称性，建立1/2模型，端部和出口采用自由流出边界条件，其他采用反射边界条件，模型如图2.106所示。

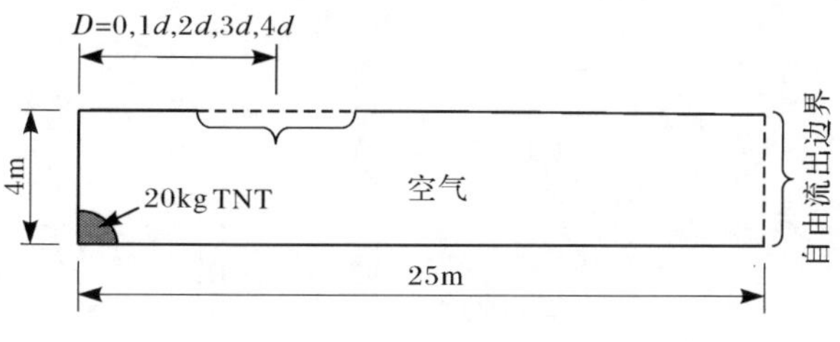

图 2.106 数值模型图

从计算结果可以看出，出口与爆源相对位置的不同，对爆炸冲击波在结构内部传播过程的影响不同，如图 2.107～图 2.110 所示。

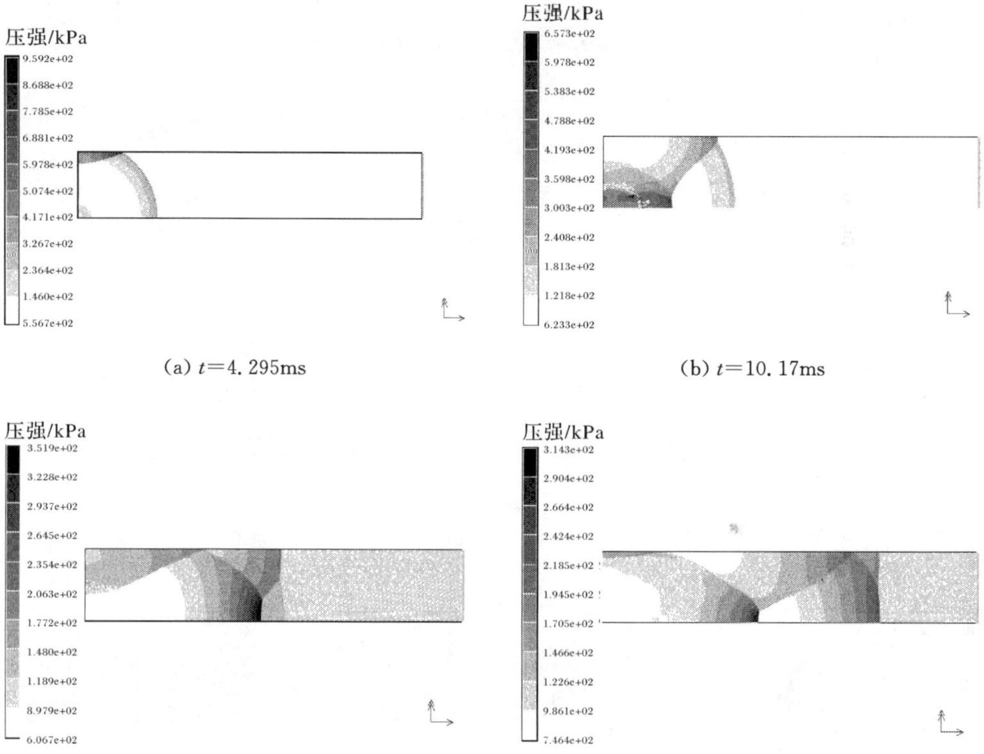

(a) t=4.295ms

(b) t=10.17ms

(c) t=20.63ms

(d) t=32.56ms

图 2.107 无出口时爆炸波的传播

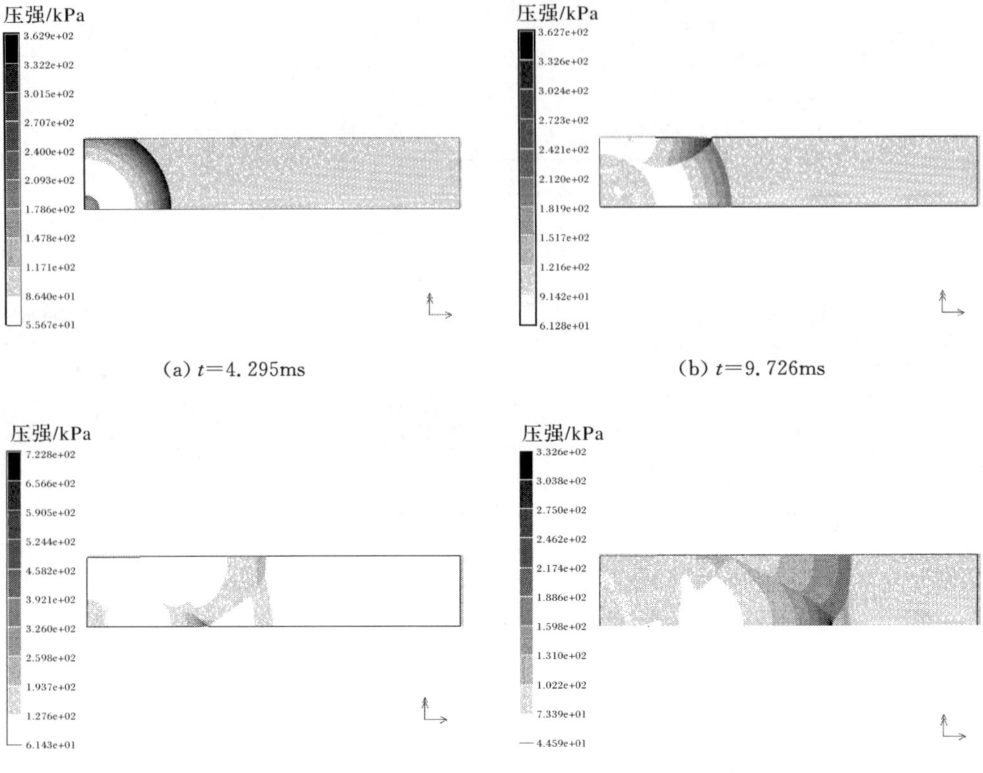

(a) t=4.295ms　　(b) t=9.726ms

(c) t=18.55ms　　(d) t=28.35ms

图 2.108　出口位于爆源正上方时爆炸波的传播

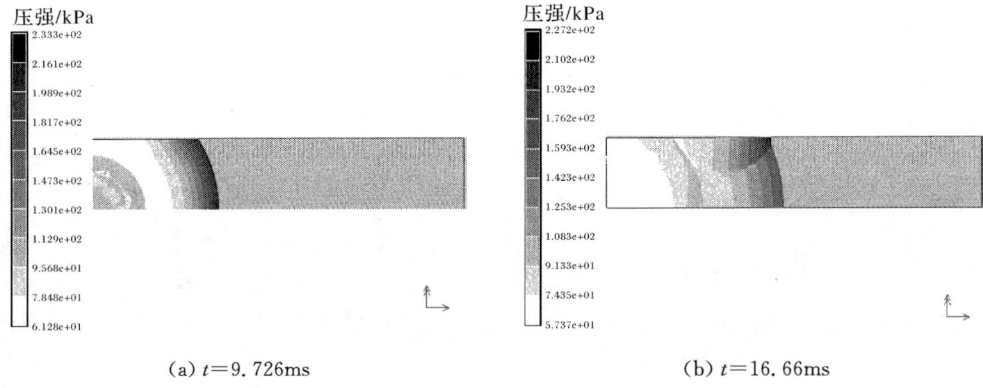

(a) t=9.726ms　　(b) t=16.66ms

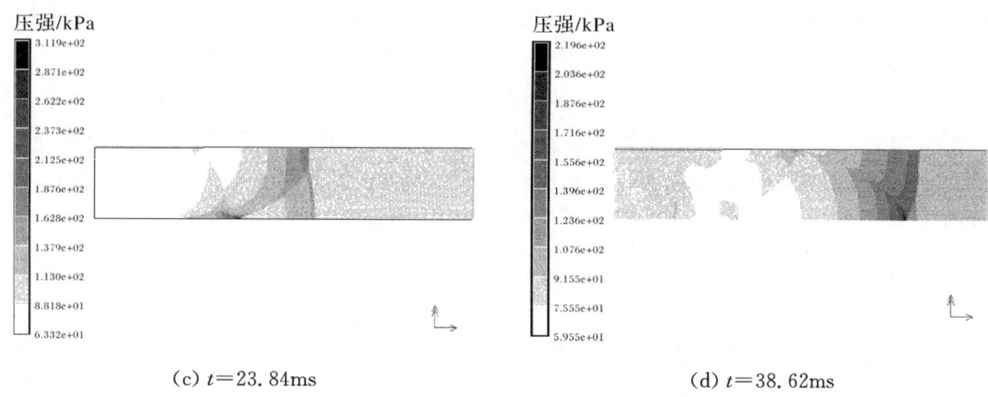

(c) t=23.84ms　　(d) t=38.62ms

图 2.109　出口中心距爆源 d=3.6m 时爆炸波的传播

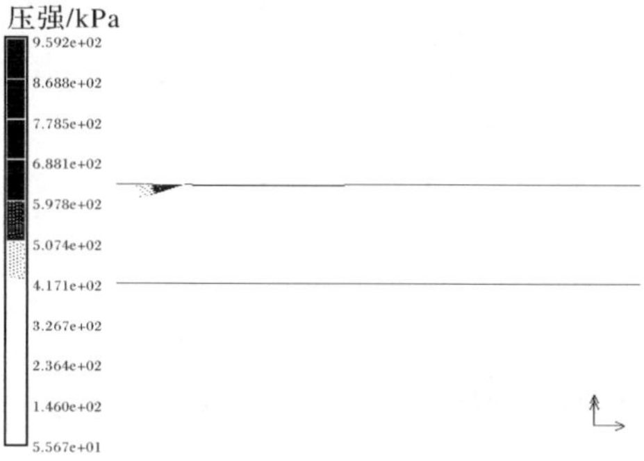

(a) t=4.295ms 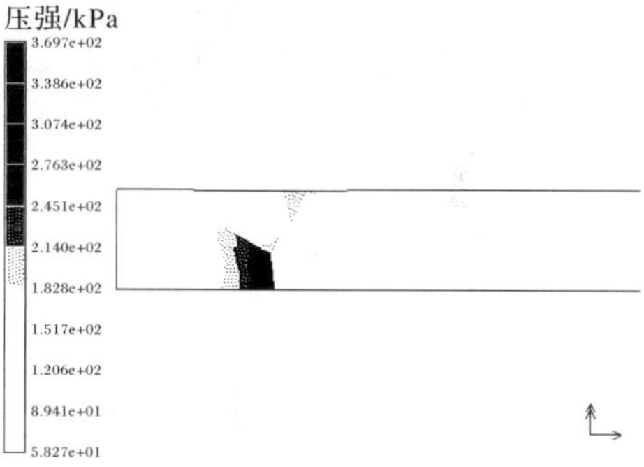　　(b) t=13.99ms

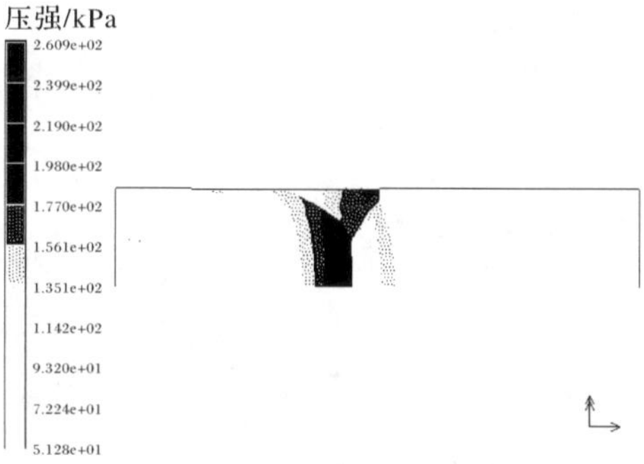

(c) t=20.72ms 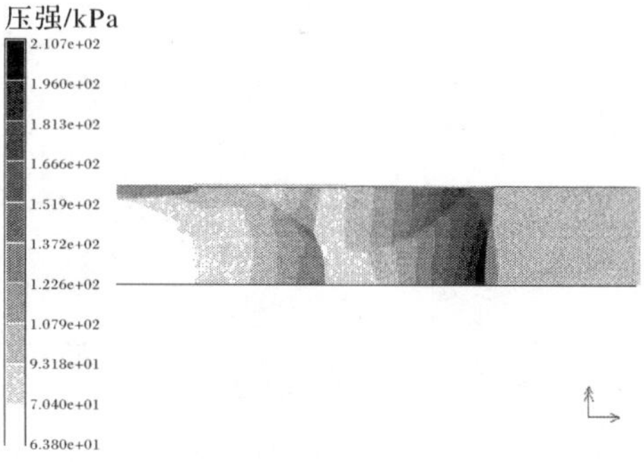　　(d) t=33.23ms

图 2.110　出口中心位于距爆源 d=7.2m 时爆炸波的传播

从以上结构内爆炸波的传播过程可以看出，爆炸冲击波在到达出口之前，传播过程与封闭空间内的传播过程相同，地面爆炸产生的爆炸冲击波在上下结构表面内不断地来回反射，反射冲击波与入射冲击波合成马赫波，并且由于马赫波的压强和传播速度较大，会不断超越之前的冲击波阵面；爆炸冲击波传播到出口范围以内时，上部结构表面的冲击波反射现象消失，但冲击波阵面并没有发生明显迅速的衰减，而是几乎按照原来的衰减规律衰减；爆炸冲击波在经过出口范围后，上部结构表面的反射现象重新出现，爆炸冲击波的传播与衰减过程与到达出口之前相同。

为研究出口与爆源距离大小对爆炸冲击波传播的影响，在距离爆源 22～25m 处设置了若干参考点，记录了不同出口位置时的爆炸冲击波压强时程，从而得出不同出口位置对爆炸冲击波超压和冲量的影响，如图 2.111 和图 2.112 所示。

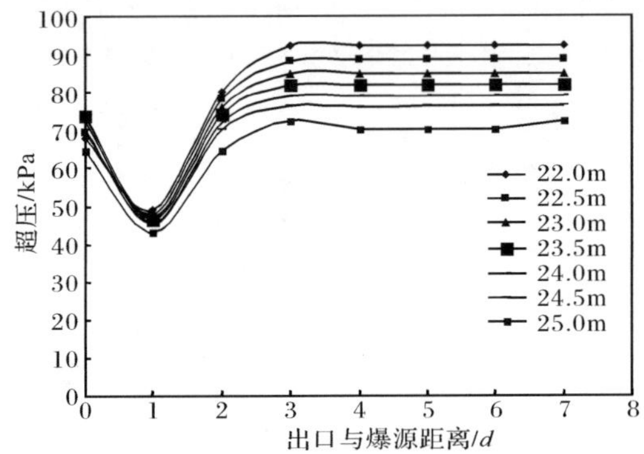

图 2.111　出口与爆源距离对爆炸波超压的影响

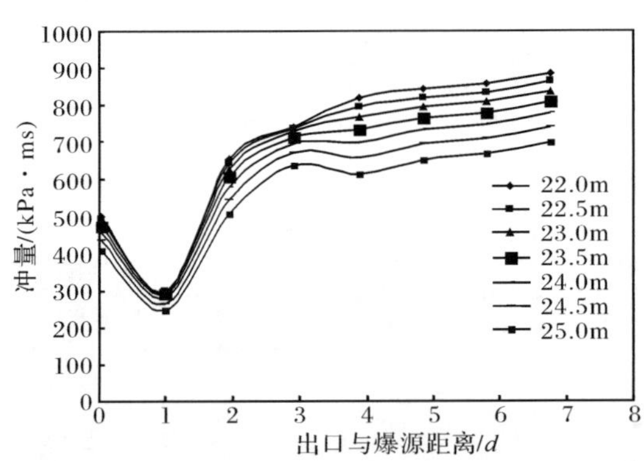

图 2.112　出口与爆源位置对爆炸波冲量的影响

从图中可以看出，当出口中心与爆源之间的距离为 d，即爆源位于出口边缘的下方时，爆炸冲击波在经过出口后，在参考点上形成的超压和冲量最小；随着出口中心离爆源距离的增大，参考点上得到的爆炸超压和冲量都呈增大的趋势；当出口中心与爆源的距离大于 $3d$ 时，随着距离的增大，爆炸超压和冲量变化不大，这种变化趋势主要是由于爆炸冲击波在传播过程中的衰减造成的。离爆源越近，爆炸冲击波波阵面上单位面积的能量越大，通过固定面积的出口传递到结构外的能量越多，对结构内部所造成的爆炸超压和冲量越少；在出口与爆源的距离大于 $3d$ 之后，爆炸冲击波在上下结构表面入射和反射的角度变小，冲击波主要是沿着纵向传播，在经过出口时，通过出口流出的能量很少，接近于爆炸波在密闭空间内的传播，因此当出口与爆源距离继续增大时，爆炸超压和冲量变化很少，并且接近于无出口时得到的超压与冲量值。

综上所述，当爆炸发生在距离出口小于 $3d$ 时，出口的泄爆作用明显，距离越近，泄爆作用越明显；当爆炸发生在距离出口 $3d$ 以外时，出口的泄爆作用不明显，可以忽略出口对结构上爆炸超压和冲量的影响。

4. 大炸药量爆炸荷载模型

当地铁车站内发生意外爆炸事件时，不仅会给地铁车站内行人的生命安全造成威胁，而且会对地铁车站结构造成损伤和破坏，甚至整体的连续倒塌；在极端条件下，巨大的爆炸冲击波会引起强烈的地面震动，甚至会引起周边地面建筑的破坏和倒塌。对这种极端条件下的爆炸波在结构和土中的传播以及地面建筑的响应进行研究，必须建立大型爆炸下地铁车站结构内部的爆炸超压荷载模型。

1) 数值模型的建立

根据地下结构的特点，确定爆源 TNT 药量为 200kg。为提高计算精度和节省计算时间，模型中的 TNT 采用的形式是 200kg 炸药在 4.8m 距离内的一维计算结果重分布到三维模型中。利用对称性建立地铁车站有限元模型，如图 2.80 所示。

2) 网格尺寸的确定

建立不同网格尺寸的一维模型，并将不同距离处爆炸超压的计算结果与 TM5-1300[5] 中的试验值进行比较，如图 2.113 所示。

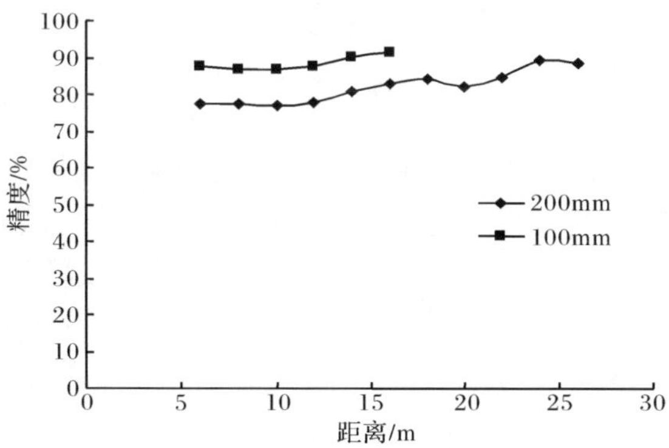

图 2.113　计算精度沿距离变化图

由于一般地铁车站结构模型较大，为满足精度要求，若采用统一的网格尺寸，必然造成单元数庞大，超出计算机的性能允许范围。根据图 2.83 的结果，为保证 80％的超压计算精度，在建模时采用如下方案：建立 2 个有限元数值模型，A 模型为长度方向的 0～14m 段，采用 100mm 网格进行划分；B 模型为长度方向的 0～60m 段，采用 200mm 网格进行划分；在结果分析时，大于 14m 范围采用 B 模型的计算结果，0～14m 范围内采用 A 模型的计算结果。

3）不同参考点的压强时程曲线

在地铁车站横截面内设置了一系列参考点，参考点布置和编号如图 2.81 所示，通过数值计算得到了距离爆源不同距离处横截面内不同参考点的爆炸压强时程曲线。

通过比较不同距离、不同参考点的压强时程曲线可以看出，在 0～10m 范围内，爆炸冲击波的压强时程曲线都普遍存在 1 个显著的峰值，其他峰值较最大峰值都很小；在 10m 以外的范围内，爆炸冲击波的压强时程曲线是由数个较显著的峰值组成的，且波峰呈现出随时间递减的趋势。

4）最大超压和冲量衰减规律

横截面内的不同参考点（图 2.81 中 1＃～11＃）最大超压和冲量沿纵向的衰减曲线如图 2.114 和图 2.115 所示。

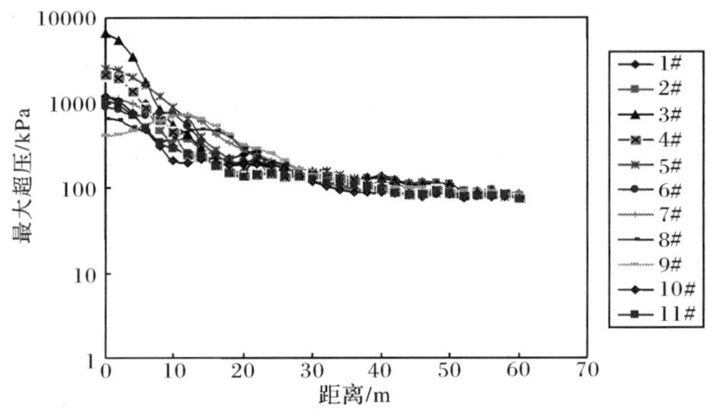

图 2.114　最大超压衰减曲线

通过比较横截面内不同参考点的最大超压衰减曲线可以看出，在 0～10m 范围内，横截面内各参考点的最大超压沿纵向衰减趋势差异很大，这是由于结构的横截面较大，爆炸波在临近爆源的范围内表现出较明显的沿横截面传播的趋势，但从 0～10m 范围的整体结构来看，爆炸冲击波的最大超压表现出以爆源为圆心向四周迅速衰减的趋势；在 26～60m 范围内，横截面内各参考点的最大超压相差不大，并且衰减的速度比较缓慢；在 12～26m 范围内，横截面内各参考点最大超压沿距离衰减速度有所减缓，但最大超压的差异依然存在，可以认为是爆炸波传播

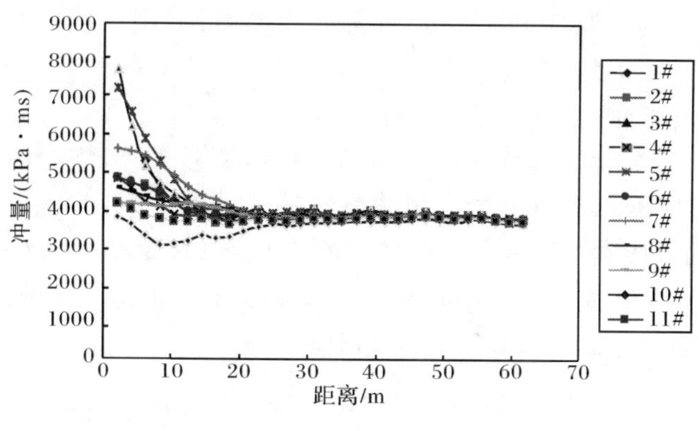

图 2.115 冲量衰减曲线

的一个过渡阶段。

通过比较横截面内不同参考点的冲量衰减曲线可以看出，在 0～12m 范围内，与最大超压的衰减趋势类似，横截面内各参考点都有不同的冲量大小和衰减趋势，从 0～12m 整体范围来看爆炸冲击波的冲量也表现出以爆源为圆心，向四周衰减的趋势；在 12m 以外的范围，爆炸冲击波对横截面内各参考点的冲量相差不大，在 3900kPa · ms 左右，且误差小于 20%。

5) 爆炸波的到达时间

爆炸冲击波到达不同参考点的时间如图 2.116 所示。

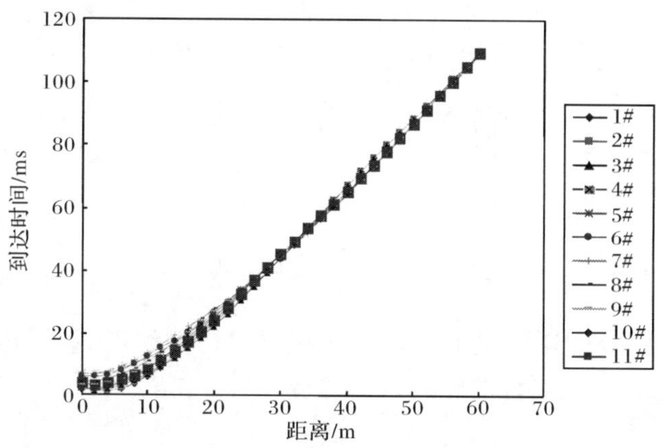

图 2.116 冲击波到达不同参考点的时间

从图 2.116 中可以看出，在同一个横截面内，爆炸冲击波到达不同参考点的时间不同，在爆源截面处时相差最大，达 7.4ms，在纵向 26～60m 范围内，冲击波到达横截面内相同参考点的时间几乎相同，表现出爆炸波在横截面内传播的过程；随着沿着纵向传播距离的增大，爆炸波到达同一横截面内不同参考点的时间差变小，到达车站另一端(60m 处)时，时差仅有 0.6ms，爆炸冲击波逐渐表现出平面冲击波的特点。

6) 地铁车站结构内爆炸的简化超压荷载模型

为得到地铁车站遭受重大爆炸时的简化超压荷载模型，综合以上对爆炸压强时程曲线、最大超压和冲量的衰减规律以及冲击波到达时间的分析，将车站整体结构分成三部分，距爆源 10m 范围内的顶板和底板(A 部分)、10m 范围内的侧壁(B 部分)和 10m 外的顶板、底板和侧壁(C 部分)，在简化超压荷载模型中，各部分的超压时程曲线分别如图 2.117～图 2.119 所示。

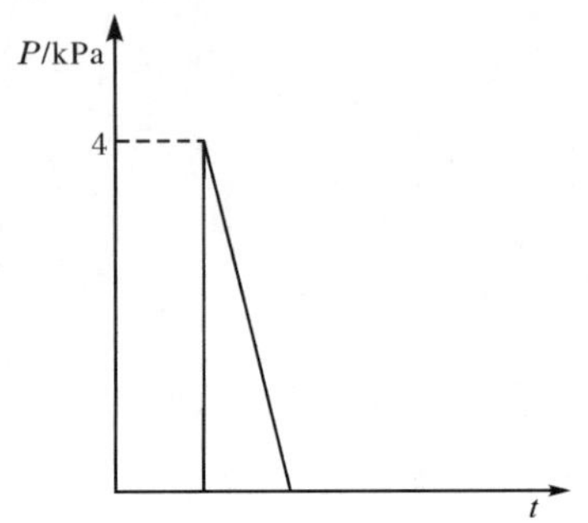

图 2.117　A 部分超压时程曲线

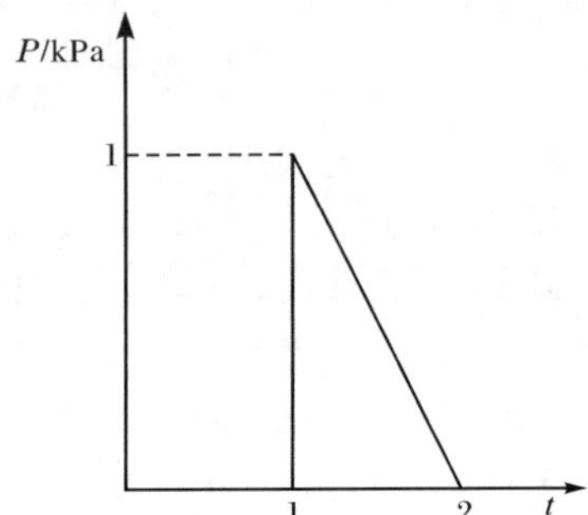

图 2.118　B 部分超压时程曲线

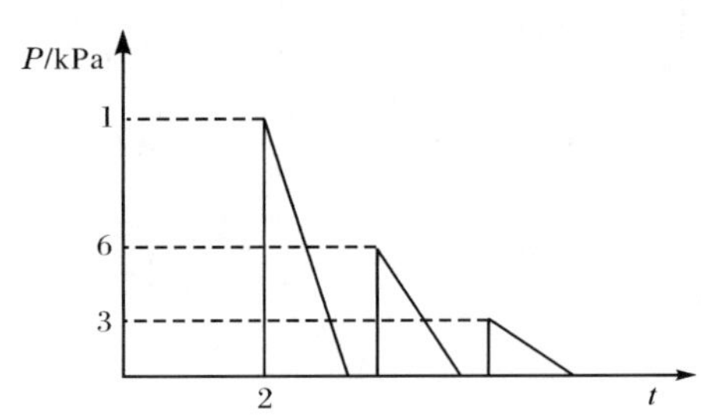

图 2.119　C 部分超压时程曲线

图 2.119C 部分采用的是 Baker 爆炸超压时程曲线形式，爆炸波的到达时间为 2(s−5)，其中 s 为距爆源的距离，每个波形的持时是 40ms，时间间隔为 8ms。

2.4　本 章 小 结

恐怖或意外爆炸事件情况下，作用于建筑结构上的爆炸荷载及其分布受建筑物所处的复杂城市环境，如不同的街道分布、建筑物的高度及分布等以及冲击波与建筑结构相互作用等众多因素的影响，因此爆炸荷载的研究是一个技术难点。

然而,准确的预测结构上的爆炸荷载是结构爆炸响应分析和结构抗爆设计的关键,在建筑结构防爆抗爆研究领域属于基础研究的范畴。本章采取理论分析、数值模拟和野外模型试验三者相结合的研究方法,对建筑内外爆炸情况下爆炸波的传播规律、作用机理与超压荷载模型进行了详尽的研究。首先,构建了爆炸波传播及其与结构相互作用的精细化数值模拟技术,并在此基础上研究了建筑外部爆炸情况下城市复杂环境下爆炸冲击波的传播及与建筑物的相互作用规律,建立了作用于建筑物外表面及关键构件上的超压与冲量的简化模型;研究了建筑内部爆炸情况下典型建筑结构,隧道以及地铁车站内爆炸波的传播规律,建立了作用于建筑物内表面及关键构件上的超压与冲量的简化模型。

参 考 文 献

[1] 李忠献,方秦. 工程结构抗爆防爆的研究与发展//国家自然科学基金委员会工程与材料学部. 学科发展战略研究报告:建筑、环境与土木工程Ⅱ(土木工程卷),2006.

[2] Buildings Committee on Research for the Security of Future U. S. Embassy B B R, Council National Research. The Embassy of the Future: Recommendations for the Design of Future U. S. Embassy Buildings. Washington D C: National Academy Press, 1986.

[3] Degenhardt C C. Protection of Federal Office Buildings Against Terrorism. Washington D C: National Academy Press, 1988.

[4] Committee for Oversight and Assessment of Blast-effects and Related Research, National Research Council. Protecting People and Buildings from Terrorism: Technology Transfer for Blast-effects Mitigation. Washington D C: National Academy Press, 2001.

[5] Technical Manual (TM5-1300). To resist the effect of accidental explosions. Washington D C: Department of the Army, Navy and the Air Force, 1990.

[6] Smith P D, Rose T A. Blast wave propagation in city streets: An overview. Progress in Structural Engineering and Materials, 2006, 8(1): 16—28.

[7] Smith P D, Mays G C, Rose T A. Small scale models of complex geometry for blast overpressure assessment. International Journal of Impact Engineering, 1992, 12(3): 345—360.

[8] Smith P D, Vismeg P, Teo L C. Blast wave transmission along rough-walled tunnels. International Journal of Impact Engineering, 1998, 21(6): 419—432.

[9] Rose T A, Smith P D. Influence of the principal geometrical parameters of straight city streets on positive and negative phase blast wave impulses. International Journal of Impact Engineering, 2002, 27(4): 359—376.

[10] Remennikov A M, et al. Modelling blast loads on buildings in complex city geometries. Computers & Structures, 2005, 83(27): 2197—2205.

[11] 李忠献,师燕超,周浩璋,等. 城市复杂环境中爆炸波的传播规律与超压荷载. 工程力学, 2009, 26(6): 178—183.

[12] 都浩，李忠献，郝洪. 建筑物外部爆炸超压荷载的数值模拟. 解放军理工大学学报(自然科学版)，2007，8(5)：413－418.

[13] Woodson S C, Baylot J T. Structural collapse: Quarter-scale model experiments. Technical Report SL-99-8, US Army Corps of Engineers Engineer Research and Development Center, 1999.

[14] Woodson S C, Baylot J T. Quarter-scale building/column experiments//International conference on Advanced Technology in Structural Engineering, Philadelphia, 2000: 1－6.

[15] Le J. Numerical simulation of shock (blast) wave interaction with bodies. Communications in Nonlinear Science and Numerical Simulation, 1999, 4(1): 1－7.

[16] Marconi F. Investigation of the interaction of a blast wave with an internal structure. AIAA Journal, 1994, 32(8): 1561－1567.

[17] Ofengeim D K, Drikakis D. Simulation of blast wave propagation over a cylinder. Shock Waves, 1997, 7(5): 305－317.

[18] Ohyagi S, Obara T, Nakata F, et al. A numerical simulation of reflection processes of a detonation wave on a wedge. Shock Waves, 2000, 10(3): 185－190.

[19] Thomas G O, Williams R L. Detonation interaction with wedges and bends. Shock Waves, 2002, 11(6): 481－492.

[20] Booij S M, Absil L H J, Bruinsma A J A, et al. Study of blast wave interactions with structures using a phase-stepped double reference beam holographic interferometer//The 18th Congress of the International Commission for Optics (ICO XVIII): Optics for the Next Millennium, San Francisco, 1999: 762－763.

[21] Tai C H, Teng J T, Lo S W, et al. A three-dimensional numerical investigation into the interaction of blast waves with bomb shelters. JSME International Journal, Series B: Fluids and Thermal Engineering, 2006, 48(4): 820－829.

[22] 邓国强，周早生，杨秀敏. 爆炸冲击效应数值仿真中的几项关键技术. 系统仿真学报，2005，17(5)：1059－1062.

[23] AUTODYN Theory manual. Century Dynamics, 2006.

[24] Chapman T C, Rose T A, Smith P D. Blast wave simulation using AUTODYN2D: A parametric study. International Journal of Impact Engineering, 1995, 16(5-6): 777－787.

[25] Krauthammer T, Otani R K. Mesh, gravity and load effects on finite element simulations of blast loaded reinforced concrete structures. Computers & Structures, 1997, 63(6): 1113－1120.

[26] Luccioni B, Ambrosini D, Danesi R. Blast load assessment using hydrocodes. Engineering Structures, 2006, 28(12): 1736－1744.

[27] Watson S, MacPherson W N, Barton J S, et al. Investigation of shock waves in explosive blasts using fibre optic pressure sensors. Measure Science Technology, 2006, 17: 1337－1342.

[28] Mays G C, Smith P D. Blast Effects on Buildings. London: Thomas Telford Serices Ltd, 1995.

[29] Wu C, Hao H. Modelling of simultaneous ground shock and air blast pressure on nearby

structures from surface explosions. International Journal of Impacting Engineering, 2005, 31:699—717.

[30] Henrych J. The Dynamics of Explosion and Its Use. New York: Elsevier Scientific Pub. Co., 1979.

[31] NATO. Manual on NATO Safety Principles for the Storage of Ammunition and Explosives. NATO, 2003.

[32] US DoD. Ammunition and Explosive Safety Standards. US DoD, 2004.

第3章　建筑材料的动态本构关系

建筑材料在爆炸冲击作用下，可能经历高达 $10s^{-1}$ 到 $1000s^{-1}$ 的应变率[1,2]。在这种高应变率情况下，其强度、弹性模量等都会有一定程度的提高，这种特性称为应变率效应。一方面，爆炸往往伴随火灾等次生灾害，建筑材料将受到爆炸波的高应变率和火灾的高温热辐射的耦合作用。鉴于高应变率情况下材料力学性能实验的困难和相应理论发展的局限性，目前还没有公认合适的材料本构理论来描述混凝土类建筑材料的高应变率特性，尤其是多轴动力学特性。至于爆炸以及次生火灾高温荷载耦合作用的情况，相应研究更是极少。作为研究爆炸荷载作用下建筑结构动力响应和损伤破坏的基础，从宏、微观不同层面掌握各种传统及新型建筑材料在高应变率与高温耦合作用下的动态力学特性，揭示其损伤破坏机理是本领域目前的研究热点之一。另一方面，建筑结构中常用的其他材料，如玻璃、泡沫铝、碳纤维复合材料、玻璃纤维复合材料等的强度以及钢筋混凝土黏结滑移效应等是否受高应变率加载的影响，如何确定其动态强度增大系数，也是目前学术界研究的热点。

3.1　混　凝　土

混凝土是工程中应用最广泛的材料之一，也是安全防护工程中常用的重要工程材料。混凝土由于具有较高抗压强度，是防护工程中最常用的抗冲击材料。以前人们对混凝土结构的安全分析大多基于弹性或弹塑性理论及混凝土静态力学性能。然而，不论是在民用还是在国防建设中，现代混凝土结构除承受正常设计荷载，往往还要承受诸如撞击、地震和爆破等强动荷载，例如高速公路混凝土护栏在车辆的撞击作用下的响应；机场的混凝土路面和跑道除承受飞机着陆的冲击荷载以外，还可能遭遇敌弹袭击等。在这种情况下，我们在分析爆炸与冲击等高应变率荷载下混凝土结构的安全可靠性时，必须考虑强动荷载作用下所不能忽略的动力学效应。这类问题与准静态荷载作用下的力学问题相比较，必须计及两类动态效应，即惯性效应和应变率效应。前者导致对应力波传播和其他形式的结构动力学研究，后者促进了对材料力学行为的应变率相关性的研究，包括率相关本构关系和率相关动态破坏准则的研究。问题的复杂性在于二者常常耦合在一起。研究混凝土动态力学特性时不能忽略应力波传播效应，而混凝土结构中应力波传播特性又依赖于混凝土材料的本构关系。从这一意义上来说，混凝土动态本构关系和失效准则是研究混凝土动态安全分析的基础。

由于混凝土具有高度的不均匀性及复杂的内部微观结构，特别是由于混凝土材料一方面表现为脆性(断裂应变很小，仅千分之几)，另一方面又表现为黏性(应变率相关)，使得这一研究增加了复杂性和特殊性。此外，为了获得可用于加卸载全过程分析的率型本构关系，在实验中要完整地测量出材料的加载卸载曲线，这对于高应变率实验非常困难。另外，混凝土材料先天就带有微损伤，其受力流变过程也伴随着内部微损伤的演化过程，且二者相互影响。所以在研究材料的动态本构关系时还需要考虑损伤演化率，人们对它的力学性能和破坏机理的认识远不如金属，而对它在冲击条件下的动态性能了解则更少，系统研究混凝土动态力学性能在最近二十年才开始。在不同的加载速率下混凝土的一个显著特性是其抗压、抗拉强度、弹性模量及断裂应变等均与应变率相关。在下节中将国内外学者在这方面的工作做一简单回顾和总结。

3.1.1 混凝土抗压强度的应变率效应

材料的应变率效应，多用材料的动态强度增大系数(dynamic increase factor) DIF，即材料在高应变率下的动态强度与静态强度之比表示。目前，国内外已有很多学者对混凝土的应变率效应进行了研究，其中对混凝土抗压强度的应变率效应研究最多，也根据实验结果拟合出不同动态强度增大系数的公式。但是实验结果具有一定的不确定性，如应变率范围在 $10^{-8}\sim10^{3}\,s^{-1}$ 的范围内[1]，在某一应变率下，DIF 的取值可以相差 50%，这些不确定性可能由以下原因引起：①不同的实验设备；②不同的试件尺寸；③不同的材料性能(例如混凝土骨料、级配和养护条件等)；④动力边界条件等。尽管各个实验数据之间有一定的差别，但应变率对混凝土抗压强度的影响趋势仍然很明显，尤其在应变率大于 $10s^{-1}$ 以后。

根据应变率在 $10\sim10^{3}\,s^{-1}$ 范围内，CEB 建议抗压强度的动态增强系数 DIF 的公式如下：

$$\text{CDIF}=\begin{cases}1, & \dot{\varepsilon}\leqslant\dot{\varepsilon}_{\text{stat}}\\ \left(\dfrac{\dot{\varepsilon}}{\dot{\varepsilon}_{\text{stat}}}\right)^{1.026\alpha}, & \dot{\varepsilon}_{\text{stat}}<\dot{\varepsilon}\leqslant30s^{-1}\\ \gamma(\dot{\varepsilon})^{1/3}, & \dot{\varepsilon}>30s^{-1}\end{cases}\tag{3.1}$$

式中，$\text{CDIF}=\sigma_{cd}/\sigma_{cs}$ 为动态压缩强度与静态压缩强度之比，其中 σ_{cd} 为某一应变率 $\dot{\varepsilon}$ 下的动态压缩强度，σ_{cs} 为静态压缩强度；$\dot{\varepsilon}_{\text{stat}}=30\times10^{-6}\,s^{-1}$，$\lg\gamma=6.156\alpha-0.49$；$\alpha=(5+3\sigma_{cu}/4)^{-1}=(5+9\sigma_{cs}/\sigma_{c0})^{-1}$，其中 σ_{cu} 为混凝土立方体抗压强度，MPa。$\sigma_{c0}=10$MPa 是一参考值。图 3.1 为根据 CEB 公式计算的三种混凝土抗压强度的动态增大系数。从图 3.1 中可以看出，对于一定应变率下，混凝土的静态抗压强度越高，其动态增大系数越小。

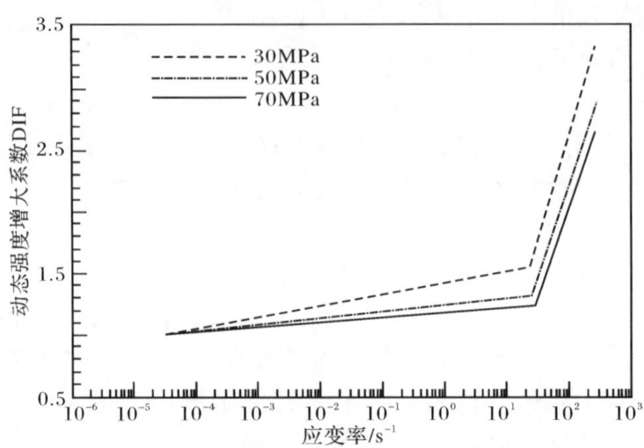

图 3.1 根据 CEB 公式计算的混凝土抗压强度的动态增大系数

分离式霍普金森压杆(SHPB)对于研究高应变率下材料的动态力学性能具有很好的优势。近年来,已有很多学者应用这一技术研究了混凝土的应变率效应[1~4]。文献[5]中建议应变率在 $10^2 s^{-1}$ 范围内时单轴抗压强度 DIF 的公式为

$$\text{CDIF} = 0.00965\lg\dot{\varepsilon} + 1.058 \geqslant 1.0, \quad \dot{\varepsilon} \leqslant 63.1\text{s}^{-1} \tag{3.2}$$

$$\text{CDIF} = 0.758\lg\dot{\varepsilon} - 0.289 \leqslant 2.5, \quad \dot{\varepsilon} > 63.1\text{s}^{-1} \tag{3.3}$$

Grote 等[6]利用 SHPB 研究了应变率 250～1700s^{-1} 范围内的混凝土砂浆的动态力学性能,并得到以下的 CDIF 公式:

$$\text{CDIF} = 0.0235\lg\dot{\varepsilon} + 1.07, \quad \dot{\varepsilon} \leqslant 266.0\text{s}^{-1} \tag{3.4}$$

$$\text{CDIF} = 0.882(\lg\dot{\varepsilon})^3 - 4.48(\lg\dot{\varepsilon})^2 + 7.22\lg\dot{\varepsilon} - 2.64, \quad \dot{\varepsilon} > 266.0\text{s}^{-1} \tag{3.5}$$

Li 等[7]通过数值模拟 SHPB 试验过程研究表明,通过 SHPB 试验得到的 DIF 在 $10^2 s^{-1}$ 范围内需要进行修正。因为实验观察到的动态强度的增大部分是由于试件接触面的约束引起的侧向围压效应引起的。SHPB 技术最初应用于金属,而金属试件表面的摩擦可以通过应用润滑剂而忽略不计,另外金属材料的强度与静水压力无关。但是对于混凝土,试件表面的摩擦不可忽略,而混凝土的强度与静水压力相关,在试件受到高速压缩时,围压效应使得混凝土的强度增大。图 3.2 为文献[7]中研究得到的不同摩擦系数对 DIF 的影响。从图中可以看出,摩擦系数越大,其动态增强系数越高。当摩擦系数大于 0.3 后,对 DIF 的影响尤为显著。

为此,他们提出的修正公式为

$$\text{DIF} = 1 + 0.03438(\lg\dot{\varepsilon} + 3), \quad \dot{\varepsilon} \leqslant 10^2\text{s}^{-1} \tag{3.6}$$

$$\text{DIF} = \beta_0 + \beta_1\lg\dot{\varepsilon} + \beta_2(\lg\dot{\varepsilon})^2, \quad \dot{\varepsilon} > 10^2\text{s}^{-1} \tag{3.7}$$

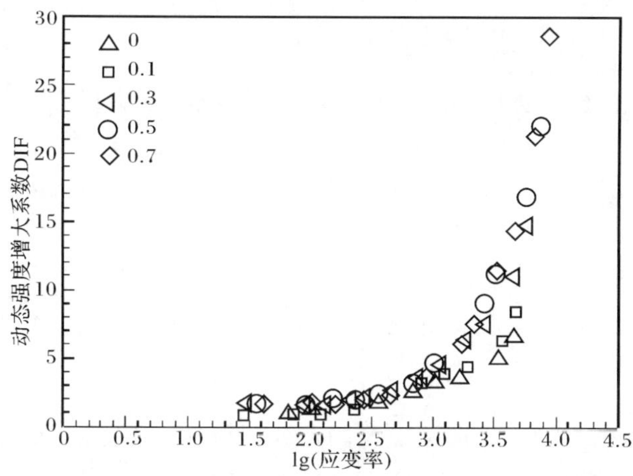

图 3.2　不同摩擦系数对动态增大系数的影响

式中，$\beta_0=8.5303$，$\beta_1=-7.1372$，$\beta_2=1.729$，是根据实验数据拟合得出的常数。

文献[8]在总结混凝土动态试验结果的基础上得到了动态增大系数与应变率的关系曲线，如图 3.3 所示。

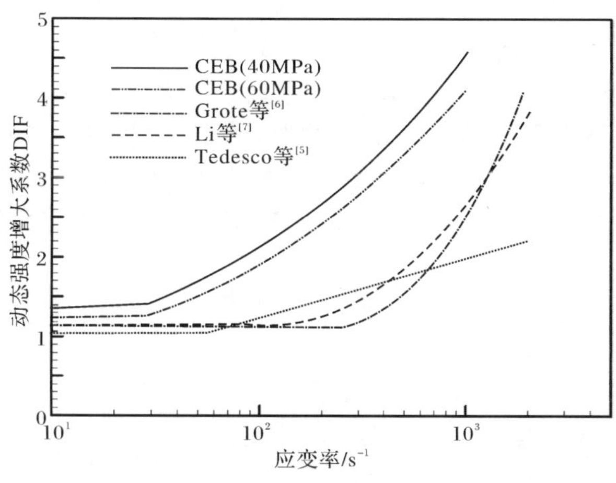

图 3.3　DIF 公式的比较

图 3.3 给出了上述几个公式的比较，可以看出在应变率范围为 10～1000/s 范围内，CEB 给出的 DIF 值最大，明显大于其他公式的预测值[1]。文献[8]给出的 DIF 值稍低于 CEB 的预测值，但仍明显大于其他公式的预测值。在应变率不超过 $700s^{-1}$时，Grote 等[6]、Li 等[7]和 Tedesco 等[5]给出的公式相差不大，但是当应变率超过 $1000s^{-1}$时，Tedesco 等[5]给出的公式明显偏小，建议在应变率大于 100/s 时使用 Li 等[7]或 Grote 等[6]给出的 DIF 公式。

3.1.2　混凝土抗拉强度的应变率效应

根据应变率在 $10 \sim 10^3 s^{-1}$ 范围内，CEB 建议抗拉动态增强系数 TDIF 的公式如下：

拉伸强度为

$$\text{TDIF}=\begin{cases}1, & \dot{\varepsilon}\leqslant\dot{\varepsilon}_{\text{stat}}\\ \left(\dfrac{\dot{\varepsilon}}{\dot{\varepsilon}_{\text{stat}}}\right)^{1.016\delta}, & \dot{\varepsilon}_{\text{stat}}<\dot{\varepsilon}\leqslant 30\text{s}^{-1}\\ \theta\left(\dfrac{\dot{\varepsilon}}{\dot{\varepsilon}_{\text{stat}}}\right)^{1/3}, & \dot{\varepsilon}>30\text{s}^{-1}\end{cases}\tag{3.8}$$

式中，$\text{TDIF}=\sigma_{\text{td}}/\sigma_{\text{ts}}$ 为动态拉伸强度与静态拉伸强度之比，其中，σ_{td} 为在某一应变率 $\dot{\varepsilon}$ 下的动态拉伸强度，σ_{ts} 为在应变率 $\dot{\varepsilon}_{\text{stat}}=3\times10^{-6}\text{s}^{-1}$ 下的拉伸强度；$\dot{\varepsilon}$ 的应用范围为 $3\times10^{-6}\sim300\text{s}^{-1}$；$\lg\theta=7.11\delta-2.33$；$\delta=1/(10+6\sigma_{\text{cs}}/\sigma_{\text{c0}})$，$\sigma_{\text{cs}}$ 是静态压缩强度，$\sigma_{\text{c0}}=10\text{MPa}$ 是一参考值。

图 3.4 给出了根据 CEB 公式计算出的混凝土抗压强度为 30MPa、50MPa 和 70MPa 的三种混凝土动态增大系数。从图中可以看出，抗压强度越大的混凝土其抗拉强度动态增强系数越小。当应变率达到 300s^{-1} 时，对于抗压强度为 30MPa 的混凝土，动态增强系数为 3.9；对于抗压强度为 70MPa 的混凝土，动态增强系数为 3.0。对比可以看出，混凝土抗拉强度的应变率效应更为明显，在一定应变率下，其动态增大系数较抗压强度的更大，例如当混凝土准静态抗压强度为 30MPa 应变率在 300s^{-1} 时，抗压强度的动态增大系数为 3.37，抗拉强度的动态增大系数为 3.90。文献中通过总结其他学者的实验结果指出，混凝土抗拉强度的动态增大系数应该更高。

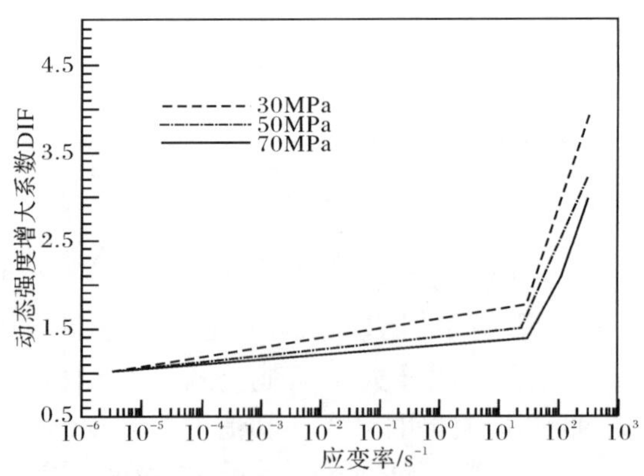

图 3.4　根据 CEB 公式计算的混凝土抗拉强度的动态增大系数

Malvar 等[9]对混凝土抗拉强度的应变率效应作了综述，文中总结了众多学者对混凝土抗拉强度进行的实验结果，即对于应变率大于 10s^{-1} 的范围内，CEB 公式给出的结果偏小，因此文献[9]认为 DIF 公式的转折点应该在 1s^{-1} 更为合理，提出了修正的 CEB 公式：

$$\text{TDIF}=\begin{cases}1, & \dot{\varepsilon}\leqslant\dot{\varepsilon}_{\text{stat}}\\ \left(\dfrac{\dot{\varepsilon}}{\dot{\varepsilon}_{\text{stat}}}\right)^{\delta}, & \dot{\varepsilon}_{\text{stat}}<\dot{\varepsilon}\leqslant 1.0\text{s}^{-1}\\ \theta\left(\dfrac{\dot{\varepsilon}}{\dot{\varepsilon}_{\text{stat}}}\right)^{1/3}, & \dot{\varepsilon}>1.0\text{s}^{-1}\end{cases}\tag{3.9}$$

式中，准静态参考应变率为 $\dot{\varepsilon}_{\text{stat}}=1\times10^{-6}\text{s}^{-1}$，$\sigma_{\text{ts}}$ 为在应变率 $\dot{\varepsilon}_{\text{stat}}=1\times10^{-6}\text{s}^{-1}$ 下的拉伸强度；$\dot{\varepsilon}$ 的应用范围为 $1\times10^{-6}\sim160\text{s}^{-1}$；$\delta=1/(1+8\sigma_{\text{cs}}/\sigma_{\text{c0}})$，$\sigma_{\text{cs}}$ 是静态压缩强度，$\sigma_{\text{c0}}=10\text{MPa}$(1450psi)是一参考值；$\lg\theta=6\delta-2$。

3.1.3　混凝土的动态本构模型

混凝土是使用广泛的工程材料之一。混凝土结构在工作过程中除了承受正常的设计载荷外，往往还要承受爆炸、冲击和撞击等动态载荷。在动态荷载作用下混凝土材料表现出不同于静态荷载作用的力学性能，快速变化的荷载使混凝土处于高应变率状态[10]。在动态荷载下，混凝土可能处于复杂的应力状态，如二向受力、三向受力。在冲击荷载直接施加位置，混凝土还可能承受非常大的静水压力作用。混凝土作为一种非均质、各向异性的多相复合材料，内部存在大量的微裂缝和微空洞等初始缺陷。这些微裂缝和微孔洞在混凝土承载过程中的形成、发展、聚集，以及宏观裂缝的形成导致混凝土具有非常复杂的非线性行为。在动载作用下混凝土的孔隙水的黏性效应[11]和微观惯性效应[12~14]使微裂缝和微孔洞的演化更加复杂，使混凝土宏观上表现出应变率相关特性，混凝土的强度、刚度、延性和应力应变关系等力学特性发生很大变化。

混凝土材料动态本构模型是研究混凝土在爆炸或冲击荷载作用下的损伤破坏机理、应力波的传播规律和衰减规律、结构破坏效应等的理论基础。目前对混凝土材料在动态载荷下本构特性的研究主要包括：①基于实验结果回归分析建立强度、弹性模量和延性等力学参量与应变率之间的关系；②在已有本构模型的基础上修改，得到新的本构模型；③基于材料变形机理模型，如黏塑性理论、损伤理论、断裂力学理论、内时理论和微平面理论等，建立本构模型；④从热力学出发进行严格的理论推导得出满足热力学定律的理论模型。

下面对混凝土动态本构模型做一些分类介绍。

1. 弹性模型

弹性模型分为线弹性模型和非线弹性模型。

线弹性模型是最简单、最基本的材料本构模型。该模型认为材料变形在加载和卸载时沿同一条直线，完全卸载后无残余变形。根据是否考虑混凝土各向异性，分为各向异性线弹性模型和各向同性线弹性模型。

非线弹性本构模型属于经验型模型，适用于单调加载和比例加载。非线弹性本构模型有两种基本形式：全量式应力应变形式，采用不断变化的割线模量，如超弹性模型；增量式应力应变形式，采用不断变化的切线模量，如次弹性模型。

一些结构设计规范中建议的混凝土本构模型都属于非线弹性本构模型（如文献[15]、[16]）。

许多学者依据混凝土动态试验结果，对混凝土非线弹性模型中的关键参数如峰值应力、峰值应变、初始弹性模量、极限应力和极限应变等进行修改，提出率相关非线弹性模型。如 Mander 等[17]分别引入混凝土抗压强度、弹性模量和峰值应变的动态增大系数，提出了混凝土在单调和循环荷载作用下的本构模型。Tedesco 等[18]在 ADINA 原有的混凝土率无关本构模型基础上，考虑应变率对峰值压应力、峰值拉应力、峰值压应变、极限压应变的影响，提出了率相关本构模型。Shkolnik[19]应用热波动理论、损伤理论和混凝土的非线性行为推导了应变率对混凝土单轴应力应变关系、强度和弹性模量的影响，得到了与试验数据符合良好的结果。

非线性弹性模型突出了混凝土变形的主要特点，计算式直接由试验数据确定，数值计算简单，算法稳定，可以反映混凝土单调加载下的应力应变全曲线，在计算一次性单调加载时可得到比较准确的结果。但由于理论的局限性和已获得的混凝土应力应变试验数据范围较小，非线性弹性模型难以覆盖混凝土各种复杂应力状态下的受力变形过程。不能应用于混凝土结构的卸载、非比例加载和循环加载等复杂的受力情况。

2. 塑性模型

塑性理论最初用来描述金属类材料的性质，把塑性应变定义为由材料结构中的晶格位错引起的不可恢复应变。对于混凝土类脆性材料，则将塑性应变定义为材料内微裂缝的扩展引起的不可恢复应变。混凝土的塑性模型通常包括初始屈服面、破坏面、强化法则、加卸载准则和流动法则。历史上提出了众多混凝土破坏面模型，如 Rankine 破坏面、Tresca 破坏面、von Mises 破坏面、Mohr-Columb 破坏面、Drucker-Prager 破坏面、Willam-Warnke 三参数模型、Ottosen 四参数模型和 Willam-Warnke 五参数模型等。选用不同的混凝土破坏准则，可得到不同的塑性本构模型。

考虑应变率效应的一个简单方法是对混凝土破坏面进行等比例缩放。由于试验条件限制，混凝土的应变率试验多为单轴拉压动态试验。因此假定混凝土多轴破坏面的动态特性与单轴破坏相似，将混凝土破坏面按单轴强度动态增大系数进行扩大。

塑性理论由金属材料扩展应用到描述混凝土材料后，提供了一个非常灵活的数学模型，可以用来很好地模拟出混凝土的各种特性，包括变形的不可恢复、膨胀和其他非关联的现象，如刚度劣化等，在实际中得到了广泛的应用。

3. 损伤理论

在微观结构水平上，材料的缺陷如微孔隙和微裂缝，称为“损伤”。许多工程材料的力学性质和应力应变响应在很大程度上归于结构内的微缺陷。1958 年 Kachanov 提出连续介质损伤力学，用来描述金属的蠕变断裂。1975 年 Dougill 首次将损伤理论应用于混凝土非线性特性。其后，众多学者发展了损伤理论来描述混凝土的各向同性或各向异性损伤特性[20,21]。损伤理论认为材料的响应与微观结构排列的当前状态相关，微观结构排列的当前状态可通过一组内变量来描述，这些内变量称为“损伤变量”，损伤变量可以是标量或张量。

高应变率下，由于黏性效应和惯性效应，混凝土的微裂缝不再沿薄弱面发展，而是寻找最短路径发展，甚至穿过粗骨料。静态加载下，混凝土的破坏特征为出现几条主裂缝，最终破坏成较大的碎块。而动态加载下，混凝土的破坏特征为形成众多细小裂缝，成粉末状破坏。针对混凝土动态损伤演化特性，许多学者提出了动态损伤模型。Suaris 等[22,23]从动力平衡方程和热力学第二定律出发，研究了应变率效应对微裂纹发展的影响，提出了动态损伤本构模型，并与混凝土单轴拉伸和压缩试验数据对比，获得了良好效果。Li 等[24,25]认为混凝土损伤变量是应变的函数，假定混凝土动态应力应变曲线和静态应力应变曲线之间满足几何相似性，引入混凝土应力动态放大系数和应变动态放大系数，提出混凝土单轴拉伸动态损伤模型。Zheng 等[26]在 Curbach 单轴受压损伤本构中考虑应变率对损伤演化的滞后效应，在损伤变量中叠加一个时间相关项，提出了动态损伤本构模型。Chen 等[27]在直拉试验和四点弯曲试验基础上，通过考虑损伤阈值以及相关参数的率相关性，提出单轴动态损伤模型。陈江瑛等[28]借用热激活理论来解释混凝土材料的动力损伤演化规律，并基于此得到率型损伤演化表达式。

4. 塑性损伤理论

由于弹性损伤理论不能考虑混凝土材料的不可恢复应变，许多学者将塑性理论和损伤理论结合起来，提出塑性损伤理论(如文献[29]～[31]等)。对于混凝土动态特性的处理，许多学者考虑混凝土破坏面的扩展或损伤演化的动态特性[32]或二者的结合。

Eib 等[13]提出了一个塑性损伤模型，认为混凝土损伤是由微观裂缝发展累积引起，微观裂缝分布满足 Weibull 概率分布，通过引入微观裂缝的惯性效应使混凝土宏观上表现出损伤演化的率相关性，并将其扩展到三维本构。Taylor 等[33]在 Kipp-Grady 模型[34]基础上，结合 Budiansky 和 O'Connell 给出的含裂纹体的等效体积模量和裂纹密度的表达式及 Grady 给出的碎块尺寸表达式推导得出了损伤演化方程，并将损伤因子加入到理想弹塑性本构关系中，提出 TCK 模型。Huang 等[35]提出修正的 TCK 连续损伤模型，采用 Mohr-Columb 模型考虑混凝土的压缩破坏，并考虑了应变率对破坏面的增大效应，模拟了钢筋混凝土靶板侵彻过程中成坑尺寸和炮弹的剩余速度，得到了与试验数据相符合的结果。Silling[36]采用分段 Mohr-Columb 破坏准则，考虑拉伸、剪切和压缩三种损伤变量，并考虑应变率对损伤演化的影响，提出脆性失效动力模型。Burlion 等[37]提出 Mazars 拉伸弹性损伤模型和 Gurson 塑性压缩损伤模型相结合的混凝土动态塑性损伤模型。刘海峰等[38,39]以修正 Ottosen 四参数破坏准则为屈服法则，从微观角度来引入损伤，并考虑了高应变率下微裂纹的惯性效应，提出动态本构模型。

混凝土冲击和爆炸问题的数值分析中常用的动态塑性损伤模型包括 HJC 模型[40]、K&C 模型[41]和 RHT 模型[42]。Holmquist 等[40]对金属 Johnson-Cook 模型[43]修正得到针对混凝土承受冲击载荷的动态损伤模型。该模型采用指数函数形式屈服面和 P-α 状态方程。认为压缩损伤由材料塑性体积应变和等效塑性应变两部分构成。在屈服面函数中加入了应变率放大系数，考虑应变率增加引起的屈服面扩大。Malvar 等[41]提出具有初始屈服面、破坏面和残余强度面三个包络面的动态混凝土本构模型。使用状态方程模拟静水压力引起的塑性体积应变。该模型引入应变率放大系数考虑了应变率增大引起的屈服面扩展和损伤演化的滞后。Riedel 等[42]提出了 RHT 模型，该模型具有初始屈服面、破坏面和残余强度面三个包络面。并考虑了应变率效应对屈服面和损伤演化的影响。采用盖帽模型考虑高静水压力引起的塑性体积应变。

Gebbeken 等[44,45]、Zhou 等[46]、徐浩[47]也提出了类似的混凝土动态塑性损伤模型。这些模型具有以下共同点：①屈服面函数与静水压力相关；②采用状态方程或盖帽模型考虑高静水压力引起的体积塑性应变；③考虑高应变率引起的屈服面扩张；④采用损伤变量模拟屈服面的强化和软化。

一些学者针对 HJC 模型、K&C 模型和 RHT 模型的缺点提出了改进模型。Polanco-Loria 等[48]在 HJC 模型基础上加入了 Lode 角的影响，并修改了应变率相关性和损伤演化法则。张凤国等[49]修改了 HJC 模型中的拉伸应力应变关系，使模型可以很好地模拟在撞击过程中混凝土靶的成坑、层裂情况以及混凝土靶内出现的断裂现象。Liu 等[50]提出了 HJC 压缩模型与 TCK 拉伸模型结合的动态塑性损伤模型。王政等[51]提出结合 HJC 状态方程和 K&C 强度面的率型塑性损伤本构。Leppänen[52]修改了 RHT 模型的拉伸应力应变关系和拉伸强度应变率效应。Tu 等[53]修改了 RHT 模型的残余强度面、拉压子午线的比例关系、抗拉强度应变率效应和拉应力应变曲线软化段。Nyström 等[54]在 RHT 模型中引入双线性主拉应力破坏准则。

5. 黏弹性模型

介质内一点的应力与该点处的应变速率相关的性质称为黏性。混凝土材料低应变率下表现出的蠕变、应力松弛，和高应变率下表现出的强化现象，均表明混凝土材料具有黏性性质。一些学者将混凝土材料的黏性性质归因于材料内部孔隙水的 Stefan 效应[11,55~57]。Stefan 效应的物理模型可简化为当一层薄膜黏性液体包夹在两块相对运动的平板之间时，薄膜液体对平板施加的反作用力正比于平板分离速度。黏弹性模型可以用弹性元件和黏性元件的不同组合表示，如 Maxwell 模型、Kelven 模型，以及更加复杂的组合模型。

朱兆祥、王礼立等[58]在研究环氧树脂的一维应力动态力学行为时，提出具有两个松弛时间，材料的非线性仅与非线性弹性相关的非线性黏弹性本构模型，即 ZWT 模型。ZWT 模型可认为是两个 Maxwell 模型和一个非线性弹簧并联而成。蒋昭镳等[59]发现对 ZWT 模型的相关系数进行修正，可用来模拟混凝土的高应变率下的单轴力学行为。陈江瑛等[60]将 ZWT 模型用于水泥砂浆的动态模拟，并引入了损伤软化系数，建立了计及损伤的率型非线性黏弹性本构方程。商霖等[61]结合损伤率型演化和理想黏弹性理论，考虑围压对损伤值的影响，提出钢筋混凝土损伤型动态本构关系。

6. 黏塑性模型

黏塑性理论认为材料的总应变率可以分解为弹性应变率和黏塑性应变率两部分。该理论需要定义一个屈服面，当应力位于屈服面以内时，材料满足弹性应力应变关系，应力超过屈服面时，材料发生黏塑性应变。其中黏塑性应变率是即时应力与静力曲线上的应力之差的函数，其表达式主要有 Perzyna[62]和 Duvaut-Lions[63]两类形式。许多学者采用不同的屈服函数和黏塑性应变率函数，提出了不同的混凝土黏塑性模型。Bićanić等[64]在单轴试验的基础上，考虑到应变率和应力历史的相关性，采用 Mohr-Coulomb 准则形式的初始屈服面和破坏面，对 Perzyna 模型的某些参数进行修正，建立了动态黏塑性模型。Georgin 等[65]采用 Duvaut-Lions 模型，采用 Rankine 屈服函数定义材料在第一主应力方向上的拉伸特性，采用 Mohr 圆推断材料在第二主方向上的特性，利用 Drucker-Prager 或者 von Mises 屈服函数模拟混凝土材料的双轴压缩特性。Kang 等[66]在他们提出的塑性模型[67]中采用 Duvaut-Lions 黏滞模型考虑高应变率下混凝土强度的增加和延性的减少。López 等[68]采用 Drucker-Prager 破坏准则，引入 Duvaut-Lions 黏塑性模型考虑率相关效应，提出混凝土动态本构模型，模拟了多种混凝土试件在冲击荷载作用下的动态响应。Aráoz 等[69]提出用于模拟混凝土高应变率高围压受力情况的黏塑性本构模型，采用了盖帽屈服函数考虑体积塑性应变和非相关流动法则，采用 Perzyna 黏塑性理论考虑应变率的影响。

Perzyna 和 Duvaut-Lions 黏塑性模型都可归类于过应力模型，为了可以产生黏塑性应变，允许应力状态超出屈服面，因此不满足一致性条件。Wang[70]提出了一种新型的黏塑性模型理论：一致黏塑性模型理论。该模型认为在黏塑性流动中，实际的应力状态应该满足黏塑性屈服条件和一致性条件。根据这个理论，Wang 推出了 von Mises 材料的一致黏塑性模型。Winnicki 等[71]在 Wang 工作的基础上，推导出了 Hoffman 屈服函数的一致黏塑性模型，考虑了混凝土拉压过程中的强化和软化行为。Pandey 等[72]提出了混凝土黏塑性本构模型，引入率相关系数控制屈服面的扩大和缩小，引入黏塑性模型考虑应变率对应力应变曲线的影响，其中拉伸裂缝采用弥散裂缝模型。Barpi[73]在综合大量混凝土高应变率试验数据基础上，在塑性加载方程中引入考虑应变率的标量系数，提出一致黏塑性模型。Leng 等[74]提出基于能量耗散理论的一致黏塑性模型。肖诗云等[75~77]推导出了 Drucke-Prager 模型和 Willam-Warke 三参数模型的一致黏塑性模型。褚卫江等[78]在 Winnicki 等[71]和肖诗云等[75,76]工作的基础上，研究了类 Hoffman 材料如线性 Drucke-Prager 模型的推广条件及其一般性的推广方法。冯明珲等[79]根据混凝土的特点对统一本构模型进行了简化，对混凝土的无损伤段的变形和混凝土跳跃实验进行了模拟，取得了满意的结果。

7. 黏塑性损伤模型

将损伤理论和黏塑性理论结合，可得到能够模拟混凝土刚度退化的黏塑性损伤模型。

Lee 等[29]提出了拉压损伤分别计算并考虑单边效应的塑性损伤模型，采用 Duvaut-Lions 黏塑性理论考虑应变率的影响。Rossi[57]在弹塑性本构模型当中采用黏性理论考虑动力作用下由 Stefan 效应引起的混凝土受压强化阶段的黏性应变和受拉强度的增强，并考虑了塑性应变引起的刚度退化，提出黏塑性损伤本构模型。Govindjee 等[80]提出混凝土各向异性脆性破坏本构模型，采用 Prager-Perzyna 黏性理论考虑应变率效应。该模型有三个损伤面，分别考虑拉伸裂缝和剪切裂缝的损伤。Ragueneau 等[81]利用不可逆热力学原理推导了混凝土塑性损伤模型，引入 Perzyna 黏塑性模型考虑混凝土率相关效应。Pedersen 等[82]提出黏弹黏塑性损伤模型，分别采用黏弹性和黏塑性考虑高应变率引起的混凝土的抗拉强度强化效应和裂缝尖端微观惯性效应，并考虑了损伤引起的刚度退化现象。Ning 等[83]从微观力学理论出发，采用损伤理论考虑微裂缝的成核、开展和汇聚，采用 Perzyna 黏塑性理论考虑微孔洞的发展演化，提出了混凝土率相关黏塑性损伤本构模型。并通过与混凝土平板撞击试验数据对比，获得了良好的模拟结果。Herve 等[84]采用 Gurson 屈服函数，率相关损伤法则，Perzyna 黏塑性模型，提出黏塑性损伤本构模型，并模拟了高速撞击试验，获得了良好的效果。Gatuingt 等[85]在 Gurson 屈服面基础上，引入 Perzyna 黏塑性模型考虑应变率效应，采用 Mazars 损伤模型，提出了黏塑性损伤本构。Dubé 等[86]在率无关塑性损伤模型基础上，参考 Perzyna 黏塑性模型的形式，引入了损伤演化的率相关性，并进行了数值模拟，认为该模型能很好地模拟混凝土在动态荷载下的强度增大和软化模量降低特性。陈书宇等[87,88]从 Ottosen 四参数混凝土模型出发，引进损伤和黏塑性理论，提出混凝土的动态损伤本构模型。Ren 等[89]在率无关塑性损伤理论基础上，通过 Perzyna 类型的黏塑性理论考虑塑性应变和动态损伤演化，提出了率型统一损伤本构模型。Faria 等[90]提出了简化的塑性损伤模型，以简化的塑性应变增量算法代替屈服函数和流动法则，以提高计算效率，并考虑了拉压损伤演化。Qi 等[91]在 FARIA 模型基础上，考虑了拉伸塑性应变，在损伤演化准则里引入黏性项以考虑应变率效应，并引入刚度阻尼考虑材料层面的耗能，提出了率型黏塑性损伤模型。Marzec 等[92]在 Drucker-Prager 屈服准则和 Rankine 屈服准则基础上，引入 Mazars 拉伸损伤准则和 Geers 压缩损伤准则，Duvaut-Lions 黏塑性模型，并采用非局部理论消除网格依赖性。Omidi 等[93]在 Lubliner 本构中引入损伤准则和黏塑性模型，并考虑了大裂缝的影响，提出了率相关黏塑性损伤本构模型。Liu 等[94]引入混凝土拉压损伤参数和黏性率相关效应，提出了黏塑性损伤本构模型，并与混凝土单轴、双轴、三轴试验，单边切口梁和双边切口混凝土试件试验数据对比，得到了良好的结果。Murray[95]提出用于路政类混凝土建筑碰撞分析的 CSCM 模型，采用盖帽屈服函数和 Duvaut-Lions 黏塑性理论，并考虑了应变率对断裂能的影响，以及损伤引起的应变软化和刚度退化。

8. 内时理论

内时理论由 Valanis[96]于 1970 年提出，内时模型定义了一个内蕴时间标度，并用这个量去衡量材料内部结构所发生的损伤和变形历史，而材料的应力和应变是这个历史的泛函。内时模型的基本特点是引入了反映材料累计非线性应变大小的内在时间和内在时间概念，以拟时间的“内时系统”代替了黏弹塑性理论中的时间，以内时系统的变化引本构关系的变化代替了增量塑性理论的屈服准则与硬化规律。由于内时可表示为应力状态、应变状态及应变的时间过程量的函数，而应力变化率、应变变化率与时间之间的经验关系可以利用试验结果来确定，因此随着所建立的内时的表达形式及经验关系式的不同，内时可以给出不同表达形式的动力本构关系。Bazant 等[97]将内时理论引入到混凝土材料中，并在文献[98]中引入弹性模量和峰值应力的应变率增大系数考虑应变率的影响。宋玉普等[99]、刘浩[100]结合内时理论和损伤理论建立了一种考虑混凝土率效应的内时损伤本构模型，将混凝土材料的受力软化效应分解为密实状态的塑性效应和由微裂缝扩展引起的刚度退化效应。

内时模型以不可逆热力学为基础，有坚实的理论基础，并且摆脱了屈服面的约束，在实际问题中能用一个统一的公式来描述变形的全过程，能够很好地描述很多混凝土的本构现象，如体积的非弹性膨胀、卸载、应变软化、对静水压力的敏感性和循环加载中的滞回圈等。但受制于其复杂程度，内时模型在实际中的应用并不广泛，其主要困难是参数过多，需要通过试验数据来拟合大量的参数，对参数的确定非常繁琐复杂。

9. 微平面理论

微平面理论基于细观力学，理论基础由 Taylor 在 1938 年与 Batdorf、Budiansky 在 1949 年提出。Bazant 等[101]首先将 Taylor 的理论用于描述混凝土材料的受拉断裂分析，后来又将其推广到描述混凝土材料的一般本构特性，即微平面本构模型。由于每个平面承受不同的加载历史并呈现出不同的应变响应和刚度，微平面模型隐含了荷载引起的各向异性特性。微平面的这个性质更接近于材料的物理本质，并且和混凝土材料的试验数据符合良好。微平面模型能够描述混凝土的普遍特性，如受拉或受压软化及由此引起的体积膨胀、静水压力作用下由脆性转为塑性且无极限强度、受力后表现出各向异性特性等，至今已发展至第七个版本(M7)[102,103]。Bazant 等[104]在 M4 微平面模型中考虑了裂缝发展的率相关性和冲击荷载引起的混凝土徐变效应，推出了率相关微平面模型。欧碧峰、王君杰等[105~107]在 Bazant 等提出的混凝土微平面模型基础上提出了一个钢筋混凝土动态本构模型。其中混凝土模型采用 M5 微平面模型，钢筋采用 Cowper-Symonds 型率相关的双线性模型。参照 M4 微平面模型对应变率效应的处理方法，将提出的钢筋混凝土模型推广到动态模型范畴。

10. 断裂力学模型

断裂力学理论最早由 Griffith[108]提出。1961 年，Kaplan[109]将断裂力学理论应用于研究混凝土断裂特性。断裂力学研究混凝土裂缝尖端的局部区域应力、位移和缝端的材料特性。在断裂理论中描述混凝土非线性变形过程常用两种模型：一种是达到应力强度之前材料的应力-应变本构关系，另一种是在达到应力强度之后，断裂区的应力和开裂宽度之间的关系。目前有限元理论中应用广泛的混凝土断裂模型主要有虚拟裂缝模型[110]和裂缝带模型[111]。虚拟裂缝模型[110]将微裂缝区域简化成一条分离裂缝，认为当裂缝尖端拉应力达到抗拉极限强度时，虚拟裂缝开始发展,且裂缝面上传递的拉应力大小决定于裂缝宽度。裂缝带模型[111]用一条密集、平行的裂缝带来描述裂缝,将断裂能弥散于断裂带宽度范围内。在有限元数值实现中,虚拟裂缝模型常采用节点失效方法,裂缝带模型常采用单元失效方法。

试验表明混凝土的断裂特性与加载速率相关[112~114]。Rosa 等[115]提出描述混凝土断裂强度与裂缝宽度和开裂速度的本构关系,认为动态断裂应力是静态应力方程和动态黏性系数方程的乘积。Sluys 等[116]认为断裂应力由静态开裂应力部分和率相关应力部分叠加组成,提出率相关弥散裂缝模型。Lu 等[117]基于连续断裂理论,引入应变率对杨氏模量的放大系数和对损伤变量的影响,提出混凝土动态本构模型,预测了混凝土动态拉压应力应变关系。Liu 等[118]根据混凝土的破坏机理和断裂力学原理,将混凝土视为未破坏基质和三类互相正交的微裂纹的复合物,提出了动态本构模型,并与霍普金森压杆试验结果比较。一些学者将断裂模型和压缩破坏模型结合,如 D-P 模型[92]、Mohr-Columb 模型[36]、HJC 模型[50]、RHT 模型[54]等,提出了更加复杂全面的复合模型。

11. 基于不可逆热力学基础的率型本构模型

随着对混凝土材料特性的深入研究,对混凝土材料行为的耗散性及不可逆性必须加以考虑,这种耗散性及不可逆性必须符合不可逆热力学的基本定律,因此,用热力学方法研究此类问题就更为合理。Valanis[96]在经典不可逆热力学和更改力学的基础上提出黏弹塑性材料热力学的统一本构理论,建立了热力学与非弹性本构理论体系,统一本构理论采用内变量的概念来描述材料的力学行为,这些内变量可以是标量,例如硬化参量和某种损伤积累程度等,也可以是张量,如非弹性应变等,内变量都是宏观上不可能明显观测得到的量,但它们的变化反映材料内部状态的变化,对材料的形变和热力学过程产生重要的影响。Freed 等[119]对随动硬化材料的硬化规律考虑了三种不同的模式,分别为迁移应力与应力状态之间呈非线性关系以及与应力率之间呈线性关系,通过对变量进行合适的变化而消去公式中的应力率后,得到了一个新的模型。Sercombe 等[120]以弹性应变、塑性应变和黏性应变为基本变量,采用不可逆热力学原理建立了弹、黏、塑性耦合的应变率相关本构方程,并且对混凝土 Willam-Warnk 三参数破坏准则进行了分析。王哲等[121]以不可逆热力学为基础,构造了混凝土的单轴率型本构模型。认为混凝土峰值强度随应变速率的增大而增加,峰值点处应变不随加载应变速率的增大而变化。

12. 其他模型

Warren 等[122]提出一个次弹塑性本构模型,剪切模量和体积模量是应力的函数，屈服面采用盖帽模型，考虑了剪切塑性和体积压缩塑性。刘海峰等[123]基于Mori-Tanaka理论和Eshelby等效夹杂理论推出混凝土材料弹性模量的计算公式。在Horii和Nemat-Nasser提出的脆性材料在双轴向压应力作用下破坏的滑移裂纹模型基础上，运用细观力学方法推导了微裂纹对材料弹性模量的弱化作用以及微裂纹的损伤演化方程，建立了混凝土材料在冲击荷载作用下的一维动态本构模型。

混凝土动态本构行为的研究取得了丰硕的成果。但由于混凝土多相性质和各向异性行为，在动态荷载作用下的微观和宏观效应，其动态力学性为非常复杂。目前混凝土的动态本构模型还存在以下问题：

(1) 目前多采用唯像方法，通过拟合试验数据得到混凝土动态本构模型的相关参数。对混凝土动态效应的机理认识不够充分，缺少成熟的基于微观、细观层面的混凝动态土本构模型。

(2) 由于试验条件的限制，目前混凝土的应变率效应研究主要集中在一维应力试验和一维应变试验，以及低围压下的准三轴试验。对复杂应力条件下(如多轴应力，循环荷载和高围压等)的应变率效应研究较少。大多数本构模型中都假设混凝土多轴应变率效应与单轴应变率效应相似，缺少理论和试验依据。

通过上述介绍和总结，今后混凝土动态本构模型的发展方向是进行更加复杂应力条件下的应变率效应试验研究，基于微观、细观和宏观相结合的理论研究。

3.2 结构钢材与钢筋

钢材是广泛使用的建筑材料之一，主要应用于钢筋混凝土结构和钢结构。爆炸荷载作用下，钢材经历高速变形，其最大应变率可以达到10～1000/s。一般认为当应变速率达到1/s左右时，材料进入高速应变率阶段，惯性力和波的传播效应对材料的应力应变关系产生不可忽视的影响[124]。材料动力加载试验表明，随应变速率的提高，材料内部发生了一系列物理化学变化，其力学特性主要表现在应力应变关系更为复杂，一些特征参数，例如强度、延性、弹性模量、阻尼比等均有不同程度的变化。在工程应用上，为了有效地设计抗爆炸冲击的结构，有必要理解与应变率有关的钢材力学行为。

3.2.1 钢材的应变率效应

1. 应变率对钢材力学性能的影响机理

李保成等[125]通过对20Cr钢和40Cr钢的SHPB试验，发现由快速加载引起的应力脉冲快速上升可在晶体内优先生成孪晶；速度愈大，上升愈快，应力愈大，这种现象愈明显。金属内孪晶的出现会分隔晶粒并将位错分段和钉扎，导致动态强化比静态强化明显。

胡昌明等[126]通过对 45 号钢的金相观察与透射电镜分析发现，钢材的组织为铁素体、珠光体和渗碳体构成。随着应变率的增加，珠光体逐渐细化，这种细化过程，导致晶界的交界面增多，各晶界之间的相互阻碍作用增大，材料在塑性范围内，其强度也得到了提高。高应变率下，提供位错运动的能量增加，在局部区域内，位错会穿越钢材晶界，导致钢材的渗碳体有脆断现象；而另一方面，位错的运动在晶界处会受阻，从而表现为流动应力增加。

2. 应变率对钢材力学性能的影响

1) 应变率对钢材屈服强度的影响

钢材的屈服强度随着应变率的提高而增加，增加幅度随钢材种类而不同。另外由于试验装置、测量手段的差异以及试验中存在的不可避免的随机性，不同学者针对各自试验数据提出了钢材屈服强度与应变率的关系。

Rao 等[127]进行了 A36、A441、Q-T 钢的动态拉伸试验，提出钢材屈服强度增大系数与应变率的指数乘线性关系：

$$\frac{\sigma_{yd}}{\sigma_{ys}}=1+k\,\dot{\varepsilon}^{n} \tag{3.10}$$

式中，σ_{ys}和 σ_{yd}分别为钢材准静态和动态屈服强度；$\dot{\varepsilon}$ 为当前的应变率；k、n 为系数，对于 A36 钢，$k=0.021$，$n=0.26$；对于 A441 钢，$k=0.020$，$n=0.18$；对于 Q-T 钢，$k=0.023$，$n=0.08$。

Soroushian 等[128]总结分析了前人试验数据，提出钢材的屈服强度与静态屈服强度和应变率的对数相关：

$$f_{yd}=f_{ys}[-4.51\times10^{-7}f_{ys}+1.46+(-9.20\times10^{-7}f_{ys}+0.0927)\lg\dot{\varepsilon}] \tag{3.11}$$

式中，$\dot{\varepsilon}$ 为当前的应变率。

CEB[129]给出了热轧钢筋、冷加工钢筋和高性能钢筋的动力强度与应变率关系表达式，以热轧钢筋为例，钢筋的屈服强度随应变率的变化规律如下：

$$\frac{f_{yd}}{f_{ys}}=1.0+\frac{6.0}{f_{ys}}\ln\frac{\dot{\varepsilon}_{s}}{\dot{\varepsilon}_{s0}} \tag{3.12}$$

式中，$\dot{\varepsilon}_{s}$ 为当前的应变率；$\dot{\varepsilon}_{s0}$ 为准静态应变率，取 $\dot{\varepsilon}_{s0}=5.0\times10^{-5}/s$；$f_{yd}$、$f_{ys}$分别为准静态和动态屈服强度。

Malvar[130]认为屈服强度增大系数为应变率指数的函数：

$$\frac{f_{yd}}{f_{ys}}=\left(\frac{\dot{\varepsilon}}{10^{-4}}\right)^{\alpha_{y}} \tag{3.13}$$

$$a_{y} = 0.074 - 0.04\frac{f_{ys}}{414} \tag{3.14}$$

式中，f_{yd}、f_{ys}分别为准静态和动态屈服强度。

式(3.14)对于钢筋准静态屈服强度在 290～710MPa、应变率在 10^{-4}～224/s 的范围内成立。

2) 应变率对钢材极限强度的影响

Soroushian 等[128]在总结分析前人试验数据的基础上提出极限强度增大系数与钢材的静态屈服强度和应变率的对数相关：

$$\frac{f'_{u}}{f_{u}} = (-7.71\times10^{-7}f_{y}+1.15)+(-2.44\times10^{-7}f_{y}+0.04969)\lg\dot{\varepsilon} \tag{3.15}$$

式中，f'_{u} 和 f_{u} 分别为钢材动态和静态极限强度；f_{y} 为屈服强度；$\dot{\varepsilon}$ 为应变率。

CEB[129]给出了热轧钢筋、冷加工钢筋和高性能钢筋的极限强度与应变率关系表达式，以热轧钢筋为例，钢筋的极限强度随应变率的变化规律如下：

$$\frac{f_{ud}}{f_{us}} = 1.0 + \frac{6.0}{f_{us}}\ln\frac{\dot{\varepsilon}_{s}}{\dot{\varepsilon}_{s0}} \tag{3.16}$$

式中，$\dot{\varepsilon}_{s}$ 为当前的应变率；$\dot{\varepsilon}_{s0}$ 为准静态应变率；f_{us}、f_{ud}分别为准静态和动态抗拉强度。

Malvar[130]认为极限强度增大系数为应变率的指数的函数：

$$\frac{f_{ud}}{f_{us}} = \left(\frac{\dot{\varepsilon}}{10^{-4}}\right)^{a_{u}} \tag{3.17}$$

$$a_{u} = 0.019 - 0.009\frac{f_{ys}}{414} \tag{3.18}$$

式中，f_{us}、f_{ud}分别为准静态和动态抗拉强度；$\dot{\varepsilon}_{s}$ 为当前的应变率。

3) 应变率对钢材断裂时强度的影响

钢材断裂时的强度也受到应变率的影响，仅有 CEB 给出了其与应变率的关系：

$$\frac{f_{nd}}{f_{ns}} = 1.0 + \frac{1.5}{f_{ns}}\ln\frac{\dot{\varepsilon}_{s}}{\dot{\varepsilon}_{s0}} \tag{3.19}$$

式中，f_{ns}、f_{nd}分别为准静态和动态断裂时的强度；$\dot{\varepsilon}_{s}$ 为当前的应变率；$\dot{\varepsilon}_{s0}$为准静态应变率。

4) 应变率对钢材硬化模量的影响

Soroushian 等[128]认为钢材硬化模量与钢材静态屈服强度和应变率的对数相关：

$$E_{hd} = E_{hs}[2\times10^{-5}f_{ys}+0.077+(4\times10^{-6}f_{ys}-0.185)\lg\dot{\varepsilon}] \tag{3.20}$$

式中，f_{ys}为准静态屈服强度；E_{hd}、E_{hs}分别为准静态和动态应变硬化模量；$\dot{\varepsilon}$ 为当前的应变率。

5）应变率对钢材极限应变的影响

Soroushian 等[128]给出式(3.21)，并且认为极限应变随应变率增加出现轻微增加现象，但不明显。

$$\varepsilon_{ud}=\varepsilon_{us}[-8.93\times10^{-6}f_{ys}+1.4+(-1.79\times10^{-6}f_{ys}+0.0827)\lg\dot{\varepsilon}] \quad (3.21)$$

式中，ε_{us}、ε_{ud}分别为准静态和动态极限应变；f_{ys}为准静态屈服强度；$\dot{\varepsilon}$ 为当前的应变率。

与静力荷载相比，动力荷载作用下，钢材的力学行为有如下特征：初始加载的弹性阶段，弹性模量与静载下几乎相同；比例极限随应变率增加而增加；上屈服应力、下屈服应力以及平均应力大于静载屈服应力，且随应变率增加而增加。例如文献[131]中在应变率 0.1/s，钢筋的屈服应力增加约 20%。静态屈服应力对钢材的应变率效应影响较大，低强度钢较高强度钢有更大的应变率敏感性。屈服极限的出现有滞后现象。应变强化阶段起始应变大于静力荷载下的钢材；流变应力大于静态流变应力，且随应变率增大而增大[132]；极限应力大于静态极限应力，且随应变率增大而增大。例如文献[131]中在应变率 0.1/s，钢筋的极限应力增加约 10%[131]；随着应变率增加，钢材的强屈比(极限应力与屈服应力之比)降低；钢材的极限应变有所增加。

3.2.2　钢材动态本构模型

1. 经验模型

一些学者以经典弹塑性理论为基础，根据试验结果，对屈服面或破坏面进行修正，提出了许多经验型的动态本构模型。该类模型参数易于确定，算法简单方便，在数值分析中得到广泛应用。

1) Cowper 和 Symonds 模型

$$\frac{f_{dyn}}{f_{stat.}}=1+\left(\frac{\dot{\varepsilon}}{D}\right)^{\frac{1}{q}} \quad (3.22)$$

式中，D 和 q 为材料常数。由于其定义简单使用方便，在多数有限元软件中得到使用(如 LS-DYNA 中的第 24 号材料)。

2) K&C 模型[133]

$$\mathrm{DIF}=\left(\frac{\dot{\varepsilon}}{10^{-4}}\right)^{\alpha},\quad \alpha=0.074-0.040\,\frac{f_y}{414} \quad (3.23)$$

式中，DIF 为钢材屈服强度增大系数；$\dot{\varepsilon}$ 为钢材的应变率；f_y 为钢材屈服强度。

3) Johnson-Cook 模型

Johnson 和 Cook[134]在试验基础上提出了一个经验模型，忽略温度效应，钢材的本构模型表示为

$$\sigma=(A+B\varepsilon^{n})(1+C\ln\dot{\varepsilon}^{*}) \quad (3.24)$$

式中，ε 为等效塑性应变；$\dot{\varepsilon}^*=\dot{\varepsilon}/\dot{\varepsilon}_0$ 为无量纲塑性应变率，取 $\dot{\varepsilon}_0=1.0\text{s}^{-1}$；$A$、$B$、$n$、$C$ 为与材料有关的常数。

Johnson-Cook 模型为两项乘积形式，第一项为应变强化项，第二项为应变率相关项。Johnson-Cook 模型认为金属的流变应力与应变率增量的对数呈线性关系，不考虑应变强化和应变率耦合效应，应变率历史效应。这种模型能较好地描述金属材料的加工硬化效应，应变率效应。由于其形式简单，使用方便，使这一模型在工程中得到了广泛的应用[135~137]。动力学程序 LS-dyna、MSC. Dytran 和 ABAQUS/explicit 均采用了该模型。

Johnson-Cook 模型中应变率强化系采用的是较为简单的对数关系，针对其不能描述应变率为 $10^3\sim10^4\text{s}^{-1}$ 附近金属流动应力明显增加的力学行为，一些学者提出了改进模型。Johnson、Holmquist[138] 提出了改进的 Johnson-Cook 模型(MJC)：

$$\sigma=(C_1+C_2\varepsilon^N)(\varepsilon^{*\alpha})(1-T^{*M}) \tag{3.25}$$

式中，α 经验常数。

Rule 等[139] 修改了 Johnson-Cook 中的率相关项，使其适用于应变率高于 $10^3/\text{s}$ 荷载条件：

$$\sigma=(C_1+C_2\varepsilon^n)\left[1+C_3\ln\dot{\varepsilon}^*+C_4\left(\frac{1}{C_5-\ln\dot{\varepsilon}^*}-\frac{1}{C_5}\right)\right] \tag{3.26}$$

式中，C_4 和 C_5 为附加的经验常数。

4) Aretz 模型

该模型由 Aretz 等[140] 提出，并编入 LS-DYNA 第 135 号材料：

$$\bar{\sigma}=\left\{\sigma_0+\sum_{i=1}^{2}Q_i\left[1-\exp(-C_i\bar{\varepsilon})\right]\right\}\left(1+\frac{\dot{\bar{\varepsilon}}}{\dot{\varepsilon}_0}\right)^q \tag{3.27}$$

式中，σ_0、Q_i、C_i 和 q 为材料常数；$\bar{\varepsilon}$ 为等效塑性应变；$\dot{\bar{\varepsilon}}$ 为等效塑性应变率；$\dot{\varepsilon}_0$ 为用户自定义的参考应变率。第一项为应变硬化项，第二项为应变率相关项。屈服强度由下式定义：

$$\bar{\sigma}=\left[\frac{1}{2}(|\sigma_1-\sigma_2|^m+|\sigma_2-\sigma_3|^m+|\sigma_3-\sigma_1|^m)\right]^{\frac{1}{m}} \tag{3.28}$$

式中，σ_1、σ_2 和 σ_3 为主应力；m 为材料常数。

2. 物理模型

一些学者根据金属位错动力学理论提出了具有明确物理意义的金属本构模型，其中较为著名的有 ZA 模型[141] 和 MTS[142] 模型，但由于其参数众多，形式复杂，且内变量、内变量演化方程、自由能、过应力与黏塑性应变率之间函数关系等的确定都非常困难，在实际应用中都受到限制。下面介绍 ZA 模型。

Zerilli 和 Armstrong[141]基于实验观察并分析了不同晶格结构的热激活位错运动，提出了描述 BCC 和 FCC 两类金属材料的位错型本构模型，这是第一个具有物理理论基础，在热激活位错运动的理论框架下提出而非通过实验曲线拟合的本构模型。钢材在大部分状态下为 BCC 金属，因此仅介绍 BCC 本构模型：

$$\sigma_y = \sigma_a + B\exp(-\beta T) + B_0\varepsilon^n \tag{3.29}$$

$$\sigma_a = \sigma_G + kd^{-1/2} \tag{3.30}$$

$$\beta = \beta_0 - \beta_1 \ln\dot{\varepsilon} \tag{3.31}$$

式中，σ_y 为流动应力；ε 为等效应变；σ_a 为等效应力的非热部分；σ_G 为考虑溶质和初始位错密度影响的屈服应力部分；k 为晶体尺寸系数；d 为晶体平均直径；$\dot{\varepsilon}$ 为等效应变率；B、B_0、β_0 和 β_1 为材料参数。

3.3 砌 体

砌体结构在工程中应用广泛，这类结构除了承受正常的准静态荷载以外，可能会受到不同应变率的动荷载，例如地震、燃气爆炸、偶然撞击等等，因此研究在这些强动荷载作用下结构的响应、破坏模式以及防护措施具有重要的意义。而且很多著名历史建筑是砌体结构，保护这些建筑也具有现实意义。

首先需要了解材料的动态性能，建立材料的动态本构模型。对于准静态荷载下砖、各种砂浆的材料性能已有很多研究，但是对于其动荷载作用下的材料性能的研究非常少。近来文献[143]中对黏土砖和砂浆作了动态压缩试验，得到了不同加载速率下砖和砂浆的应力应变曲线，在下节中详细介绍。

3.3.1 黏土砖的动态增大系数

文献[143]中给出了极限抗压强度、极限断裂应变及弹性模量的动态增大系数。

极限抗压强度的动态增大系数为

$$\mathrm{DIF} = 0.0268\ln\dot{\varepsilon} + 1.3504, \quad \dot{\varepsilon} \leqslant 3.2\mathrm{s}^{-1} \tag{3.32}$$

$$\mathrm{DIF} = 0.2405\ln\dot{\varepsilon} + 1.1041, \quad \dot{\varepsilon} > 3.2\mathrm{s}^{-1} \tag{3.33}$$

弹性模量的动态增大系数为

$$\mathrm{DIF} = 0.0013\ln\dot{\varepsilon} + 1.0174, \quad \dot{\varepsilon} \leqslant 7.3\mathrm{s}^{-1} \tag{3.34}$$

$$\mathrm{DIF} = 0.3079\ln\dot{\varepsilon} + 0.4063, \quad \dot{\varepsilon} > 7.3\mathrm{s}^{-1} \tag{3.35}$$

极限断裂应变的动态增大系数为

$$\mathrm{DIF} = 0.0067\ln\dot{\varepsilon} + 1.0876 \tag{3.36}$$

式中，$\dot{\varepsilon}$ 是应变率。

图 3.5～图 3.7 中分别给出了极限抗压强度、弹性模量和极限断裂应变的动

态增大系数，将拟合公式和试验数据进行了比较。

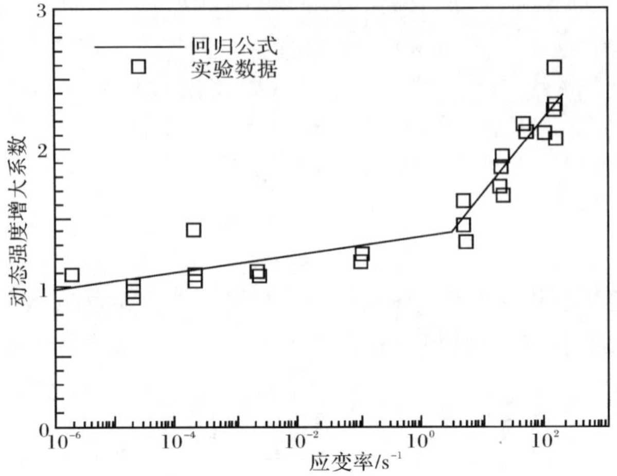

图 3.5　黏土砖的极限抗压强度动态增大系数

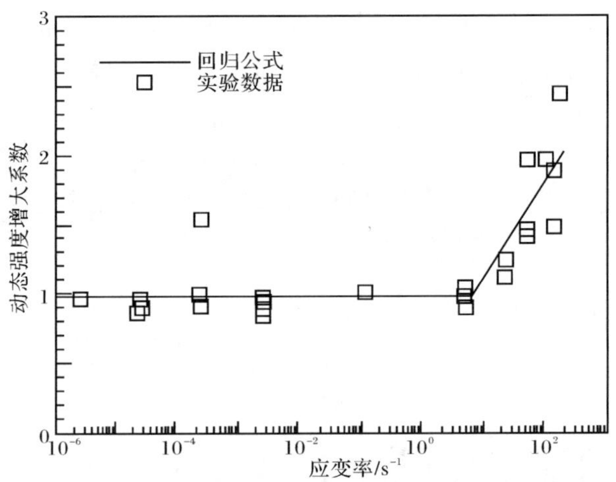

图 3.6　黏土砖的弹性模量动态增大系数

3.3.2　砂浆的动态增大系数

砂浆主要表现为极限抗压强度、极限断裂应变的动态增大系数。

极限抗压强度的动态增大系数为

$$\mathrm{DIF} = 0.0372\ln\dot{\varepsilon} + 1.4025, \quad \dot{\varepsilon} \leqslant 13\mathrm{s}^{-1} \tag{3.37}$$

$$\mathrm{DIF} = 0.3447\ln\dot{\varepsilon} + 0.5987, \quad \dot{\varepsilon} > 13\mathrm{s}^{-1} \tag{3.38}$$

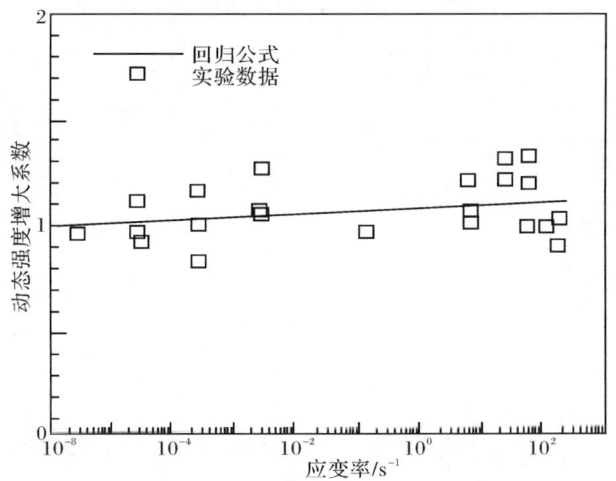

图 3.7　黏土砖的极限断裂应变动态增大系数

极限断裂应变的动态增大系数为

$$\mathrm{DIF}=0.1523\ln\dot{\varepsilon}+2.6479 \tag{3.39}$$

图 3.8 和图 3.9 分别表示了砂浆的极限抗压强度和极限断裂应变的动态增大系数。从图中可以看出，砂浆的极限抗压强度在应变率高于 $13.0\mathrm{s}^{-1}$ 以后具有很明显的增大，在应变率为 $200\mathrm{s}^{-1}$ 时动态增大系数约为 2.0。极限断裂应变的动态增大系数与应变率在对数坐标中呈线性关系，与黏土砖的断裂应变比较，可以看出应变率对砂浆的断裂应变影响更为明显。

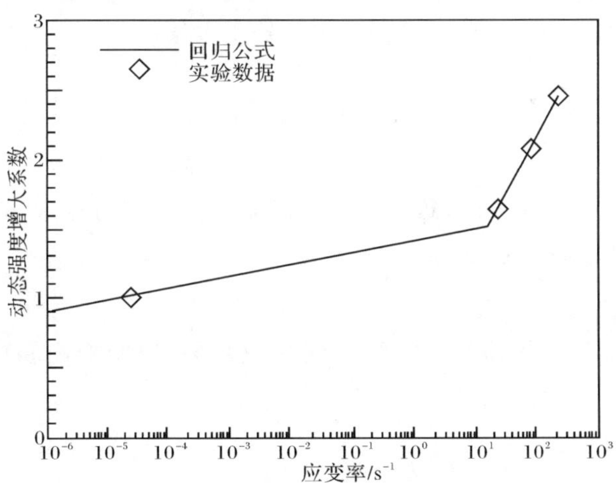

图 3.8　砂浆的极限抗压强度动态增大系数

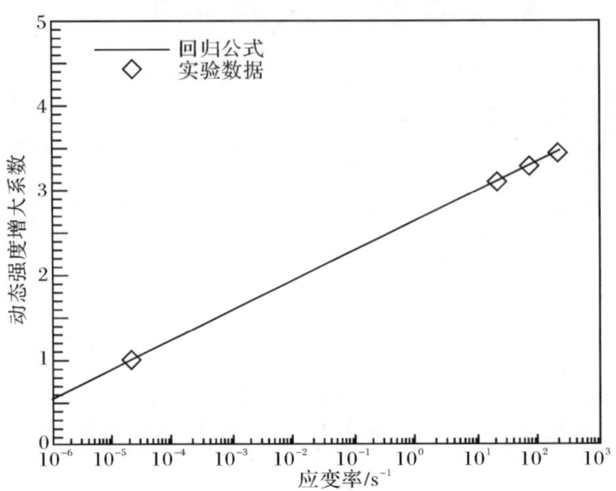

图 3.9 砂浆的极限断裂应变动态增大系数

3.3.3 黏土砖和砂浆的动态本构模型

如前所述,由于砌体结构通常需要承受强动荷载,最近很多学者对砌体结构或构件在爆炸、冲击荷载进行了试验、数值分析。但是由于试验条件、经济、环境等方面的因素,试验方法往往不可能实现,所以需要利用解析或数值方法进行研究。文献中尚未见到砌体材料(包括砖和砂浆)在高应变率下的试验资料,所有理论研究均基于材料的静态特性。本节将在文献[143]实验数据的基础上,考虑了材料的应变率效应,建立了黏土砖和砂浆的动态本构模型。

1. 材料的损伤变量

设材料的损伤变量 D 为一标量,在复杂应力状态下,它可由材料的压碎破坏和拉伸断裂引起,根据 Mazars 理论[20],损伤变量由两部分组成,即由于拉伸引起的损伤 D_t 和由于压缩引起的损伤 D_c 组成:

$$D=\xi_t D_t+\xi_c D_c,\quad \dot{D}_t>0,\quad \dot{D}_c>0 \quad 且 \quad \xi_t+\xi_c=1 \tag{3.40}$$

式中,ξ_t 和 ξ_c 分别是拉伸损伤和压缩损伤的权系数,拉伸损伤和压缩损伤分别定义为

$$D_t=1-\exp\left(-\alpha_t\frac{\bar{\varepsilon}_t-\varepsilon_{t0}}{\varepsilon_{t0}}\right) \tag{3.41}$$

$$D_c=1-\exp\left(-\alpha_c\frac{\bar{\varepsilon}_c-\varepsilon_{c0}}{\varepsilon_{c0}}\right) \tag{3.42}$$

式中,α_t 和 α_c 是确定损伤软化的参数,可由试验曲线来确定;ε_{t0} 和 ε_{c0} 分别是拉伸

断裂应变门槛值和压缩断裂应变门槛值，且与应变率相关，下一小节将讨论如何确定其值；$\bar{\varepsilon}_t$ 和 $\bar{\varepsilon}_c$ 分别为等效拉伸应变和等效压缩应变：

$$\bar{\varepsilon}_t = \sqrt{\sum_{i=1,3} (\varepsilon_i^+)^2}, \quad \bar{\varepsilon}_c = \sqrt{\sum_{i=1,3} (\varepsilon_i^-)^2} \tag{3.43}$$

其中，ε_i^+ 和 ε_i^- 分别为正的主应变（拉应变）和负的主应变（压应变），上标“+”表明当主应变为负值时，ε_i^+ 消失，上标“-”标明当主应变为正值时为，ε_i^- 消失。

权系数 ξ_t 和 ξ_c 分别定义为

$$\xi_t = \sum_{i=1}^{3} \frac{H_i[\varepsilon_i^+(\varepsilon_i^+ + \varepsilon_i^-)]}{\tilde{\varepsilon}^2} \tag{3.44}$$

$$\xi_c = \sum_{i=1}^{3} \frac{H_i[\varepsilon_i^-(\varepsilon_i^+ + \varepsilon_i^-)]}{\tilde{\varepsilon}^2} \tag{3.45}$$

式中，$\tilde{\varepsilon} = \sqrt{\sum_{i=1-3} (\varepsilon_i^+ + \varepsilon_i^-)^2}$ 是有效应变，当 $x<0$ 时，$H_i[x]=0$，当 $x\geqslant 0$ 时，$H_i[x]=1$。可以看出在单向拉伸时，$\xi_t=1$，$\xi_c=0$，$D=D_t$，在单向压缩时，$\xi_t=0$，$\xi_c=1$，$D=D_c$。

2. 屈服准则

采用修正的分段线性的 Drucker-Prager 作为屈服准则，其表达式如下：

$$F=\alpha_i I_1+\sqrt{J_2}-c_i(D)=0, \quad i=1,2 \tag{3.46}$$

式中，I_1 为应力第一不变量，$I_1=(\sigma_1+\sigma_2+\sigma_3)$；$J_2$ 为应力偏量第二不变量，$J_2=0.5s_{ij}s_{ij}$，s_{ij} 为应力偏量；c_i 是材料参数，并随损伤而退化，$c_i(D)=c_{i0}(1-D)$，D 为损伤变量；α_i 和 c_{i0} 为材料参数，可以由以下三组试验确定：①三轴等拉试验（$\sigma_1=\sigma_2=\sigma_3=\sigma_{ttt0}$）；②单轴拉伸试验（$\sigma_1=\sigma_{t0}$，$\sigma_2=\sigma_3=0$）；③单轴压缩试验（$\sigma_1=\sigma_2=0$，$\sigma_3=-\sigma_{c0}$）。$\sigma_{ttt0}$、$\sigma_{t0}$ 和 σ_{c0} 均为动态强度参数，与应变率相关。如图 3.10 所示为该屈服准则的示意图。

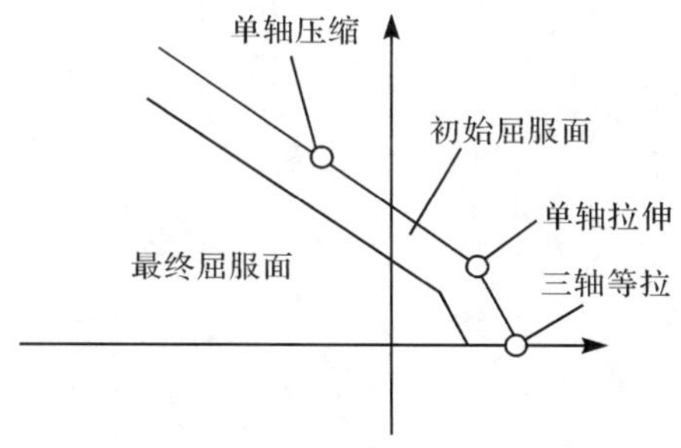

图 3.10　屈服准则示意图

3. 材料参数的确定

文献[144]、[145]中通过实验确定了黏土砖和砂浆的准静态单轴抗压强度，断裂压应变以及应变率为 $2.1\times10^{-5}\sim200$ 范围内的动态增大系数。由于缺少动态拉伸试验参数，所以这里我们假定在拉伸状态下与压缩状态下具有相同的动态增大系数。文献中通过总结混凝土动态拉伸试验结果，认为混凝土的动态拉伸增大系数要大于压缩增大系数，所以这一假定可能偏于保守。

基于上节所述的试验结果，则可以确定材料的动态参数为

$$\sigma_{c0}=\mathrm{DIF}\sigma_{sc0},\quad \sigma_{t0}=\mathrm{DIF}\sigma_{st0},\quad \sigma_{ttt0}=\mathrm{DIF}\sigma_{sttt0} \tag{3.47}$$

式中，σ_{sc0}、σ_{st0} 和 σ_{sttt0} 分别为准静态下的单轴压缩、单轴拉伸和三轴等拉强度；σ_{c0}、σ_{t0} 和 σ_{ttt0} 分别为某一应变率下的动态单轴压缩、单轴拉伸和三轴拉伸强度。DIF 为材料的动态增大系数，黏土砖的动态增大系数如式(3.32)～式(3.35)所示，砂浆的 DIF 如式(3.37)和式(3.38)所示。

材料的动态压缩断裂应变文献[50]中已经得到，仍假定拉伸状态下的增大系数与压缩状态下相同，则

$$\varepsilon_{c0}=\mathrm{DIF}\varepsilon_{sc0},\quad \varepsilon_{t0}=\mathrm{DIF}\varepsilon_{st0} \tag{3.48}$$

式中，ε_{sc0} 和 ε_{st0} 分别为准静态下的单轴压缩断裂应变和单轴拉伸断裂应变，其动态增大系数分别如式(3.36)和式(3.39)。

利用以上所述模型，可以得到黏土砖和砂浆的单轴压缩应力-应变曲线。取损伤变量参数 $\alpha_t=\alpha_c=0.5$，图 3.11 给出了黏土砖在不同应变率下的单轴压缩应力-应变曲线。如图 3.12 所示为砂浆在不同应变率下的应力-应变曲线。

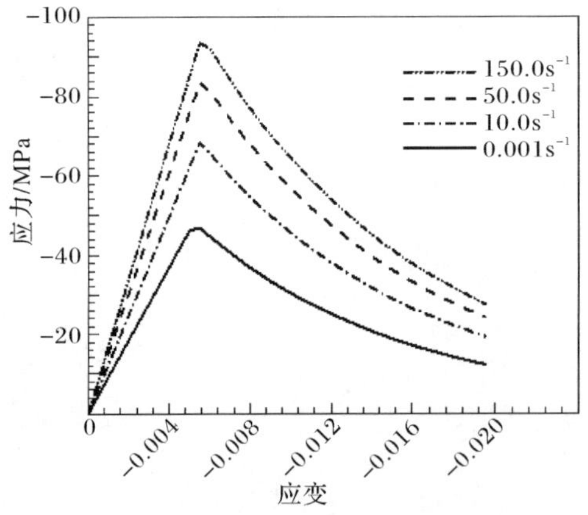

图 3.11　黏土砖在不同应变率下的单轴压缩应力-应变曲线

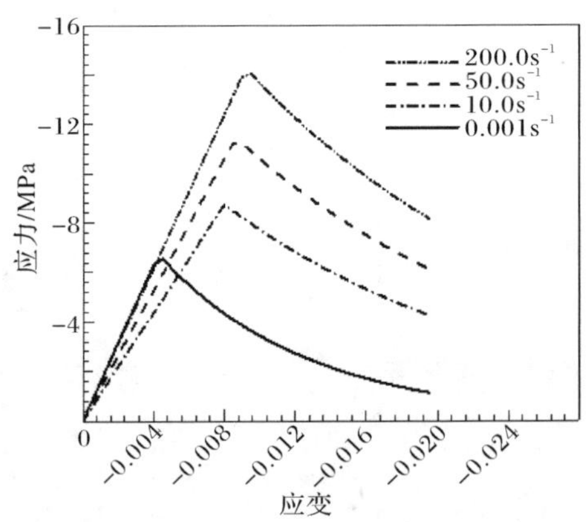

图 3.12　砂浆在不同应变率下的单轴压缩应力-应变曲线

图 3.13 所示为损伤参数 $\alpha_t=\alpha_c=0.5$、1.0 和 2.0 时的应力应变曲线，可以看到取不同的 α_t 和 α_c，则可得到不同后屈服曲线，其具体取值可根据材料的实验而确定。

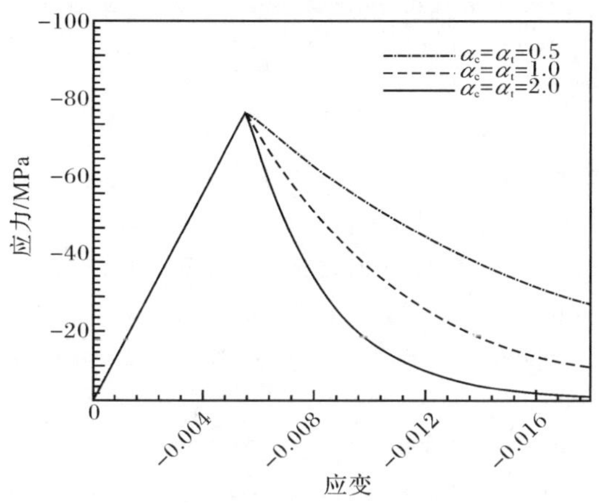

图 3.13　不同后屈服曲线

3.4　本章小结

高应变率下建筑材料的应变率效应必然存在，然而，关于其动力放大系数的研究一直存在争议，主要原因是应变率相关实验中的惯性力效应等不能很好地消除。因此，未来关于建筑材料的应变率效应的研究依然是难点和热点。

参考文献

[1] Bischoff P H, Perry S H. Compressive behavior of concrete at high-strain rates. Materials and Structures, 1991, 24 (6): 425—450.

[2] Tang L, Malvern L E, Jenkins D A. Rate effects in uni-axial dynamic compression of concrete. ASCE Journal of Engineering Mechanics, 1992, 118(1): 108—124.

[3] Zhao H. A study on testing techniques for concrete-like materials under compressive impact loading. Cement Concrete Composite, 1998, 20(4): 293—299.

[4] Ross C A, Tedesco J W, Kuennen S T. Effects of strain rate on concrete strength. ACI Materials Journal, 1995, 92(1): 37—47.

[5] Tedesco J W, Ross C A. Strain-rate-dependent constitutive equation for concrete. ASME Journal of Pressure Vessel Technology, 1998, 120(2): 398—405.

[6] Grote D L, Park S W, Zhou M. Dynamic behavior of concrete at high strain rates and pres-

sures: I. Experimental characterization. International Journal of Impact Engineering, 2001, 25(9): 869—886.

[7] Li Q M, Meng H. About the dynamic strength enhancement of concrete-like materials in a split Hopkinson pressure bar test. International Journal of Solids and Structures, 2003, 40(2): 343—360.

[8] Li Q M, Reid S R, Wen H M, et al. Local impact effects of hard missiles on concrete targets. International Journal of Impact Engineering, 2005, 32(1-4): 224—284.

[9] Malvar L J, Ross C A. Review of strain rate effects for concrete in tension. ACI Materials Journal, 1998, 95(6): 735—739.

[10] Malvar L J, Crawford J E, Wesevich J W, et al. Plasticity concrete material model for DYNA3D. International Journal of Impact Engineering, 1997, 19(9-10): 847—873.

[11] Rossi P A. Physical phenomenon which can explain the mechanical behaviour of concrete under high strain rates. Materials and Structures, 1991, 24(6): 422—424.

[12] Zheng D, Li Q B. An explanation for rate effect of concrete strength based on fracture toughness including free water viscosity. Engineering Fracture Mechanics, 2004, 71(16-17): 2319—2327.

[13] Eib J, Schmidt-Hurtienne B. Strain-rate-sensitive constitutive law for concrete. Journal of Engineering Mechanics, 1999, 125(12): 1411—1420.

[14] Reinhardt H W, Weerheijm J. Tensile fracture of concrete at high loading rates taking account of inertia and crack velocity effects. International Journal of Fracture, 1991, 51(1): 31—42.

[15] CEB-FIP. Model Code 1990. Lausanne: Thomas Telford Services Ltd., 1993.

[16] 中华人民共和国住房和城乡建设部. 混凝土结构设计规范(GB50010—2010). 北京：中国建筑工业出版社，2010.

[17] Mander J, Priestley M, Park R. Theoretical stress-strain model for confined concrete. Journal of Structural Engineering, 1988, 114(8): 1804—1826.

[18] Tedesco J W, Powell J C, Ross C A, et al. A strain-rate-dependent concrete material model for ADINA. Computers & Structures, 1997, 64(5-6): 1053—1067.

[19] Shkolnik I E. Influence of high strain rates on stress-strain relationship, strength and elastic modulus of concrete. Cement & Concrete Composites, 2008, 30(10): 1000—1012.

[20] Mazars J. A description of micro-and macroscale damage of concrete structures. Engineering Fracture Mechanics, 1986, 25(5-6): 729—737.

[21] Mazars J, Pijaudier-Cabot G. Continuum damage theory-application to concrete. Journal of Engineering Mechanics, 1989, 115(2): 345—365.

[22] Suaris W, Shah S. Rate-sensitive damage theory for brittle solids. Journal of Engineering Mechanics, 1984, 110(6): 985—997.

[23] Suaris W, Shah S. Constitutive model for dynamic loading of concrete. ASCE Journal of Structural Engineering, 1985, 111(3): 563—576.

[24] Li Q B, Zhang C H, Wang G L. Dynamic damage constitutive model of concrete in uniaxial tension. Engineering Fracture Mechanics, 1996, 53(3): 449—455.

[25] 李庆斌，张楚汉，王光纶. 单轴状态下混凝土的动力损伤本构模型. 水利学报，1994，(12)：55—60.

[26] Zheng S, Häussler-Combe U, Eib J. New approach to strain rate sensitivity of concrete in compression. Journal of Engineering Mechanics, 1999, 125(12): 1403—1410.

[27] Chen X D, Wu S X, Zhou J K, et al. Effect of testing method and strain rate on stress-strain behavior of concrete. Journal of Materials in Civil Engineering, 2013, 25(11): 1752—1761.

[28] 陈江瑛，黄旭升，王礼立. 水泥砂浆的率型损伤演化. 中国矿业大学学报，1998，27(2)：80—82.

[29] Lee J, Fenves G L. A plastic-damage concrete model for earthquake analysis of dams. Earthquake Engineering & Structural Dynamics, 1998, 27(9): 937—956.

[30] Yazdani S, Schreyer H. Combined plasticity and damage mechanics model for plain concrete. Journal of Engineering Mechanics, 1990, 116(7): 1435—1450.

[31] Salari M R, Saeb S, Willam K J, et al. A coupled elastoplastic damage model for geomaterials. Computer Methods in Applied Mechanics and Engineering, 2004, 193 (27-29): 2625—2643.

[32] Cervera M, Oliver J, Manzoli O. A rate-dependent isotropic damage model for the seismic analysis of concrete dams. Earthquake Engineering & Structural Dynamics, 1996, 25(9): 987—1010.

[33] Taylor L M, Chen E P, Kuszmaul J S. Microcrack-induced damage accumulation in brittle rock under dynamic loading. Computer Methods in Applied Mechanics and Engineering, 1986, 55: 301—320.

[34] Grady D E, Kipp M E. Continuum modeling of explosive fracture in oil shale. Int. Journal of Rock Mechanics and Mining Sciences & Geomechanics Abstracts, 1980, 17: 147—157.

[35] Huang F L, Wu H J, Jin Q K, et al. A numerical simulation on the perforation of reinforced concrete targets. International Journal of Impact Engineering, 2005, 32(1-4): 173—187.

[36] Silling S A. Brittle failure kinetics model for concrete. Sandia National Labs., Albuquerque, 1997.

[37] Burlion N, Gatuingt F, Pijaudier-Cabot G, et al. Compaction and tensile damage in concrete: Constitutive modelling and application to dynamics. Computer Methods in Applied Mechanics and Engineering, 2000, 183(3-4): 291—308.

[38] 刘海峰，宁建国. 冲击荷载作用下混凝土动态本构模型的研究. 工程力学，2008，(12)：135—140.

[39] 刘海峰，宁建国. 强冲击荷载作用下混凝土材料动态本构模型. 固体力学学报，2008，(3)：231—238.

[40] Holmquist T J, Johnson G R, Cook W H. A computational consititutive model for concrete subjected to large strains, high strain rates, and high pressures. Journal of Applied Mechan-

ics,2011,78(5):1—10.

[41] Malvar L J,Crawford J E,Wesevich J W,et al. A plasticity concrete material model for DYNA3D. International Journal of Impact Engineering,1997,19(9-10):847—873.

[42] Riedel W,Thoma K,Hiermaier S,et al. Penetration of reinforced concrete by BETA-B-500 numerical analysis using a new macroscopic concrete model for hydrocodes//The 9th International Symposium on the Effects of Munitions with Structures,Berlin,1999:210—218.

[43] Johnson G R,Cook W H. A constitutive model and data for metals subjected to large strains,high strain rates and high temperatures//Proceeding of the 7th International Symposium on Ballistics,Hague,1983:541—547.

[44] Gebbeken N,Ruppert M. A new material model for concrete in high-dynamic hydrocode simulations. Archive of Applied Mechanics,2000,70(7):463—478.

[45] Hartmann T,Pietzsch A,Gebbeken N. A hydrocode material model for concrete. International Journal of Protective Structures,2010,1(4):443—468.

[46] Zhou X Q,Kuznetsov V A,Hao H,et al. Numerical prediction of concrete slab response to blast loading. International Journal of Impact Engineering,2008,35(10):1186—1200.

[47] 徐浩. 混凝土动态计算本构新模型. 合肥:中国科学技术大学出版社,2013.

[48] Polanco-Loria M,Hopperstad O S,Børvik T,et al. Numerical predictions of ballistic limits for concrete slabs using a modified version of the HJC concrete model. International Journal of Impact Engineering,2008,35(5):290—303.

[49] 张凤国,李恩征. 大应变、高应变率及高压强条件下混凝土的计算模型. 爆炸与冲击,2002,22(3):198—202.

[50] Liu Y,Ma A,Huang F L. Numerical simulations of oblique-angle penetration by deformable projectiles into concrete targets. International Journal of Impact Engineering,2009,36(3):438—446.

[51] 王政,倪玉山,曹菊珍,等. 冲击载荷下混凝土本构模型构建研究. 高压物理学报,2006,20(4):337—344.

[52] Leppänen J. Concrete subjected to projectile and fragment impacts:Modelling of crack softening and strain rate dependency in tension. International Journal of Impact Engineering,2006,32(11):1828—1841.

[53] Tu Z G,Lu Y. Modifications of RHT material model for improved numerical simulation of dynamic response of concrete. International Journal of Impact Engineering,2010,37(10):1072—1082.

[54] Nyström U,Gylltoft K. Comparative numerical studies of projectile impacts on plain and steel-fibre reinforced concrete. International Journal of Impact Engineering,2011,38(2-3):95—105.

[55] Rossi P,Mier J G M,Boulay C,et al. The dynamic behaviour of concrete:Influence of free water. Materials and Structures,1992,25(9):509—514.

[56] Rossi P,Jan G M,et al. Effect of loading rate on the strength of concrete subjected to uniax-

ial tension. Materials and Structures, 1994, 27(5): 260—264.

[57] Rossi P. Strain rate effects in concrete structures: The LCPC experience. Materials and Structures, 1997, 30(1): 54—62.

[58] 朱兆祥，徐大本，王礼立. 环氧树脂在高应变率下的热粘弹性本构方程和时温等效性. 宁波大学学报，1988, 1(1): 58—68.

[59] 蒋昭镳，陈江瑛，黄德进，等. 混凝土结构动态安全分析的重要基础——混凝土动态力学性能. 宁波大学学报，1997, 10(2): 50—57.

[60] 陈江瑛，王礼立. 水泥砂浆的率型本构方程. 宁波大学学报(理工版)，2000, 13(2): 1—5.

[61] 商霖，宁建国. 强冲击载荷下混凝土动态本构关系. 工程力学，2005, 22(2): 116—119, 178.

[62] Perzyna P. Fundamental problems in viscoplasticity. Advances in Applied Mechanics, 1966, 9(2): 243—377.

[63] Duvaut G, Lions J L. Les inéquations en mécanique et en physique. Dunod, Paris, 1972.

[64] Bićanić N, Zienkiewicz O C. Constitutive model for concrete under dynamic loading. Earthquake Engineering & Structural Dynamics, 1983, 11(5): 689—710.

[65] Georgin J F, Reynouard J M. Modeling of structures subjected to impact: Concrete behaviour under high strain rate. Cement and Concrete Composites, 2003, 25(1): 131—143.

[66] Kang H, Willam K. Performance evaluation of elastoviscoplastic concrete model. Journal of Engineering Mechanics, 2000, 126(9): 995—1000.

[67] Kang H, Willam K. Localization characteristics of triaxial concrete model. Journal of Engineering Mechanics, 1999, 125(8): 941—950.

[68] López C, Juan J. Analysis of reinforced concrete structures subjected to dynamic loads with a viscoplastic Drucker-Prager model. Applied Mathematical Modelling, 1998, 22(7): 495—515.

[69] Aráoz G, Luccioni B. Modeling concrete like materials under sever dynamic pressures. International Journal of Impact Engineering, 2015, 76(0): 139—154.

[70] Wang W M. Stationary and propagative instabilities in metals: A computational point of view. Delft: Delft University, 1997.

[71] Winnicki A, Pearce C J, Bićanić N. Viscoplastic Hoffman consistency model for concrete. Computers & Structures, 2001, 79(1): 7—19.

[72] Pandey A, Kumar R, Paul D, et al. Strain rate model for dynamic analysis of reinforced concrete structures. Journal of Structural Engineering, 2006, 132(9): 1393—1401.

[73] Barpi F. Impact behaviour of concrete: A computational approach. Engineering Fracture Mechanics, 2004, 71(15): 2197—2213.

[74] Leng F, Lin G. Dissipation-based consistent rate-dependent model for concrete. Acta Mechanica Solida Sinica, 2010, 23(2): 147—155.

[75] 肖诗云，林皋，王哲. Drucker-Prager 材料一致率型本构模型. 工程力学，2003, 20(4): 147—151.

[76] 肖诗云，林皋，李宏男. 混凝土 WW 三参数率相关动态本构模型. 计算力学学报，2004,

21(6):641－646.

[77] Xiao S Y, Li H N, Lin G. 3-D consistency dynamic constitutive model of concrete. Earthquake Engineering and Engineering Vibration, 2010, 9(2):233－246.

[78] 褚卫江,苏静波,徐卫亚. 基于一致性理论的 Drucker-Prager 材料弹黏塑本构模型. 岩土力学,2008,29(3):811－816.

[79] 冯明珲,吕和祥,林皋,等. 黏弹塑性理论在混凝土变形中的应用. 工程力学,2002,19(2):3－8.

[80] Govindjee S, Kay G J, Simo J. C. Anisotropic modelling and numerical simulation of brittle damage in concrete. International Journal for Numerical Methods in Engineering, 1995, 38(21):3611－3633.

[81] Ragueneau F, Gatuingt F. Inelastic behavior modelling of concrete in low and high strain rate dynamics. Computers & Structures, 2003, 81(12):1287－1299.

[82] Pedersen R R, Simone A, Sluys L J. An analysis of dynamic fracture in concrete with a continuum visco-elastic, visco-plastic, damage model. Engineering Fracture Mechanics, 2008, 75(13):3782－3805.

[83] Ning J G, Liu H F, Shang L. Dynamic mechanical behavior and the constitutive model of concrete subjected to impact loadings. Science in China Series G: Physics, Mechanics and Astronomy, 2008, 51(11):1745－1760.

[84] Herve G, Gatuingt F, Ibrahimbegovic A. On numerical implementation of a coupled rate dependent damage-plasticity constitutive model for concrete in application to high-rate dynamics. Engineering Computations, 2005, 22(5-6):583－604.

[85] Gatuingt F, Pijaudier-Cabot G. Coupled damage and plasticity modelling in transient dynamic analysis of concrete. International Journal for Numerical and Analytical Methods in Geomechanics, 2002, 26(1):1－24.

[86] Dubé J, Pijaudier-Cabot G, Borderie C. Rate dependent damage model for concrete in dynamics. Journal of Engineering Mechanics, 1996, 122(10):939－947.

[87] 陈书宇,陈成光. 混凝土本构模型及其动态有限元算法研究. 上海力学,1998,19(2):109－117.

[88] 陈书宇. 一种混凝土损伤模型和数值方法. 爆炸与冲击,1998,18(4):62－70.

[89] Ren X D, Li J. A unified dynamic model for concrete considering viscoplasticity and rate-dependent damage. International Journal of Damage Mechanics, 2013, 22(4):530－555.

[90] Faria R, Oliver J, Cervera M. A strain-based plastic viscous-damage model for massive concrete structures. International Journal of Solids and Structures, 1998, 35(14):1533－1558.

[91] Qi H, Li Y G, Lü X L. Practical elasto-plastic damage model for dynamic loading and nonlinear analysis of Koyna concrete dam. Journal of Central South University, 2013, 20(9):2586－2592.

[92] Marzec I, Tejchman J. Computational modelling of concrete behaviour under static and

dynamic conditions. Bulletin of the Polish Academy of Sciences: Technical Sciences, 2013, 61(1): 85.

[93] Omidi O, Lotfi V. Continuum large cracking in a rate-dependent plastic-damage model for cyclic-loaded concrete structures. International Journal for Numerical and Analytical Methods in Geomechanics, 2013, 37(10): 1363—1390.

[94] Liu J, Lin G, Fu B, et al. The use of visco-elastoplastic damage constitutive model to simulate nonlinear behavior of concrete. Acta Mechanica Solida Sinica, 2011, 24(5): 411—428.

[95] Murray Y D. Users manual for LS-DYNA concrete material model 159. Report No. FHWAHRT-05-062. Federal Highway Administration, 2007.

[96] Valanis K C. A theory of viscoplasticity without a yield surface. Part 1. General theory. University of Iowa, 1970.

[97] Bazant Z P, Ching-Long S. Endochronic model for nonlinear triaxial behavior of concrete. Nuclear Engineering and Design, 1978, 47(2): 305—315.

[98] Bazant Z P, Oh B H. Strain rate effect in rapid triaxial loading of concrete. Journal of the Engineering Mechanics Division, 1982, 108(5): 764—782.

[99] 宋玉普，刘浩. 混凝土率型内时损伤本构模型. 计算力学学报，2012，29(04)：589—593，598.

[100] 刘浩. 混凝土率型内时损伤本构模型. 大连：大连理工大学博士学位论文，2011.

[101] Bazant Z P, Xiang Y, Adley M, et al. Microplane model for concrete: Ⅱ: Data delocalization and verification. Journal of Engineering Mechanics, 1996, 122(3): 255—262.

[102] Caner F C, Bazant Z P. Microplane model M7 for plain concrete. Ⅰ: Formulation. Journal of Engineering Mechanics, 2013, 139(12): 1714—1723.

[103] Caner F C, Bazant Z P. Microplane model M7 for plain concrete. Ⅱ: Calibration and verification. Journal of Engineering Mechanics, 2013, 139(12): 1724—1735.

[104] Bazant Z P, Caner F C, Adley M D, et al. Fracturing rate effect and creep in microplane model for dynamics. Journal of Engineering Mechanics, 2000, 126(9): 962—970.

[105] 欧碧峰，王君杰. 钢筋混凝土微平面动态本构模型. 振动与冲击，2007，26(12)：74—78，172.

[106] 贾明晓，欧碧峰，王君杰. 钢筋混凝土微平面本构模型及其算法研究. 振动与冲击，2010，29(05)：35—39，61，238.

[107] Wang J, Ou B, Jia M, et al. Modified microplane model for reinforced concrete under static and dynamic loadings. Journal of Engineering Mechanics, 2011, 137(10): 635—647.

[108] Griffith A A. The phenomena of rupture and flow in solids. Philosophical Transactions of the Royal Society of London, Series A, 1920, 221: 163—198.

[109] Kaplan M F. Crack propagation and the fracture of concrete. ACI Journal proceedings, 1961, 58(11): 591—610.

[110] Hillerborg A, Modéer M, Petersson P E. Analysis of crack formation and crack growth in

concrete by means of fracture mechanics and finite elements. Cement and Concrete Research,1976,6(6):773—781.

[111] Bazant Z P,Oh B H. Crack band theory for fracture of concrete. Matériaux et Construction,1983,16(3):155—177.

[112] Bazant Z P,Gettu R. Rate effects and load relaxation in static fracture of concrete. ACI Materials Journal,1992,89(5):456—468.

[113] Zhang X X,Ruiz G,Yu R C,et al. Fracture behaviour of high-strength concrete at a wide range of loading rates. International Journal of Impact Engineering, 2009, 36 (10-11): 1204—1209.

[114] Ruiz G, Zhang X X, Yu R C, et al. Effect of loading rate on fracture energy of high-strength concrete. Strain,2011,47(6):518—524.

[115] Rosa A L,Yu R C,Ruiz G,et al. A loading rate dependent cohesive model for concrete fracture. Engineering Fracture Mechanics,2012,82(0):195—208.

[116] Sluys L J,de Borst R. Wave propagation and localization in a rate-dependent cracked medium-model formulation and one-dimensional examples. International Journal of Solids and Structures,1992,29(23):2945—2958.

[117] Lu Y,Xu K. Modelling of dynamic behaviour of concrete materials under blast loading. International Journal of Solids and Structures,2004,41(1):131—143.

[118] Liu H F,Liu H Y,Song W D. Fracture characteristics of concrete subjected to impact loading. Science China Physics,Mechanics and Astronomy,2010,53(2):253—261.

[119] Freed A D,Jean-Louis C,Walker K P. On the Thermodynamics of Stress Rate in the Evolution of Back Stress in Viscoplasticity. Netherlands:Springer,1991.

[120] Sercombe J,Ulm F,Toutlemonde F. Viscous hardening plasticity for concrete in high-rate dynamics. Journal of Engineering Mechanics,1998,124(9):1050—1057.

[121] 王哲,林皋,逯静洲. 混凝土的单轴率型本构模型. 大连理工大学学报,2000,40(5):597—601.

[122] Warren T L,Fossum A F,Frew D J. Penetration into low-strength (23MPa) concrete: Target characterization and simulations. International Journal of Impact Engineering, 2004,30(5):477—503.

[123] 刘海峰,宁建国. 冲击荷载作用下混凝土材料的细观本构模型. 爆炸与冲击,2009,29(3):261—267.

[124] Davis E A. The effect of speed of stretching and the rate of loading on the yielding of mild steel. ASME Journal of Applied Mechanics,1938,5:137—140.

[125] 李保成,赵家萍. 结构钢动态屈服机制的研究. 兵器材料科学与工程,2002,25(2):53—54,57.

[126] 胡昌明,贺红亮,等. 45 号钢的动态力学性能研究. 爆炸与冲击,2003,23(2):188—192.

[127] Rao N N,Tall L. Effect of strain rate on the yield stress of structural steels. Fritz Engi-

neering Laboratory Department of Civil Engineering Lehigh University, Pensylvania, 1964.

[128] Soroushian P, Choi K B. Steel mechanical properties at different strain rates. ASCE Journal of Structural Engineering, 1097, 113(4): 663—672.

[129] Plauk G. Concrete structures under impact and impulsive loading. Bundesanstalt fuer Materialpruefung, Berlin, 1982.

[130] Malvar L J. Dynamic increase factors for steel reinforcing bars//The Twenty-Eighth DDESB Seminar, Orlando, 1998: 215—232.

[131] Filiatrault A, Holleran M. Stress-strain behavior of reinforcing steel and concrete under seismic strain rates and low temperatures. Materials and Structures, 2001, 34 (4): 235—239.

[132] Zhao H. A constitutive model for metals over a large range of strain rates identification for mild-steel and aluminium sheets. Materials Science and Engineering: A, 1997, 230 (1-2): 95—99.

[133] Malvar L J. Review of static and dynamic properties of steel reinforcing bars. ACI Materials Journal, 1998, 95(9): 609—616.

[134] Johnson G R, Cook W H. A constitutive model and data for metals subjected to large strains, high strain rates and high temperatures//The 7th International symposium on Ballistics, Hague, 1983: 541—547.

[135] Visser W, et al. Deformation characteristics of low carbon steel subjected to dynamic impact loading. Materials Science and Engineering, 2011, 528(27): 7857—7866.

[136] Andersson R, et al. Development of high strain rate equations for stainless steels. Journal of Materials Engineering and Performance, 2005, 14(5): 553—562.

[137] Xu Z, Li Y. Dynamic behaviors of 0Cr18Ni10Ti stainless steel welded joints at elevated temperatures and high strain rates. Mechanics of Materials, 2009, 41(2): 121—130.

[138] Johnson G R, Holmquist T J. Evaluation of cylinder-impact test data for constitutive model constants. Journal of Applied Physics, 1988, 64(8): 3901—3910.

[139] Rule W K, Jones S E. A revised form for the johnson-cook strength model. International Journal of Impact Engineering, 1998, 21(8): 609—624.

[140] Aretz H. Applications of a new plane seress yield function to orthotropic steel and aluminium sheet metals. Modelling and Simulation in Materials Science and Engineering, 2014, 12 (3): 438—491.

[141] Zerilli F J, Armstrong R W. Dislocation mechanics based constitutive relations for material dynamics calculations. Journal of Applied Physics, 1987, 61(5): 1816—1825.

[142] Daridon L, et al. Influence of the material constitutive models on the adiabatic shear band spacing: MTS, power law and Johnson-Cook models. International Journal of Solids and Structures, 2004, 41(11): 3109—3124.

[143] Hao H, Tarason B. Experimental study of strain rate effects on clay brick and mortar

material properties. Australian Journal of Structural Engineering,2008,8(2):117—131.

[144] Zuchini A,Lourenco P B. A coupled homogenisation-damage model for masonry cracking. Computers & Amp. Structures. 2004,82(11-12):917—929.

[145] Wei X Y,Hao H. Numerical derivation of homogenized dynamic masonry material properties with strain rate effects. International Journal of Impact Engineering, 2009, 36(3): 522—536.

第4章　爆炸荷载作用下结构构件的动态响应与损伤破坏

由于爆炸荷载具有传播速度快、峰值大、作用时间短等特点，爆炸荷载作用下结构构件的动力响应十分复杂。然而，通过数值模拟或野外试验的方法，揭示爆炸荷载下结构构件的动态响应特征与损伤破坏机理，对于建筑结构抗爆设计，具有极大的理论意义。

本章主要叙述对于建筑构件比如梁、柱、板和墙等在爆炸荷载作用下的动态响应行为的研究。

4.1　钢筋混凝土柱

钢筋混凝土柱对于结构整体的抗爆性能具有至关重要的作用，如果框架柱遭到爆炸作用的破坏，结构将局部失去竖向承载能力，可能会引发结构的连锁反应，导致整个结构的倒塌，而这将会造成生命和财产的重大损失。为了避免出现这种情况，应该对钢筋混凝土柱进行抗爆设计与加固，而这就需要对其抗爆性能进行细致深入的研究。

由于爆炸荷载的峰值超压高、作用时间短，相对于其他形式的动力荷载，如地震荷载，钢筋混凝土柱在爆炸荷载作用下的动力响应比较复杂。近几年来，国内外学者对于爆炸荷载作用下柱的动力响应开展了部分研究工作。例如，近年来国内外学者对钢筋混凝土构件在爆炸荷载作用下的动力行为开展了一系列的研究，如 Sun 等[1]对钢骨混凝土柱在爆炸荷载作用下的动力特性进行了分析，得出了钢骨混凝土柱在不同条件下可能出现的三种破坏模式；杜林等[2]运用 LS-DYNA 程序对钢管混凝土短柱的抗爆性能进行了有限元数值模拟，结果表明钢管能有效增强结构的韧性和牢固性，从而改善结构的抗爆性能；Morrill 等[3]对钢筋混凝土柱的抗爆加固问题进行了研究。但是由于问题的复杂性，钢筋混凝土柱在爆炸荷载作用下的动态响应的研究较少。

本节采用非线性有限元软件 LS-DYNA 对钢筋混凝土柱在爆炸荷载作用下的动力响应及破坏形态进行数值分析，研究轴压比、混凝土强度、柱截面尺寸、纵筋配筋率、箍筋间距等因素对柱的抗爆性能的影响，从而为钢筋混凝土柱的抗爆设计中确定合理的参数提供理论依据。

4.1.1　钢筋混凝土柱动力响应的数值模拟

1. 有限元模型

运用通用有限元显式动力分析软件 LS-DYNA，建立了典型钢筋混凝土柱的有限元模型，如图 4.1 所示。图中，b 为柱迎爆面宽度即柱宽；h 为柱截面高度即柱深；a 为混凝土保护层厚度；H 为柱净高；s 为箍筋间距。

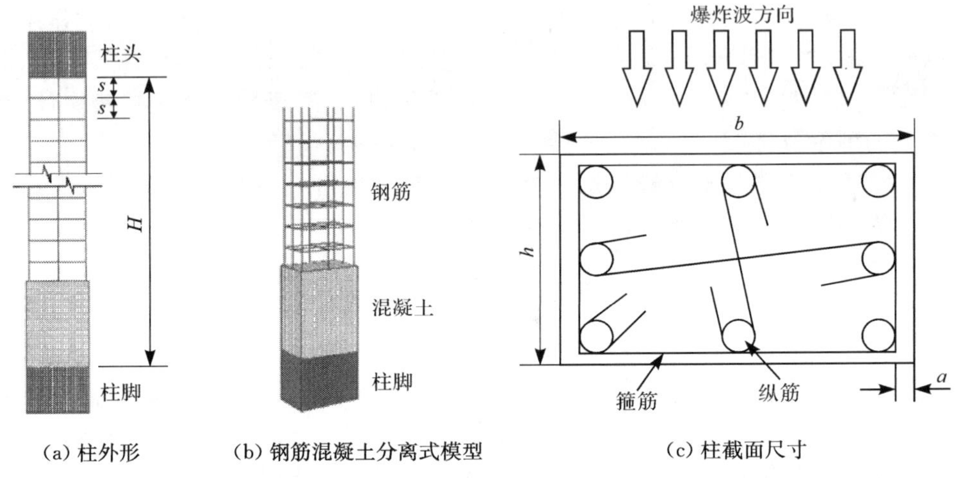

(a) 柱外形　(b) 钢筋混凝土分离式模型　(c) 柱截面尺寸

图 4.1　钢筋混凝土柱的有限元模型

对混凝土采用 25mm 的单积分点正六面体单元来模拟，纵筋和箍筋均用长度为 25mm 的梁单元模拟。数值模拟结果表明，进一步细化网格只能够有限的提高计算精度，但计算成本成倍增加。因此，本节中无论是正六面体单元还是梁单元，均采用 25mm 的网格尺寸。

为了准确模拟钢筋混凝土柱的边界条件，有限元模型中包括了柱头和柱脚，如图 4.1 所示，柱头和柱脚四周水平方向的位移被约束，柱脚底面竖直方向的位移被约束。

本节仅考虑建筑结构外部远距离爆炸的情况，在数值模拟中，用理想化的三角形荷载来模拟爆炸荷载，均匀作用在面向爆炸波方向的柱面上。因此，爆炸荷载可用压强和冲量两个值来表示。当然，实际上爆炸荷载沿柱面并非均匀分布，也不是真正的三角形荷载[4,5]，但在建筑结构外部远距离爆炸的情况下，这一假定被广泛接受[6,7]。

如图 4.1(b)所示，本节采用钢筋混凝土分离式模型，混凝土采用 LS-DYNA 中的 MAT_CONCRETE_DAMAGE_REL3(MAT_72)模型。在 LS-DYNA 中，植入了一系列可以模拟混凝土的模型[8]，比如说 MAT_PSEUDO_TENSOR

(MAT_16)、MAT_CONCRETE_DAMAGE(MAT_72)、MAT_BRITTLE_DAMAGE(MAT_96)、MAT_JOHNSON_HOLMQUIST_CONCRETE(MAT_111)和MAT_CS CM_CONCRETE(MAT_159)等。Tu和Lu[9]经过研究对比发现,在所有的混凝土模型中,MAT_CONCRETE_DAMAGE最能够有效模拟混凝土在高应变率大变形下的力学性态。另外,数值模拟的结果对材料模型的各参数非常敏感,因此,在有限元模拟中,准确定义合理的材料模型参数显得尤为重要。MAT_CONCRETE_DAMAGE_REL3模型为MAT_CONCRETE_DAMAGE的升级版本,在保留了后者的优点的同时,在模型参数的确定方面作了简化。使用此混凝土模型时,用户仅仅需要提供混凝土的轴心抗压强度[8,10,11]。因此,在缺乏混凝土详细参数的情况下,使用MAT_CONCRETE_DAMAGE_REL3模型不失为一种很好的选择。一些研究成果也表明MAT_CONCRETE_DAMAGE_REL3模型能够对混凝土的各类实验室试验进行成功模拟,并且能够成功的用来模拟混凝土在爆炸荷载作用下的动力响应[10,11]。

钢筋采用弹塑性模型MAT_PLASTIC_KINEMATIC,它考虑了材料的应变率效应。本节中,纵筋和箍筋均采用相同的模型参数,密度为0.0078g/mm^3,弹性模量为20GPa,屈服强度为500MPa,泊松比为0.3。

2. 材料的应变率效应

钢筋和混凝土材料在爆炸荷载的快速作用下,会经历高达10s^{-1}至1000s^{-1}的应变率。在这种高应变率情况下,钢筋的强度能够提高50%,混凝土的抗压强度能够提高100%,抗拉强度甚至能提高600%[12,13]。因此,本节同时考虑钢筋和混凝土的应变率效应。材料的应变率效应通常用材料强度的动力增大系数DIF来表示,DIF定义为在某一应变率下材料的动力强度与静力强度之比。

钢筋强度的DIF采用K&C模型[14]:

$$\mathrm{DIF}=\left(\frac{\dot{\varepsilon}}{10^{-4}}\right)^{\alpha},\quad \alpha=0.074-0.040\,\frac{f_y}{414} \tag{4.1}$$

式中,$\dot{\varepsilon}$为钢筋的应变率,s^{-1};f_y为钢筋屈服强度,MPa。公式适用的范围为:$10^{-4}\mathrm{s}^{-1}\leqslant\dot{\varepsilon}\leqslant 255\mathrm{s}^{-1}$;$270\mathrm{MPa}\leqslant f_y\leqslant 710\mathrm{MPa}$。

混凝土强度的DIF也采用K&C模型,它是在CEB模型的基础上经过改进得来的[12,15]。混凝土抗拉强度动力增大系数由下式确定:

$$\mathrm{TDIF}=\frac{f_{td}}{f_{ts}}=\left(\frac{\dot{\varepsilon}_d}{\dot{\varepsilon}_{ts}}\right)^{\delta},\quad \dot{\varepsilon}_d\leqslant 1\mathrm{s}^{-1} \tag{4.2}$$

$$\mathrm{TDIF}=\frac{f_{td}}{f_{ts}}=\beta\left(\frac{\dot{\varepsilon}_d}{\dot{\varepsilon}_{ts}}\right)^{\frac{1}{3}},\quad \dot{\varepsilon}_d>1\mathrm{s}^{-1} \tag{4.3}$$

式中,f_{td}为应变率为$\dot{\varepsilon}_d$时混凝土的动力抗拉强度;f_{ts}为应变率为$\dot{\varepsilon}_{ts}$($\dot{\varepsilon}_{ts}=$

$10^{-6}s^{-1}$)时混凝土的静力抗拉强度;$\log\beta=6\delta-2$,其中 $\delta=1/(1+8f'_c/f'_{co})$,$f'_{co}=10MPa$,$f'_c$为混凝土静力单轴抗压强度。

混凝土抗压动力强度增大系数由下式确定:

$$\mathrm{CDIF}=\frac{f_{cd}}{f_{cs}}=\left(\frac{\dot{\varepsilon}_d}{\dot{\varepsilon}_{cs}}\right)^{1.026\alpha},\quad \dot{\varepsilon}_d\leqslant 30s^{-1} \tag{4.4}$$

$$\mathrm{CDIF}=\frac{f_{cd}}{f_{cs}}=\gamma\,(\dot{\varepsilon}_d)^{\frac{1}{3}},\quad \dot{\varepsilon}_d>30s^{-1} \tag{4.5}$$

式中,f_{cd}为应变率为 $\dot{\varepsilon}_d$ 时混凝土的动力抗压强度;f_{cs}为应变率为 $\dot{\varepsilon}_{cs}$($\dot{\varepsilon}_{cs}=30\times10^{-6}s^{-1}$)时混凝土的静力抗压强度;$\lg\gamma=6.156\alpha-0.49$,其中,$\alpha=(5+3f_{cu}/4)^{-1}$,$f_{cu}$为混凝土的立方体静力抗压强度。

3. 钢筋与混凝土之间的黏结滑移

钢筋混凝土结构由钢筋和混凝土两种材料组成,由于这两种材料的物理特性不同,它们之所以能够共同工作,得益于这两种材料间的黏结力。然而,当钢筋与混凝土间的黏结力超过一定的限值后,钢筋与混凝土间会发生黏结滑移,从而显著影响钢筋混凝土结构在荷载作用下的响应。当钢筋混凝土结构承受动力荷载,在计算其动力响应时,钢筋与混凝土之间的黏结滑移效应也不能被忽略。因此在本节的数值模拟中,考虑钢筋纵筋与混凝土间的黏结滑移。

本节运用 LS-DYNA 中的一维滑动接触模型(CONTACT_1D)对钢筋混凝土间的黏结滑移进行模拟[8]。在模型中,模拟钢筋的单元从节点,被迫沿着模拟混凝土的单元主节点滑动,它们之间的黏结力与滑动距离成正比;而一旦钢筋与混凝土间的黏结力超过某个限值,钢筋与混凝土即会分离[16~18]。通过在节点间设置一组虚拟弹簧来实现对钢筋与混凝土之间的黏结滑移的模拟,如图 4.2 所示。

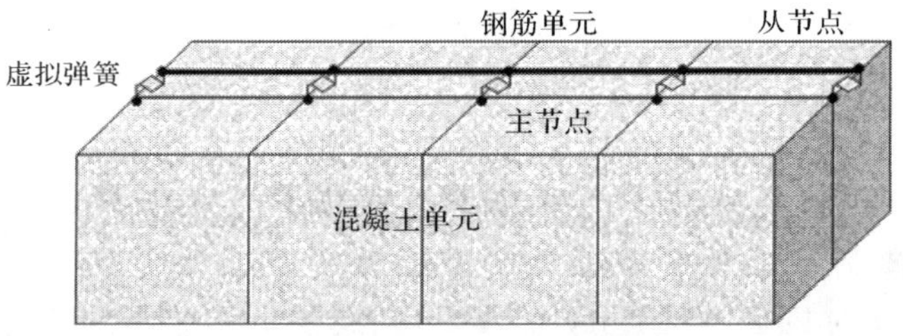

图 4.2 CONTACT_1D 模型示意图

在不考虑损伤累积的情况下,钢筋与混凝土间的黏结力假定为理想弹塑性。当考虑损伤累积时,在弹性区域,黏结剪应力与滑移仍然呈线性关系;进入塑性后,黏结剪应力随着塑性滑移的增加呈指数级降低。因此,黏结剪应力与滑移的关系可以表述为

$$\tau=\begin{cases}G_s s, & s\leqslant s_{max}\\ \tau_{max}e^{-h_{dmg}D}, & s>s_{max}\end{cases}\tag{4.6}$$

式中，G_s 为黏结剪切模量；s_{max} 为最大弹性滑移；h_{dmg} 为损伤指数曲线系数；D 为损伤指数，定义为塑性应变的总和。

因此，定义一维滑动接触模型的参数有三个，即黏结剪切模量 G_s、最大弹性滑移 s_{max} 和损伤指数曲线系数 h_{dmg}。在本节对钢筋混凝土黏结滑移的数值模拟中，参照文献[18]以及相关试验结果，各参数的取值分别为：$G_s=50\text{MPa/mm}$，$s_{max}=0.36\text{mm}$，$h_{dmg}=0.2$。

4. 数值模拟方法的验证

为了验证前几节提出的有限元模型和介绍的黏结滑移模型的适用性和有效性，采用上述模型，对某 1/4 比例钢筋混凝土柱在爆炸荷载作用下的动力响应和损伤破坏进行了模拟，并将数值模拟的结果与 Woodson、Baylot[19,20] 的试验结果进行了比较。

Woodson 和 Baylot[19,20] 做了一系列现场试验，研究了 5 个不同的两层 1/4 比例的钢筋混凝土框架结构在爆炸荷载作用下的破坏和倒塌，以及关键结构柱的动力响应。在本节中，仅以 2 号试验中钢筋混凝土框架的首层中柱为研究对象，对其在现场爆炸荷载作用下的动力响应和损伤破坏进行模拟和比较分析。图 4.3(a)给出了 Woodson 和 Baylot 做的 2 号试验的试件模型以及本节作为研究对象的目标柱的位置。在试验中，将 7.10kg C-4 炸药置于目标柱正前方距离目标柱 1.07m 远且高度为 0.229m 的位置起爆来产生作用于整个结构上的爆炸荷载。经现场测试，在目标柱柱前表面上产生的爆炸荷载各参数的平均值为：爆炸超压 7000kPa，冲量 1100kPa · ms。目标柱的截面尺寸及材料特性如表 4.1 和表 4.2 所示。现场试验的爆炸荷载环境如表 4.3 所示。

表 4.1　目标柱几何尺寸

柱宽/mm	柱深/mm	柱高/mm	箍筋	纵筋	保护层厚度/mm
85	85	900	ϕ1.6@100	8ϕ3.2	8.5

表 4.2　材料模型参数

混凝土轴心抗压强度/MPa	纵筋屈服强度/MPa	纵筋极限强度/MPa	纵筋极限应变	箍筋屈服强度/MPa	箍筋极限强度/MPa	箍筋极限应变
42	450	510	18%	400	610	18%

表 4.3 目标柱爆炸荷载参数

C-4 炸药质量 /g	等效 TNT 质量 /g	实际距离 /mm	炸药高度 /mm	柱初始应力 /MPa
7100	8000	1070	229	2.1

运用 LS-DYNA 软件建立了两个目标柱的三维有限元模型，一个假定钢筋与混凝土之间为刚接，另一个则考虑了纵筋与混凝土之间的黏结滑移。在数值模拟中，首先对目标柱施加轴向应力 2.1MPa，待达到静力平衡后，将现场试验中测得的爆炸荷载均匀施加到钢筋混凝土柱的迎爆面上。在试验中，测量了柱前表面三个点的爆炸荷载参数，但三个目标点所记录的爆炸荷载差异不大。这可能是因为炸药与目标柱间的实际距离大于结构柱的高度，爆炸产生的冲击波传播到结构柱上时已经近似为平面波。因此，在有限元模拟中，作用在目标柱上的爆炸荷载假定为均匀分布，爆炸荷载取为三个测点测量值的平均值。由于爆炸荷载的时程曲线未知，在本节中将它假定为倒三角荷载，并忽略了爆炸荷载的负压部分。图 4.3(b)给出了由本节数值模拟、Woodson 和 Baylot 的试验和数值分析得到的柱前表面中点位移时程曲线的比较。

从图 4.3(b)可以看出：①由本节数值模拟方法得到的结果要好于 Woodson 等[19,20]分析得到的结果，这可能是因为在本节提出的有限元模拟方法中，采用了更为准确的材料模型；②考虑纵筋与混凝土间的黏结滑移时，数值模拟得到的结果与试验结果更为接近，这说明在爆炸荷载作用下钢筋混凝土结构动力响应的有限元模拟中，应该考虑钢筋与混凝土间的黏结滑移；③由本节提出的数值模拟方

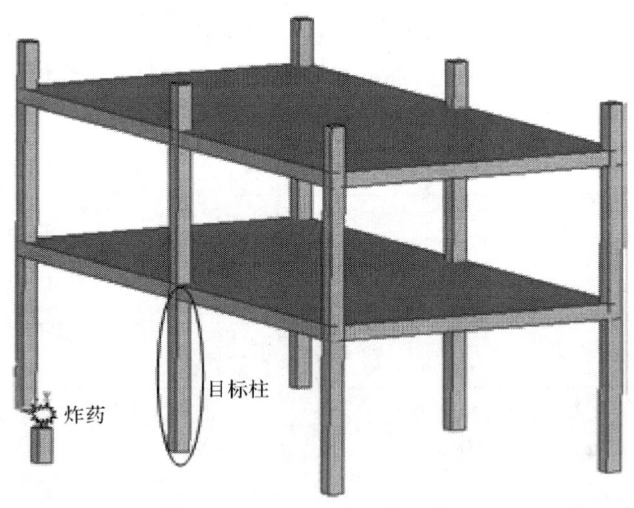

(a) 现场试验及目标柱示意图

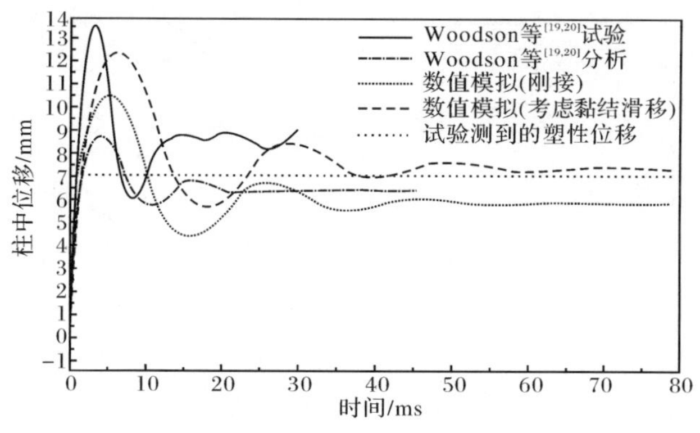

(b) 柱前表面中点位移时程曲线比较

图 4.3 数值模拟方法的验证

法得到的柱前表面中点最大位移比试验测试值稍小，并存在一定时间的滞后，这可能是因为在有限元分析中的一些简化引起的，如未考虑黏结滑移的应变率效应以及爆炸荷载的简化等。因此，总体来说，本节提出的数值模拟方法可以准确地模拟钢筋混凝土柱在爆炸荷载作用下的动力响应和损伤破坏。

5. 典型模拟结果

选取某典型钢筋混凝土柱，柱宽 $b=600\text{mm}$，柱深 $h=400\text{mm}$，柱高 $H=4600\text{mm}$，混凝土轴心抗压强度 $f'_c=40\text{MPa}$，纵筋配筋率 $\rho=0.01$，箍筋配箍率 $\rho_s=0.01$。

图 4.4 给出了该钢筋混凝土柱在不同的爆炸荷载作用下柱中点的水平位移时程曲线，图中荷载一的超压 $P=1057\text{kPa}$，冲量 $I=3640\text{kPa}\cdot\text{ms}$；荷载二的超压 $P=5000\text{kPa}$，冲量 $I=7500\text{kPa}\cdot\text{ms}$；荷载三的超压 $P=8161\text{kPa}$，冲量 $I=8856\text{kPa}\cdot\text{ms}$。从图中可以看出，当爆炸荷载超压和冲量较小时，柱中点的位移表现为在平衡位置附近的高频振荡；随着爆炸荷载的增大，柱中点水平位移的峰值不断增大，趋于静止后仍有残余水平位移存在；如果继续增大爆炸荷载，水平位移峰值和残余值相同，柱进入塑性破坏状态。

4.1.2 钢筋混凝土柱动力响应的参数分析

利用上述有限元模型，采用参数化分析方法，进一步研究柱截面惯性矩、混凝土轴心抗压强度、纵筋配筋率和箍筋配箍率等参数对钢筋混凝土柱在爆炸荷载作用下动态响应的影响。

表 4.4 给出了在本节的参数分析中考虑的各参数的范围。在本节中，柱的轴

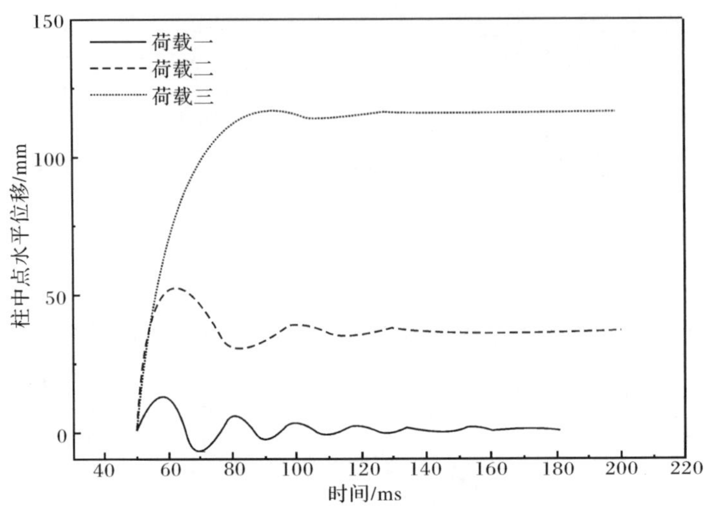

图 4.4　不同爆炸荷载作用下钢筋混凝土柱中点水平位移时程曲线

压比均取为 0.2，作用在钢筋混凝土柱上的爆炸荷载取为超压 $P=5000\text{kPa}$ 和冲量 $I=7500\text{kPa}\cdot\text{ms}$ 的均匀分布的倒三角形荷载。

表 4.4　参数范围

截面惯性矩 I/mm^4	混凝土轴心抗压强度 f_c'/MPa	纵筋配筋率 ρ	箍筋配箍率 ρ_s
3.20×10^9	30	0.010	0.006
1.08×10^{10}	40	0.016	0.016
2.56×10^{10}	50	0.020	—

1. 柱截面惯性矩的影响

保持钢筋混凝土柱的柱宽 b 不变，通过改变柱深 h 来改变柱的截面惯性矩，这样，就可以在改变柱截面惯性矩的同时，保证作用在柱迎爆面上的爆炸荷载相同。

图 4.5 给出了柱深 h 分别为 400mm、600mm 和 800mm（即截面惯性矩分别为 $3.20\times10^9\text{mm}^4$、$1.08\times10^{10}\text{mm}^4$ 和 $2.56\times10^{10}\text{mm}^4$）时钢筋混凝土柱在相同爆炸荷载作用下柱中点的水平位移时程曲线，其中，柱宽 $b=600\text{mm}$，柱高 $H=4600\text{mm}$，混凝土轴心抗压强度 $f_c'=40\text{MPa}$，纵筋配筋率 $\rho=0.01$，箍筋配箍率 $\rho_s=0.006$。从图中可以看出，随着柱截面惯性矩的增大，柱中点水平最大位移和残余位移均显著减小。这一结果符合客观情况，因为增大柱截面惯性矩能显著增大柱的抗弯刚度和抗剪刚度，从而降低柱中点水平最大位移。同时，随着柱截面惯性矩的增大，在爆炸荷载作用下，混凝土尚未进入塑性的区域增加，从而有效减小了

柱中点水平残余位移。

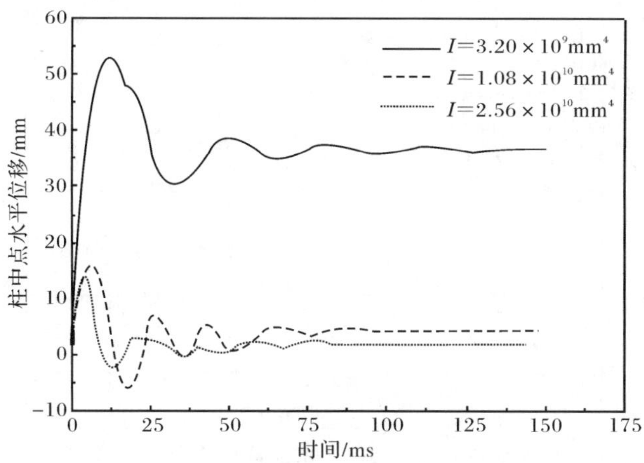

图 4.5　不同截面惯性矩时柱中点水平位移时程曲线

2. 混凝土轴心抗压强度的影响

为了研究混凝土轴心抗压强度对钢筋混凝土柱动力响应的影响，保持其他参数不变，对三根混凝土轴心抗压强度分别为 30MPa、40MPa 和 50MPa 的钢筋混凝土柱在同一爆炸荷载作用下的动力响应进行了分析。图 4.6 给出了在爆炸荷载作用下不同混凝土轴心抗压强度的钢筋混凝土柱的柱中点水平位移时程曲线，其中，柱宽 b=600mm，柱深 h=400mm，柱高 H=4600mm，纵筋配筋率 ρ=0.01，箍筋配箍率 ρ_s=0.006。从图中可以看出，随着混凝土轴心抗压强度的增高，柱中点水平最大位移和残余位移均会有不同程度的减小，其中，残余位移减小的幅度较大，这是因为，随着混凝土轴心抗压强度的增高，在相同的爆炸荷载作用下，混凝土进入塑性的区域显著减少，从而有效降低了柱中点水平残余位移。

3. 纵筋配筋率的影响

图 4.7 给出了仅改变钢筋混凝土柱的纵筋配筋率时，不同的钢筋混凝土柱在相同爆炸荷载作用下柱中点的位移时程曲线，其中柱宽 b=600mm，柱深 h=400mm，柱高 H=4600mm，混凝土轴心抗压强度 f'_c=40MPa，箍筋配箍率 ρ_s=0.006。

从图 4.7 可以看出，当钢筋混凝土柱的纵筋配筋率由 0.01 增大到 0.02 时，无论是柱中点的水平最大位移还是残余位移都没有得到显著地降低，这是因为，增加钢筋混凝土柱的纵筋配筋率对钢筋混凝土柱抗弯刚度和抗剪刚度的影响有限，同时，在图示纵筋配筋率区间，爆炸荷载作用下钢筋均未屈服，增加钢筋对其抗弯

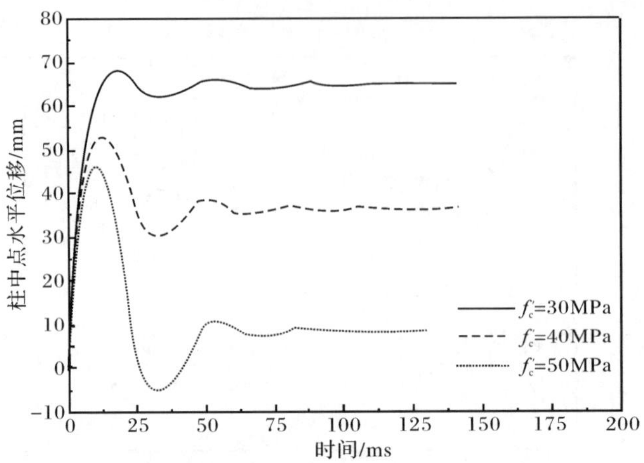

图 4.6　不同混凝土轴心抗压强度时柱中点水平位移时程曲线

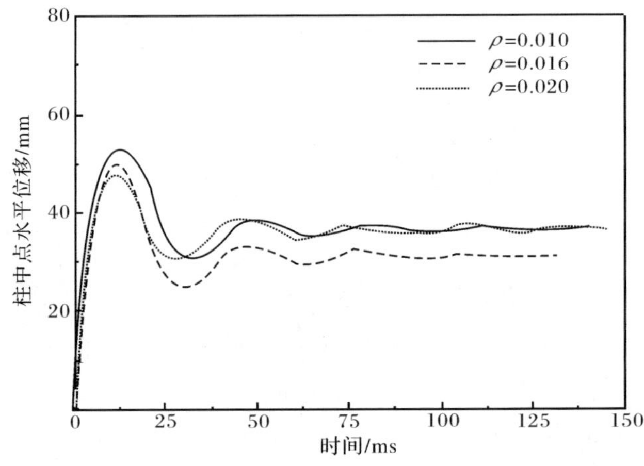

图 4.7　不同纵筋配筋率时柱中点水平位移时程曲线

承载力的提高并没有显现出来。如果纵筋配筋率更低，在爆炸荷载作用下钢筋可能屈服，柱中点水平残余位移会有较大增加。

4. 箍筋配箍率的影响

图 4.8 给出了通过有限元模拟分析方法，得到的箍筋间距为 100mm 和 200mm 时(配箍率 ρ_s分别为 0.006 和 0.016)两根不同的钢筋混凝土柱在同一爆炸荷载作用下柱中点的水平位移时程曲线，其中，柱宽 $b=600$mm，柱深 $h=400$mm，柱高 $H=4600$mm，混凝土轴心抗压强度 $f'_c=40$MPa，纵筋配筋率 $\rho=0.01$。

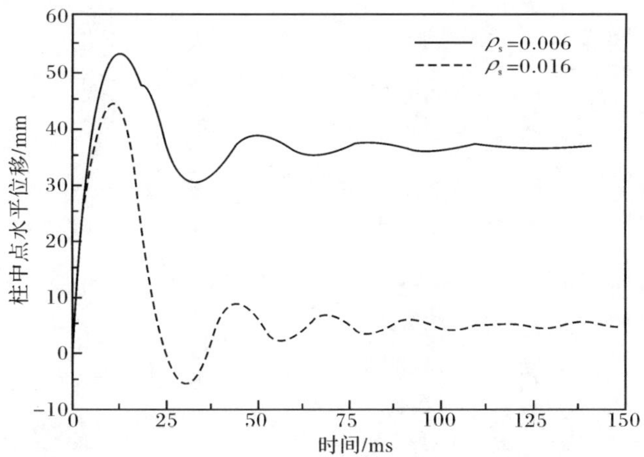

图 4.8　不同箍筋配箍率时柱中点水平位移时程曲线

从图 4.8 可以看出，减小钢筋混凝土柱的箍筋间距，虽然说对于降低柱中点水平最大位移的作用有限，但能够显著降低柱中点水平残余位移，这是因为减少钢筋混凝土柱的箍筋间距，一方面能够提高柱的抗剪承载力，同时也能通过约束核心混凝土而提高核心混凝土的强度，从而限制混凝土塑性的发展，降低柱中点水平残余位移。

由以上分析结果可知，通过增加钢筋混凝土柱的截面惯性矩、混凝土轴心抗压强度和箍筋配箍率均能在一定程度上提高其抗爆性能；然而在钢筋混凝土柱抗爆设计时，不需特别考虑增加纵筋配筋率，纵筋配筋率只需满足钢筋混凝土柱正常承载力要求即可。

4.1.3　钢筋混凝土柱的破坏模式

在爆炸荷载作用下钢筋混凝土柱可能发生弯曲破坏、剪切破坏或弯剪破坏。弯曲破坏通常表现为钢筋的屈服、拉断以及受压区混凝土的压碎；剪切破坏通常表现为支座处发生直剪破坏或剪跨区发生斜剪破坏。数值模拟结果表明，在爆炸荷载作用下，以上三种破坏模式均有可能发生。

图 4.9 给出了前述钢筋混凝土柱在不同爆炸荷载作用下所产生的三种典型的破坏模式，其中破坏模式(a)为剪切破坏，对应爆炸荷载为超压 P=25000kPa，冲量 I=2400kPa·ms；破坏模式(b)为弯曲破坏，对应爆炸荷载为超压 P=700kPa，冲量 I=50000kPa·ms；破坏模式(c)为弯剪破坏，对应爆炸荷载为超压 P=5000kPa，冲量 I=5000kPa·ms。

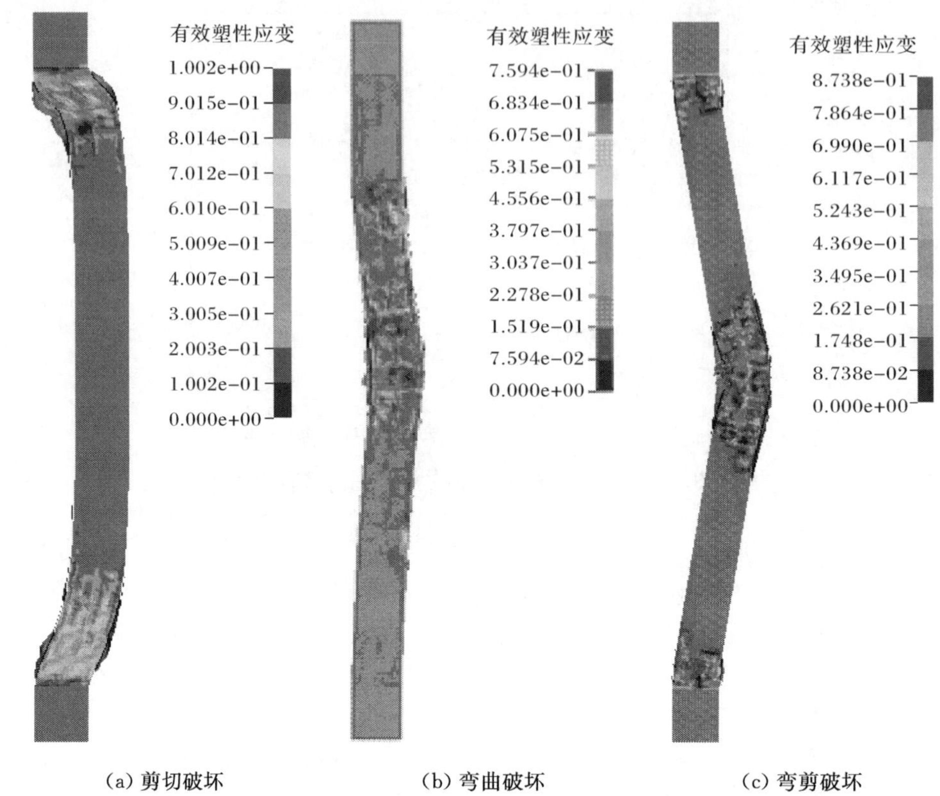

(a) 剪切破坏 (b) 弯曲破坏 (c) 弯剪破坏

图 4.9 钢筋混凝土柱的破坏模式(见彩图)

依据爆炸荷载本身的特点,一般把爆炸荷载分为三类:冲量荷载(impulsive load)、准静态荷载(quasi-static load)和动力荷载(dynamic load)。冲量荷载指高超压峰值、低持时(尤其是持时远小于结构构件的自振周期)的爆炸荷载,多为近距离爆炸产生;准静态荷载为低超压峰值、高持时(持时远大于结构构件的自振周期)的爆炸荷载,多为远距离爆炸产生;而动力荷载一般指超压峰值和持时介于冲量荷载和准静态荷载之间的爆炸荷载[21]。本节通过研究发现,在冲量荷载作用下,钢筋混凝土柱倾向于发生剪切破坏;在准静态荷载作用下,钢筋混凝土柱倾向于发生弯曲破坏;而在动力荷载作用下,钢筋混凝土柱更容易发生弯剪破坏。这是因为,在冲量荷载作用下,由于作用时间很短,钢筋混凝土柱的剪应力迅速增大到破坏应力而弯曲位移尚未来得及发展,因此,更倾向于发生剪切破坏。而对于准静态荷载,由于峰值较小,剪应力也小,在较长时间里弯曲变形可以有较大发展,故更倾向于发生弯曲破坏。当然,上述结论只是一些普遍的规律,钢筋混凝土柱在爆炸荷载下的破坏模式还与柱的基本特性有关,如抗剪承载力和抗弯承载力的比值等。

4.2　钢　　柱

钢结构在工业及民用建筑中应用日益广泛，尤其广泛应用于大型公共建筑结构，所以对于钢结构及钢构件在爆炸冲击荷载作用下的动力响应和倒塌机制的研究，是公众及工程界非常关心以及迫切需要研究的课题。为此，国内外有很多专家学者做了一些研究：Izzuddin 和 Fang[22]对钢材在爆炸冲击荷载作用下的本构关系和动力性能进行了分析；Nonaka[23]对 1993 年纽约世贸中心大厦遭受恐怖爆炸袭击破坏的钢梁和钢支撑进行了数值分析，得出了钢梁和钢支撑的破坏形态；Liew 和 Chen[24,25]采用不同单元形式对钢梁和钢柱在爆炸荷载作用下的动力响应进行了分析研究；Song 和 Izzuddin 等[26,27]采用整体适应性非线性分析方法对钢框架在爆炸荷载作用下的动力响应进行了分析研究。

在已有研究成果的基础上，采用对气体扩散有限制情况下典型的爆炸超压模型曲线，考虑在高应变速率下损伤累积对材料的影响，利用 ABAQUS 有限元分析软件，对钢柱及平面钢框架在爆炸荷载作用下的动力响应和破坏形态进行数值模拟和分析，以期为钢结构的抗爆设计提供理论依据。

4.2.1　考虑损伤累积效应钢材的动态本构模型

1. Johnson-Cook 本构模型及其失效准则

Johnson-Cook(JC)本构模型采用 von Mises 屈服面，但采用不同的强化准则并考虑应变速率的影响，可以模拟大多数金属在爆炸冲击荷载作用下的变形[28]。Johnson-Cook 本构模型表示为三项的乘积，分别反映了应变硬化、应变率硬化和温度软化。经过修正以后的 Johnson-Cook 本构模型为

$$\sigma=[A+B\,(\varepsilon^{\mathrm{p}})^{n}]\left(1+C\ln\frac{\dot{\varepsilon}^{\mathrm{p}}}{\dot{\varepsilon}_0}\right)(1-\theta^{m}) \tag{4.7}$$

式中，σ 为考虑了应变速率影响的钢材屈服强度；ε^{p} 为等效塑性应变；$\dot{\varepsilon}_0$ 为初始塑性应变率；$\dot{\varepsilon}^{\mathrm{p}}$ 为等效塑性应变率；θ 为无量纲化的温度。模型中包括了 A、B、C、n、m 五个参数，一般通过试验来确定。

与 Johnson-Cook 本构模型相对应，Johnson-Cook 剪切失效准则可以定义材料的失效行为。Johnson-Cook 剪切失效准则是以单元整体积分点的等效塑性应变为材料失效的判断准则，假定当材料破坏参数 ω 超过 1 时，材料发生失效行为。其中，

$$\omega=\sum\left\{\frac{\Delta\varepsilon^{\mathrm{p}}}{\left[d_1+d_2\exp\left(\dfrac{d_3 p}{q}\right)\right]\left(1+d_4\ln\dfrac{\dot{\varepsilon}^{\mathrm{p}}}{\dot{\varepsilon}_0}\right)(1+d_5\theta)}\right\} \tag{4.8}$$

式中，$\Delta\varepsilon^{\mathrm{p}}$ 为等效塑性应变增量；$d_1 \sim d_5$ 为与 Johnson-Cook 剪切模型相关的材料参数；p 为材料承受的静水压力；q 为 von Mises 等效应力。

2. 考虑损伤累积的材料失效准则

结构和材料在爆炸冲击荷载下的高速变形过程中常常伴有不同形式的内部缺陷或微损伤的演化，对于延性金属在微结构尺度上的损伤，它的微观机制主要包括微观孔洞的形成与发展以及金属局部剪切带的形成[29]，所以考虑损伤累积对材料的影响才能正确反映材料在爆炸冲击荷载下的动力响应。

4.2.2 考虑材料损伤累积影响的评判标准

本节，同时采用延性标准和剪切标准作为开始考虑材料损伤累积影响的评判标准，列述如下：

(1) 延性标准。延性标准是对金属由于微观孔洞成核与发展以及孔洞合并而引起材料开始发生损伤行为的一种有效的评判标准。这种模型假设损伤起始点的等效塑性应变为 $\varepsilon_D^{\mathrm{p}}(\eta, \dot{\varepsilon}^{\mathrm{p}})$，其中，$\eta = -p/q$，当

$$\omega_D = \int \frac{\mathrm{d}\varepsilon^{\mathrm{p}}}{\varepsilon_D^{\mathrm{p}}(\eta, \dot{\varepsilon}^{\mathrm{p}})} = 1 \tag{4.9}$$

时，开始考虑损伤累积对材料动力响应的影响。

(2) 剪切标准。剪切标准是对金属由于局部剪切带形成与发展而引起材料开始发生损伤行为的一种有效的评判标准。这种模型假设损伤起始点的等效塑性应变为 $\varepsilon_{\mathrm{s}}^{\mathrm{p}}(\theta_{\mathrm{s}}, \dot{\varepsilon}^{\mathrm{p}})$，其中，$\theta_{\mathrm{s}} = (q + k_{\mathrm{s}} p)/T_{\max}$，而 $T_{\max}$ 为材料极限剪切应力，k_{s} 为材料参数。当

$$\omega_{\mathrm{s}} = \int \frac{\mathrm{d}\varepsilon^{\mathrm{pl}}}{\varepsilon_{\mathrm{s}}^{\mathrm{pl}}(\theta_{\mathrm{s}}, \dot{\varepsilon}^{\mathrm{pl}})} = 1 \tag{4.10}$$

时，开始考虑损伤累积对材料动力响应的影响。

4.2.3 损伤演化方程

损伤演化方程是描述考虑损伤累积影响的材料由于刚度退化而导致失效的准则，可以通过塑性位移或者能量消散两个指标描述材料的刚度退化。对于能量消散，首先要确定材料的能量参数 G_{f}：

$$G_{\mathrm{f}} = \int_{\varepsilon_0^{\mathrm{p}}}^{\varepsilon_{\mathrm{f}}^{\mathrm{p}}} L\sigma_{\mathrm{y}}\dot{\varepsilon}^{\mathrm{p}} = \int_0^{u_{\mathrm{f}}^{\mathrm{p}}} \sigma_{\mathrm{y}}\dot{u}^{\mathrm{p}} \tag{4.11}$$

式中，L 为划分单元长度；σ_{y} 为材料的屈服应力；u^{p} 为等效塑性位移，定义为单位裂缝面积上的断裂功。损伤发生前，$\dot{u}^{\mathrm{p}} = 0$；损伤发生后，$\dot{u}^{\mathrm{p}} = L\dot{\varepsilon}^{\mathrm{p}}$。$u_{\mathrm{f}}^{\mathrm{p}}$ 为失效塑性应变。对于材料 i 方向损伤变量取

$$d_i = 1 - \exp\left(-\int_0^{u^p} \frac{\sigma_y \dot{u}^p}{G_f}\right) \tag{4.12}$$

对于材料整体损伤变量 D 取：

$$D=\max(d_i),\quad i\in N_{\max} \tag{4.13}$$

在计算的任一时刻，考虑损伤累计影响的材料任意一点的应力张量为

$$\sigma_D=(1-D)\sigma \tag{4.14}$$

式中，σ_D 为考虑损伤影响的材料有效应力张量；σ 为未考虑损伤影响的材料有效应力张量。当 $D=1$ 时，材料丧失承载力。

4.2.4 爆炸荷载作用下钢柱的动力响应和破坏模式

1. 计算模型

钢柱几何尺寸如图 4.10 所示，采用 H 型钢，截面具体尺寸如图中所示(单位：mm)，柱高 $L=3\text{m}$；柱下端固结，上端为竖向滑动支座，可上下自由移动。

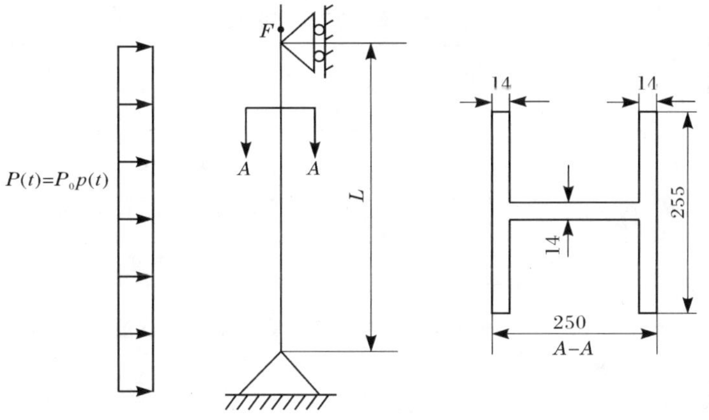

图 4.10　钢柱模型和作用荷载

在钢柱上端施加竖向集中荷载 $F=0.3F_p$，其中 $F_p=3100\text{kN}$ 是钢柱的极限承载能力；沿柱高水平施加爆炸荷载 $P(t)=P_0 p(t)$，其中 P_0 为爆炸荷载峰值压力，$p(t)$是在对气体扩散有限制情况下的典型超压时程曲线，如图 4.11 所示。

采用 ABAQUS 进行数值模拟时，采用 S4R 壳单元对钢柱进行离散建模。S4R 壳单元是基于减缩积分形式的四节点曲面壳单元，可以通过壳体的厚度描述壳体的横截面，ABAQUS 采用数值积分法对沿厚度方向的每一个截面积分点独立地计算应力和应变值，并允许材料发生非线性行为。

在本计算模型中，钢材的基本参数值如表 4.5 所示。如前文所说，钢材采用 Johnson-Cook 模型进行模拟，其本构方程的基本参数值如表 4.6 所示，表4.7给出

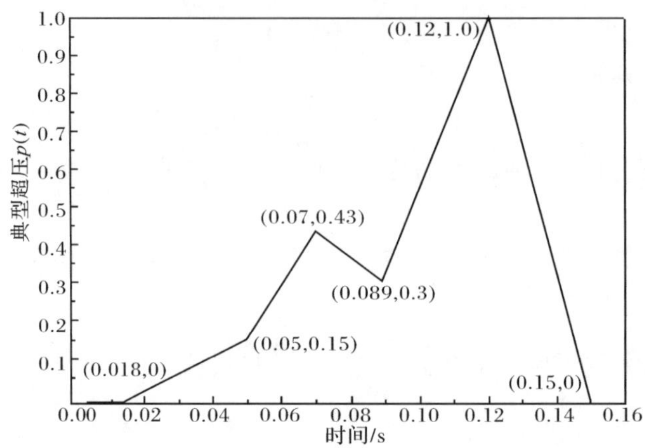

图 4.11 对气体扩散有限制情况下典型超压时程曲线

了 Johnson-Cook 剪切失效准则的参数取值。

表 4.5 钢材的基本参数

弹性模量/Pa	泊松比	密度/(kg/m^3)	屈服强度/MPa
2.05×10^{11}	0.3	7800	335

表 4.6 Johnson-Cook 本构方程参数取值

A	B	C	n	m
3.5025×10^{8}	2.75×10^{8}	0.022	0.36	1.00

表 4.7 Johnson-Cook 剪切失效准则参数取值

d_1	d_2	d_3	d_4	d_5
−0.8	2.1	−0.5	0.002	0.61

2. 动力响应

图 4.12 和图 4.13 分别给出了未考虑和考虑损伤累积效应对材料的影响时在不同峰值 P_0 的爆炸荷载作用下沿爆炸荷载加载方向钢柱中点的位移时程曲线。从图 4.12 可以看出，如不考虑损伤累积效应对材料的影响，当 $P_0=594\text{kN/m}$ 时，柱中点的位移趋于无穷大，此时柱发生了破坏。从图 4.13 可以看出，如考虑损伤累积效应对材料的影响，当 $P_0=470\text{kN/m}$ 时，柱中点的位移趋于无穷大，此时柱发生了破坏。

规定柱发生破坏的前一级荷载峰值为该柱的极限承载力，在该极限承载力作用下柱中点的位移为最大位移。表 4.8 汇总了是否考虑损伤累积效应情况下钢

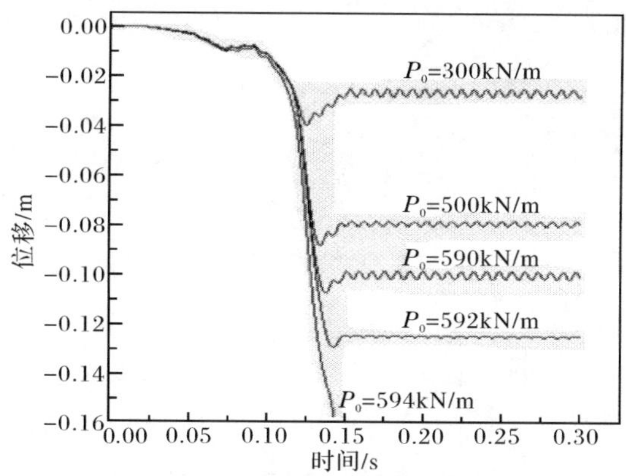

图 4.12　未考虑损伤累积影响时柱中点位移时程曲线

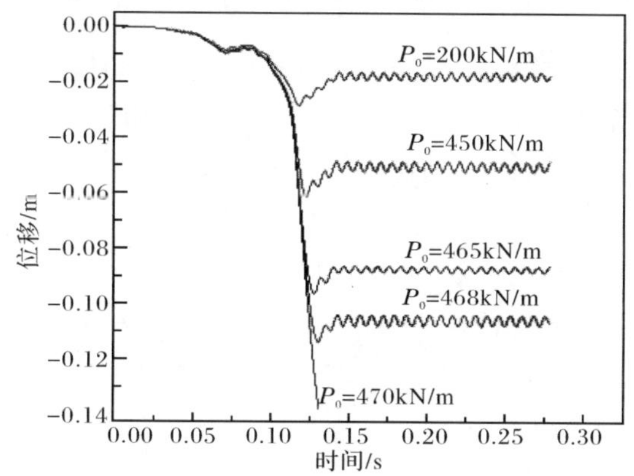

图 4.13　考虑损伤累积影响时柱中点位移时程曲线

柱的各动力响应值和破坏模式。从中可以看出，考虑损伤累积效应对材料的影响时，钢柱的极限承载能力降低了 20％左右，且破坏时柱中点最大位移值低 15％左右。

表 4.8　是否考虑损伤累积影响的钢柱的动力响应

影响	极限承载力	柱中点最大位移	柱顶最大位移	破坏模式
未考虑损伤	592kN/m	0.125m	0.043m	柱中翼缘屈曲和柱脚剪切破坏
考虑损伤	468kN/m	0.108m	0.033m	柱中翼缘屈曲

图 4.14 给出了爆炸荷载峰值 P_0＝200kN/m、柱长 L＝3m，在不同柱顶荷载 F 作用下的柱中点位移时程曲线。从中可以看出，随着柱顶荷载 F 的增大，柱中点位移幅值增大，由此可以得出结论，降低柱顶荷载 F 可以提高钢柱在爆炸荷载

作用下的极限承载能力。

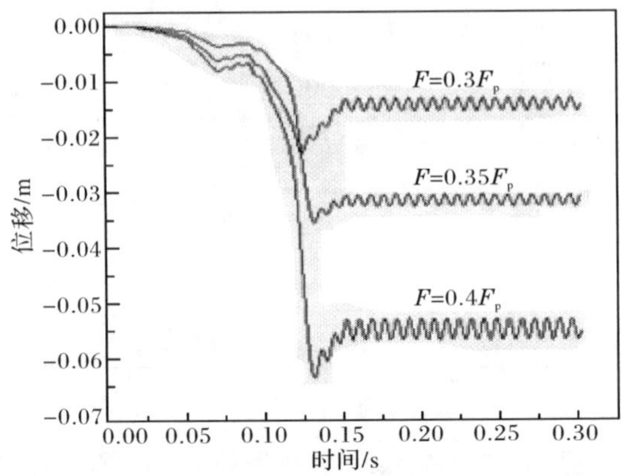

图 4.14 不同柱顶荷载作用时柱中点位移时程曲线

图 4.15 给出了给定爆炸荷载峰值 $P_0=200\mathrm{kN/m}$、柱顶集中荷载 $F=0.3F_p$，在不同柱长 L 时柱中点位移时程曲线。从中可以看出，随着柱长 L 的增大，柱中点位移幅值增大，由此可以得出结论，减小钢柱长度 L 可以提高钢柱在爆炸荷载作用下的极限承载能力。

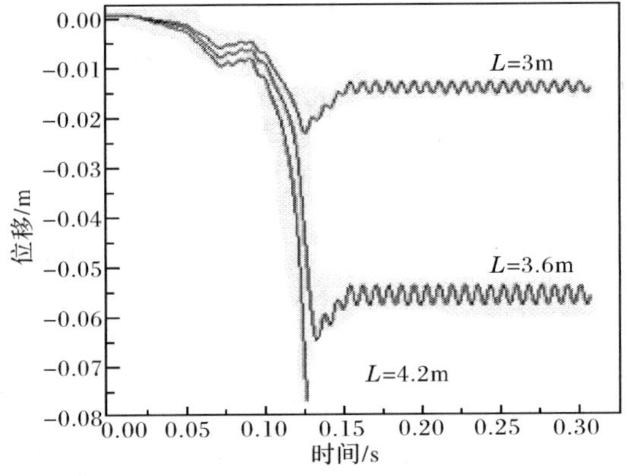

图 4.15 不同柱长时柱中点位移时程曲线

3. 破坏模式

图 4.16 和图 4.17 分别给出了未考虑和考虑损伤累积效应对材料的影响时钢柱的破坏模式。从中可以看出，未考虑或考虑损伤累积效应对材料的影响时，钢柱的破坏模式不同。当未考虑损伤累积效应对材料的影响时，钢柱由于跨中翼缘局部屈曲及柱脚附近剪切破坏而丧失承载能力；当考虑损伤累积效应对材料影响

时，钢柱由于跨中翼缘局部屈曲而丧失承载能力。

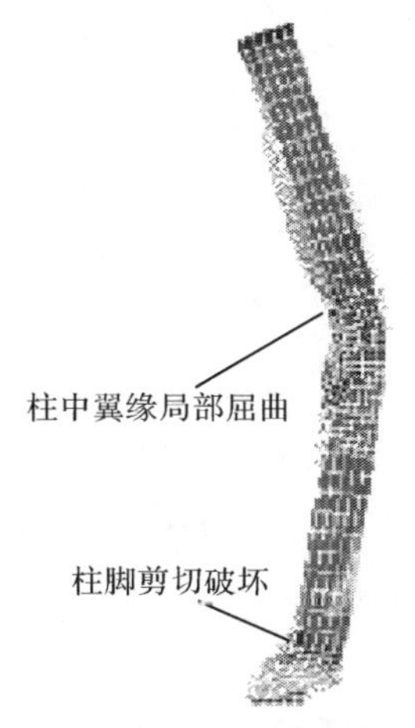

图 4.16 未考虑损伤累积影响时钢柱的破坏模式

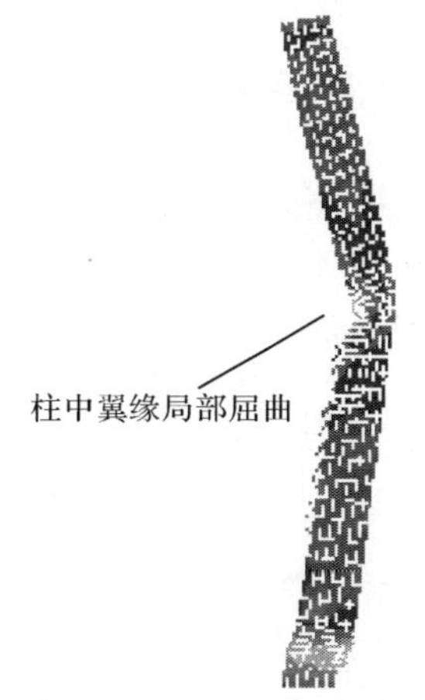

图 4.17 考虑损伤累积影响时钢柱的破坏模式

4.3 钢筋混凝土梁

钢筋混凝土梁是钢筋混凝土结构中的重要受力构件之一，因而计算分析爆炸荷载作用下钢筋混凝土梁的非线性动力响应，了解其抗爆性能，对于制定整个结构体系的抗爆加固措施具有重要意义。由于爆炸荷载作用具有持续时间短、峰值超压高等特点，因此钢筋混凝土梁在爆炸荷载作用下的非线性动力响应比较复杂。

近几年，国内外学者对钢筋混凝土梁在爆炸荷载作用下的响应开展了一系列研究工作。方秦等[30~32]以 Timoshenko 梁理论为基本框架，在材料模型中考虑了混凝土和钢筋的非线性和应变速率效应等因素，计算分析了爆炸荷载作用下钢筋混凝土梁的动态响应以及破坏形态，并分析了钢筋混凝土梁破坏形态的影响因素。焦延平等[33,34]应用通用有限元软件 ANSYS，对钢筋混凝土梁在爆炸荷载作用下的动力响应进行了数值模拟。

为了更深入地了解钢筋混凝土梁的抗爆性能，制定相应的抗爆设计与加固措施，本节应用非线性动力分析软件 LS-DYNA，对爆炸荷载作用下钢筋混凝土梁的动力响应进行数值模拟，并与已有文献中的试验结果进行对比分析，从而验证数值分析模型。在此基础上，研究不同爆炸荷载作用下梁的非线性动力响应及其可能发生的破坏模式；通过参数分析，研究梁的截面尺寸、材料强度和配筋率等因素对于钢筋混凝土梁抗爆性能的影响，从而为钢筋混凝土梁的抗爆设计与加固提供理论依据。

4.3.1 钢筋混凝土梁抗爆性能分析的数值模型

1. 钢筋混凝土的有限元模型

由于爆炸荷载作用下钢筋混凝土结构的非线性动力响应属于瞬态动力学问题，因此本节采用 LS-DYNA 软件所提供的显式有限元方法，分析钢筋混凝土结构构件的抗爆性能。

采用有限元方法进行结构分析时，首先需要将结构进行离散化。钢筋混凝土结构由钢筋和混凝土两种材料组成，在钢筋混凝土结构中钢筋一般是被包围于混凝土之中的，而且体积较小，因此，在建立钢筋混凝土的有限元模型时，必须考虑到这一特点。通常钢筋混凝土有限元模型根据钢筋的处理方式主要分为三种，即分离式、组合式和整体式模型。

分离式模型把混凝土和钢筋作为不同的单元来处理，即混凝土和钢筋各自被划分为足够小的单元，按照混凝土和钢筋不同的力学性能，选择多种不同的单元形式。在分离式模型中，钢筋和混凝土的刚度矩阵是分开来求解的，然后统一集成到整体刚度矩阵中去。这种模型可按实际配筋划分单元，并且在钢筋和混凝土之间可以插入黏结单元来模拟钢筋和混凝土之间的黏结和滑移。但是当配筋量大而不规则时，该模型所需划分单元的数量很大。

组合式模型又分为两种。一种是分层组合式，在横截面上分成许多混凝土层和若干钢筋层，并对截面的应变作出某些假设。根据材料的实际应力—应变关系和平衡条件可以导出单元的刚度表达式。这种组合方式在杆件系统，尤其在钢筋混凝土板、壳结构中应用较多。另一种组合方法则是采用带钢筋薄膜的等参单元，这种组合单元中包括了钢筋对单元的贡献。组合式模型的特点是单元数量减少，但单元刚度的计算较繁琐。

整体式模型将钢筋分布于整个单元中，并且假定混凝土和钢筋之间黏结很好，并把单元视为连续均匀的，与分离式模型不同的是，它求出的是综合了混凝土与钢筋单元的刚度矩阵。与组合式模型不同之处在于它不是先分别求出混凝土与钢筋对单元刚度的贡献然后再组合，而是一次求得综合刚度矩阵。整体式模型的特点是单元划分较少，相应地计算量减小，并且可以适应配筋较为复杂的情况，但该模型只能求得钢筋所在单元的平均应力，而且不能计算钢筋和混凝土之间的黏结应力。

由于组合式模型和整体式模型均没有采用独立的单元模拟钢筋，因此不能求出钢筋内力的详细情况。为了研究爆炸荷载作用下钢筋混凝土构件中钢筋的内力变化特征，在数值分析中采用分离式有限元模型，即钢筋和混凝土分别采用不同的单元来模拟。

1）钢筋混凝土梁的单元类型

为了应用分离式有限元模型对钢筋混凝土梁进行离散化，钢筋采用梁单元模拟，而混凝土采用实体单元模拟。

采用 ANSYS 软件建立钢筋混凝土梁的模型时，由于考虑到随后需要应用 LS-DYNA 进行显式动力分析计算，因此钢筋采用 ANSYS 中的显式梁单元 BEAM161 进行定义，而混凝土则采用显式实体单元 SOLID164 进行定义，然后生成 LS-DYNA 计算所需要的关键字文件。在关键字文件中，钢筋采用*ELEMENT_BEAM 关键字进行定义，而混凝土采用*ELEMENT_SOLID 关键字进行定义。

2）钢筋的材料模型

考虑到爆炸荷载作用下钢筋的受力特点，钢筋的材料模型采用 LS-DYNA 中的 * MAT_PLASTIC_KINEMATIC[8] 关键字进行定义。该材料模型适于模拟钢材的弹塑性，并且可以模拟等向强化和随动强化，还可以考虑快速加载状态下的应变率效应。

钢筋材料模型的应力-应变关系如图 4.18 所示。图中，E 为钢筋的弹性模量，E_t 为其切线模量，l_0 和 l 分别为钢筋变形前后的轴向长度。β 为硬化参数，在 0 至 1 之间取值，从而模拟随动强化、等向强化或二者的结合。

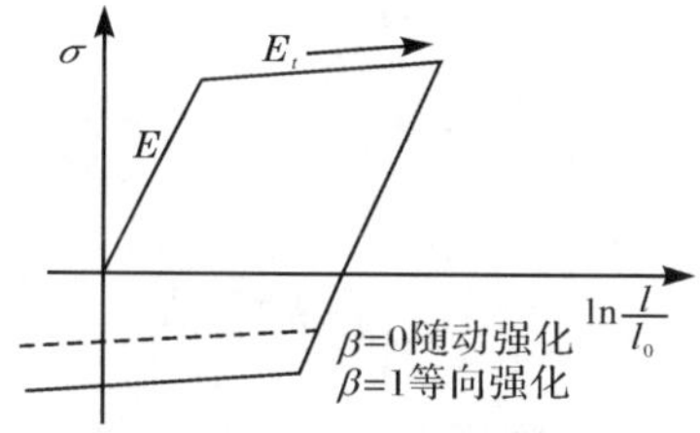

图 4.18　钢筋的材料模型

钢筋的应变率效应采用 Cowper-Symonds 模型[8]来计算，即在计算钢筋的屈服应力时，乘以如下系数：

$$1+\left(\frac{\dot{\varepsilon}}{C}\right)^{\frac{1}{P}} \tag{4.15}$$

式中，$\dot{\varepsilon}$ 为应变率；C 和 P 是 Cowper-Symonds 模型的应变率参数。当 C 和 P 取值为零时，即不考虑材料的应变率效应。对于钢筋，这两个参数的取值分别为：$C=40$，$P=5$。

3）混凝土的材料模型

混凝土材料在爆炸荷载作用下将处于大应变、高围压及高应变率的状态，为了描述混凝土材料在这种状态下的非线性动力响应，混凝土材料采用 LS-DYNA

中的 * MAT_CONCRETE_DAMAGE_REL3[8] 关键字进行定义。该模型是在原有 * MAT_CONCRETE_DAMAGE 的基础上引入了参数生成功能。在使用该模型时，只需要输入弹性模量和抗压强度 f'_c 等少数参数，即可完成定义，其他材料参数由模型自动生成[8]。

材料的应变率效应通常用某一应变率下材料的动力强度与其静力强度的比值来表示。这个比值就是动力提高系数 DIF，它是应变率的函数。混凝土强度的动力提高系数采用 K&C 模型[12,13]，它是在欧洲规范 CEB[15] 推荐的计算方法的基础上进行了改进得来的。

混凝土的抗压强度的动力提高系数为

$$\text{CDIF}=\frac{f_{cd}}{f_{cs}}=\begin{cases}\left(\dfrac{\dot{\varepsilon}_c}{\dot{\varepsilon}_{c0}}\right)^{1.026\alpha}, & |\dot{\varepsilon}_c|\leqslant 30\text{s}^{-1}\\ \gamma\left(\dfrac{\dot{\varepsilon}_c}{\dot{\varepsilon}_{c0}}\right)^{\frac{1}{3}}, & |\dot{\varepsilon}_c|>30\text{s}^{-1}\end{cases} \tag{4.16}$$

式中，f_{cd} 为混凝土的动力抗压强度，MPa；f_{cs} 为混凝土的静力抗压强度，MPa；$\dot{\varepsilon}_c$ 为混凝土材料受压时的应变率（s^{-1}）；$\dot{\varepsilon}_{c0}$ 为静态应变率，取 $\dot{\varepsilon}_{c0}=3\times 10^{-5}\text{s}^{-1}$；$\alpha=\dfrac{1}{5+9f'_c/f'_{c0}}$；$f'_c$ 为混凝土的轴心抗压强度，MPa；$f'_{c0}=10\text{MPa}$；$\lg\gamma=6.156\alpha-2$。

混凝土的抗拉强度的动力提高系数为

$$\text{TDIF}=\frac{f_{td}}{f_{ts}}=\begin{cases}\left(\dfrac{\dot{\varepsilon}_t}{\dot{\varepsilon}_{t0}}\right)^{\delta}, & \dot{\varepsilon}_t\leqslant 1\text{s}^{-1}\\ \beta\left(\dfrac{\dot{\varepsilon}_t}{\dot{\varepsilon}_{t0}}\right)^{\frac{1}{3}}, & \dot{\varepsilon}_t>1\text{s}^{-1}\end{cases} \tag{4.17}$$

式中，f_{td} 为混凝土的动力抗拉强度，MPa；f_{ts} 为混凝土的静力抗拉强度，MPa；$\dot{\varepsilon}_t$ 为混凝土材料受拉时的应变率，s^{-1}；$\dot{\varepsilon}_{t0}$ 为静态应变率，取 $\dot{\varepsilon}_{t0}=10^{-6}\text{s}^{-1}$；$\delta=\dfrac{1}{1+8f'_c/f'_{c0}}$；$\lg\beta=6\delta-2$。

2. 数值模型的验证

清华大学抗震抗爆工程研究室曾进行了钢筋混凝土梁在爆炸荷载作用下的动力反应的试验研究[35]。本节应用该试验所得到的结果，对钢筋混凝土梁的数值分析模型加以验证。

清华大学抗震抗爆工程研究室一共做了尺寸相同的六根梁的试验，本节以其中的试件编号为 G-1 的钢筋混凝土简支梁为例进行分析。

试件的尺寸及配筋图如图 4.19 所示。梁的截面尺寸为 197mm×290mm，长度为 1650mm。由于试验时梁的两端采用简支，其跨长为 1450mm。梁的底部配有 2 根直径为 12mm 的纵筋，其配筋率为 0.43%；梁的顶部配有 2 根直径为 8mm 的纵筋；梁的箍筋直径为 6mm，间距为 100mm。

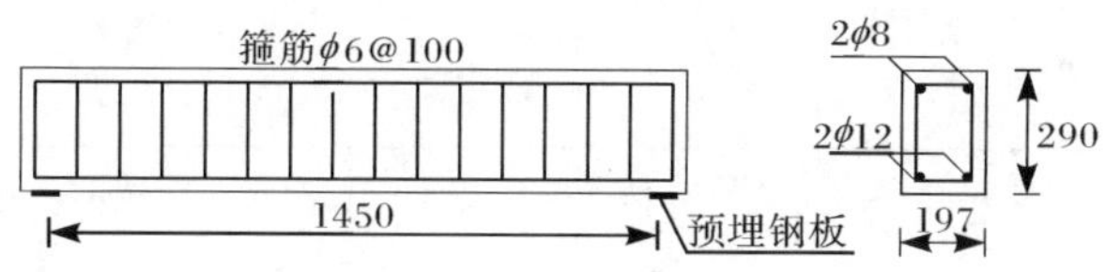

图 4.19　试件的尺寸及配筋图

该试件的混凝土用料为普通硅酸盐水泥、中砂、卵石，水灰比为 0.4，蒸汽养护，试验时龄期约为 2 年，其抗压强度达到 35MPa。梁底部纵筋为 35Si2Ti 高强钢筋，其屈服强度达到 600MPa。梁顶部纵筋和箍筋种类相同，均为 16Mn 钢筋，其屈服强度为 350MPa。

试验在筒形爆炸压力加载器上进行，加载器的简图如图 4.20 所示。导爆索经雷管引爆后产生的高压气体经爆炸管的壁孔外泄，使置于加载器底部的试件顶面受到均布压力。爆炸在梁顶面产生的压力大约经 6ms 达到其峰值，此后压力的衰减非常缓慢。

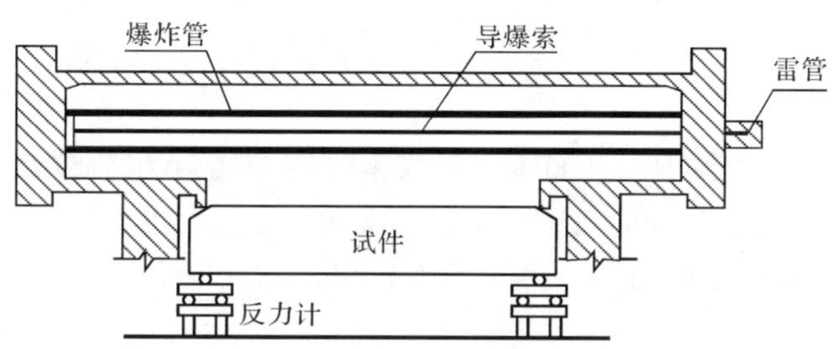

图 4.20　加载器简图

数值分析模型中所采用的钢筋和混凝土材料的参数列于表 4.9 和表 4.10中。

表 4.9　混凝土的材料参数

密度/(kg/m³)	泊松比	抗压强度/MPa
2.5×10^3	0.2	35

表 4.10　钢筋的材料参数

钢筋类型	密度/(kg/m³)	弹性模量/Pa	泊松比	屈服强度/MPa
梁底纵筋	7.8×10^3	2.07×10^{11}	0.3	600

续表

钢筋类型	密度/(kg/m³)	弹性模量/Pa	泊松比	屈服强度/MPa
梁顶纵筋	7.8×10^{3}	2.07×10^{11}	0.3	350
箍筋	7.8×10^{3}	2.07×10^{11}	0.3	350

为了建模时网格划分方便，数值模型中梁的截面取 200mm×300mm，其跨度取 1500mm，钢筋与混凝土单元的网络尺寸均为 25mm。考虑到问题的对称性，仅取一半结构进行建模计算，在梁跨中的对称面上采用对称约束，而在梁端采用简支。所建立的钢筋混凝土梁的有限元模型如图 4.21 所示。

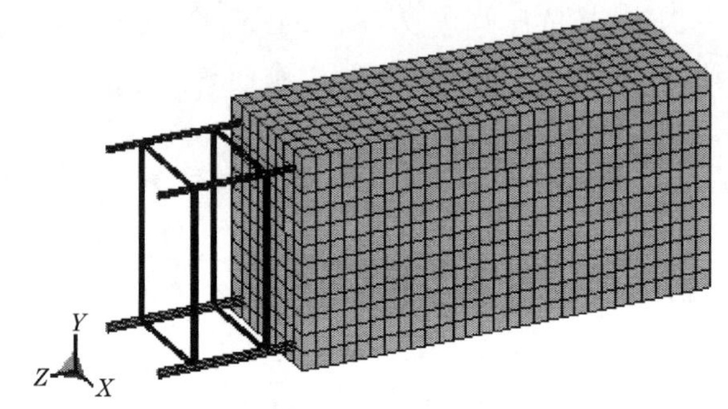

图 4.21　钢筋混凝土梁的有限元模型

根据试验测定的压力时程曲线，在数值分析中将爆炸荷载作用简化为如图 4.22所示的压力时程，即爆炸在梁顶面的压力经 6ms 达到峰值 P_{max}，并在 1s 后衰减至零。将该压力时程均匀施加到梁顶面各单元的上表面。

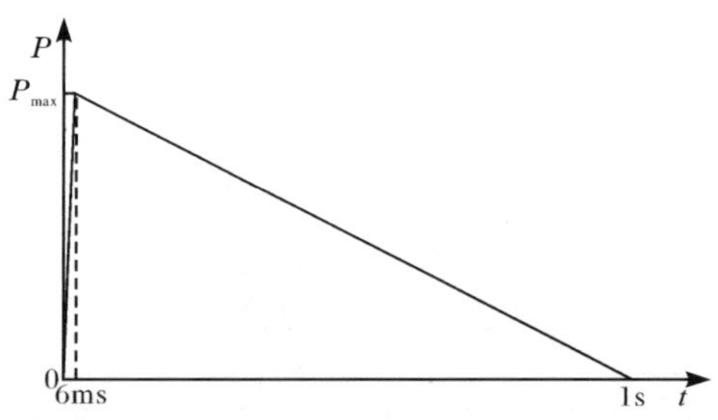

图 4.22　梁顶面的爆炸压力时程

在试验中，G-1 梁第一次加载时，测得的荷载峰值压力 $P_{max}=0.52$MPa，在第二次加载时，测得的荷载峰值压力 $P_{max}=0.63$MPa。为了对数值分析模型加以验证，表 4.11 列出了计算得到的钢筋混凝土梁的跨中最大挠度，并与试验结果进行了对比。

表 4.11　梁跨中最大挠度的计算结果与试验结果对比

荷载的峰值压力 P_{max}/MPa	试验结果/mm	计算结果/mm	误差/%
0.52	3.3	3.11	5.76
0.63	6.4	6.08	5.00

从表中可以看出，两种不同的加载情况下，梁的数值分析结果与试验结果比较接近，误差均在 6%以内，相差较小。

试验最终所得到的梁 G-1 的破坏情况如图 4.23 所示，从中可以看到钢筋混凝土梁在爆炸荷载作用下产生的裂缝。梁的有效塑性应变云图如图 4.24 所示，从图中可以看出试件塑性区发展的情况，这与梁的试验所得到的裂缝开展情况基本一致。

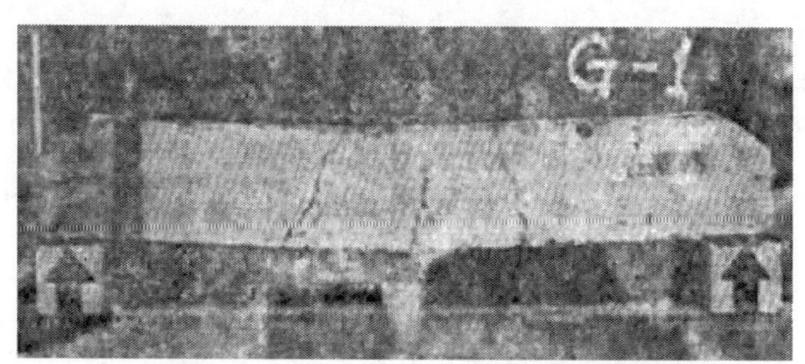

图 4.23　试验测得梁 G-1 的破坏情况

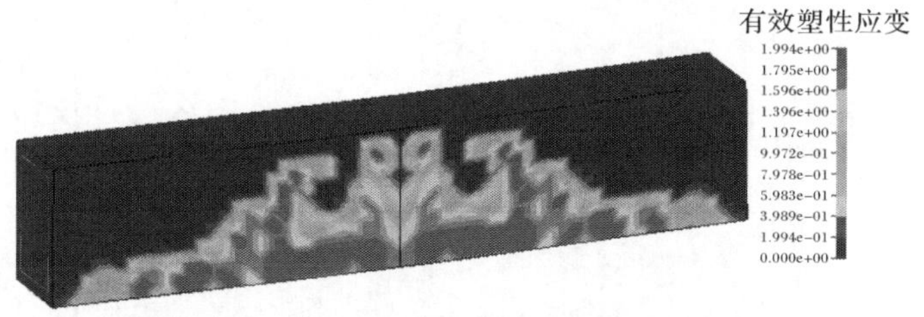

图 4.24　计算得到梁的有效塑性应变云图

两种不同加载情况下，计算得到的梁跨中挠度时程曲线如图 4.25 所示。可以看出，爆炸荷载作用下梁的跨中挠度迅速达到最大值，然后发生高频振动并逐渐衰减。

在上述两种加载情况下，梁跨中底部受拉纵筋的轴向应力时程的数值计算结果如图 4.26 所示。从图中可以看出，梁底纵筋的轴向应力在爆炸荷载作用下，迅速达到最大值，并逐渐衰减。在峰值压力为 0.52MPa 的加载情况下，梁底受拉纵

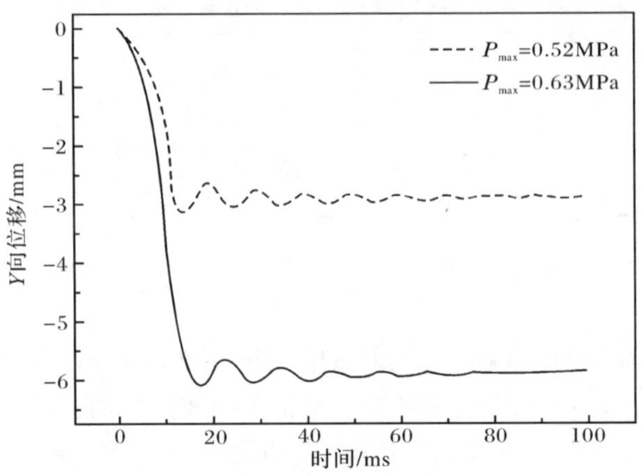

图 4.25　梁的跨中挠度时程曲线

筋的轴向应力最大值没有超过其屈服极限 600MPa,钢筋一直处于弹性阶段;而峰值压力为 0.63MPa 的加载情况下,梁底受拉纵筋轴向应力的最大值在某一时段超过了其屈服极限,钢筋进入塑性阶段。这样的计算分析结果与试验所测得的现象相一致。

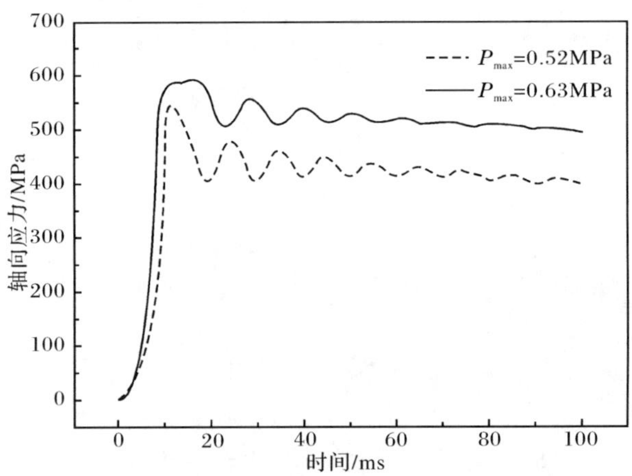

图 4.26　梁的跨中底部纵筋的轴向应力时程

通过上面的对比分析可以看出,数值分析结果与试验结果从定性观测和定量结果方面都有较好的一致性。因此,所采用的钢筋混凝土梁的数值分析模型可以较好地模拟爆炸荷载作用下钢筋混凝土梁的动力性能。

4.3.2　钢筋混凝土梁的破坏模式

通常情况下，钢筋混凝土梁在竖向荷载作用下会发生弯曲破坏，但是当动力荷载峰值较大、作用时间较短时，钢筋混凝土结构易于发生脆性的剪切破坏。也就是说在不同的爆炸荷载作用下，钢筋混凝土梁会产生不同的破坏模式。因此，在进行钢筋混凝土梁的抗爆设计与加固时，需要了解钢筋混凝土梁可能发生的破坏模式及其影响因素。

本节在对钢筋混凝土梁的有限元模型进行了试验验证的基础上，对不同爆炸荷载作用下钢筋混凝土梁的动力响应及破坏模式进行研究，从而分析钢筋混凝土梁的抗爆性能及动力特性。

1. 数值分析模型

在对钢筋混凝土梁的破坏模式进行数值分析时，所采用的模型尺寸、边界条件、网格划分和单元类型与前一节的数值分析模型相同。

在模型中混凝土的材料参数不变，梁截面底部纵筋不采用高强钢筋，而是采用我国混凝土结构设计规范[36]中的 HRB335 钢筋，而梁截面顶部纵筋及箍筋均采用 HPB235 钢筋，钢筋的材料参数如表 4.12 所示。

表 4.12　钢筋材料参数

钢筋类型	弹性模量/MPa	切线模量/MPa	屈服强度/MPa	泊松比
HPB235	2.1×10^5	2.1×10^3	235	0.3
HRB335	2.1×10^5	2.1×10^3	335	0.3

2. 不同爆炸荷载作用下梁的动力响应

通常情况下爆炸作用的升压时间很短，因此本节在数值分析中忽略爆炸作用的升压时间，将爆炸荷载简化为如图 4.27 所示的压强时程。爆炸作用在钢筋混凝土梁顶面的压强在零时刻即达到其峰值压强 P_{max}，随后线性衰减，直至 t_0 时刻压强衰减至零。因此，作用在梁顶面的爆炸荷载总冲量 I 为

$$I=\frac{1}{2}P_{max}At_0 \tag{4.18}$$

式中，A 为爆炸荷载作用面的面积，即梁顶面面积。

为了研究钢筋混凝土梁在爆炸荷载作用下的动力特性，在数值模型中，改变梁顶面的爆炸荷载作用，在保持爆炸荷载作用冲量 I 相同的情况下，使钢筋混凝土梁承受具有不同的峰值压强 P_{max} 和作用时间 t_0 的爆炸荷载作用。

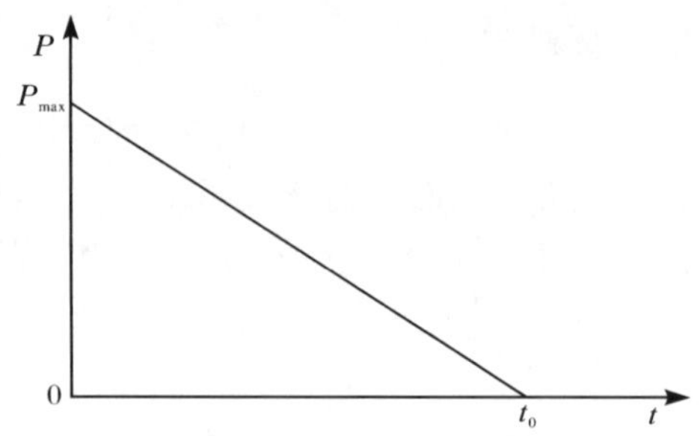

图 4.27　作用在梁顶面的爆炸荷载的压力时程

在不同的爆炸荷载作用下，钢筋混凝土梁的跨中挠度时程曲线如图 4.28 所示。从图中可以看出，虽然梁所承受的爆炸荷载的冲量相同，但由于峰值超压和作用时间不同，钢筋混凝土梁的跨中最大竖向位移及最终的塑性变形均不相同。例如，对于峰值压强为 1MPa 和 5MPa 而作用时间分别为 5ms 和 1ms 的两种爆炸荷载，其作用在钢筋混凝土梁上所产生的最大竖向位移分别是 5.7mm 和 11.2mm。也就是说，在爆炸荷载的冲量保持不变的情况下，当其峰值压强从 1MPa 增加到 5MPa，虽然爆炸荷载的作用时间减小，但是钢筋混凝土梁的跨中最大竖向位移增大了 96%。

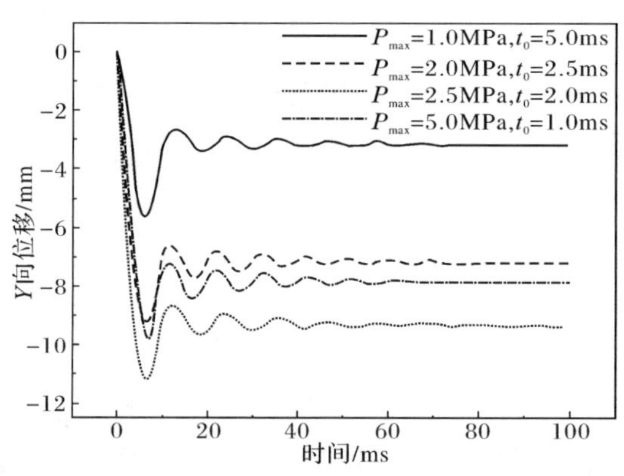

图 4.28　不同爆炸荷载作用下梁的跨中挠度时程

图 4.29 给出了在相同冲量的爆炸荷载作用下，钢筋混凝土梁跨中最大竖向位移随峰值超压的变化规律。从图中可以看出，当爆炸荷载的峰值压强从 0.5MPa增加到 2MPa，梁的跨中最大挠度迅速增大，从 1.6mm 增大到 9.0mm，增大了 462.5%。然而当爆炸荷载的峰值压强超过 2MPa 之后，随着峰值压强的增大，梁的跨中最大挠度的增大值较小。例如，当峰值压强从 4MPa 增加到 10MPa，梁的跨中最大挠度从 10.7mm 增大到 12.0mm，仅增大了 12.1%。

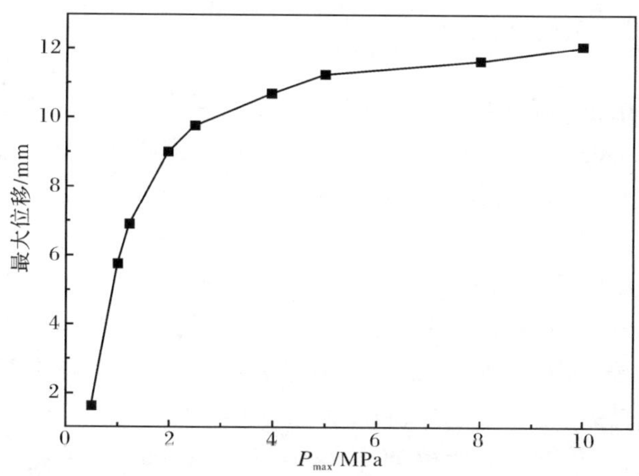

图 4.29　不同爆炸荷载作用下梁的跨中最大挠度

由此可见，在爆炸荷载冲量相同的情况下，梁的跨中最大挠度随爆炸荷载峰值的增大而增大，但是增大幅度逐渐减小，即其变化曲线的斜率逐渐减小，呈现近于双曲线的变化规律。

在不同爆炸荷载作用下，钢筋混凝土梁的跨中截面底部纵向钢筋的轴向应力时程如图 4.30 所示。从图中可以看出，当峰值压强为 1MPa 时，底部纵筋没有达到其屈服极限，而当爆炸荷载的峰值压强超过 2MPa 时，虽然爆炸荷载作用时间减小了，但是梁的跨中截面的底部纵筋均超过了其屈服极限，这也是与梁的跨中出现较大的挠度相对应的。

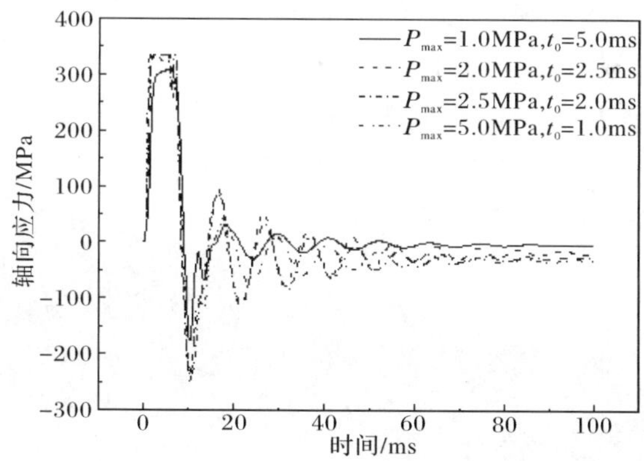

图 4.30　不同爆炸荷载作用下梁底纵筋的轴向应力时程

3. 破坏模式

竖向荷载作用下，钢筋混凝土梁有可能发生弯曲破坏、剪切破坏或者弯剪破坏。钢筋混凝土梁的弯曲破坏多发生在梁的跨中位置处，通常表现为梁底纵向钢筋的屈服、拉断以及受压区混凝土的压碎；剪切破坏通常表现为支座处发生直剪破坏或剪跨区发生斜剪破坏。

由于爆炸荷载的作用时间非常短，结构构件往往还来不及充分变形即发生破坏。而且钢筋混凝土结构的剪切破坏属于脆性破坏，在构件破坏时所产生的塑性变形往往都比较小。因此，本节在数值模拟中，首先确定梁的有效塑性应变最早出现的位置，然后据此来判定钢筋混凝土梁的破坏模式。

图 4.31 给出了钢筋混凝土梁的三种破坏模式。其中，图 4.31(a)给出的是爆炸荷载的峰值压强 P_{max}=1MPa、作用时间 t_0=5ms 时，钢筋混凝土梁上首先出现的有效塑性应变云图。可以看出，在梁的跨中附近首先出现有效塑性应变，此时对应的破坏模式为弯曲破坏。

图 4.31(b)给出了爆炸荷载的峰值压强 P_{max}=5MPa、作用时间 t_0=1ms 时，钢筋混凝土梁上首先出现的有效塑性应变云图。可以看出，在梁的跨中和支座附近同时出现了有效塑性应变，因此钢筋混凝土梁所遭受的破坏模式为弯剪破坏。

图 4.31(c)给出的是当爆炸荷载的峰值压强 P_{max}=10MPa、作用时间 t_0=0.5ms时，钢筋混凝土梁上首先出现的有效塑性应变云图。在这种情况下，梁的有效塑性应变首先出现在梁的支座附近，因此所对应的破坏模式为剪切破坏。

从前面的分析可以看出，钢筋混凝土梁在相同冲量的爆炸荷载作用下，会产生不同的破坏模式。随着峰值压力的增加与作用时间的减小，破坏模式逐渐由弯曲破坏转变为剪切破坏。也就是说，在较小峰值压力和较长作用时间的爆炸荷载作用下，主要发生位于梁跨中的弯曲破坏，而在较大峰值压力和较小作用时间的爆炸荷载作用下，主要发生位于支座处的剪切破坏。

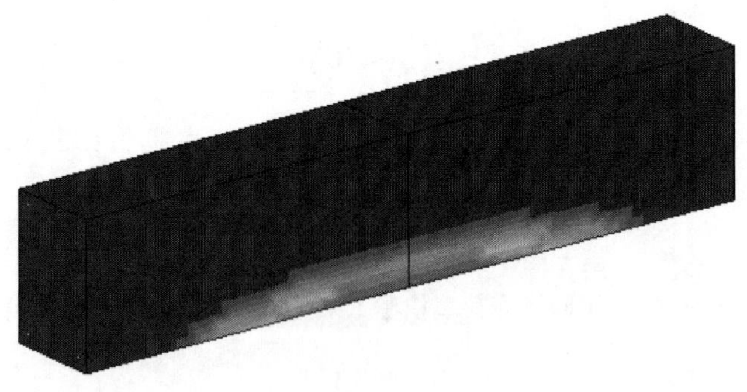

(a) 弯曲破坏

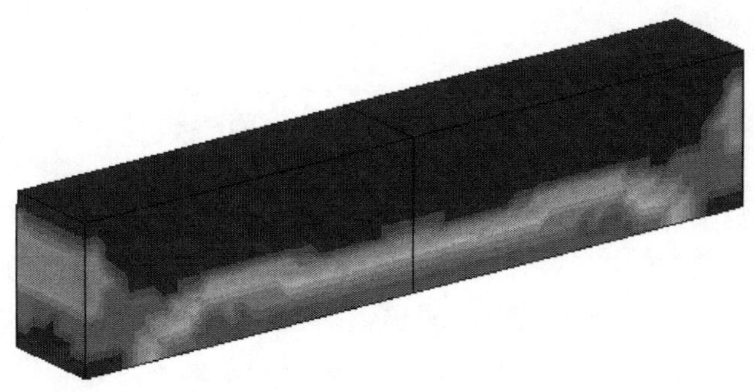

(b) 弯剪破坏

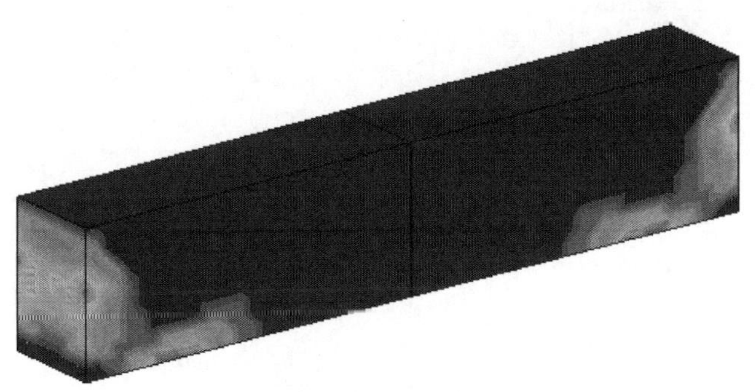

(c) 剪切破坏

图 4.31　钢筋混凝土梁的破坏模式

产生上述现象的原因主要是因为：当钢筋混凝土梁遭受峰值较大、作用时间较短的爆炸荷载时，荷载的高频成分丰富、加载速率高，容易激发钢筋混凝土梁的剪切变形和剪应力。此外，由于荷载作用时间很短，剪应力迅速增大到破坏应力，而弯曲位移尚未来得及发展，因此梁易于发生剪切破坏。

4.3.3　钢筋混凝土梁抗爆性能的影响因素分析

由于钢筋混凝土梁的抗爆性能受到各种因素的影响，因此在对钢筋混凝土梁进行抗爆设计与加固时，需要了解混凝土强度等级、配筋率、截面尺寸等各种因素对其抗爆性能的影响。本节在前面已有数值模型的基础上，对钢筋混凝土梁在爆炸荷载作用下的响应进行参数分析，研究各种参数对钢筋混凝土梁抗爆性能的影响。

进行参数分析时，仍采用钢筋混凝土梁的破坏模式分析时所采用的有限元模型、材料参数和爆炸荷载模型。其中爆炸荷载的峰值压强 $P_{\max}$ 为 5MPa，作用时间 t_0 为 1ms。

1. 混凝土强度等级

混凝土强度的高低直接影响钢筋混凝土结构的承载力大小,因此在钢筋混凝土结构的抗爆设计中,需要分析混凝土的强度对钢筋混凝土梁抗爆能力的影响。在数值分析模型中,不改变其他参数,仅改变混凝土的强度等级。

不同混凝土强度等级的情况下,对于钢筋混凝土梁跨中截面的底部纵筋,其轴向应力时程如图 4.32 所示。可以看出,在分析模型所设定的爆炸荷载作用下,对于不同的混凝土强度,梁跨中截面的底部纵筋均达到了其屈服极限。

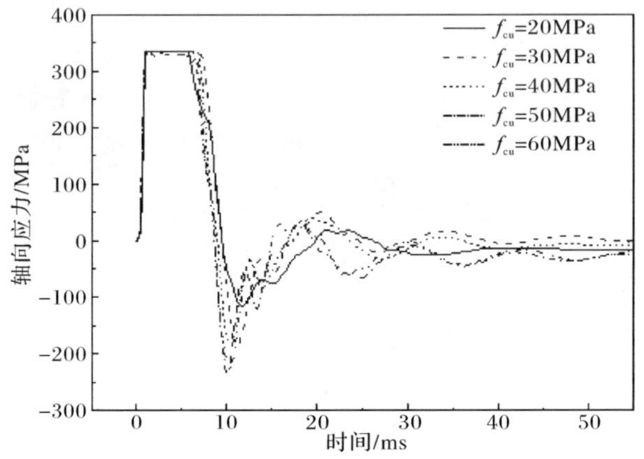

图 4.32　梁跨中截面底部纵筋的轴向应力时程

不同混凝土强度等级的情况下,钢筋混凝土梁的跨中挠度时程如图 4.33 所示。可以看出,在相同的爆炸荷载作用下,钢筋混凝土梁产生高频振动,梁的跨中挠度的时程曲线外形相近,但是具有不同混凝土强度的梁所产生的最大挠度值及最终的残余变形并不相同。

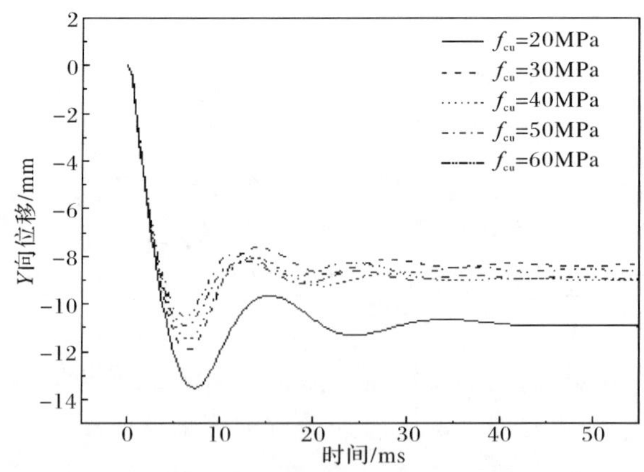

图 4.33　不同混凝土强度等级对应的梁的跨中挠度时程

图 4.34 给出了钢筋混凝土梁的跨中最大挠度随混凝土强度的变化规律。从图中可以看出，由于混凝土强度的提高，梁的最大位移有所降低，也就是说梁的抗爆性能得到相应提高。

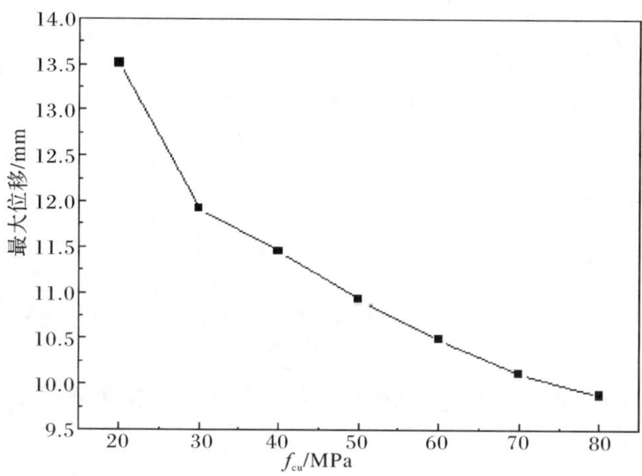

图 4.34　混凝土强度等级对梁的跨中最大挠度的影响

因此，在结构抗爆设计中，可以通过提高混凝土强度的方法，来提高钢筋混凝土梁的抗爆能力。但是混凝土强度等级的提高也意味着工程造价的提高，因此在抗爆设计中也要考虑经济因素。

同时可以看到，当混凝土强度等级低于 C30 时，钢筋混凝土梁的最大竖向位移明显增大。因此当钢筋混凝土梁易于遭受爆炸荷载时，其混凝土强度等级应高于 C30。

2. 底部纵筋配筋率

钢筋混凝土梁的配筋率是衡量其承载能力的一个重要参数，因此需要对梁的配筋率进行参数分析，研究它对钢筋混凝土梁抗爆性能的影响。在数值模拟中，通过改变梁底纵筋的直径 d，来改变其配筋率。其他模型参数不变。

通过数值分析，得到的梁跨中截面底部纵筋的轴向应力时程如图 4.35 所示。可以看出，梁底纵向钢筋在爆炸荷载作用下产生了屈服，而且钢筋直径越小，其屈服阶段所经历的时间越长。

梁的跨中挠度时程曲线如图 4.36 所示。从图中可以看出，不同配筋率的钢筋混凝土梁，在爆炸荷载作用下产生的挠度时程曲线的外形相近，但梁上产生的最大挠度和最终的残余变形有较大的差别。

图 4.37 给出了梁的跨中最大挠度随梁的配筋率的变化规律。从图中可以看出，随着配筋率的增大，梁的最大挠度逐渐变小。也就是说，钢筋混凝土梁的抗爆

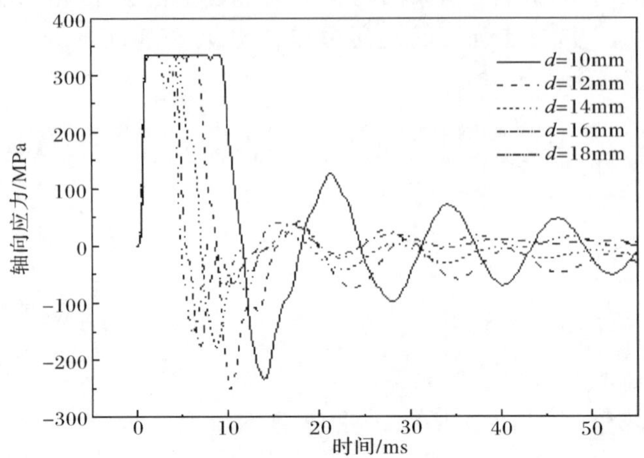

图 4.35 不同底部纵筋对应的梁跨中截面底部纵筋轴向应力时程

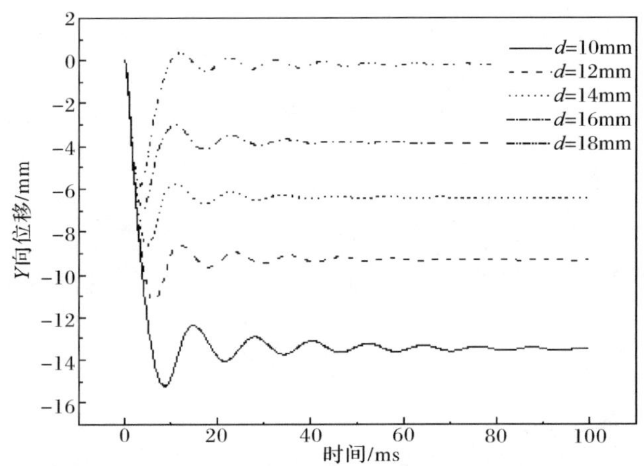

图 4.36 不同底部纵筋对应的梁的跨中挠度时程

性能随配筋率的增大而提高。因此，在抗爆设计中可以通过提高梁的截面配筋率来提高梁的抗爆性能。

为了更清楚地表达钢筋直径的改变对梁的最大挠度的影响，表 4.13 列出了不同钢筋直径的梁在爆炸荷载作用下的最大挠度的具体计算结果。

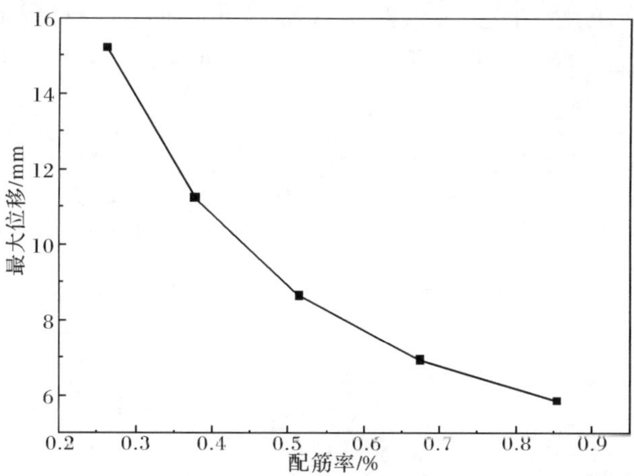

图 4.37　梁底部纵筋配筋率对梁的跨中最大挠度的影响

表 4.13　纵筋直径的改变对梁的最大挠度的影响

纵筋直径/mm	配筋率/%	最大挠度/mm	挠度减小比例/%
10	0.26249	15.2	—
12	0.37842	11.2	26.3
14	0.51577	8.6	23.2
16	0.67473	6.9	19.7
18	0.85549	5.8	15.9

从表中可以看到，当钢筋直径从 10mm 增大到 12mm 时，提高 0.12%，梁的跨中最大挠度减小了 26.3%；但是当钢筋直径从 16mm 增大到 18mm 时，配筋率增大了 0.18%，梁的跨中最大挠度仅减小 15.9%。这说明，随着梁的截面配筋率的增加，配筋率的提高对钢筋混凝土梁的抗爆性能的提高越来越有限。

3. 箍筋配箍率

箍筋作为横向钢筋主要起到承担剪力的作用，能增强钢筋混凝土构件的抗剪承载力。同时，它还可以围箍芯部混凝土，造成被动侧压而增强芯部混凝土的承载能力，进而起到提高钢筋混凝土构件承载力的作用。因此，需要了解不同的箍筋配置情况下，梁在爆炸荷载作用下的动力响应，以及箍筋对于钢筋混凝土梁抗爆性能的影响。

在数值分析模型中，保持其他参数不变，通过改变箍筋间距 s 来改变钢筋混凝土梁的配箍率，从而分析不同箍筋配置情况对钢筋混凝土梁抗爆性能的影响。箍筋的直径保持 6mm 不变，其间距 s 分别取 50mm、100mm、150mm 和 200mm。计算得到的不同箍筋间距情况下，梁跨中底部纵筋轴向应力时程如图 4. 38 所示。可以看出，梁底纵筋均经历屈服阶段，而且箍筋间距的改变对梁的纵筋轴向应力影响较小。

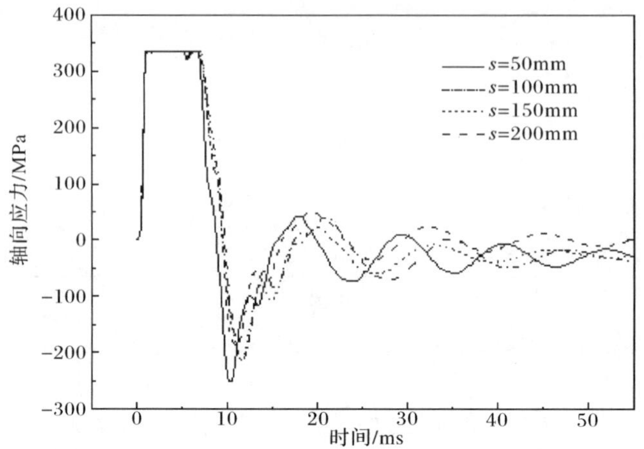

图 4. 38　不同箍筋间距对应的梁跨中底部纵筋的轴向应力时程

计算得到的不同箍筋间距对应的梁的跨中挠度时程如图 4. 39 所示。从图中可以看出，不同箍筋间距情况下，钢筋混凝土梁在爆炸荷载作用下均产生高频振动，挠度时程曲线的外形也比较相近。

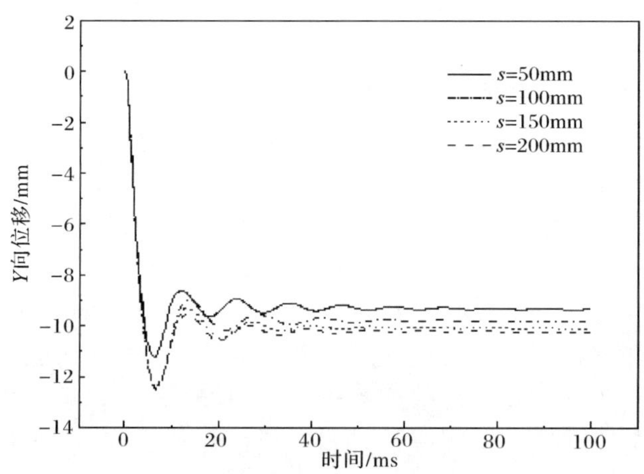

图 4. 39　不同箍筋间距对应的梁的跨中挠度时程

但是不同箍筋配置的梁在跨中位置产生的最大挠度有一定的差别，箍筋间距的大小对梁的跨中最大挠度的影响规律如图 4. 40 所示。从图中可以看出，当箍筋间距大于 100mm 时，箍筋间距的改变对梁的最大挠度的影响很小，而箍筋间距从 100mm 减小为 50mm 时，梁的跨中最大挠度明显减小，即其抗爆性能得到有效提高。由此可见，在钢筋混凝土梁的抗爆设计中，可以通过箍筋加密的方法来提高钢筋混凝土梁的抗爆性能。

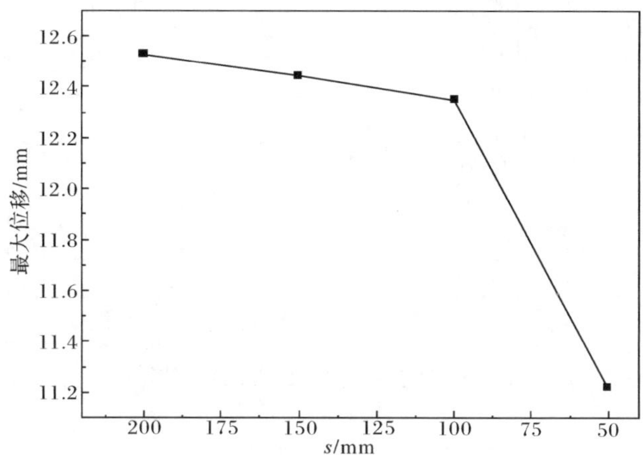

图 4.40　箍筋间距对梁的跨中最大挠度的影响

4. 梁的截面高度

钢筋混凝土梁的截面尺寸将直接影响其承载能力。因此，在抗爆设计中，需要研究梁的截面尺寸对钢筋混凝土梁在爆炸荷载作用下的动力响应的影响。

由于爆炸荷载施加在钢筋混凝土梁的顶面，所以在截面宽度保持不变的情况下，截面高度的改变并不会影响作用在梁上的爆炸荷载的大小。因此，在数值分析模型中，钢筋混凝土梁的截面宽度 $b=200$mm 保持不变，仅改变梁的截面高度 h，对其进行参数分析。

不同截面高度对应的梁底部纵筋轴向应力时程如图 4.41 所示。从图中可以看出，在相同的爆炸荷载作用下，对于数值模型中所采用的不同截面高度的梁，其跨中截面底部纵筋的轴向应力均经历屈服阶段，并且梁的截面高度越小，梁底纵筋所经历的屈服阶段越长。

图 4.42 给出了不同截面高度对应的钢筋混凝土梁的跨中挠度时程曲线。从图中可以看出，爆炸荷载作用下钢筋混凝土梁的挠度时程曲线的外形相近，但梁上所产生的最大挠度和残余变形有较大的差别。截面高度越大，产生的最大挠度和残余变形越小，也就是说增大截面高度可有效地提高梁的抗爆性能。

钢筋混凝土梁截面高度的改变对其跨中最大挠度的影响如图 4.43 所示。从图中可以看出，随着梁的截面高度的增大，钢筋混凝土梁在爆炸荷载作用下产生的跨中位置的最大挠度在减小，但是最大挠度的减小幅度却有所降低。例如，截

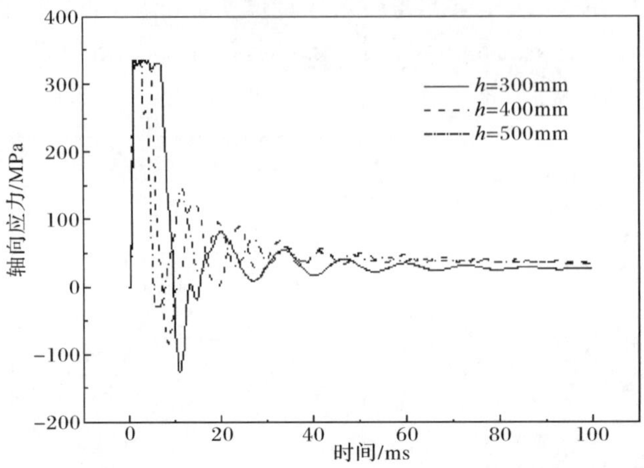

图 4.41　不同截面高度对应的梁底部纵筋的轴向应力时程

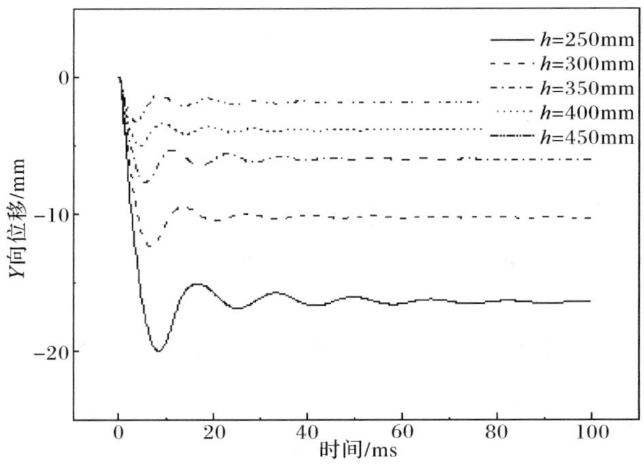

图 4.42　不同截面高度对应的梁的跨中挠度时程

面高度从 250mm 增大到 300mm 时,梁的最大挠度从 20.0mm 减小为 12.4mm,减小了 7.6mm;而当梁的截面高度从 450mm 增大到 500mm 时,梁的最大挠度从 3.2mm 减小为 2.2mm,仅减小 1mm。

因此,在钢筋混凝土梁的抗爆设计中,提高截面高度,可有效提高其抗爆性能。但是随着截面高度的增大,截面高度进一步提高对钢筋混凝土梁的抗爆性能的提高效果越来越不明显。

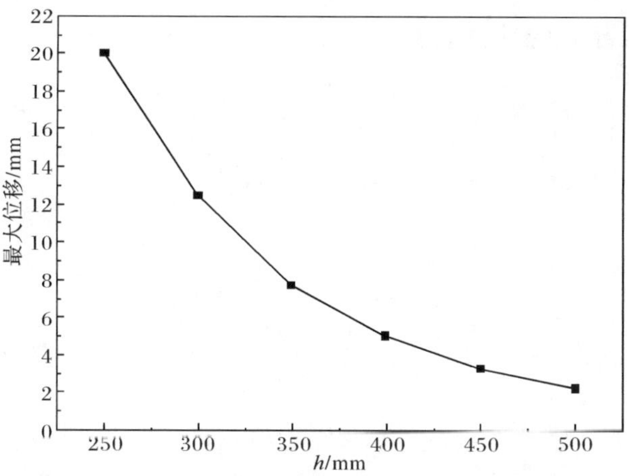

图 4.43　截面惯性矩对梁的跨中最大挠度的影响

4.4　钢筋混凝土板

钢筋混凝土板是建筑结构中重要的受力构件，当建筑物外部的爆炸冲击波通过门窗洞口进入建筑物内部后，会使钢筋混凝土板遭受爆炸荷载作用而发生破坏，失去其承载能力，造成生命和财产的损失。因此，对于易于遭受爆炸荷载的钢筋混凝土结构，例如化工厂的厂房、人防设施等，在进行静力设计的同时，应该对钢筋混凝土板进行抗爆设计与加固，而这就需要对其抗爆性能进行细致深入的研究。

由于爆炸荷载具有峰值超压高、作用时间短的特点，不同于地震荷载等其他形式的动力荷载作用下的响应，爆炸荷载作用下的钢筋混凝土板的动力响应比较复杂。国内外学者对于爆炸荷载作用下板的动力响应开展了很多的研究工作。阎石等[37]应用有限元软件 ABAQUS 对钢筋混凝土板的破坏模式进行了分析，并研究了钢筋混凝土板在爆炸荷载作用下所发生的破坏模式及其变化规律。吴红晓等[38]采用广义协调矩形分层单元和显式 Newmark 法编制了钢筋混凝土板的动力有限元程序。Low 和 Hao[39,40]采用单自由度体系分析了钢筋混凝土板在爆炸荷载作用下的可靠性；Zhou 和 Hao 等[41]应用一种混凝土塑性动力损伤模型，评估了钢筋混凝土板在爆炸荷载作用下的动力响应。

为了进一步了解钢筋混凝土板抗爆性能的主要影响因素，本节采用非线性有限元软件 LS-DYNA，对钢筋混凝土板在爆炸荷载作用下的动力响应进行数值模拟，并分析混凝土强度、纵筋配筋率、板的厚度等因素对板的抗爆性能的影响，从而为钢筋混凝土板的抗爆设计与加固提供理论依据。

4.4.1 钢筋混凝土板的计算模型

1. 混凝土材料的定义

LS-DYNA 计算程序将各种材料模型用数字进行了编号，能用于混凝土模拟的模型并不少，如 5＃、16＃、17＃、25＃、72＃、111＃等，其中 5＃、16＃、17＃的应用范围具有较大的局限性，应用较少，国际上用得最多的模型是 16＃和 111＃模型。本节采用的是由 16＃(MAT_PSEUDO_TENSOR)模型改进得到 72＃模型，它能模拟混凝土在高应变率和大变形下的性能，同时还考虑了混凝土的损伤，较为适合于钢筋混凝土的模拟。

LS-DYNA 中的显式算法能够快速求解短时间、大变形、动态、准静态问题。其非线性显式分析程序可以求解各种几何非线性、材料非线性和接触非线性，特别适合分析各种非线性结构冲击动力学问题，如爆炸、结构碰撞等。LS-DYNA 分析程序中广泛应用的混凝土材料模型综合考虑了混凝土材料在爆炸冲击荷载作用下的弹塑性效应、强化效应、软化效应、应变率效应、损伤效应等多种因素，能比较真实反映混凝土材料在爆炸冲击荷载作用下的特性，用于建筑结构的抗爆分析研究，可以得出比较满意的结果[8]。

在 72＃模型中积累损伤包括有效塑性应变引起的损伤和塑性体积应变引起的损伤之和，但是最主要是由有效塑性应变引起的。模型中修正的有效塑性应变 λ 如式(4.19)所示：

$$\lambda=\begin{cases}\displaystyle\int_0^{\bar{\varepsilon}^{\mathrm{p}}}\frac{\mathrm{d}\bar{\varepsilon}^{\mathrm{p}}}{r_{\mathrm{f}}(1+p/r_{\mathrm{f}}f_{\mathrm{t}})^{b_1}}, & p\geqslant 0\\ \displaystyle\int_0^{\bar{\varepsilon}^{\mathrm{p}}}\frac{\mathrm{d}\bar{\varepsilon}^{\mathrm{p}}}{r_{\mathrm{f}}(1+p/r_{\mathrm{f}}f_{\mathrm{t}})^{b_2}}, & p<0\end{cases} \tag{4.19}$$

式中，r_{f} 为单轴试验的应变率增大系数；f_{t} 为混凝土单轴受拉强度；p 为应力球张量；b_1 和 b_2 为与损伤演变有关的参数；有效塑性应变增量 $\mathrm{d}\bar{\varepsilon}^{\mathrm{p}}=\sqrt{(2/3)\varepsilon_{ij}^{\mathrm{p}}\varepsilon_{ij}^{\mathrm{p}}}$。

通过公式可以看出修正的有效塑性应变的损伤考虑了应变率和约束效应的影响，并且在静水压力的正负不同时损伤演化也不同。

2. 钢筋材料的定义

钢筋在爆炸荷载作用下表现为非线弹性的本构关系。本节中钢筋有限元模型的本构关系选用 LS-DYNA 中的塑性随动模型 MAT-PLASTIC-KINEMATIC 模型。它是一种各向同性、随动硬化混合模型，与应变率相关，可考虑失效，参数简单，较容易确定。其材料参数为：密度(ρ)为 7.83g/mm^3、弹性模量(E)为2.1×10^5MPa、泊松比(ν)为 0.3、屈服应力(σ)为 235MPa。

3. 爆炸荷载的计算模型

无论爆炸是发生在建筑结构内部还是外部，其作用于板上的荷载并不是均匀分布，而是与板的位置、周围构件的分布、爆炸波传播方向等因素有关。且作用于板上的荷载可能由于爆炸波反射的影响会产生多次冲击，如图 4.44 所示。

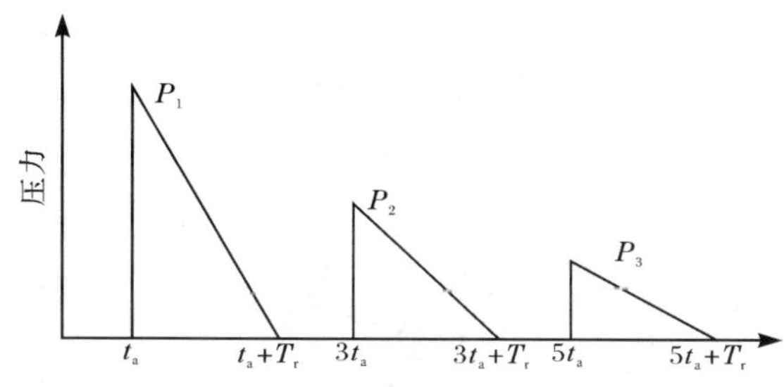

图 4.44　简化的反射爆炸荷载时程曲线

对于爆炸荷载的模拟，LS-DYNA 分析程序提供了高能炸药材料模型，此模型可以通过定义关键字 MAT_HIGH_EXPLOSIVE_BURN 确定爆炸产生气体的压力一体积关系状态方程，且可以采用多物质流固耦合方法消除单元畸变问题，但由于划分单元过多而使计算量比较大，计算时间较长。为了简化计算，可以通过定义两个关键字 LOAD_BLAST 和 LOAD _SEGMENT_SET 定义爆炸作用于钢筋混凝土板上的荷载。这种算法需要定义目标的迎爆面、炸药当量及炸药的坐标。它的计算原理是根据炸药量的大小和与目标的距离，用 TM5-1300[6] 的公式计算出目标上每点的荷载大小，计算得到目标上的应力呈轴对称分布。加载采用直接在固体模型上施加爆炸波(Load_ Blast)[8] 的方法，这种方法无需建立爆炸场计算网格，在满足立方根比例定律的同时，可以很方便地给物体加载爆炸波作用，可以大大节省计算资源。爆炸波通过结合反射压力和入射压力把入射角的影响考虑进来，在无遮挡作用面上其表达式为

$$P_1 = P_r \cos^2\theta + P_i(1 + \cos^2\theta - 2\cos\theta) \tag{4.20}$$

式中，P_1 表示加载压力；P_i 表示入射压力；P_r 表示正反射压力。

这种方法在满足立方根比例定律的同时可以方便地给构件加载爆炸荷载作用。

4. 钢筋混凝土板模型的建立

本节所建立的钢筋混凝土板模型为边长 3m，四边为刚接的双向板，板厚为 120mm。板底双向配置 8ϕ120 受拉钢筋，支座负筋为 12ϕ120，长度为板跨度的 1/4，钢筋等级为 HPB235。混凝土 C30，配筋率为 2.2%。构件根据《混凝土结构

设计规范》(GB50010－2010)[36]设计。

模型中的混凝土单元采用三维实体单元 SOLID164 模拟，该单元具有 8 个节点，每个节点有 9 个自由度，采用单点积分算法。钢筋单元采用 BEAM161 梁单元，此单元采用 Gauss 积分方法。钢筋单元和混凝单元之间采用共节点连接，网格尺寸均为 20mm。钢筋混凝土板模型如图 4.45 所示。

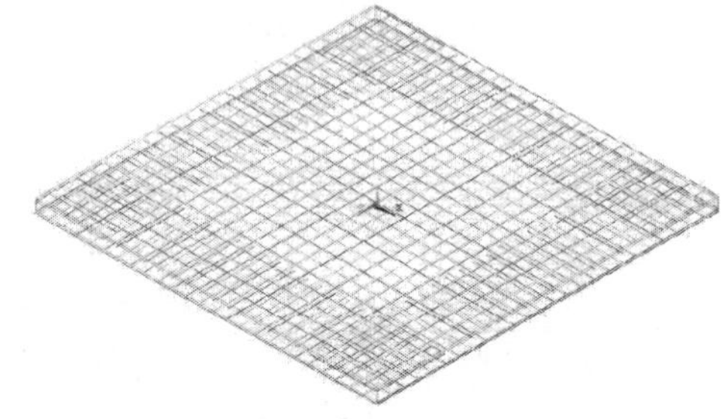

图 4.45 钢筋混凝土板模型

4.4.2 钢筋混凝土板动力响应的影响因素分析

1. 爆炸荷载峰值

对构件挠度产生影响最直接的外在因素为荷载强度。分别选 10kg、20kg、30kg、50kg 和 100kg 的 TNT 炸药在距离板 5m 处爆炸(相同距离不同炸药量)，其作用于板上的荷载峰值及板跨中位移峰值见表 4.14。

表 4.14 不同爆炸荷载峰值作用下板跨中位移峰值

爆炸质量 /kg	比例距离 /$(m/kg^{1/3})$	荷载峰值 /MPa	跨中位移峰值 /mm
10	2.32	0.44	8.007
20	1.84	0.85	22.30
30	1.61	1.27	24.95
50	1.35	2.10	134.7
100	1.08	4.17	355.9

表 4.14 表明在爆炸距离确定时，随着炸药量的增加(比例距离的减小)，峰值位移逐渐增大。这与构件的单自由度分析结果相吻合。图 4.46 给出了五种情况下的板跨中位移时程曲线

当 10kg TNT 炸药爆炸作用于钢筋混凝土板上时，由于荷载持时相对较短，使构件在位移未发生变化时获得初始速度，且由于荷载相对较小，没有使构件产

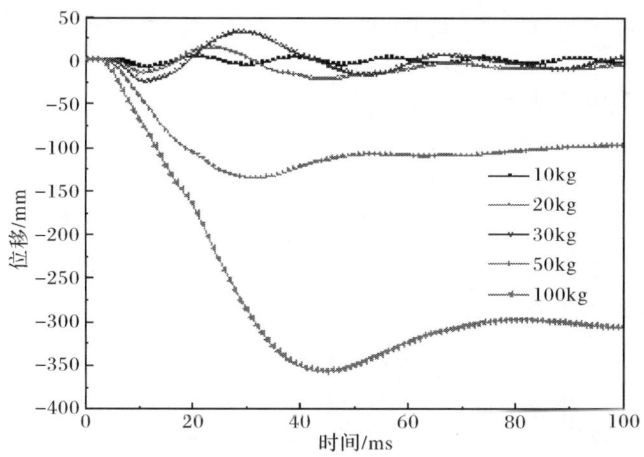

图 4.46　不同爆炸荷载下板跨中位移时程曲线

生局部破坏，构件在荷载消失后自由振动。由图 4.46 可知构件的固有周期约为 20ms，但实际固有周期应小于 20ms，因为此时结构的振动频率受构件损伤破坏的影响而降低。

当 50kg 或 100kg TNT 炸药爆炸作用于钢筋混凝土板上时，在荷载未消失时即产生较大位移，这种荷载被称为“准静态”荷载。

2. 钢筋构造

在民用住宅中，规范要求的板内负筋长度为板跨度的 1/4，配筋率由支座负弯矩确定。如果将板内负筋通长布置，将会对板的动力性能有很大的改善。图 4.47 位移较小的两条曲线表明的是在 30kg TNT 爆炸荷载的作用下跨中位移的时程曲线。可以看出两条时程曲线没有明显分别，说明在此荷载作用下增加的负筋没有加强构件抵抗能力。位移较大的两条曲线是在 100kg TNT 爆炸荷载作用下跨中位移的时程曲线。此两条曲线表明两者在相同荷载作用下其位移峰值有很大的变化，从 165mm 降到 121mm，位移降低了 26.7%，负筋在很大程度上增加了构件的抵抗能力。此种现象说明在较小荷载作用时板内增加的负筋由于板的变形较小，负筋没有发挥作用；而随着荷载的增加位移的增大，负筋的设置使板的抵抗能力大大加强。所以，对于较高抗爆等级的建筑物建议采用通常设置负筋的构造方法，负筋的通常配置既提高了板跨中截面的抗弯刚度又增强了截面的抗弯承载力，对板的动力性能的提高很有益处。

3. 板厚及跨高比

为了研究构件厚度变化及跨高比对峰值挠度影响，取 30kg TNT 炸药在 5m

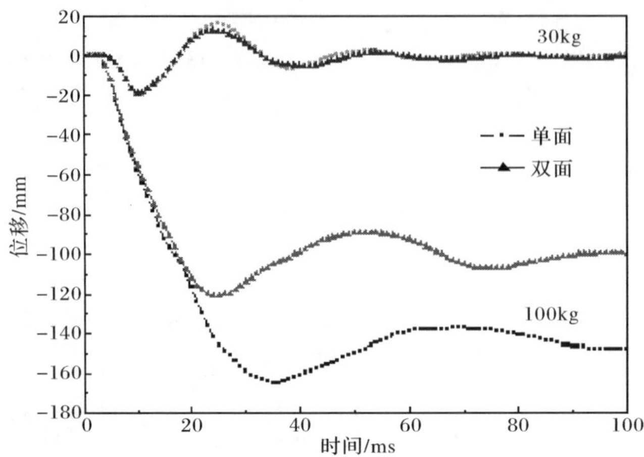

图 4.47　不同配筋方式下板的跨中位移时程曲线

的距离发生爆炸时的压力作用于板表面，钢筋混凝土板的尺寸分别为 3m×0.12m、4.8m×0.12m、6m×0.15m。作用后板中点的挠度曲线如下图 4.48 所示。

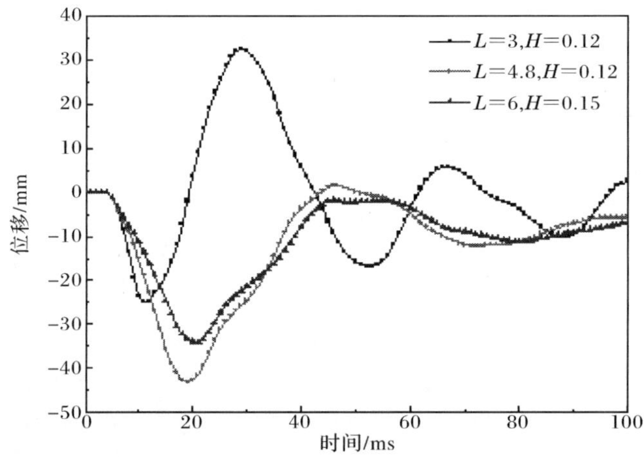

图 4.48　不同厚度及跨高比时板跨中位移时程曲线

从图中可以得出在板厚相同而跨高比不同(25、40)时，板跨中位移随着跨高比的增加而增大；当板的跨高比相同时(40)，板跨中位移随着板厚度的增加而减小。这是因为随着板的相对厚度的增加，板的抗弯承载力及抗剪承载力都有很大的提高，从而提高了板的抗爆性能。

4. 混凝土强度

为了分析不同混凝土强度对动力响应的影响，取 C20、C30 和 C50 强度的混凝土对构件在爆炸荷载作用下的跨中位移进行比较。图 4.49 给出了不同混凝土强度时板跨中位移时程曲线。

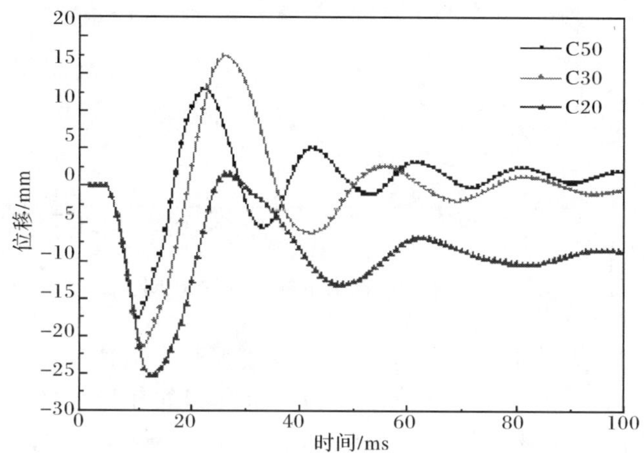

图 4.49　不同强度下板跨中位移时程曲线

由图 4.49 可以看出，峰值位移随着混凝土等级的提高而减小。这是由于混凝土强度的增加同样也提高了构件的抗弯及抗剪能力，对钢筋混凝土板中心点位移值大小的影响较大，强度等级高的混凝土有较强的抵抗爆炸荷载的能力，所以在抗爆设计时可以考虑使用较高强度的混凝土。

5. 配筋率

为了比较不同配筋率对挠度的影响，取 30kg TNT 炸药在 5m 的距离发生爆炸时的压力作用于板表面，配筋率分别为 0.3%、0.6%、1.0%，其中 0.6%的配筋率为适筋板，0.3%、1.0%的配筋率则分别为少筋板和超筋板。在建立板分析模型时，不改变钢筋间距，只改变钢筋直径。三种情况下的跨中位移时程曲线如图 4.50 所示。

从图 4.50 可以看出，钢筋混凝土板跨中位移的大小随板的配筋率增大而减小，但减小量不大，说明配筋率与位移的大小关系不明显，对构件的动力响应影响很小。

6. 约束条件

本节在分析过程中假定双向板为四边固结，但板的实际边界条件有所不同，

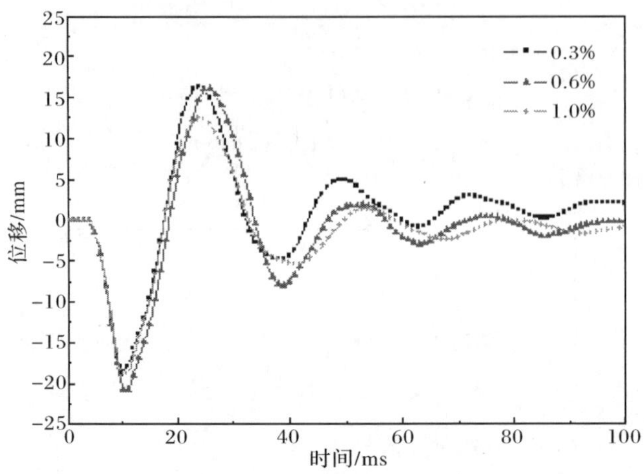

图 4.50　不同配筋率下跨中位移时程曲线

如图 4.51 所示。这些不同的边界条件会对钢筋混凝土板的动力响应及损伤破坏产生很大影响。改变板的边界条件可认为是考察爆炸作用点的不同对构件动力响应及破坏的影响。为分析此影响，取 30kg TNT 炸药在 5m 的距离发生爆炸时冲击荷载作用于板表面的情况进行分析。

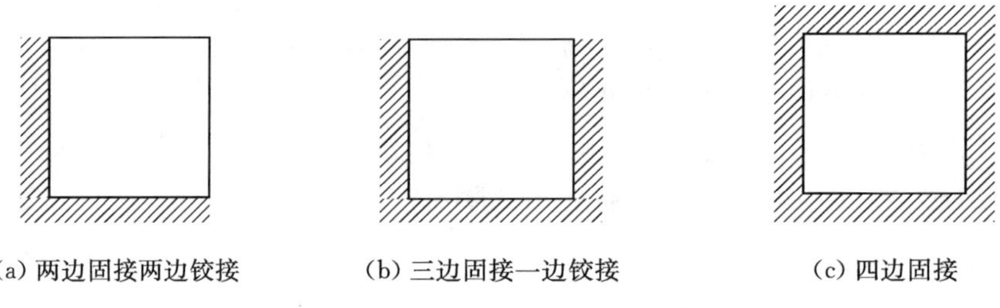

(a) 两边固接两边铰接　(b) 三边固接一边铰接　(c) 四边固接

图 4.51　三种边界条件示意图

图 4.52 显示的是不同边界条件下，板竖向位移达到峰值时构件的位移云图。虽然爆炸荷载对称作用于板的表面，但由于边界条件的不同，板的位移最大值并未出现在跨中位置，而是向铰接边方向移动。

图 4.53 显示的是板内位移峰值点的位移时程曲线。从图中的数值可以看出，三边固接较四边固接的位移峰值有所增大，但增加量很小；两边固接较前两种情况发生很大变化，位移增大近 100%。由此可见边界条件的变化对板的峰值位移的位置及大小是有很大的影响。随着约束的放松，板内位移峰值随之增大。这同时表明对于相同的爆炸荷载，其爆炸位置的不同对板的破坏程度是不一样的。结论是墙角处发生的爆炸产生的破坏更大一些。如果考虑墙角处爆炸波的反射作用，其破坏程度可能更大一些。

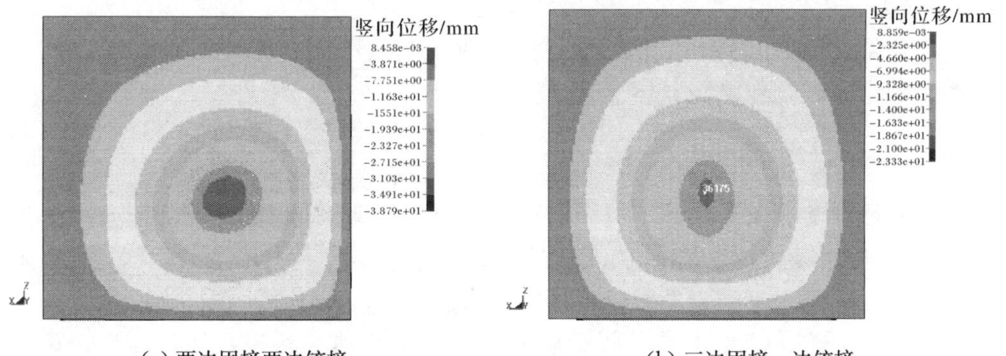

(a) 两边固接两边铰接　　(b) 三边固接一边铰接

图 4.52　板顶面的位移云图

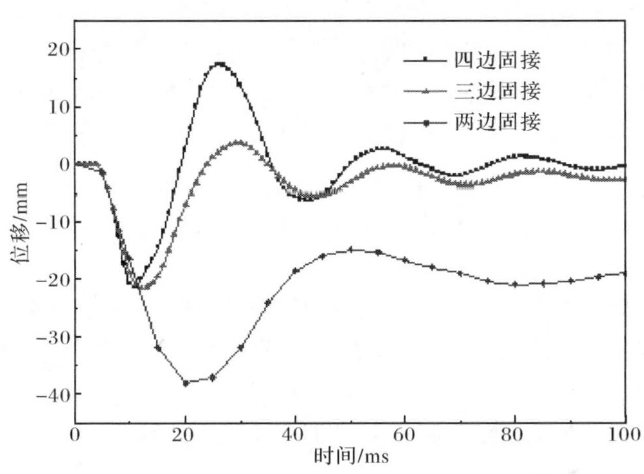

图 4.53　不同边界条件下板内位移峰值点的位移时程曲线

4.4.3　钢筋混凝土板的破坏形态分析

由于爆炸产生的超压荷载具有高度的非线性，并且作用持时较短，构件材料钢筋、混凝土随应变速率的提高，材料内部会发生一系列物理和化学变化，其力学特性主要变现为应力-应变关系更复杂，一些特征参数，如强度、延性、弹性模量和阻尼比均会发生不同程度的变化，所以钢筋混凝土板在爆炸荷载作用下的破坏形态十分复杂。一些研究人员所做的试验表明[42~44]：在持续时间较长的爆炸荷载作用下，钢筋混凝土构件通常会发生常见的弯曲破坏形态，但是在持续时间较短的爆炸荷载如化学爆炸产生的脉冲荷载作用下钢筋混凝土结构有可能弯曲破坏发生之前产生剪切破坏。这种破坏发生的突然、迅速、无明显征兆。当接触爆炸发生时，构件将发生局部破坏，产生震塌效应。剪切破坏与震塌破坏都属于脆性破坏范畴。

本节将应用 LS-DYNA 分析程序模拟双向钢筋混凝土板在爆炸荷载作用下所产生的弯曲破坏和脆性破坏形态。

1. 破坏准则

在爆炸荷载作用下钢筋混凝土结构不仅会发生典型的弯曲破坏，而且可能发生剪切破坏，以及弯曲破坏剪切联合破坏。钢筋混凝土构件中，一般来说混凝土与钢筋截面之间的黏结强度可以保证钢筋强度得到充分发挥，并且为了增强钢筋与混凝土之间的黏结力通常采用变形钢筋以使得两种材料在截面处变形协调共同工作。本节采用联合节点方法建立混凝土和钢筋的耦合关系，所以它们之间的滑移现象在本节中并未考虑。

对于弯曲破坏，通常考虑钢筋的屈服、拉断以及受压区混凝土的压碎，即混凝土应变超过其极限应变。对于剪切破坏，既可能是支座处发生早期的直剪破坏，也可能是在剪跨区发生主筋屈服前或者屈服后的斜剪破坏。根据爆炸荷载作用下钢筋混凝土梁的试验观察，直剪破坏通常发生在支座附近或荷载作用的变化以及构件截面变化处等区域。因此，考察结构是否发生直剪破坏主要分析这些区域是否发生了剪切破坏。当在这些区域发生剪切破坏时，就可近似认为是直剪破坏；而其他区域发生剪切破坏时，可认为是斜剪破坏。

震塌破坏是钢筋混凝土结构三种局部破坏中的一种，属于脆性破坏领域，也是影响结构抗局部破坏能力的主要因素。对于震塌破坏，本节采用杀死单元命令进行数值模拟，相关的指标由混凝土的极限破坏指标确定。

混凝土为脆性材料，其发生脆性破坏时主要是由剪应变高于构件的抗剪承载力所致，而且由于冲击荷载作用下，混凝土材料的强度随应变率的不同有很大的变化，故采用强度破坏条件显然很不方便，所以本节采用剪应变作为混凝土构件破坏的准则。

单元的破坏准则归纳如下：

(1) 当钢筋单元被拉断或受压区内的混凝土达到极限压应变时表示构件发生弯曲破坏。

(2) 当单元平均剪应变达到材料极限剪应变时表示构件发生脆性破坏。

2. 弯曲破坏

在远距离爆炸荷载作用下，作用在板上的荷载可认为是均匀分布，且由于板吸收爆炸的能量较小，其变形也较小。在这种情况下易发生弯曲破坏。以 60kg TNT 炸药距离板 5m 发生爆炸为例分析板弯曲破坏的发展过程。参数如表 4.15 所示。

表 4.15 荷载参数

质量/kg	距离/m	比例距离/(m/kg $^{1/3}$)	压强/kPa	持时/ms
60	5	1.277	2457.6321	28

经数值模拟得到的跨中混凝土单元应变、钢筋单元应力和位移的时程曲线如图 4.54～图 4.56 所示。

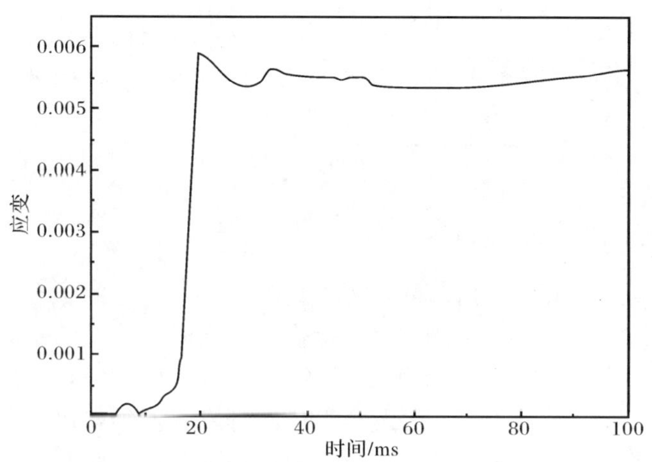

图 4.54 受压区混凝土应变时程曲线

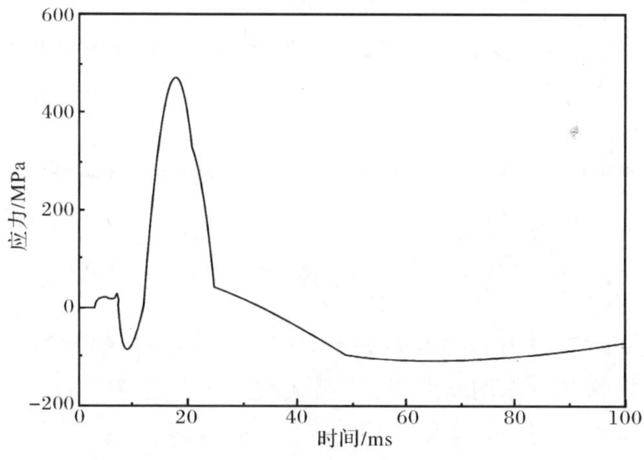

图 4.55 钢筋应力时程曲线

由图 4.54 和图 4.55 可以得到，当爆炸荷载作用在板上时，板受拉区混凝土首先受拉破坏退出工作，板内钢筋在 18ms 时屈服，混凝土在 22ms 时达到极限压应变，然后爆炸荷载在 28ms 时消失，构件由于惯性及回复力作用产生竖向振动，如

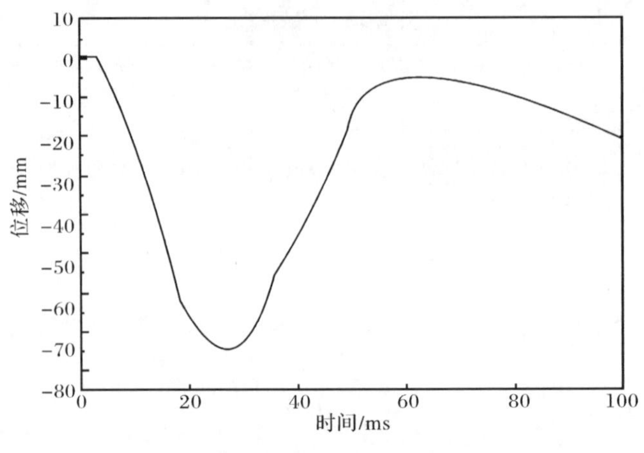

图 4.56　位移时程曲线

图 4.56 所示。由表 4.15 可以看出爆炸持时较长,其时间大于板的固有周期(16ms),此时爆炸荷载是一种“准静态”荷载。但这值得注意的是,虽然持时较长的爆炸荷载定义为准静态,但这里所定义的准静态和静态甚至普通意义上的准静态有很大差别。通常意义上的准静态是指荷载频率相对结构固有频率较低,且结构的反应忽略了惯性力。爆炸传播所产生的准静态荷载是瞬时作用在结构上,产生足以破坏构件的峰压,且构件产生动力响应并应考虑惯性力。

弯曲破坏的位移发展过程如图 4.57 所示。

图 4.57　跨中截面位移云图

从图 4.57 可以看出当爆炸荷载作用于板表面时,板在负筋截断处以内首先出现较大变形,随着荷载作用时间增长,最大位移产生于跨中位置,同时板内钢筋屈服,受压区混凝土达到极限应变,构件发生弯曲破坏。

3. 脆性破坏

脆性破坏一般发生在爆炸荷载较大、持时较短的情况下。在这样的荷载作用下,板内剪切应力迅速发展,而弯曲变形并未发展,所以使构件较易发生剪切破坏。在本节的分析中,脆性破坏包括两种破坏形态:剪切破坏和震塌破坏。剪切破坏一般发生在支座处、构件截面变化处及荷载作用变化处。震塌破坏是局部破坏的典型代表，一般发生在爆炸距离很近或接触爆炸时。

1）剪切破坏

以 200kg TNT 炸药距离板 5m 发生爆炸为例分析板剪切破坏的发展过程。参数如表 4.16 所示。对比表 4.15 与表 4.16 可知，当爆炸荷载的峰压较高，持时较短，即比例距离较小时钢筋混凝土板易发生剪切破坏。构件发生剪切破坏时跨中截面的位移变化云图如图 4.58 所示。

表 4.16　荷载参数

质量/kg	距离/m	比例距离/(m/kg $^{1/3}$)	压强/kPa	持时/ms
200	5	0.855	8137.8	8

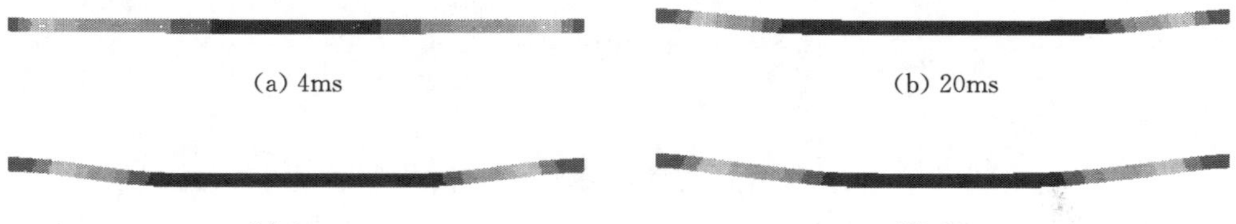

(a) 4ms　　(b) 20ms

(c) 33ms　　(d) 68ms

图 4.58　跨中截面位移云图

根据模拟分析得到的结果显示，剪切破坏多发生于支座附近，荷载作用变化处以及截面变化处。图 4.58 所显示的剪切破坏发生在截面变化处，此处为板内负筋截断位置。板内钢筋应力、截面变化处混凝土的应变时程曲线如图 4.59 和图 4.60 所示。由图可知，构件在发生剪切破坏时，混凝土单元的应变已超过极限剪应变，但跨中板内钢筋未屈服(116.4MPa<235MPa)。

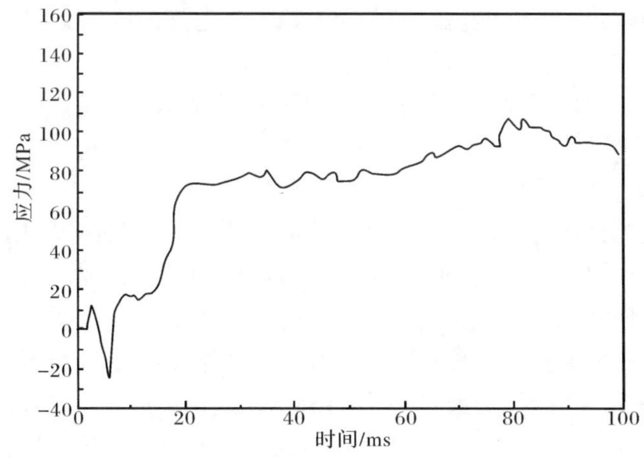

图 4.59　跨中钢筋应力时程曲线

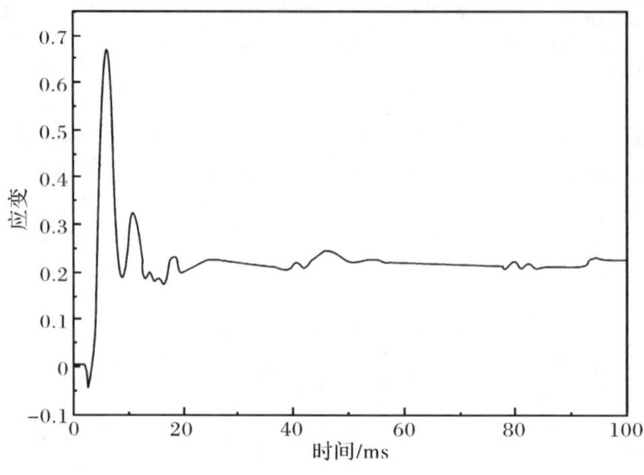

图 4.60　混凝土应变时程曲线

2）震塌破坏

震塌破坏常发生在近距离爆炸或接触爆炸时。震塌又称为剥落或层裂[45]，震塌破坏是爆炸（或冲击）作用产生的压缩应力波传播至结构背爆面时反射形成强拉伸波，由于混凝土的抗拉强度远远低于其抗压强度，当拉伸波强度满足一定的屈服条件时就会产生拉伸破坏形成径向和环向裂纹，这些裂纹互相贯通后使部分块体从板上剥落，从而在板背面形成震塌漏斗坑，这就是爆炸震塌现象，如图 4.61 所示。近年来，我国学者对弹丸或装药对防爆结构的冲击爆炸效应进行了初步的研究[46,47]，但目前使用的震塌破坏计算公式仍然是以试验结果为基础的经验公式[48]，在震塌破坏的机理上尚缺乏深入研究。张想柏等[49]曾采用 LS-DYNA 程序对装药接触爆炸作用下厚板的变形、破坏动态过程等进行了模拟，并利用量纲分析方法建立震塌厚度与装药量及材料强度参数之间的关系，引入新的震塌破坏系数及破坏等级，建立了新的震塌厚度计算公式。本节将采用 LS-DYNA 程序分析近距离爆炸时建筑楼板的震塌效应。由于建筑楼板的配筋方式及厚度的影响使其震塌现象较为复杂。

将炸药和板的相关参数代入 LS-DYNA 程序进行数值模拟可以形象地再现震塌破坏现象的物理过程，如图 4.62 和图 4.63 所示。与现场试验中观测到的宏观现象十分吻合，如图 4.61 所示[50]。由于数值模拟得到的是连续动态图像，因而可以详细描述钢筋混凝土板的破坏机理，弥补现场试验资料的不足。爆炸作用下，混凝土中首先产生强压缩波（图 4.62(a)），波阵面近似为半球形，压缩波到达板背面反射形成拉伸波，拉伸波使板中间两侧开始形成裂纹（图 4.62(b)），裂纹继续扩展，扩展方向与拉应力走向一致。震塌块中残余应力波能量转化为动能，从而与主体产生相对位移，使震塌块从主体中撕裂开来（图 4.62(c)、(d)）。

图 4.61　爆炸层裂现象

(a) 2ms

(b) 5ms

(c) 7ms

(d) 10ms

图 4.62　跨中截面位移云图

板背面的震塌破坏发展过程如图 4.63 所示。板震塌效应主要与炸药量、板厚、距离及混凝土强度有关。由 Kuznetsov[51] 总结的板震塌破坏的下述变化趋势：当炸药量和板材料的特性参数一定时，随着板厚度的增大，爆炸震塌破坏效应逐渐减轻；当板厚度和材料特性参数一定时，随着炸药量的增大，爆炸震塌破坏效应增强；当采用高强混凝土材料时，板抗拉强度和弹性模量同时提高，且强度提高比弹模提高明显，故板的抗震塌能力会增强，但增强幅度不大。

4. 联合破坏

联合破坏是指构件同时具有弯曲破坏和剪切破坏特征。与弯曲破坏和脆性破坏相比，在动力荷载作用下，构件较易出现此类破坏现象。如表 4.17 所示的爆炸荷载，其作用的持时（18ms）与构件的固有周期（16ms）相近，在此种情况下，构件处于“动力”响应区域。

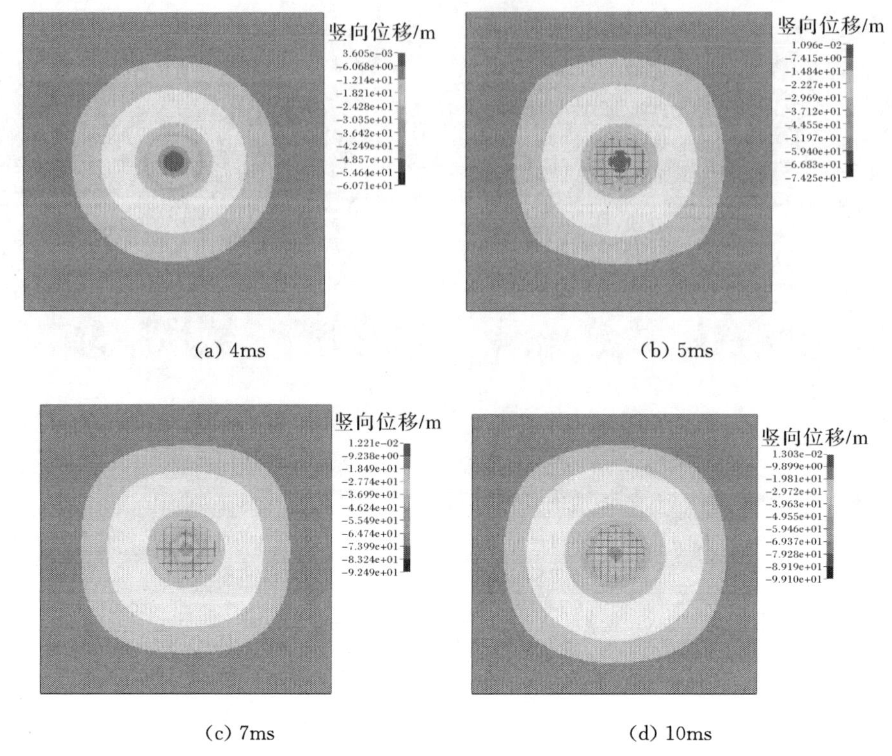

(a) 4ms　　(b) 5ms

(c) 7ms　　(d) 10ms

图 4.63　板背面的破坏发展过程

表 4.17　荷载参数

质量/kg	距离/m	比例距离/(m/kg $^{1/3}$)	压强/kPa	持时/ms
100	5	1.077	4170	18

由图 4.64 所示板跨中截面位移变化可看出构件同时具有弯曲破坏和剪切破坏特征，既有剪切位移又有弯曲位移。

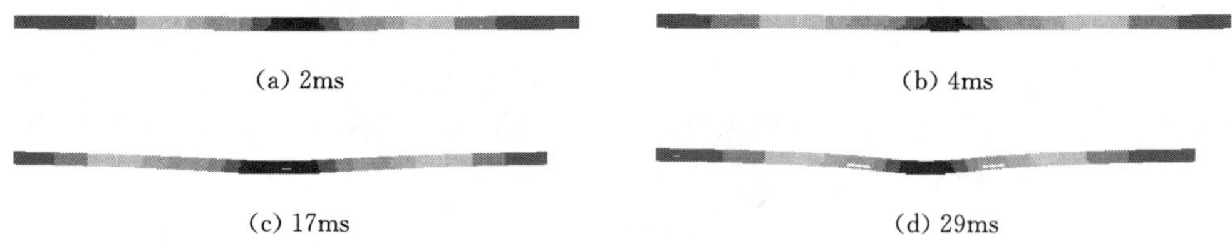

(a) 2ms　　(b) 4ms

(c) 17ms　　(d) 29ms

图 4.64　跨中截面位移云图

由图 4.65 和图 4.66 可知，板中钢筋已经屈服，而截面变化处混凝土应力也已超过极限剪应力，代表构件既发生弯曲破坏，又发生了剪切破坏，符合联合破坏的特征。

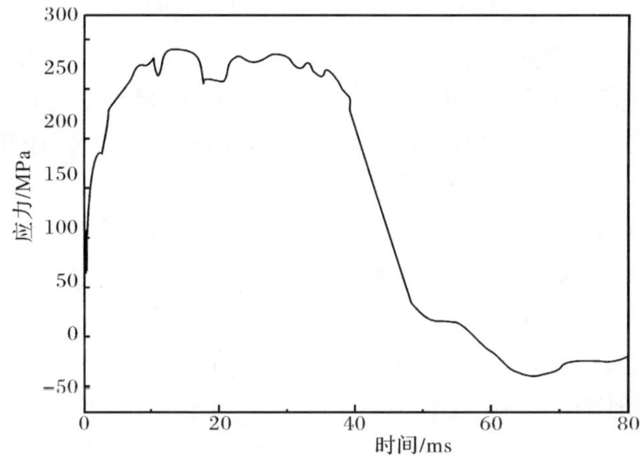

图 4.65　跨中钢筋应力时程曲线

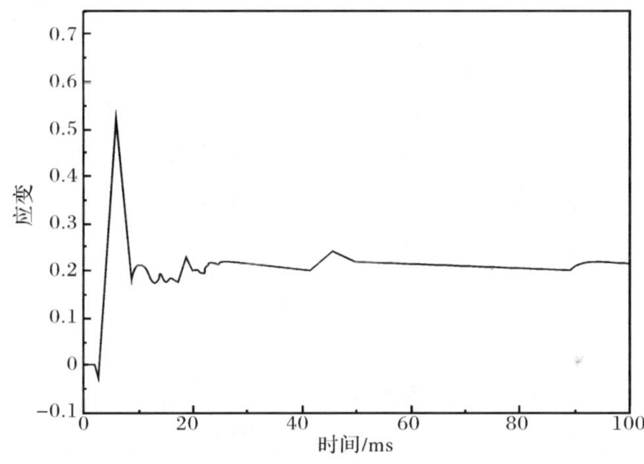

图 4.66　混凝土应变时程曲线

4.5　砌体填充墙

在爆炸事件中，碎片是造成人员伤亡和设备破坏的最主要原因之一。目前，应用于工程领域的大部分建筑材料均属脆性材料，如混凝土、玻璃和砖等。脆性材料在爆炸荷载作用下易开裂、破碎，甚至形成碎片。正确了解构件在爆炸荷载作用下的破碎机理和破碎形式，对结构的抗爆防爆设计具有重要的指导意义。

尽管材料的断裂、破碎是普遍存在的物理现象，但其力学原理极其复杂，至今尚未有方法能够准确定量地判断碎片的形成和特性。现有的研究方法可分为三类：试验研究[52,53]、理论推导[54~59]和数值模拟[60~70]。试验研究是最直观的方法，但某些试验的实施存在很多困难和危险，部分爆炸试验结果的准确获取和记录是不可实现的。20 世纪中叶许多学者开始探索脆性材料断裂现象的物理机理，主要以能量守恒为基础，针对微观裂缝的发展特性而展开研究。然而，这些理论不可避免地采用了大量假设和简化，往往只能用于解决一些简单的二维问题。近几十年来，随着计算机技术的飞速发展，人们开始探索应用各种数值模拟方法来解释脆性材料的破碎现象，如自适应网格分割法[61]、离散元法[63]、离散粒子法[65]和无网格法[70]等，但这些数值模拟技术均存在各自不同的不足之处，如碎片尺寸受基本单位的限制、断裂路径不准确等等。

本节将提出一种用于研究在爆炸或冲击荷载作用下脆性材料破碎过程的数值方法，并将该方法应用于研究单层砌体填充墙在爆炸冲击波作用下的破坏过程，计算碎片的尺寸和抛射距离。该方法以断裂力学和微观裂缝发展原理为理论基础，以显式有限元程序为工具，主要用于定量计算砌体构件在爆炸荷载作用下所形成碎片的尺寸，并且，根据碎片在形成时刻的初始速度，计算碎片的抛射轨迹和抛射距离。通过对多个不同爆炸比例距离的爆炸工况中砌体填充墙碎片特性的数值计算，分析在爆炸荷载作用下砌体填充墙碎片尺寸和抛射距离的分布规律，确定碎片概率参数和爆炸比例距离之间的定量关系。

4.5.1　裂缝发展和碎片形成理论

1. 裂缝发展张量

微观裂缝普遍存在于绝大多数固体材料中，当所受到的拉应力超过弹性极限时，裂缝被激活并开始发展，当一定数量的相邻裂缝相交汇合时，碎片形成。因此，碎片的形成过程与微观裂缝的发展规律紧密相关，碎片的尺寸由裂缝的极限长度决定。和大部分脆性材料一样，本节所研究的砌体材料在材料性能上表现为各向异性。为表示材料内部裂缝的发展程度，引入了裂缝发展张量 C_i[57]。根据裂缝发展规律的物理意义，C_i 可用下式表示：

$$C_i = N_i A_i, \quad i=1,2,3 \tag{4.21}$$

式中，N_i 为与某主方向垂直的单位面积上被激活裂缝的数量；A_i 为裂缝区域面积，也就是由于裂缝发展，应变能得到释放的区域面积，裂缝区域所在平面垂直于主方向，如图 4.67 所示，可假设裂缝发展区域为圆形；$i=1\sim3$ 表示各向异性的 3 个主方向，并且假设裂缝发展张量 C_i 为正交异性。

裂缝的发展程度与应力超过弹性极限的持时有关，因此，N_i 和 A_i 均是时间的

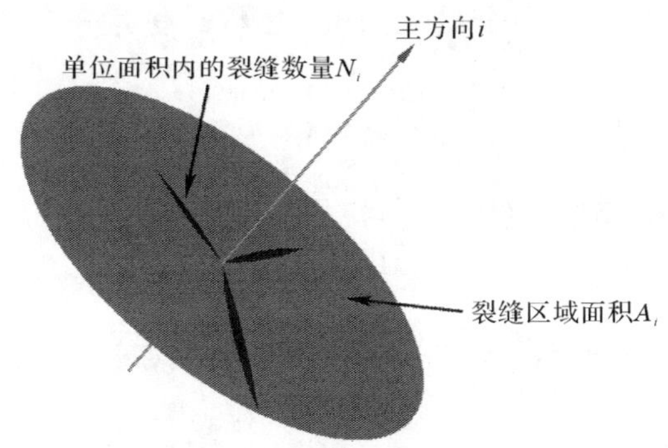

图 4.67　裂缝发展区域示意图

函数，t 时刻的裂缝发展张量 $C_i(t)$ 可表达为

$$C_i(t) = \int_{t_{\mathrm{cr},i}}^{t} \dot{N}_i A_i(t-\tau)\mathrm{d}\tau \tag{4.22}$$

式中，$t_{\mathrm{cr},i}$为第 i 主方向上微裂缝开始发展的时刻，即应力状态达到弹性极限的时刻；$\dot{N}_i$ 为与第 i 主方向垂直的单位面积上被激活裂缝数量的变化率；$A_i(t-\tau)$可根据裂缝的微观发展规律确定。按照 Grady[71] 的假设，一般可将其简单认为是圆形区域，因此，$A_i(t-\tau)$可表述为

$$A_i(t-\tau) = \pi c_{\mathrm{g},i}^2 (t-\tau)^2 \tag{4.23}$$

式中，$c_{\mathrm{g},i}$为裂缝发展速率。

Kanninen 和 Popelar[72] 的研究表明，脆性材料在冲击荷载作用下，裂缝发展速度将在极短时间内达到极值。综合考虑爆炸荷载和砌体材料的特性，忽略裂缝在极短时间内的发展过程，假设裂缝以极值速率恒定发展，其速率 $c_{\mathrm{g},i}$ 可表达为弹性模量 E_i 和材料密度 ρ 的函数[72]，即

$$c_{\mathrm{g},i} = 0.38\sqrt{\frac{E_i}{\rho}} \tag{4.24}$$

单位面积内被激活裂缝数量与材料的应变和超应力持时有关，根据 Liu 等[58] 的研究，裂缝数量的变化率 $\dot{N}_i$ 可用下式计算：

$$\dot{N}_i = \alpha\langle \varepsilon_i - \varepsilon_{\mathrm{cr},i}\rangle^{\beta} \tag{4.25}$$

式中，α 和 β 为材料常数；ε_i 为第 i 主方向上的应变；$\varepsilon_{\mathrm{cr},i}$为临界动力屈服应变；尖括号〈〉的意义为$\langle\varphi\rangle = (|\varphi| + \varphi)/2$。

由此，裂缝发展张量 $C_i(t)$ 可扩展为

$$C_i(t) = \alpha\pi c_{\mathrm{g},i}^2 \int_{t_{\mathrm{cr},i}}^{t} \langle \varepsilon_i - \varepsilon_{\mathrm{cr},i}\rangle^{\beta} (t-\tau)^2 \mathrm{d}\tau \tag{4.26}$$

材料在各主方向上的应变随时间变化，但考虑到裂缝的发展过程在一个较短

的时间内完成，所以假设在时间$[t_{cr,i},t]$内应变率 $\dot{\varepsilon}_i$ 保持一个平均值，即

$$\bar{\dot{\varepsilon}}_i=\frac{\int_{t_{cr,i}}^{t}\dot{\varepsilon}_i\mathrm{d}\tau}{t-t_{cr,i}} \tag{4.27}$$

将式(4.27)代入式(4.26)，可得

$$C_i(t)=\alpha\pi c_{g,i}^2\bar{\dot{\varepsilon}}_i^\beta\int_{t_{cr,i}}^{t}\langle\tau-t_{cr,i}\rangle^\beta(t-\tau)^2\mathrm{d}\tau \tag{4.28}$$

即为裂缝发展张量与时间 t 的关系。

2. 碎片形成理论

裂缝按照相对恒定的速率 $c_{g,i}$发展，其长度 r 与持时$(t-\tau)$之间存在线性关系 $r=c_{g,i}(t-\tau)$，所以裂缝发展张量也可以表达为 r 的积分形式

$$C_i(t)=\int_0^{c_{cr,i}(t-t_{cr,i})}\omega_i(r,t)\mathrm{d}r \tag{4.29}$$

$$\omega_i(r,t)=\frac{\pi\alpha r^2}{c_{cr,i}}\langle\varepsilon_i-\varepsilon_{cr,i}\rangle^\beta \tag{4.30}$$

当裂缝发展到一定程度，部分裂缝相交并贯通，由此产生碎片。因此，碎片的几何尺寸与裂缝的长度紧密相关。假设原始微裂缝在相反两个方向上同时按相同的速率发展，并最终成为碎片的几何边界。所以，碎片在某一边上的几何尺寸是对应裂缝长度的 2 倍。裂缝发展张量表达为碎片长度的积分形式：

$$C_i(t)=\int_0^{2c_{cr,i}(t-t_{cr,i})}\frac{1}{2}\omega_i\left(\frac{S_i}{2},t\right)\mathrm{d}S_i \tag{4.31}$$

式中，S_i 为碎片尺寸，其概率分布函数为

$$F(S_i)=\frac{1}{2}\omega\left(\frac{S_i}{2},t_{f,i}\right)=\frac{\pi\alpha S_i^2}{8c_{g,i}}\bar{\dot{\varepsilon}}_i\langle t_{f,i}-t_{cr,i}-\frac{S_i}{2c_{g,i}}\rangle \tag{4.32}$$

式中，$t_{f,i}$为第 i 主方向上的裂缝得到充分发展的时刻。

当 $\partial F(S_i)/\partial S_i=0$ 时，$F(S_i)$达到最大值，在宏观意义上，与该最大值对应的 S_i 为材料在该受力状态下在相应主方向上最可能出现的碎片尺寸[59]，其数值用 $S_{m,i}$表示，具体表达式为

$$S_{m,i}=\frac{4c_{g,i}}{\beta+2}(t_{f,i}-t_{cr,i}) \tag{4.33}$$

为表示碎片的三维尺寸，采用各主方向上对应的几何尺寸的均方根值表示碎片的综合尺寸

$$L=\sqrt{\sum_{i=1}^{3}(S_{m,i})^2} \tag{4.34}$$

4.5.2 砌体材料模型

在大部分传统建筑中，砖石、砂浆等砌体材料被用作主要承重材料。近几十年来，随着钢材、混凝土等高强度材料的不断开发和应用，砌体结构的采用率越来越低。但砌体材料依然是建筑领域中最常用的材料之一，往往作为填充构件应用于框架结构、框架—剪力墙结构等结构形式中。砖砌体填充墙是框架结构中最常见的用于分割建筑空间的非承重构件。本节将数值模拟砖砌体填充墙在爆炸荷载作用下的破碎情况，研究对象包括所形成碎片的尺寸和抛射速度等碎片特性。正确的材料本构模型是数值模拟技术的基础。本节将重点介绍研究中所采用的砌体材料数值模型。

1. 砖和砂浆的材料模型

砖和硬化后的砂浆具有相似的材料特性，均属于脆性材料。在爆炸荷载作用下，抗拉强度很低，材料受损后，屈服强度急剧下降。在研究中采用相同的材料数值模型表述砖和砂浆的本构关系，主要包括状态方程、屈服准则、破坏模型和应变率特性。

1) 状态方程

状态方程(EOS)是材料在各种状态情况下压力、体积和温度之间的热力学关系。考虑到砖和砂浆在爆炸荷载作用下容易脆裂，塑性变形很小，因此假设材料保持线性状态方程，即

$$p=K\mu \tag{4.35}$$

式中，p 为压强；K 为材料的体积模量；$\mu=(\rho/\rho_0)-1$，其中 ρ 为瞬态密度，ρ_0 为参考密度。

2) 屈服准则

关于砌体材料的屈服模型，Hao 课题组[73~76]在这方面做了大量研究，并在大量试验的基础上，提出了 Drucker-Prager 修正准则，其屈服面子午线(图 4.68)方程的表达式为

$$F=\alpha_i I_1+\sqrt{J_2}-c_i(1-D) \tag{4.36}$$

式中，I_1 为第一应力张量不变量；J_2 为第二应力偏量不变量；α_i 和 c_i 为控制屈服面形状的参数；D 为破坏系数。

在图 4.68 中，P_a、P_b 和 P_c 三个控制点分别由静水抗拉断裂极限 f_{ttt}($f_{ttt}=\sigma_1=\sigma_2=\sigma_3$，$\sigma_i(i=1\sim3)$为主应力)、单轴抗拉强度 f_t($\sigma_1=f_t$，$\sigma_2=\sigma_3=0$)和单轴抗压强度 f_c($\sigma_1=\sigma_2=0$，$\sigma_3=-f_c$)确定。砖和砂浆的材料参数数值列于表 4.18。

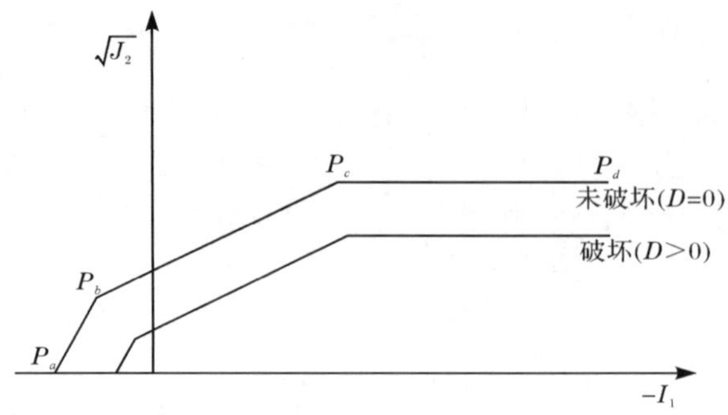

图 4.68 Drucker-Prager 修正屈服模型

表 4.18 砖和砂浆材料参数数值

材料	弹性模量 /MPa	泊松比	静水抗拉极限强度 /MPa	单轴抗拉极限强度 /MPa	单轴抗压极限强度 /MPa	抗拉极限应变	抗压极限应变
砖	8.26	0.12	1.00	2.60	41.28	0.00024	0.005
砂浆	2.20	0.20	0.40	1.00	5.88	0.00045	0.00267

3) 破坏系数

当砌体材料的压应力或拉应力超过其强度极限时，均可产生材料的破坏，所以破坏系数的定义需要综合考虑这两方面的影响。根据 Mazars[77] 对脆性材料破坏变量的定义，抗拉破坏系数和抗压破坏系数可分别表示为

$$D_t = 1 - \exp\left(-\beta^t \frac{\bar{\varepsilon}^+ - \varepsilon_0^+}{\varepsilon_0^+}\right) \tag{4.37}$$

$$D_c = 1 - \exp\left(-\beta^c \frac{\bar{\varepsilon}^- - \varepsilon_0^-}{\varepsilon_0^-}\right) \tag{4.38}$$

式中，β^t 和 β^c 为控制屈服后应力-应变关系的破坏参数；ε_0^+ 和 ε_0^- 分别为抗拉屈服应变和抗压屈服应变；$\bar{\varepsilon}^+$ 和 $\bar{\varepsilon}^-$ 分别为等效拉应变和等效压应变，具体定义如下：

$$\bar{\varepsilon}^+ = \sqrt{\sum_{i=1}^{3} (\varepsilon_i^+)^2} \tag{4.39}$$

$$\bar{\varepsilon}^- = \sqrt{\sum_{i=1}^{3} (\varepsilon_i^-)^2} \tag{4.40}$$

式中，ε_i^+ 和 ε_i^- 分别为正、负主应变。

材料的综合破坏系数可定义为

$$D = \xi_t D_t + \xi_c D_c \tag{4.41}$$

式中，ξ_t 和 ξ_c 分别为受拉破坏和受压破坏的权系数，可按下面的表达式定义：

$$\xi_t = \sum_{i=1}^{3} \frac{H_i[\varepsilon_i^+(\varepsilon_i^+ + \varepsilon_i^-)]}{\tilde{\varepsilon}^2}, \quad \xi_c = \sum_{i=1}^{3} \frac{H_i[\varepsilon_i^-(\varepsilon_i^+ + \varepsilon_i^-)]}{\tilde{\varepsilon}^2} \tag{4.42}$$

其中，当 $x<0$ 时，$H[x]=0$；当 $x\geqslant 0$ 时，$H[x]=x$；$\tilde{\varepsilon}$ 可表达为

$$\tilde{\varepsilon} = \sqrt{\sum_{i=1}^{3} (\varepsilon_i^+ + \varepsilon_i^-)^2} \tag{4.43}$$

4) 应变率效应

应变率效应是材料最重要的动态特性之一，尤其在爆炸等冲击荷载作用下，材料的强度和刚度均有显著的提高。准确考虑材料应变率效应能够有效地提高结构爆炸响应分析的准确性。材料强度的动态提高特性与诸多因素有关，如加载历史、边界约束等，而在实际分析中，往往采用动力放大系数(DIF)表示材料在高速荷载作用下的强度、刚度的提高特性。砖和砂浆均属于应变率高敏感材料，在爆炸荷载作用下，其极限强度和屈服应变均有显著的提高，应变率与 DIF 的对应关系，可表达为

$$\mathrm{DIF} = c_1 + c_2 \ln\dot{\varepsilon} \tag{4.44}$$

式中，$\dot{\varepsilon}$ 为应变率；c_1 和 c_2 均为无量纲参数。

Hao 等[76]开展了大量关于砌体材料动力放大系数的试验研究，得到了砖和砂浆分别当应变率在 $2\times10^{-6}\sim150\mathrm{s}^{-1}$ 和 $2\times10^{-6}\sim200\mathrm{s}^{-1}$ 时的材料动力放大系数，列于表 4.19。由应变率控制的动力放大系数 DIF 直接影响在非静态荷载作用下材料极限应力和极限应变的数值。砖和砂浆均属于脆性材料，其抗拉强度很低，并且在试验中难以准确测量高应变率下材料的抗拉动力放大系数。因此，表 4.19 中的 DIF 是根据试件的抗压试验结果回归获得。在后续研究中，假设砖和砂浆的受拉应变率效应与受压应变率效应相同。

表 4.19 砖和砂浆极限应力和极限应变的动力放大系数

材料	应变率	极限应力		极限应变	
		c_1	c_2	c_1	c_2
砖	$\dot{\varepsilon}\leqslant3.2\mathrm{s}^{-1}$	1.3504	0.0268	1.0876	0.0067
	$\dot{\varepsilon}>3.2\mathrm{s}^{-1}$	1.1041	0.2405		
砂浆	$\dot{\varepsilon}\leqslant13.0\mathrm{s}^{-1}$	1.4025	0.0372	2.6479	0.1523
	$\dot{\varepsilon}>13.0\mathrm{s}^{-1}$	0.5978	0.3447		

2. 砌体材料等效化模型屈服准则

砖砌体结构主要由起黏结作用的砂浆和规则罗列的砖块共同组成。关于砌体结构的数值模拟，一般存在两种结构建模方法：第一类是将砖和砂浆作为独立的构成部分分别用不同的材料建立，或者将砖块之间的砂浆用接触单元模拟。这

种方法主要出现在早期对砌体结构的数值模拟中[78~80]。该类建模方法直观、准确，但存在不可回避的显著缺点：模型建立过程非常复杂、计算成本较高。第二类是按照基本砌体单元结构特性等效的原则建立等效砌体材料模型，如图 4.69 所示。利用合理的等效材料模型，可有效地提高砌体模型的数值计算效率，并保证较高的计算精度。

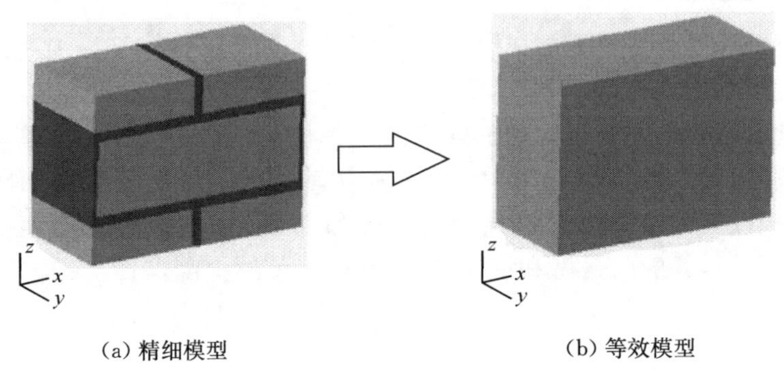

(a) 精细模型　(b) 等效模型

图 4.69　基本砌体单元等效化示意图

基于准确的材料本构模型，利用有限元分析技术能够高效准确地模拟如图 4.69所示的基本砌体单元在静水拉压、单轴拉压、单轴抗剪等基本受力状态下的响应特性。与传统试件试验相比，数值试件分析方法能够更加有效的模拟理想化边界条件，并且能够方便、动态地获取分析结果数据，同时也降低了研究成本。因此，这种取代传统试件试验的数值技术正越来越被广泛采用，尤其对于如砌体材料等复合材料的试件分析，这种数值技术的优点尤为突出[74,75,78~84]。

本书采用基于应力平均等效和应变平均等效原则而建立的等效砌体材料模型[73,85]，如下式：

$$\bar{\sigma}_{ij} = \frac{1}{V}\int_V \sigma_{ij}\,\mathrm{d}V \tag{4.45}$$

$$\bar{\varepsilon}_{ij} = \frac{1}{V}\int_V \varepsilon_{ij}\,\mathrm{d}V \tag{4.46}$$

式中，$\bar{\sigma}_{ij}$ 和 $\bar{\varepsilon}_{ij}$ 分别为基本砌体单元的平均应力和平均应变，并根据其对应关系建立等效砌体材料的本构模型；V 是基本砌体单元的体积；σ_{ij} 和 ε_{ij} 分别是实测应力和应变值。

砖砌体在不同主方向上的力学特性不同，属于正交异性材料。各方向的弹性模量、剪切模量和泊松比不同，列于表 4.20，表中 x、y、z 所表示的方向见图 4.69。

表 4.20　等效材料模量和泊松比

弹性模量/GPa			剪切模量/GPa			泊松比		
E_x	E_y	E_z	G_{xy}	G_{yz}	G_{zx}	ν_{xy}	ν_{yz}	ν_{zx}
3.67	3.92	3.47	1.86	1.58	1.50	0.16	0.15	0.15

Wei 和 Hao[73]在大量数值分析的基础上得到了等效砌体材料的屈服准则，其屈服面子午线如图 4.70 所示。

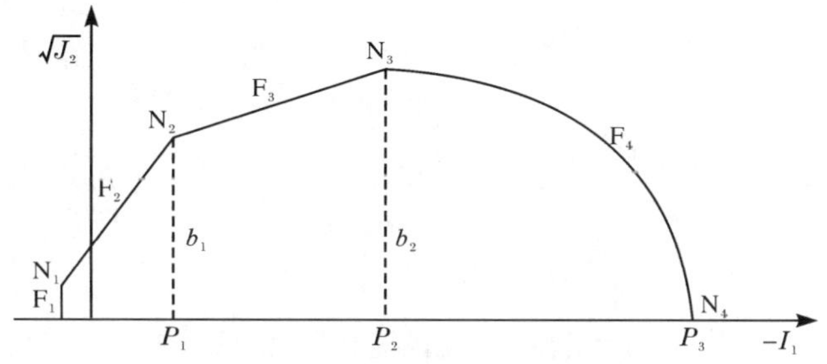

图 4.70　等效砌体材料模型的屈服准则

图 4.70 所示的屈服面子午线由直线段 F_1、F_2、F_3 和椭圆曲线段 F_4 组成，并由 N_1、N_2、N_3 和 N_4 四个关键点控制。N_1 和 N_2 分别由单轴抗拉和抗压强度控制；N_3 和 N_4 是由大量其他受力状态下计算结果的回归所得。主要涉及的材料参数有 b_1、b_2、P_1、P_2 和 P_3，其中 b_1 和 P_1 与材料弹性极限应力对应；b_2、P_2 和 P_3 由数据回归确定。当外荷载为静力作用时，$b_2=8.10\text{MPa}$，$P_2=23.57\text{MPa}$，$P_3=55.00\text{MPa}$。

当等效材料中的拉应变超过屈服应变时，材料开始破坏，其破坏程度可用破坏系数 $\bar{D}$ 表示为

$$\bar{D}=1-\exp\left(\frac{-\bar{\beta}(\bar{\varepsilon}^{+}-\bar{\varepsilon}_0^{+})}{\bar{\varepsilon}_0^{+}}\right) \tag{4.47}$$

式中，$\bar{\varepsilon}_0^{+}$ 和 $\bar{\varepsilon}_0^{-}$ 分别为等效抗拉屈服应变和等效抗压屈服应变；$\bar{\beta}$ 为破坏系数，可取 0.5[80]。

材料的破坏主要表现在刚度的下降，破坏后的整体刚度矩阵 $[\bar{E}]_{\mathrm{D}}$ 可表达为

$$[\bar{E}]_{\mathrm{D}}=(1-\bar{D})[\bar{E}]^0 \tag{4.48}$$

式中，$[\bar{E}]^0$ 为破坏前的弹性刚度矩阵。

$$[\bar{E}]^0=\begin{bmatrix} \frac{1}{E_x} & -\frac{\nu_{xy}}{E_y} & -\frac{\nu_{xz}}{E_z} & 0 & 0 & 0 \\ -\frac{\nu_{xy}}{E_y} & \frac{1}{E_y} & -\frac{\nu_{yz}}{E_z} & 0 & 0 & 0 \\ -\frac{\nu_{xz}}{E_z} & -\frac{\nu_{yz}}{E_z} & \frac{1}{E_z} & 0 & 0 & 0 \\ 0 & 0 & 0 & \frac{1}{2G_{xy}} & 0 & 0 \\ 0 & 0 & 0 & 0 & \frac{1}{2G_{yz}} & 0 \\ 0 & 0 & 0 & 0 & 0 & \frac{1}{2G_{xz}} \end{bmatrix} \tag{4.49}$$

3. 砌体材料等效化模型应变率效应

应变率效应是结构动力问题中材料模型的重要特性之一，主要表现为应变率对本构屈服面的影响。对于大部分材料，在高应变率情况下，强度和刚度均有显著的提高。对于普通材料，其应变率特性可通过一些试验确定，如 SHPB 试验等。但是等效砌体材料模型是一种仅用于数值计算的虚拟材料本构关系，所以，其应变率特性只能通过数值分析确定。根据已有的研究成果，应变率特性主要表现为等效材料模型弹性模量、剪切模量、强度参数与应变率之间的相关性，其动力放大系数 DIF 可表达为 $\lg\dot{\varepsilon}$ 的一次或二次多项式，具体表达式见表 4.21。

表 4.21 等效材料模型动力放大系数

	$\mathrm{DIF}=c_1+c_2\lg\dot{\varepsilon}+c_3(\lg\dot{\varepsilon})^2$			
	$\dot{\varepsilon}$	c_1	c_2	c_3
E_x	$\leqslant 1.05\mathrm{s}^{-1}$	1.0460	0.0153	0
	$>1.05\mathrm{s}^{-1}$	1.0447	0.0709	0.3339
E_y	$\leqslant 1.00\mathrm{s}^{-1}$	1.1050	0.0350	0
	$>1.00\mathrm{s}^{-1}$	1.1078	0.0495	0.4099
E_z	$\leqslant 3.08\mathrm{s}^{-1}$	1.0100	0.0033	0
	$>3.08\mathrm{s}^{-1}$	1.0266	−0.2196	0.3854
G_{xy}	$\leqslant 1.49\mathrm{s}^{-1}$	1.1800	0.0600	0
	$>1.49\mathrm{s}^{-1}$	1.1885	−0.0137	0.3087
G_{yz}	$\leqslant 1.10\mathrm{s}^{-1}$	1.1300	0.0433	0
	$>1.10\mathrm{s}^{-1}$	1.1229	0.2152	0.1222

续表

	$\text{DIF}=c_1+c_2\lg\dot{\varepsilon}+c_3(\lg\dot{\varepsilon})^2$			
	$\dot{\varepsilon}$	c_1	c_2	c_3
G_{zx}	$\leqslant 1.14\text{s}^{-1}$	1.1100	0.0367	0
	$>1.14\text{s}^{-1}$	1.1216	0.0336	0.1749
p_2	$\leqslant 2.91\text{s}^{-1}$	1.0500	0.0167	0
	$>2.91\text{s}^{-1}$	1.0358	−0.0203	0.1458
p_3	$\leqslant 1.11\text{s}^{-1}$	1.0900	0.0300	0
	$>1.11\text{s}^{-1}$	1.0790	0.2828	0.0556
b_2	$\leqslant 1.25\text{s}^{-1}$	1.0500	0.0167	0
	$>1.25\text{s}^{-1}$	1.0591	0.1217	0.1400
σ_c	$\leqslant 3.55\text{s}^{-1}$	1.1140	0.0380	0
	$>3.55\text{s}^{-1}$	1.1338	−0.3417	0.6247
σ_t	$\leqslant 1.21\text{s}^{-1}$	1.0600	0.0200	0
	$>1.21\text{s}^{-1}$	1.0275	0.3751	0.3872
ε_0^{+}	$\leqslant 8.75\text{s}^{-1}$	1.0200	0.0067	0
	$>8.75\text{s}^{-1}$	0.7010	0.3454	0

为了更加清楚地了解应变率效应对爆炸荷载作用下砌体结构响应的影响。在研究中分别采用考虑应变率效应和不考虑应变率效应两种等效砌体材料模型，模拟一面尺寸为 2.88m×2.82m 的单层砖砌体墙在不同比例距离的爆炸荷载作用下的结构动态响应。为了避免单元严重畸变导致的计算困难，同时也为了更加直观地模拟砌体墙的破坏模式，等效砌体材料模型中加入了 Erosion 准则，用于删除严重畸变单元。

图 4.71 显示的是比例距离为 1.0m/kg$^{1/3}$的爆炸荷载冲击作用下墙体的破坏情况。在计算中发现在该爆炸作用下，材料所经历的最大应变率为 200/s～250/s，尽管应变率数值很大，但图 4.72 表明是否考虑应变率效应对墙体动态响应影响很小，类似的现象也出现在当爆炸比例距离为 3.0m/kg$^{1/3}$的情况，如图 4.73 和图 4.74 所示。这主要是因为在前两个爆炸工况中，墙体边界区域严重破坏，导致墙体直接被推倒，应变率效应导致的局部材料强度提高对整体墙体动态响应影响很小。图 4.75 和图 4.76 表明，当爆炸比例距离为 5.0m/kg$^{1/3}$时，是否考虑应变率效应对墙体响应的模拟结果影响非常显著，这种情况下，最大应变率大约为 6/s～15/s。当爆炸比例距离为 7.0m/kg$^{1/3}$时，最大应变率往往只有 1.3/s～2.0/s，因此应变率效应对材料强度的提高作用不太显著，对墙体的结构响应影响也较小，如图 4.77 和图 4.78 所示。

图 4.71、图 4.73、图 4.75 和图 4.77 分别显示的是当砌体墙分别承受比例距离为 1.0m/kg$^{1/3}$、3.0m/kg$^{1/3}$、5.0m/kg$^{1/3}$ 和 7.0m/kg$^{1/3}$ 的爆炸荷载时，是否考虑应变率效应对墙体破坏模式的影响。为了定量描述墙体的结构响应，在模拟过程中记录了墙体中点的速度、位移时程曲线，如图 4.72、图 4.74、图 4.76 和图 4.78 所示。在数值分析中只考虑爆炸荷载的正压，且荷载峰值和持时，均根据 TM5-1300 确定。

(a) 不考虑应变率效应

(b) 考虑应变率效应

图 4.71 爆炸荷载比例距离 1.0m/kg$^{1/3}$ 时砌体墙破坏模式

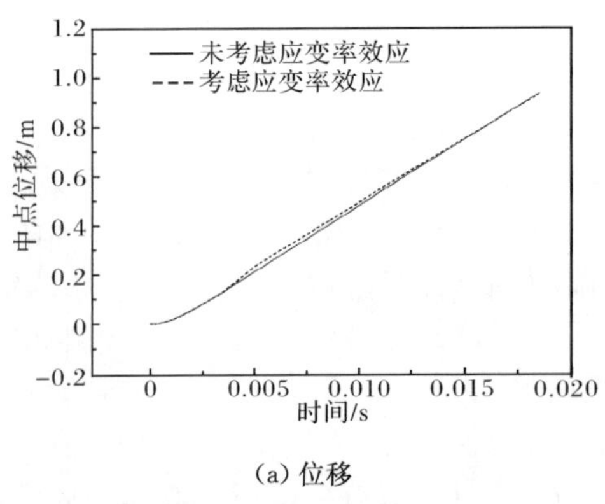

(a) 位移

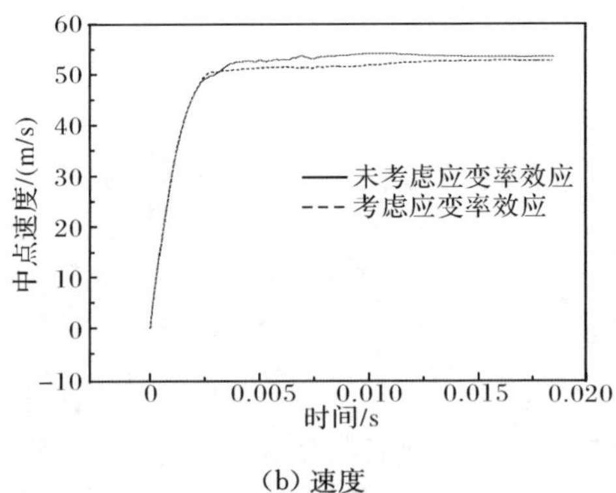

(b) 速度

图 4.72 爆炸荷载比例距离 1.0m/kg$^{1/3}$ 时墙体中点速度和位移时程曲线

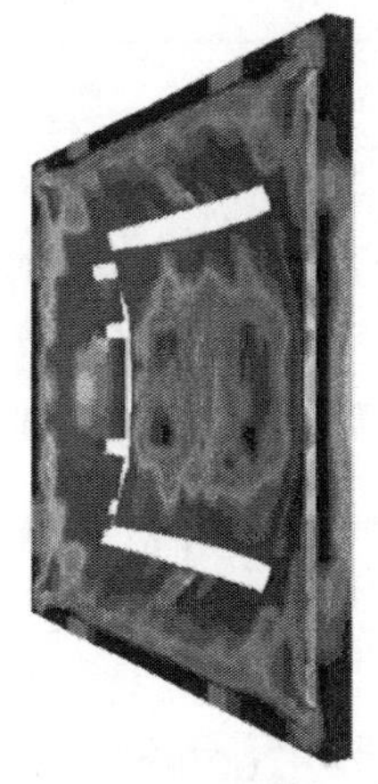

(a) 不考虑应变率效应

(b) 考虑应变率效应

图 4.73　爆炸荷载比例距离 3.0m/kg$^{1/3}$时砌体墙破坏模式

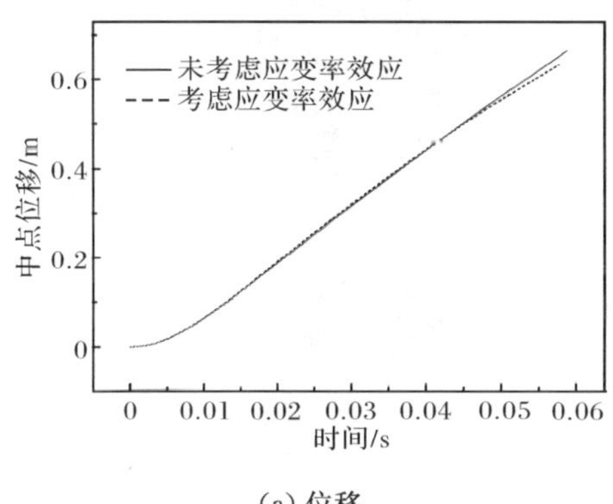

(a) 位移

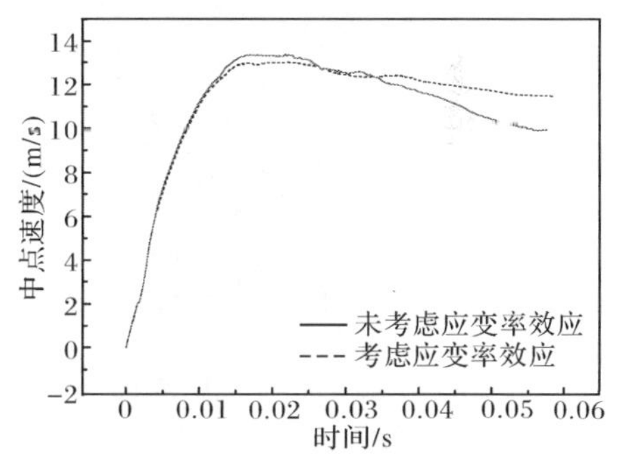

(b) 速度

图 4.74　爆炸荷载比例距离 3.0m/kg$^{1/3}$时墙体中点速度和位移时程曲线

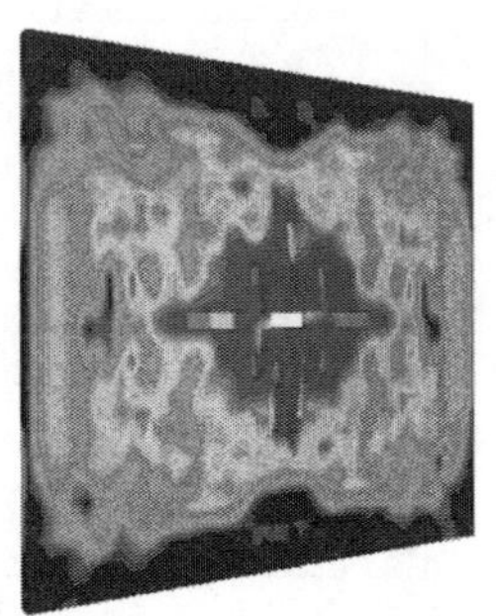

(a) 不考虑应变率效应

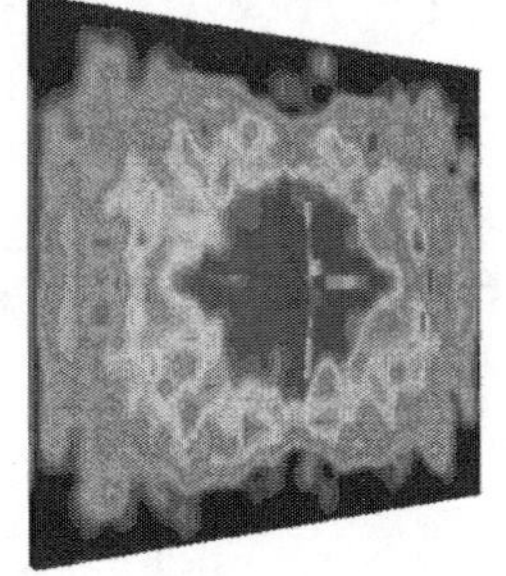

(b) 考虑应变率效应

图 4.75　爆炸荷载比例距离 5.0m/kg$^{1/3}$时砌体墙破坏模式

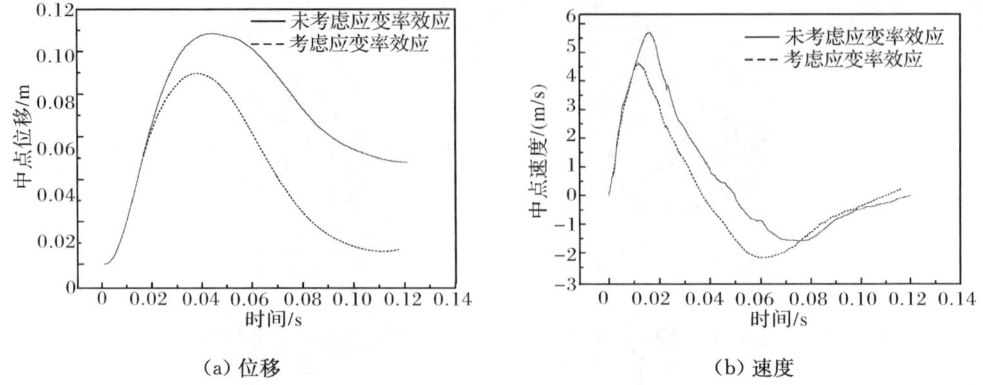

(a) 位移　　(b) 速度

图 4.76　爆炸荷载比例距离 5.0m/kg$^{1/3}$时墙体中点速度和位移时程曲线

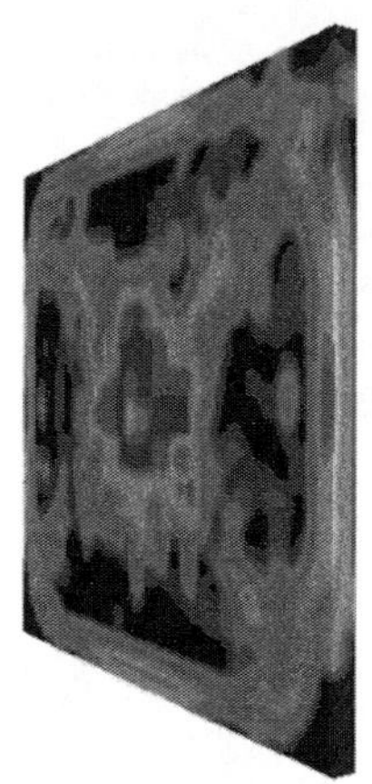

(a) 不考虑应变率效应　　(b) 考虑应变率效应

图 4.77　爆炸荷载比例距离 7.0m/kg$^{1/3}$时砌体墙破坏模式

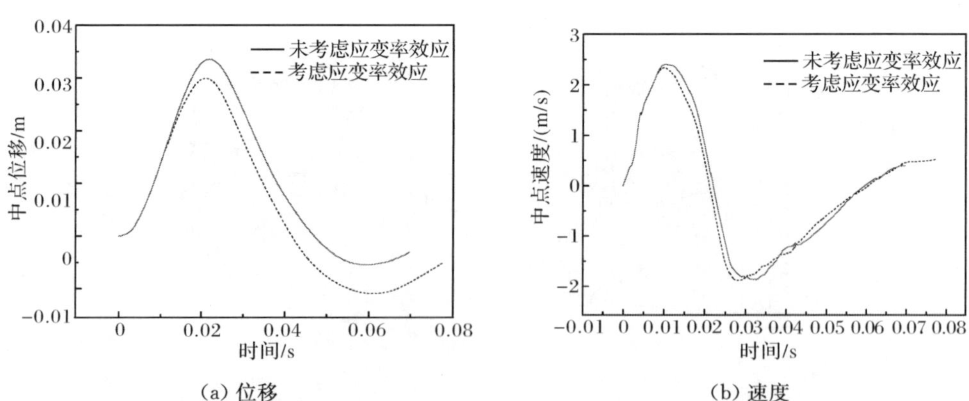

(a) 位移　　(b) 速度

图 4.78　爆炸荷载比例距离 7.0m/kg$^{1/3}$时墙体中点速度和位移时程曲线

4.5.3　砌体墙有限元模型和爆炸响应分析

本节将着重介绍砖砌体墙有限元模型，以及模拟在两个爆炸工况下墙体的动态响应。同时，对比分离式建模的精细模型和等效模型的计算结果和计算效率。

1. 砖砌体墙有限元模型

利用有限元软件 ANSYS 的前处理模块建立砖砌体墙有限元模型。文中以几何尺寸为 1.92m×1.89m×0.11m 的单层砖砌体墙为例，分别采用精细材料模型和等效材料模型建立如图 4.79(a)和 4.79(b)所示的有限元模型。在精细模型中，单块砖的尺寸为 230mm×110mm×76mm，砖块之间的砂浆厚度为 10mm，采用两层有限元单元进行模拟。

有限元单元的具体划分方式如图 4.79 所示。2 个计算模型的单元总数分别为 85760 和 49280。

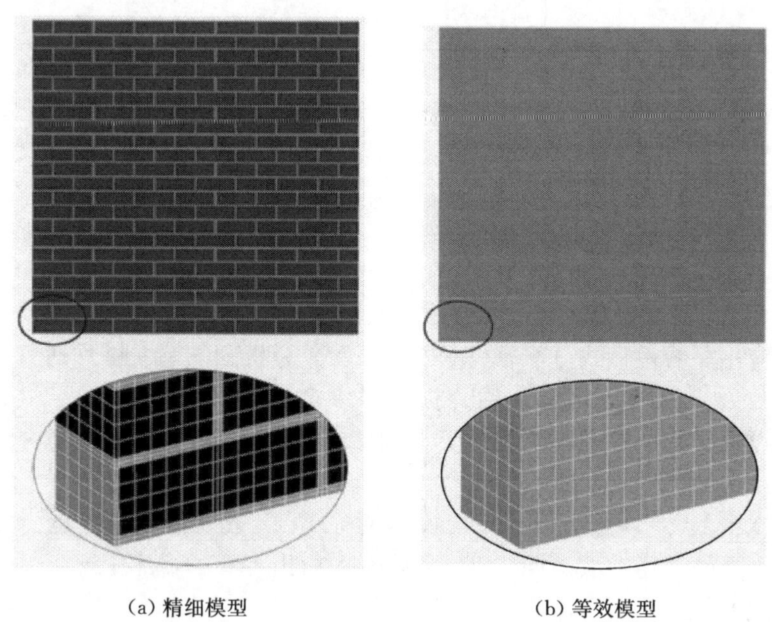

(a) 精细模型　　(b) 等效模型

图 4.79　砌体墙有限元模型

2. 爆炸荷载简化模型和模拟工况

书中主要模拟了 2 种不同爆炸距离的爆炸工况，各工况的炸药量、爆炸距离和比例距离如表 4.22 所列。所模拟的爆炸工况属于室外地面爆炸。

表 4.22 爆炸工况参数

工况	炸药量(TNT)/kg	距离/m	比例距离/(m/kg$^{1/3}$)
1	1000	20	2.0
2	1000	30	3.0

爆炸荷载是一个压强在极短时间内达到峰值,然后迅速下降的冲击过程。本节研究忽略了爆炸冲击波后期的负压作用,且将爆炸正压简化为如图 4.80 所示的三角形冲击荷载。主要的荷载参数有爆炸正压峰值 P_r 和正压持时(t_d-t_a),其中,t_a 为冲击波到达时刻,t_d 为正压消逝时刻。TM5-1300[6] 中详细介绍了室外地面爆炸荷载参数的计算方法。本节利用 TM5-1300 确定 P_r 和(t_d-t_a)的数值。

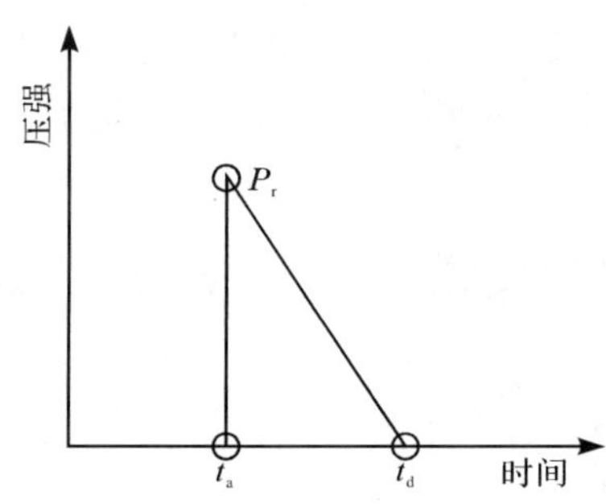

图 4.80 爆炸荷载简化模型

3. 砌体墙爆炸响应分析与比较

本节应用非线性显式分析软件 AUTODYN 分析砌体墙在爆炸荷载作用下的结构响应行为。AUTODYN 为用户提供了多个自开发接口,拓展了材料、加载、后处理等过程的实用性。本节用计算机程序语言 Fortran 编写上节所介绍的砌体材料模型,并将其连接到 AUTODYN 主求解器中。

分别在由两种不同模型建立的砌体墙中心位置设置测点,用于跟踪墙体在爆炸荷载作用下的动态响应。图 4.81～图 4.84 给出了两种爆炸工况下的砌体墙中点位移和速度的时程曲线。

从图 4.81～图 4.84 可看出,利用砌体精细模型和等效模型模拟得到的墙体整体变形响应基本一致。图 4.85 和图 4.86 分别给出了两种爆炸工况下墙体的变形情况,图中的云图显示了墙体单元的 von Mises 应力分布情况。

从图 4.85 和图 4.86 可以看出,由于砖和砂浆两种材料力学特性的不同,精细化砌体模型能够更加准确地模拟墙体局部的应力情况。但是,采用两种模型模拟得到的墙体整体结构响应基本保持一致。

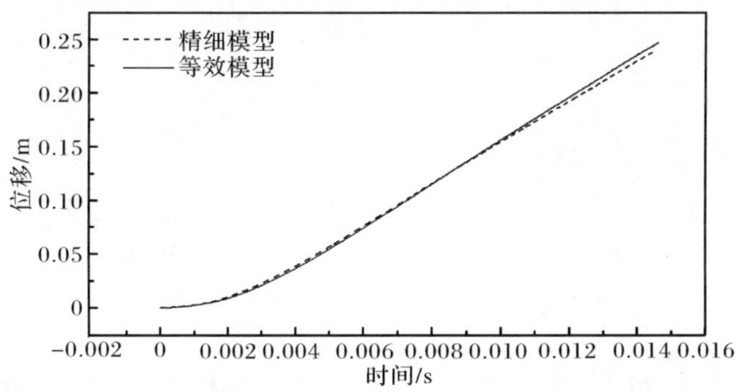

图 4.81　爆炸荷载比例距离 2.0m/kg$^{1/3}$时墙体中点位移时程曲线

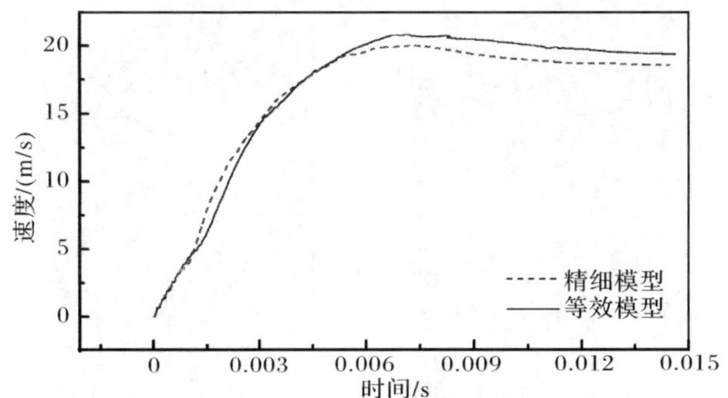

图 4.82　爆炸荷载比例距离 2.0m/kg$^{1/3}$墙体中点速度时程曲线

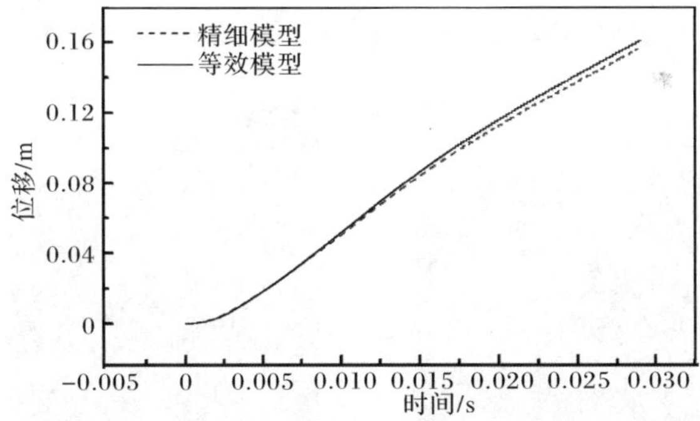

图 4.83　爆炸荷载比例距离 3.0m/kg$^{1/3}$时墙体中点位移时程曲线

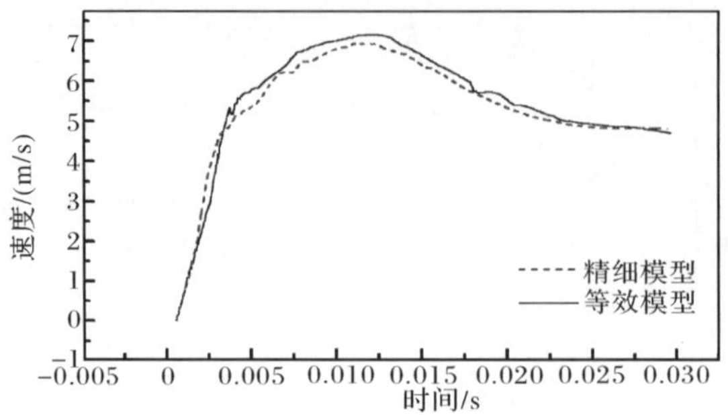

图 4.84　爆炸荷载比例距离 3.0m/kg$^{1/3}$时墙体中点速度时程曲线

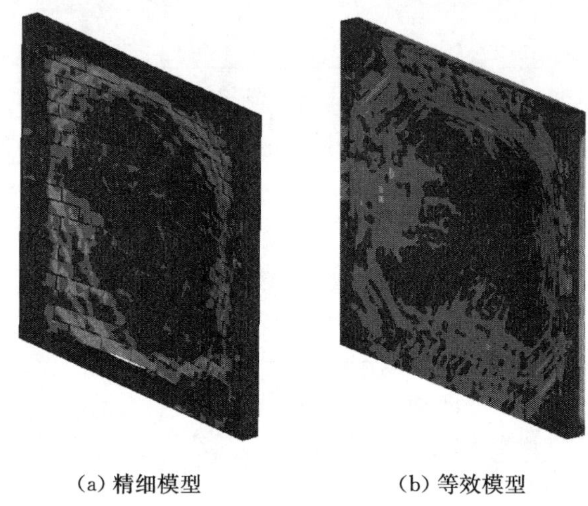

(a) 精细模型　(b) 等效模型

图 4.85　比例距离 2.0m/kg$^{1/3}$爆炸荷载作用后 15.0ms 墙体变形图

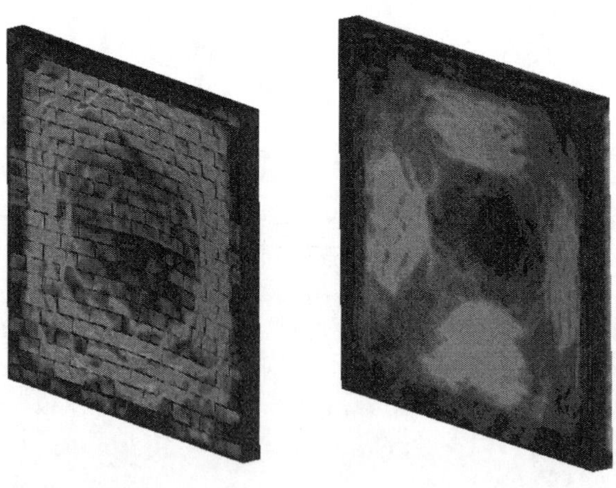

(a) 精细模型　(b) 等效模型

图 4.86　比例距离为 3.0m/kg$^{1/3}$爆炸荷载作用后 28.8ms 墙体变形图

4. 计算效率比较

与精细化砌体模型相比，等效砌体模型的优点有两方面：一是便于复杂结构模型的建立；二是计算效率的显著提高。前者是显而易见的，而针对计算效率，本节将进行比较说明。文中所阐述的 2 种爆炸工况的计算分析均是在同一台计算机中进行，其基本配置为：奔腾 4 双核处理器，主频分别为 3.00GHz 和 2.99GHz；内存为 2GB。采用不同材料模型的爆炸模拟时间和计算时间列于表 4.23。

表 4.23　不同模型的计算效率比较

比例距离/(m/kg$^{1/3}$)	材料模型	模拟时间/ms	计算时间/min
2.0	精细模型	14.5	2523
	等效模型	13.9	41
3.0	精细模型	28.9	4710
	等效模型	31.9	98

前文已说明精细模型包含 85760 个有限元单元，其中包括几何尺寸较大的砖单元和尺寸较小的砂浆单元；而等效模型是由 49280 个尺寸相等的均匀化单元组成。前者的单元数量大概是后者的 1.74 倍。表 4.23 的数据表明在模拟时间相当的情况下，精细模型的实际计算时间是等效模型计算时间的 50～60 倍。这充分说明了采用等效砌体材料模型能够非常有效地提高计算效率。决定有限元程序计算效率的因素很多，包括单元类型、单元数量、非线性算法等等。但对于显式求解器，最小单元尺寸严重影响着数值模拟的效率。对于精细模型，由于砂浆层厚度远远小于砖块尺寸，因此砂浆单元在厚度方向上的尺寸过小，这直接导致了巨大的计算量，严重降低了精细模型的计算效率。

4.5.4　爆炸荷载作用下砌体墙碎片尺寸分析

1. 碎片尺寸计算方法简介

对于爆炸荷载作用下的实际结构或构件，应力分布的空间差异较大，难以用简单的方法确定不同位置处的实际应力状态。因此，对于三维结构，往往采用有限元法计算具体位置的应力、应变情况。为了计算爆炸荷载作用下砌体墙的碎片尺寸，本书中将前述碎片形成理论以子程序的形式连接到 AUTODYN 用户接口中，可用于计算不同位置处在不同时刻的裂缝长度，并可确定裂缝完全发展的时间和对应的极限裂缝长度，从而确定该点所属单元的最可能碎片尺寸。

由于有限元程序中所有变量的载体均是具有一定几何尺寸的基本单元，因此利用裂缝发展理论和有限元程序计算得到的碎片尺寸与单元体积之间存在直接的关系。为了确定最终的碎片尺寸分布情况，在 AUTODYN 子程序计算结果的基础上，需做进一步分析，具体步骤如流程图 4.87 所示。

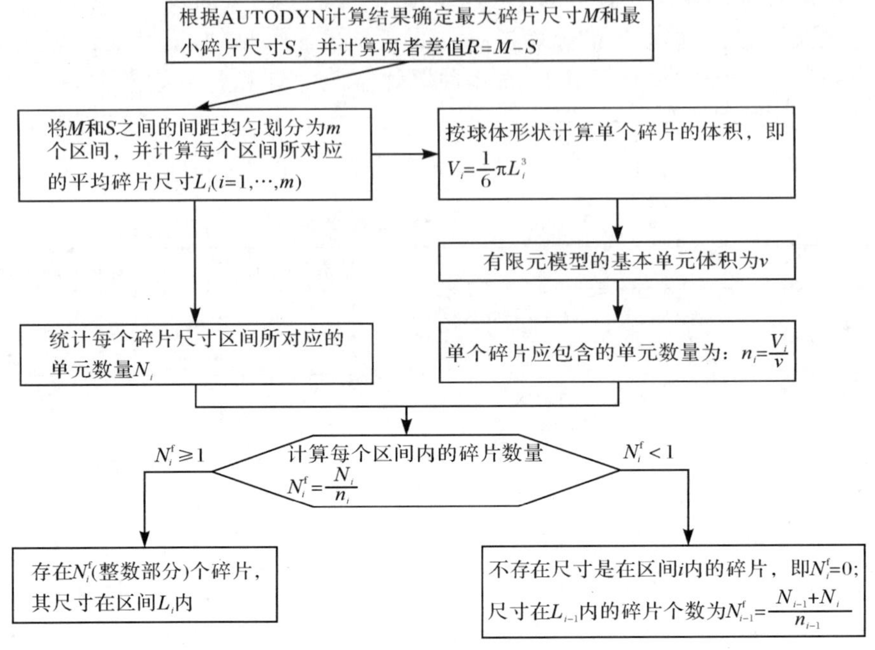

图 4.87　碎片尺寸统计过程流程图

2. 砌体墙碎片尺寸分布

针对本节所研究的两种爆炸工况，利用上述数值方法，可计算得到所形成碎片的尺寸分布情况。图 4.88 和图 4.89 为砌体墙遭受比例距离分别为2.0m/kg$^{1/3}$和 3.0m/kg$^{1/3}$的爆炸荷载后形成碎片的尺寸分布图。

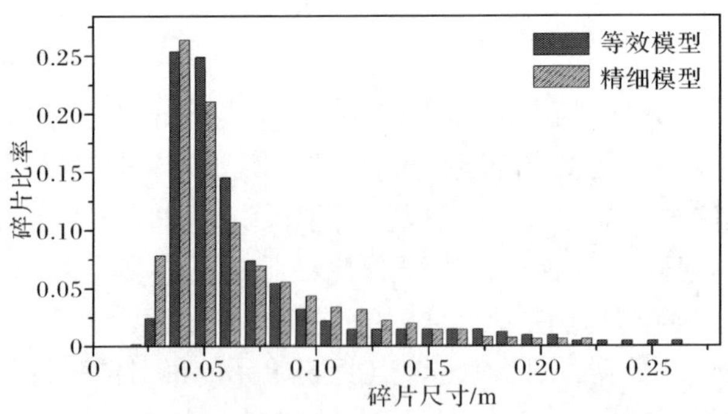

图 4.88　比例距离为 2.0m/kg$^{1/3}$时碎片尺寸分布图

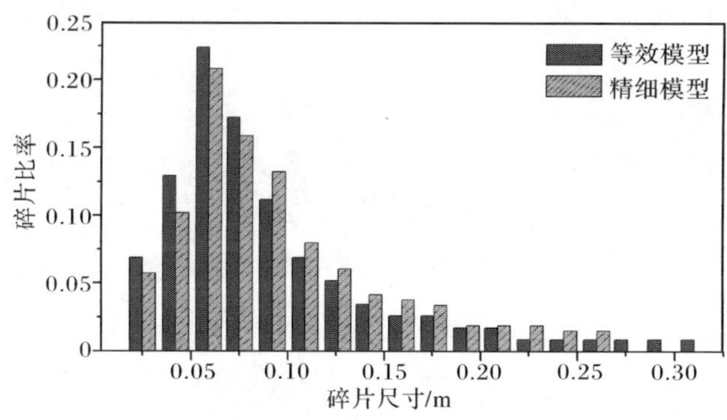

图 4.89　比例距离为 3.0m/kg$^{1/3}$时碎片尺寸分布图

从图 4.88 和图 4.89 可以看出，采用两种不同材料模型建立的计算模型得到的碎片尺寸分布情况基本一致，再次证明了等效砌体材料模型用于模拟爆炸荷载作用下结构响应的可靠性。比较图 4.88 和图 4.89 可以发现，当比例距离较小的爆炸事件发生时，产生的绝大多数碎片尺寸较小；在比例距离较大的爆炸事件中，更多的大尺寸碎片产生。其基本机理在于当较剧烈爆炸(一般比例距离较小)发生时，砌体材料中应力、应变发展迅速，而裂缝的发展速度基本上只跟材料本身的特性有关，包括弹性模量和密度，而与外荷载特性基本无关。因此，两种不同爆炸工况下，裂缝的发展速率相差不大。外荷载的加载速度影响应变的变化速率，在较剧烈爆炸荷载作用下，被激活的裂缝数量较多，且在较短的时间内实现完全发展，所以裂缝长度较短，这样必然导致产生的碎片数量较多、尺寸较小的结果。

4.5.5　爆炸荷载作用下砌体墙的碎片抛射距离分析

碎片是爆炸事件中最主要的破坏效应之一，碎片的杀伤范围与碎片抛射的距离分布情况紧密相关。本节将计算上述砌体墙在两种不同爆炸工况中碎片的抛射距离分布情况。

1. 碎片在空中飞行的运动方程

碎片在形成并脱离母体后主要受到重力和空气阻力的作用，如果碎片在爆炸冲击结束之前形成，还将受到残余爆炸力的作用，受力简图如图 4.90 所示。

重力保持一个恒值。空气阻力的确定比较复杂，与碎片的形状、速度以及空气的密度有关。根据简化的空气动力学理论，在碎片飞行过程中，空气阻力可分解为沿碎片飞行反方向的牵引阻力和垂直飞行速度的升力，分别用 F_D 和 F_L 表示，可按下式计算：

$$F_D = 0.5 C_D A_D \rho_a v^2 \tag{4.50}$$

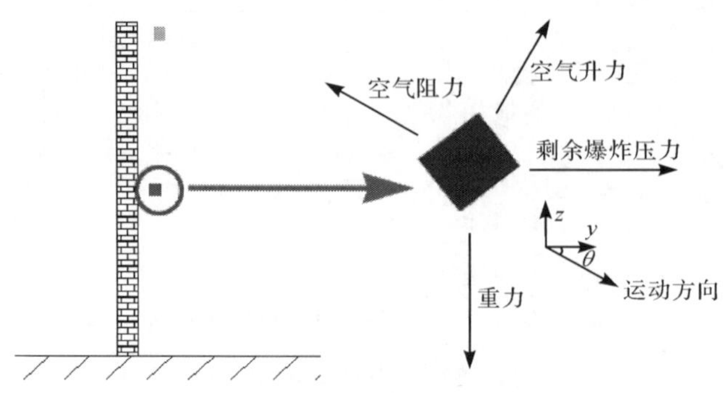

图 4.90 碎片在飞行时的受力简图

$$F_{\mathrm{L}} = 0.5C_{\mathrm{L}}A_{\mathrm{L}}\rho_{\mathrm{a}}v^2 \tag{4.51}$$

式中，C_{D} 和 C_{L} 为体形系数；A_{D} 和 A_{L} 分别为碎片在垂直于运动方向和沿运动方向的截面面积；ρ_{a} 为空气密度；v 为碎片飞行的瞬态速度。

对于非片状物体，升力方向的体形系数 C_{L} 很小，可以忽略。因此不考虑空气对碎片的升力。根据牛顿第二定律，可得到碎片在飞行过程中的运动方程为

$$\ddot{x} = \frac{2pA - A_{\mathrm{D}}C_{\mathrm{D}}\rho_{\mathrm{a}}(\dot{x}^2 + \dot{y}^2)\cos\theta}{2M} \tag{4.52}$$

$$\ddot{y} = -g - \frac{A_{\mathrm{D}}C_{\mathrm{D}}\rho_{\mathrm{a}}(\dot{x}^2 + \dot{y}^2)\sin\theta}{2M} \tag{4.53}$$

式中，$\ddot{x}$ 和 $\ddot{y}$ 分别为水平向和竖直向的加速度；p 为残余爆炸压力；A 为竖向截面面积；g 为重力加速度；θ 为飞行速度矢量与水平向的夹角；$\dot{x}$ 和 $\dot{y}$ 分别为碎片在水平向和竖直向的速度。假设 A_{D} 和 A 均等于圆形等效截面面积，即 $A=A_{\mathrm{D}}=\pi L^2/4$，式中 L 为碎片直径。

2. 碎片抛射初速度

在碎片形成之前，砌体墙在爆炸荷载作用下产生整体变形，在墙体平面外方向上具有一定的变形速度。根据碎片形成理论，当裂缝充分发展时，即裂缝发展张量 $C_i(t)=1.0$，碎片形成。利用 AUTODYN 和相应子程序计算，可得到墙体任意点在碎片形成时刻的墙体变形速度。

图 4.91 和图 4.92 分别给出了砌体墙在承受比例距离为 2.0m/kg$^{1/3}$ 和 3.0m/kg$^{1/3}$ 的爆炸荷载时，碎片形成时刻的初始速度分布图。

在两种爆炸工况中，比例距离为 2.0m/kg$^{1/3}$ 的爆炸荷载正压峰值更大，作用于墙体的冲量也较大，因此，墙体的整体变形速度较快。尽管在比例距离为 2.0m/kg$^{1/3}$ 的爆炸荷载作用下，碎片形成更早，但图 4.91 和图 4.92 的初始速度云图反映出碎片在形成时刻获得的初始速度更大，这是影响碎片抛射距离的最主要

因素。

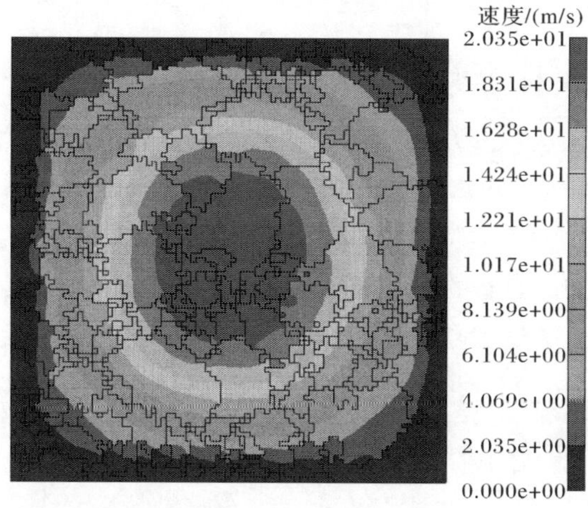

图 4.91　爆炸比例距离为 2.0m/kg$^{1/3}$时碎片初始速度分布图

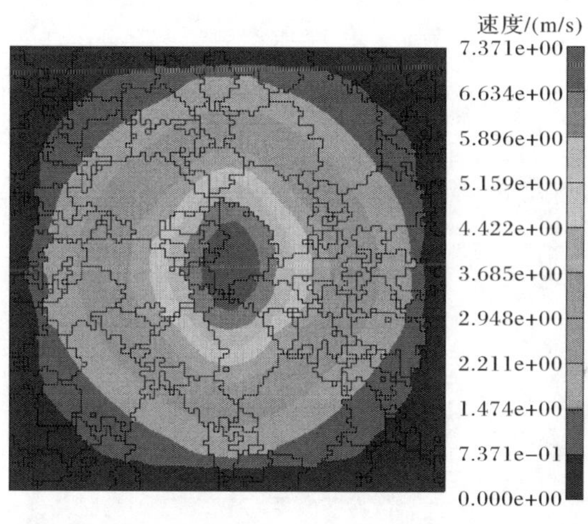

图 4.92　爆炸比例距离为 3.0m/kg$^{1/3}$时碎片初始速度分布图

3. 碎片形成时刻的残余爆炸荷载

爆炸荷载是一种从峰值迅速消减的冲击型荷载，其正压持时较短，一般在几毫秒至几十毫秒之间。同时，脆性材料中裂缝的发展速度也很快，当应力超过弹性极限时，从裂缝被激活到碎片形成仅需几毫秒。因此，部分碎片在形成时刻，爆炸冲击压强并没有完全消失。所以，残余爆炸作用也将影响碎片形成后的抛射轨迹。利用 AUTODYN 和子程序可计算得到碎片形成时刻墙体表面各单元的残余爆炸压强，如图 4.93 和图 4.94 所示。

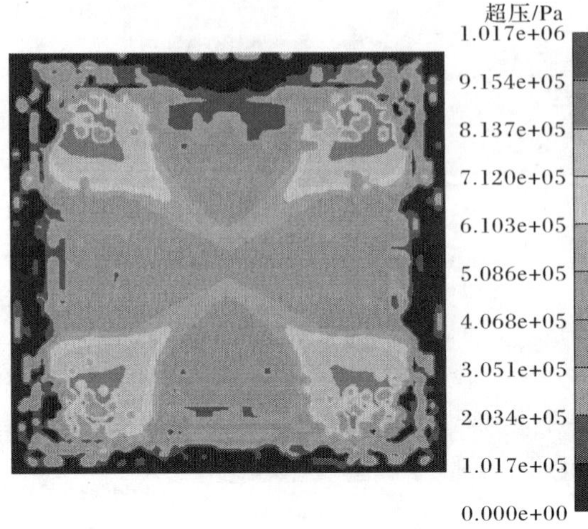

图 4.93 爆炸比例距离为 2.0m/kg$^{1/3}$时作用于碎片上的残余爆炸荷载

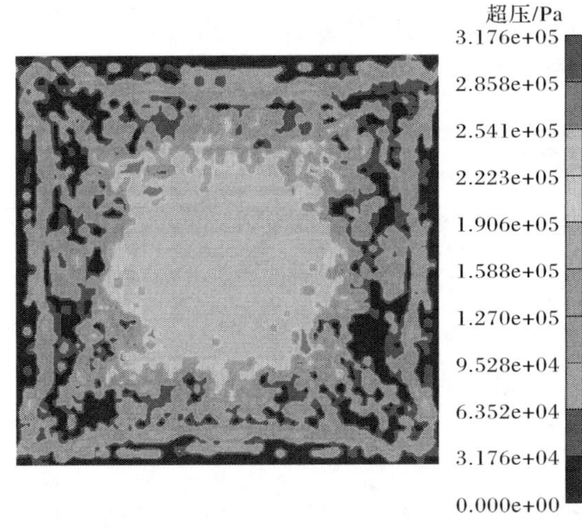

图 4.94 爆炸比例距离为 3.0m/kg$^{1/3}$时作用于碎片上的残余爆炸荷载

4. 碎片抛射距离分布

根据碎片形成时刻的初始抛射速度、碎片尺寸、残余爆炸冲击荷载，并利用式(6.31)和式(6.32)所表达的碎片运动方程，可分析碎片在空中飞行的轨迹。碎片的实际抛射距离还跟落地后的反弹有关，碎片与地面的冲撞问题非常复杂，受诸多不确定因素影响，如地面刚度、平整度等。在本节中，忽略了碎片一次着地后的反弹运动,将碎片抛射距离定义为墙体与碎片第一着地点之间的水平距离。针对上节中所阐述的两个爆炸工况,计算了碎片的抛射距离,其分布情况如图 4.95 和图 4.96 所示。

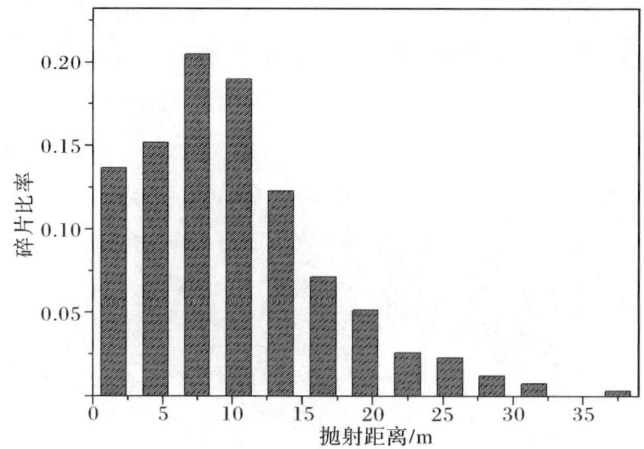

图 4.95 爆炸比例距离为 2.0m/kg$^{1/3}$时碎片抛射距离分布图

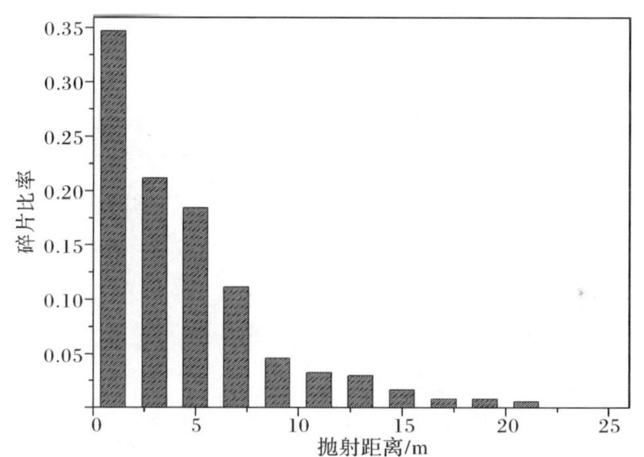

图 4.96 爆炸比例距离为 3.0m/kg$^{1/3}$时碎片抛射距离分布图

4.5.6 爆炸荷载作用下砌体墙的碎片统计特性

为进一步了解砌体填充墙在爆炸荷载作用下的碎片特性,本节将利用上节所介绍的数值方法研究碎片尺寸和抛射距离的分布规律和统计特性,分析碎片概率参数和爆炸荷载之间的定量关系。

1. 砌体填充墙模型和爆炸工况

本节的研究对象为如图 4.97 所示的砌体墙。墙体尺寸为 2.88m×2.50m×0.11m。在显式非线性软件 AUTODYN 中,采用等效砌体材料模型建立有限元模型,单元尺寸为 28.8mm×25mm×22mm,单元划分情况如图 4.97 所示。

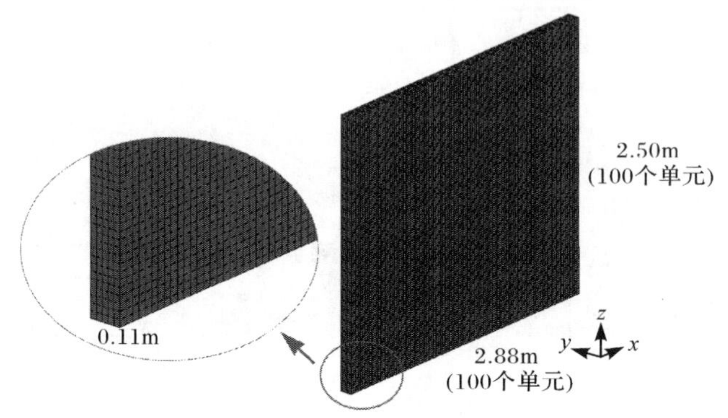

图 4.97 砌体墙计算模型

本书模拟了 8 个爆炸工况(见表 4.24),采用的炸药均为 1000kg TNT,爆炸距离为 5~40m 不等。

表 4.24 爆炸工况

工况	TNT 质量/kg	炸药距墙体/m	比例距离/($m/kg^{1/3}$)
1	1000	5	0.5
2	1000	10	1.0
3	1000	15	1.5
4	1000	20	2.0
5	1000	25	2.5
6	1000	30	3.0
7	1000	35	3.5
8	1000	40	4.0

爆炸超压的到达时间、超压峰值以及衰减持时均参考 TM5-1300[6]。假设炸药放置于地面,爆炸波以半球形状从炸药中心向外传播,墙面不同位置与炸药中心的距离不同,爆炸超压的到达时间、超压峰值均不同。当炸药和墙体间距离较远时,近似假设墙体上受均匀爆炸超压作用所引起的误差很小;当炸药和墙体间距离较近时,假设墙体均匀受压会严重影响计算结果的可靠性。为了提高所施加爆炸荷载的精确度,需将荷载施加面划分为若干个子域,每个子域为如图 4.98 所示的矩形区域。

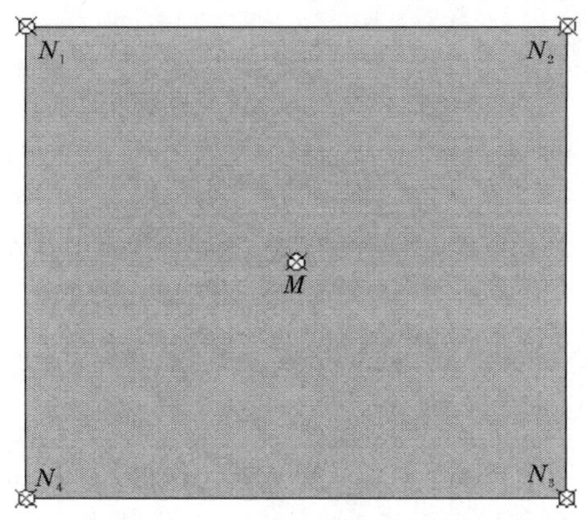

图 4.98　爆炸荷载施加面子域

图 4.98 中，N_1、N_2、N_3和 N_4为荷载子域的四个角点；M 为矩形区域的中点。根据各点的实际位置，可确定任一点的实际爆炸荷载，包括压强峰值、冲量等。假设任一荷载子域内均以中心点 M 处的爆炸荷载为代表值均匀施加，产生的误差用误差参数 δ 表示，其表达式定义为

$$\delta=\frac{|\max(I(N_i))-I(M)|}{I(M)} \tag{4.54}$$

式中，$I(N_i)$表示第 i 角点处的实际爆炸正压冲量；$I(M)$表示中点 M 处的实际爆炸正压冲量。

按照任一子域的误差参数 δ 均小于 5%的原则，工况 1～3 中墙面荷载的布置需分别按图 4.99～图 4.101 所示的子域划分。假设炸药放置点在墙面的投影位于墙底中央，墙面超压分布左右对称，图中仅表示左半墙的荷载子域划分，各子域中爆炸超压峰值、到达时间以及持时均按子域中心点近似确定。

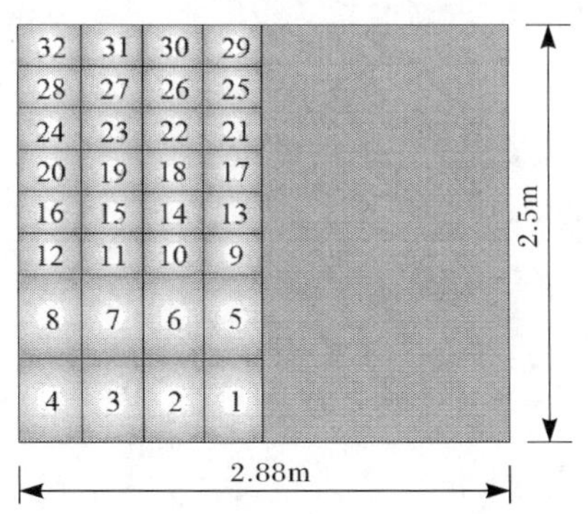

图 4.99　墙面爆炸荷载子域布置
（比例距离＝0.5m/kg$^{1/3}$）

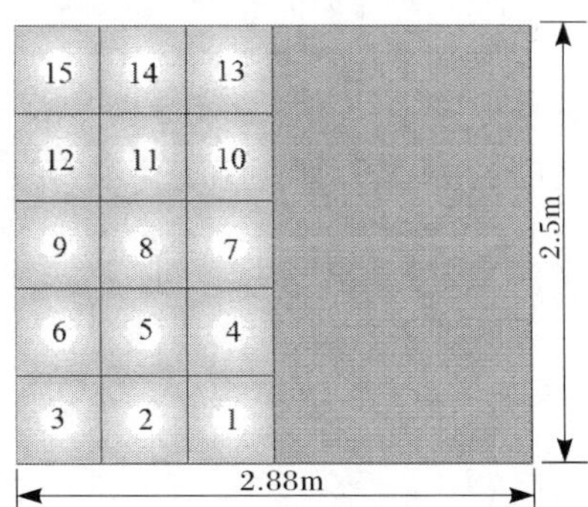

图 4.100　墙面爆炸荷载子域布置
（比例距离＝1.0m/kg$^{1/3}$）

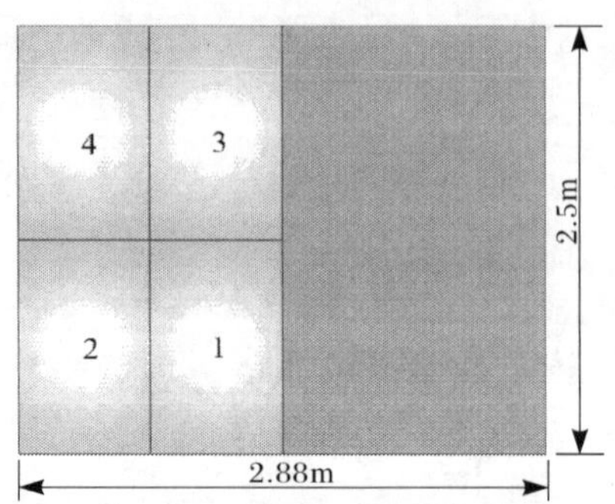

图 4.101 墙面爆炸荷载子域布置(比例距离=1.5m/kg$^{1/3}$)

2. 碎片尺寸分布规律

利用上文所阐述的数值方法可计算砌体填充墙在爆炸荷载作用下形成的碎片尺寸。根据计算结果,进行概率统计分析,可得到以碎片尺寸 x 为变量的概率密度函数 $f(x)$,在变量区间(0,+∞)内满足下式:

$$\int_0^{+\infty} f(x)\mathrm{d}(x) = 1.0 \tag{4.55}$$

针对不同的爆炸工况和墙体模型,通过计算可得到如图 4.102~图 4.109 中柱状图所示的碎片尺寸概率密度。

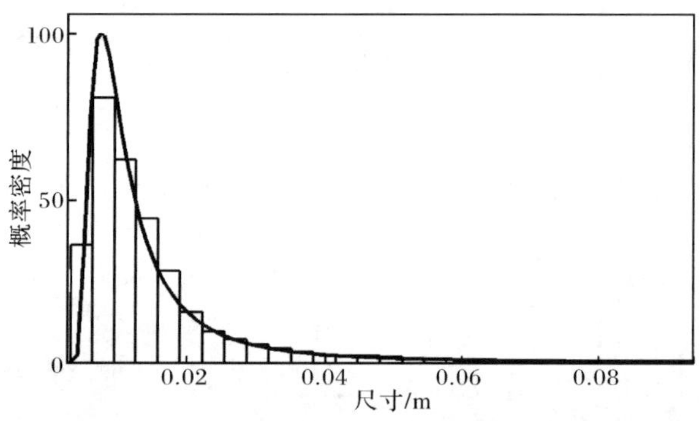

图 4.102 碎片尺寸分布概率密度(比例距离=0.5m/kg$^{1/3}$)

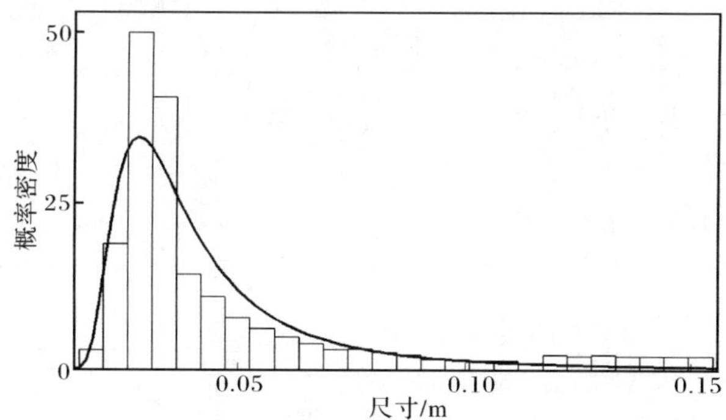

图 4.103 碎片尺寸分布概率密度(比例距离=1.0m/kg$^{1/3}$)

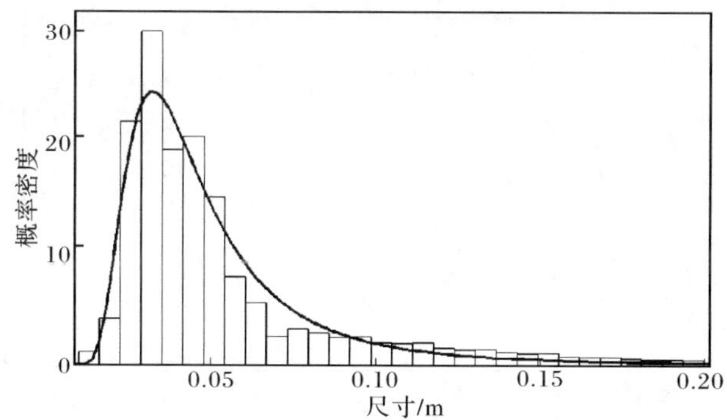

图 4.104 碎片尺寸分布概率密度(比例距离=1.5m/kg$^{1/3}$)

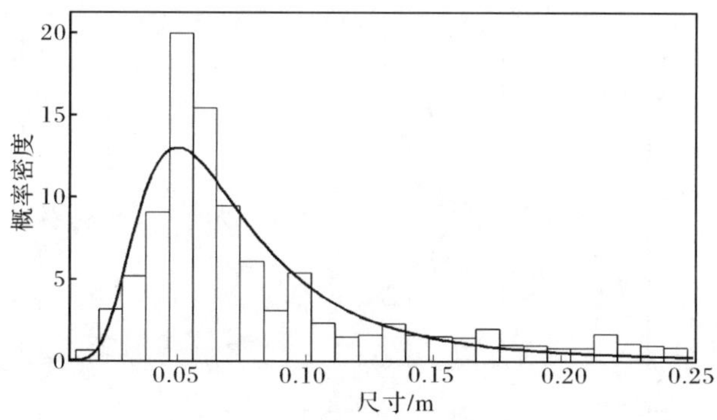

图 4.105 碎片尺寸分布概率密度(比例距离=2.0m/kg$^{1/3}$)

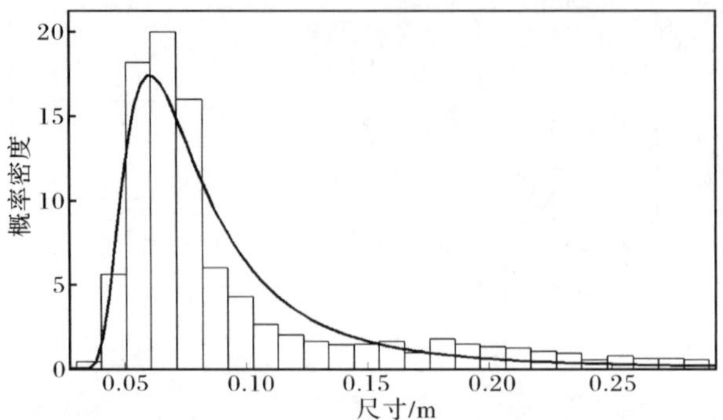

图 4.106　碎片尺寸分布概率密度(比例距离=2.5m/kg$^{1/3}$)

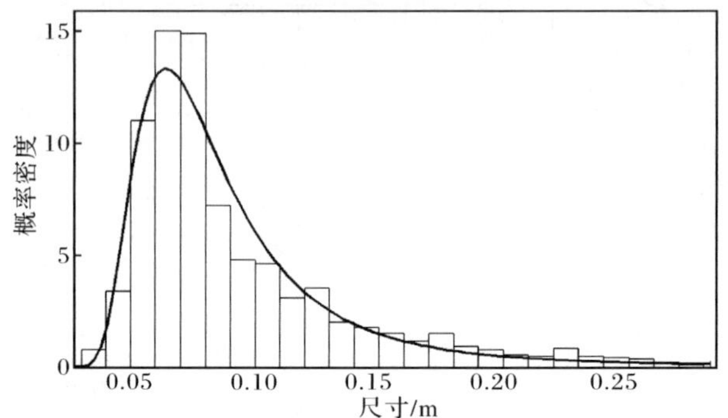

图 4.107　碎片尺寸分布概率密度(比例距离=3.0m/kg$^{1/3}$)

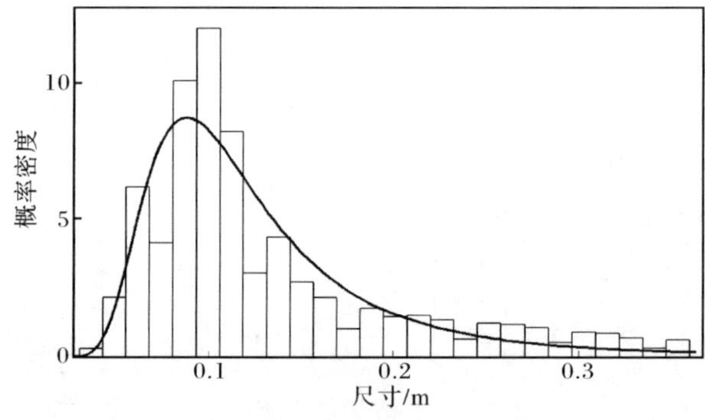

图 4.108　碎片尺寸分布概率密度(比例距离=3.5m/kg$^{1/3}$)

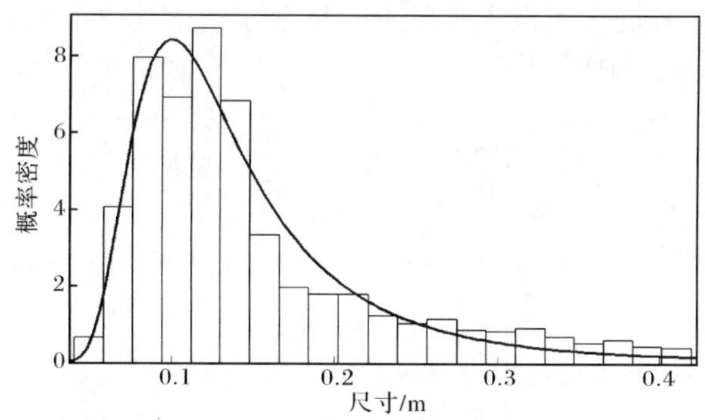

图 4.109　碎片尺寸分布概率密度(比例距离=4.0m/kg$^{1/3}$)

从图 4.102～图 4.109 可以看出砌体墙在爆炸荷载作用下形成的碎片尺寸分布规律可用广义极限分布表示，其密度函数为

$$f(x)=\frac{1}{\sigma}\left(1+k\frac{x-\mu}{\sigma}\right)^{-1/k-1}\exp\left[-\left(1+k\frac{x-\mu}{\sigma}\right)^{-1/k}\right] \tag{4.56}$$

式中，x 为概率密度函数的自变量，即为碎片尺寸；μ、σ 和 k 为 3 个概率参数，控制概率密度函数的曲线形状，在各爆炸工况中的取值不同，具体数值见表 4.25。

表 4.25　广义极限分布密度函数参数取值

工况	μ/m	σ/m	k
1	0.00897	0.00412	0.56820
2	0.03195	0.01173	0.42971
3	0.03671	0.01573	0.35227
4	0.05651	0.02675	0.29389
5	0.06788	0.02210	0.42606
6	0.07010	0.02338	0.30689
7	0.09690	0.03896	0.27025
8	0.11009	0.04295	0.28845

3. 碎片抛射距离分布规律

利用前面所阐述的数值方法同样可以计算在爆炸荷载作用下碎片形成后的抛射距离。得到以碎片抛射距离 s 为变量的概率密度函数 $\varphi(s)$，在变量区间$(0, +\infty)$内满足下式：

$$\int_0^{+\infty}\varphi(s)\mathrm{d}(s)=1.0 \tag{4.57}$$

针对上述 8 个不同比例距离的爆炸工况,进行统计分析,得到如图 4.110～图 4.117 中柱状图所示的概率密度。

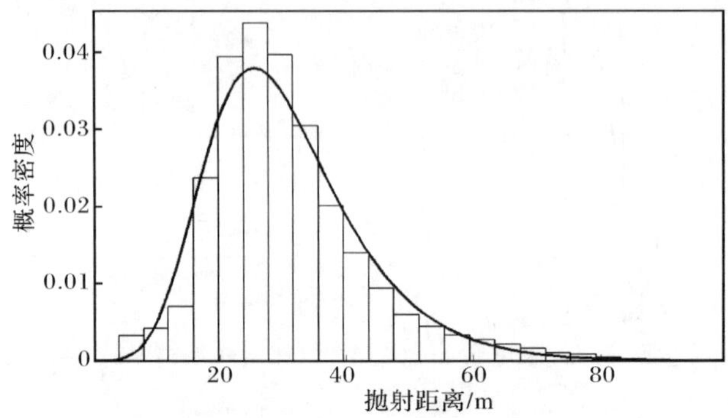

图 4.110　碎片抛射距离分布概率密度(比例距离=0.5m/kg$^{1/3}$)

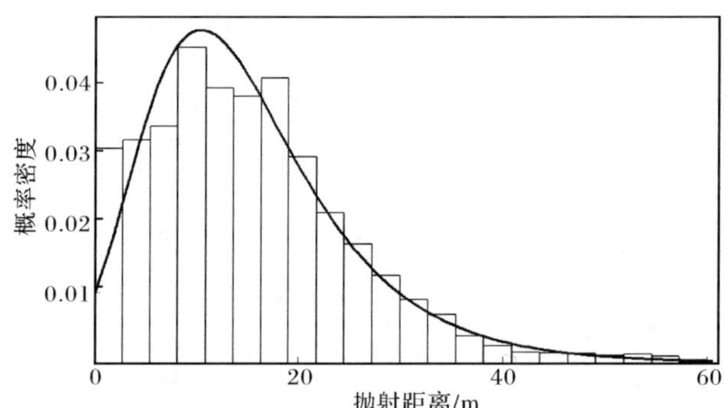

图 4.111　碎片抛射距离分布概率密度(比例距离=1.0m/kg$^{1/3}$)

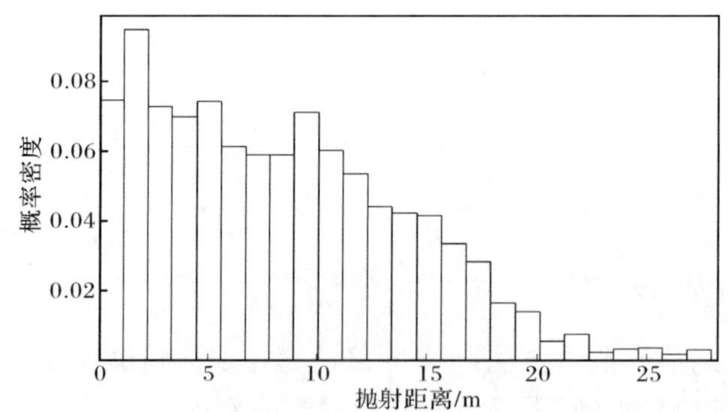

图 4.112　碎片抛射距离分布概率密度(比例距离=1.5m/kg$^{1/3}$)

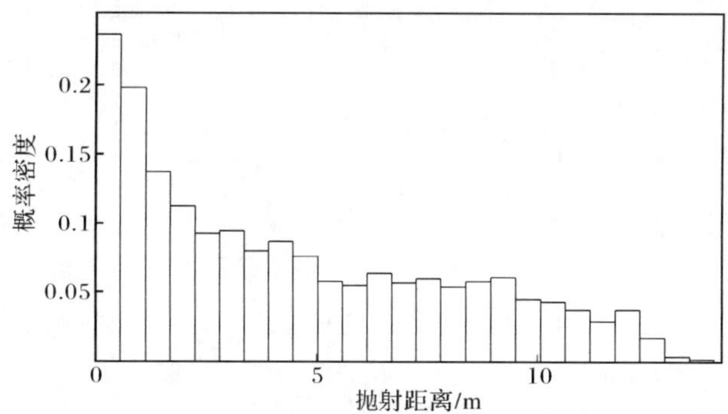

图 4.113　碎片抛射距离分布概率密度(比例距离=2.0m/kg$^{1/3}$)

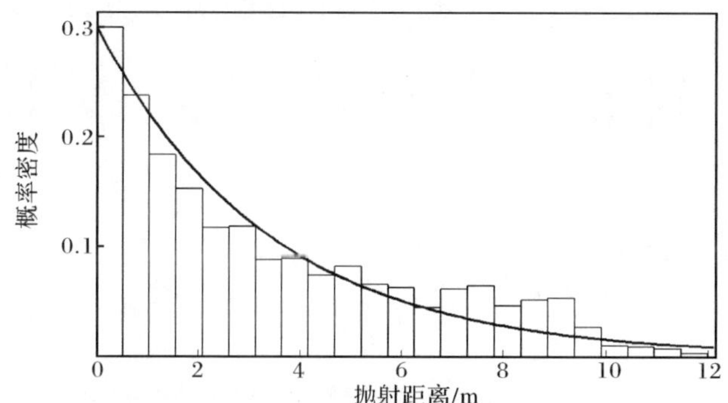

图 4.114　碎片抛射距离分布概率密度(比例距离=2.5m/kg$^{1/3}$)

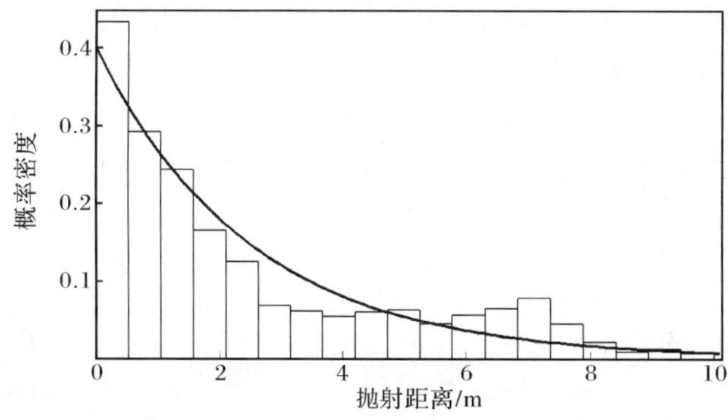

图 4.115　碎片抛射距离分布概率密度(比例距离=3.0m/kg$^{1/3}$)

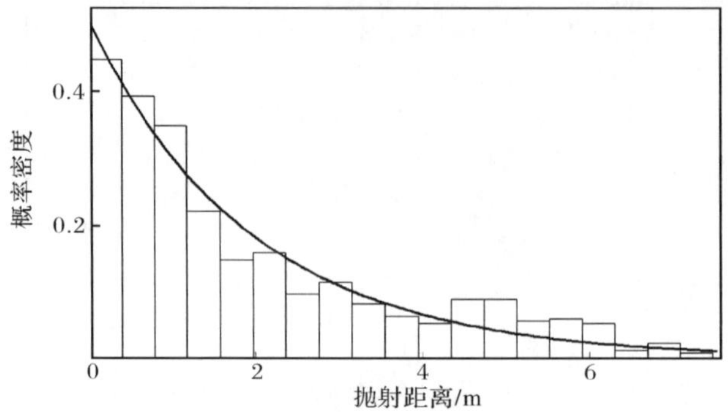

图 4.116　碎片抛射距离分布概率密度(比例距离=3.5m/kg$^{1/3}$)

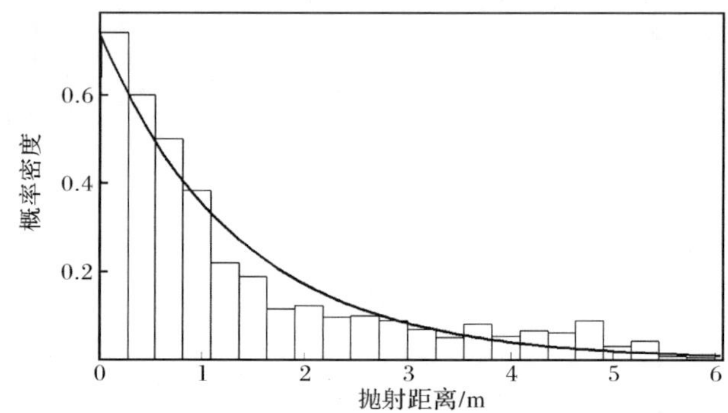

图 4.117　碎片抛射距离分布概率密度(比例距离=4.0m/kg$^{1/3}$)

图 4.110 和图 4.111 分别显示了工况 1 和工况 2 中碎片抛射距离的分布情况。根据柱状图反映的分布概率密度,在这 2 个爆炸工况下,碎片抛射距离适合广义极限分布。图 4.114～图 4.117 分别为工况 5～8 中产生的碎片抛射距离分布情况,基本符合指数分布规律,概率密度函数可表达为

$$\varphi(s) = \frac{\exp\left(-\dfrac{s}{\mu}\right)}{\mu} \tag{4.58}$$

式中,μ 为指数分布系数。

图 4.112 和图 4.113 显示的爆炸工况 3 和工况 4 中碎片抛射距离的分布情况介于广义极限分布和指数分布之间。各工况下碎片抛射距离分布类型及相应参数数值列于表 4.26 中。

表 4.26　碎片抛射距离分布类型和参数数值

工况	广义极限分布			工况	指数分布
	μ/m	σ/m	k		μ/m
1	25.19040	9.92196	−0.02720	5	3.36699
2	10.57230	7.79685	0.01899	6	2.49940
				7	1.95693
				8	1.37567

根据上述计算和分析可得出结论：当比例距离小于 1.0m/kg$^{1/3}$，砌体碎片抛射距离符合广义极限分布；当比例距离大于 2.5m/kg$^{1/3}$，抛射距离分布符合指数分布。

4. 砌体碎片统计参数

为了进一步准确描述爆炸荷载和碎片特征之间的关系，计算了不同爆炸工况下碎片尺寸和抛射距离的统计参数，包括均值和方差。图 4.118 和图 4.119 中星点表示数值计算得到的不同爆炸工况下碎片尺寸的均值和方差。通过数据回归分析，碎片尺寸的均值、方差和爆炸比例距离之间的关系可用式(4.59)所示的一次方程表示：

$$h(x) = a_1 x + a_2 \tag{4.59}$$

式中，a_1 和 a_2 为一次方程的两个参数。

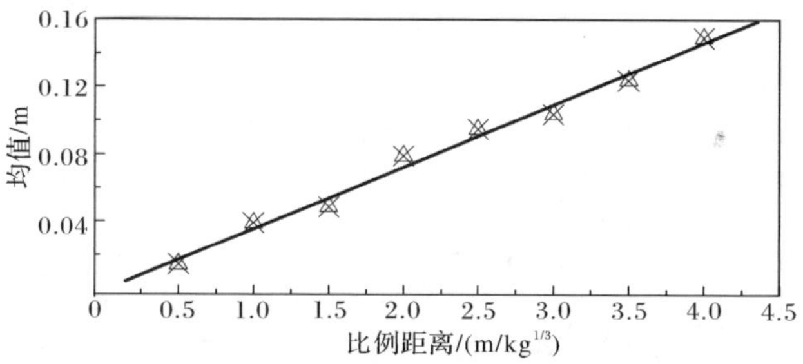

图 4.118　碎片尺寸均值和爆炸比例距离之间的关系

图 4.120 和图 4.121 中星点分别表示数值模拟得到的在不同比例距离的爆炸荷载作用下碎片抛射距离的均值和方差。对结果回归分析得到，碎片抛射距离的均值和方差与比例距离之间的关系可用玻耳兹曼方程表示，即

$$g(x) = \frac{b_1 - b_2}{1 + \exp\left(\dfrac{x - b_3}{b_4}\right)} + b_2 \tag{4.60}$$

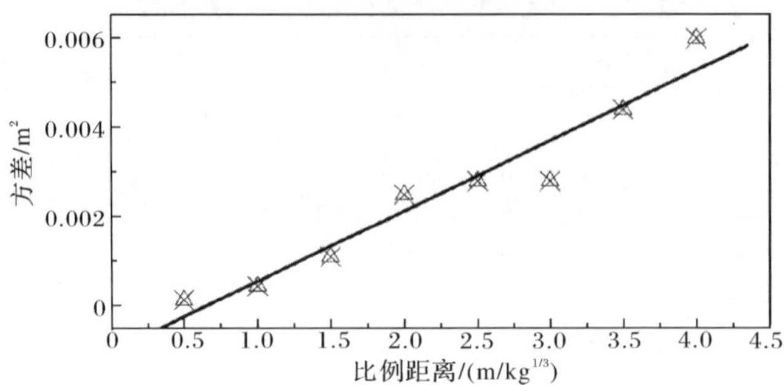

图 4.119　碎片尺寸方差和爆炸比例距离之间的关系

式中，b_1、b_2、b_3和b_4为玻耳兹曼参数。

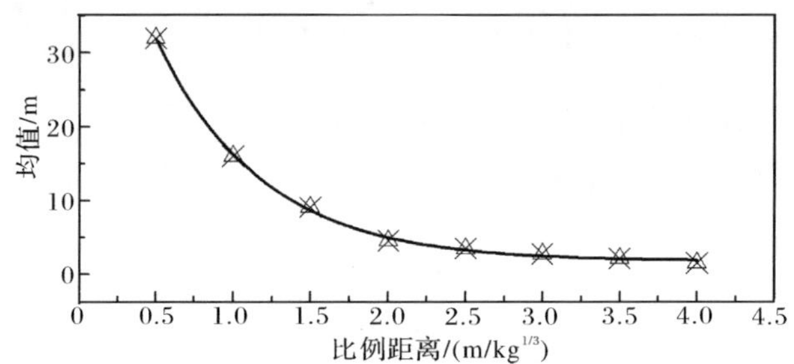

图 4.120　碎片抛射距离均值和爆炸比例距离之间的关系

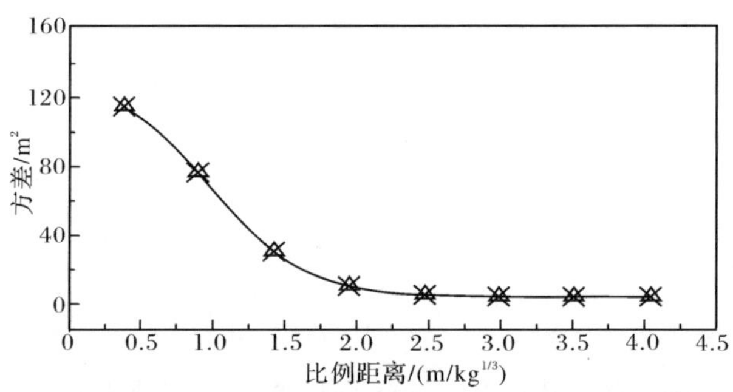

图 4.121　碎片抛射距离方差和爆炸比例距离之间的关系

碎片尺寸和抛射距离的统计参数与比例距离之间关系表达式涉及若干参数，其具体数值见表 4.27。

表 4.27　碎片尺寸和抛射距离统计参数数值

统计变量	碎片尺寸(线性方程)		碎片抛射距离(玻耳兹曼方程)			
	a_1	a_2	b_1	b_2	b_3	b_4
均值	0.03685	−0.00142	495.32100	1.77050	−1.29350	0.65607
方差	0.00158	−0.00103	180.41200	4.32480	1.07460	0.31390

4.5.7　爆炸荷载作用下砌体墙的破碎过程模拟

根据本节所介绍的数值方法可计算砌体填充墙在爆炸荷载作用下形成碎片的尺寸和初始抛射速度，本节将模拟墙体破碎和碎片分散的动态过程。

根据上文计算得到的碎片尺寸分布规律，可按照空间位置随机和形状随机的原则，重新建立由离散碎片组成的砌体墙模型，并且将碎片形成时刻的抛射速度设置为初始状态，利用显式有限元软件 LS-DYNA 模拟具有一定初始速度的墙体碎片离开母体后在残余爆炸荷载作用下的飞散过程，并在计算程序中定义了碎片间的相互碰撞接触。

砌体填充墙模型和爆炸工况图 4.122(a)～图 4.129(a)分别显示了砌体墙在不同爆炸工况中碎片形成时刻的表面裂缝分布和初始速度分布，图 4.122(b)～图 4.129(b)显示了爆炸发生后某一时刻的碎片飞散状况。

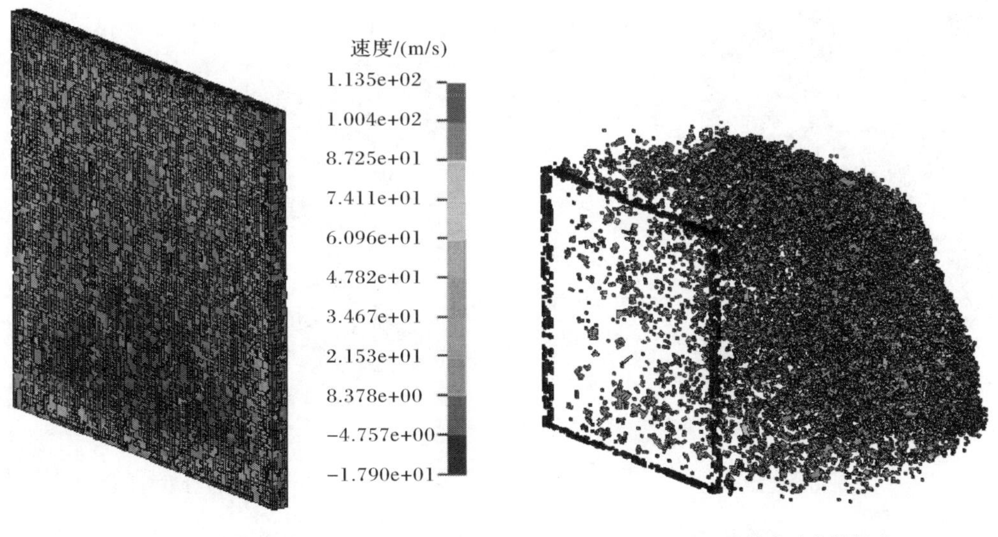

(a) 起始速度　　(b) 0.03s 后的碎片分散情况

图 4.122　爆炸比例距离为 0.5m/kg$^{1/3}$情况下墙体碎片初始速度和飞散情况

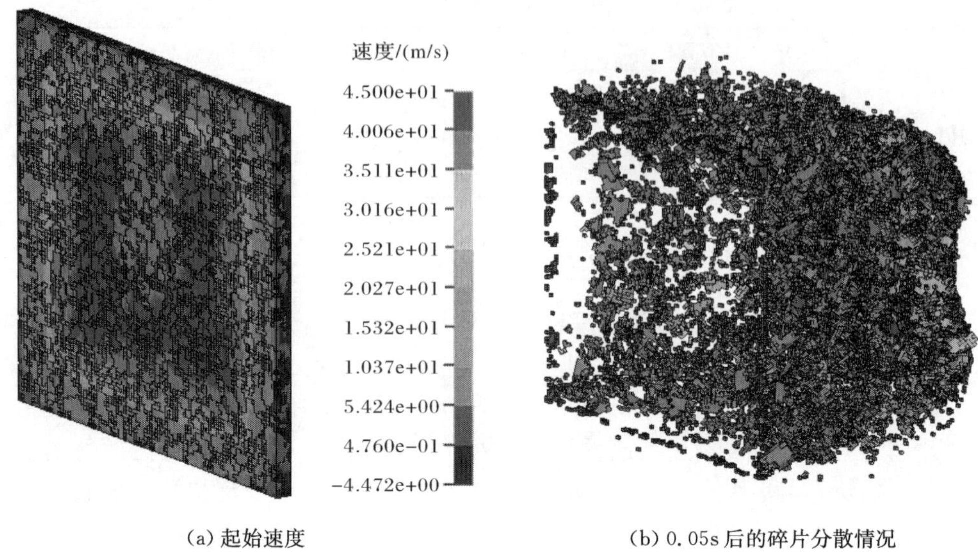

(a) 起始速度　　(b) 0.05s 后的碎片分散情况

图 4.123　爆炸比例距离为 1.0m/kg$^{1/3}$情况下墙体碎片初始速度和飞散情况(见彩图)

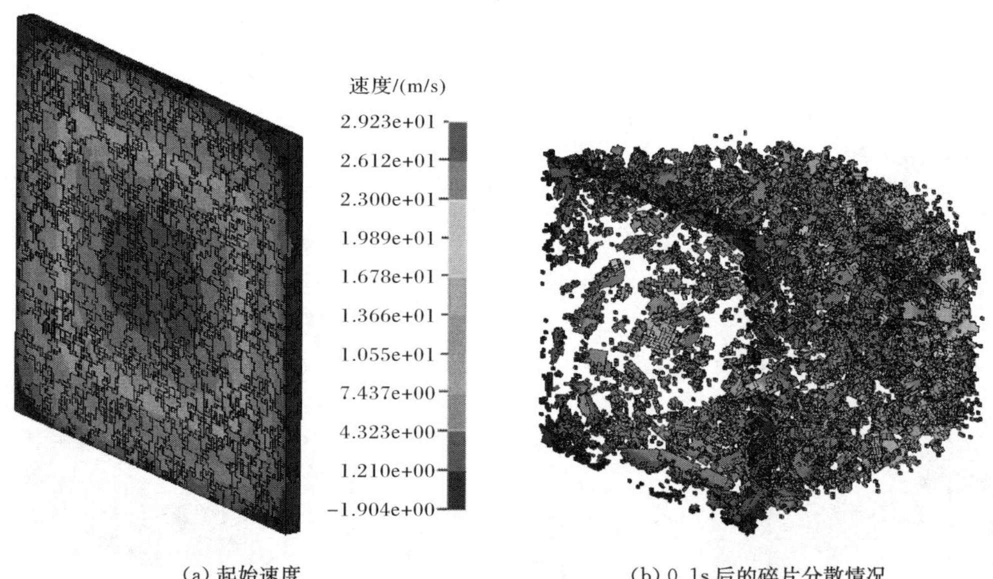

(a) 起始速度　　(b) 0.1s 后的碎片分散情况

图 4.124　爆炸比例距离为 1.5m/kg$^{1/3}$情况下墙体碎片初始速度和飞散情况

(a) 起始速度　　(b) 0.1s 后的碎片分散情况

图 4.125　爆炸比例距离为 2.0m/kg$^{1/3}$情况下墙体碎片初始速度和飞散情况

(a) 起始速度　　(b) 0.1s 后的碎片分散情况

图 4.126　爆炸比例距离为 2.5m/kg$^{1/3}$情况下墙体碎片初始速度和飞散情况(见彩图)

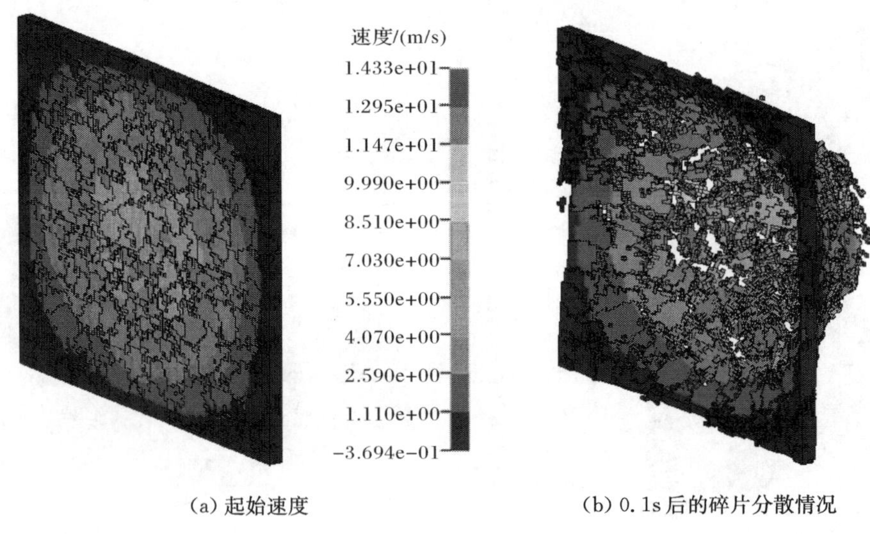

(a) 起始速度　　(b) 0.1s后的碎片分散情况

图 4.127　爆炸比例距离为 3.0m/kg$^{1/3}$情况下墙体碎片初始速度和飞散情况

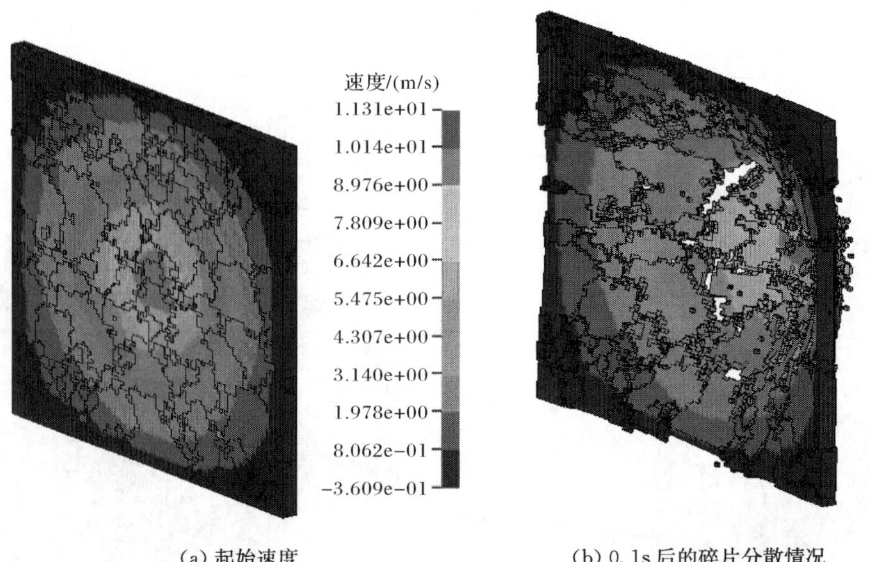

(a) 起始速度　　(b) 0.1s后的碎片分散情况

图 4.128　爆炸比例距离为 3.5m/kg$^{1/3}$情况下墙体碎片初始速度和飞散情况

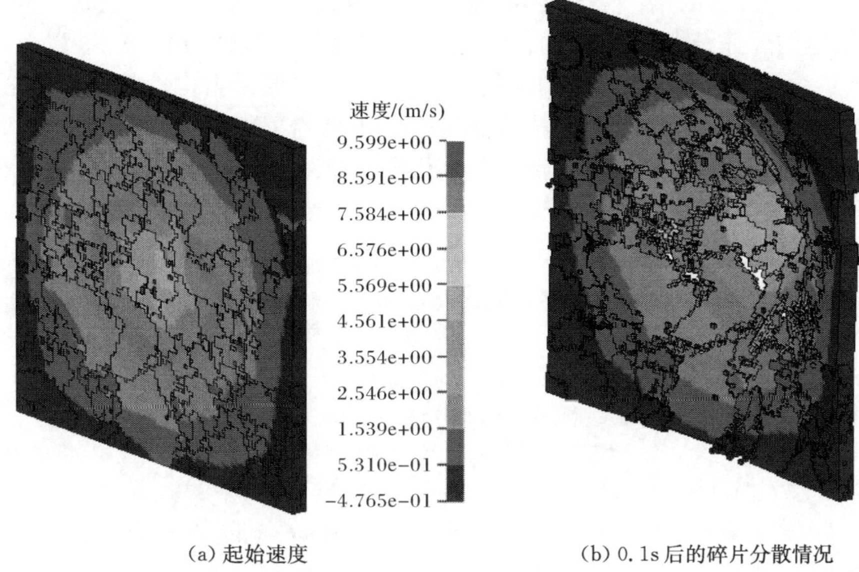

(a) 起始速度　　(b) 0.1s 后的碎片分散情况

图 4.129　爆炸比例距离为 4.0m/kg$^{1/3}$情况下墙体碎片初始速度和飞散情况(见彩图)

从图 4.122～图 4.129 可以看出,随着爆炸比例距离的增大,所形成的碎片尺寸逐渐变大,数量变小。当墙体所受到的爆炸荷载峰值较大,持时较小,惯性力对墙体破坏起决定作用,材料在应力波充分传播之前已经破坏,大量微裂缝在较短时间内激活并发展,相邻裂缝在较短时间内相交并贯通,因此形成数量较多,尺寸较小的碎片。图 4.124(b)～图 4.129(b)均表示墙体受爆炸冲击 0.10s 后碎片的空间分布情况,通过对比可发现,当比例距离较小时,碎片的飞行速度较大。根据爆炸超压的特性,当比例距离较小时,爆炸所产生的冲量较大,因此碎片获取的动能也就较大;另一方面,在比例距离较小的爆炸荷载作用下,碎片形成的耗时较短,残余爆炸荷载对独立碎片的做功较大,因此也导致比例距离较小情况下,碎片的飞行动能更大。

4.6　本 章 小 结

由于爆炸荷载具有加载速度快、峰值大、作用时间短等特点,爆炸荷载作用下建筑结构构件的动力响应行为,与静力荷载以及地震、风等动力荷载作用下结构构件的响应相比,有很大的差异,而且要复杂得多。同时,在爆炸荷载特别是外爆炸荷载作用下,建筑结构多首先发生局部的损伤与破坏,进而发生整体性的动态响应甚至连续倒塌,因而,研究爆炸荷载下结构构件的动态响应行为与损伤破坏机理,不仅对于结构构件的抗爆设计本身,对于后续研究建筑结构的整体响应以及连续倒塌机理同样有着十分重要的意义。本章提出了考虑钢筋-混凝土界面黏结滑移效应的爆炸荷载下结构构件动态响应与破坏的数值分析技术，以此为基础，研究了爆炸荷载作用下钢筋混凝土梁、板、柱等主要受力构件的破坏模式，揭示了其损伤破坏的规律；针对恐怖或意外爆炸事件情况下，建筑非结构构件形成的碎片对人员和结构的安全危害，建立了爆炸荷载下砌体填充墙的破碎分析方法。

参 考 文 献

[1] Sun J, Li G, Lu Y. Numerical simulation of response of SRC columns subjected to blast loading. Transactions of Tianjin University, 2006, 12(Sl): 126−131.

[2] 杜林，石少卿，张湘冀，等. 钢管混凝土短柱内部抗爆炸性能的有限元数值模拟. 重庆大学学报，2004，27(10)：142−144，159.

[3] Morrill K B, Malvar L J, Crawford J E, et al. Blast resistant design and retrofit of reinforced concrete columns and walls//The 2004 Structures Congress—Building on the Past: Securing the Future, Nashville, 2004: 1471−1478.

[4] Li Q M, Meng H. Pulse loading shape effects on pressure-impulse diagram of an elastic-plastic, single-degree-of-freedom structural model. International Journal of Mechanical Sciences, 2002, 44(9): 1985−1998.

[5] Wu C, Hao H. Modelling of simultaneous ground shock and air blast pressure on nearby structures from surface explosions. International Journal of Impacting Engineering, 2005, 31: 699−717.

[6] Technical Manual (TM5-1300). To resist the effect of accidental explosions. Washington DC: Department of the Army, Navy and the Air force, 1990.

[7] Shi Y, Hao H, Li Z X. Numerical derivation of pressure-impulse diagrams for prediction of RC column damage to blast loads. International Journal of Impact Engineering, 2008, 35(11): 1213−1227.

[8] LS-DYNA. Keyword User's Manual. Livermore, California: Livermore Software Technology Coporation, 2006.

[9] Tu Z, Lu Y. Evaluation of typical concrete material model used in hydrocodes for high dynamic response simulations. International Journal of Impact Engineering, 2009, 36(1): 132−146.

[10] Malvar L, et al. K&C concrete material model, release III: Automated generation of material model input. Report: TR-99-24, Karagozian & Case Structural Engineers, 1999: 18−27.

[11] Malvar L, Simons D. Concrete material modeling in explicit computations//Workshop on Recent Advances in Computational Strucrtural Dynamics and High Performance Computing. USAE Waterways Experiment Station, Vicksburg, 1996: 65−94.

[12] Malvar L J, Ross C A. Review of strain rate effects for concrete in tension. ACI Materials Journal, 1999, 96(5): 614—616.

[13] Bischoff P H, Perry S H. Compressive behavior of concrete at high strain rate. Materials and Strucutres, 1991, 24: 425—450.

[14] Malvar L. Review of static and dynamic properties of steel reinforcing bars. ACI Materials Journal, 1998, 95(6): 609—616.

[15] Béton Comité Euro-International Du. CEB-FIP Model Code 1990. Trowbridge, Wiltshire, UK: Redwood Books, 1993.

[16] Luccioni B M, Lopez D E, Danesi R F. Bond-slip in reinforced concrete elements. Journal of Structural Engineering, 2005, 131(11): 1690—1698.

[17] Spacone E, Limkatanyu S. Responses of reinforced concrete members including bond-slip effects. ACI Structural Journal, 2000, 97(6): 831—839.

[18] Weatherby J H. Investigation of bond slip between concrete and steel reinforcement under dyanmic loading conditions. Mississippi: Mississippi State University, 2003.

[19] Woodson S C, Baylot J T. Structural collapse: Quarter-scale model experiments. Technical Report SL-99-8, US Army Corps of Engineers Engineer Research and Development Cente, 1999.

[20] Woodson S C, Baylot J T. Quarter-scale building/column experiments//Elgaaly M. Advanced Technology in Structural Engineering. Philadelphia: American Society of civil Engineers, 2000: 1—6.

[21] Ferritto J M. Blast on Buildings: A Set of Tools for Building Damage Analysis. Burbank: Karagozian and Case, 2003.

[22] Fang Q, Izzuddin B A. Rate-sensitive analysis of framed structures. Part II: Implementation and application to steel and R/C frames. Structural Engineering and Mechanics, 1997, 5(3): 239—256.

[23] Nonaka T. Shear failure of a steel member due to a blast. International Journal of Impact Engineering, 2000, 24(3): 231—238.

[24] Liew J Y R, Chen H. Explosion and fire analysis of steel frames using fiber element approach. Journal Structural Engineering, ASCE, 2004, 130(7): 991—1000.

[25] Chen H, Liew J Y R. Explosion and fire analysis of steel frames using mixed element approach. Journal of Engineering Mechanics, ASCE, 2005, 131(6): 606—616.

[26] Song L, Izzuddin B A, Elnashai A S. Integrated adaptive environment for fire and explosion analysis of steel frames—Part I: Analytical models. Journal of Constructional Steel Research, 2000, 53(1): 63—85.

[27] Izzuddin B A, Song L, Elnashai A S. Integrated adaptive environment for fire and explosion analysis of steel frames—Part II: Verification and application. Journal of Constructional Steel Research, 2000, 53(1): 87—111.

[28] Johnson G R, Cook W H. Fracture characteristics of three metals subjected to various strain

rates, temperatures and pressures. Engineering Fracture Mechanics, 1985, 21(1): 31—48.

[29] 李永池，潭福利，郭扬，等. 金属损伤演化方程和层裂准则的确定. 宁波大学学报，2003，16(4): 442—446.

[30] 方秦，柳景春，张亚栋. 爆炸荷载作用下钢板与钢筋混凝土组合梁动力响应分析. 工程力学，1997，14 (增): 321—325.

[31] 方秦，郭东，张亚栋，等. 梁的剪力动力系数的确定. 工程力学，2005，22 (5): 181—185.

[32] 方秦，杜茂林. 爆炸荷载作用下弹性与阻尼支承梁的动力响应. 力学与实践，2006，28(2): 53—56.

[33] 焦延平，郭东，张虹，等. 爆炸荷载作用下钢筋混凝土梁非线性有限元分析. 振动与冲击，2003，22 (3): 65—67.

[34] 张媛媛，郭东，令狐可，等. 动载作用下钢筋混凝土梁非线性有限元分析. 四川建筑科学研究，2003，29 (4): 19—20，23.

[35] 清华大学抗震抗爆工程研究室. 钢筋混凝土结构构件在冲击荷载下的性能. 北京：清华大学出版社，1986.

[36] 中华人民共和国住房和城乡建设部. 混凝土结构设计规范(GB50010—2010). 北京：中国建筑工业出版社，2010.

[37] 阎石，张亮，王丹. 钢筋混凝土板在爆炸荷载作用下的破坏模式分析. 沈阳建筑大学学报(自然科学版)，2005，21(3): 177—180.

[38] 吴红晓，陈向欣，严万松. 钢筋混凝土板动力非线性有限元研究. 计算力学学报，2002，19(3): 336—339.

[39] Low H Y, Hao H. Reliability analysis of reinforced concrete slabs under explosive loading. Structural Safety, 2001, 23 (2): 157—178.

[40] Low H Y, Hao H. Reliability analysis of direct shear and flexural failure modes of RC slabs under explosive loading. Engineering Structures, 2002, 24 (2): 189—198.

[41] Zhou X Q, Hao H, Kuznetsov V A, et al. Numerical calculation of concrete slab response to blast loading. Transactions of Tianjin University, 2006, 12 (Suppl.): 94—99.

[42] Ross T J. Direct shear failure in reinforced concrete beams under impulsive loading. Technical Report, No. AFWL-TR-83-84, Air Force Weapons Laboratory, Kirtland Air Force Base, NM, 1983.

[43] Krauthammer T. Response of structural concrete elements to severe impulsiveLoads. Computers and Structures, 1994, 53(1): 119—131.

[44] Krauthammer T. Shallow-buried RC box-type structures. Journal of Structural Engineering, 1984, 110(3): 637—651.

[45] 杨守中. 爆炸与冲击动力学. 北京：兵器工业出版社，1993: 296—304.

[46] Deng G Q, et, al. Numericalsimulation of explosion damage shape of RC slab undercontact detonation//The 2nd International Conference on Protectionof Structures against Hazards, Singapore, 2004: 155—158.

[47] Zhang X B, et, al. Damageeffects of thin concrete slab subjected to projectile impact//The

2nd International Conference on Protection of Structures against Hazards, Singapore, 2004: 323—330.

[48] 王年桥. 防护结构计算原理与设计. 南京:解放军理工大学, 1998: 125—131.

[49] 张想柏, 杨秀敏, 陈肇元, 等. 接触爆炸钢筋混凝土板的震塌效应. 清华大学学报(自然科学版), 2006, 46(6): 765—768.

[50] 董军. 常规弹丸对钢筋混凝土板的冲击效应研究. 南京:解放军理工大学博士学位论文, 2004: 17—23.

[51] Kuznetsov V A. Strength and toughness of steel fiber reinforced reactive powder concrete under blast loading. Transaction of Tianjin University, 2006, S1: 70—74.

[52] Gronsten G A, Forsen R. Debris launch velocity from overloaded concrete cubicles//The International Symposium on Interaction of the Effects of Munitions with Structures, Orlando, 2007: 219—234.

[53] Shockey D A. Fragmentation of rock under dynamic loads. International Journal of Rock Mechanics and Mining Sciences and Geomechanics Abstracts, 1974, 11(8): 303—317.

[54] Yew C H, Taylor P A. A thermodynamic theory of dynamic fragmentation. International Journal of Impact Engineering, 1994, 15(4): 385—394.

[55] Grady D E, Kipp M E. Geometric statistics and dynamic fragmentation. Journal of Applied Physics, 1985, 58(3): 1210—1222.

[56] Grady D E. Particle size statistics in dynamic fragmentation. Journal of Applied Physics, 1990, 68(12): 6099—6105.

[57] Grady D E, Kipp M E. Continuum modeling of explosive fracture in oil shale. International Journal of Rock Mechanics and Mining Sciences, 1980, 17(3): 147—157.

[58] Liu L Q, Katsabanis P D. Development of a continuum damage model for blasting analysis. International Journal of Rock Mechanics and Mining Sciences, 1997, 34(2): 217—231.

[59] Zhang Y Q, Hao H, Lu Y. Anisotropic dynamic damage and fragmentation of rock materials under explosive loading. International Journal of Engineering Science, 2003, 41(9): 917—929.

[60] Xu X P, Needleman A. Numerical simulations of fast crack growth in brittle solids. Journal of the Mechanics and Physics of Solids, 1994, 42(9): 1397—1434.

[61] Camacho G T, Ortiz M. Computational modeling of impact damage in brittle materials. International Journal of Solids and Structure, 1996, 33(20-22): 2899—2938.

[62] Cundall P A. A computer model for simulating progressive, large scale movements in blocky rock systems//Proceedings of Symposium of International Society of Rock Mechanics, Nancy, 1971: 129—136.

[63] Kun F, Herrmann H J. A study of fragmentation processes using a discrete element method. Computer Methods in Applied Mechanics and Engineering, 1996, 138(1-4): 3—18.

[64] Pelessone D, Cusatis G, Baylot J T. Application of the lattice discrete particle model (LDPM) to simulate the effects of munitions on reinforced concrete structures//The Inter-

national Symposium on Interaction of the Effects of Munitions with Structures, Orlando, 2007:198—203.

[65] Cusatis G, Bazant Z P, Cedolin L. Confinement-shear lattice model for concrete damage in tension and compression: I. Theory. Journal of Engineering Mechanics, ASCE, 2003, 129(12):1439—1448.

[66] Cusatis G, Bazant Z P, Cedolin L. Confinement-shear lattice CSL model for fracture propagation in concrete. Computer Methods in Applied Mechanics and Engineering, 2006, 195(52):7154—7171.

[67] Lucy L B. A numerical approach to the testing of the fission hypothesis. Astronomical Journal, 1977, 82:1013—1024.

[68] Monaghan J J. An introduction to SPH. Computer Physics Communications, 1988, 48(1): 89—96.

[69] Scheffer U, Hiermaier S. Improving a SPH code by alternative interpolation schemes. Baustatic-Baupraxis, 7 Meskouris, Balkema, Rotterdam, 1999.

[70] Rabczuk T, Eib J. Simulation of high velocity concrete fragmentation using SPH/MLSPH. International Journal for Numerical Methods in Engineering, 2003, 56(10):1421—1444.

[71] Grady D E. Local inertial effects in dynamic fragmentation. Journal of Applied Physics, 1982, 53(1):322—325.

[72] Kanninen M F, Popelar C H. Advanced Fracture Mechanics. New York: Oxford University Press, 1985.

[73] Wei X Y, Hao H. Numerical derivation of homogenized dynamic masonry material properties with strain rate effect. International Journal of Impact Engineering, 2009, 36(3): 522—536.

[74] Ma G W, Hao H, Lu Y. Homogenization of masonry using numerical simulations. ASCE Journal of Engineering Mechanics, 2001, 127(5):421—431.

[75] Wu C Q, Hao H. Derivation of 3D masonry properties using numerical homogenization technique. International Journal for Numerical Methods in Engineering, 2006, 66(4): 1717—1737.

[76] Hao H, Tarason B. Experimental study of strain rate effects on clay brick and mortar material properties. Australian Journal of Structural Engineering, 2008, 8(2):117—131.

[77] Mazars J. A description of micro- and macroscale damage of concrete structures. Engineering Fracture Mechanics, 1986, 25(5-6):729—737.

[78] Page A W. Finite element model for masonry. Journal of the Structural Division, 1978, 104(8):1267—1285.

[79] Lotfi H R, Shing P B. Interface model applied to fracture of masonry structures. ASCE Journal of Structural Engineering, 1994, 120:63—80.

[80] Ali S S, Page W. Finite element model for masonry subjected to concentrated loads. Journal of Engineering, 1988, 114(8):1761—1784.

[81] Pande G N, Liang J X, Middleton J. Equivalent elastic moduli for brick masonry. Computers and Geotechnics, 1989, 8(3): 243—265.

[82] de Buhan P, de Felice G. A homogenization approach to the ultimate strength of brick masonry. Journal of the Mechanics and Physics of Solids, 1997, 45(7): 1085—1104.

[83] Cluni F, Gusella V. Homogenization of non-periodic masonry structures. International Journal of Solids and Structures, 2004, 41(7): 1911—1923.

[84] Zucchini A, Lourenco P B. A coupled homogenisation-damage model for masonry cracking. Computers and Structures, 2004, 82(11-12): 917—929.

[85] Wei X Y, Hao H. Numerical derivation of strain rate effects on material properties of masonry with solid clay bricks. Transactions of Tianjin University, 2006, 12(s1): 147—151.

第5章　爆炸荷载作用下结构构件的损伤程度评估

爆炸荷载作用下结构构件的损伤程度评估是一个极其复杂的课题，迄今为止，结构构件在爆炸荷载作用下的损伤程度评估方面能够实际应用的成果仍为空白。在结构构件在爆炸荷载作用下的损伤程度评估领域比较认可的研究方向是确定结构构件的压力-冲量曲线，即 P-I 曲线。一旦确定某个结构构件的 P-I 曲线图，即可运用该 P-I 曲线图，准确预测该构件在任意爆炸荷载作用下可能的损伤程度。

P-I 曲线是爆炸荷载作用下某一特定构件的等损伤线，每一条 P-I 曲线对应某一特定程度的损伤。研究人员在对第二次世界大战中遭炸弹破坏的房屋的破坏程度进行评估时，首次引入了 P-I 曲线[1]，随后 P-I 曲线常被用于对结构的损伤以及爆炸荷载作用下人体的伤亡情况进行评估[2,3]。

图5.1给出了某结构构件典型的 P-I 曲线示意图，如图所示，对应于每一条 P-I 曲线，在 P-I 空间中，有两条渐近线，即超压渐近线和冲量渐近线，分别定义了超压和冲量两个参数的临界值。依据对爆炸荷载的分类，可以将 P-I 空间中的爆炸荷载分为脉冲荷载、准静态荷载和动力荷载。当结构承受脉冲荷载时，结构的响应仅与爆炸荷载的冲量有关，而与爆炸荷载的超压无关，这就在 P-I 空间中形成一条竖线界定出使结构构件发生某一特定程度损伤所需的最小冲量，即冲量渐近线。同样的，在准静态荷载的作用下，结构的响应与爆炸荷载的冲量无关，而仅取决于爆炸荷载的超压峰值，因此，在 P-I 空间中形成一条横向渐近线，以用来界定使结构构件发生某一特定程度损伤所需的最小超压峰值，即超压渐近线。在动力荷载作用下，结构构件的响应不仅与爆炸荷载的冲量有关，而且与爆炸荷载的超压峰值有关。

从图5.1亦可以看出，P-I 曲线本身将 P-I 空间分成两部分。当作用在结构构件上的爆炸荷载落在 P-I 曲线的右上方时，其对结构构件造成的损伤程度要高于该 P-I 曲线所对应的程度，相反地，如果作用在结构构件上的爆炸荷载落在 P-I 曲线的左下方，其对结构构件造成的损伤程度要低于该 P-I 曲线所对应的程度。这就是 P-I 曲线用来评估爆炸荷载作用下结构构件损伤程度的基本原理。通常情况下，在 P-I 空间中会有一组 P-I 曲线，分别对应不同的损伤程度，相应地，这些曲线将 P-I 空间划分为若干区域，每一区域对应于不同的损伤程度等级(范围)，如轻度损伤、中度损伤和重度损伤等。这样，把某一特定的爆炸荷载投影到 P-I 曲线图的 P-I 空间中，根据它所落入的区域便可以预测出在该爆炸荷载作用下结构构件可能发生的损伤程度等级。因此，本章的主要研究内容即是提出新的确定钢筋混凝土柱 P-I 曲线的方法，用以评估钢筋混凝土柱在爆炸荷载作用下的损伤程度。

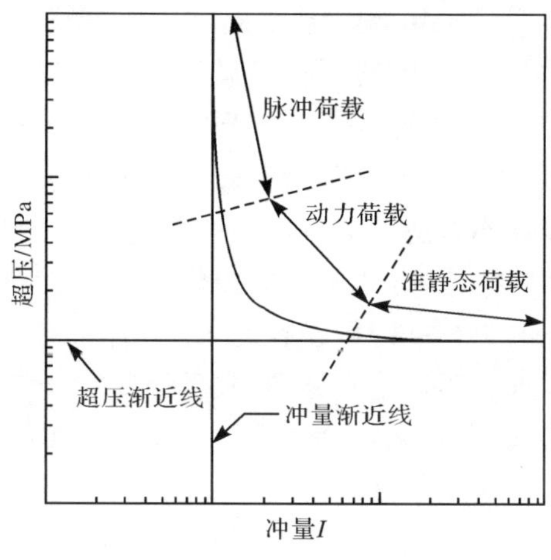

图 5.1　典型 P-I 曲线示意图

5.1　确定结构构件 P-I 曲线的现有方法

近些年来，研究者们提出了一系列确定结构构件 P-I 曲线的方法。根据这些方法的本质，可以将它们分为三大类，即解析方法、试验方法和数值方法。

5.1.1　解析方法

在解析方法中，通常将结构构件简化为单自由度体系，并采用单自由度体系在爆炸荷载作用下的最大位移作为破坏准则，在此破坏准则的基础上，通过计算单自由度体系在不同爆炸荷载作用下的最大位移响应来确定结构构件的 P-I 曲线。

利用解析方法，Li 和 Meng[4,5] 基于单自由度模型的无量纲分析方法，采用基于最大位移的破坏准则，得到了单自由度体系归一化的 P-I 曲线，并在此基础上研究了爆炸荷载形状(三角形荷载、矩形荷载等)对单自由度体系归一化的 P-I 曲线的影响，并提出了一种等效 P-I 曲线，用来消除爆炸荷载形状对 P-I 曲线的影响。

在 Li 和 Meng 的基础上，Fallah 和 Louca[6] 提出了一种将结构构件简化为弹塑性增强以及弹塑性软化单自由度体系进而确定其 P-I 曲线的解析方法，由于在此方法中，将结构构件简化为单自由度结构体系时，采用了较为精确的本构关系，从而提高了由此计算得到的结构构件 P-I 曲线的精度。

上述两种解析方法适用的单自由度体系可以是弹性的、理想弹塑性的、刚塑性的、弹塑性增强的以及弹塑性软化的，并且能够同时考虑爆炸荷载形状对结构构件 P-I 曲线的影响。然而，这两种方法均需将结构构件简化为单自由度体系，这一本质思想有着其自身的局限性。众所周知，在爆炸荷载作用下，尤其是爆炸荷载的持时很短时，结构构件的响应往往是局部的，在这种情况下，结构构件的高阶模态可能会控制结构构件的破坏[7]。由于简化的单自由度体系仅能代表结构某阶模态的响应，因此，将结构构件简化为单自由度体系对于分析爆炸荷载作用下构件的动力行为可能并不合适。同时，上述两种方法得到的 P-I 曲线也不能够准确地预测结构构件在多种损伤模式下的损伤程度，因为在不同的损伤模式下，结构构件基于最大位移的破坏准则可能有较大差别，如相同的最大位移所对应的剪切破坏的损伤程度要远大于弯曲破坏的损伤程度。

为了克服上述两种解析方法得到的 P-I 曲线在预测多种损伤模式下结构构件的损伤程度的局限性，Ma 等[8]提出了一种新的考虑梁多种损伤模式的 P-I 曲线的确定方法。该方法同时考虑了弯曲破坏和剪切破坏两种破坏模式，是运用解析法确定结构构件多损伤模式 P-I 曲线的一次有效尝试。然而，该方法也有其自身的局限性：在确定结构构件的 P-I 曲线时，完全地区分开了弯曲破坏和剪切破坏这两种破坏模式，但实际上，在爆炸荷载作用下，结构构件也有可能发生弯剪破坏。

综上所述，虽然确定结构构件 P-I 曲线的解析方法具有简单易用的特点，但由于其自身的局限性，并不能运用于工程实际中爆炸荷载作用下结构构件的损伤程度评估。

5.1.2 试验方法

试验方法的主要思想是通过试验得到结构构件在一系列爆炸荷载作用下的损伤程度，将各个损伤程度对应的爆炸荷载点绘制到 P-I 空间中，然后根据这些点通过曲线拟合方法得到某一特定损伤程度对应的结构构件的 P-I 曲线。试验法是得到结构构件 P-I 曲线的精确方法。

Wesevich 和 Oswald[9]根据一组砖墙在爆炸荷载作用下的试验数据得到砖墙的 P-I 曲线。为此，他们搜集总结了 236 次不同的爆炸荷载作用下的砖墙试验数据，涵盖了不同的跨度、厚度、边界条件和钢筋构造方式的砖墙，然后通过无量纲归一化方法对试验数据进行处理，利用处理后的数据得到了砖墙的 P-I 曲线。

采用试验方法得到结构构件的 P-I 曲线需要大量的试验数据，这通常很难实现，或者即便能够实现也非常昂贵。因此，试验方法并不是确定结构构件 P-I 曲线的理想方法。

5.1.3　数值方法

随着计算机的飞速发展和数值模拟技术的进步，利用有限元显式动力分析软件可以准确模拟结构构件在爆炸荷载下的动力响应和损伤破坏。因此，利用数值模拟方法，得到结构构件在不同爆炸荷载作用下的动力响应和损伤破坏的数据，通过曲线拟合的方法，亦可以得到结构构件的 *P-I* 曲线。

Soh 和 Krauthammer[10] 提出了一种确定结构构件 *P-I* 曲线的数值方法。该方法首先通过能量平衡法确定 *P-I* 曲线的超压渐近线和冲量渐近线的大致位置；然后通过大量的数值模拟计算，辅以必要的曲线拟合手段，得到对应于临界损伤程度的 *P-I* 曲线。

数值方法与试验方法相比有着经济、高效、可重复性高等优点，缺点则是数值模拟的准确性受到材料模型及破坏理论的限制。同时，数值方法同样需要很多的数据点，虽然不需耗费昂贵的费用，但需要较多的计算时间和复杂的计算。

综上所述，目前所有的这些确定结构构件 *P-I* 曲线的方法都有其自身的局限性，因此，需要提出一种新的方法，克服上述各种方法的缺点。本节将研究提出确定钢筋混凝土柱 *P-I* 曲线的简化数值方法，并在此基础上，对钢筋混凝土柱 *P-I* 曲线可能的影响因素进行参数分析，找出关键影响因素。在参数分析及大量有限元模拟结果的基础上，建立确定任意钢筋混凝土矩形柱 *P-I* 曲线的回归公式，并验证该公式的适用性和有效性。

5.2　钢筋混凝土柱

5.2.1　确定钢筋混凝土柱 *P-I* 曲线的简化数值方法

在本节中，首先定义一种新的破坏准则，在提出的新破坏准则以及有限元分析结果的基础上，提出一种确定钢筋混凝土柱 *P-I* 曲线的简化数值方法。

1. 破坏准则

对结构构件进行损伤程度评估，最重要的一点是合理的定义破坏准则。

准确有效的破坏准则应符合下列条件：

(1) 破坏准则应适用于对钢筋混凝土柱在爆炸荷载作用下所有可能的破坏模式的损伤程度评估。

(2) 破坏准则应与钢筋混凝土柱的整体特性有关，而不是仅对应于其局部的材料特性。

(3) 与破坏准则相关的钢筋混凝土柱的整体特性应较容易通过试验或数值模

拟方法得到。

目前常用的钢筋混凝土柱的破坏准则有柱中最大位移、最大应力和最大应变等,显然,这些破坏准则均不能满足上述要求。考虑到结构柱主要为竖向承力构件(水平力一般通过传递由刚性楼板和剪力墙承担),结构柱竖向承载力的退化程度可以用来评估柱的各种损伤模式下的损伤,同时也与结构柱的整体特性有关,并且比较容易通过试验或数值模拟方法得到。因此,本节提出一种新的基于钢筋混凝土柱竖向剩余承载力的破坏准则,用以评估钢筋混凝土柱在爆炸荷载作用下的破坏程度,即定义破坏参数 D 为

$$D=1-\frac{P'_{\mathrm{N\_residual}}}{P'_{\mathrm{N}}} \tag{5.1}$$

式中,$P'_{\mathrm{N_residual}}$为钢筋混凝土柱在爆炸荷载作用下的剩余竖向承载力,可以通过试验或数值模拟的方法得到;P'_{N}是钢筋混凝土柱在未破坏前的竖向承载力,可以通过下式得到:

$$P_{\mathrm{N}}=0.85f'_{\mathrm{c}}(A_{\mathrm{G}}-A_{\mathrm{s}})+f_{\mathrm{y}}A_{\mathrm{s}} \tag{5.2}$$

式中,f'_{c}是混凝土的轴心抗压强度;f_{y}为纵筋的屈服强度;A_{G}为柱的截面面积;A_{s}为纵筋的总截面面积。

为此,定义钢筋混凝土柱的损伤程度等级如下:

D=(0～0.2)为轻度损伤;

D=(0.2～0.5)为中度损伤;

D=(0.5～0.8)为重度损伤;

D=(0.8～1)为倒塌。

该定义虽然是主观的,但有明确的物理意义,并且由于直接和钢筋混凝土柱的竖向剩余承载力相关,便于工程技术人员应用。

2. 钢筋混凝土柱 *P-I* 曲线的简化数值方法

为了确定钢筋混凝土柱的 *P-I* 曲线,对某钢筋混凝土柱(C1)在不同的爆炸荷载作用下产生的不同程度的损伤进行模拟,并得到与所有爆炸荷载一一对应的损伤程度等级。

钢筋混凝土柱 C1 的各参数如表 5.1 所示。

表 5.1　钢筋混凝土柱 C1 的各参数

柱宽/mm	柱深/mm	柱高/mm	箍筋	纵筋	保护层厚度/mm
400	600	4600	ϕ10@200	8ϕ20	25

在某一特定爆炸荷载作用下,钢筋混凝土柱的破坏程度等级可以通过以下步骤获得:

(1) 初始化阶段。首先建立钢筋混凝土柱的三维有限元模型;然后,将竖向荷载施加到钢筋混凝土柱的顶面,以模拟实际钢筋混凝土柱承受的轴向荷载。因为 LS-DYNA 是显式动力分析软件,竖向荷载需要缓慢的施加,以防止钢筋混凝土柱的竖向振荡,并计算至结构体系达到静平衡状态。在本节中,钢筋混凝土柱的竖向荷载均假定为其竖向承载力的 20%,相当于典型的低层或中高层钢筋混凝土框架结构的底层柱的受力水平。

(2) 在钢筋混凝土柱的前表面施加爆炸荷载,并分析钢筋混凝土柱的动力响应和损伤破坏。为了得到钢筋混凝土柱的完整动力响应过程,钢筋混凝土柱在爆炸荷载下的动力分析需要执行很长一段时间,直到结构达到新的静力平衡。但实际上,这将耗费大量的时间,因此,在本节中,当结构柱上所有节点的速度低于 0.1m/s时,便认为结构已经达到静力平衡,停止本步的计算。

(3) 通过重启动分析,将结构柱上所有节点的速度都强制设置为零,然后重新向柱顶施加轴向力,直到柱倒塌为止,从而得到爆炸荷载损伤后柱的竖向力-位移曲线。根据该曲线的特点,得到该柱的剩余竖向承载力。

(4) 根据公式(5.1)得到柱的损伤指数以及相对应的损伤程度等级。

将前面得到的各个爆炸荷载的超压和冲量连同该荷载作用下结构柱的损伤程度等级绘制到 *P-I* 空间里,如图 5.2(a)所示,如果依照上节定义的损伤破坏准则,将对应相同损伤程度等级的爆炸荷载点用相同的符号来表示,则这些点明确地将 *P-I* 空间分成若干不同的区域。利用曲线拟合方法,得到这些区域的边界线,即是 *P-I* 曲线。

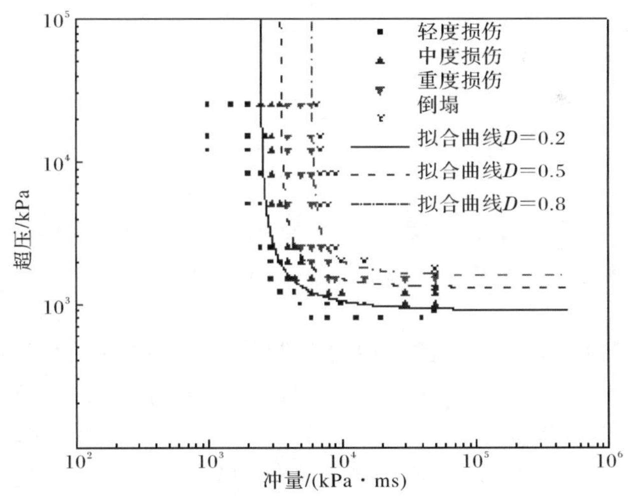

(a) 数值模拟数据点和拟合 *P-I* 曲线

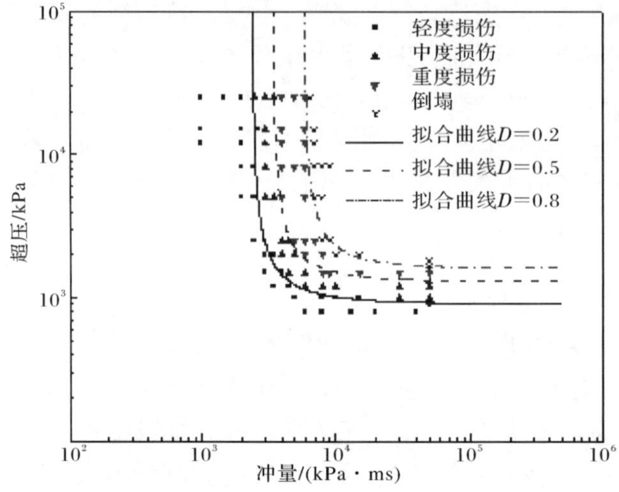

(b) 依照公式(5.4)得到的拟合 P-I 曲线

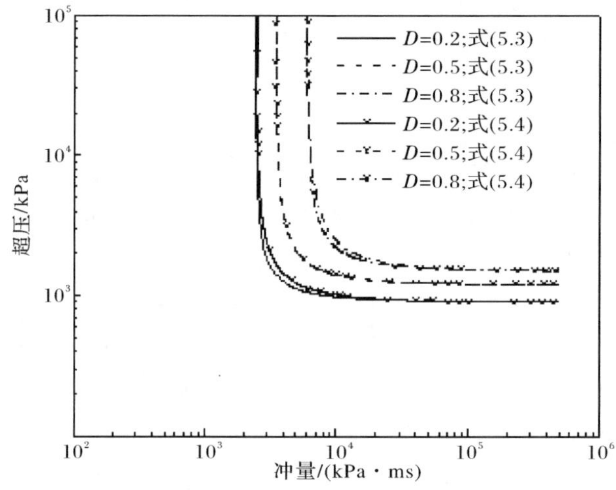

(c) 由拟合公式和简化公式分别得到的拟合 P-I 曲线的比较

图 5.2　钢筋混凝土柱 C1 的 P-I 曲线

图 5.2(a)同时给出了通过曲线拟合方法得到的钢筋混凝土柱 C1 对应于临界损伤程度的 P-I 曲线。由于在有限元模拟中,很难通过对钢筋混凝土柱施加合适的荷载使得钢筋混凝土柱的破坏程度恰巧处在两个破坏程度等级的分界线上,如 $D=0.2$,$D=0.5$ 或 $D=0.8$。因此,对这些分界线进行曲线拟合时,采用的数据点是位于该临界破坏程度附近的一系列数据点,同时通过多次试算,确保由曲线拟合得到的 P-I 曲线为相邻两个破坏程度等级的分界线。

通过大量的试算发现,P-I 曲线的拟合公式如下:

$$(P-P_0)(I-I_0)=A\left(\frac{P_0}{2}+\frac{I_0}{2}\right)^{\beta} \tag{5.3}$$

式中，P_0为对应于损伤程度 D 的 P-I 曲线的超压渐近线，如前所述，在本节中，D 分别取为 0.2，0.5 和 0.8；I_0为对应于损伤程度 D 的 P-I 曲线的冲量渐近线；A 和 β 为两个常数，与柱的损伤程度 D 有关。

钢筋混凝土柱 C1 对应于各个临界损伤程度的 P-I 曲线的 P_0、I_0、A 和 β 如表 5.2 所示。从表中可以看出，对应于不同的损伤程度，A 和 β 的值差别不大，即 $A\approx 12$，$\beta\approx 1.5$。因此，为了简化起见，假定 A 和 β 与损伤程度 D 无关，这样，式(5.3)可以简化为

$$(P-P_0)(I-I_0)=12\left(\frac{P_0}{2}+\frac{I_0}{2}\right)^{1.5} \tag{5.4}$$

表 5.2 钢筋混凝土柱 C1 各 P-I 曲线对应于公式(5.3)中各个参数的取值

D	P_0/kPa	I_0/(kPa · ms)	A	β
0.2	900	2500	11.5	1.45
0.5	1200	3500	12	1.49
0.8	1500	6000	12.5	1.54

图 5.2(b)给出了以式(5.4)作为目标函数，通过曲线拟合得到的钢筋混凝土柱 C1 的对应于各个临界破坏程度的 P-I 曲线。从图中可以看出，新的目标函数完全可以用来拟合作为各损伤程度等级分界线的 P-I 曲线。

图 5.2(c)比较了分别采用式(5.3)和式(5.4)作为目标函数通过曲线拟合得到的 P-I 曲线，从图中可以明显地发现，虽然式(5.4)作了简化，但仍能与式(5.3)得到同样好的拟合结果。

为了验证式(5.4)的通用性，采用相同的方法获得了另一钢筋混凝土柱 C2 对应于各个临界损伤程度的 P-I 曲线。

钢筋混凝土柱 C2 的各个参数如表 5.3 所示。

表 5.3 钢筋混凝土柱 C2 的各个参数

柱宽/mm	柱深/mm	柱高/mm	箍筋	纵筋	保护层厚/mm
600	400	4600	ϕ10@200	8ϕ20	25

在图 5.3 中，将得到的柱 C2 在不同爆炸荷载作用下的损伤程度连同该荷载的超压和冲量绘制到 P-I 空间里，同时，将基于目标函数公式(5.4)得到的对应于各个临界损伤程度的 P-I 曲线也显示到 P-I 空间里。从图中可以看出，所得到的 P-I 曲线能够很好地将不同损伤程度等级分开来，作为不同损伤程度等级的分界线。由此说明，式(5.4)具有通用性。

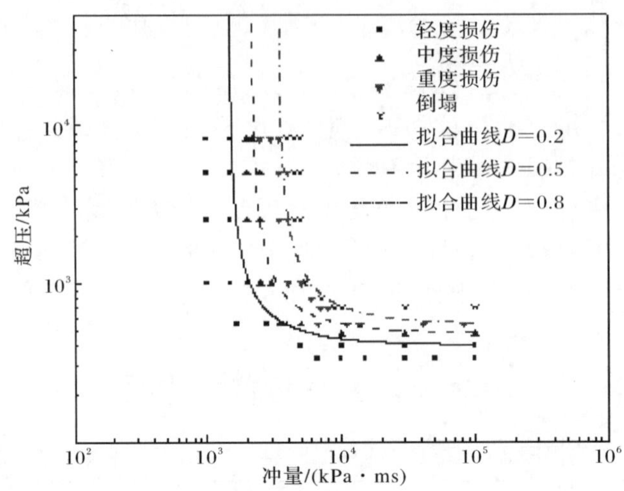

图 5.3 以式(5.4)为目标函数得到的钢筋混凝土柱 C2 的 P-I 曲线

基于上述讨论，总结确定钢筋混凝土柱 P-I 曲线的简化数值方法的步骤如下：

(1) 通过一系列的数值模拟，获得钢筋混凝土柱分别在对应于脉冲荷载和准静态荷载的两组爆炸荷载作用下的破坏程度，并把获得的结果绘制到 P-I 空间内，如图 5.4(a)所示。

(2) 将式(5.4)作为目标函数，运用最小二乘法，拟合得到各个破坏程度等级的边界线，即为该钢筋混凝土柱的 P-I 曲线，如图 5.4(b)所示。

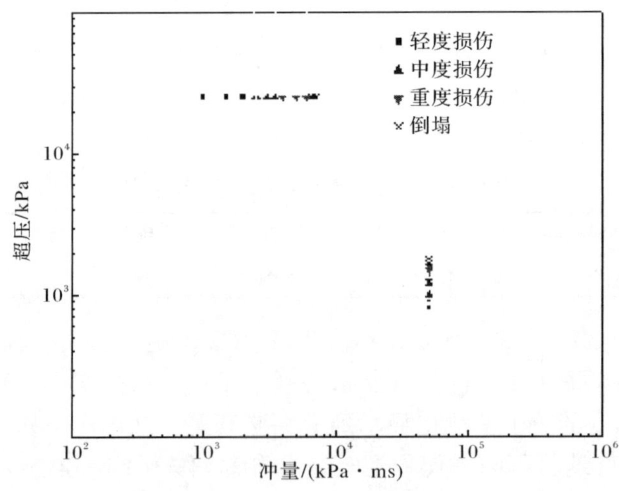

(a) P-I 空间中柱的破坏程度及对应的爆炸荷载

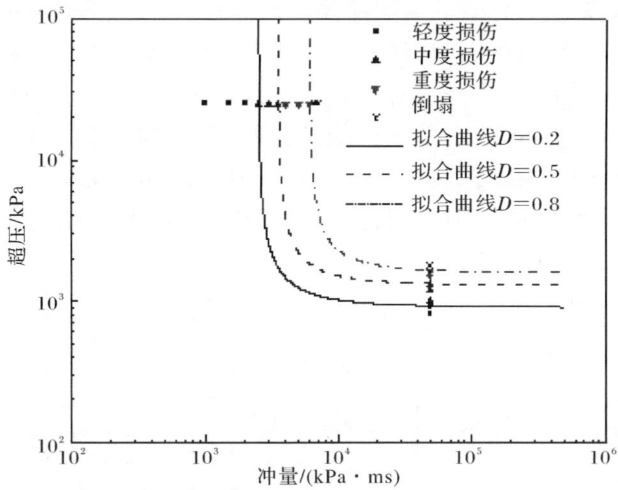

(b) 目标函数公式(5.4)得到的柱的拟合 P-I 曲线

图 5.4 采用简化数值方法得到的钢筋混凝土柱的 P-I 曲线

5.2.2 钢筋混凝土柱 P-I 曲线的参数分析

运用上面提出的确定钢筋混凝土柱 P-I 曲线的简化数值模拟方法，分析钢筋混凝土柱的各参数对其 P-I 曲线的影响。本节考虑的钢筋混凝土的参数为柱深、柱宽、柱高、混凝土轴心抗压强度、箍筋配箍率和纵筋配筋率。各参数的取值如表 5.4 所示。同时，本节仅以对应于各损伤程度等级的临界损伤程度的 P-I 曲线作为对象，研究各参数对这些 P-I 曲线超压渐近线和冲量渐近线的影响。

表 5.4 柱参数的取值

柱宽 b/mm	柱深 h/mm	柱高 H/mm	混凝土轴心抗压强度 f'_c/MPa	纵筋配筋率 ρ	箍筋配箍率 ρ_s
400	400	3600	30	0.01	0.006
600	600	4600	40	0.02	0.016
800	800	5400	50	0.03	0.032

1. 柱深的影响

为了研究钢筋混凝土柱的柱深对其 P-I 曲线即对其超压渐近线及冲量渐近线的影响，采用上节提出的简化数值模拟方法，分别得到了在其他参数相同而柱深不同(柱深 h 分别为 400mm、600mm 和 800mm；b=600mm，H=4600mm，f'_c=40MPa，ρ=0.01，ρ_s=0.006)情况下的钢筋混凝土柱的三条临界 P-I 曲线，如图

5.5所示。同时,表 5.5 给出了不同柱深的钢筋混凝土柱所对应的 P-I 曲线的超压渐近线和冲量渐近线的值。由图 5.5 和表 5.5 均可以看出,当柱深增加时,钢筋混凝土柱 P-I 曲线的超压渐近线和冲量渐近线均随之升高。这意味着,增加钢筋混凝土柱的柱深会增加钢筋混凝土柱抵御脉冲荷载、准静态荷载以及动力荷载的能力。这是在预料之中的,因为增加柱深意味着增加钢筋混凝土柱的截面面积及截面惯性矩,从而增加钢筋混凝土柱的抗剪承载力和抗弯承载力。

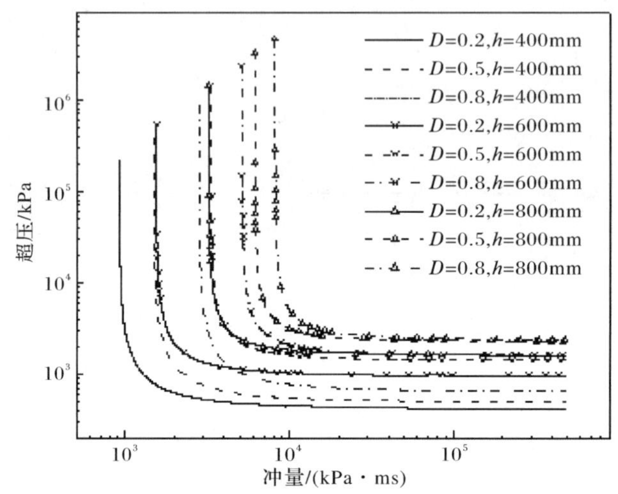

图 5.5 不同柱深钢筋混凝土柱 P-I 曲线的比较

表 5.5 柱深对钢筋混凝土柱 P-I 曲线超压和冲量渐近线的影响

柱深/mm	D=0.2		D=0.5		D=0.8	
	P_0/kPa	I_0/(kPa · ms)	P_0/kPa	I_0/(kPa · ms)	P_0/kPa	I_0/(kPa · ms)
400	420	920	500	1500	650	2800
600	950	1550	1400	3300	1600	5100
800	1600	3200	2300	6100	2400	8100

2. 柱高的影响

通过相同的方法可以获得其他参数相同而柱高不同的钢筋混凝土柱的三条临界 P-I 曲线的超压渐近线和冲量渐近线。钢筋混凝土柱的其他参数为 $b=600$mm,$h=400$mm,$f'_c=40$MPa,$\rho=0.01$,$\rho_s=0.006$,而柱高从 3600mm 变化到 5400mm。表 5.6 给出了不同柱高的钢筋混凝土柱所对应的 P-I 曲线的超压渐近线和冲量渐近线的值,从表中可以看出,无论是超压渐近线还是冲量渐近线都随着柱高的增加而降低。这可以用以下事实来解释,当柱的高度增加时,在爆炸荷载的参数不变的情况下，钢筋混凝土柱柱端的最大剪力和跨中的最大弯矩均增大，从而使得钢筋混凝土柱更容易被破坏。需要说明的是，这一结果是在爆炸冲击波作用在钢筋混凝土柱上时已经为平面波，作用在钢筋混凝土柱上的爆炸荷载为均匀分布的情况下得到的，如果炸药距离柱很近，爆炸荷载在结构柱上的分布非均匀时，本节得出的结论将不再适用。

表 5.6　柱高对钢筋混凝土柱 P-I 曲线超压和冲量渐近线的影响

柱高/mm	D=0.2		D=0.5		D=0.8	
	P_0/kPa	I_0/(kPa · ms)	P_0/kPa	I_0/(kPa · ms)	P_0/kPa	I_0/(kPa · ms)
3600	650	1000	950	1700	1200	2800
4600	440	920	580	1750	730	2700
5400	310	900	430	1650	530	2600

3. 柱宽的影响

通过对表 5.7 所示不同柱宽的钢筋混凝土柱的 P-I 曲线的三组超压渐近线和冲量渐近线的值的比较可以看出，增加钢筋混凝土柱的柱宽仅会轻微的增加 P-I 曲线的超压渐近线的值，但会降低冲量渐近线的值。这是因为，由于爆炸荷载均布加载到钢筋混凝土柱的前表面，增加钢筋混凝土柱的柱宽则在有限增加柱的抗剪承载力及抗弯承载力的同时，也增加了作用在其上的爆炸荷载的总和。这一结果表明，增加柱的宽度并不会显著的提高钢筋混凝土柱的抗爆性能。

表 5.7　柱宽对钢筋混凝土柱 P-I 曲线超压和冲量渐近线的影响

柱宽/mm	D=0.2		D=0.5		D=0.8	
	P_0/kPa	I_0/(kPa · ms)	P_0/kPa	I_0/(kPa · ms)	P_0/kPa	I_0/(kPa · ms)
400	900	2500	1200	3500	1500	6000
600	950	1550	1400	3300	1600	5100
800	950	1700	1450	2900	1650	4850

4. 混凝土轴心抗压强度的影响

对不同混凝土轴心抗压强度的钢筋混凝土柱进行了有限元分析，并得到了它们相应的 P-I 曲线。各个 P-I 曲线对应的超压渐近线和冲量渐近线的值如表 5.8 所示。从表中可以看出，增加钢筋混凝土柱混凝土材料的轴心抗压强度，可以同时增加其 P-I 曲线的超压和冲量渐近线的值。这是因为，增加混凝土轴心抗压强度，既能够提高钢筋混凝土柱的抗剪承载力，也能够提高其抗弯承载力。

表 5.8 混凝土轴心抗压强度对钢筋混凝土柱 *P-I* 曲线超压和冲量渐近线的影响

f'_c/MPa	D=0.2		D=0.5		D=0.8	
	P_0/kPa	I_0/(kPa·ms)	P_0/kPa	I_0/(kPa·ms)	P_0/kPa	I_0/(kPa·ms)
30	360	900	450	1300	550	2300
40	420	920	500	1500	650	2800
50	450	900	600	1900	700	3100

5. 箍筋配箍率的影响

本节亦研究了箍筋配箍率对钢筋混凝土柱 *P-I* 曲线超压和冲量渐近线的影响,其结果如表 5.9 所示。提高箍筋配箍率能显著增加钢筋混凝土 *P-I* 曲线的冲量渐近线的值,同时使其超压渐近线的值也有所增加。因为增加箍筋配箍率可以使钢筋混凝土柱的抗剪承载力显著提高,也能相应的提高其抗弯承载力。

表 5.9 箍筋配箍率对钢筋混凝土柱 *P-I* 曲线超压和冲量渐近线的影响

箍筋配箍率	D=0.2		D=0.5		D=0.8	
	P_0/kPa	I_0/(kPa·ms)	P_0/kPa	I_0/(kPa·ms)	P_0/kPa	I_0/(kPa·ms)
0.006	420	920	500	1500	650	2800
0.016	420	1200	620	2300	700	5500
0.032	560	2100	690	3800	720	12000

6. 纵筋配筋率的影响

表 5.10 给出了不同纵筋配筋率的钢筋混凝土柱 *P-I* 曲线的超压渐近线和冲量渐近线的值的比较。如表所示,增加钢筋混凝土柱的纵筋配筋率,其 *P-I* 曲线的超压渐近线的值会相应的提高,但冲量渐近线的值几乎不变。这是因为增加纵筋配筋率可以使钢筋混凝土柱的抗弯承载力提高,但对其抗剪承载力的影响很小。

表 5.10 纵筋配筋率对钢筋混凝土柱 *P-I* 曲线超压和冲量渐近线的影响

纵筋配筋率	D=0.2		D=0.5		D=0.8	
	P_0/kPa	I_0/(kPa·ms)	P_0/kPa	I_0/(kPa·ms)	P_0/kPa	I_0/(kPa·ms)
0.01	420	1200	620	2300	700	5500
0.02	500	1200	850	2300	950	5500
0.03	570	1300	1000	2350	1150	5500

在此需要说明的是，如果钢筋混凝土柱的设计不合理，如纵筋配筋率很高但箍筋又严重不足的情况下，过度的增加纵筋的配筋率可能反而会使得钢筋混凝土柱 P-I 曲线超压渐近线的值降低。因为在这种情况下，过低的箍筋不能有效的约束钢筋混凝土柱的纵筋和核心混凝土。

5.2.3 任意钢筋混凝土柱 *P-I* 曲线的预测公式

在大量数值模拟结果的基础上，通过理论分析和曲线拟合等手段，可以建立钢筋混凝土柱临界 P-I 曲线超压渐近线和冲量渐近线值的预测公式。

1. P-I 曲线的预测公式

运用最小二乘曲线拟合方法，得到钢筋混凝土柱超压渐近线值 $P_0(D)$ 和冲量渐近线值 $I_0(D)$ 的预测公式，即

$$\begin{cases} P_0(0.2)=1000\Big[0.007\exp\left(\dfrac{\rho_s}{0.01}\right)+0.069\dfrac{\rho}{0.01}+0.034\exp\left(\dfrac{f'_c}{30}\right) \\ \qquad -0.835\ln\dfrac{H}{4.0}+\left(\dfrac{h}{0.6}\right)^{1.804}+0.067\ln\dfrac{b}{0.6}-0.168\Big] \\ I_0(0.2)=1000\Big[0.053\exp\left(\dfrac{\rho_s}{0.01}\right)+0.107\dfrac{\rho}{0.01}+0.021\exp\left(\dfrac{f'_c}{30}\right) \\ \qquad +\left(\dfrac{H}{4.0}\right)^{-0.207}+1.203\exp\left(\dfrac{h}{0.6}\right)-0.943\ln\dfrac{b}{0.6}-2.686\Big] \end{cases} \tag{5.5}$$

$$\begin{cases} P_0(0.5)=1000\Big[0.143\ln\dfrac{\rho_s}{0.01}+0.320\ln\dfrac{\rho}{0.01}+0.063\exp\left(\dfrac{f'_c}{30}\right) \\ \qquad +\left(\dfrac{H}{4.0}\right)^{-1.390}+2.639\dfrac{h}{0.6}+0.318\ln\dfrac{b}{0.6}-2.271\Big] \\ I_0(0.5)=1000\Big[0.837\dfrac{\rho_s}{0.01}+0.036\dfrac{\rho}{0.01}+0.235\exp\left(\dfrac{f'_c}{30}\right) \\ \qquad +\left(\dfrac{H}{4.0}\right)^{-0.274}+2.271\exp\left(\dfrac{h}{0.6}\right)-0.998\ln\dfrac{b}{0.6}-5.286\Big] \end{cases} \tag{5.6}$$

$$\begin{cases} P_0(0.8)=1000\Big(0.062\ln\dfrac{\rho_s}{0.01}+0.238\dfrac{\rho}{0.01}+0.291\ln\dfrac{f'_c}{30} \\ \qquad -1.676\ln\dfrac{H}{4.0}+2.439\ln\dfrac{h}{0.6}+0.210\ln\dfrac{b}{0.6}+1.563\Big) \\ I_0(0.8)=1000\Big(3.448\dfrac{\rho_s}{0.01}-0.254\dfrac{\rho}{0.01}+1.200\dfrac{f'_c}{30} \\ \qquad -0.521\dfrac{H}{4.0}+6.993\dfrac{h}{0.6}-2.759\dfrac{b}{0.6}-2.035\Big) \end{cases} \tag{5.7}$$

式中，$P_0(D)$ 为超压渐近线，kPa；$I_0(D)$ 为冲量渐近线，kPa · ms；f'_c 为混凝土轴心抗压强度，MPa；ρ_s 为箍筋配箍率；ρ 为纵筋配筋率；H 为柱高，m；b 为柱宽，m；h 为

柱深，m。

为了验证这些拟合公式的准确性，分别运用建立的简化数值模拟方法和式(5.5)～式(5.7)分别确定了某一特定钢筋混凝土柱的 P-I 曲线的超压渐近线和冲量渐近线的值。该钢筋混凝土柱的主要参数如下：$b=600\text{mm}$，$h=400\text{mm}$，$H=4600\text{mm}$，$f'_c=40\text{MPa}$，$\rho=0.01$，$\rho_s=0.006$。表 5.11 给出了由这两种方法得到的钢筋混凝土柱 P-I 曲线的超压渐近线和冲量渐近线的值的比较。从表中可以看出，所建立的拟合公式(5.5)～式(5.7)能够很好地预测钢筋混凝土柱 P-I 曲线的超压渐近线和冲量渐近线的值。

表 5.11　数值方法与拟合公式得到的钢筋混凝土柱 P-I 曲线的超压渐近线和冲量渐近线比较

计算结果	$D=0.2$		$D=0.5$		$D=0.8$	
	P_0/kPa	I_0/(kPa·ms)	P_0/kPa	I_0/(kPa·ms)	P_0/kPa	I_0/(kPa·ms)
数值模拟	420	920	500	1500	650	2800
公式预测	407	912	478	1529	630	2684
相对误差	−3.1%	−0.9%	−4.4%	1.9%	−3.1%	−4.1%

在此需要说明的是，由于在本节的数值模拟中，钢筋采用了国际上常用的钢材型号，屈服强度为 500MPa。式(5.5)～式(5.7)又是在有限元模拟结果的基础上经过曲线拟合得来的，因此，它们仅仅适用于用来预测钢筋屈服强度为 500MPa 情况下钢筋混凝土柱 P-I 曲线的超压渐近线和冲量渐近线。然而，在实际工程中，不同钢筋混凝土柱中的钢筋的屈服强度会有所不同。为了提高式(5.5)～式(5.7)的适用性，在计算公式(5.5)～式(5.7)中所用的钢筋混凝土柱的箍筋配箍率 ρ_s 和纵筋配筋率 ρ 时，需要首先将纵筋和箍筋的面积通过式(5.8)等效为屈服强度为 500MPa 的钢筋面积，然后，计算出等效的箍筋配箍率 ρ_s 和纵筋配筋率 ρ。这样，式(5.5)～式(5.7)就可以适用于所有的钢筋混凝土柱的 P-I 曲线的超压渐近线和冲量渐近线的预测。

$$A_{se}=\frac{f_y}{500}A_s \tag{5.8}$$

综上所述，通过式(5.5)～式(5.8)可以预测任意钢筋混凝土矩形柱 P-I 曲线(分别对应于 $D=0.2$、$D=0.5$ 和 $D=0.8$)的超压渐近线和冲量渐近线的值，然后再通过式(5.4)就可以得到结构柱对应于每个临界损伤程度的 P-I 曲线。

2. 确定任意钢筋混凝土柱 P-I 曲线的一般步骤

运用本节提出的拟合公式预测任意钢筋混凝土矩形柱 P-I 曲线的具体步骤如下：

(1) 计算钢筋混凝土柱的纵筋配筋率和箍筋配箍率。如果该钢筋混凝土柱的纵筋和箍筋的屈服强度不是 500MPa，在计算纵筋配筋率和箍筋配箍率时，需要首先按式(5.8)将钢筋的面积等效为屈服强度为 500MPa 的钢筋面积。

(2) 运用式(5.5)～式(5.7)，计算损伤程度分别为 0.2、0.5 和 0.8 时该钢筋混凝土柱 *P-I* 曲线压强渐近线和冲量渐近线的值。

(3) 通过式(5.4)得到钢筋混凝土柱的三条临界 *P-I* 曲线，将它们绘制到 *P-I* 空间中，即得到该钢筋混凝土柱的 *P-I* 曲线图。

5.2.4　比较和验证

为了验证本节提出的预测公式的有效性，运用该预测公式，得到某钢筋混凝土柱(柱宽 $b=500$mm，柱深 $h=500$mm，柱高 $H=4000$mm，混凝土轴心抗压强度 $f'_c=40$MPa，钢筋配筋率 $\rho=0.01$，箍筋配箍率 $\rho_s=0.01$，钢筋屈服强度 $f_y=500$MPa)的 *P-I* 曲线图，如图 5.6 所示。同时，运用有限元模拟方法，得到三组爆炸荷载作用下钢筋混凝土柱的破坏程度。

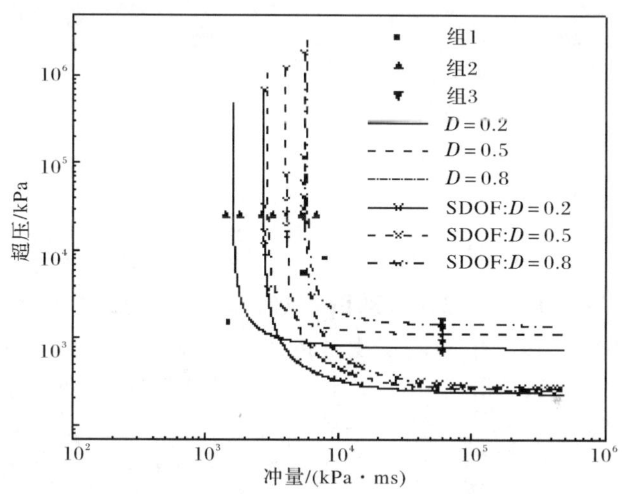

图 5.6　本节预测公式预测的 *P-I* 曲线与 SDOF 方法确定的 *P-I* 曲线对比

表 5.12 列出了由本节预测公式确定的 *P-I* 曲线评估的钢筋混凝土柱在三组爆炸荷载作用下的破坏程度等级和数值模拟得到的对应的钢筋混凝土柱的破坏程度。从表中可以看出，数值模拟得到的钢筋混凝土柱的破坏程度均落在由本节预测公式确定的 *P-I* 曲线评估的钢筋混凝土柱的破坏程度等级所对应的破坏程度区间内。因此，由本节预测公式确定的钢筋混凝土柱的 *P-I* 曲线能够有效地用于钢筋混凝土柱在爆炸荷载作用下的损伤程度评估。

表 5.12　由 *P-I* 曲线评估的破坏程度等级和数值模拟得到的破坏程度的比较

	爆炸荷载		*P-I* 曲线评估的破坏程度等级	数值模拟得到的破坏程度
	超压/kPa	冲量/(kPa · ms)		
组 1	1500	1500	1:D=(0～0.2)	0.02
	3000	3000	2:D=(0.2～0.5)	0.27
	5500	5500	3:D=(0.5～0.8)	0.74
	7500	7500	4:D=(0.8～1)	0.78
组 2	1400	25000	1	0.17
	1800	25000	2	0.22
	2600	25000	2	0.37
	3200	25000	2	0.49
	5300	25000	3	0.77
	6800	25000	4	倒塌
组 3	60000	700	1	0.01
	60000	900	2	0.17
	60000	1100	2	0.28
	60000	1300	2	0.47
	60000	1400	3	0.68
	60000	1600	4	倒塌

如果把钢筋混凝土柱简化为等效的理想弹塑性单自由度体系，Fallah 等[6]提出的方法即能够用于确定钢筋混凝土柱的 *P-I* 曲线。下面通过比较由本节提出的预测公式得到的与 Fallah 等[6]的单自由度方法得到的钢筋混凝土柱的 *P-I* 曲线，以验证本节预测公式的适用性和准确性。

利用 Biggs[11]提出的方法，将上述钢筋混凝土柱简化为理想弹塑性的单自由度结构体系，简化后的等效质量为 1059kg，等效刚度为 6.86×10^{7} N/m。利用 Fallah和 Louca 提出的确定单自由度体系 *P-I* 曲线的方法，得到了该钢筋混凝土柱的 *P-I* 曲线，如图 5.6 所示带"×"符号的曲线。

在此，需要说明的是，在 Fallah 等[6]的方法中，采用的是基于单自由度体系最大位移的损伤破坏准则，即不同的最大位移对应于不同程度的损伤。而在本节提出的方法中，则采用基于钢筋混凝土柱竖向剩余承载力的损伤破坏准则。为了使采用不同的损伤破坏准则得到的钢筋混凝土柱的 *P-I* 曲线具有可比性，最大位移损伤破坏准则中的临界位移值，通过有限元模拟方法获得，并且取为对应的钢筋混凝土柱在爆炸荷载作用下的基于竖向剩余承载力的损伤程度为临界值时的柱中最大位移。例如，对应于轻度损伤和中度损伤的临界值，最大位移损伤破坏准

则中的临界位移值 y_c 取为与爆炸荷载作用下使得钢筋混凝土柱基于竖向剩余承载力的损伤程度 $D=0.2$ 相对应的柱中最大位移。依据这种方法，得到了对于此特定的钢筋混凝土柱，与本节提出的破坏准则相对应的基于单自由度体系最大位移的损伤破坏准则，如表 5.13 所示。

表 5.13　相对应的两种破坏准则的比较

破坏程度等级	基于最大位移的破坏准则	基于竖向剩余承载力的破坏准则
轻度损伤	$y_c<20\text{mm}$	$D<0.2$
中度损伤	$20\text{mm}<y_c<40\text{mm}$	$0.2<D<0.5$
重度损伤	$40\text{mm}<y_c<80\text{mm}$	$0.5<D<0.8$
倒塌	$y_c>80\text{mm}$	$D>0.8$

图 5.6 比较了本节预测公式和单自由度方法得出的钢筋混凝土柱的 P-I 曲线。从图 5.6 中可以发现，在准静态区域，根据本节预测公式得到的 P-I 曲线的超压渐近线较之单自由度方法得到的值要大。这可能是因为，单自由度方法中，将材料简化为理想弹塑性，并且忽略了材料的应变率效应，从而严重低估了结构构件抵抗爆炸荷载的能力，使得以此得到的 P-I 曲线的超压渐近线较真实值偏低。Lan 和 Crawford[12] 的研究也得到了类似的结果。因此，相对于单自由度方法，本节预测公式能够更为准确的预测 P-I 曲线的超压渐近线的值。在脉冲荷载区域，尽管在单自由度方法中，仍将材料简化为理想弹塑性，并且忽略了材料的应变率效应，然而，两种方法得到的 P-I 曲线的冲量渐近线非常接近。这可能是因为，在单自由度方法中，一方面，由于材料及模型的简化，严重低估了结构构件抵抗爆炸荷载的能力，从而高估了相同爆炸荷载作用下柱的损伤程度，但另一方面，由于采用了基于最大位移的破坏准则，导致严重低估爆炸荷载作用下柱的损伤程度。这是因为，脉冲荷载区域的爆炸荷载具有超压峰值高、持时短的特点，在此类爆炸荷载作用下钢筋混凝土柱易发生剪切破坏，而在单自由度方法中则首先假定结构柱发生弯曲破坏，众所周知，发生剪切破坏时，尽管损伤程度很大，产生的最大位移往往很小，当采用基于弯曲破坏的基于最大位移的破坏准则时，就会严重低估钢筋混凝土柱的损伤程度。在高估和低估的共同作用下，在这一特殊算例中，单自由度体系方法亦得出了和本节预测公式一样准确的 P-I 曲线的冲量渐近线的预测值。但是，显然，本节预测公式在预测 P-I 曲线的冲量渐近线的值方面，适用性更广，也更为准确。

综上所述，本节预测公式在预测钢筋混凝土柱的 P-I 曲线方面明显优于单自由度方法。

5.3 钢　柱

自美国“9·11”事件之后，人们开始认识到，对于目前日益广泛应用的钢结构，不仅需考虑在爆炸荷载作用下的结构响应，同时也需考虑爆炸后火灾作用导致的结构损伤和破坏。

近几十年来，国内外科研工作者已开展了大量关于钢结构抗火性能的研究工作，并取得了一些较成熟的研究成果。另一方面，随着爆炸事件的频频发生，结构的抗爆研究已被越来越多的研究人员所重视。但据作者调查，钢结构在爆炸和火灾综合作用下的损伤评估尚未得到足够的重视，目前已有的相关科研成果还相当有限[13~15]。

在爆炸事件中，爆炸荷载与火灾的作用时间不耦合，但两者引起的结构响应存在着相关性，主要表现为爆炸荷载作用后，结构产生多种类型的损伤，导致结构的后期抗火性能下降。其损伤类型主要包括几何损伤、物理损伤和防火涂料的破坏。这三种损伤形式普遍存在于经受过爆炸荷载的钢构件中，并将显著降低其抗火性能。因此，为了更加准确评估爆炸事件发生后钢结构的安全性状，有必要综合考虑爆炸荷载、火灾作用，以及两者间的相关性对钢构件损伤的影响。

本节提出一种用于评估钢柱在爆炸荷载与火灾综合作用下损伤状态的数值方法。利用引入损伤因子的 Johnson-Cook 强度模型表述钢材在爆炸荷载作用下的本构关系，并记录在爆炸阶段产生的物理损伤。同时考虑爆炸引起的几何变形对降低钢柱抗火性能的影响。利用显式有限元求解器 LS-DYNA 分析钢柱在爆炸荷载作用下的结构响应，并计算得到钢柱的压强-冲量(P-I)曲线。另一方面，根据欧洲规范关于在 ISO834 标准火灾环境下钢构件的升温规律，以及钢材强度、刚度的折减规律，分析爆炸后钢构件的抗火性能。通过大量数值分析，得到方钢管框架柱的压强—冲量—抗火时间(P-I-t)曲面图及数学表达式，并且定量分析柱子几何尺寸对 P-I-t 曲面图的影响。该部分研究旨在为评估爆炸事件中方钢管框架柱的损伤状态提供一种快捷的计算方法。

5.3.1 钢材材料模型

与其他荷载相比，爆炸荷载具有超压峰值大、持续时间短的特点。结构爆炸响应的模拟需充分考虑材料的塑性应力硬化和高应变率强化效应。基于试验研究建立的 Johnson-Cook 材料模型能够准确描述金属材料在冲击荷载或高温作用下的力学特性[16~18]。本节将采用 Johnson-Cook 强度模型和失效模型描述钢柱在爆炸荷载作用下的材料特性，并在此基础上引入一种基于连续损伤力学理论的损伤准则，用于记录钢材在爆炸荷载作用下的物理损伤。

1. Johnson-Cook 强度模型

Johnson-Cook 强度模型遵循基于关联流动法则的 von Mises 屈服准则，相对应的屈服应力 σ_y 可表达为

$$\sigma_y=[A+B\,(\varepsilon_{eff}^p)^N](1+C\ln\dot{\varepsilon})[1-(T_h)^M] \tag{5.9}$$

式中，A 为弹性极限应力；B 和 N 分别为塑性应变硬化系数和指数；ε_{eff}^p 为有效塑性应变；$\dot{\varepsilon}$ 和 C 分别为应变率和应变率系数；T_h 和 M 分别为标准化温度和温度指数。

式(5.9)所描述的 Johnson-Cook 强度模型可以分为三个部分，分别由三个括号组成：第一个括号表示材料进入塑性后的应力硬化；第二个括号表示应变率引起的强度提高；第三个括号表示高温情况下的强度软化。

Jama 等[19]开展的研究结果表明钢构件在非接触爆炸荷载作用下温度的提高一般小于 200℃，而钢材在温度低于 220℃情况下材料性能没有明显变化(假设常温为 20℃)，因此，本节所采用的 Johnson-Cook 强度模型不考虑式(5.9)中的温度项。

2. Johnson-Cook 失效准则

在有限元数值模拟中，为避免大变形引起的单元畸变，往往引入一种失效准则。与 Johnson-Cook 强度模型相对应的 Johnson-Cook 失效准则可表达为[18]

$$\varepsilon^F=\left[D_1+D_2\exp\left(D_3\,\frac{P}{\sigma_{eff}}\right)\right](1+D_4\ln\dot{\varepsilon})(1+D_5T_h) \tag{5.10}$$

$$D_F=\sum\frac{\Delta\varepsilon_{eff}^p}{\varepsilon^F} \tag{5.11}$$

式中，D_1、D_2、D_3、D_4 和 D_5 为材料破坏参数；σ_{eff} 为有效应力；P 为压强；$\Delta\varepsilon_{eff}^p$ 为有效塑性应变增量；D_F 为材料破坏累积参数。

当 $D_F=1.0$ 时，材料失效。在数值计算中，D_F 的数值仅代表有限元单元的激活状态，与材料的实际物理损伤无关。

3. 钢材损伤模型

塑性应变源于钢材微观结构不可恢复性改变，微观晶体结构的严重错位导致材料损伤，表现为宏观强度和刚度的下降。在爆炸荷载作用下，往往在局部应力集中处产生不可忽略的损伤。Bonora[20]建立了一种基于连续损伤力学的钢材损伤模型，可表示为

$$\Delta D=\alpha\,\frac{(D_{cr}-D_0)^{1/\alpha}}{\ln\varepsilon_{cr}-\ln\varepsilon_{th}}f\left(\frac{\sigma_H}{\sigma_{eq}}\right)(D_{cr}-D)^{(\alpha-1)/\alpha}\frac{\Delta\varepsilon_{eff}^p}{\varepsilon_{eff}^p} \tag{5.12}$$

$$f\left(\frac{\sigma_{\mathrm{H}}}{\sigma_{\mathrm{eq}}}\right)=\frac{2}{3}(1+\nu)+3(1-2\nu)\left(\frac{\sigma_{\mathrm{H}}}{\sigma_{\mathrm{eq}}}\right)^2 \tag{5.13}$$

式中，ΔD 为损伤增量；D 为累积损伤值；D_0 为原始损伤；D_{cr} 和 $\varepsilon_{\mathrm{cr}}$ 分别为临界损伤值和相对应的有效应变；$\varepsilon_{\mathrm{th}}$ 为材料开始进入塑性阶段时刻的有效应变；ν 为泊松比；σ_{H} 为静水应力；σ_{eq} 为等效 von Mises 应力。

存在损伤的钢材强度和刚度均有所下降，其折减规律可表示为[21]

$$G^{\mathrm{D}}=G_0\left[1-\frac{15(1-\nu)}{7-5\nu}D\right] \tag{5.14}$$

$$\sigma_{\mathrm{y}}^{\mathrm{D}}=\sigma_{\mathrm{y}}(1-4D) \tag{5.15}$$

式中，G_0 和 G^{D} 分别为无损伤剪切模量和损伤剪切模量；$\sigma_{\mathrm{y}}^{\mathrm{D}}$ 为损伤钢材的屈服强度。

4. 材料模型试验验证

Yuen 等[22]开展了大量钢板抗爆试验，本节采用上述 Johnson-Cook 修正模型，对部分试验工况进行了数值模拟，并对结果进行对比分析。试验对象为 700mm×700mm 的钢板，厚度为 3mm 或 6mm，钢板周边 100mm 完全固定。试验装置如图 5.7 所示。钢板采用的钢材为低碳钢。

在数值模拟中，假设钢板表面承受的爆炸冲击荷载均匀分布，爆炸荷载的峰值、持时和冲量均采用试验中的实际测量值。数值模拟了 5 个爆炸试验，荷载参数和钢板厚度列于表 5.14。

采用有限元软件 ANSYS 前处理模块中显式壳单元 SHELL163 建立钢板的有限元模型，利用显式非线性分析软件 LS-DYNA 模拟钢板在爆炸荷载作用下的动态响应，通过编写材料模型的子程序实现上述强度模型、失效准则和损伤模型的算法。

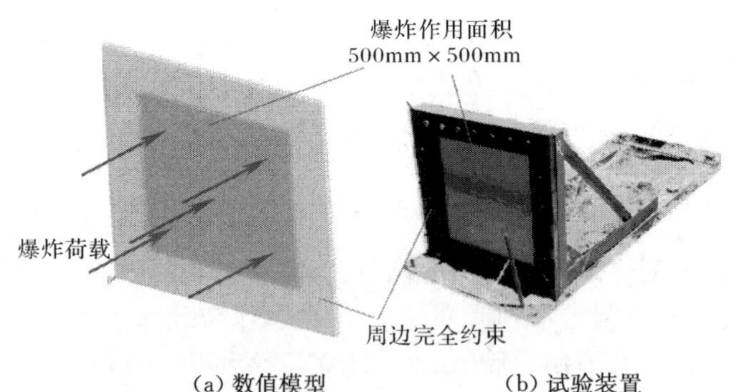

图 5.7 钢板抗爆试验装置和数值模型

表 5.14 数值模拟的试验工况

工况编号	厚度/mm	比例距离/(m/kg$^{1/3}$)	压强峰值/MPa	持时/ms	冲量/(MPa · ms)
1	3	0.83	1.496	3.53	660.44
2	3	0.72	1.993	5.95	1483.78
3	3	0.79	1.634	8.99	1836.86
4	6	0.84	1.443	3.71	668.75
5	6	1.05	0.908	8.71	989.11

低碳钢的材料参数根据已发表的试验数据确定[20,23]，具体列于表 5.15。

表 5.15 材料参数数值

G_0/GPa	ν	A/ksi	B/ksi	N	C	D_1	D_2
78.85	0.3	41.50	72.54	0.228	0.0171	0.0705	1.732
D_3	D_4	D_5	ε_{th}	ε_{cr}	D_{cr}	D_0	α
−0.54	−0.015	0.0	0.202	1.0	0.1	0.0	0.198

为了论证材料模型中考虑物理损伤的必要性，在研究中分别采用 Johnson-Cook 传统材料模型(未考虑损伤)和 Johnson-Cook 修正材料模型(考虑损伤)建立钢板的有限元模型，分别模拟在爆炸荷载作用下的动态响应。图 5.8～图 5.17 给出了爆炸荷载作用下考虑损伤与未考虑损伤两种情况下钢板的动力响应，其中图 5.8、图 5.10、图5.12、图 5.14 和图 5.16 中的云图分别显示了两种材料模型所建立的钢板在不同爆炸工况中的残余变形。图 5.9、图 5.11、图 5.13、图 5.15 和图 5.17 分别给出了在不同爆炸荷载作用下的钢板中点位移时程曲线，并且在每个图中给出了试验测得的钢板残余变形值。

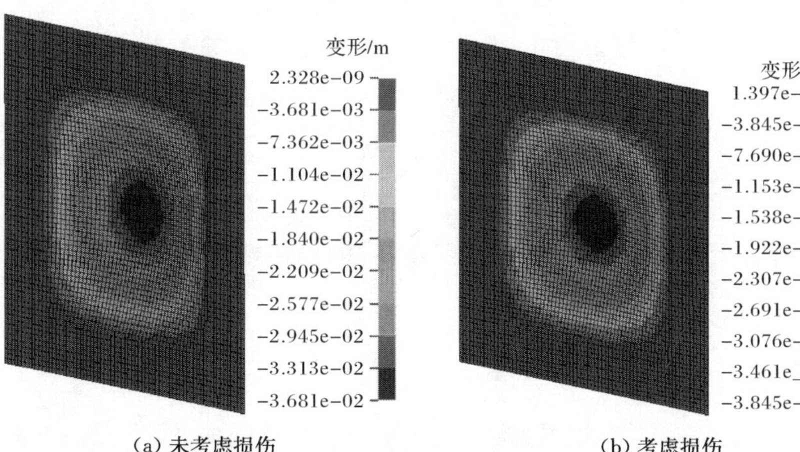

(a) 未考虑损伤　　(b) 考虑损伤

图 5.8 爆炸工况 1 钢板残余变形

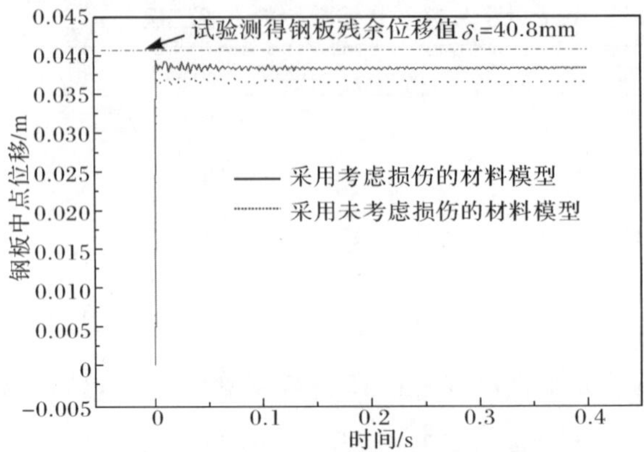

图 5.9　爆炸工况 1 钢板中点位移时程曲线

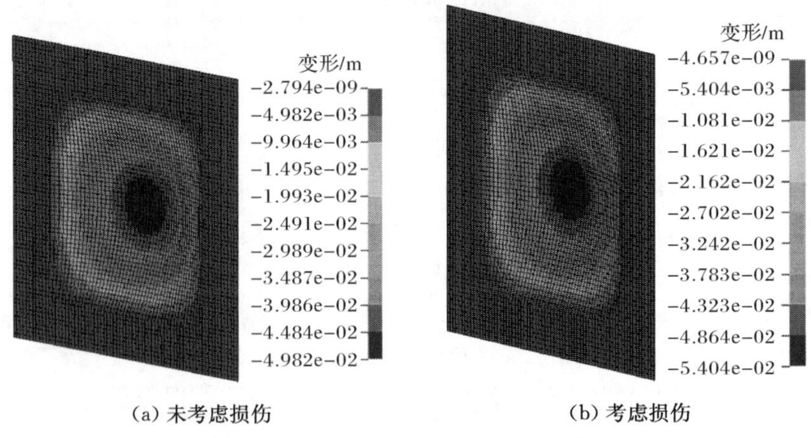

(a) 未考虑损伤　　(b) 考虑损伤

图 5.10　爆炸工况 2 钢板残余变形

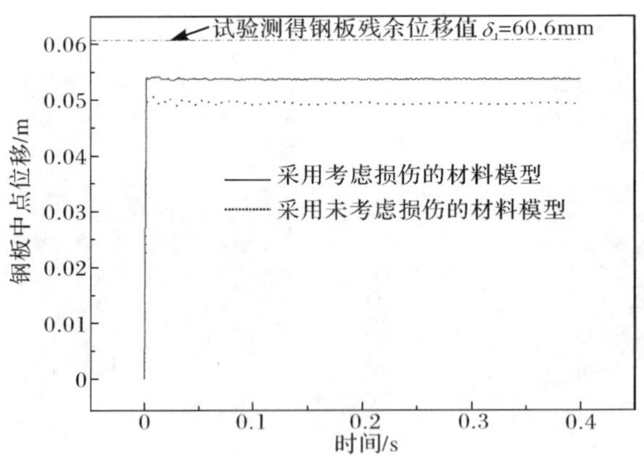

图 5.11　爆炸工况 2 钢板中点位移时程曲线

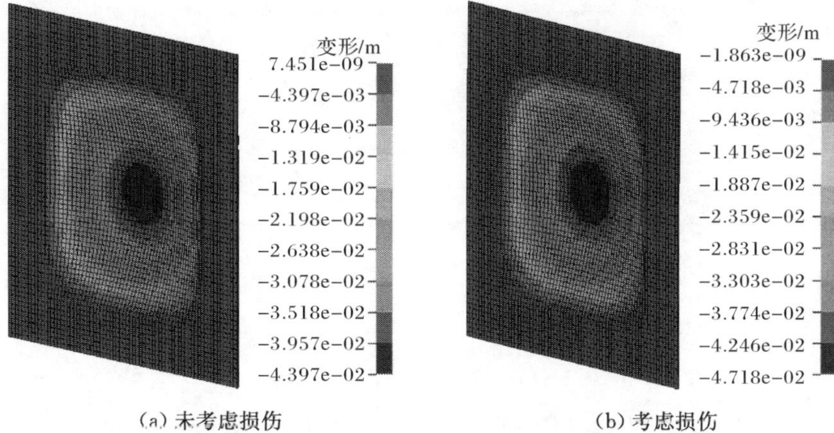

图 5.12　爆炸工况 3 钢板残余变形

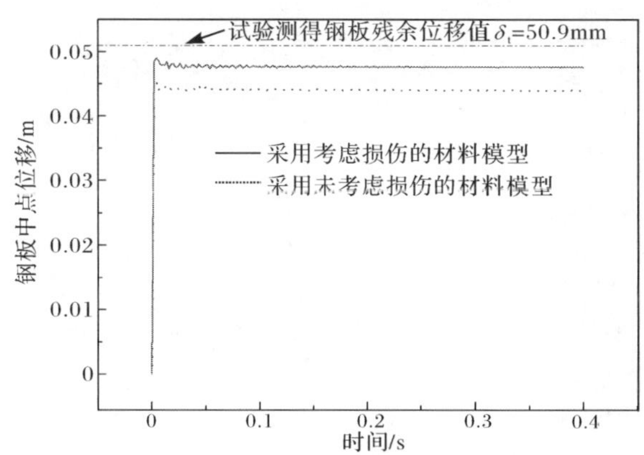

图 5.13　爆炸工况 3 钢板中点位移时程曲线

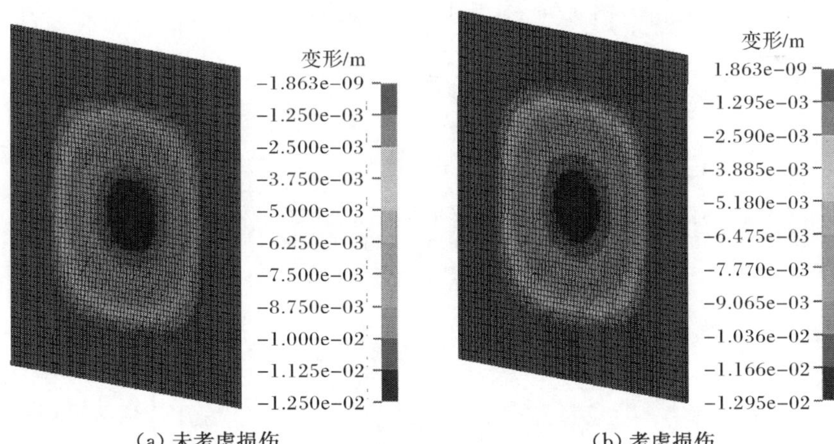

图 5.14　爆炸工况 4 钢板残余变形

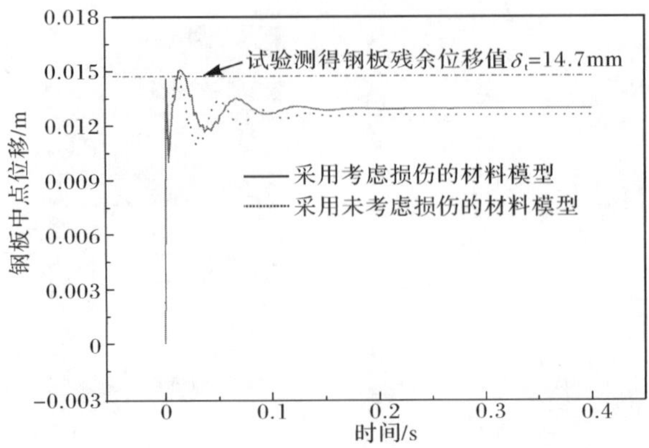

图 5.15　爆炸工况 4 钢板中点位移时程曲线

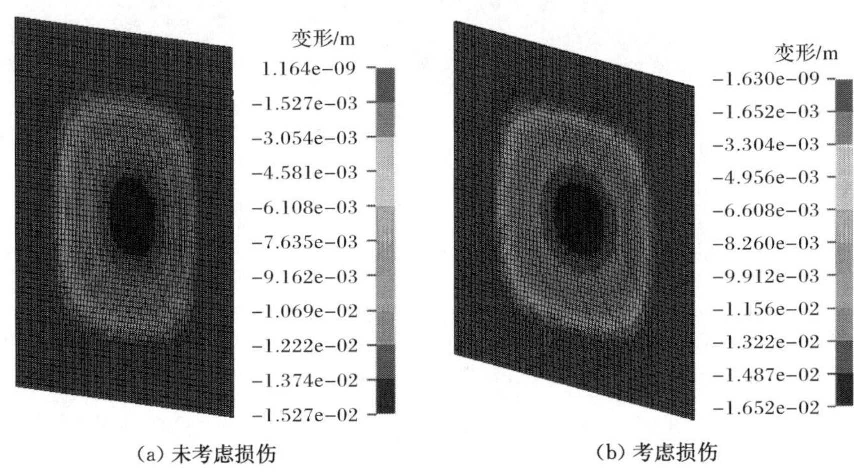

(a) 未考虑损伤　　(b) 考虑损伤

图 5.16　爆炸工况 5 钢板残余变形

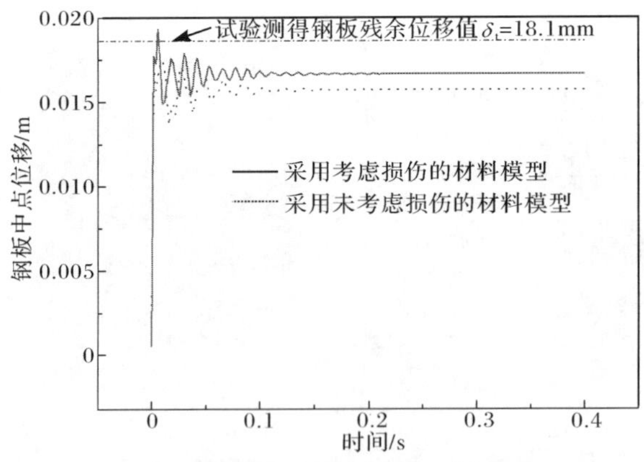

图 5.17　爆炸工况 5 钢板中点位移时程曲线

观察图 5.15 和图 5.17 的位移时程曲线图可发现，钢板在承受工况 4 和工况 5 的爆炸荷载作用后激起一段时间的振荡，然后再趋于静止；而图 5.9、图 5.11 和图 5.13 反映出钢板被爆炸冲击激起的振荡很微弱。这种现象的原因与爆炸荷载导致的钢板塑性变形和物理损伤程度有关。图 5.18 和图 5.19 分别显示了工况 2 和工况 5 中钢板的残余塑性应变发展情况和物理损伤分布，表明了在爆炸工况 2 中钢板的残余塑性应变和损伤程度大于爆炸工况 5 中的钢板，尤其在板边和中心区域。

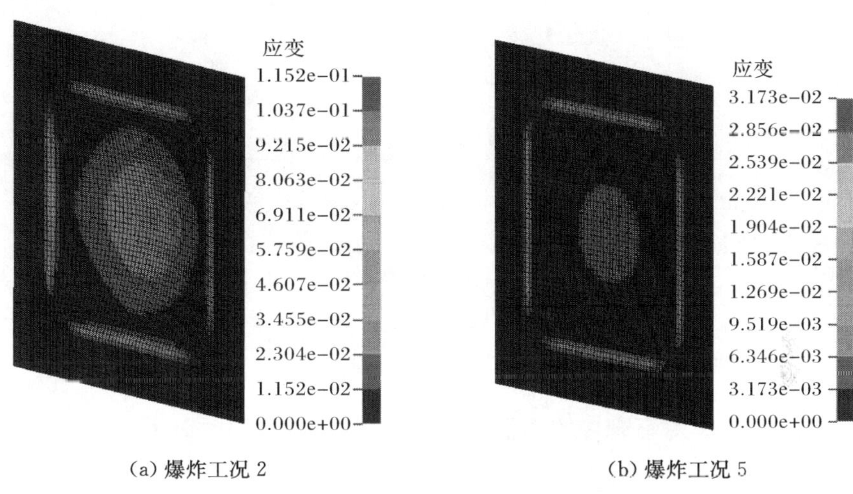

(a) 爆炸工况 2　(b) 爆炸工况 5

图 5.18　钢板残余塑性应变比较

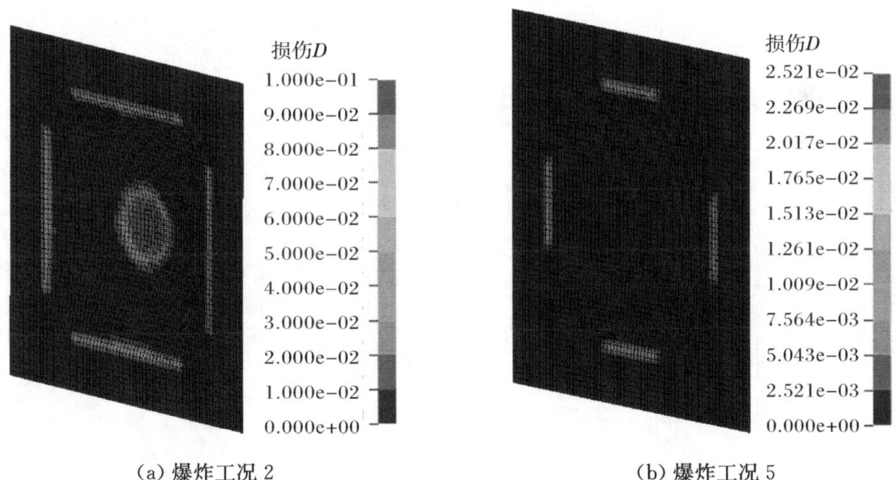

(a) 爆炸工况 2　(b) 爆炸工况 5

图 5.19　钢板物理损伤比较

不同爆炸工况下，采用传统 Johnson-Cook 材料模型分析得到的钢板残余变形 δ_c 和采用 Johnson-Cook 修正模型分析得到的钢板残余变形 δ_c^D，以及试验测得的残余变形 δ_t 均列于表 5.16 中，并且分别计算了两种材料模型的误差。

表 5.16　钢板残余变形对比

工况编号	试验 δ_t/mm	数值模拟			
		δ_c/mm	误差/%	δ_c^D/mm	误差/%
1	40.70	36.81	9.56	38.45	5.53
2	60.60	49.82	17.79	54.04	10.83
3	50.90	43.97	13.61	47.18	7.31
4	14.70	12.50	14.97	12.95	11.90
5	18.10	15.27	15.64	16.52	8.73

表 5.16 的计算结果表明数值模拟得到的钢板残余变形和试验值存在一定的误差，而考虑材料损伤的计算结果 δ_c^D 更加接近试验值 δ_t，说明加入损伤模型能够有效地提高 Johnson-Cook 模型模拟钢构件抗爆响应的准确性，对于本节所阐述的 5 个爆炸工况，应用修正后的 Johnson-Cook 模型，误差均小于 12%，基本能够满足数值模拟的计算准确度要求。

5.3.2　爆炸荷载作用下钢柱的损伤评估

1. 钢柱的有限元模型

用 ANSYS 建立如图 5.20 所示的方钢管柱有限元模型，底部固结；顶部约束转动和水平向平动。为更真实地模拟钢柱的竖向承载力，在有限元模型中考虑了如图 5.20(a)所示的 1‰初弯曲。另外，为了避免柱子两端边界区域出现不真实的应力集中现象，分别在两端建立刚性块体，如图 5.20(b)所示。

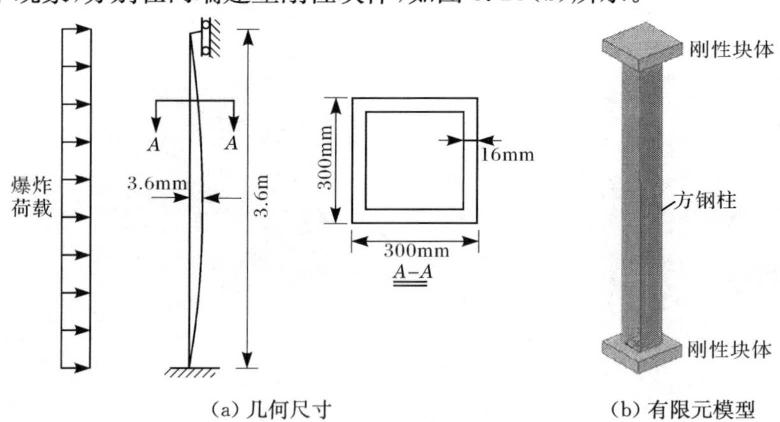

(a) 几何尺寸　　(b) 有限元模型

图 5.20　方钢管柱几何尺寸和有限元模型

假设爆炸荷载均匀施加于方钢管柱的侧面，并且将其简化为三角形荷载。

2. 钢柱损伤指数

为了确定钢柱的竖向极限承载力，在无爆炸荷载作用情况下，在柱顶施加竖向荷载，缓慢增加荷载的大小，观察方钢管柱的极限破坏状态。并且通过跟踪顶点竖向位移的时程曲线，分析该柱的极限竖向承载力。

图 5.21(a)显示了钢柱在竖向荷载作用下的极限破坏模式；图 5.21(b)给出了柱顶竖向位移的时程曲线，并且根据曲线的曲率变化，判断柱子的竖向极限承载力 R_{ini} 大约为 7800kN。

(a) 竖向荷载作用下极限破坏模式

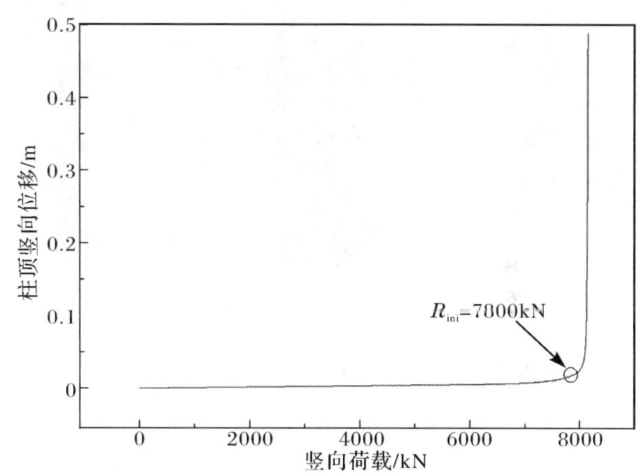

(b) 柱顶竖向位移时程曲线

图 5.21　竖向荷载作用下钢柱极限破坏模式和极限作用力

钢柱的整体损伤程度应与剩余竖向承载力有关。本节定义了整体损伤指数 D_{COL}，其表达式为

$$D_{COL}=1.0-\frac{R_{resi}}{R_{ini}} \tag{5.16}$$

式中，R_{resi} 为剩余竖向承载力；R_{ini} 为竖向极限承载力，即 $R_{ini}=7800\text{kN}$。

根据 D_{COL} 的数值，钢柱的损伤程度可划分为四个级别，列于表 5.17。

表 5.17　损伤级别分类

D_{COL}	0.0～0.2	0.2～0.5	0.5～0.8	0.8～1.0
损伤程度	轻度损伤	中度损伤	严重损伤	倒塌

3. 爆炸荷载作用下钢柱的破坏模式

对钢柱施加爆炸荷载之前，在柱顶预先施加 $0.2R_{ini}$ 的竖向荷载，用于表示常规恒载和活载传递到该框架柱的竖向作用力。在不同爆炸荷载作用下，可观察到两类明显不同的变形模式，如图 5.22 所示。

当超压峰值较小，而持时较长时，易发生如图 5.22(a)所示的整体弯曲变形，应力集中主要发生在迎爆面中部和背面两端处；当超压峰值较大，持时较短时，易发生剪切变形，塑性变形主要发生在柱子两端，并导致整个迎爆面钢板的局部屈曲，如图 5.22(b)所示。

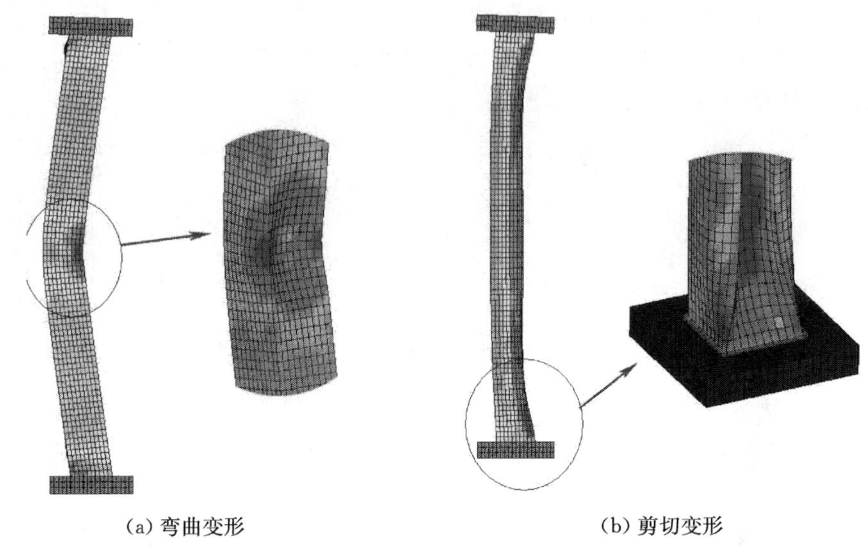

(a) 弯曲变形　　(b) 剪切变形

图 5.22　爆炸荷载作用下方钢管柱破坏模式(见彩图)

4. 钢柱的 *P-I* 曲线图

P-I 曲线图是一种用于评估目标物在冲击类荷载作用下损伤程度的分析方法。在第二次世界大战期间，研究人员首次提出利用 *P-I* 曲线图评估遭炸弹破坏的房屋建筑的破坏程度[1]。而后 *P-I* 曲线图又被用于评估在爆炸荷载作用下的人员伤亡程度[1]。近几年，研究人员利用数值模拟技术确定重要建筑构件的 *P-I* 曲线图，并将其应用于在爆炸作用下构件的安全评估[4~6]。

根据 *P-I* 曲线的物理意义，可以解释为在超压—冲量空间内的损伤等值线，每一条 *P-I* 曲线均与一个损伤值相对应。如图 5.23 所示，根据超压和冲量数值不同，*P-I* 曲线一般可以分为三段，与其分别对应的三种不同性质的荷载类型为：脉冲荷载、动力荷载和准静态荷载。

本节利用数值计算方法，分析了方钢管柱在不同爆炸荷载作用下的结构响应，并且计算了承受爆炸荷载后钢柱的剩余承载力。根据损伤指数 D_{COL} 的数值，可得到如图 5.24 所示的 *P-I* 曲线图。

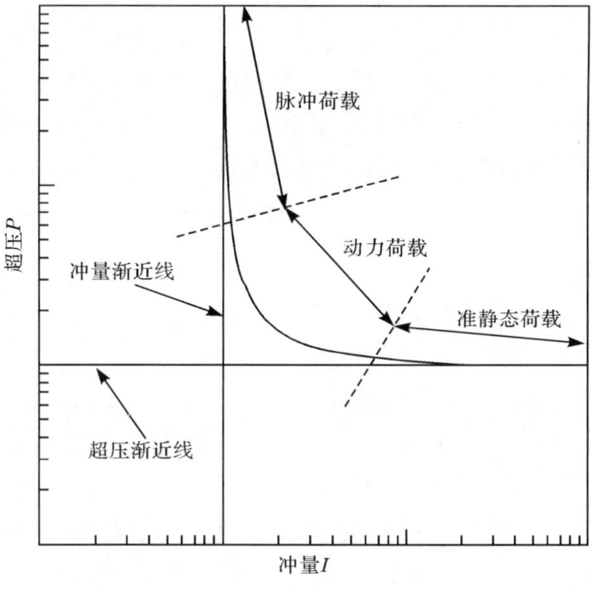

图 5.23　P-I 曲线示意图

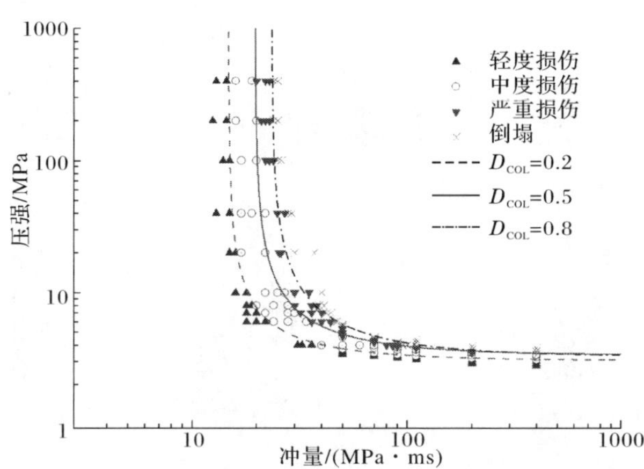

图 5.24　钢柱在爆炸荷载作用下的 P-I 曲线图

图 5.24 中的每个点表示一种爆炸荷载作用下钢柱的损伤情况。3 条 P-I 曲线分别表示 3 个损伤临界值，即 $D_{COL}=0.2$；$D_{COL}=0.5$；$D_{COL}=0.8$，将整个 P-I 空间划分为四个区域，分别表示为四种损伤程度，即表 5.17 中所叙述的轻度损伤、中度损伤、严重损伤和倒塌。

通过曲线拟合得到的 P-I 曲线可表示为

$$(P-P_0)(I-I_0)=\mu\left(\frac{P_0+I_0}{2}\right)^{\beta} \tag{5.17}$$

式中，P_0 和 I_0 分别为 P-I 曲线的极限压强和极限冲量，即为图 5.23 中超压渐近线和冲量渐近线所对应的压强和冲量；μ 和 β 为 2 个控制曲线形状的无量纲参数。对于本节算例中的钢柱，以上 4 个参数的取值列于表 5.18。

表 5.18 P-I 曲线参数取值

D_{COL}	P_0/MPa	I_0/(MPa·ms)	μ	β
0.2	3.07	14.8	0.8749	1.8590
0.5	3.37	19.7	0.8742	1.8620
0.8	3.38	23.5	0.8610	1.9120

5. 爆炸荷载作用下钢柱的损伤分布

利用材料模型中的累积损伤参数 D 可记录在外荷载作用下构件内部的物理损伤。在对爆炸荷载作用下钢柱动态响应的模拟中，发现爆炸荷载引起的钢材物理损伤主要集中在柱子迎爆面中部，以及柱子两端，例如，图 5.25 给出了钢柱在 $P=3.3$MPa；$I=200$MPa·ms 的爆炸荷载作用下物理损伤的分布情况。

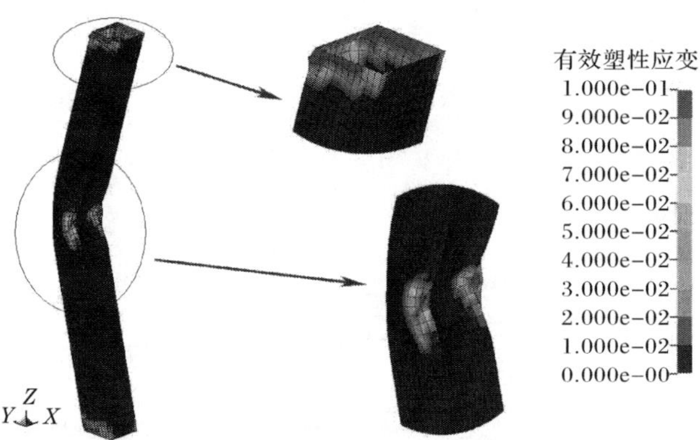

图 5.25 爆炸荷载作用下方钢管柱物理损伤分布(见彩图)

5.3.3 爆炸荷载作用后钢柱的抗火分析

火灾是爆炸事件中最常见的次生灾害。对于经受爆炸荷载作用的钢结构，往往在次生火灾的作用下发生进一步破坏，甚至发生连续性倒塌。本节将分析方钢管柱在承受爆炸荷载后的抗火性能，建立一种用于评估方钢管柱在爆炸和火灾综合作用下损伤程度的数值方法。

1. 标准火灾环境中钢构件升温规律和强度下降规律

真实火灾现场的温度空间分布非常复杂，存在众多不确定因素。为方便抗火研究，往往采用 ISO834 标准火灾环境温度，即

$$\theta_e = 20 + 345\lg(8t+1) \tag{5.18}$$

式中，θ_e 为火灾环境温度，即钢构件表面空气温度；t 为火灾时间。

欧洲规范总结了标准火灾中钢构件的升温规律[24,25]。在单位时间 Δt 内，钢材温度升高量 $\Delta\theta$ 为

$$\Delta\theta = K_{sh}\frac{A_m/V}{c_a\rho_a}\dot{h}_{net}\Delta t \tag{5.19}$$

式中，K_{sh} 为深度修正系数；A_m 和 V 为单位长度钢构件的表面积和体积；ρ_a 为钢材密度；c_a 为钢材热特征系数；热通率 $\dot{h}_{net}$ 由传导热通率 $\dot{h}_{net,c}$ 和辐射热通率 $\dot{h}_{net,r}$ 两部分组成，即

$$\dot{h}_{net} = \dot{h}_{net,c} + \dot{h}_{net,r} \tag{5.20}$$

$\dot{h}_{net,c}$ 和 $\dot{h}_{net,r}$ 可分别表达为

$$\dot{h}_{net,c} = \alpha_c(\theta_e - \theta) \tag{5.21}$$

$$\dot{h}_{net,r} = \Phi\varepsilon_m\varepsilon_f\sigma_{st}[(\theta_e+273)^4 - (\theta+273)^4] \tag{5.22}$$

式中，α_c 为热传导系数；Φ 为构件配置系数；ε_m 和 ε_f 分别为钢构件和火焰的表面辐射系数；σ_{st} 为 Stephan 常数；θ 为钢构件温度。对于一般钢材，各参数的取值列于表 5.19。

表 5.19 标准升温规律参数取值

K_{sh}	$\rho_a/(kg/m^3)$	$\alpha_c/[W/(m^2\cdot K)]$	Φ	ε_m	ε_f	$\sigma_{st}/[W/(m^2\cdot K^4)]$
0.9	7850	25	1.0	0.8	1.0	5.67×10^{-8}

钢材热特征系数 c_a 的取值是钢材温度 θ 的分段函数，具体表达式如下：

当20℃≤θ<600℃时，

$$c_a = 425 + 0.0773\theta - 1.69\times10^{-3}\theta^2 + 2.22\times10^{-6}\theta^3 \tag{5.23}$$

当600℃≤θ<735℃时，

$$c_a = 666 + \frac{13002}{738-\theta} \tag{5.24}$$

当735℃≤θ<900℃时，

$$c_a = 545 + \frac{17820}{\theta-731} \tag{5.25}$$

当900℃≤θ<1200℃时，

$$c_a = 650 \tag{5.26}$$

根据上述升温规律，在标准火灾环境中钢材的温度与火灾时间的关系如图5.26中的虚线所示。Wang 和 Li[26] 曾开展过一些关于未经防火处理的普通钢构件在 ISO834 标准火灾环境中的钢材温度发展规律，如图 5.26 中的方框所示。结果显示上文所阐述的钢材升温模型基本符合试验数据。

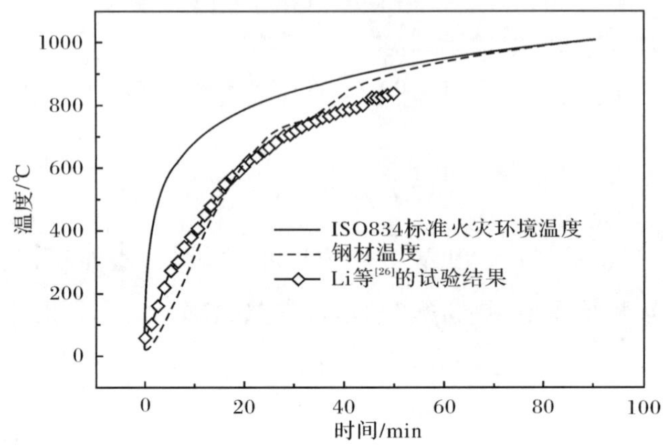

图 5.26　标准火灾环境中钢构件升温规律

随着温度升高，钢材材料特性发生显著改变，主要表现为刚度和强度的下降，其下降规律可用图 5.27 中的折线表示。

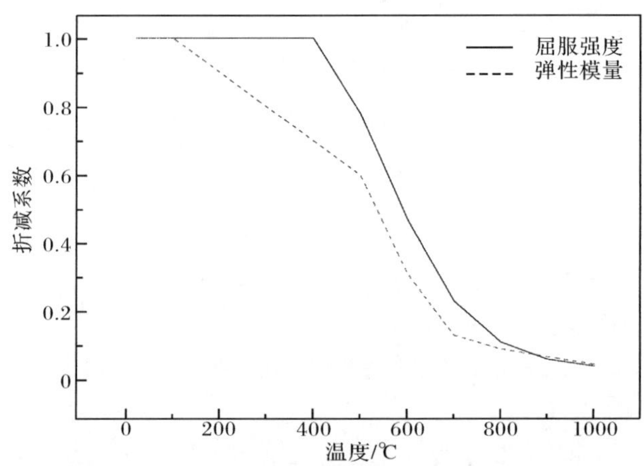

图 5.27　钢材屈服强度和弹性模量与温度之间的关系图

2. 评估钢柱综合损伤的分析步骤

基于钢材材料模型和火灾中钢材升温规律，利用 LS-DYNA 模拟钢柱在爆炸和火灾相继作用下的破坏情况，并通过计算上文所定义的损伤指标，评估钢柱的综合损伤程度。具体研究步骤和实现过程见图 5.28 中的流程图。

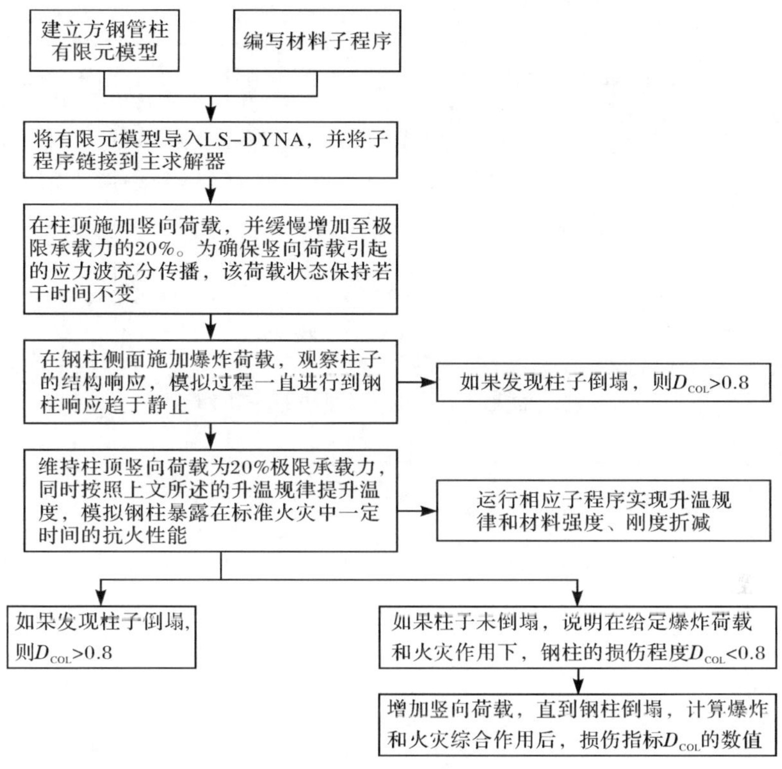

图 5.28　钢柱综合损伤评估流程图

3. 建立钢柱的 *P-I-t* 曲面图

爆炸荷载作用下，决定钢柱损伤程度的因素有两个：压强峰值和冲量；而在火灾作用下，钢构件的损伤取决于暴露于火焰中的时间。因此，在爆炸和火灾综合作用下，钢柱的综合损伤值决定于三个因素，即压强峰值(P)、冲量(I)和抗火时间(t)。这表明在任一确定抗火时间的情况下，存在唯一的 *P-I* 曲线图。例如，图 5.29～图 5.32 分别表示方钢管柱暴露在标准火灾中 10min、15min、19min 和 23min 相对应的 *P-I* 曲线图。

比较图 5.29 和图 5.24，可发现两图中 *P-I* 曲线的位置非常接近。这说明钢柱在标准火灾中暴露 10min 后竖向承载力几乎没有下降，其损伤程度完全取决于爆炸荷载的压强和冲量；比较图 5.29 和图 5.30，发现 *P-I* 曲线的位置有较明显的变化，尤其是 $D_{COL}=0.2$ 所对应的 *P-I* 曲线大幅向坐标轴靠近，这说明 15min 的火灾作用导致钢柱竖向承载力下降，但下降幅度小于 20%；图 5.31 中只剩下 $D_{COL}=0.5$

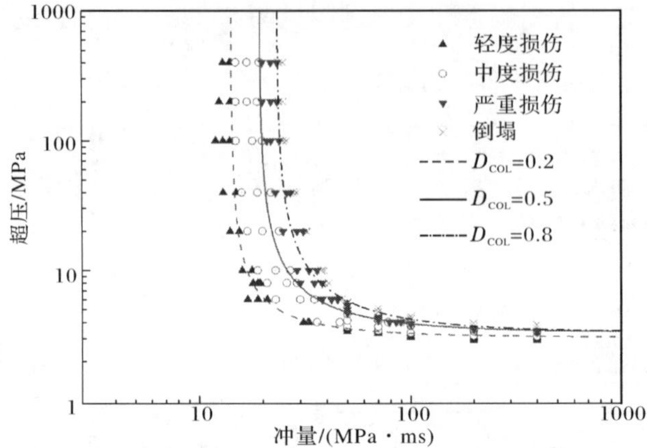

图 5.29　抗火时间为 10min 的钢柱 P-I 曲线图

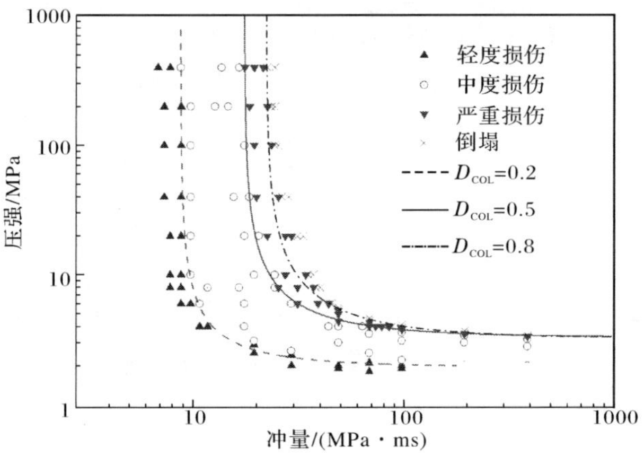

图 5.30　抗火时间为 15min 的钢柱 P-I 曲线图

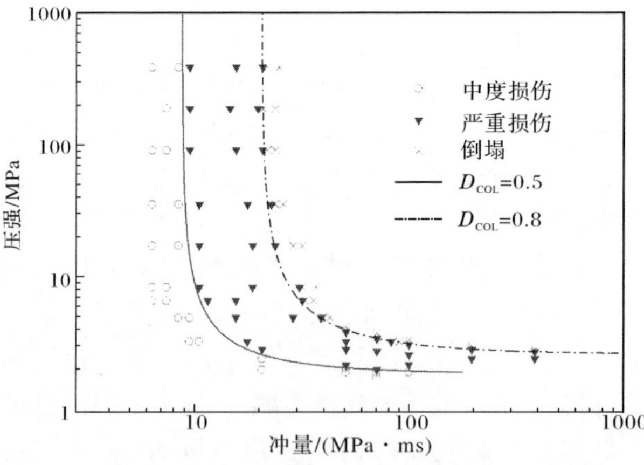

图 5.31　抗火时间为 19min 的钢柱 P-I 曲线图

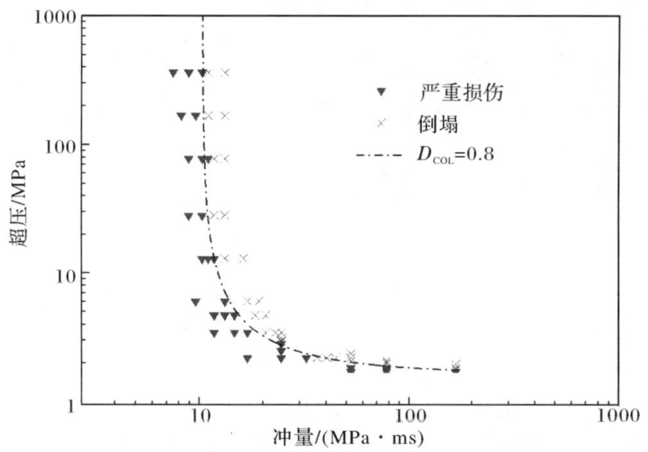

图 5.32　抗火时间为 23min 的钢柱 P-I 曲线图

和 $D_{COL}=0.8$ 所对应的 P-I 曲线，这说明即使钢柱不承受爆炸荷载的作用，暴露于标准火灾中 19min，承载力的下降幅度已大于 20%，但小于 50%；图 5.31 表明，当钢柱的抗火时间为 23min，承载能力的下降幅度大于 50%，在这种情况下，爆炸和火灾导致的综合损伤程度仅可能为严重损伤和倒塌两者之一。

观察图 5.24、图 5.29～图 5.32，发现 P-I 曲线在压强-冲量坐标空间内的位置与抗火时间有关。式(5.17)已给出 P-I 曲线的一般表达式，其中包含 4 个参数，分别为 P_0、I_0、μ 和 β。通过对大量不同抗火时间所对应的 P-I 曲线的回归分析，发现参数 μ 和 β 的数值基本保持不变，而 P_0、I_0 的数值随抗火时间变化。通过对计算数据的回归分析，确定 P_0、I_0 和抗火时间 t 之间的定量关系，均可用玻耳兹曼方程表示：

$$P_0=\frac{A_1-A_2}{1+\exp\left(\dfrac{t-x_0}{d_x}\right)}+A_2 \tag{5.27}$$

$$I_0=\frac{A_1'-A_2'}{1+\exp\left(\dfrac{t-x_0'}{d_{x'}}\right)}+A_2' \tag{5.28}$$

式中，A_1、A_2、x_0、d_x、A_1'、A_2'、x_0'、$d_{x'}$ 为回归曲线的控制参数，其取值随 D_{COL} 不同而变化。

关于 P_0、I_0 和抗火时间 t 之间的关系，数值计算结果和回归曲线显示在图 5.33～图 5.38 中，并且在每个图中给出了各参数的数值。

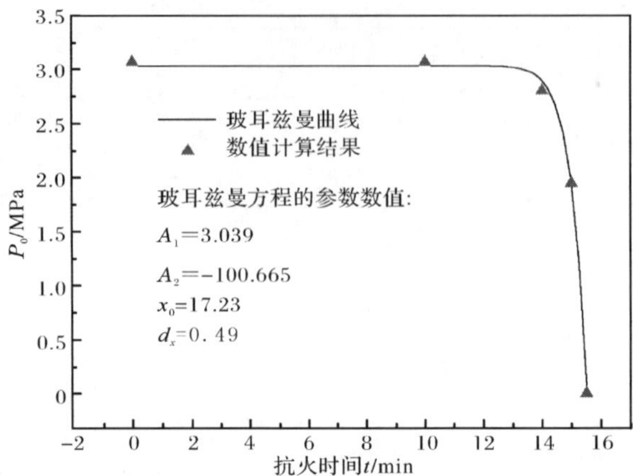

图 5.33　$D_{COL}=0.2$ 对应的 P_0-t 关系曲线

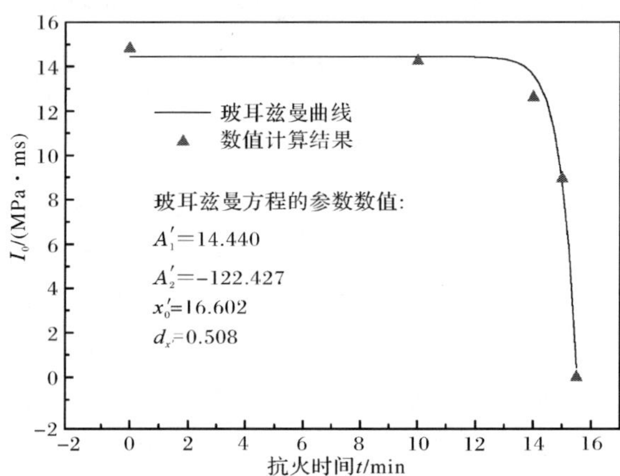

图 5.34　$D_{COL}=0.2$ 对应的 I_0-t 关系曲线

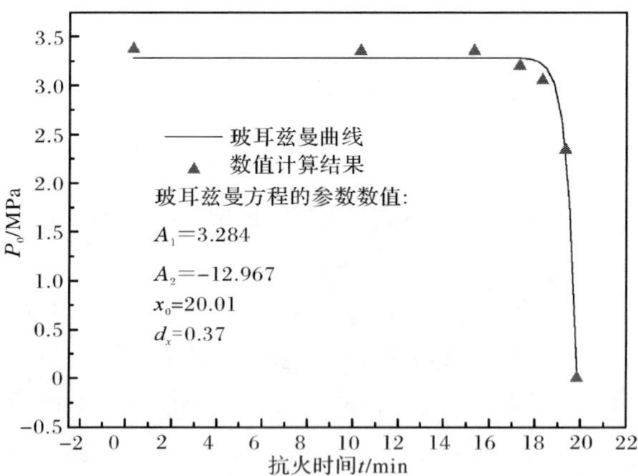

图 5.35　$D_{COL}=0.5$ 对应的 P_0-t 关系曲线

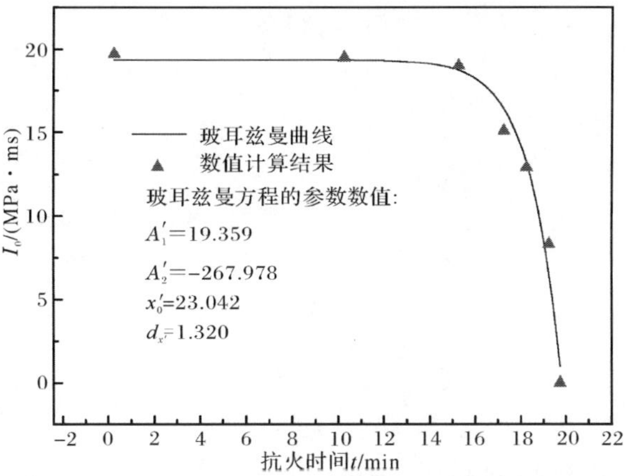

图 5.36 $D_{COL}=0.5$ 对应的 I_0-t 关系曲线

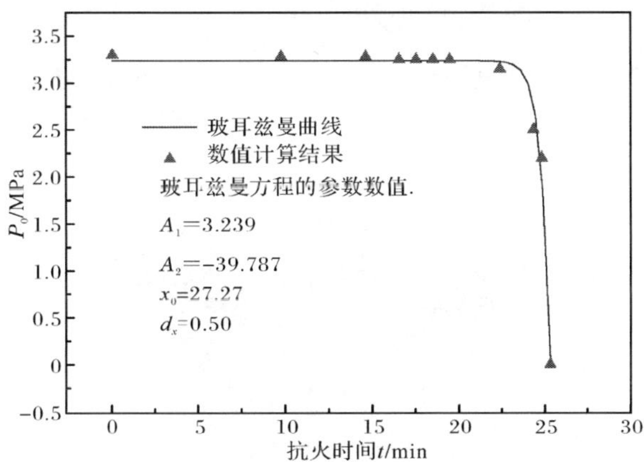

图 5.37 $D_{COL}=0.8$ 对应的 P_0-t 关系曲线

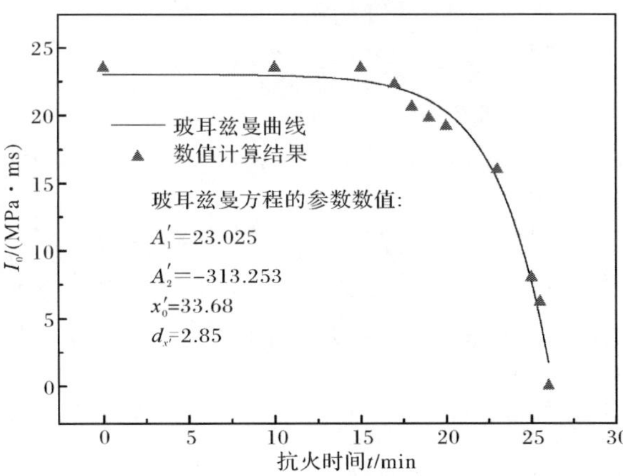

图 5.38 $D_{COL}=0.8$ 对应的 I_0-t 关系曲线

将式(5.27)和式(5.28)代入式(5.17),可得到

$$F(P,I,t)=\left[P-\left(\frac{A_1-A_2}{1+\exp\left(\frac{t-x_0}{d_x}\right)}+A_2\right)\right]\left[I-\left(\frac{A'_1-A'_2}{1+\exp\left(\frac{t-x'_0}{d_{x'}}\right)}+A'_2\right)\right]$$
$$-\mu\left[\frac{1}{2}\left(\frac{A_1-A_2}{1+\exp\left(\frac{t-x_0}{d_x}\right)}+\frac{A'_1-A'_2}{1+\exp\left(\frac{t-x'_0}{d_{x'}}\right)}+A_2+A'_2\right)\right]^{\beta} \tag{5.29}$$

$$F(P,I,t)=0 \tag{5.30}$$

式中,$F(P,I,t)$为爆炸压强(P)、冲量(I),和抗火时间(t)为变量的函数;方程$F(P,I,t)=0$表示在以P、I和t为坐标轴的空间内的一个三维曲面,随损伤指数D_{COL}变化,P-I-t曲面的空间位置和形状发生改变。

针对本书中的典型钢柱,图5.39给出了$D_{COL}=0.2$、$D_{COL}=0.5$和$D_{COL}=0.8$所对应的P-I-t曲面图。

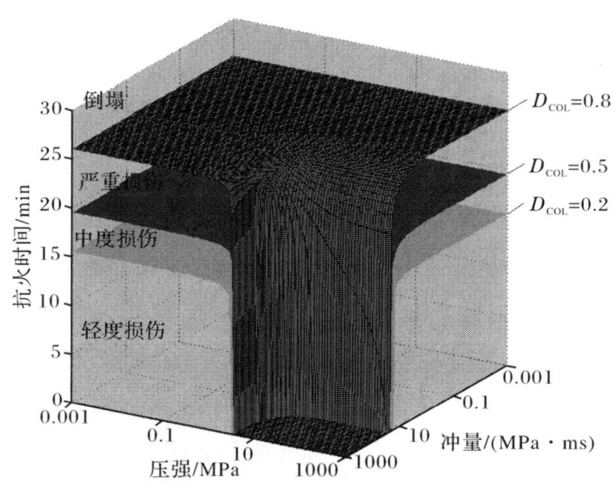

图5.39　爆炸和火灾综合作用下钢柱P-I-t曲面(见彩图)

前述建立的P-I曲线图可用于评估钢柱在爆炸荷载作用下的损伤程度,而这里所建立的P-I-t曲面图可用于评估爆炸和火灾导致的综合损伤值。如图5.39所示,三个临界P-I-t曲面将整个空间划分为四个区域,分别代表轻度损伤、中度损伤、严重损伤和倒塌四种状态。

4. 几何尺寸对钢柱 P-I-t 曲面图的影响

任一确定的 P-I-t 曲面图仅适用于特定几何尺寸方钢管柱在爆炸和火灾综合作用下的损伤程度评估。为使方法具有普适性，将对几何尺寸进行参数分析。方钢管柱几何尺寸包括柱高 H、截面宽度 B_0 和壁厚 t_s，在一定范围内取值(见表 5.20)，可开展爆炸和火灾综合作用下不同尺寸方钢管柱的损伤分析。

表 5.20　几何变量取值范围

柱高 H/m	截面宽度 B_0/mm	壁厚 t_s/mm
3.0	200	12
3.3	250	16
3.6	300	20
3.9	350	24
4.2	400	28

通过对参数分析结果的回归和曲线拟合，式(5.29)中的各参数可表示为 H、B_0 和 t_s 的函数，具体表达式如下所示：

当 $D_{COL}=0.2$ 时，

$$A_1=3(2.88-0.52H)(-1.05+11.62B_0-15.93B_0^2)\times(0.22+49.00t_s) \tag{5.31}$$

$$A_2=-100(-16.70+9.52H-1.28H^2)\times(-6.40+48.37B_0-79.04B_0^2)(1.78-50.37t_s) \tag{5.32}$$

$$x_0=(-45.83+33.25H-4.31H^2)(0.16+5.55B_0-9.19B_0^2)\times(1.20-12.73t_s) \tag{5.33}$$

$$d_x=(6.24-3.14H+0.43H^2)(7.63-47.36B_0+84.68B_0^2)\times(0.42+39.48t_s) \tag{5.34}$$

$$A_1'=10(2.36-0.25H)(-0.81+12.37B_0-21.13B_0^2)\times(-0.86+116.02t_s) \tag{5.35}$$

$$A_2'=-100(3.64-0.67H)(-2.29+21.73B_0-35.83B_0^2)\times(-1.96+188.16t_s) \tag{5.36}$$

$$x_0'=(-19.26+19.42H-2.66H^2)(0.26+4.96B_0-8.32B_0^2)\times(1.05-3.01t_s) \tag{5.37}$$

$$d_{x'}=(12.90-6.76H+0.92H^2)(8.94-52.53B_0+86.92B_0^2)\times(0.44+35.55t_s) \tag{5.38}$$

当 $D_{COL}=0.5$ 时，

$$A_1=3(2.793-0.47H)(0.13+2.91B_0)(-0.23+77.72t_s) \tag{5.39}$$

$$A_2=-100(0.47+0.23H)(18.3-99.92B_0+140.79B_0^2)\times(0.69+19.33t_s) \tag{5.40}$$

$$x_0=(10.41+5.20H-0.72H^2)(1.01+0.63B_0-2.05B_0^2)\times(1.08-5.02t_s) \tag{5.41}$$

$$d_x=(5.12-2.50H+0.33H^2)(19.78-121.10B_0+195.00B_0^2)\times(-0.059+69.31t_s) \tag{5.42}$$

$$A_1'=10(2.80-0.24H)(0.0017+6.81B_0-11.61B_0^2)\times(-0.71+108.35t_s) \tag{5.43}$$

$$A_2'=-100(-3.17+1.63H)(3.028-3.454B_0)\times(-0.71+108.35t_s) \tag{5.44}$$

$$x_0'=(-35.25+31.10H-4.15H^2)(-0.22+8.26B_0-13.98B_0^2)\times(1.25-16.13t_s) \tag{5.45}$$

$$d_{x'}=(0.74+0.58H-0.11H^2)(-0.84+12.73B_0-21.97B_0^2)\times(1.36-21.97t_s) \tag{5.46}$$

当 $D_{\mathrm{COL}}=0.8$ 时，

$$A_1=3(2.685-0.445H)(0.10+3.05B_0)(0.114+55.91t_s) \tag{5.47}$$

$$A_2=-100(11.71-2.12H)(3.67-17.93B_0+30.11B_0^2)\times(-0.49+91.26t_s) \tag{5.48}$$

$$x_0=(-52.63+42.54H-5.62H^2)(1.10-0.32B_0)\times(1.10-5.83t_s) \tag{5.49}$$

$$d_x=(13.34-6.69H+0.87H^2)(13.66-83.30B_0+137.00B_0^2)\times(0.083+60.19t_s) \tag{5.50}$$

$$A_1'=10(3.82-0.42H)(1.09-1.12B_0+2.79B_0^2)\times(-0.597+101.02t_s) \tag{5.51}$$

$$A_2'=-100(-0.773+1.092H)(0.67-10.82B_0+17.51B_0^2)\times(-1.347+21.77t_s) \tag{5.52}$$

$$x_0'=(-14.99+26.44H-3.60H^2)(-1.23+14.69B_0-24.23B_0^2)\times(1.17-10.90t_s) \tag{5.53}$$

$$d_{x'}=(-2.02+3.22H-0.51H^2)(-4.16+34.77B_0-58.60B_0^2)\times(1.56-39.62t_s) \tag{5.54}$$

式(5.31)～式(5.54)中，所有自变量的单位均为 m。利用这些公式可计算得到各参数的数值，代入式(5.29)和式(5.30)，可得到 P-I-t 曲面方程表达式。下文将利用一个简单的例子说明该评估方法的应用流程，即某一方钢管柱几何尺寸为：$H=4.0\mathrm{m}$；$B_0=350\mathrm{mm}$；$t_s=16\mathrm{mm}$，依次代入式(5.31)～式(5.54)，可计算得到 P-I-t 曲面方程参数，列于表 5.21。

表 5.21　*P-I-t* 曲面方程参数数值

参数	$D_{COL}=0.2$	$D_{COL}=0.5$	$D_{COL}=0.8$
A_1	2.568	3.153	3.197
A_2	−74.263	−7.984	−33.936
x_0	17.77	19.08	27.07
d_x	0.76	0.52	0.59
A_1'	12.616	18.137	22.681
A_2'	−93.423	−283.803	−349.004
x_0'	15.59	21.69	31.09
$d_{x'}$	0.75	1.14	2.04

将表 5.21 中每一列的参数数值依次代入式(5.29)，得到 $D_{COL}=0.2$、$D_{COL}=0.5$ 和 $D_{COL}=0.8$ 对应的 $F(P,I,t)$ 表达式。将 $F(P,I,t)=0$ 所表示的 *P-I-t* 曲面呈现于以 P、I 和 t 为坐标的三维空间内，便得到如图 5.40 所示的 *P-I-t* 曲面图。

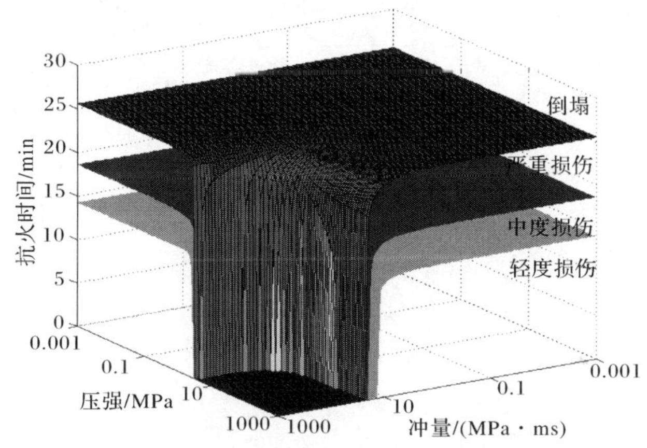

图 5.40　方钢管柱的 *P-I-t* 曲面图(见彩图)

5.4　钢筋混凝土板

5.4.1　破坏参数

现有研究中已对钢筋混凝土梁进行用于单自由度的 *P-I* 曲线分析，以构件中部位移作为评估指标，并考虑了不同边界条件、尺寸效应、配筋率及加载方式对曲线的影响。跨中挠度作为损伤破坏指标对构件的弯曲破坏分析比较有效，因为构件发生弯曲破坏时其跨中挠度可以有效表征破坏程度，但其对剪切破坏及联合破坏形态的构件并不适用。用位移作为指标评定构件在剪切破坏状态的破坏等级时会低估构件的破坏，从而使设计不安全。而且由于构件中点位移只能反应构件在一阶频率时的响应，但当构件由于复杂爆炸荷载而产生高阶响应时，位移显然不能完全体现构件的动力特性。

在 $P\text{-}I$ 曲线的使用意义上进行 $P\text{-}I$ 曲线分析是为了可以预估构件破坏在爆炸荷载作用下的破坏程度，从而确定安全距离或防爆等级；还可对爆炸发生后对构件进行 $P\text{-}I$ 曲线分析，从而评定构件的破坏程度，判定其是否可以继续使用或更替。而在此过程中，构件承载能力的变化最受关注，所以取构件的剩余承载力作为损伤破坏指标比较有现实意义。以剩余承载力作为指标既可以针对不同的抗爆等级设计构件，又可以根据此值分析在遭受爆炸荷载后构件的使用安全及使用价值。而且剩余承载力指标可以有效地统一构件不同的破坏形态，突破了单自由度分析的局限，物理意义明确。

剩余承载力的分析步骤如图 5.41 所示。

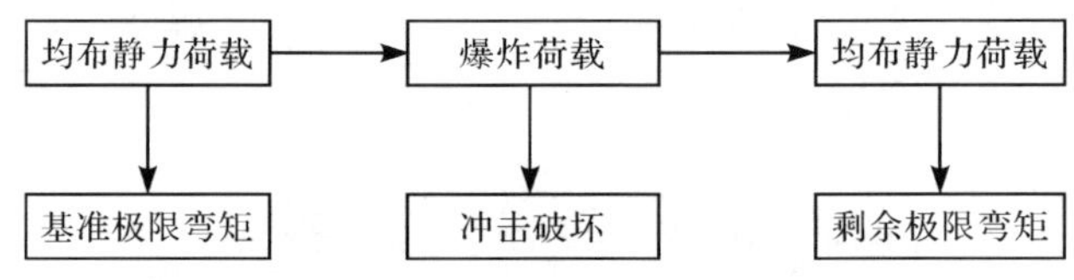

图 5.41 分析过程示意图

根据以上分析，确定损伤破坏指标如下：

$$D=1-\frac{R_{\text{residual}}}{R_{\text{basic}}} \tag{5.55}$$

式中，R_{residual} 为构件剩余承载力；R_{basic} 为构件基准极限弯矩。

构件的破坏等级定义如下：

$D=(0\sim0.2)$为轻度破坏；

$D=(0.2\sim0.5)$为中度破坏；

$D=(0.5\sim0.8)$为严重破坏；

$D=(0.8\sim1)$为倒塌。

5.4.2 基准极限弯矩

分析构件的抗弯能力应首先得到构件在静力荷载作用下的弯矩－位移曲线。将由零开始增加的均布荷载作用在板上，直到板破坏为止，即抗弯承载力不再增加，从而得到板的极限弯矩。本节分析所用模型是按照国家《混凝土结构设计规范》(GB50010－2010)[27]设计。由于板的边界条件及配筋率已经确定，所以未考虑这两方面因素对极限弯矩的影响。在加载过程中加载速率应适当偏小，使材料不发生应变率效应为准。由于此分析最关注构件的极限状态，所以假定钢筋的极限应变为 0.2。混凝土和钢筋间的黏结滑移没有考虑。特别值得注意的是，构件的位移是指支撑处转角 arctan(d/L)。转角是一个无量纲的量，从而可以消除尺寸效应影响。

经数值模拟得到的弯矩-位移曲线如图 5.42 所示，极限值 126.41kN · m。

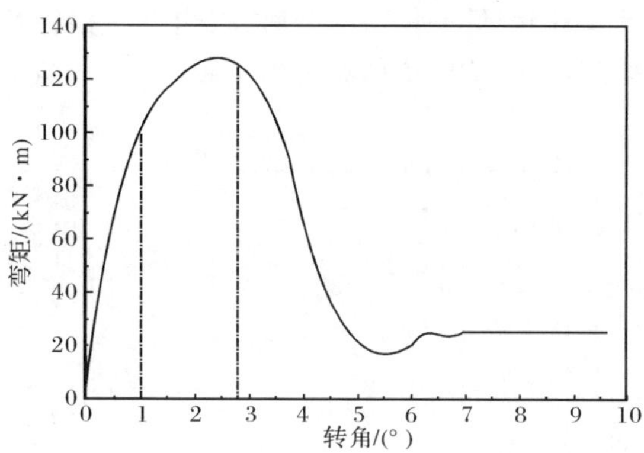

图 5.42　静力荷载作用下钢筋混凝土板的跨中弯矩-位移曲线

由图 5.42 可知，支座转角在 1°范围内是线性变化，说明在此范围内构件处于弹性阶段。超过 1°，构件进入塑性发展阶段，直至 2.7°，构件达到极限状态。超过 2.7°，构件完全破坏。

图 5.43 显示的是双向板在静载下形成的塑性铰线。

图 5.43　静载作用下形成的塑性铰线

图 5.43 表明正塑性铰线沿对角线分布，构件的破坏形态与理论分析相符，此时既是构件的极限状态，对应图 5.42 的转角位移为 2.7°。

5.4.3　冲击破坏及 *P-I* 曲线的绘制

应用 LS-DYNA 分析程序对构件在爆炸荷载作用下的破坏进行模拟及计算

构件的剩余承载。为了简化计算,假定三角形荷载均匀地作用于板表面。由于应用 LS-DYNA 分析程序,可以通过定义荷载曲线将压强施加于单元表面,所以通过 DEFINE_CURVE 命令可以方便地设定荷载作用方式、峰值及持时。本节采用 Ng 和 Krauthammer 提出方法确定该构件响应的渐近线,在确定临界点时通过保持压强恒定而检查 *P-I* 组合是在安全还是破坏的区域。如果安全,增加冲量直到点处于破坏状态。反之,则降低冲量,直到到达安全点。在研究破坏分级时,不研究震塌破坏的等级评定,其破坏分析可见参考文献[28]。所有的分析案例计算所得到点绘制于图 5.44。

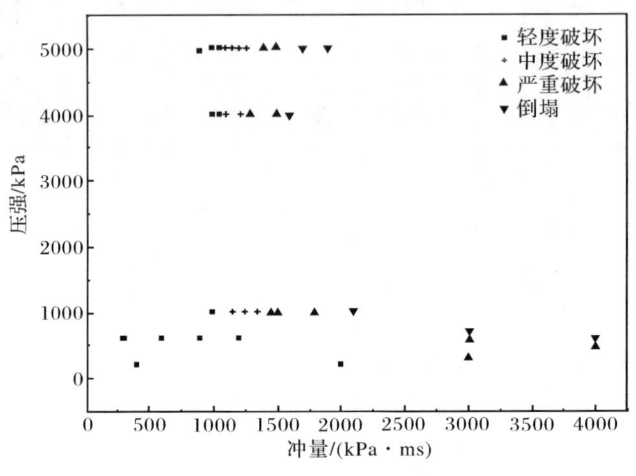

图 5.44　破坏点分布

根据 Ng 和 Krauthammer[29] 提出的方法确定的该构件响应的渐近线如表 5.22所示。

表 5.22　不同破坏程度所对应的压强、冲量极限值

D	P_0/kPa	I_0/(kPa · ms)
0.2	185	1025
0.5	250	1220
0.8	500	1500

由数值模拟得到的数据点的分布及已有的曲线拟合公式,本节采用式(5.56)为 *P-I* 曲线的公式表达式:

$$(P-P_0)(I-I_0)=A\left(\frac{P_0}{2}+\frac{I_0}{2}\right)^{\beta} \tag{5.56}$$

式中,P_0 为对应不同破坏等级 D 的压力极限值,既渐进线的数值。

在本书中,D 被分别设定为 0.2、0.5 和 0.8。P_0、I_0 是对应不同破坏等级的

压强、冲量渐近线的数值。A 和 β 是常数，和板的构造及破坏等级有关。本节所分析的板的 A 和 β 值见表5.23。从此表中可得出 A 和 β 对于不同的曲线相差不大，$A\approx10$，$\beta\approx1.4$，所以假定这两个值与破坏等级无关。

表5.23 不同破坏等级所对应的 A 和 β

D	A	β
0.2	10	1.39
0.5	10.4	1.42
0.8	10.3	1.49

从而确定 P-I 曲线的表达公式为

$$(P-P_0)(I-I_0)=10\left(\frac{P_0}{2}+\frac{I_0}{2}\right)^{1.4} \tag{5.57}$$

将式(5.57)与上面计算所得到的多种破坏结果绘制于图5.45，由图可见公式可很好地将各种破坏程度区分开来，证明此公式可以作为区分各种破坏的临界线。

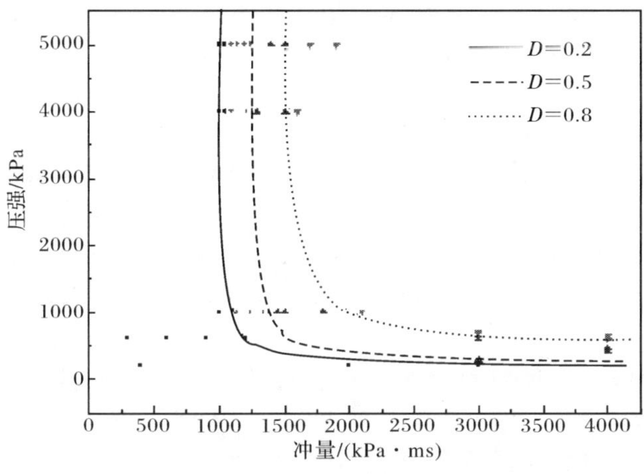

图5.45 P-I 曲线

为了验证式(5.57)的正确性，分别取四组荷载组合：0.6MPa、1ms；0.5MPa、3.5ms；0.8MPa、2.5ms；2MPa、1.5ms。由公式确定四组荷载所产生的构件的破坏程度应处于轻度破坏、中级破坏、严重破坏和倒塌。计算结构表明，D 值分别为0.15、0.32、0.77、0.92，与公式预测的构件破坏程度相符，证明公式很好地拟合了 P-I 曲线。通过以上的分析，本节确定了用 P-I 曲线方法评估构件破坏程度的有效性，并根据数值结果推导得到了构件在不同破坏等级间的临界线的公式。在以后的分析中，可以根据给定的荷载-压力和冲量的组合来确定构件的破坏程度，并为进行构件的初始设计提供依据。

5.5 本章小结

P-I 曲线是一种行之有效的量化分析爆炸荷载作用下构件损伤程度等级的分析工具，特别适合于量化分析构件的极限状态-准静态和脉冲极限状态下的动力响应与损伤程度。以剩余承载力作为破坏指标有效地统一了构件的不同破坏形态，突破了单自由度分析的局限，可以很好地反应结构构件的损伤破坏程度。

参考文献

[1] Jarrett D F. Derivation of British explosives safety distances. Annuals of the New York Academy of Science，1968，152(Article 1)：18－35.

[2] 师燕超. 爆炸荷载作用下钢筋混凝土结构的动态响应行为与损伤破坏机理. 天津：天津大学博士学位论文，2009.

[3] Krauthammer T. Blast mitigation technologies：Developments and numerical considerations for behavior assessment and design//The 5th International Conference on Structures under Shock and Impact，Thessaloniki，1998：3－12.

[4] Li Q M，Meng H. Pulse loading shape effects on pressure-impulse diagram of an elastic-plastic，single-degree-of-freedom structural model. International Journal of Mechanical Sciences，2002，44：85－98.

[5] Li Q M，Meng H. Pressure-impulse diagram for blast loads based on dimensional analysis and single-degree-of-freedom model. Journal of Mechanical Sciences (ASCE)，2002，128(1)：87－92.

[6] Fallah A S，Louca L A. Pressure-impulse diagrams for elastic-plastic-hardening and softening single-degree-of-freedom models subjected to blast loading. International Journal of Impact Engineering，2006，34(4)：823－842.

[7] Karthaus W，Leussink J W. Dynamic loading：More than just a dynamic load factor//Proceeding of the First International Symposium on the Interaction of Non-Nuclear Munitions with Structures，Colorado，1983：151－154.

[8] Ma G W，Shi H J，Shu D W. *P-I* diagram method for combined failure modes of rigid-plastic beams. International Journal of Impact Engineering，2006，34(6)：1081－1094.

[9] Wesevich J W，Oswald C J. Empirical based concrete masonry pressure-impulse diagrams for varying degrees of damage//American Society of Civil Engineers，Reston，New York，2005：207－218.

[10] Soh T B，Krauthammer T. Load-impulse diagrams of reinforced concrete beams subjected to concentrated transient loading. PTC-TR-006-2004，Protective Technology Center，Pennsyl-

vania State University, Pennsylvania, 2004.

[11] Biggs J M. Introduction to Structure Dynamics. New York: McGraw-Hill, 1964.

[12] Lan S R, Crawford J C. Evaluation of the blast resistance of metal deck proofs//The 5th Asia-Pacific Conference on Shock & Impact Loads on Structures, Changsha, 2003: 216—230.

[13] ASCE7. Minimum Design for buildings and other structures. Reston: American Society of Civil Engineers, 2002.

[14] Shi Y, Hao H, Li Z X. Numerical derivation of pressure-impulse diagrams for prediction of RC column damage to blast loads. International Journal of Impact Engineering, 2008, 35(11): 1213—1227.

[15] Shi Y C, Hao H, Li Z X. Numerical derivation of pressure-impulse diagrams for RC columns with uncertain Parameters//The 7th International Conference on Shock & Impact Loads on Structures, Beijing, 2007: 515—522.

[16] 汪明. 爆炸荷载作用下钢结构损伤机理及砌体墙破碎过程研究. 天津：天津大学博士学位论文，2010.

[17] Johnson G R, Cook W H. A constitutive model and data for metals subjected to large strains, high strain rate and high temperatures//The 7th International Symposium on Ballistics, Hugue, 1983: 541—547.

[18] Johnson G R, Cook W H. Fracture characteristics of three metals subjected to various strains, strain rates, temperatures and pressures. Engineering Fracture Mechanics, 1985, 21(1): 31—48.

[19] Jama H H, Bambach M R, Nurick G N, et al. Numerical modeling of square tubular steel beams subjected to transverse blast loads. Thin-Wall Structures, 2009, 47(12): 1523—1534.

[20] Bonora N. A nonlinear CDM model for ductile failure. Engineering Fracture Mechanics, 1997, 58(1-2): 12—28.

[21] Ikkurthi V R, Chaturvedi S. Use of different damage models for simulating impact-driven spallation in metal plates. International Journal of Impact Engineering, 2004, 30(3): 275—301.

[22] Yuen S C K, Nurick G N, Verster W, et al. Deformation of mild steel plates subjected to large-scaled explosions. International Journal of Impact Engineering, 2008, 35(8): 684—703.

[23] Schwer L. Optional strain-rate forms for the Johnson Cook constitutive model and the role of the parameter epsilon//The 6th LS-DYNA Anwenderforum, Frankenthal, 2007: 181—189.

[24] European Committee for Standardisation. Eurocode 1—Actions on structures: Part1-2 General actions—Actions on Structures Exposed to Fire, 1991.

[25] European Committee for Standardisation. Eurocode 3—Design of steel structures: Part1-2 General rules—Structural fire design, 1993

[26] Wang W Y, Li G Q. Fire-resistance study of restrained steel columns with partial damage to fire protection. Fire Safety Journal, 2009, 44(8): 1088—1094.

[27] 中华人民共和国住房和城乡建设部. 混凝土结构设计规范(GB50010—2010). 北京: 中国建筑工业出版社, 2010.

[28] 张想柏, 杨秀敏, 陈肇元, 等. 接触爆炸钢筋混凝土板的震塌效应. 清华大学学报(自然科学版), 2006, 46(6): 765—768.

[29] Ng P H, Krauthammer T. Pressure-impulse diagrams for reinforced concrete slabs. Technical Report: PTC-TR-007. University Park, PA: Protective Technology Center, Pennsylvania State University, 2004.

第6章 爆炸荷载作用下建筑结构的连续倒塌分析方法

连续倒塌是结构局部某个关键构件的破坏导致相邻构件失效继而引发更多构件破坏，最终导致结构整体倒塌或者产生与初始触因很不相称的大面积倒塌的连锁反应[1~3]。结构的连续倒塌可能有许多原因造成，如错误的施工顺序、偶然的构件超载、地震作用下的结构关键构件破坏以及爆炸冲击荷载作用下的结构关键构件破坏等。由于爆炸冲击荷载具有传播迅速、峰值大、作用时间短以及具有负超压等特点，爆炸冲击荷载作用下结构的连续倒塌比其他原因引起的结构连续倒塌更为复杂，危害也更大。自1995年美国Oklahoma州联邦大楼遭汽车炸弹爆炸袭击后发生大面积连续倒塌和2001年9月11日纽约世贸中心双子楼遭恐怖袭击后彻底倒塌以后，建筑结构在爆炸冲击荷载作用下的连续倒塌问题在世界范围内得到广泛关注，国内外亦相继开展了建筑结构连续倒塌分析及相应的防护措施等方面的研究。

鉴于建筑结构连续倒塌的灾难性、结构抗连续倒塌设计的复杂性以及建造此类建筑结构所需的高额费用，在建筑结构的抗连续倒塌设计时，需要给出既安全又经济的设计方案[4,5]。在这种情况下，一种精确可靠的结构连续倒塌分析方法至关重要。

6.1 直接模拟方法

在本小节中，将列举一些直接模拟方法的典型应用情况，并对直接模拟方法的优缺点进行分析。

Luccioni等[6]通过数值模拟方法对因恐怖爆炸袭击而倒塌的以色列AMIA大楼在爆炸荷载作用下的连续倒塌进行了重现。在数值模拟中，大楼结构，包括钢筋混凝土梁、柱、板以及砖墙，全部用三维块体单元模拟。模拟共分为两部分，首先模拟了炸药的爆轰及爆炸冲击波在空气中的传播，然后模拟了爆炸波与结构的相互作用及结构的动力响应、损伤破坏和倒塌。在模拟中，没有考虑爆炸时引起的地面震动对结构的影响。将数值模拟的结果与建筑物实际倒塌的照片进行比较发现，直接模拟方法能够准确的重现爆炸荷载作用下建筑结构的连续倒塌，同时也说明，对于建筑结构的连续倒塌分析，目前来讲，如果要想得到准确的结果，必须对整个结构、材料以及它所承受的爆炸环境进行准确的全过程模拟[2]。

Quan 和 Brinbaum[7]运用 AUTODYN 3D 有限元显式动力分析软件对纽约世贸中心大厦北塔受飞机撞击乃至最终倒塌的过程进行了三维有限元模拟。建立了整幢大楼以及波音 767 飞机的详细的三维有限元模型，总共包含了 27 万个梁单元和板壳单元。整个数值模拟过程分为四部分：首先是通过准静态加载，使结构达到静载下的初始应力状态；然后，模拟了波音 767 飞机对结构的高速撞击；继而模拟了撞击后可能的火灾作用下材料强度和结构刚度的退化；最后重现了在重力作用下世贸中心大厦北塔的连续倒塌过程。模拟结果表明，通过有限元模拟方法，能够重现波音 767 飞机对世贸中心大厦北塔的撞击以及世贸中心大厦北塔在撞击与高温共同作用下的连续倒塌过程。同时还表明，在建立结构模型时，可以适当采用一些能够反映结构在爆炸荷载下的复杂受力性能的简化的结构单元，以提高计算效率。

Hao 等[2,8]基于连续损伤力学理论，提出了对结构进行连续倒塌分析的方法，称为 DYN 方法。这种方法是对直接模拟方法的改进，与直接模拟方法不同的是，它不再对炸药的爆轰及爆炸波的传播进行模拟，而是充分利用现有研究成果，首先采用 TM5-1300 以及其他参考文献中的公式[9~11]，确定出作用在结构的梁、柱和板上的爆炸荷载，将这些荷载直接作用到结构上，进而对结构在爆炸荷载作用下的连续倒塌进行分析。

综上所述，直接模拟方法能够对建筑结构在爆炸或撞击作用下导致的连续倒塌进行准确可靠的模拟，然而，该方法需要建立详细的结构模型，并需要对炸药的爆轰、爆炸波的传播及其与结构的相互作用进行模拟，计算效率低，且对计算机硬件的要求高；同时，该方法要求使用者对结构动力学、材料的动力特性以及数值模拟技术都有较为详尽的了解。因此，该方法过于复杂，并不适合在工程界推广应用。

6.2　替代传力路径法

“9·11”事件之后，替代传力路径法逐渐被美国 GSA(General Services Administration)和 DOD(Department of Defense)所采用，写入了其关于结构连续倒塌设计和分析的导则中。这类方法通常从删除掉结构的关键构件开始，进而对结构可能的连续倒塌进行模拟分析[12~14]。

在我国，Lu 等[15]基于替代传力路径法的基本思想，通过数值方法模拟了世贸中心大厦双子塔在强撞击后的倒塌过程。模拟中同样建立了世贸中心大厦双子塔的三维有限元模型，然而，对结构的撞击效应则是通过突然移除撞击点的结构关键部件来实现，同时，考虑了由于大火而引起的结构刚度和材料强度的退化。

GSA 和 DOD 导则中对替代传力路径分析方法进行了详细的规定，将替代传力路径分析方法分成了不同的层次，每一层次有各自不同的分析步骤，进而所得分析结果的可靠程度也不同。主要分为三个层次，即线性静力分析、非线性静力分析及非线性动力分析[16,17]。

线性静力分析是基于小变形理论，材料均视为线弹性，其主要步骤如下：①建立结构的有限元模型；②移除结构上的关键构件；③对结构施加导则所规定的恒载和活载；④对结构在恒活载组合下的静力响应进行分析，如果结构没有新的构件破坏，则完成分析，如果有新的结构构件破坏，则移除该构件并将它所承受的荷载重新分配，然后重新对结构的响应进行线性静力分析；⑤评估分析结果。由以上步骤可知，线性静力分析简单易用，但由于忽略了移除结构关键构件后的动力效应以及爆炸荷载作用下结构及材料的非线性特征，仅仅适用于对简单结构的分析。

非线性静力分析中既考虑材料的物理非线性，也考虑结构的几何非线性，主要步骤如下：①建立结构的有限元模型；②移除结构上的关键构件；③从零开始，对结构逐级施加导则所规定的恒载和活载，直到最大值；④如果在③的分析过程中结构没有新的构件破坏，则完成分析，如果有新的结构构件破坏，移除该构件并将它所承受的荷载重新分配，重复步骤③和④，直至结构倒塌或达到静力平衡；⑤评估分析结果。非线性静力分析方法的优点是同时考虑材料的物理非线性和结构的几何非线性，然而，由于它仍没有考虑移除关键构件后结构的动力效应，并不能得到准确的分析结果。

非线性动力分析则同时考虑结构和材料的非线性特征以及结构移除关键构件后的动力效应，具体分析步骤为：①建立结构的有限元模型；②在移除结构关键柱之前，对结构施加导则所规定的恒载和活载，并使结构达到静力平衡；③瞬间移除结构的关键构件；④在移除结构关键构件的同时，对结构进行动力分析，直至结构达到新的平衡状态或倒塌；⑤评估分析结果。在三个层次的替代传力路径法中，非线性动力分析的准确度最高。

Kaewkulchai 等[18]和 Izzuddin 等[19,20]分别在 GSA 和 DOD 导则的基础上，对替代传力路径法进行了改进，同时考虑了在倒塌的过程中结构构件的刚度和材料强度的损失。

然而，即便是改进过的替代传力路径法，也往往不能对爆炸荷载作用下结构连续倒塌的过程进行准确、可靠的分析，主要因为替代传力路径法有其自身的局限性，即在移除结构关键构件的时候，忽略了在同样的爆炸荷载作用下，其周围构件可能的初始损伤和非零初始条件。也就是说，由于不考虑导致关键构件失效的原因，所以也没有考虑在爆炸荷载作用下，在导致结构关键构件失效的同时，也必然会导致周围结构构件产生相应的初始速度、初始位移和初始损伤。

6.3 考虑爆炸荷载效应的新方法

综上所述，直接模拟方法能够对建筑结构在爆炸或撞击作用下导致的连续倒塌进行准确可靠的模拟，然而，该方法需要建立详细的结构模型，并需要对炸药的爆轰、爆炸波的传播及其与结构的相互作用进行模拟，计算量大尤其特别耗时，对计算机硬件的要求高；同时，该方法要求使用者对结构动力学、材料的动力特性以及数值模拟技术都有较为详尽的了解。因此，该方法过于复杂，并不适合在工程界推广应用。与此同时，即便是改进过的替代传力路径法，也往往不能对爆炸荷载作用下结构连续倒塌的过程进行准确、可靠的分析，主要因为替代传力路径法有其自身的局限性，即在移除结构关键构件的时候，忽略了在同样的爆炸荷载作用下，其周围构件可能的初始损伤和非零初始条件。也就是说，由于不考虑导致关键构件失效的原因，所以也没有考虑在爆炸荷载作用下，在导致结构关键构件失效的同时，也必然会导致周围结构构件产生相应的初始速度、初始位移和初始损伤。因此，有必要建立一种结构连续倒塌分析的新方法，克服上述两种方法的缺点。

本节将在替代传力路径法的基础上提出一种爆炸荷载作用下钢筋混凝土框架结构连续倒塌分析的新方法，该方法中将同时考虑爆炸荷载作用下结构构件的非零初始条件和初始损伤。

在所提出的新方法中，将主要解决以下四个问题：①结构连续倒塌分析中临界炸药起爆位置和炸药量的确定；②结构构件非零初始条件的确定和数值模拟；③结构构件初始损伤的确定和数值模拟；④结构连续倒塌分析的一般步骤。

6.3.1 临界炸药起爆位置和炸药量的确定

如前所述，在爆炸荷载作用下，如果结构关键柱被完全摧毁，其周围构件也会不可避免地发生一定程度的损伤，同时会产生初始速度和初始位移。因此，爆炸荷载作用下结构连续倒塌分析方法必须考虑这些周围结构构件的非零初始条件和初始损伤。众所周知，无论是结构构件的“初始速度或位移”还是“初始损伤”，均与它所处的爆炸环境即炸药的起爆位置和炸药量有关，因此，在对结构进行连续倒塌分析前，需要首先确定对结构倒塌最不利的临界炸药起爆位置和炸药量。然后根据临界炸药起爆位置和炸药量，确定爆炸荷载作用下的瞬时结构构件的初始速度、初始位移和相应的初始损伤程度。

临界炸药起爆位置和炸药量的确定应遵循以下原则：

(1) 炸药起爆位置首先应确定为最有可能发生恐怖袭击或意外爆炸的位置。

(2) 在该位置上，同样重量的炸药不仅能够使结构的关键柱失效，并且能使关键柱周围的结构构件产生最大程度的初始损伤。

(3) 炸药量取为炸药的设计量或者在该临界起爆位置可能的最大炸药量(如在该位置存储的炸药量或可能恐怖袭击的炸药当量值)。

在此需要说明的是,对于某个特定的钢筋混凝土框架结构,它的临界炸药起爆位置和对应的炸药量可能会有多个,在这种情况下,为了对结构的抗连续倒塌性能进行充分的了解,需要针对每一临界炸药起爆位置对结构作多次连续倒塌分析。

6.3.2　结构构件非零初始条件的确定和数值模拟

初始条件是对结构进行动力分析时,在时间零点结构或结构构件的速度和位移。然而在这里,初始条件表示在爆炸荷载作用下,当结构关键构件完全失效的时刻(即连续倒塌分析的开始时刻),与失效构件相邻的结构构件上各点的初始速度和初始位移。

为了确定结构构件的非零初始条件,假定连续倒塌分析的开始时刻即为爆炸荷载作用完毕的时刻,即爆炸荷载的能量完全转化为结构构件的非零初始条件和初始损伤。这种假设是合理的,因为在爆炸荷载作用下,某个结构构件失效之前,结构的响应往往是构件层次的。因此,在结构关键构件失效前,作用在结构构件上的爆炸荷载的能量完全转化为结构构件的非零初始条件和初始损伤;结构关键构件失效后,结构才发生整体的动力响应,两个过程是不耦合的。

本节基于爆炸荷载作用下单自由度结构体系的响应分析以及结构构件的形函数提出结构构件非零初始条件的确定方法。

1. 破坏模式和形函数

数值模拟以及试验结果表明,爆炸荷载作用下钢筋混凝土构件的破坏模式不仅与结构本身的特性如抗剪承载力和抗弯承载力有关,而且与其所承受的爆炸荷载的类型有关。一般来讲,有三种破坏模式,即剪切破坏、弯曲破坏和弯剪破坏。通常,除非经过详细的有限元分析,很难预测某个特定构件在特定爆炸荷载作用下的破坏模式以及与之相对应的形函数,然而,在实际应用中,往往需要首先假定其破坏模式和形函数,才能将结构构件简化为等效的单自由度体系,从而对其在荷载作用下整体的响应进行准确的分析[21]。

为了简化计算过程,将钢筋混凝土梁和柱的形函数假定为塑性形函数,如图6.1所示。此形函数为三角形,两端和跨中皆有一个塑性铰。在理论上,运用弹性的形函数对于计算结构构件的初始速度和位移更为准确,特别是对于承受较小爆炸荷载的构件。然而,由于无论采用弹性的形函数或者塑性的形函数,将结构构件简化为等效单自由度体系时均会引入一定的误差。因此,为了易用起见,统一采用被广泛运用的形式简单的塑性形函数。

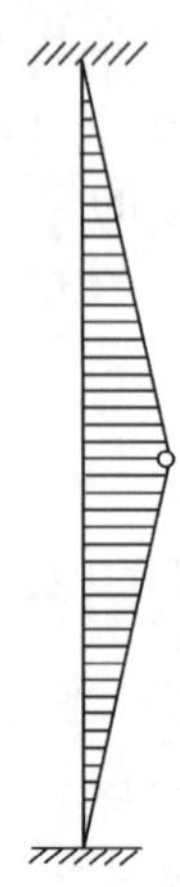

图 6.1 爆炸荷载作用下结构构件的形函数(塑性)

如果定义结构构件跨中的位移为 s_{max},则塑性形函数可以表示为

$$s(y)=s_{max}\left(1-\frac{y}{L/2}\right) \tag{6.1}$$

式中,y 为结构构件上的任意点与构件跨中的距离;L 为结构构件的总长度。

因为爆炸荷载的持时很短,在爆炸荷载的作用时间里,可以假定结构构件上各点的加速度为常数,这样,在爆炸荷载作用的时间域内,结构构件上各点的速度和位移呈线性关系。因此,结构构件上的速度分布为

$$v(y)=v_{max}\left(1-\frac{y}{L/2}\right) \tag{6.2}$$

式中,v_{max}为结构构件跨中的速度。

2. 沿构件各点的初始速度和初始位移

一旦确定了临界炸药起爆位置和炸药量,作用于各个构件上的爆炸荷载的超压峰值和冲量即可确定。在已知爆炸荷载的前提下,结构构件的非零初始条件可以通过基于爆炸荷载作用下单自由度结构体系的响应分析以及构件的形函数的分析方法确定。

首先,依据 Biggs 方法,将结构构件转化为等效单自由度结构体系[21]。单自由度体系的等效质量可以通过以下公式获得:

$$M_e=K_M M_t \tag{6.3}$$

$$M_t=mL \tag{6.4}$$

式中,M_e为等效质量;M_t为构件的总质量;m 为结构构件单位长度质量;K_M为质量转换系数,与结构构件的边界条件及形函数有关。

单自由度体系的等效荷载和等效刚度可以通过以下公式获得：

$$F_e(t) = K_L F_t(t) \tag{6.5}$$

$$F_t(t) = p(t)L \tag{6.6}$$

$$K_e = K_L K \tag{6.7}$$

式中，$F_e(t)$为等效爆炸荷载；$F_t(t)$为作用在构件上的总的爆炸荷载；$p(t)$是构件单位长度上作用的爆炸荷载；K_L为等效荷载和总荷载的比值，和结构构件的边界条件及形函数有关；t 为时间，在两个系统中保持不变。

通过式(6.3)～式(6.7)，等效单自由度体系的所有参数均能确定。如果最终得到的等效爆炸荷载为 $F_e(t)$，由于爆炸荷载持时较短，在等效爆炸荷载作用下，等效单自由度体系的动力方程可以简化为

$$F_e(t) = M_e a \tag{6.8}$$

式中，a 为单自由度结构体系的加速度，求解该动力方程得

$$v_{t_d} = \frac{\int_0^{t_d} F_e(t)\,dt}{M_e} = \frac{I_e}{M_e} \tag{6.9}$$

$$s_{t_d} = \int_0^{t_d} v\,dt = \frac{\int_0^{t_d}\int_0^{t} F_e(t)\,dt}{M_e} \tag{6.10}$$

式中，t_d为爆炸荷载的持时；v_{t_d} 和 s_{t_d} 分别为 t_d时刻等效单自由度体系的速度和位移，即结构构件的跨中最大速度和位移。

如果爆炸荷载被简化为从最大值降到零的三角形荷载，则 t_d时刻等效单自由度体系的位移可以表示为

$$s_{t_d} = \frac{2}{3} v_{t_d} t_d \tag{6.11}$$

运用上述公式，即可确定结构构件的最大初始速度和初始位移。由此，构件上任意一点的初始速度和初始位移可以通过式(6.1)和式(6.2)计算得出。

在此应该说明的是，如果爆炸荷载持时很短，从而使得爆炸荷载结束时刻结构构件尚未来得及变形，结构构件的初始位移相对于结构的跨度来讲微乎其微。在这种情况下，为了计算简单，在钢筋混凝土框架结构的连续倒塌分析中，可以忽略结构构件的初始位移，而仅仅考虑结构构件的初始速度。

3. 非零初始条件的模拟

非零初始条件的数值模拟相对比较简单，只需在连续倒塌分析之初，将采用上节方法得到的沿结构构件的初始速度和初始位移添加到相应的节点上即可。然而，由于沿结构构件方向每一个节点的初始位移和初始速度都不相同，如果要单独添加，将会十分麻烦。因此，为了简单起见，也可以沿构件方向将构件上的节

点分为初始速度和初始位移相近的不同的组，对每一组施加相应的平均初始速度和初始位移。

6.3.3 结构构件初始损伤的确定和数值模拟

结构构件的初始损伤是在结构连续倒塌分析中需要考虑的另一关键因素，可通过结构构件的 P-I 曲线来确定其在爆炸荷载作用下的初始损伤程度。

1. 初始损伤的确定

通过结构构件的 P-I 曲线确定结构构件的初始损伤，具体步骤如下：

(1) 将作用在结构构件上爆炸荷载的超压峰值和冲量定位到 P-I 空间内，如图 6.2 所示。

(2) 如果爆炸荷载落到轻度损伤的区域，如 $D<0.2$ 即忽略构件的初始损伤；如果爆炸荷载落到构件倒塌的区域，即 $D>0.8$，则表明在该爆炸荷载作用下，结构构件已失效，只需将该结构构件移除即可。

(3) 如果爆炸荷载落在其他区域，比如说图 6.2 中的 A 点，则需要通过插值的方法得到 A 点所对应的损伤程度 D。鉴于 P-I 曲线和结构构件损伤程度的非线性关系，通过试算法找出一条恰巧通过 A 点的 P-I 曲线，则这条曲线对应的损伤程度即为该构件的初始损伤程度。

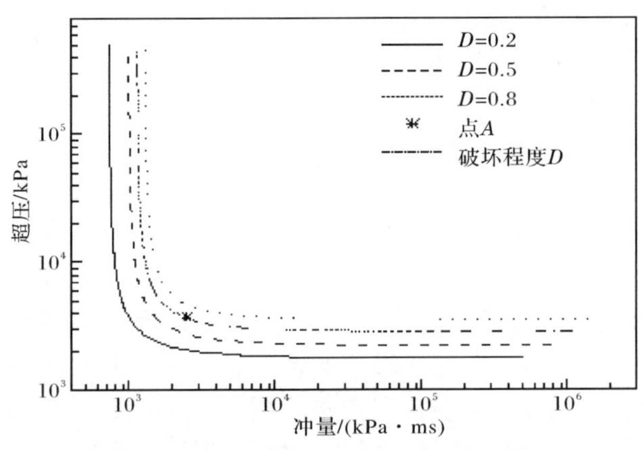

图 6.2 对应于破坏程度 D 的 P-I 曲线

2. 初始损伤的模拟

为了对结构构件的初始损伤进行模拟，需要将上节得到的结构构件的初始损伤程度与结构构件材料的强度和刚度退化联系起来。为此，提出以下假设：

(1) 假定爆炸荷载仅仅导致结构构件混凝土材料的损伤。在爆炸荷载作用下的时刻，如果钢筋混凝土构件没有完全垮塌，仍有轴向承载力时，构件中的纵向钢筋一般会处于弹性应力状态。这是因为爆炸荷载一般持时较短，在爆炸荷载作用下钢筋混凝土结构往往会发生混凝土的脆性破坏，而钢筋则不会进入塑性变形状态。再者，一旦钢筋进入塑性变形状态，混凝土必然会产生多条裂缝，从而极大的降低结构构件的轴向承载力，直至倒塌。因此，对于爆炸荷载作用下尚未垮塌的构件，仅仅考虑混凝土材料的损伤是合适的。

(2) 假定钢筋混凝土结构构件的损伤仅仅限定在一定的损伤区域内，损伤区域的个数和位置取决于爆炸荷载作用下结构构件的破坏模式。如结构构件在爆炸荷载作用下主要发生剪切破坏，则在结构构件的两端产生两个损伤区域；如结构构件在爆炸荷载作用下主要发生弯曲破坏，则损伤区域产生在跨中。爆炸荷载作用下结构构件的破坏模式取决于爆炸荷载的持时以及结构构件的自振周期。当结构构件承受准静态荷载时，可假定其损伤模式为弯曲破坏；当结构构件承受脉冲荷载时，可假定其损伤模式为剪切破坏。

(3) 损伤区域的长度假定为结构构件长度的五分之一，在损伤区域内，损伤程度假定为均匀分布。

损伤区域内混凝土的强度和刚度为

$$f'_{c,dmg}=K_Y f'_c(1-D) \tag{6.12}$$

$$E_{dmg}=K_E E(1-D) \tag{6.13}$$

式中，f'_c和 E 分别为未损伤混凝土的轴心抗压强度和弹性模量；$f'_{c,dmg}$和 E_{dmg}分别为对应的损伤混凝土的轴心抗压强度和弹性模量。K_Y和 K_E为引入的修正系数，用来修正上述若干假定可能带来的误差。在本节中，K_Y和 K_E均取为 1，后面章节的数值模拟结果表明，这足以满足对结构连续倒塌分析中构件的初始损伤的模拟。然而，如果要更为准确的定义 K_Y和 K_E，则需要更多的结构构件在不同爆炸荷载作用下破坏的算例。

6.3.4　构件非零初始条件和初始损伤确定方法的数值验证

为了验证提出的构件非零初始条件和初始损伤确定方法的有效性和可靠性，采用有限元模拟分析方法分析了某典型钢筋混凝土柱在爆炸荷载作用下瞬间的初始速度、初始位移以及损伤区域的分布。分析中采用的钢筋混凝土柱选取结构中的 C1 柱，柱高 3m，截面尺寸为 300mm×300mm，配有 4 根直径为 24mm 的纵筋，纵筋的屈服强度为 335MPa；箍筋直径为 10mm，间距为 200mm，屈服强度为 235MPa；作用在钢筋混凝土柱上爆炸荷载的反射超压为 2495kPa，反射冲量为 3642kPa · ms。爆炸荷载简化为倒三角形荷载，均匀施加到结构柱的迎爆面上。

图 6.3 给出了爆炸荷载作用结束瞬间结构柱的水平速度及有效塑性应变云图。从图 6.3(a)中可以看出，水平速度沿柱高的分布为跨中最大，从跨中至两端

逐渐减小直至零，近似为三角形分布，因此，本书中关于形函数的假定是合理的。从图 6.3(b)中可以看出，数值模拟的结果表明，在柱的两端有比较大的塑性应变，形成了所谓的损伤区域，由于施加在结构柱上的爆炸荷载为典型的脉冲荷载，数值模拟的结果与假定一致。

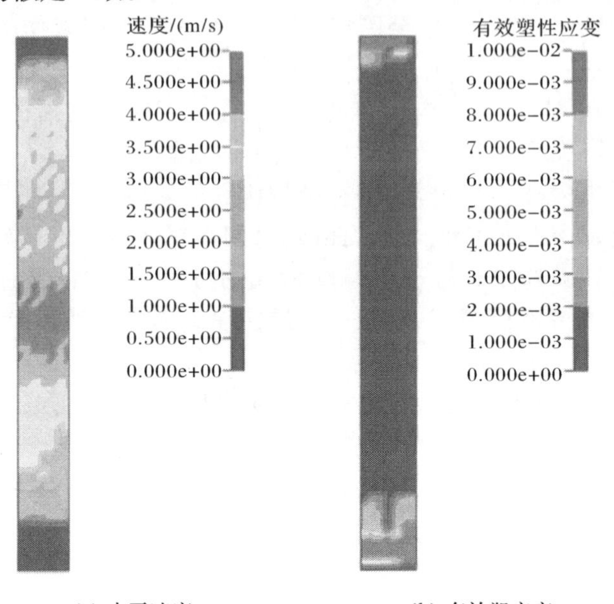

(a) 水平速度　　(b) 有效塑应变

图 6.3　爆炸荷载作用结束时结构柱的水平速度及有效塑应变云图(见彩图)

为了进一步验证构件非零初始条件的确定方法，采用本书提出的方法及公式对柱中的最大速度和位移进行了预测，得到该结构柱的等效质量为 369kg，等效刚度为 1.13×10^{8}N/m，等效爆炸荷载为 1437kN，对应的等效冲量为 2.10kN · s。遵照公式得到柱中最大初始速度和初始位移分别为 5.52m/s 和 10.75mm，而有限元模拟得到的结果分别为 5.55m/s 和 9.62mm。由此可以看出，运用本节提出的方法和公式能够较为准确地确定构件在爆炸荷载作用下的非零初始条件。

6.3.5　连续倒塌分析新方法的一般分析步骤

在替代传力路径方法的基础上，基于提出的结构构件非零初始条件和初始损伤的确定方法，本节提出了一种新的结构连续倒塌分析的实用方法，该方法的一般分析步骤如下：

(1) 建立结构的有限元模型。

(2) 确定临界炸药起爆位置和炸药量。

(3) 移除关键构件前，施加由 GSA 或 DOD 动力分析导则规定的荷载，即恒载和活载的组合，持续分析一段时间，使结构达到静力平衡。

(4) 根据已经确定的临界炸药起爆位置和炸药量，确定要移除的关键构件以及该关键构件周围构件上作用的爆炸荷载的超压峰值和冲量，然后采用本节提出的方法，确定这些周围构件的非零初始条件和初始损伤程度。

(5) 瞬间移除结构的关键构件，同时，运用本节提出的方法，在有限元模型中对周围构件施加初始速度和初始位移，同时对损伤区域的材料属性进行修正。

(6) 对结构进行动力分析，直到结构达到新的平衡或倒塌。

6.3.6　比较和验证

为了验证本节提出的钢筋混凝土框架结构连续倒塌分析新方法的有效性和可靠性，利用有限元显式动力分析软件 LS-DYNA 建立钢筋混凝土结构的三维有限元模型，并分别利用直接模拟方法、替代传力路径法和本节提出的新方法对该钢筋混凝土框架结构在外部爆炸荷载作用下的连续倒塌进行分析，并对分析结果进行比较。

1. 有限元模型

利用有限元显式动力分析软件 LS-DYNA 建立了某三层两跨钢筋混凝土框架结构的三维有限元模型，如图 6.4 所示。该结构在 x 方向为两跨，每跨 6m，在 y 方向为一跨，跨度为 3m。共三层，层高均为 3m。所有结构柱的截面尺寸均为 300mm×300mm，梁的截面尺寸均为 200mm×300mm。梁柱配筋情况相同，纵筋体积配筋率为 2%，纵筋的屈服强度为 335MPa；箍筋直径为 10mm，间距为 200mm，箍筋屈服强度为 235MPa。钢筋混凝土楼板厚 150mm，截面尺寸为 6m×3m，体积配筋率为 2%。

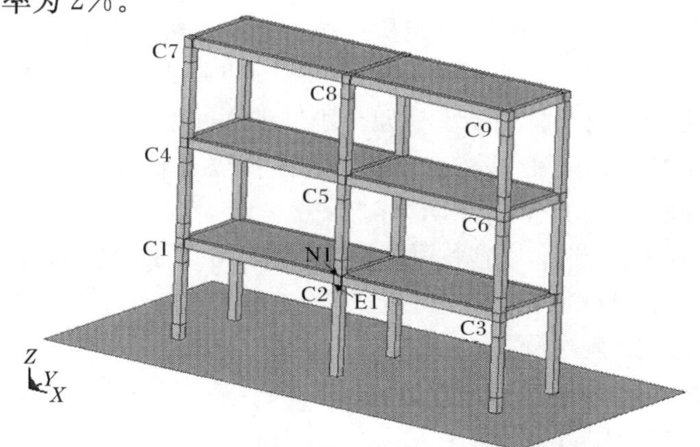

图 6.4　钢筋混凝土框架结构有限元模型

在有限元模型中,混凝土采用 SOLID164 单点积分实体单元,钢筋采用 BEAM 单元,地面采用 SHELL163 壳单元模拟。无论是柱、梁和板以及地面的单元网格尺寸均采用 50mm。数值模拟结果发现,进一步细化网格只能够有限的提高计算精度,但计算成本成倍增加,甚至会出现计算机的溢出。

对钢筋混凝土采用分离式模型建模。采用 LS-DYNA 材料库 MAT_CONCRETE_DAMAGE(MAT72)模型模拟混凝土;该模型能够同时考虑材料的静水压力作用、材料的应变率效应、应力强化效应和材料的残余强度(具有弹性、失效和残余三个独立的屈服面)[22]。该模型曾经被成功地用于预测混凝土在单向、双向和三向拉压状态下的响应,并且成功地用于模拟钢筋混凝土墙在爆炸荷载作用下的动力响应。

钢筋采用 MAT_PLASTIC_KINEMATIC(MAT_003)弹塑性材料模型模拟,该模型同样考虑了材料的应变率效应[22]。混凝土和钢筋模型的各参数如表 6.1 所示。

表 6.1　混凝土和钢筋材料参数

混凝土				钢筋			
轴心抗压强度/MPa	弹性模量/MPa	泊松比	密度/(kg/m^3)	强度/MPa	弹性模量/MPa	泊松比	配筋率
24	23000	0.2	2500	335	200000	0.3	2%

假定地面为刚体,采用 LS-DYNA 材料库中 MAT_RIGID(MAT20)模型模拟[22]。

接触算法在结构连续倒塌分析中显得极为重要,这是因为在结构连续倒塌的过程中,结构构件失效后对相邻构件的冲击以及它们之间的相互作用,倒塌构件和刚性地面间的相互作用均可能对结构连续倒塌的过程产生影响。本节采用 LS-DYNA 提供的 CONTACT_AUTOMATIC_SURFACE_TO_SURFACE 模拟钢筋混凝土构件之间以及钢筋混凝土框架与刚性地面间的相互作用[22]。

本节研究了材料的应变率效应对结构连续倒塌过程的影响,结果表明,即便是在替代传力路径法中的非线性动力分析方法中,材料的应变率效应仍不能忽略。因此,本节所有的分析无论采用何种方法,均考虑了材料的应变率效应。在有限元模拟分析中,材料的应变率效应一般通过动力强度增大系数来考虑,动力强度增大系数是应变率的函数,定义为材料在某一应变率下的动力强度与其静力强度的比值。目前,关于材料的动力强度增大系数和应变率的公式有很多种,本节混凝土和钢筋均采用 K&C 模型公式。

为了准确模拟混凝土的断裂和压碎,本节采用了混凝土的侵蚀算法(erosion algorithm)。该算法用来捕捉压碎的材料单元在单向应力状态下的物理断裂失效过程。在算法中，有一系列的准则可以用来判定材料的侵蚀，如压强、最大主应力、等效应力、最大主应变和剪应变等。一旦这些条件中的一个或多个被满足，填充该材料的单元将直接从有限元模拟中删除，不再参与后续的计算。Xu 和 Lu[23]在研究中采用最大主拉应变作为混凝土材料的侵蚀准则，临界值取为 0.01，通过比较采用该侵蚀准则时混凝土散裂的数值模拟结果和试验结果验证了该取值的合理性。Unosson[24]则在模拟常规武器对高强混凝土的穿透时采用最大剪应变作为混凝土材料的侵蚀准则，临界值取为 0.8 或 0.9。

在此必须强调的是，材料的侵蚀算法主是用来解决数值模拟中可能产生的网格畸变，这种畸变可能会导致计算的溢出，但该算法本身没有坚固的物理学基础。因此，使用材料的侵蚀算法时要特别小心，不正确的使用会导致错误的数值模拟结果并提高模拟结果对网格尺寸的依赖性[25,26]。因此，使用材料的侵蚀算法时所采用的侵蚀准则的临界值必须准确，尤其不能过小。

本节同时采用了最大主应变和剪应变作为侵蚀准则，当其中的任意一个准则满足时，即删除相应的单元。本节中十分小心的对这两个侵蚀准则的临界值进行了选取。首先，根据目前参考文献里与之相关的信息，确定各个侵蚀准则的临界值的可能范围；然后，对这两个侵蚀准则的临界值赋初值，进行试算。最大主应变的临界值的初值定义为 0.1，为 Xu 和 Lu 采用的最大主拉应变侵蚀准则临界值的十倍；最大剪应变的临界值的初值定义为 0.8，和 Unosson 的取值相同。在试算的过程中，逐渐增加各个侵蚀准则临界值，并比较数值模拟结果。结果发现，最大主应变的临界值取为 0.15，最大剪应变的临界值取为 0.9 比较合适，增加这些值，会导致某些单元网格的高度畸变；如果减小这些值，则会由于过早的对某些网格执行删除，得到不收敛的数值模拟结果。

综上所述，在本节采用的混凝土的侵蚀准则中，最大主应变的临界值取为 0.15，最大剪应变的临界值取为 0.9。

2. 直接模拟方法

直接模拟方法能够对建筑结构在爆炸或撞击作用下导致的连续倒塌进行准确可靠的模拟，然而，此种方法需要建立详细的结构模型，并需要对炸药的爆轰，爆炸波的传播及其与结构的相互作用进行模拟，计算特别耗时，对计算机硬件的要求较高；同时，要求使用者对结构动力学、材料的动力特性以及数值模拟技术等都有较为详尽的了解。

在用直接模拟方法对钢筋混凝土框架结构进行分析时，将作用于钢筋混凝土框架结构迎爆面上的爆炸荷载直接施加到结构上。考虑的临界炸药起爆位置处于钢筋混凝土框架结构底层中柱正前方 10m 处的刚性地面上，因此爆炸产生的冲击波为半球形地面冲击波，作用于结构上的荷载为地面爆炸荷载。综合运用结构柱上爆炸荷载的预测公式以及钢筋混凝土柱 $P\text{-}I$ 曲线的确定方法来确定该位置上的临界炸药量。

本节根据以下公式预测作用在底层结构柱上的爆炸荷载。对于单个结构柱，其迎爆面柱底中点处的反射超压和冲量为

$$P_{rF}(0)=[1.936+0.402\ln b+(4.833+1.980\ln b)e^{-0.65Z}]P_{s0F},\quad 0.5\leqslant Z\leqslant 10 \tag{6.14}$$

$$I_{rF}(0)=[2.154+0.291\ln b+(136.554+65.001\ln b)e^{-6Z}]I_{sF},\quad 0.5\leqslant Z<1.0 \tag{6.15}$$

$$I_{rF}(0)=[1.452+0.287\ln b+(3.221+1.577\ln b)e^{-0.65Z}]I_{sF},\quad 1.0\leqslant Z\leqslant 10 \tag{6.16}$$

式中，$P_{rF}(0)$和 $I_{rF}(0)$分别为底层结构柱迎爆面柱底中点处的反射超压和冲量；b 是钢筋混凝土柱的柱宽，m；Z 是迎爆面柱底中点处距离炸药起爆位置的比例距离，m/kg$^{1/3}$；P_{s0F}和 I_{sF}分别为迎爆面柱底中点处的入射超压和冲量，可以由 TM5-1300 的图表获得。

在此需要说明的是，当使用式(6.14)～式(6.16)预测处于炸药斜前方的底层结构柱上的爆炸荷载时，由于爆炸波的入射角不为零，比例距离 Z 应取为等效比例距离，计算等效比例距离时，需要用结构柱距离炸药起爆位置的实际距离代替原来的垂直距离。

对于各层的单个框架柱，假定柱上的爆炸荷载沿高度方向均匀分布。但是，钢筋混凝土框架为三层，最高层的框架柱距离地面 6～9m。因此，对于不同层高的框架柱，考虑爆炸荷载沿高度方向的衰减，可采用建立的爆炸荷载沿钢筋混凝土柱高度方向衰减的公式确定衰减的基本规律，因此，二、三层框架柱上的爆炸荷载为

$$P_{rF}(h_c)=P_{rF}(0)-31.53Z^{-2.64}h_c^2,\quad P_{rF}(h_c)\geqslant 0(\text{kPa})(0.5\leqslant Z\leqslant 10) \tag{6.17}$$

$$I_{rF}(h_c)=I_{rF}(0)-(49.86Z^{-2.82})h_c^2,\quad I_{rF}(h_c)\geqslant 0(\text{kPa}\cdot\text{ms})(0.5\leqslant Z\leqslant 10) \tag{6.18}$$

式中，h_c为二、三层框架柱柱底距离地面的高度。

主要使用的确定任意钢筋混凝土矩形柱 $P\text{-}I$ 曲线的方法和拟合公式列举如下：

$$\begin{cases}P_0(0.2)=1000\left[0.007\exp\left(\dfrac{\rho_s}{0.01}\right)+0.069\dfrac{\rho}{0.01}+0.034\exp\left(\dfrac{f_c'}{30}\right)\right.\\ \qquad\left.-0.835\ln\dfrac{H}{4.0}+\left(\dfrac{h}{0.6}\right)^{1.804}+0.067\ln\dfrac{b}{0.6}-0.168\right]\\ I_0(0.2)=1000\left[0.053\exp\left(\dfrac{\rho_s}{0.01}\right)+0.107\dfrac{\rho}{0.01}+0.021\exp\left(\dfrac{f_c'}{30}\right)\right.\\ \qquad\left.+\left(\dfrac{H}{4.0}\right)^{-0.207}+1.203\exp\left(\dfrac{h}{0.6}\right)-0.943\ln\dfrac{b}{0.6}-2.686\right]\end{cases} \tag{6.19}$$

$$
\begin{cases}
P_0(0.5)=1000\left[0.143\ln\dfrac{\rho_s}{0.01}+0.320\ln\dfrac{\rho}{0.01}+0.063\exp\left(\dfrac{f_c'}{30}\right)\right.\\
\qquad\left.+\left(\dfrac{H}{4.0}\right)^{-1.390}+2.639\dfrac{h}{0.6}+0.318\ln\dfrac{b}{0.6}-2.271\right]\\
I_0(0.5)=1000\left[0.837\dfrac{\rho_s}{0.01}+0.036\dfrac{\rho}{0.01}+0.235\exp\left(\dfrac{f_c'}{30}\right)\right.\\
\qquad\left.+\left(\dfrac{H}{4.0}\right)^{-0.274}+2.271\exp\left(\dfrac{h}{0.6}\right)-0.998\ln\dfrac{b}{0.6}-5.286\right]
\end{cases}
\tag{6.20}
$$

$$
\begin{cases}
P_0(0.8)=1000\left(0.062\ln\dfrac{\rho_s}{0.01}+0.238\dfrac{\rho}{0.01}+0.291\ln\dfrac{f_c'}{30}\right.\\
\qquad\left.-1.676\ln\dfrac{H}{4.0}+2.439\ln\dfrac{h}{0.6}+0.210\ln\dfrac{b}{0.6}+1.563\right)\\
I_0(0.8)=1000\left(3.448\dfrac{\rho_s}{0.01}-0.254\dfrac{\rho}{0.01}+1.200\dfrac{f_c'}{30}\right.\\
\qquad\left.-0.521\dfrac{H}{4.0}+6.993\dfrac{h}{0.6}-2.759\dfrac{b}{0.6}-2.035\right)
\end{cases}
\tag{6.21}
$$

$$
(P-P_0)(I-I_0)=12\left(\frac{P_0}{2}+\frac{I_0}{2}\right)^{1.5}
\tag{6.22}
$$

式中，$P_0(D)$为超压渐近线，kPa；$I_0(D)$为冲量渐近线，kPa · ms；f_c'为混凝土轴心抗压强度，MPa；ρ_s为等效箍筋配箍率；ρ 为等效纵筋配筋率；H 为柱高，m；h 为柱深，m；、b 为柱宽，m。

式(6.19)～式(6.21)用来计算对应于钢筋混凝土柱三个临界损伤程度的超压渐近线和冲量渐近线的值。采用这些公式得到的三层钢筋混凝土框架柱的对应于不同临界损伤程度的超压渐近线和冲量渐近线的值如表 6.2 所示。在已知不同临界损伤程度的超压渐近线和冲量渐近线的基础上，通过式(6.22)即可得到钢筋混凝土柱对应于不同临界损伤程度的 P-I 曲线，如图 6.5 所示。

表 6.2　式(6.19)～式(6.21)确定的钢筋混凝土柱 *P-I* 曲线的超压渐近线和冲量渐近线

计算结果	$D=0.2$		$D=0.5$		$D=0.8$	
	P_0/kPa	I_0/(kPa · ms)	P_0/kPa	I_0/(kPa · ms)	P_0/kPa	I_0/(kPa · ms)
公式预测	750	1690	1000	2190	1300	3450

运用上述公式，临界炸药量的确定步骤如下：

(1) 假定一个可能的炸药量，运用式(6.14)～式(6.16)计算作用在结构关键柱上的爆炸荷载。

(2) 将该爆炸荷载绘制到由式(6.19)～式(6.21)得到的钢筋混凝土柱的 P-I 曲线图的 P-I 空间中。

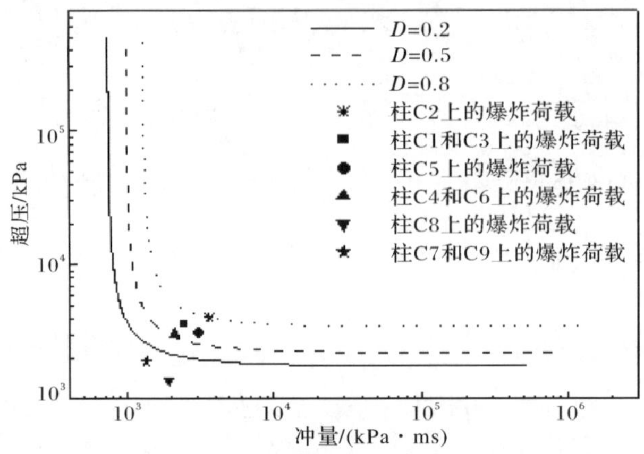

图 6.5　三层钢筋混凝土框架结构柱的 P-I 曲线

(3) 如果该爆炸荷载恰巧落在 P-I 曲线图中重度破坏和垮塌两个损伤程度等级的分界线上，则该炸药质量即为临界炸药质量；否则，改变炸药量值，重复步骤(1)～(3)，直至确定临界炸药量为止。

采用上述步骤，得到了在本节选取的临界炸药起爆位置仅使关键柱倒塌的临界炸药量为 1000kg。因此，在本节的钢筋混凝土框架结构连续倒塌分析中(主要是运用直接模拟方法和本节提出的新方法时)，所选取的临界炸药起爆位置为首层中柱底部中点正前方 10m 处，与之对应的临界炸药量为 1000kg。

对应于选取的起爆位置和炸药量，利用式(6.14)～式(6.16)，得到钢筋混凝土框架结构迎爆面上各柱的爆炸荷载，如表 6.3 所示。表中柱的编号顺序见图 6.4。在直接模拟方法中，将这些荷载直接施加到钢筋混凝土柱的迎爆面上。

表 6.3　钢筋混凝土框架结构上各柱上的爆炸荷载

柱编号	超压/kPa	冲量/(kPa · ms)
C1、C3	2495	3642
C2	3639	4062
C4、C6	2117	3062
C5	3072	3164
C7、C9	1362	1900
C8	1936	1369

假定作用在钢筋混凝土梁上的水平爆炸荷载与其相接触的钢筋混凝土柱上爆炸荷载的最大者相同。

忽略作用在钢筋混凝土梁上的竖向爆炸荷载，这是因为，由于炸药距离钢筋混凝土框架结构的距离为 10m，爆炸冲击波传播到钢筋混凝土框架结构上时，已经成为平面波或近似平面波。在这种情况下，作用在钢筋混凝土梁上下表面的爆炸荷载几乎相同，以至于竖向荷载的净值几乎为零，因此可以忽略。然而，如果炸药位置距离结构较近，则作用在钢筋混凝土梁上的竖向爆炸荷载不能忽略，因为它会使钢筋混凝土梁产生向上的初始速度和初始位移以及可能的初始损伤，这些有可能极大的影响钢筋混凝土框架结构连续倒塌分析的结果。

在直接模拟方法中，在对钢筋混凝土框架结构施加爆炸荷载之前，先对其施加恒载和活载，为了使三种方法得到的分析结果具有可比性，这三种方法中对钢筋混凝土框架结构施加相同的恒载和活载。具体值选取为 GSA 导则中对替代传力路径分析方法的非线性动力分析的恒载和活载的规定值，即仅考虑结构恒载和部分活荷载，不考虑侧向力荷载的组合，如风荷载、地震荷载等，其荷载组合为

$$\text{Load}=DL+0.25LL \tag{6.23}$$

式中，DL 为结构自重恒载；LL 为结构活载。

考虑到结构发生连续倒塌时结构上活载满布的概率很小，组合中只考虑了25%的活载。建模时未建立框架间填充墙的模型，但其重量以分布荷载的形式加载到其下面的支撑梁上，填充墙的密度假定为 80kN/m^3，楼面和屋面活荷载取 4kN/m^2。

在分析经历 100ms 后，钢筋混凝土框架结构在恒载和活载组合的作用下基本达到了静力平衡。因此，在 $t=100\text{ms}$ 的瞬间，将所有的爆炸荷载施加到结构的各个构件上并随后对整体结构的动力响应、损伤破坏及连续倒塌过程进行模拟。图 6.6 给出了直接模拟方法得到的钢筋混凝土框架结构的连续倒塌过程。从图中可以看出，在 $t=150\text{ms}$，底层中柱在爆炸荷载作用下垮塌，如图 6.6(c)所示。值得注意的是，在结构关键柱垮塌的同时，其附近的钢筋混凝土构件尤其是结构柱上均有了不同程度的损伤破坏和动力响应；在 $t=400\text{ms}$ 时，在竖向力和水平力的共同作用下，与垮塌关键柱相邻的底层前排柱受到严重破坏，开始垮塌，如图 6.6(d)所示；在 $t=500\text{ms}$ 时，二层的结构柱在梁柱接点处下行拉力的作用下开始破坏，如图 6.6(e)所示；在 $t=800\text{ms}$ 时，整个结构垮塌到地面上，如图 6.6(f)所示。

3. 替代传力路径法

如前所述，替代传力路径法有不同的分析层次，在本节中，采用 GSA 导则中的非线性动力分析方法对钢筋混凝土框架结构的连续倒塌进行分析。非线性动力分析方法考虑了材料的物理非线性和结构的几何非线性以及移除结构关键构件后结构的动力效应，被认为是替代传力路径法中最为准确和可靠的方法。

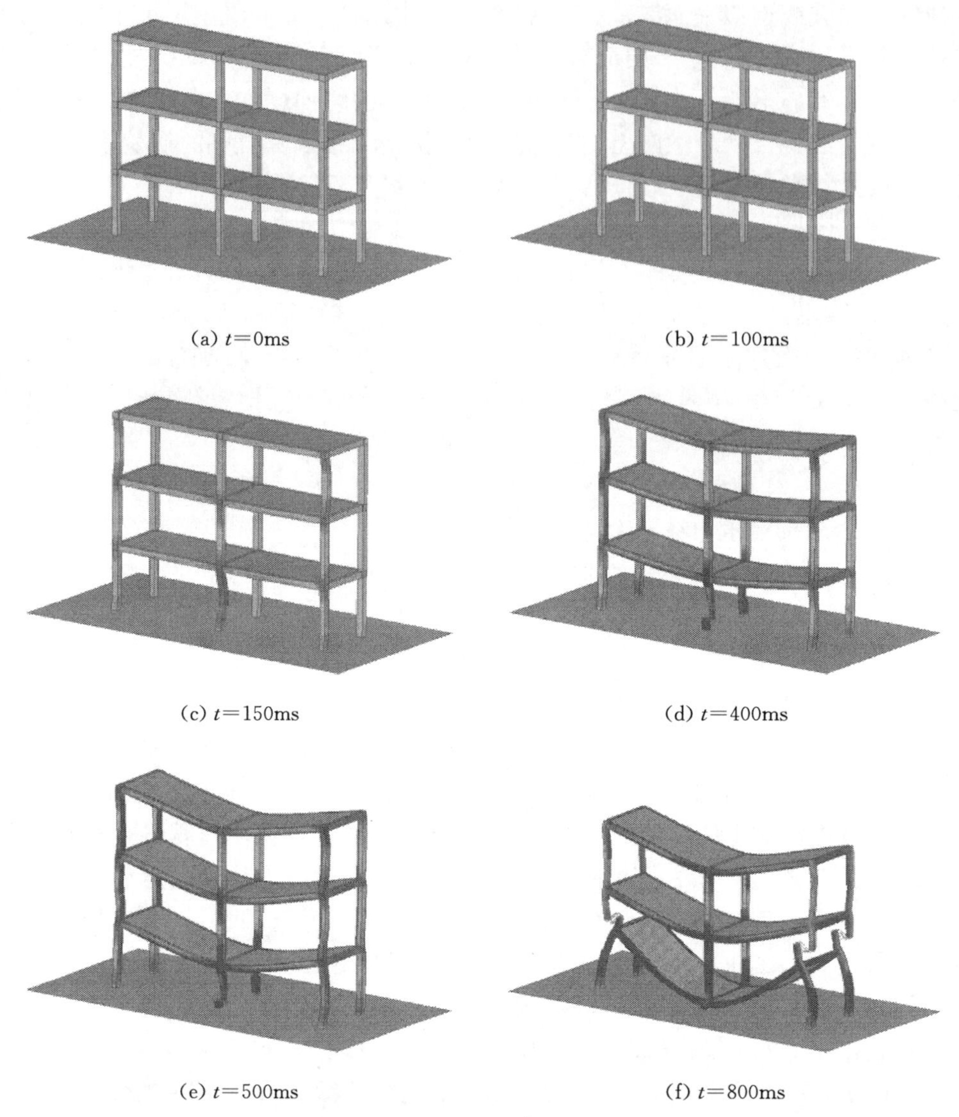

图 6.6　直接模拟方法得到的钢筋混凝土框架结构倒塌过程

图 6.7 给出了运用替代传力路径法得到的钢筋混凝土框架结构的连续倒塌过程。由于在本方法中,分析的前两步即对结构施加与直接模拟方法相同的恒载和活载的组合,图 6.7 仅仅给出了移除结构关键构件后钢筋混凝土框架的动力响应过程。从图中可以看出,移除结构关键构件后,关键柱上的梁、板和柱即刻产生向下的位移,直到 t=350ms 停止,这是由移除结构关键构件后传力路径重分布导致的动力效应引起的。随后,动力响应逐渐减弱,直至重新达到静力平衡,整体结

构并没有最终垮塌，如图 6.7(d)所示。

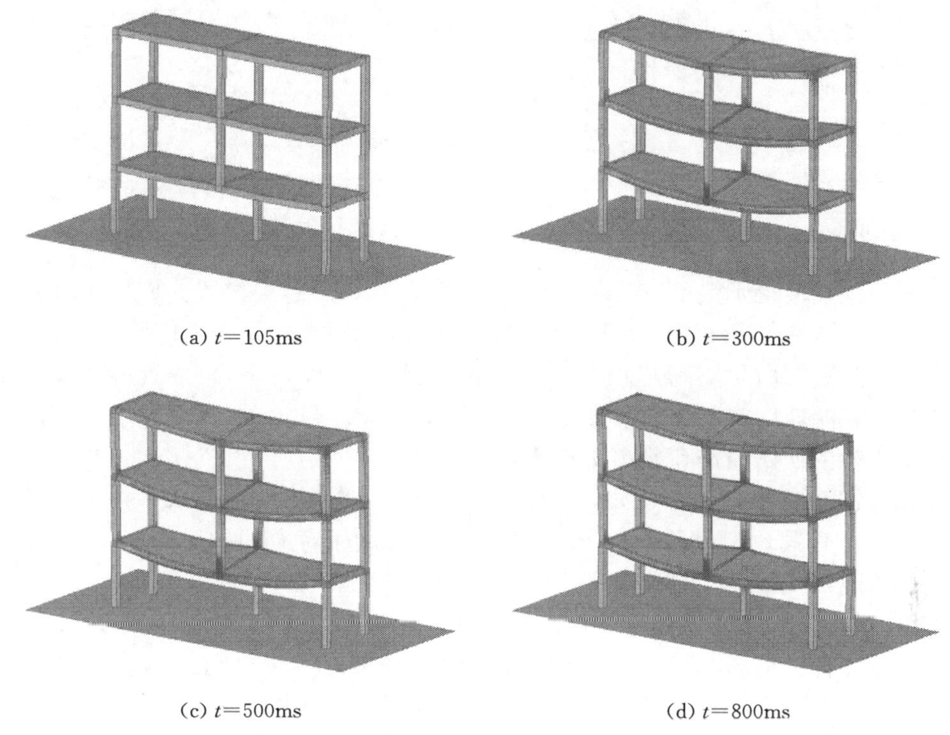

(a) t=105ms　(b) t=300ms

(c) t=500ms　(d) t=800ms

图 6.7　替代传力路径法得到的钢筋混凝土框架结构倒塌过程

4. 本节提出的新方法

运用本节提出的新方法，对该钢筋混凝土框架结构在爆炸荷载作用下的连续倒塌进行模拟。为了确保结果的可比性，本方法中选用的临界炸药起爆位置和炸药量与直接模拟方法中采用的相同。

结构柱上的初始速度和初始位移如表 6.4 所示。表中柱的编号顺序见图 6.4。从表中可以看出，在所有钢筋混凝土柱中，最大初始位移仅为 8.06mm，这仅为柱高的 3‰。这是因为爆炸荷载的持时很短，在爆炸荷载作用的结束时刻，钢筋混凝土柱还未来得及发生大的变形。鉴于对钢筋混凝土柱的各个节点施加初始位移相对比较复杂，它们的值又很小，因此在本节中忽略了钢筋混凝土柱的初始位移。

表 6.4 钢筋混凝土柱的初始损伤和非零初始条件

柱编号	损伤程度 D	最大初始速度/(m/s)	最大初始位移/mm
C1、C3	0.65	5.85	8.06
C4、C6	0.53	4.91	6.70
C5	0.61	5.07	4.93
C7、C9	0.00	3.05	4.03
C8	0.00	2.20	1.47

对于钢筋混凝土梁，由于在本节中考虑的临界炸药起爆位置为底层中柱正前方 10m 处，作用在钢筋混凝土梁上的爆炸波主要为水平方向。由于钢筋混凝土板的存在，梁板体系的水平刚度很大，因此，在爆炸荷载作用下，钢筋混凝土梁在水平方向的初始速度和初始位移很小，可以忽略不计。因此，在本节中并未考虑钢筋混凝土梁的初始损伤和非零初始条件。

在对钢筋混凝土柱施加初始速度时，由于沿着结构构件方向每一个节点的初始速度都不相同，如果要给每一个节点都施加与之相对应的初始速度，将会非常复杂。因此，为了简化起见，沿构件方向将构件上的节点分为初始速度分别相近的五组，对每一组施加该组各点初始速度的平均值。

作用在各个钢筋混凝土柱上的爆炸荷载如表 6.3 所示，如图 6.5 所示将它们定位到钢筋混凝土柱对应的 P-I 曲线的 P-I 空间中，图中柱的编号顺序如图 6.4 所示，得到各个柱的损伤程度，如表 6.4 所示。

在已经确定的结构构件非零初始条件和初始损伤的基础上，对该钢筋混凝土框架结构在爆炸荷载作用下的连续倒塌进行分析。

图 6.8 给出了利用本节提出的新方法得到的钢筋混凝土框架结构连续倒塌过程。明显地，在 t=400ms 时，在竖向力和水平力的共同作用下，垮塌关键柱附近的底层柱受到严重破坏，开始垮塌，如图 6.8(b)所示；在 t=500ms 时，二层的结构柱在梁柱节点处向下拉力的作用下开始破坏，如图 6.8(c)所示；在 t=800ms 时，整个结构垮塌到地面上，如图 6.8(d)所示。

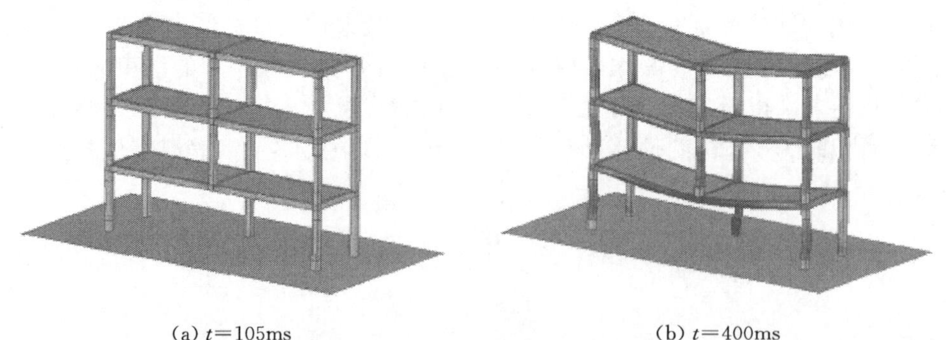

(a) t=105ms　　(b) t=400ms

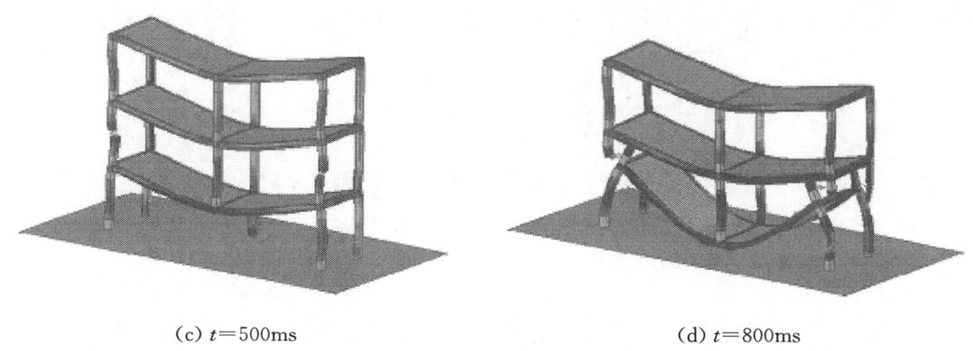

(c) t=500ms (d) t=800ms

图6.8 本节提出新方法得到的钢筋混凝土框架结构倒塌过程

5. 比较和讨论

在本节中，通过对上述三种方法得到的钢筋混凝土框架结构在爆炸荷载作用下的连续倒塌分析的结果进行比较，以验证本节提出方法的可用性和有效性。

首先，通过对图6.6～图6.8的比较可以看出，采用替代传力路径分析法，整个框架结构最终并没有倒塌，而采用直接模拟方法和本节提出的新方法，钢筋混凝土框架结构均最终倒塌至地面。这是因为，在替代传力路径分析法中，由于结构梁的悬链作用，使得移除结构关键柱之后，该关键柱原来承担的结构荷载通过结构梁传递到相邻的柱上，从而抑制了结构的倒塌。在本节提出的新方法中，由于考虑了结构柱的初始损伤和非零初始条件，虽然结构梁的悬链作用同样存在，荷载同样传到关键柱的相邻柱上，但由于相邻柱的初始损伤和非零初始条件，在约 t=400ms 时，这些相邻柱也开始垮塌，这和直接模拟方法中的结果相似。相邻柱的破坏和垮塌加速了其他构件的破坏，从而导致了整个结构的倒塌。这些结果清楚地表明，由于忽略了结构构件的初始损伤和非零初始条件，替代传力路径法高估了钢筋混凝土框架结构抵抗连续倒塌的能力。

为了进一步说明本节提出的新方法的有效性，从三种分析方法得到的数值模拟结果中提取典型节点和单元的四个主要特征参数，并对它们进行比较。这四个特征参数为：①节点N1的竖向位移和水平位移；②节点N1的竖向加速度；③节点N1的竖向速度；④单元E1的应力。其中，N1为关键柱上方梁柱节点上某节点，E1为关键柱上方梁柱节点底部梁的某纵筋单元，具体位置如图6.4所示。

图6.9比较了不同分析方法得到的节点N1的竖向位移时程曲线，图中竖向位移的正负表示其方向，正值表明位移的方向与 Z 轴的正向相同。

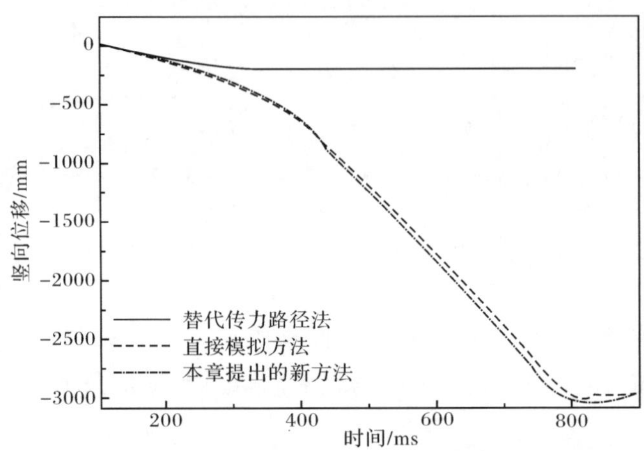

图 6.9　不同分析方法得到的节点 N1 的竖向位移时程曲线比较

从图 6.9 可以明显地看出，在直接模拟方法和本节提出的新方法得到的结果中，节点 N1 均在约 t=800ms 时竖向位移达到－3m，在这一时刻，梁柱节点撞击到刚性地面，并都被轻微弹起。而在替代传力路径法的分析结果中，节点 N1 的竖向位移在约 t=400ms 处变为稳定值。综上所述，本节提出的新方法在预测节点 N1 的竖向位移方面和直接模拟方法吻合良好。

图 6.10 给出了不同分析方法得到的节点 N1 的水平位移时程曲线比较。如图所示，三种方法得到的节点 N1 的水平位移均为正值，表明其水平位移方向皆为 y 轴正向。但是，替代传力路径法得到的节点 N1 的水平位移远远小于直接模拟方法和本节提出的新方法得到的结果，然而由直接模拟方法和本节提出的新方法得到的结果在一定程度上吻合很好。这是因为在替代传力路径法中，尽管瞬间移除结构关键柱产生的动力效应使得关键柱上方的结构构件产生竖向位移，随着移除结构关键柱一侧位移的增大，整个框架结构会发生一定程度的扭转，导致节点 N1 有一定程度的正向水平位移，但是由于在替代传力路径法中忽略了关键构件之相邻构件的初始损伤和非零初始条件(水平向的初始速度)，该正向水平位移较之直接模拟方法和本节提出的新方法得到的值要小很多。

从图 6.10 中还可以看出，由本节提出的新方法得到的节点 N1 的水平位移时程曲线和直接模拟方法得到的曲线相对吻合较好，但最终本节提出的新方法得到的值要稍大于直接模拟方法得到的值。这可能是因为，对结构构件施加初始速度时，并未精确地对每一个节点施加其相应的初始速度，而是将该结构构件人为地分为初始速度相近的五部分，对每一部分中的节点同时施加相同的初始速度，施加的初始速度的值为这一部分节点中初始速度的平均值。这一简化能够极大的提高施加初始速度的效率，但也会相应的产生一定的误差，从而导致节点 N1 的水平位移预测

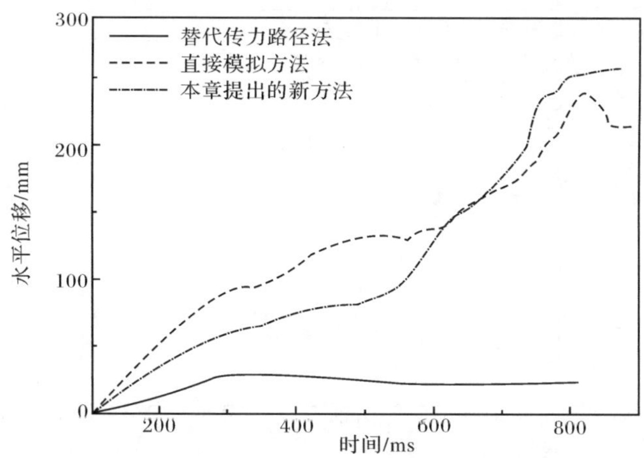

图 6.10　不同分析方法得到的节点 N1 的水平位移时程曲线比较

的误差。但是，从图中可以看出，这种误差相对较小，处在可以接受的范围之内。

图 6.11 比较了不同分析方法得到的节点 N1 的竖向速度时程曲线，同样的，竖向速度的负值表明其方向与 z 轴负向相同。如图所示，在替代传力路径法和本节提出的新方法得到的结果中，由于荷载重分布的动力效应，节点 N1 的竖向速度在移除关键柱的瞬间急剧增加，随后速度的增速逐渐放缓。这是因为，当关键柱移除后，其上面的两根梁将合并为一根“长梁”，在该“长梁”的悬链效应作用下，将产生一种平衡竖向恒载的力，从而抑制结构构件向下的速度，从而导致在替代传力路径法中，在约 $t=400$ms 时，节点 N1 的竖向速度变为零。而在直接模拟方法和本节提出的新方法得到的结果中，随着结构关键柱两侧柱的破坏以及关键柱上方“长梁”的破坏，节点 N1 的竖向速度又一次急剧上升，直至关键柱上方的梁柱节点触地。触地后，在巨大的冲击力作用下，梁柱节点被迅速弹起，导致节点 N1 竖向速度的方向急剧改变。同样的，通过本图可以看出，由本节提出的新方法得到的节点 N1 的竖向速度时程曲线与由直接模拟方法得到的曲线吻合较好，并且均发展迅速。这充分说明了在爆炸荷载作用下钢筋混凝土框架结构连续倒塌分析中，考虑结构构件初始损伤和非零初始条件的重要性。

图 6.12 给出了不同分析方法得到的节点 N1 的竖向加速度时程曲线。从图中可以看出，在直接模拟方法中，在 $t=600$ms 时刻，节点 N1 的竖向加速度有一个大的震荡。而在本节提出的新方法的模拟结果中，除了 $t=600$ms 时刻外，在 $t=250$ms 时刻节点 N1 的竖向加速度亦有一个较小的震荡。这是因为，在本节提出的新方法的数值模拟中，在 $t=250$ms 时刻，与结构关键柱临近的某根前排柱垮塌，产生的动力效应导致节点 N1 竖向加速度的变化。另外，由直接模拟方法和本节提出的新方法得到的加速度的峰值大于由替代传力路径法得到的加速度峰值，

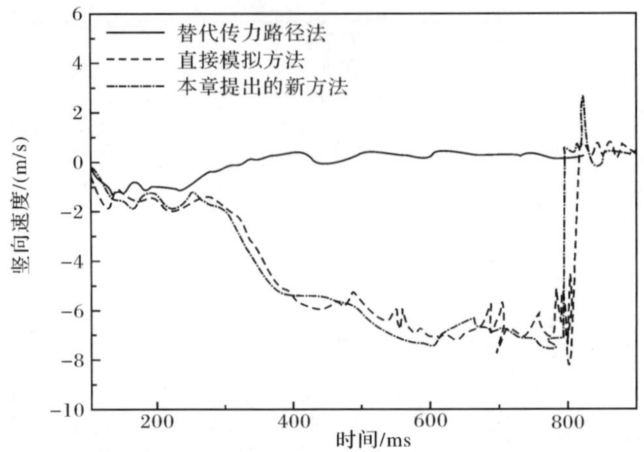

图 6.11　不同分析方法得到的节点 N1 的竖向速度时程曲线比较

这是由于在水平初始速度、爆炸荷载作用下导致的结构动力效应引起的。

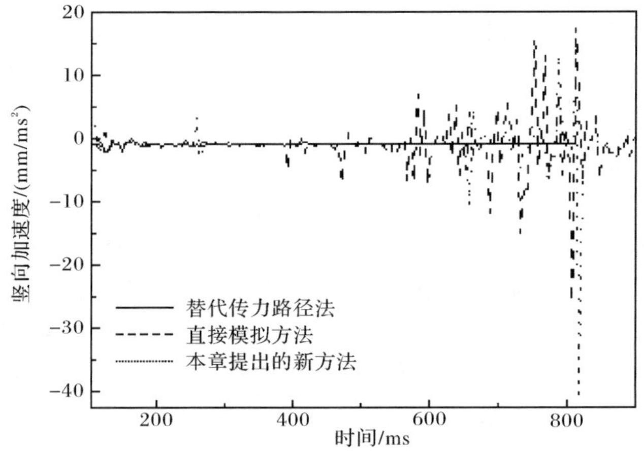

图 6.12　不同分析方法得到的节点 N1 的竖向加速度时程曲线比较

图 6.13 给出了不同分析方法得到的单元 E1(关键柱上方梁柱节点底部梁的纵筋)的轴向应力时程曲线比较。从图中可以看出,开始时刻,单元 E1 的轴向应力为负值,表明该处钢筋处于受压状态。这是因为对结构施加恒载和活载并达到静力平衡状态时,在梁柱节点截面产生负弯矩,梁的底部钢筋自然就处于受压状态。框架中间关键柱移除或失效后,如前所述,其上面的两根梁合并为一根“长梁”,梁柱节点截面即长梁的跨中位置由负弯矩变为正弯矩,该处钢筋变为受拉,单元 E1 的轴向应力也变为正值。在替代传力路径法分析的结果中,单元 E1 的轴向应力保持为正值,但由直接模拟方法和本节提出的新方法得到的结果中,在梁柱节点触地的瞬间,截面处的正弯矩得到释放,单元 E1 的正向轴向应力也随之减

小，并在零值处震荡。明显的，由本节提出的新方法得到的单元 E1 的应力时程曲线与由直接模拟方法得到的曲线吻合较好。

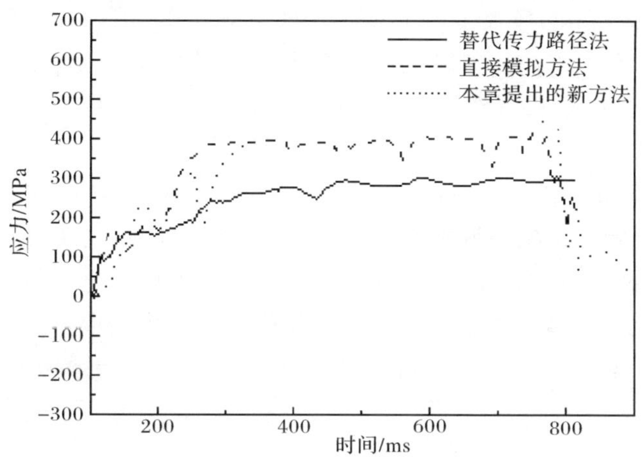

图 6.13　不同分析方法得到的单元 E1 的轴向应力时程曲线比较

通过以上比较分析表明，替代传力路径法高估了钢筋混凝土框架结构在爆炸荷载作用下的抗倒塌能力。本节提出的爆炸荷载作用下钢筋混凝土框架结构的连续倒塌分析新方法首次提出了在结构的连续倒塌分析中考虑爆炸荷载对结构构件产生的非零初始条件和初始损伤的概念，并给出了确定和模拟非零初始条件和初始损伤的方法。该方法和直接模拟方法相比，在可靠、准确的同时，方便实用，能够运用于工程实际；而与替代传力路径方法相比，在方便实用的同时，分析结果更加准确、可靠。

6.4　子结构法

基于替代传力路径法，将子结构的思想引入结构的抗连续倒塌性能分析中，提出了一种结构抗连续倒塌性能快速评估方法，主要包括子结构的选取原则、子结构边界条件的模拟方法、结构连续倒塌判定准则以及整体结构抗连续倒塌性能评估方法。并通过对某 2 座钢框架结构分别采用替代传力路径法和提出方法进行抗连续倒塌性能分析，验证了提出方法的准确性、可靠性与高效性。

6.4.1　子结构选取原则

1. 容许倒塌范围

结构抗连续倒塌性能的重要评价标准是结构在偶然荷载作用下能否将其整

体或构件的破坏限制在一定的范围之内，能否限制发生与偶然荷载作用不成比例的结构破坏。因此，各国规范中均提出了容许倒塌范围，即在偶然荷载作用下允许结构发生倒塌破坏的最大范围的概念[16,17]。如果结构的破坏范围未超过容许倒塌范围，则认为该结构具备较强的抵抗连续倒塌的能力；否则认为该结构抗连续倒塌能力不足，应采取适当的措施加强。

由于国家经济实力及规范应用范围的不同，世界不同国家有关防止结构连续倒塌的设计规范和标准所给出的结构容许倒塌范围不尽相同。英国、美国等相关规范[16,17,27,28]规定了结构关键柱失效后同一楼层内结构的允许倒塌范围，如表6.5所示。美国GSA2003指南针对不同楼层间结构的容许倒塌范围，规定失效构件以下的楼板及与该失效构件无直接连接的结构不得出现坍塌。

表 6.5　不同规范给出的关键柱失效后结构容许倒塌范围

规范	失效位置	容许倒塌范围
英国和欧洲突发情况规定	支承构件破坏	发生坍塌的相应区域不应超过楼层面积的15%或70m²
英国建筑钢结构规范	柱失效	梁和楼板失效的破坏范围应小于100m²和15%楼板或屋面面积中的较小值
DoD2010规范	外部柱失效	楼板的坍塌面积应小于70m²和15%楼板总面积中的较小值
	内部柱失效	楼板的坍塌面积必须小于140m²和30%楼板总面积中的较小值
GSA2003指南	外部柱失效	失效柱直接相连的开间部分与失效柱正上方楼板170m²之间的较小值
	内部柱失效	失效柱直接相连的开间部分与失效柱正上方楼板330m²之间的较小值

综上所述，不同抗连续倒塌设计规范和标准均主要从失效柱附近坍塌的楼层数、楼层坍塌的面积、坍塌的开间数来衡量结构是否发生连续倒塌。

参照上述标准，提出了结构在同一楼层内的容许倒塌范围，结构不同楼层间的容许倒塌范围和GSA2003指南中的规定一致，如表6.6所示。

表 6.6　本书提出的关键柱失效后结构允许倒塌范围

失效位置	容许倒塌范围	容许倒塌范围示意图
角柱失效	倒塌总面积≤楼层总面积的10%及与失效柱相邻的1个开间面积的较小值	失效柱

续表

失效位置	容许倒塌范围	容许倒塌范围示意图
边柱失效	楼层总面积的 15%及与失效柱相邻的 2 个开间面积的较小值	失效柱
内部柱失效	结构倒塌面积不得超过楼层总面积的 30%及与失效柱相邻的 4 个开间面积的较小值	失效柱

2. 子结构选取

根据本书提出的容许倒塌范围，以失效柱为基准，在其周围选取一定范围的结构构件作为子结构。所选取子结构应包括容许倒塌范围规定的开间数，及失效柱正上方相邻开间内的所有梁柱（顶层柱失效除外），将边界选取在子结构与整体结构连接的梁柱中点处。角柱和内部柱失效时子结构选取示意图分别见图 6.14(a)、(b)。

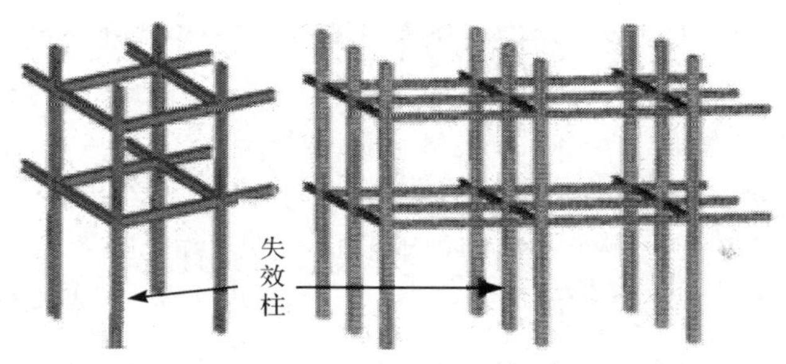

(a) 角柱失效　　　　(b) 内部柱失效

图 6.14　子结构选取示意图

6.4.2　子结构边界条件的确定

要保证子结构能够反映整体结构的抗连续倒塌性能，必须准确模拟剩余结构对子结构的约束作用，因此，确定合理的子结构边界条件模拟方法至关重要。

1. 边界条件模拟

对于一般框架结构，子结构与剩余结构之间通过梁柱连接，剩余结构与子结构间的相互作用也是通过这些梁柱传递。与子结构相连的梁柱将轴力、剪力和弯矩传递到子结构中,并对子结构边界节点的转动、移动起到一定的约束作用。

本书通过在边界节点上连接多个弹簧单元模拟整体结构对子结构的约束作用,并通过在边界节点上施加相应的荷载模拟整体结构对子结构的力作用。因此,只要设置适当的弹簧刚度,施加准确的力作用,就能使子结构受力及变形情况与其在整体结构中时保持一致。边界条件具体模拟方法如下:

(1) 子结构底层柱柱脚与地面刚接。

(2) 子结构与剩余结构连接部位的节点处施加弹簧以约束其变形。

(3) 子结构与剩余结构连接部位的节点处施加剩余结构对其产生的荷载作用。

2. 弹簧刚度及荷载确定

子结构法分为静力子结构法和动力子结构法[29~32]。本书采用静力子结构法中固定界面模态综合法确定边界节点处弹簧刚度及荷载。

根据固定界面模态综合法确定边界节点处弹簧刚度和荷载的步骤如下:

(1) 将子结构与剩余结构接触截面的所有节点进行约束,约束其所有自由度,此时子结构与原结构虽然在空间位置上仍连接,但事实上已经被分割为独立的个体。

(2) 假设结构中某一柱子在偶然因素作用下失效并移除,对边界已经约束的结构进行非线性静力分析,得出所有约束处的约束反力,该约束反力即为剩余结构对子结构的作用力。

(3) 将边界处的约束全部去掉,释放边界节点的自由度,同时去掉结构上的所有荷载,在子结构边界节点处反向施加约束反力,并求得边界节点的位移。

(4) 根据边界节点上的约束反力与节点位移之间的关系,便可得到弹簧刚度。

6.4.3 结构倒塌判定准则及抗连续倒塌性能评估方法

1. 结构倒塌判定准则

参照美国 GSA2003 指南[17]中提到的结构构件塑性铰转角限值(见表 6.7)判断构件是否失效。

表 6.7　钢结构构件塑性铰转角限值

结构构件	塑性铰转角
梁	0.21
柱(受拉控制)	0.21

根据失效柱正上方节点竖向位移计算梁的塑性铰转角，进而判定其他部件是否发生破坏，当失效构件破坏范围超过容许倒塌范围时即可认为整体结构发生连续倒塌。

2. 抗连续倒塌性能评估方法

根据本书的结构倒塌判定准则，柱子移除后，发生连续倒塌的结构抗连续倒塌性能弱于未发生连续倒塌的结构。对于未发生连续倒塌的结构，柱子移除后，失效柱正上方节点竖向位移越小，说明该结构越不容易发生连续倒塌破坏，即结构抗连续倒塌性能越强。

6.4.4　钢框架抗连续倒塌性能评估

1. 钢框架结构概况

根据《钢结构设计规范》(GB50017—2003)[33]设计了 2 个 3×5 跨、5 层钢框架结构 A 和结构 B，框架柱横向及纵向间距均为 5m。首层层高为 5.5m，第 2 层层高为 4.0m，第 3、4 层层高为 3.5m，第 5 层层高为 5.0m。结构 A、B 梁柱尺寸列于表 6.8。

表 6.8　结构 A、B 的梁柱截面尺寸

编号	梁截面	柱截面
A	H400×250×10×16	H600×400×10×16
B	H300×200×10×16	H500×300×10×16

2. 有限元模型

首先采用 ANSYS 有限元软件建立整体框架模型(图 6.15)，梁柱均采用 BEAM188 单元模拟。钢材选用弹塑性材料模型，屈服应力为 345MPa，弹性模量为 2.06×10^5 MPa，强化模量为 4.12×10^3 MPa，泊松比 0.3；屋(楼)面荷载以均布线荷载方式施加在梁顶部，第 1～4 层楼面荷载值为 50.0kN/m，第 5 层屋面荷载值为 16.0kN/m。

对该模型进行非线性静力分析得出弹簧刚度及子结构边界处所受荷载值。

然后采用 LS-DYNA 有限元软件建立有限元模型，梁柱采用 BEAM161 模拟，子结构边界处采用弹簧单元 COMBIN165 模拟。首层角柱失效时子结构模型边界如图 6.16 所示。

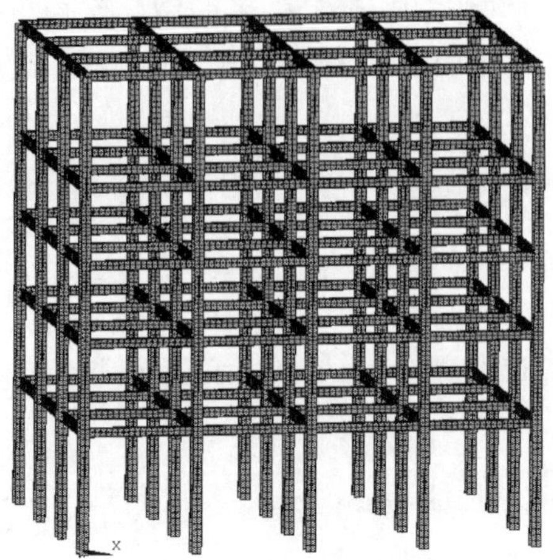

图 6.15　钢框架有限元模型

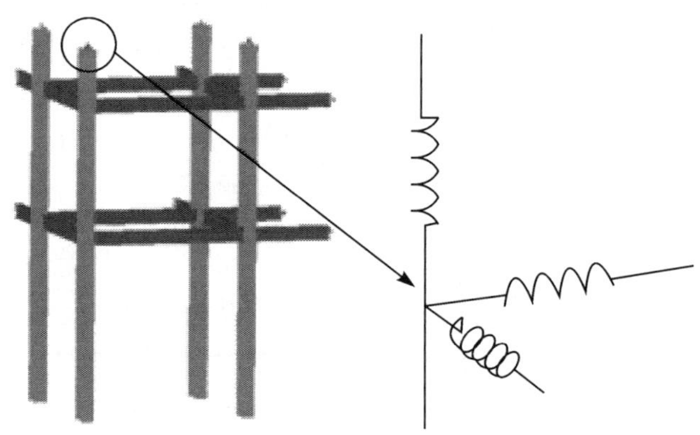

图 6.16　子结构边界示意图

材料模型选用软件中提供的 Plastic-Kinematic(MAT-03)[22]双线性模型。该模型适合模拟各向同性非线性硬化材料，并可考虑应变率对材料强度的影响，同时也可以考虑失效应变的影响。

材料本构模型参数如下：材料屈服应力、弹性模量、强化模量、泊松比同上，Cowper Symonds 应变率模型中的参数 C、P 分别取 40 和 5，材料有效应变 FS 为 0.13[34]。

荷载采用缓慢加载的方式将由 0 加载至最大，然后保持不变，待结构振动趋于平稳后再移除柱子。对该模型的整体结构及子结构进行连续倒塌分析，并通过子结构分析结果对整体结构的抗连续倒塌性能进行评估。

3. 计算结果对比与分析

统计资料显示，首层柱失效往往导致整体结构连续倒塌，造成的损失最为惨重，因此，本书分别选取首层角柱、首层纵向中柱失效进行分析。结构 A 对应模型 A，结构 B 对应模型 B。

1）首层角柱失效

失效柱移除后，剩余结构中受到影响最大的往往是失效柱正上方的节点。本书选取失效柱正上方 62 号节点（图 6.17）作为控制点，对比子结构与整体结构在移除柱后该点的动力响应结果。

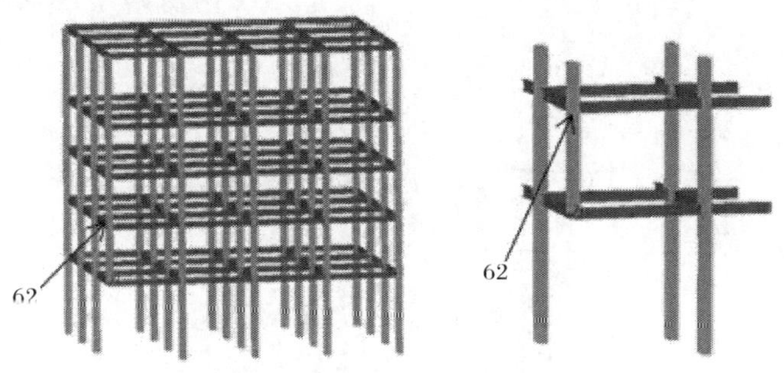

图 6.17　62 号节点位置示意图

模型 A、B 及相应子结构中 62 号节点竖向位移动力响应如图 6.18 所示。

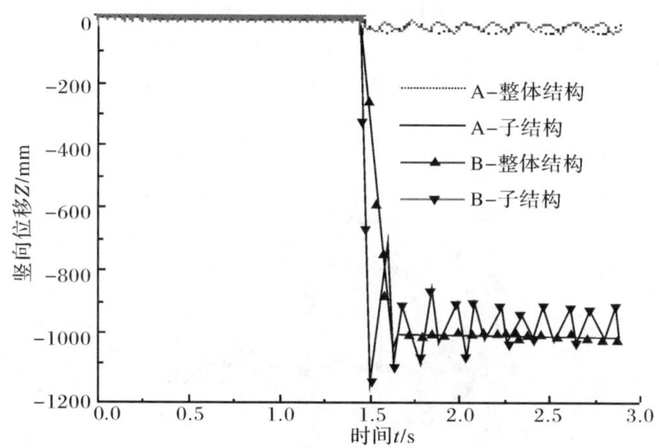

图 6.18　62 号节点竖向位移动力响应

根据移除柱后 62 号节点竖向位移计算得到的梁塑性铰转角列于表 6.9 中。

表 6.9　与 62 号节点相连的梁的塑性铰转角

模型编号	梁塑性铰转角		相对误差
	整体结构	子结构	
模型 A	0.012	0.013	8.3%
模型 B	0.230	0.240	4.3%

从表 6.9 可以看出，对于模型 A，整体结构与子结构中梁的塑性铰转角均未超过 0.21 限值，可认为模型 A 未发生连续倒塌；在模型 B 中，梁的塑性铰转角均超过 0.21 限值，发生失效，结构破坏范围多于两层，超过了容许倒塌范围，因此可认为模型 B 发生了连续倒塌破坏。子结构及整体结构对梁塑性铰转角的计算结果基本相同。

模型 B 中整体结构与子结构破坏形式如图 6.19 和图 6.20 所示。

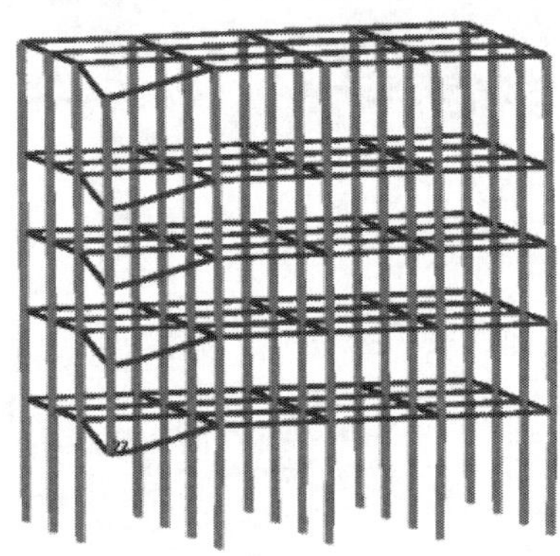

图 6.19　模型 B 整体结构移除柱后破坏形式

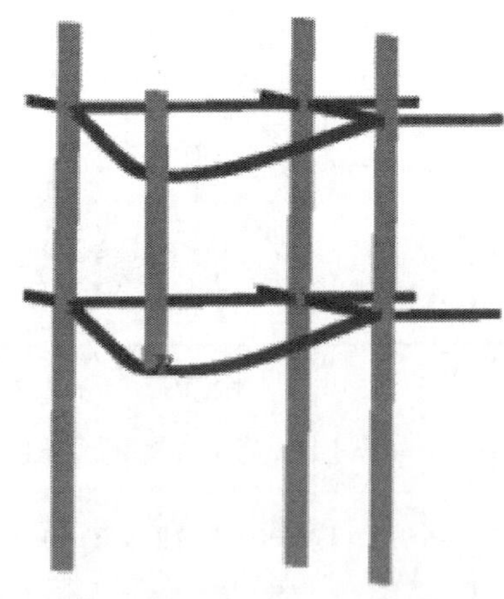

图 6.20　模型 B 子结构移除柱后破坏形式

由图 6.19 和图 6.20 可以看出，两者破坏变形形式一致，子结构与整体结构能得出相同结论。

2) 首层纵向中柱失效

对于首层纵向中柱破坏的情况，本书选取失效柱正上方的 464 号节点(图 6.21)对比整体结构与子结构的动力响应结果。

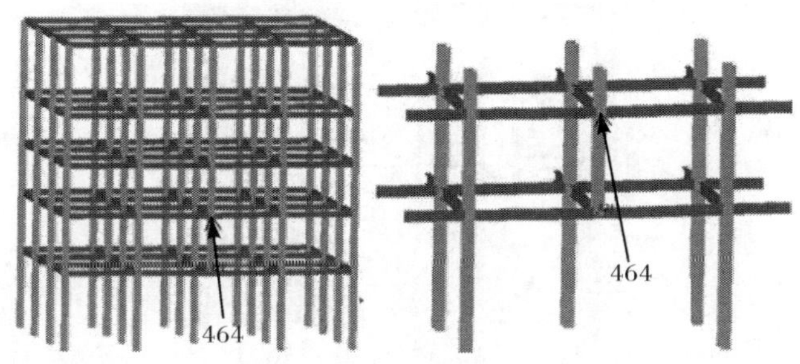

图 6.21　464 号节点位置示意图

模型 A、B 及相应子结构中 464 号节点竖向位移动力响应如图 6.22 所示。

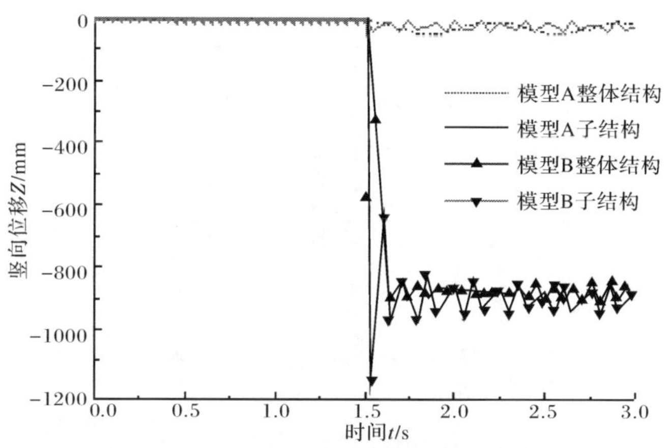

图 6.22　464 号节点竖向位移动力响应

根据移除柱后 464 号节点竖向位移算得梁的塑性铰转角列于表 6.10 中。

表 6.10　与 464 号节点相连的梁的塑性铰转角

模型编号	梁塑性铰转角		相对误差
	整体结构	子结构	
模型 A	0.010	0.010	0
模型 B	0.180	0.200	11.1%

如图 6.22 及表 6.10 所示，模型 A 失效范围在容许倒塌范围之内，未发生连续倒塌；模型 B 中，梁的塑性铰转角接近 0.21 限值，构件处于失效边缘。子结构及整体结构对梁塑性铰转角的预测基本相同。

结构模型 B 中整体结构与子结构破坏形式如图 6.23 和图 6.24 所示。

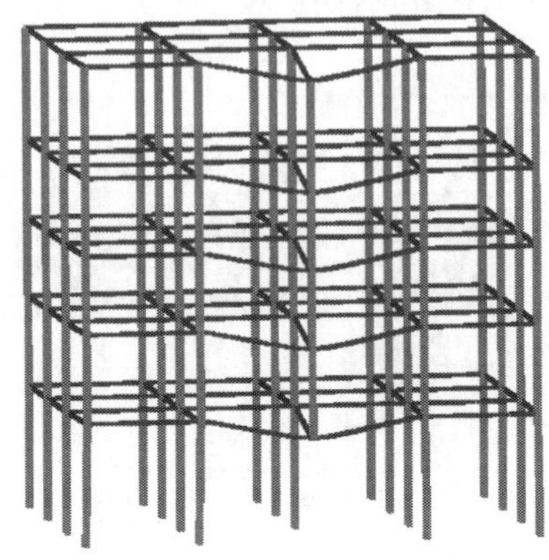

图 6.23　模型 B 整体结构移除柱后破坏形式

图 6.24　模型 B 子结构移除柱后破坏形式

由图 6.23 和图 6.24 可以看出两者变形形式一致，子结构与整体结构能得出相同结论。

由此可见，采用本书提出的方法分析模型 A 与模型 B 的抗连续倒塌性能时，子结构与整体结构对结构抗连续倒塌性能评估结果相同，说明子结构范围选取及边界条件模拟方法真实可行，可以通过子结构抗连续倒塌性能对整体结构抗连续倒塌性能进行评估。

3) 效率对比

现有的替代传力路径法需使用 LS-DYNA 有限元软件建立复杂的整体模型

进行连续倒塌分析，而采用本书提出的方法只需建立简化模型进行静力分析得出弹簧刚度，并建立子结构模型进行连续倒塌分析。子结构只是整体结构中的一部分，当整体结构复杂时，子结构大小却基本不变，本书提出的方法将更显著降低建模工作量。

同时，子结构单元数量远少于整体结构，所以其计算时间也必然少于整体结构。本书中子结构与整体结构模型单元个数及相同计算工具所需的计算时间如表 6.11 所示。

表 6.11　整体结构与子结构模型单元数及计算时间

结构	单元数量/个	计算时间/min
整体结构	10200	100
角柱子结构	476	5
纵向中柱子结构	780	7

综上所述，在计算精度可以保证的前提下，本书提出的方法建模难度低，计算时间短，能够真正实现对结构抗连续倒塌性能的快速评估。

6.5　本章小结

连续倒塌是结构局部某个关键构件的破坏导致相邻构件失效继而引发更多构件破坏，最终导致结构整体倒塌或者产生与初始触因很不相称的大面积倒塌的连锁反应。结构的连续倒塌可能有许多原因造成，如错误的施工顺序、偶然的构件超载、地震作用下的结构关键构件破坏以及爆炸冲击荷载作用下的结构关键构件破坏等。由于爆炸冲击荷载具有传播迅速、峰值大、作用时间短以及具有负超压等特点，爆炸冲击荷载作用下结构的连续倒塌比其他原因引起的结构连续倒塌更为复杂，危害也更大。针对建筑结构连续倒塌的灾难性、结构抗连续倒塌设计的复杂性以及建造此类建筑结构所需的高额费用。因此，在建筑结构的抗连续倒塌设计时，只有通过精确可靠的结构连续倒塌分析方法，充分了解建筑结构的连续倒塌机理，方能给出既安全又经济的结构抗连续倒塌设计方案。本章针对国内外常用的直接模拟方法和替代传力路径法等爆炸荷载作用下建筑结构连续倒塌分析方法的局限性，通过建立爆炸荷载作用下钢筋混凝土结构非零初始条件和初始损伤确定与模拟方法，在替代传力路径法的基础上，提出了考虑非零初始条件和初始损伤的钢筋混凝土结构连续倒塌分析新方法；针对钢框架结构连续倒塌分析的特点，建立了爆炸荷载作用下钢框架结构连续倒塌分析的子结构法；为研究爆炸荷载作用下建筑结构的连续倒塌机制提供了高效的连续倒塌分析方法。

参考文献

[1] ASCE7. Minimum design for buildings and other structures. Reston, Virginia: American Society of Civil Engineers, 2002.

[2] Hao H, et al. Numerical analysis of structural progressive collapse to blast loads. Transactions of Tianjin University, 2006, 12(s1): 31—34.

[3] 师燕超. 爆炸荷载作用下钢筋混凝土结构的动态响应行为与损伤破坏机理. 天津: 天津大学博士学位论文, 2009.

[4] Li Z, Shi Y. Methods for progressive collapse analysis of building structures under blast and impact loads. Transactions of Tianjin University, 2008, 14(5): 329—339.

[5] 师燕超, 李忠献, 郝洪, 等. 爆炸荷载作用下钢筋混凝土框架结构的连续倒塌分析. 解放军理工大学学报(自然科学版), 2007, 8(6): 652—658.

[6] Luccioni B M, Ambrosini R D, Danesi R F. Analysis of building collapse under blast loads. Engineering Structures, 2004, 26(1): 63—71.

[7] Quan X, Brinbaum N K. Computer simulation of impact and collapse of New York Word Trade Center North Tower on september 11//The 20th International Symposium on Ballistics, Orlando, 2002: 721—728.

[8] Hao H, Wu C. Development of a progressive collapse analysis procedure for concrete frame structure//The 18th Australasian Conference on the Mechanics of Structures and Materials, Perth, 2004: 775—779.

[9] Technical Manual (TM5-1300). To resist the effect of accidental explosions. Washington DC: Department of the Army, Navy and the Air force, 1990.

[10] Wu C, Hao H. Modelling of simultaneous ground shock and air blast pressure on nearby structures from surface explosions. International Journal of Impacting Engineering, 2005, 31(6): 699—717.

[11] Baker W, et al. Explosion Hazards and Evaluation. Amsterdam: Elsevier, 1983.

[12] Georgakopoulos P J. An overview of structure progressive collapse in structure systems. Syracuse: Massachusetts Institute of Technology, 2004.

[13] Krauthammer T, et al. Development of progressive collapse analysis procedure and condition assessment for structures. National Workshop on Prevention of Progressive Collapse in Rosemont, Ill. Multihazard Mitigation Council of the National Institute of Building Sciences, Washington D. C., 2002: 180—193.

[14] Marjanishvili S M. Progressive analysis procedure for progressive collapse. Journal of Performance of Constructed Facilities, 2004, 18(2): 79—85.

[15] Lu X, Jiang J. Dynamic finite element simulation for the collapse of World Trade Center. China Civil Engineering Journal, 2001, 34(6): 8—10.

[16] Unified facilities criteria (UFC). DoD minimum antiterrorism standards for buildings.

Washington DC,Department of Defense,2005.

[17] GSA. Progressive collapse analysis and design guidelines for new federal office buildings and major modernization projects. Washington D C:Office of Chief Architect,2003.

[18] Kaewkulchai G, Williamson E B. Beam element formulation and solution procedure for dynamic progressive collapse analysis. Computers and Structures,2004,82(7-8):639—651.

[19] Izzuddin B A,Vlassis A G,Elghazouli A Y,et al. Progressive collapse of multi-storey buildings due to sudden column loss—Part II:Application. Engineering Structures,2008,30(5):1324—1438.

[20] Izzuddin B A,Vlassis A G,Elghazouli A Y,et al. Progressive collapse of multi-storey buildings due to sudden column loss—Part I: Simplified assessment framework. Engineering Structures,2008,30(5):1308—1318.

[21] Biggs J M. Introduction to Structure Dynamics. New York:McGraw-Hill,1964.

[22] LS-DYNA. Keyword User's Manual. Livermore,California:Livermore Software Technology Coporation,2006.

[23] Xu K,Lu Y. Numerical simulation study of spallation in reinforced concrete plates subjected to blast loading. Computers & Structures,2006,84(5-6):431—438.

[24] Unosson M. Numerical simulations of penetration and perforation of high performance concrete with 75mm steel projectile. FOA-R-00-01634-311-SE,Defence Research Establishment Weapons and Protection Division,Tumba,Sweden,2000.

[25] AUTODYN. Theory manual. Century Dynamics,2006.

[26] Tasdemirci A,Hall I W. Numerical and experimental studies of damage generation in multilayer composite materials at high strain rates. International Journal of Impact Engineering,2007,34(2):189—204.

[27] Moore D B. The U K and European Regulations for Accidental Actions. Workshop on Prevention of Progressive Collapse. National Institute of Building Sciences. Washington DC. 2002:200—216.

[28] Structural Use of Concrete. Part 1:Code of Practice for Design and Construction. British Standard Institute,1997.

[29] 王菲. 地基土-高层建筑相互作用的动态子结构法. 天津:天津大学博士学位论文,2010.

[30] Hurty W C. Dynamic analysis of structural systems using component modes. AIAA Journal,1965,3(4):678—685.

[31] Craig R R Jr. A review of time-domain and frequency-domain component mode synthesis method. Modal Analysis,1985,2:59—72.

[32] Bourquin F. Component mode synthesis and eigenvalues of second-order operators:Discretization and algorithm. Mathematical Modeling and Numerical Analysis,1992,26(3):385—423.

[33] 中国工程建设标准化协会组织钢结构设计规范(GB50017－2003). 北京:中国计划出版社,2003.

[34] 伍敏. 高层建筑结构地震损伤与倒塌分析. 天津:天津大学博士学位论文,2012.

第7章　爆炸荷载作用下建筑结构的连续倒塌机制

采用建立的爆炸荷载作用下建筑结构连续倒塌的高效数值分析方法，分别选取典型的钢筋混凝土框架结构、钢框架结构、大跨空间结构及高层结构等，对它们在典型爆炸荷载作用下的动态响应、破坏与连续倒塌进行全过程分析，结合基于连续介质力学、结构力学与破坏力学的理论分析，揭示典型结构形式的建筑结构的损伤破坏机理与连续倒塌机制；针对某一特定的结构形式，如钢筋混凝土框架结构，基于建立的数值模拟方法，通过对不同位置爆炸情况下建筑结构的连续倒塌过程进行分析，揭示其不同的连续倒塌机制与模式，以及各倒塌模式之间的关系，进而通过对传力路径的优化、结构整体性与鲁棒性的改进等方法，提出爆炸荷载或与火灾联合作用下建筑防连续倒塌的控制方法、构造措施与设计方法，是进行爆炸荷载下建筑结构连续倒塌分析的根本目的。

本章分别给出了典型的钢筋混凝土框架结构、钢框架结构、大跨空间结构及高层结构在不同爆炸荷载下的动态响应行为与连续倒塌机制，并基于相应的倒塌机制，给出了这些建筑结构在防连续倒塌设计时应当注意的问题。

7.1　钢筋混凝土框架结构的连续倒塌机制

钢筋混凝土框架结构的连续倒塌过程是复杂的动力非线性问题，其分析主要涉及三个难点，即不连续位移场的描述、接触碰撞分析以及结构倒塌过程中大位移、大转动的描述。连续倒塌模拟需考虑结构单元截面由塑性铰产生的断裂，并对由此造成的不连续位移场做出恰当的数学描述[1]。目前，解决不连续位移场问题非有限元方法主要有离散元法、扩展散体法和应用单元法等，有限元法是基于连续力学原理方法，因此必须改进。连续倒塌中还伴随着结构质量和刚度的剧烈重分配，不可避免地出现失效构件与余下结构、地面以及相邻建筑物等接触碰撞问题。

在综合考虑问题的特点和软件功能的基础上，本节在建立有限元模型时，框架结构采用了LS-DYNA中的SOLID164单元，地面采用了SHELL163单元。框架采用了LS-DYNA材料库中特有的钢筋混凝土损伤材料，地面采用刚性材料[2]。

7.1.1　材料模型的选取

1. 钢筋混凝土材料模型

LS-DYNA 显式有限元分析程序被广泛用于钢筋混凝土结构承受爆炸荷载的响应分析，该程序中仅包含有限的几种单元如杆单元、梁单元、壳单元和实体单元等，但它具有能表征不同材料性能属性的丰富材料库，可是一种理想而有效的钢筋混凝土材料模型仍不易找到。这是由于混凝土材料是非匀质材料，从弹性响应到破坏的变化过程中本构关系是很复杂性的。本节采用的是 Malvar 等[3]提出的一种塑性损伤混凝土材料模型，专门用于模拟承受爆炸荷载的钢筋混凝土材料。这种材料模型在 LS-DYNA 中被称为 * Mat_Concrete_Damage(Mat72)，是在原有 Mat16 混凝土材料模型的基础上经过若干修正得到的，采用这种材料模型的理论模拟结果与试验值吻合较好，验证了它能较好地表征混凝土材料性能。材料模型中还考虑了率相关性，对于准确模拟结构爆炸响应至关重要。

Mat72 混凝土模型通过解耦了混凝土材料的体积响应和偏响应，把应力张量分为体积应力张量（静水压力 P）和偏应力张量，前者控制混凝土体积改变，后者控制混凝土形变，结合在一起描述了复杂应力状态下的混凝土行为。混凝土材料的体积响应由状态方程（EOS）确定，状态方程就是以列表形式定义了压力 P 与卸载体积模量 K、体积应变 ε_V 关系。

2. 刚性地面材料模型

模型中地面材料均采用 LS-DYNA 材料库中的刚性材料（Mat20）。使用这种材料的单元构成了一个部件被看做是刚性体，材料的质量和惯性都集中于刚性体质心上；各个单元的自由度也都耦合到质心上，通过设置材料参数的值约束刚体平动、转动自由度。材料的惯性属性在缺省时由采用刚性材料的单元几何形状和给定的材料密度计算得出，也可以直接定义刚体惯性和初速度值，它会覆盖缺省计算值。在结构倒塌与地面接触碰撞时，地面刚性体不发生局部变形，结构也不穿透地面。使用刚性材料的单元在单元处理时会被跳过，不分配该单元有关的历史变量存储空间，从而节省了计算时间。表 7.1 给出了刚性材料模型参数。

表 7.1　刚性材料(* MAT_RIGID)模型参数

质量密度 ρ/(kg/m³)	杨氏模量 E/GPa	泊松比 υ	N	CMO	$CN1$	$CN2$
2.5×10^3	3.0×10^{10}	0.3	0	1	7	7

在表 7.1 中，N 是一个状态系数，$N=0$ 表示使用标准的 LS-DYNA 刚体更新；CMO 是质心的约束控制选项，取值为 1 表示约束施加在整体坐标系的方向；$CN1$ 是平动约束选项，取值为 7 表示约束刚体 X、Y、Z 方向的平动自由度；$CN2$ 是转动约束选项，取值为 7 表示约束刚体 X、Y、Z 方向转动自由度。这样使整个刚体在各个方向都没有任何的运动。

7.1.2　建模中应注意的问题

1. 沙漏控制

本书采用的 SOLID164 实体单元为中心单点高斯积分单元，为避免显式动力分析中由于网格变形过大出现零能模式即沙漏能量，采取了一些方法对沙漏能进行控制，保证它不超过总能量的 10%。采取的控制方法有以下几种：

(1) 使用均匀的网格划分，整体网格的细化可以明显减小沙漏的影响。

(2) 避免了在单点上施加集中荷载，把集中荷载分散到相邻的几个节点上，防止沙漏单元把沙漏模式传递给相邻单元。

(3) 打开了 EDENERGY 的 HGEN 选项对沙漏能进行记录监控，便于计算调整。

2. 显式积分时步控制

在考虑了沙漏和黏滞阻尼后，离散化结构运动方程为

$$M\ddot{\boldsymbol{u}}_I+f^{\text{int}}=f^{\text{ext}}+H-C\dot{\boldsymbol{u}}_I \tag{7.1}$$

式中，M、f^{int}、f^{ext}的含义同前；H 为沙漏黏性阻尼力；C 为速度黏性阻尼系数；$\ddot{\boldsymbol{u}}_I$ 为加速度矢量；$\dot{\boldsymbol{u}}_I$ 为速度矢量。

这个运动方程的时间积分采用的是显式中心差分方法，格式如下：

$$\ddot{\boldsymbol{u}}(t_n)=M^{-1}[f^{\text{ext}}(t_n)-f^{\text{int}}(t_n)+H(t_n)-C\dot{\boldsymbol{u}}(t_{n-1/2})] \tag{7.2}$$

$$\dot{\boldsymbol{u}}(t_{n+1/2})=\dot{\boldsymbol{u}}(t_{n-1/2})+\ddot{\boldsymbol{u}}(t_n)(\Delta t_{n-1}+\Delta t_n)/2 \tag{7.3}$$

$$\boldsymbol{u}(t_{n+1})=\boldsymbol{u}(t_n)+\ddot{\boldsymbol{u}}(t_{n+1/2})\Delta t_n \tag{7.4}$$

式中，$t_{n-1/2}=(t_n+t_{n-1})/2$，$t_{n+1/2}=(t_{n+1}+t_n)/2$，$\Delta t_{n-1}=t_n-t_{n-1}$，$\Delta t_n=t_{n+1}-t_n$，$\ddot{\boldsymbol{u}}(t_n)$为 t_n 时刻的节点加速度矢量；$\dot{\boldsymbol{u}}(t_{n+1/2})$为 $t_{n+1/2}$ 时刻的节点速度矢量；$\boldsymbol{u}(t_{n+1})$为 t_{n+1}时刻的节点位置坐标矢量。

显式中心差分法采用了集中质量矩阵，运动方程组的求解是非耦合的，无需组集成总体刚度矩阵，大大提高了计算效率。但这种积分方法是有条件稳定的，为保证积分结果收敛，LS-DYNA 计算过程中采用变步长积分法，即每一时刻的积分步长由该时刻的结构稳定性条件控制。

这个积分步长必须小于某个临界值，否则算法是不稳定的，一般由网格中最

小单元决定。

$$\Delta t=\min(\Delta t_{e1},\cdots,\Delta t_{ei},\cdots,\Delta t_{eN}) \tag{7.5}$$

式中，Δt_{ei}为第 i 个单元的极限时间步长；N 为单元的总数。

各种类型的单元极限时间步长可以用下式表示：

$$\Delta t_e=\alpha\frac{L}{c} \tag{7.6}$$

式中，α 为小于 1 的时间步长因子，程序中缺省值为 0.9；L 为单元的特征尺度；c 为材料的声速。

对于 SOLID164 实体单元，特征尺度为 $L=V_e/A_{emax}$，材料声速为 $c=\sqrt{\frac{E(1-\mu)}{(1-\mu^2)\rho}}$，$V_e$ 是单元的体积，A_{emax}是单元最大一侧的面积。

3. 动态接触控制

框架结构倒塌中必然会发生结构与地面以及结构自身的相互接触，因此必须在倒塌模拟中考虑接触定义。LS-DYNA 中包含了处理各类结构界面的动态接触和相对滑动的接触算法，主要有动力约束法、分布参数法、对称罚函数法三种。本书中框架与地面接触采用自动面面接触（ASTS），框架倒塌自身接触采用自动单面接触（ASSC），这两种接触定义都是基于缺省的对称罚函数法。

对称罚函数法需要定义主面和从面，自动面面接触的主面定义为框架节点组元，从面定义为地面节点组元；自动单面接触默认所有外部面，程序自动判断模型中发生接触位置。

7.1.3　钢筋混凝土框架结构连续倒塌分析

本书对平面框架倒塌进行静力、动力非线性分析，倒塌都发生在自身平面内，而实际空间钢筋混凝土框架构件破坏后的倒塌还会受侧向约束的影响主要是连系梁等，因此空间约束效应对倒塌的影响必须考虑，本小节将对空间框架做非线性动力分析，认识边柱和中柱分别破坏后的结构传力路径，研究倒塌过程。

1. 模型建立及分析方法

空间框架的立面结构尺寸见图 7.1，楼、屋面板厚取 150mm，材料模型仍采用 *MAT_CONCRETE_DAMAGE，结构平面尺寸如图 7.1 所示。结构荷载取结构自重和活载，楼面和屋面荷载标准值取 1.5kN/m^2，考虑结构倒塌时活载满布的几率小，按标准值的 1/4 施加。

确定空间结构尺寸后，框架的有限元模型如图 7.2 所示。框架采用 SOLID164单元，地面为 SHELL163 单元，地面尺寸为 18m×14m，框架底端固定，

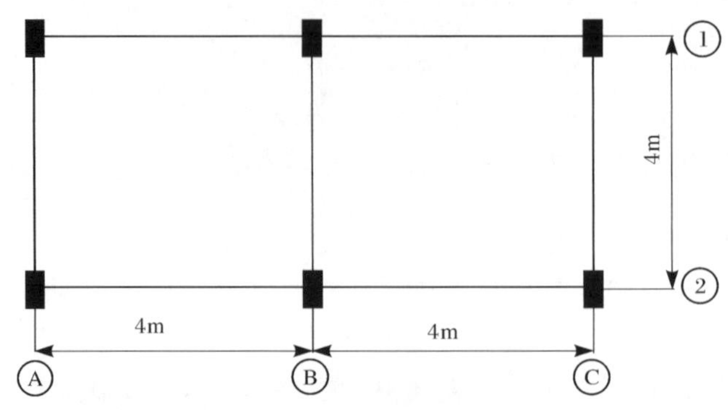

图 7.1　空间框架结构的平面图

限制所有自由度。框架单元网格尺寸大小依据网格合理划分要求,尽可能取近似立方体单元,经试算调整,具体尺寸如下:柱层间高度部分有限元网格大小 0.1m×0.1m×0.1m,主梁和连系梁需沿竖向进行体积剖分以适合板的厚度,即分为高度 0.15m 和 0.25m 两部分,主梁 0.15m 高度部分网格大小为 0.15m×0.1m×0.1m,0.25m 高度网格大小为 0.125m×0.1m×0.1m,总共三层网格。连系梁网格大小与主梁相同,板的网格大小 0.15m×0.1m×0.1m。这样确定的网格划分单元近似为立方体形状,单元数量少,大大节省了计算资源。

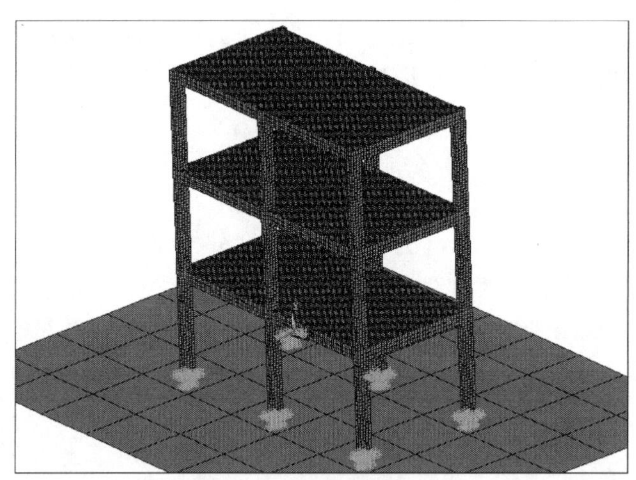

图 7.2　空间框架模型

2. 非线性动力分析结果

1) 结构整体变形

框架自重荷载以定义节点组元施加重力加速度方式实现,楼、屋面活载定义单元组元施加均布力的形式，恒载和活载均在3.0s完成全部加载。经过0.5s荷载稳定期，消除结构振荡。3.5s边柱或中柱突然移除，结构此后各时刻变形分别如图7.3和图7.4所示。

(a) 3.5s　(b) 3.55s

(c) 4.0s　(d) 4.5s

(e) 5.0s　(f) 5.5s

图7.3　边柱破坏结构变形和塑性应变云图

从图7.3可以看出，3.5s边柱破坏前，结构上的最大塑性应变对称地出现在二层屋面边柱角处，为10^{-2}数量级，在3.0～3.5s荷载稳定期内应变保持增大趋势。3.5s后边柱瞬间移除，塑性应变位置和大小没有明显变化；破坏边柱与连系梁连接节点突然出现塑性，但分布区域小，与主梁连接只有一层节点出现小的塑性。4.0s最大塑性应变转移到破坏跨主梁与中柱连接单元6155处，破坏边柱上节点以及①轴中柱和②轴边柱与破坏跨连接处出现小的塑性发展。4.5s时最大

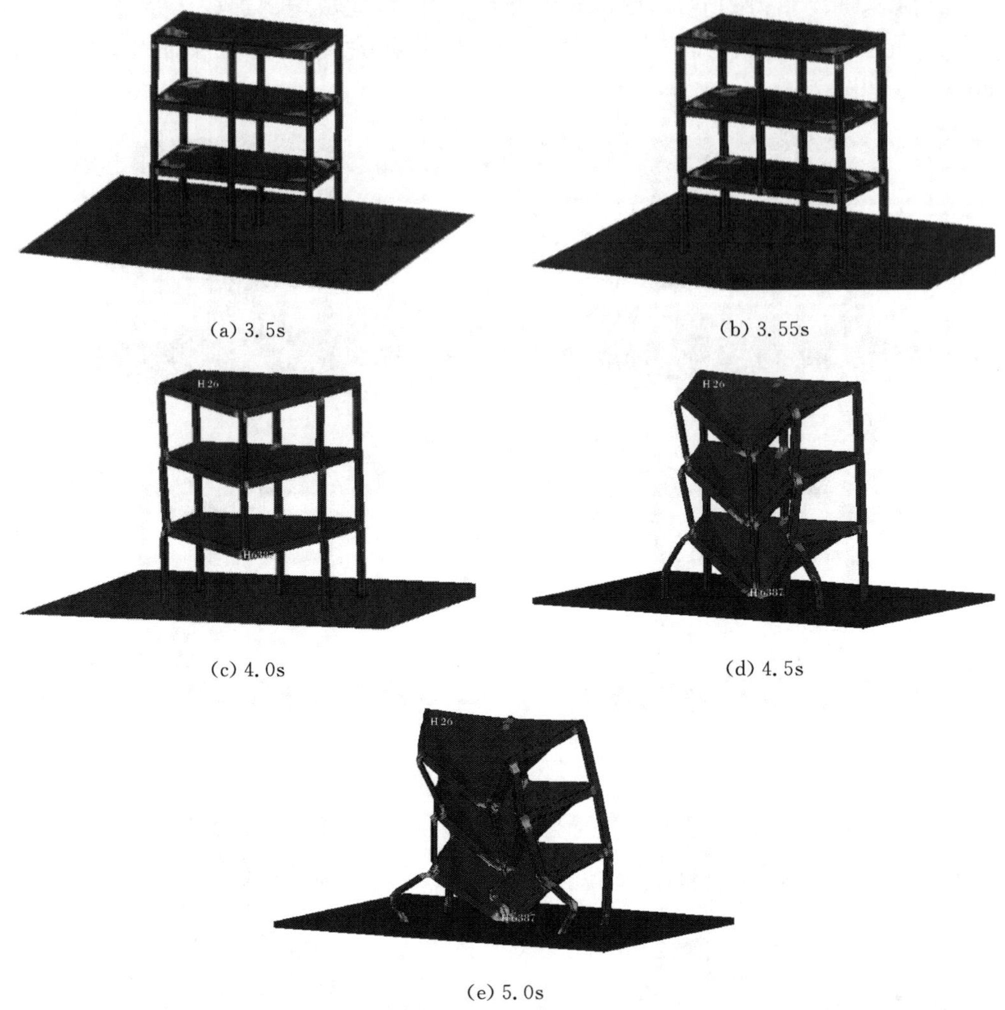

(a) 3.5s　(b) 3.55s

(c) 4.0s　(d) 4.5s

(e) 5.0s

图 7.4　中柱破坏结构变形和塑性应变云图

塑性应变在破坏边柱一层节点单元 7993 处，前一时刻三个位置的塑性充分发展，破坏柱连接跨出现大的位移；①轴中柱几乎没有侧移，C2 柱在连系梁牵拉下出现整体性向①轴方向侧移。5.0s 时最大应变出现在①轴中柱二层节点右侧单元 6959 处，此刻①轴上与破坏跨相邻的中柱底层节点出现大的转角，上部结构开始整体位移见图7.3(e)，C2 柱表现出分段位移，这是由于节点转角增大造成的，B2 柱出现整体向①轴侧的弯曲，A1 柱却发生向 B 轴侧的弯曲，破坏柱还未与地接触。5.5s 时，最大塑性应变与前位置同，破坏柱已与地碰撞；B1 柱向 C 侧弯曲增大，一层节点以上保持整体运动，一层节点塑性全面发展，二三层节点只在与破坏跨相连处出现塑性，A1 柱侧移不明显；C2 柱出现空间弯扭运动，B2 柱出现沿 B2～C1 对角线的复合运动，A2 柱向 B 轴的侧移运动加大，整体结构随后出现连续倒塌。

从图 7.4 可以看出，中柱在 3.5s 移除前，结构变形非常小，最大塑性应变为 10^{-2}数量级，出现在屋面角处，值得注意的是在 3.0～3.5s 荷载不变，但塑性变形一直在增大。3.55s 中柱移除后的应变较前一时刻增大不多，最大应变的位置没有移动，破坏中柱与主梁连接处塑性开始发展，而与连系梁连接处并没有立即出现塑性。4.0s 时塑性应变增大一个数量级，最大塑性应变位置在破坏中柱上单元 6387 处，主梁边柱连接处产生塑性变形，连系梁 B2 端也出现大的塑性变形，主梁位移增大，①轴线上的两边柱表现出明显的分段侧移。4.5s 时最大塑性应变位置没变，中柱与地面接触碰撞，边柱节点出现大的转角，一层柱弯曲变形增大，楼、屋面板倒塌成漏斗状。5.0s 中柱触地后，节点开始破坏，该处最大塑性应变继续增大。两边柱极度侧移，一层部分弯曲破坏，与边柱相连的连系梁产生扭转。②轴平面内的柱均出现在连系梁的拖曳下向①轴歪斜，一层节点产生大的转角。

2) 节点的速度和位移

空间节点的速度时程变化分析有助于全面认识结构不同部分倒塌发展过程，模拟程序中速度记录节点选择如图 7.5 所示。速度记录点位置选择在能表现结构倒塌的特征位置。

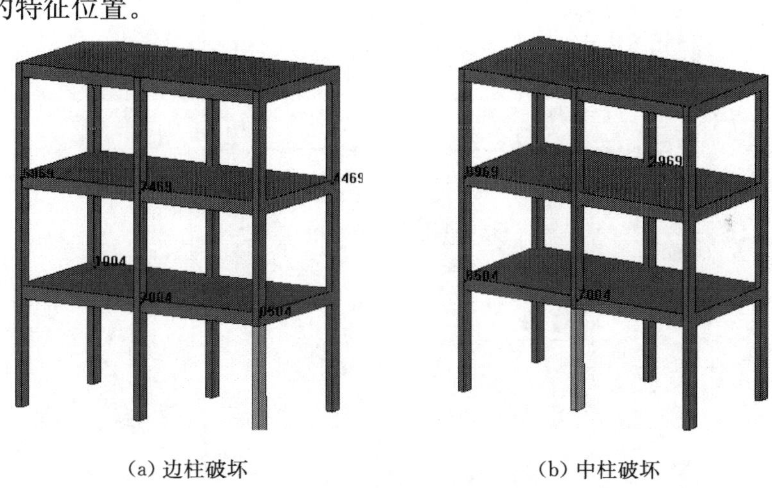

(a) 边柱破坏　　(b) 中柱破坏

图 7.5　边柱或中柱破坏速度记录节点的位置

图 7.6 给出了边柱破坏非线性动力倒塌分析中记录节点的速度变化曲线。图 7.6(a)中破坏边柱上节点 8504 速度自 t=3.5s 一直增大，在 t=4.5s 达到最大值期间，象征该柱竖向位移一直增大，到 4.5s 时由于相邻构件的悬链作用速度开始降低，但位移继续在增大；t=5.2s 破坏的柱与地面碰撞，速度成直线趋势降低，

5.5s 左右速度降到 0，此后该点静止于地面上。C2 柱上节点 4469 速度自 t=4.2s 开始增大，但加速度很小，到 t=5.4s 速度趋于直线增大，这是由于破坏的边柱触地后，上部结构倒塌加快，C2 柱在连系梁的牵拉下，侧向歪斜倒塌也加快造成；t=6.25s 该节点速度到达最大值 8m/s，此后迅速降低是由于该节点水平高度结构的坍塌受到下面楼面的阻挡。图 7.6(b)中节点 7469 和 7004 位于同一根柱不同高度，后节点较前节点速度一定的延迟，表示倒塌自上而下的发展过程。图 7.6(c)中节点 7469 和 5969 在一榀框架同一水平高度，t=6.0s 前 5969 点速度较 7469 滞后，加速度也小，表示倒塌自右向左的发展，6.0s 后两点速度曲线几乎重合，这是上部结构出现整体连续倒塌，t=6.4s 时结构倒塌结束，速度迅速降低。图 7.6(d)中 1004 节点合速度曲线，由 X 向和 Y 向速度合成，实际上 X 向速度在 t=4.0s 开始增大，代表 A2 柱在 X 向运动的加大，t=6.7s 时该柱倾斜落地速度到达最大，然后静止于地面速度直线降低。

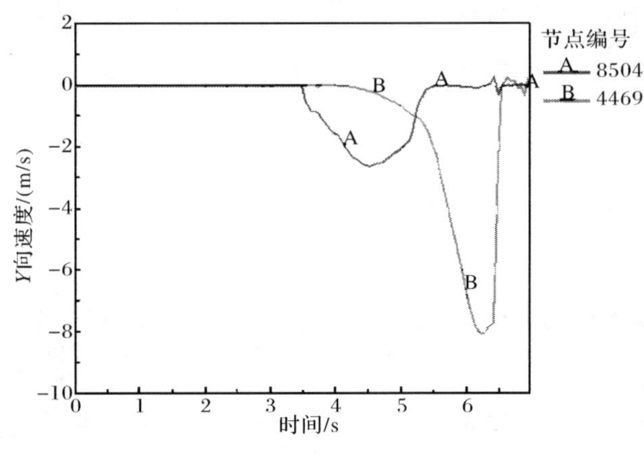

(a) 不同柱不同高度节点

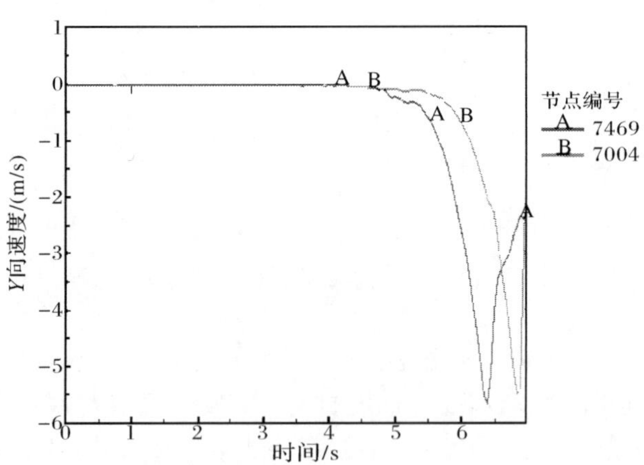

(b) 同柱不同高度节点

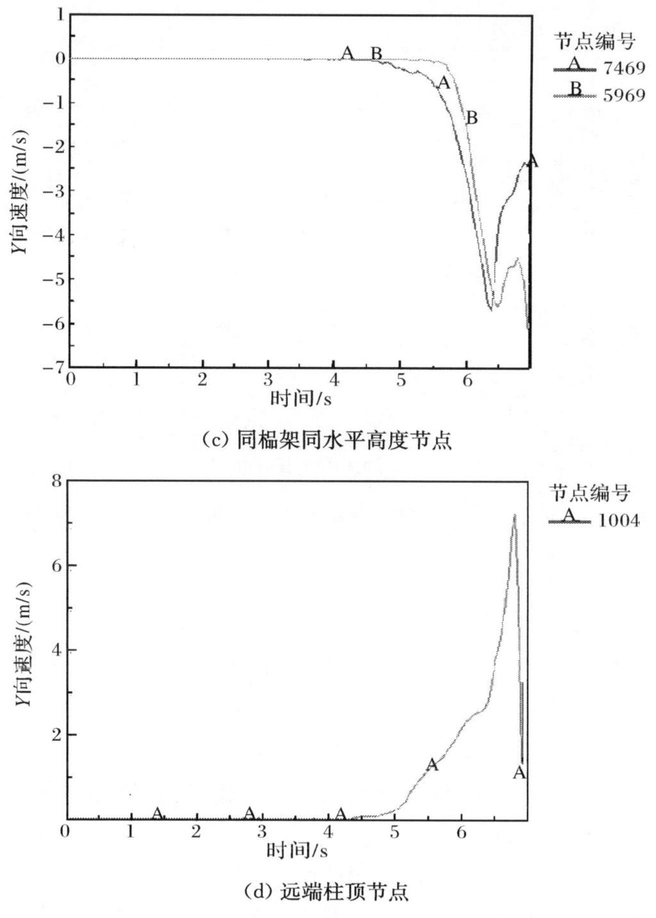

(c) 同榀架同水平高度节点

(d) 远端柱顶节点

图 7.6　边柱破坏时记录节点速度曲线

图 7.7 给出了中柱破坏非线性动力倒塌分析中记录节点的速度变化曲线。

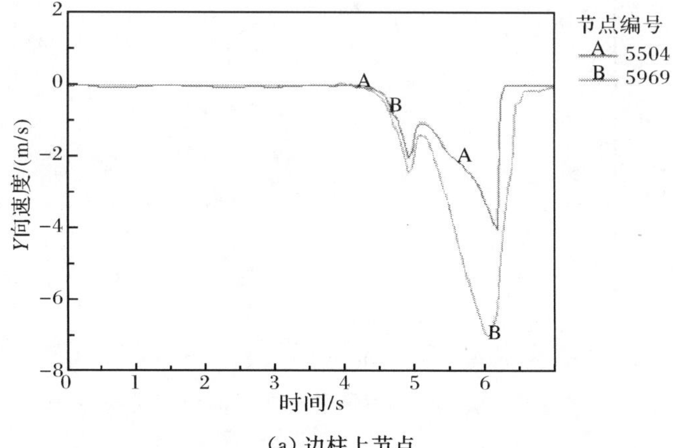

(a) 边柱上节点

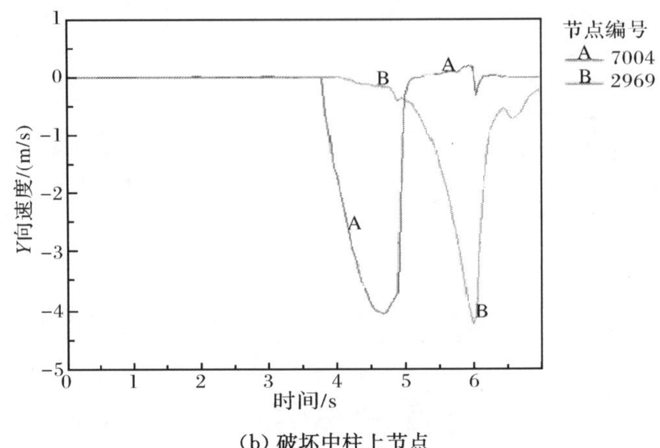

(b) 破坏中柱上节点

图 7.7　中柱破坏时记录节点 Y 向速度曲线

图 7.7(a)中节点 5504 和 5969 速度在 t=4.5s 以前近似重合，表示柱的整体下降运动，该时刻后节点 5504 的速度小于 5969，代表 5504 节点以上柱的部分运动加快，结构倒塌过程加剧；t=5.5s 时，两点速度达到最大值，此后由于已倒塌的下面楼面阻挡，两节点相连结构塌落速度骤减。图 7.7(b)中节点 7004 速度在 t=4.4s 左右达到最大值后迅速降低，这时位移一直增大，然后 4.4s 与地面相撞；节点 2969 速度较 7004 有一个明显的间隔期，这代表了破坏柱的位移通过连系梁牵引 B2 柱，倒塌由①轴向②轴发展过程；t=5.5s 时 B2 柱也倒塌完成，速度开始下降，可以看出两节点的最大速度值是相同的，因为两节点处于同一竖向高度。

图 7.8 和图 7.9 分别给出了边柱或中柱破坏速度记录节点的位移变化曲线。由于结构倒塌主要发生在 Y 向上，所以仅给出该方向速度记录点的位移曲线。

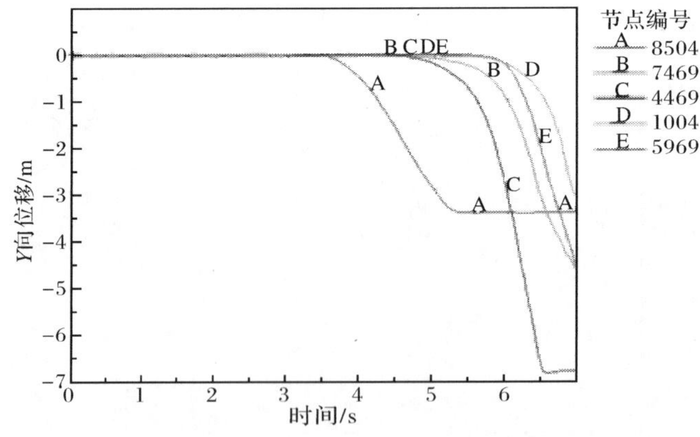

图 7.8　边柱破坏时记录节点 Y 向位移曲线

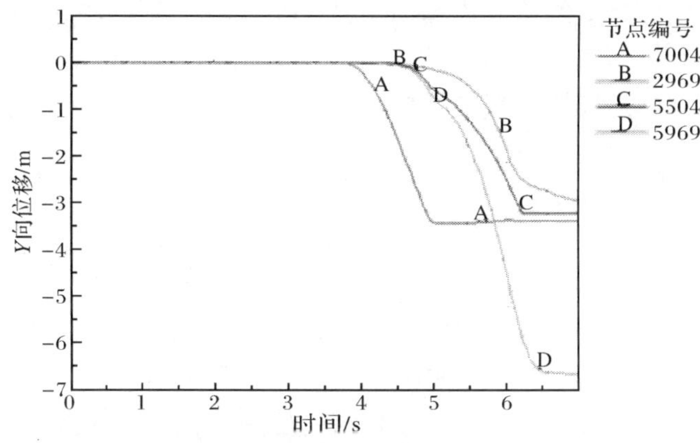

图 7.9 中柱破坏时记录节点 Y 向位移曲线

图 7.8 中节点 4469 的位移发展紧随破坏边柱上节点 8504，说明 C2 柱的倒塌运动要先于柱 B1 和柱 A1，这与柱 B1 的截面属性及其与连系梁的连接方式有关，B1 柱沿 X 轴的抗弯刚度大且短边与连系梁的宽度相等，而 A1 柱沿 Y 轴抗弯刚度小且是长边与主梁相连，按实际传力 B1 主要承受 X 向弯矩，A1 主要承受 Y 向弯矩，所以 B1 柱运动先于 A1 柱。节点 7469，5969，1004 位移曲线有一定先后层次性，代表了连续倒塌的传递。

图 7.9 中破坏中柱上节点 7004 在 3.5s 后位移持续增大，说明中柱破坏后结构没有产生悬链效应限制中柱的位移。节点 5969、5504 位移变化显示出倒塌自上而下的加快，这与速度曲线相符。2969 的位移曲线收敛较慢，代表倒塌的传递。

综上所述，空间框架的倒塌特征可以概括为以下几个方面：

(1) 边柱破坏后，倒塌跨荷载通过主梁、连系梁传递到相邻柱上，荷载(主要是弯矩)根据邻柱受力方向刚度大小分配，连系梁连接的柱首先出现大的塑性和侧移变形，并通过扭转效应向余下结构传力，主梁连接的中柱一层节点处出现大转角。最后结构由于侧移增大，在自身荷载作用下由于 P-Δ 效应倒塌。

(2) 中柱破坏后，该跨的跨度增大 1 倍，最大弯矩增大为原来的 4 倍，跨中承受正弯矩的节点开始承受负弯矩，破坏柱的显著竖向位移使主梁牵拉边柱产生大的侧移，并通过连系梁使相邻柱产生平面外的侧移和扭转，最后破坏中柱所在平面由于 P-Δ 效应首先倒塌，引发相邻一榀框架向该侧倾倒的整体连续倒塌。

(3) 从中柱破坏后结构倒塌经历时间、相同时间间隔倒塌区域范围可以得出中柱破坏对结构整体倒塌敏感性更强，中柱防护应该得到加强。

(4) 由于采用弥散钢筋混凝土模型，结构的悬链效应没有得到很好地体现，相邻结构表现出对破坏跨限制作用不明显，仅降低了破坏跨的倒塌速度，没有根本阻止其竖向位移增大。

因此，在钢筋混凝土结构防连续倒塌设计中，应增强梁柱节点的设计，因为梁柱节点一旦破坏，在倾覆弯矩作用下，会产生很大的转角，加大 P-Δ 效应，引发结构的连续倒塌。同时，应注重提高结构的整体性，通过传力路径优化，提高结构的稳定性。

7.2 高层钢筋混凝土结构的连续倒塌机制

自 2001 年 9 月 11 日纽约世贸中心大厦遭受恐怖袭击倒塌以来，爆炸荷载作用下高层建筑结构的动态响应与破坏受到了工程界的关注。高层建筑结构一旦发生连续倒塌，顷刻间成为废墟，将造成较大的财产损失与大量的人员伤亡。因此，对爆炸荷载作用下高层建筑结构的连续倒塌机制和倒塌模式进行研究，进而通过采用防结构连续倒塌的措施，避免高层建筑结构的倒塌，成为摆在国内外科学技术及工程技术人员面前的一道难题。

然而，国内外现有参考文献中对爆炸荷载作用下高层建筑结构的连续倒塌机制研究还很鲜见。这是因为，一方面，由于高层建筑的结构构件尺寸较大，爆炸荷载作用下结构构件中应力波的传播时间与荷载作用时间相比是相当量级或更高量级的，应力波传播过程中的破坏效应不能忽略[4]。基于此，为了得到较为准确的分析结果，通常需要采用建筑结构的精细化模型来预测其非线性响应及破坏行为。但另一方面，由于高层建筑体型庞大，如果对整体结构均采用精细化模型建模，庞大的单元数量在当前的计算机硬件水平下往往难以实现。因此，如何通过数值方法准确高效地预测爆炸作用下高层建筑结构的连续倒塌行为，成为制约研究高层建筑结构连续倒塌机制与倒塌模式的瓶颈。

多尺度建模方法根据结构构件或节点的复杂程度和破坏过程中的非线性程度，选择适当尺度的分析模型，通过不同尺度模型之间的协同计算，达到计算精度和计算代价之间的均衡[5]。目前，多尺度建模方法已经在结构抗震等领域得到广泛应用并取得了系列研究成果[6~8]。本书将多尺度建模方法引入到爆炸作用下结构的连续倒塌分析中，并依据爆炸作用下高层建筑结构非线性破坏与连续倒塌的特点，提出了不同尺度模型区域的确定方法；进一步采用该方法对某高层钢筋混凝土结构在外爆炸荷载下的连续倒塌行为进行了研究，揭示了其连续倒塌机制与倒塌模式，并据此给出了高层钢筋混凝土结构防连续倒塌的措施。

7.2.1 高层钢筋混凝土结构多尺度模型的建立

1. 多尺度模型的区域划分

爆炸荷载作用下，高层钢筋混凝土结构首先表现为局部结构构件的破坏甚至失效；在此基础上，局部结构构件承载能力的降低导致原作用于其上的竖向荷载寻找新的传力路径，进而引起结构的整体响应，并可能导致结构的连续倒塌。基于上述特点，本书依据爆炸荷载作用下高层钢筋混凝土结构不同部分承受荷载的不同以及非线性动态响应的特点，将高层钢筋混凝土结构划分为 3 个区域，每个区域采用不同尺度的单元模型来模拟，它们分别是爆炸直接相关区、爆炸间接相关区和爆炸无关区。

1）爆炸直接相关区

爆炸直接相关区为爆炸冲击波直接作用并造成破坏的区域。该区域钢筋混凝土结构构件直接承受爆炸荷载作用，应力波传播效应以及材料的应变率效应明显。为了准确模拟其复杂的非线性动态响应与破坏，必须采用钢筋混凝土分离式模型，即采用实体单元模拟混凝土，采用梁单元模拟纵筋和箍筋[9]，并考虑钢筋和混凝土材料的应变率效应和失效。

2）爆炸间接相关区

爆炸间接相关区与爆炸直接相关区相连，为局部结构构件破坏或失效后，其上的竖向荷载寻找新的传力路径的过程中，可能引起非线性响应与破坏的区域。该区域承受动力荷载，但不存在应力波效应问题，应变率效应也不明显，采用梁单元纤维模型模拟，分别定义钢筋和混凝土的本构和失效准则[10]，即可得到较为准确的分析结果。

3）爆炸无关区

爆炸无关区为爆炸相关区以外的建筑结构区域，该区域不会发生破坏，受力处于弹性阶段。由于爆炸无关区的主要作用是为爆炸相关区提供合理的边界条件，因此采用普通梁单元模拟即可满足计算精度的要求。

4）各区域间的界面连接

爆炸直接相关区与爆炸间接相关区界面处通过在实体单元模型截面生成节点刚性体来保证实体单元截面位移和转角与纤维梁单元的协调[2]。爆炸间接相关与爆炸无关区界面处通过纤维梁单元与普通梁单元节点耦合来满足位移和转角协调条件。

2. 多尺度模型区域范围的确定

多尺度模型 3 个区域的范围与爆炸荷载的大小和分布范围以及高层钢筋混凝土结构本身的结构布置相关。本书拟采用迭代法来确定多尺度模型 3 个区域的范围，具体步骤如下：

（1）确定结构连续倒塌分析需考虑的炸药质量与位置。综合高层钢筋混凝土结构的建筑布局、设计的安全防护措施等条件确定炸药的可能位置[11]，并依据相关规范或业主要求确定结构连续倒塌分析需考虑的炸药质量。

(2) 初步划分 3 个区域的范围。初步将距离炸药位置最近的首层 1 跨的柱、梁划分为爆炸直接相关区；将爆炸直接相关区上方直至顶层的柱、梁划分为爆炸间接相关区；将其他区域划分为爆炸无关区。

(3) 优化 3 个区域的范围。将爆炸荷载施加到爆炸直接相关区的柱、梁等结构构件上，进行结构动力响应分析。依据分析结果，查看 3 个区域连接部分的响应，根据以下原则调整区域的划分：①查看爆炸直接相关区与爆炸间接相关区的连接区域，若连接处实体单元的塑性应变达到混凝土的失效塑性应变，则扩大直接相关区的范围；②查看爆炸相关区和爆炸无关区的连接区域，若连接处普通梁单元产生塑性变形，则扩大爆炸相关区的范围；③如果爆炸直接相关区与爆炸间接相关区的连接处的实体单元均未失效，爆炸无关区构件均处于弹性受力阶段，则迭代停止。

(4) 更新结构区域范围后，重复步骤(3)。

经过以上的迭代分析，可得到最终的多尺度模型区域范围划分。

7.2.2 高层钢筋混凝土结构连续倒塌分析

以某高层钢筋混凝土框架—核心筒结构为例，对其在爆炸荷载下的连续倒塌进行分析。该结构共 27 层，1～3 层层高为 5.2m，4～27 层层高为 3.4m，总高 97.2m。1～3 层及 4～27 层平面图如图 7.10 所示。结构平面尺寸为 31.2m×31.2m，x 向柱距为 6.7m 和 8.9m，y 向柱距为 7.8m。结构梁、柱和剪力墙均为钢筋混凝土构件，混凝土强度等级为 C40，钢筋为 HRB400。柱截面尺寸由底层的 1.2m×1.2m 逐渐过渡到顶层的 0.8m×0.8m；主梁最大截面尺寸为 0.6m×0.75m，最小为 0.6m×0.6m；次梁截面尺寸为 0.25m×0.5m。角柱体积配筋率为 1.8%，边柱为 1.6%，其余柱为 1.5%；主梁体积配筋率为 2.0%，次梁为 1.5%。

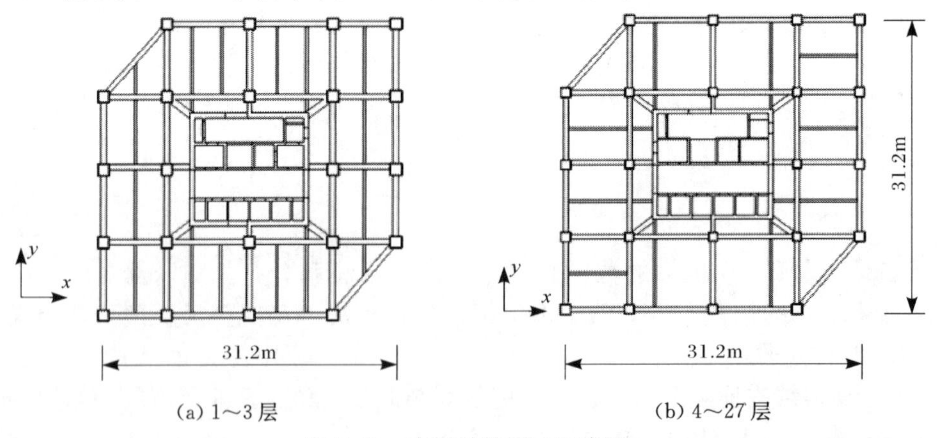

(a) 1～3 层　　(b) 4～27 层

图 7.10 高层结构平面示意图

1. 数值模型

采用 LS-DYNA 有限元软件，建立了上述高层钢筋混凝土结构的多尺度模型。

1）多尺度模型的 3 个区域

选择炸药 TNT 当量为 5000kg，置于角柱和中柱正前方，比例距离为 $0.5\text{m/kg}^{1/3}$，对应的实际距离为 8.5m。经过迭代，炸药置于角柱正前方时合理的爆炸直接相关区为 2 跨 3 层，炸药置于中柱正前方时合理的爆炸直接相关区为 3 跨 3 层；爆炸间接相关区为爆炸直接相关区上方直至顶层的柱以及与这些柱相连的所有梁；其他区域为爆炸无关区。结构多尺度模型如图 7.11 所示。

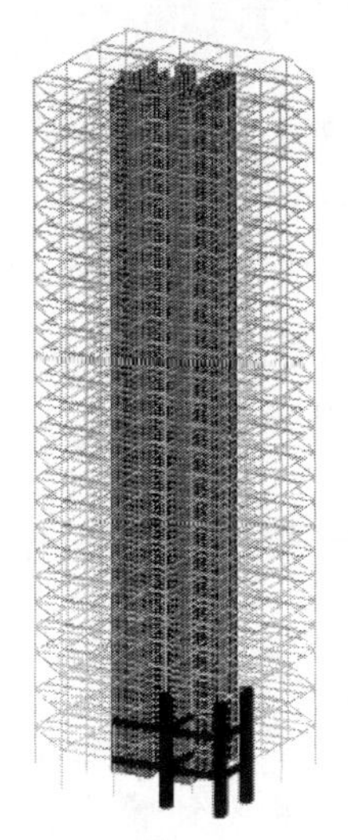

(a) 炸药置于角柱正前方

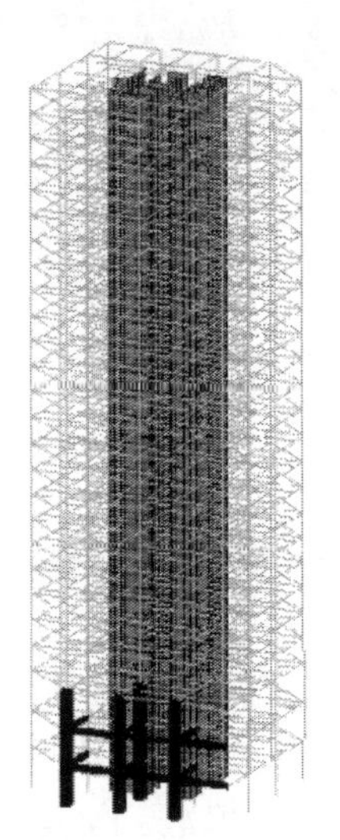

(b) 炸药置于中柱正前方

图 7.11　多尺度有限元模型

2）材料模型

在爆炸直接相关区采用 MAT_CONCRETE_DAMAGE_REL3（72 号 r3 材料）模拟混凝土，材料性能参数由程序关键字自行计算。采用 MAT_PLASTIC_KIINEMATIC（3 号材料）模拟钢筋，抗拉强度为 400MPa，弹性模量为 200GPa，泊松比为 0.3[2]。使用 MAT_ADD_EROSION 关键字将混凝土材料的失效应变设为 0.15[12]。将钢筋的失效塑性应变设为 0.15。爆炸作用下，材料的应变率可高达 1000s^{-1}[13]，材料强度会显著提高[13,14]，因此在爆炸直接相关区考虑材料的应变率效应。应变率效应通常采用动力增大系数（DIF）来考虑，动力增大系数为材料在动力响应和静力响应下的强度之比。

混凝土强度的 DIF 采用 K&C 模型[15]；钢筋强度的 DIF 采用 C&P 模型，由下式确定：

$$\mathrm{DIF}=1+\left(\frac{\dot{\varepsilon}}{C}\right)^{1/P} \tag{7.7}$$

式中，$\dot{\varepsilon}$ 为应变率；C、P 为模型参数，对于钢筋通常取 $C=40$，$P=5$[2]。

在爆炸间接相关区采用 MAT_PLASTICITY_COMPRESSION_TENTION (124 号材料)来模拟纤维梁单元。使用欧洲规范[16]计算出准确的混凝土受压本构，将混凝土的失效塑性应变设置为 0.003，对应的应力约为 16MPa，将钢筋的失效塑性应变设置为 0.2，对应的应力为 480MPa。

在爆炸无关区采用 MAT_RC_BEAM(174 号材料)模拟普通梁单元，采用 MAT_RC_SHEAR_WALL(194 号材料)模拟剪力墙。

3) 网格划分

网格尺寸效应分析表明：爆炸间接相关区的纤维模型对于网格尺寸效应较为敏感，应该选用较小的网格尺寸，梁的网格尺寸选用 0.25m，柱的网格尺寸选择 0.50m；爆炸无关区的梁、柱对于网格尺寸效应不敏感，因此梁的网格尺寸采用 0.50m，柱的网格尺寸采用 1.00m，剪力墙距离爆炸区域较远，采用 1.00m 的网格尺寸；爆炸直接相关区的实体单元网格尺寸采用 0.05m。

4) 荷载

使用 LOAD_BLAST_ENHANCED 关键字将爆炸荷载施加到爆炸直接相关区的柱、梁构件表面，该关键字是 Randers-Pehrson 和 Bannister[17]提出的一种基于 ConWep 用于空气中或表面接触爆炸荷载的算法，该算法无需建立复杂的炸药和空气模型，适用于近、中、远距离爆炸荷载下结构或构件的动力响应分析。

作用在结构上的恒载和活载均为 3.5kN/m^2，考虑到爆炸发生时结构活载满布的概率很小，因此只考虑 0.5 倍的活载[18]。

2. 典型结果

基于建立的多尺度模型，对角柱柱 1 正前方 8.5m 处，5000kg TNT 当量爆炸情况下(比例距离为 0.5m/kg$^{1/3}$)该结构的连续倒塌进行了数值分析。分析时，首先在 0.5s 的时间内逐渐施加自重及恒、活载，并持续计算至 1.0s，使结构受力平衡，然后施加爆炸荷载进行计算。

图 7.12 给出了爆炸荷载作用后不同时刻结构的塑性应变云图，其中颜色越深表示塑性应变越大，可以看出，破坏集中在柱 1 的一层柱底、二层柱头以及柱 2 的一层柱底。

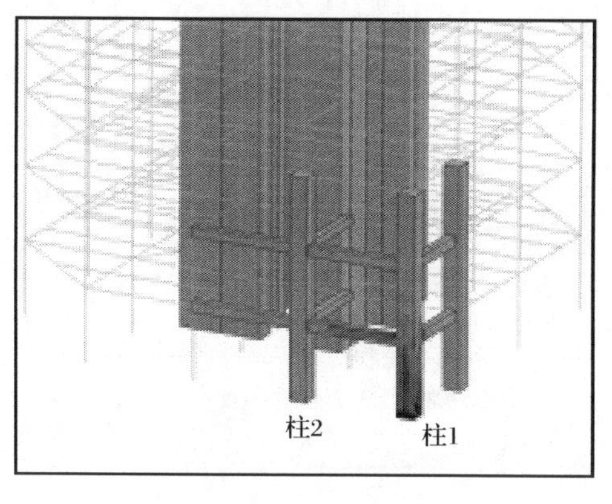

(a) 5ms 时

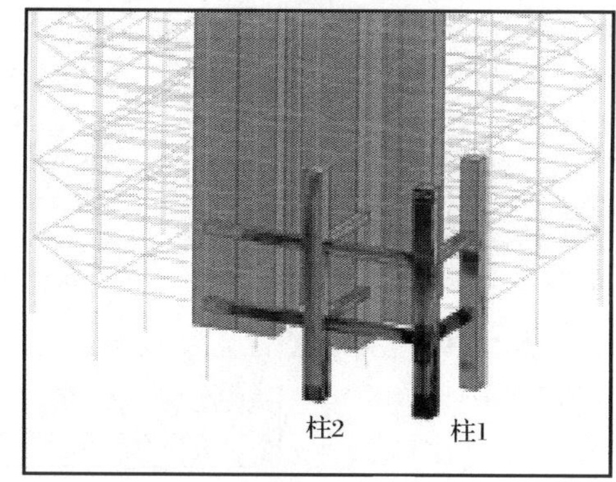

(b) 10ms 时

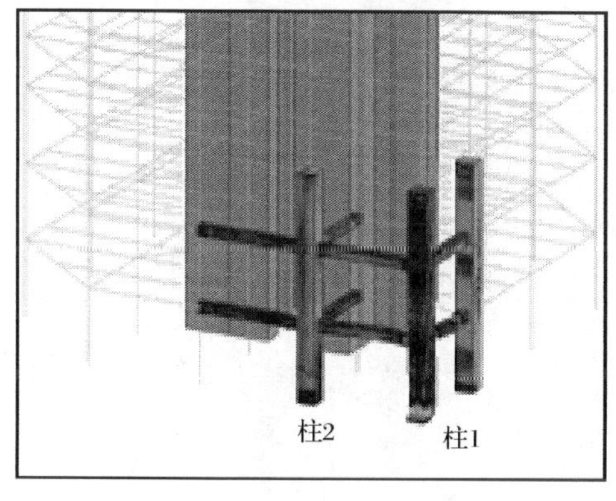

(c) 500ms 时

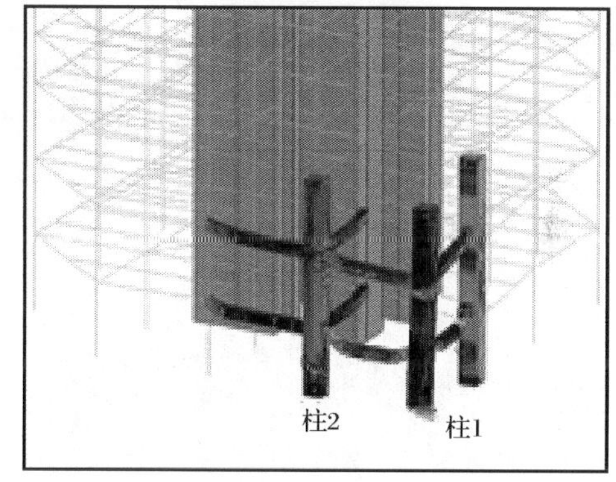

(d) 1500ms 时

图 7.12　结构塑性应变云图

图 7.13 为柱 1 一层柱头处的水平和竖向位移时程曲线。可以看出，在爆炸发生后 1.6s，柱 1 发生了较大的水平位移，约为 1.0m，此时柱底剪切破坏严重，并在竖向荷载作用下产生竖向位移，约为 1.5m，结构角部发生了倒塌。

7.2.3　高层钢筋混凝土结构连续倒塌机制与倒塌模式

为了进一步研究该高层钢筋混凝土结构在爆炸荷载作用下的连续倒塌机制与倒塌模式，基于上述多尺度连续倒塌分析方法，分别研究了相同炸药（5000kg TNT 当量）在不同位置、不同距离处发生爆炸情况下高层钢筋混凝土结构的破坏与连续倒塌过程，以揭示其连续倒塌机制与倒塌模式。

本节考虑的典型爆炸位置分别为角柱和中柱正前方，如图 7.14 所示，爆炸位置距离建筑结构的实际距离（D）及所对应的比例距离（Z）如表 7.2 所示。

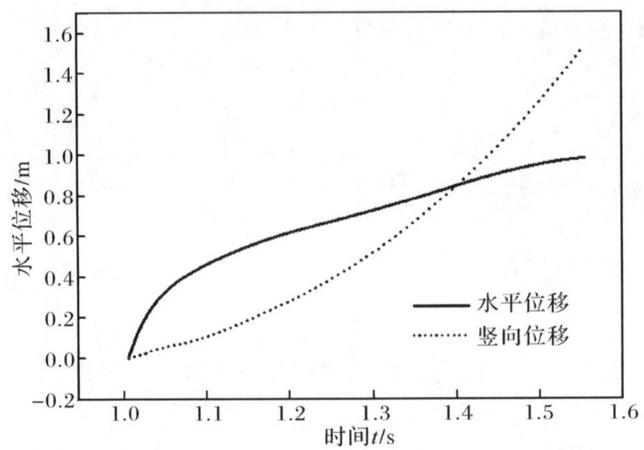

图 7.13　柱 1 水平和竖向位移时程曲线

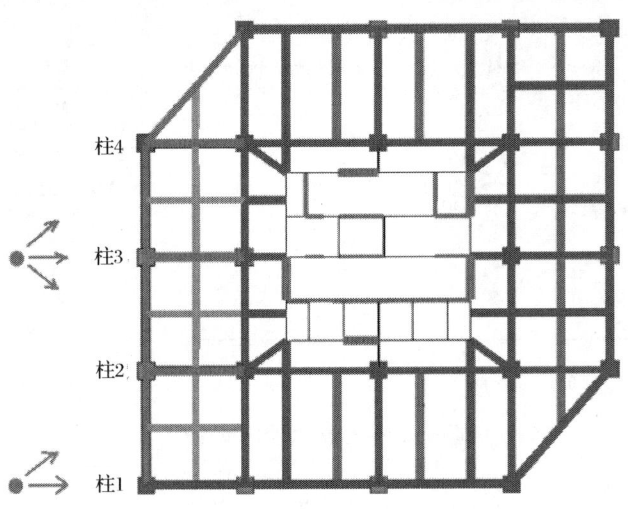

图 7.14　爆炸位置及柱编号示意图

表 7.2　爆炸实际距离和比例距离

D/m	3.4	5.1	6.8	8.5	10.2	11.9	13.6	15.3	17.0
Z/(m/kg$^{1/3}$)	0.2	0.3	0.4	0.5	0.6	0.7	0.8	0.9	1.0

1. 倒塌机制

基于多尺度连续倒塌分析方法，对上述 18 种爆炸工况下高层钢筋混凝土结构的破坏及连续倒塌过程进行了数值模拟。表 7.3 和表 7.4 分别给出了角柱和中柱正前方不同比例距离爆炸荷载作用下该结构关键位置的最大位移响应结果。

表 7.3　爆炸发生于角柱正前方时柱关键位置响应峰值

比例距离/(m/kg$^{1/3}$)		0.2	0.3	0.4	0.5	0.6	0.7	0.8	0.9	1.0
水平位移/mm	柱 1	3083	2176	1511	925	469	378	157	13	8.4
	柱 2	0.5	9.9	168	136	8.4	6.7	3.1	7.1	5.3
竖向位移/mm	柱 1 顶部节点	3131	1561	1362	1257	1201	1194	809	47	1.6
	柱 2 顶部节点	1.1	4.1	658	565	3.9	2.6	1.9	1.4	8.3
倒塌面积占整层楼板面积百分比/%		7.2	7.2	14.4	14.4	7.2	7.2	7.2	0	0

表 7.4　爆炸发生于中柱正前方时柱关键位置响应峰值

比例距离/(m/kg$^{1/3}$)		0.3	0.4	0.5	0.6	0.7	0.8	0.9	1.0
水平位移/mm	柱 2	5.1	4.3	12	3.1	1.1	8.9	7.1	6.6
	柱 3	1092	968	926	574	198	53	15	11
	柱 4	23	105	157	81	1.3	9	7.9	5.8
竖向位移/mm	柱 2 顶部节点	2.2	142	120	2.1	1.6	1.6	9.6	0.9
	柱 3 顶部节点	781	676	546	527	147	56	19	2.2
	柱 4 顶部节点	314	725	579	48	37	1.4	6.6	0.3
倒塌面积占整层楼板面积百分比/%		18	25.2	25.2	10.8	10.8	0	0	0

由表 7.3 可见爆炸发生于角柱正前方时，当比例距离较小($Z=0.2\text{m/kg}^{1/3}$ 和 $Z=0.3\text{m/kg}^{1/3}$)时，仅有柱 1 的柱中水平位移及其顶部节点的竖向位移较大，结构的破坏基本限制在柱 1 所在跨，倒塌面积约为整层楼板面积的 7.2%；当比例距离适当增大至 $Z=0.4\text{m}\sim0.5\text{m/kg}^{1/3}$ 区间时，柱 1 破坏较为严重的同时，相邻柱柱 2 的柱中水平位移峰值高达 168mm，顶部节点的竖向位移达 658mm，结构倒塌范围增加至整层楼板面积的 14.4%；区间外比例距离进一步增大时，结构的倒塌范围随之减少。

由表 7.4 同样可以看出，爆炸发生于中柱正前方时，规律与角柱类似，比例距离 $Z=0.3\text{m/kg}^{1/3}$ 时，结构的连续倒塌面积限制在一定的范围内，而当比例距离落在某一区间 $Z=0.4\sim0.5\text{m/kg}^{1/3}$ 时，倒塌范围增加，达到整层楼板面积的 25.2%。

综上所述，随着爆炸荷载比例距离的增加，该高层钢筋混凝土结构破坏及连续倒塌的程度呈现先增大后减小的趋势。这是因为在比例距离的变化过程中，结构的连续倒塌机制乃至倒塌模式发生了变化。本书以爆炸发生于角柱正前方、比例距离为 $0.3\text{m/kg}^{1/3}$ 和 $0.5\text{m/kg}^{1/3}$ 为例，对这两种爆炸荷载作用下高层建筑结构的连续倒塌机制分析如下：

(1) $Z=0.3\text{m/kg}^{1/3}$ 时，爆炸作用下结构初始破坏范围较小，仅单柱(角柱)发生破坏。角柱破坏后丧失竖向承载力，上方的梁由于传力路径中断而发生内力重分布，梁自身因内力过大而破坏，导致结构发生竖向连续倒塌。图 7.15(a)给出了爆炸荷载作用后 1.5s 时刻结构竖向位移云图，其中颜色越深表示竖向位移越大，由图中可以看出，结构发生了角柱所在跨内的竖向连续倒塌。角柱上方的梁在产生竖向变形的同时，会对相邻柱产生水平拉力，从而可能导致相邻构件的破坏，进而引起结构水平方向的连续倒塌，即结构倾向于发生单柱失效-竖向倒塌-水平扩展的倒塌模式，简称为单柱失效-双向联合倒塌模式。

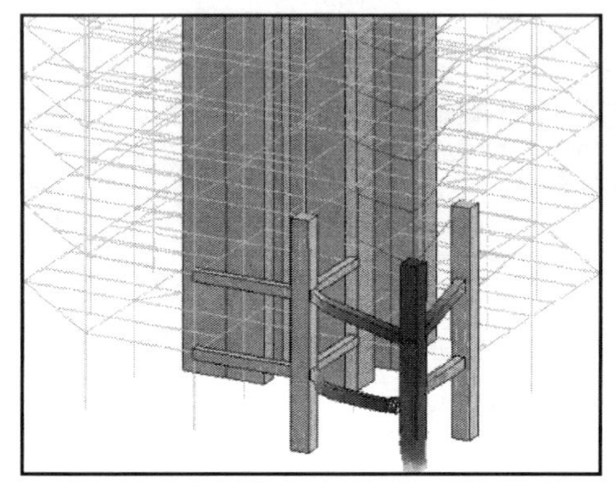

(a) $Z=0.3\text{m/kg}^{1/3}$　　(b) $Z=0.5\text{m/kg}^{1/3}$

图 7.15　爆炸发生于角柱正前方时结构竖向位移云图

(2) $Z=0.5\text{m/kg}^{1/3}$时，爆炸荷载作用下，结构除角柱发生破坏失效外，与之相邻的钢筋混凝土柱亦发生破坏并丧失承载力，从而导致结构的倒塌首先在水平方向上发生。随后，柱上方的梁由于传力路径中断而发生内力重分布，此时由于梁的实际跨度成倍增加，梁的悬链效应[19]往往不能有效阻止结构竖向变形，从而导致结构发生大范围的竖向连续倒塌，如图 7.15(b)所示，称之为多柱失效-竖向倒塌的模式。

与比例距离 $Z=0.3\text{m/kg}^{1/3}$相比，之所以比例距离增大至 $Z=0.5\text{m/kg}^{1/3}$时结构的倒塌范围明显增加，倒塌过程也截然不同，原因在于 $Z=0.5\text{m/kg}^{1/3}$时爆炸冲击波与柱 2 表面夹角增大(由 23.5°增加至约 45°)，作用在柱 2 上的超压也随之增大，因此导致柱 2 发生了破坏，丧失了竖向承载力，从而导致了结构倒塌机制的变化。图 7.16 给出了 $Z=0.2\sim1.0\text{m/kg}^{1/3}$时柱 2 的柱底水平剪力时程曲线，可以看出 $Z=0.4\sim0.6\text{m/kg}^{1/3}$区间内柱底水平剪力最大，相应的破坏也最严重，更容易发生多柱失效-竖向倒塌的模式。

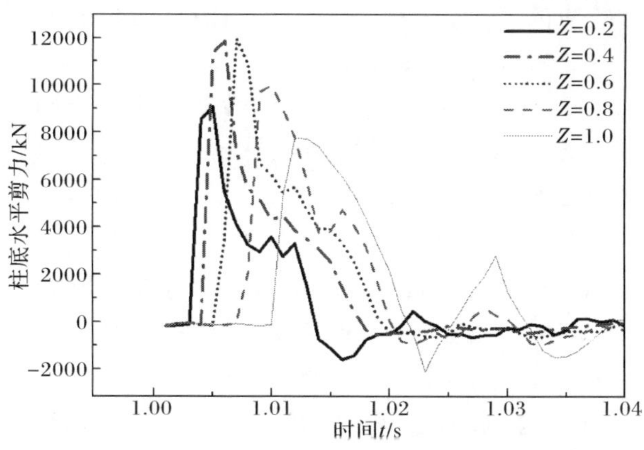

图 7.16 柱 2 的柱底剪力时程曲线

2. 倒塌模式

通过总结上述不同比例距离下结构的连续倒塌机制可知，若结构发生大范围连续倒塌，对应有如下两种典型倒塌模式：

(1) 单柱失效-双向联合倒塌模式。该模式下结构仅局部(1 根柱)发生严重破坏甚至失效，柱上方的梁发生内力重分布且对水平相邻构件产生拉力，使本跨结构竖向倒塌后又沿结构水平方向传播，最终导致大范围倒塌。

(2) 多柱失效-竖向倒塌模式。该模式下结构大范围(多根柱)破坏或失效，柱上方的梁发生内力重分布后破坏，使结构仅沿竖向发生大范围连续倒塌。

两种倒塌模式相比，单柱失效-双向联合倒塌模式由于梁的悬链效应，可以将倒塌限制在较小的范围内；而多柱失效-竖向倒塌模式一旦发生，破坏范围大，且很难通过加强局部构件避免该倒塌模式的发生，建议在高层建筑周围设置汽车隔离条带，以限制可能的汽车炸弹袭击下高层钢筋混凝土结构多柱失效-竖向倒塌模式的发生。

7.3 钢框架结构的连续倒塌机制

钢框架结构具有自重轻、抗震性能好、建材可重复利用率高、施工进度快等诸多优点，因此，越来越被广泛应用于多、高层建筑中。在爆炸、撞击等冲击型荷载作用下，一方面，钢构件的大幅塑性变形将耗散大量冲击能力，有效减小冲击对框架结构的破坏效应；另一方面，竖向荷载的 $P\text{-}\Delta$ 效应极有可能使严重变形的主要承重构件发生屈曲破坏，并导致连续性倒塌。因此，有必要研究钢框架整体结构在爆炸荷载作用下的结构响应和破坏机理。

关于结构爆炸响应的研究，首先需准确计算作用于结构构件表面的实际爆炸荷载大小和分布情况。爆炸冲击波和结构物之间的相互作用受诸多不确定因素的影响，不同形状表面的爆炸波反射和衍射特性明显不同，导致不同构件表面的爆炸压强差异悬殊。因此，对于具体结构在爆炸荷载作用下的结构响应研究，有必要着重研究爆炸荷载的实际大小和分布规律。另一方面，由于爆炸荷载具有峰值大、持时短的特点，在爆炸荷载作用下，结构的最初响应往往体现在局部构件的严重变形或破坏，因此，在对结构爆炸响应的数值模拟中，需建立较精细的有限元模型，准确分析爆炸作用导致的结构局部破坏。针对上述两点基本要求，关于建筑结构爆炸响应的数值研究，往往需要精细地建立炸药、空气和建筑物的有限元模型，这种传统的模拟技术必定以巨大的计算成本为代价，或者因采用大尺寸有限元网格而牺牲计算精度。

本节提出一种将结构爆炸响应分析分两步进行的数值模拟方法。第一步，利用 AUTODYN 中的 Eular 单元建立炸药和空气的有限元模型，并利用 Remap 技术高效模拟爆炸波在空气中的传播过程，将结构构件所占空间定义为 Unused，在构件表面布置压强测点，用于记录爆炸冲击波在不同位置处的反射压强；第二步，建立结构的精细模型，并将第一步记录的爆炸压强逐一施加于结构构件上，利用 LS-DYNA 显式求解器计算结构在爆炸荷载作用下的动态响应和破坏过程。利用上述方法能够实现在保证计算精度的前提下有效提高计算效率。本节主要将该方法应用于对一座 4 层钢框架在爆炸荷载作用下结构响应的研究。利用数值模拟技术，研究框架梁、柱表面的爆炸压强分布规律；分别针对 3 个不同炸药量的爆炸工况，研究钢框架的结构响应和破坏模式，并模拟钢框架在大规模爆炸荷载作用下的倒塌过程。

7.3.1 框架梁、柱表面爆炸荷载计算

1. 模拟爆炸冲击波在空气自由场中的传播

AUTODYN 是一款高度非线性显式有限元分析软件，用于解决固体、流体、气体及其相互作用的高度非线性动力学问题[20]。与其他显式有限元软件相比，AUTODYN 提供的 Remap 技术能够更加高效、准确地将一些复杂三维问题的初始阶段在一维空间内模拟，这项技术的优点突出体现在对爆炸现象的数值模拟。炸药爆炸后，冲击波在自由场中的传播是球对称的，在任意径向一维空间内，爆炸波的分布情况都是相同的，因此，在波阵面发生反射之前，爆炸问题的研究可以在一维场内解决。AUTODYN 的 Remap 技术为用户提供了将一维场中的计算结果便捷地导入二维和三维场的接口，用于模拟更加复杂的物理过程。Remap 技术的最显著优点在于有效地提高了近爆场内物理问题的计算精度，大幅提高了整体模

拟的效率[20]。

2000kg 的球形 TNT 炸药在中心引爆后，空气中的爆炸冲击波在一维场中的传播如图 7.17 所示。距爆炸中心分别为 4m、6m、8m、10m、12m、14m 处的测点所记录的压强时程曲线如图 7.18 所示。计算结果表明：爆炸超压的峰值和冲击波阵面向前推进的速度随距离增加而迅速下降，但压强持时随距离增加而增大。

图 7.17 爆炸波在一维场中的传播

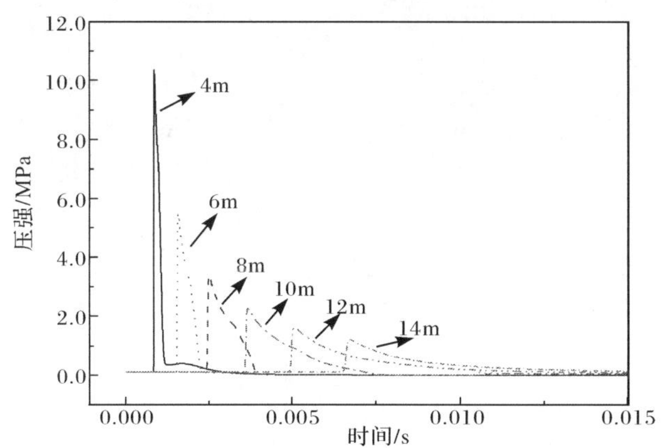

图 7.18 空气自由场中爆炸冲击波压强历程曲线

将爆炸发生 1.1ms 后的一维场计算模型扫射到二维模型中，爆炸波继续传播，如图 7.19 所示。为了消除模型边界对爆炸冲击波的干扰，将二维模型的空气自由场定义为无反射边界。

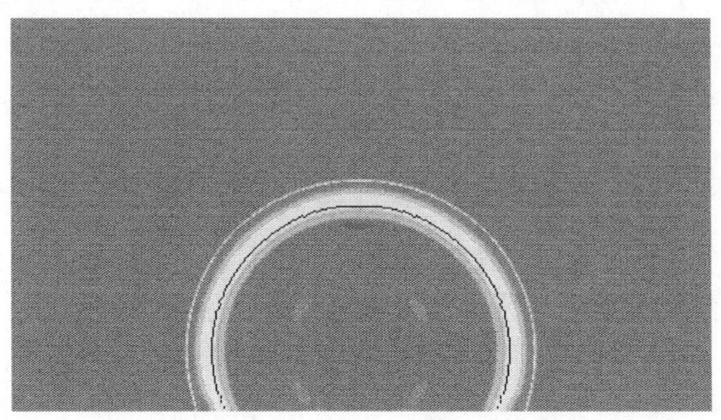

图 7.19 爆炸波在二维场中的传播

将二维模型导入到三维场中，爆炸冲击波的传播如图 7.20 所示。

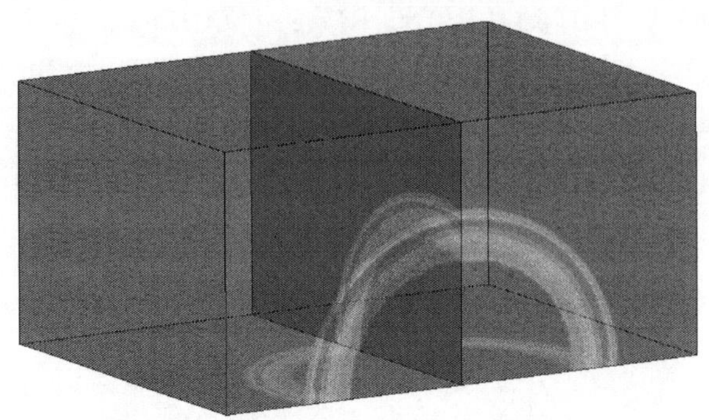

图 7.20 爆炸波在三维场中的传播

前面简单介绍了利用 AUTODYN 的 Remap 技术模拟爆炸冲击波在空气自由场中传播过程的方法。通过对爆炸现象的模拟，不难发现一维模型的计算效率明显高于其他两者，并且对于普通计算机的计算能力，在一维模型中可采用较精细的计算单元，能有效提高爆炸压强的计算精度。因此，利用 AUTODYN 的 Remap技术，应尽量将爆炸冲击波在自由场中的传播过程在一维模型中完成，仅当波阵面临近障碍物表面时，将一维模型转化至二维和三维模型中。

2. 框架梁、柱构件表面和墙体表面爆炸荷载的区别

当在自由场中传播的冲击波到达障碍物表面时，波阵面发生反射、衍射等物理现象。作用于物体表面的实际爆炸反射压强与构件的表面尺寸和形状有关。

通过数值计算，本节研究了在相同炸药量和爆炸距离情况下，作用于方柱表面和大面积墙体表面上的爆炸压强峰值的差别。假设墙体和柱子均为完全刚性，不考虑构件变形对爆炸冲击波的影响。图 7.21(a)和图 7.21(b)分别为用于计算墙体表面和柱表面爆炸荷载的有限元模型。假设在墙体长度方向上不发生爆炸波的绕射，因此可采用图 7.21(a)所示的二维模型，墙体厚度为 400mm。图 7.21(b)中的柱子截面为 400mm×400mm。柱底和墙根距离炸药中心均为 8m，在柱和墙表面相同高度处布置了若干压强测点，如图 7.21 中的星点所示。

利用 AUTODYN 可计算得到各测点处的爆炸压强，其峰值如图 7.22 所示。在已知炸药量和爆炸距离的情况下，可根据 TM5-1300 估算爆炸荷载的压强峰值、冲量、持时等荷载参数，这种方法被广泛应用于实际工程领域。本节根据 TM5-1300 所提供的图表计算了数值模型中各测点处的压强峰值，并将其与数值计算结果作比较，如图 7.22 所示[21]。

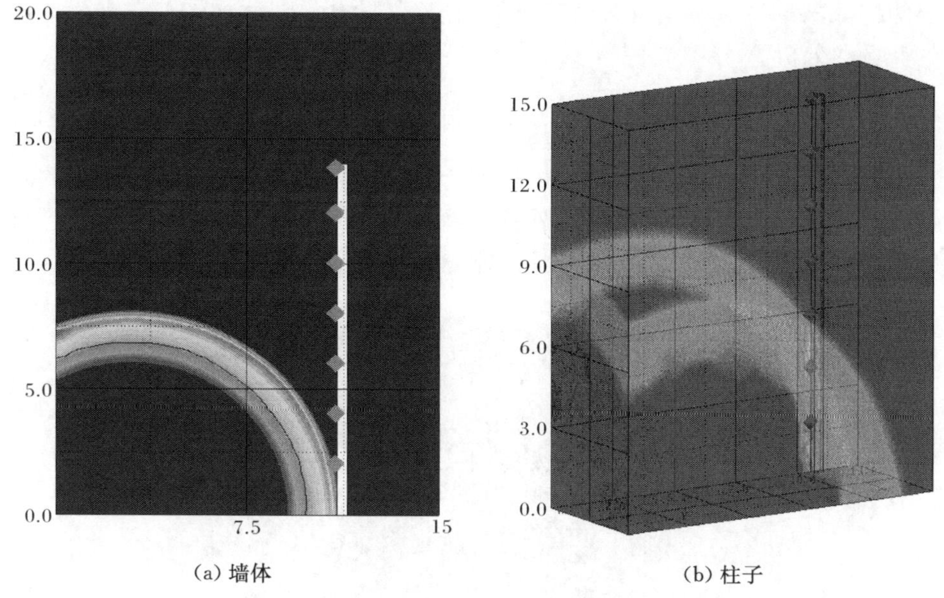

(a) 墙体　　(b) 柱子

图 7.21　墙体和柱子表面爆炸荷载计算模型

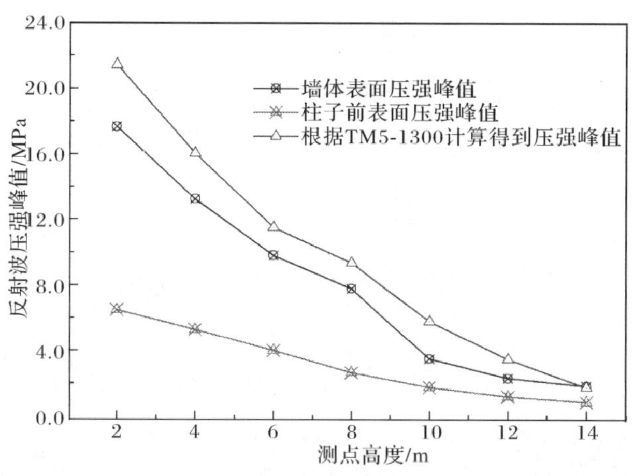

图 7.22　墙体和柱子表面爆炸压强峰值比较

从图 7.22 可看出，柱子前表面的爆炸压强峰值远远小于墙体表面，尤其在靠近柱子和墙体根部附近区域，两者的反射爆炸波压强峰值差别悬殊。利用 TM5-1300 计算得到的爆炸正压峰值与数值模拟得到的墙体表面压强峰值比较接近，变化趋势基本相同。通过本算例的分析，可初步得到如下结论：利用 TM5-1300 提供的计算方法，可初步估算墙体表面的爆炸压强峰值；但对于如柱子、梁等表面积较小的构件，TM5-1300 的计算方法不能给出可靠的爆炸荷载峰值，需进行更加具体的计算和分析。

3. 框架柱、梁表面的爆炸荷载分布

本节以一个 3 跨×2 跨的四层钢框架为例，如图 7.23 所示。框架结构的几何尺寸、杆件截面等信息将在下节中作详细阐述。本节主要介绍用于计算框架柱、梁表面爆炸荷载的方法，以及讨论爆炸荷载在构件表面的分布情况。

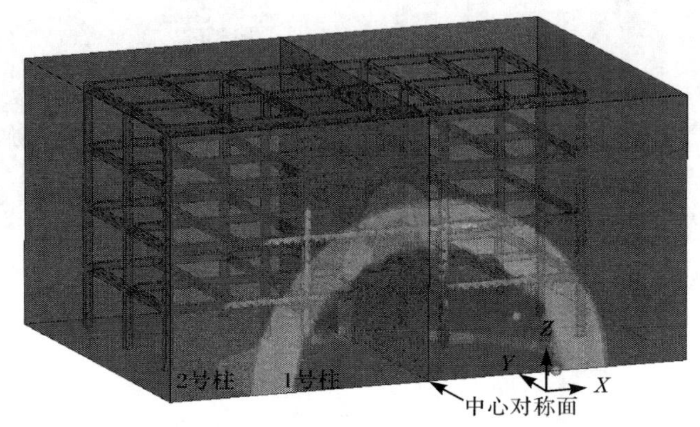

图 7.23　爆炸冲击波在框架所在空间内传播

在本节的算例中，炸药放置于建筑物前表面沿中心轴正前方 5m 处的地面上，炸药质量为 1500kg。文中只考虑爆炸冲击波对前排框架的冲击作用，包括对前排框架梁、柱的前表面、后表面和侧面的爆炸冲击作用。利用 AUTODYN 的 Remap 技术，将爆炸冲击波的一维模型导入到三维场中，并将框架柱和框架梁所占据的单元定义为 Unused，建立如图 7.23 所示的有限元模型。在前排框架的梁、柱各表面布置压强测点，如图 7.23 中的星点所示，每个测点用于独立记录爆炸荷载在不同位置处的压强随时间变化的时程曲线。除地面外，空气的所有边界定义为无反射边界。

图 7.23 所示的框架结构在 x 方向对称，并且由于炸药放置在对称平面内，所以作用于结构上的爆炸荷载和结构响应均关于中心平面对称，因此可仅统计一侧的计算结果。对于前排框架，根据柱子位置不同，可将柱子分为两类，如图 7.23 中所标识的 1 号柱和 2 号柱。

利用 AUTODYN 模拟爆炸波在框架空间内的传播过程，各测点分别记录构件表面的爆炸压强。图 7.24～图 7.27 分别给出了 1 号柱在 TNT 炸药量为 1500kg 的爆炸荷载作用下前表面、后表面、左侧面和右侧面上不同高度处测点所记录的压强时程曲线，以及压强峰值在 1 号柱各个表面不同高度处的分布情况。

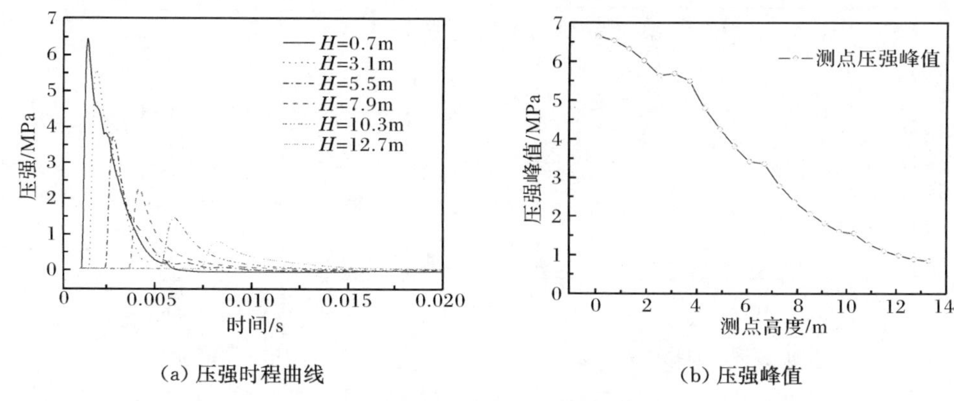

(a) 压强时程曲线　　(b) 压强峰值

图 7.24　1 号柱前表面爆炸压强

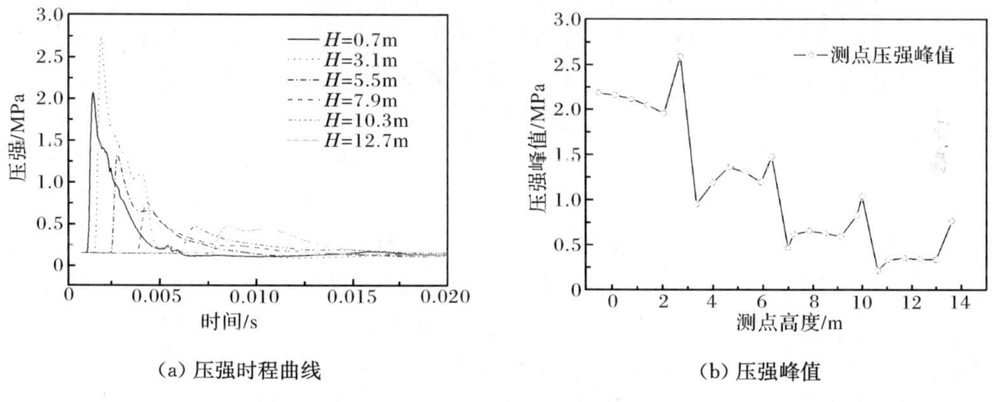

(a) 压强时程曲线　　(b) 压强峰值

图 7.25　1 号柱后表面爆炸压强

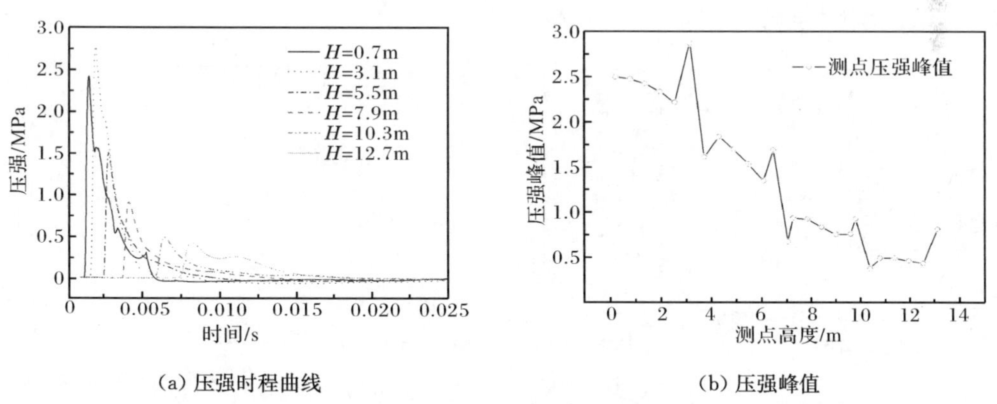

(a) 压强时程曲线　　(b) 压强峰值

图 7.26　1 号柱左侧面爆炸压强

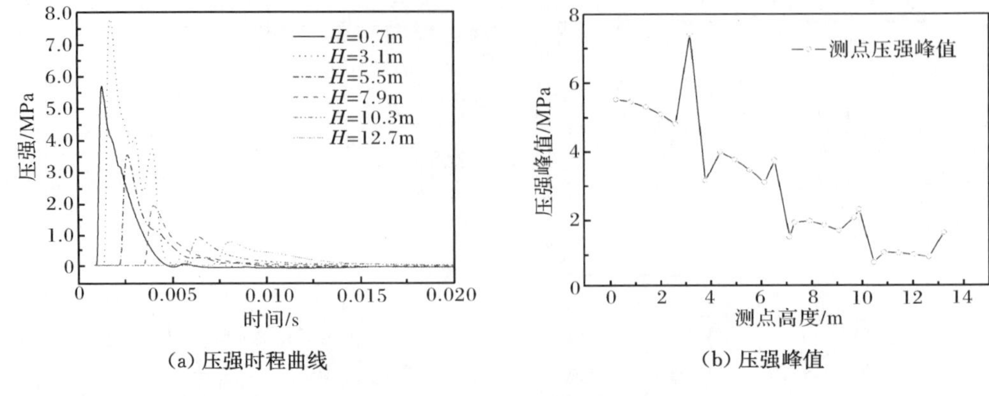

(a) 压强时程曲线　　(b) 压强峰值

图 7.27　1 号柱右侧面爆炸压强

图 7.24(a)～图 7.27(a)分别给出了 1 号柱前表面、后表面、左侧和右侧若干不同高度处的爆炸压强时程曲线。当爆炸冲击波到达构件表面时，压强在极短时间内达到峰值，随后迅速减弱。正压区间的持时随测点高度的增大而增长。由于 1 号柱的前表面和右侧面直接承受爆炸波的正面冲击，因此，相比于左侧面和后表面，在前表面和右侧面上的测点所记录的爆炸压强明显更强。图 7.24(b)～图 7.27(b)反映了 1 号柱不同表面上压强峰值与测点高度之间的对应关系。压强峰值的总体变化趋势是随测点高度的增大而变小，但由于爆炸冲击波在框架节点处发生较复杂的绕射现象，导致局部区域的压强骤增或骤减，因此，柱子不同高度处的测点所记录的压强变化规律并不连续，形成如图 7.24(b)～图 7.27(b)中的折线，每一个折点所对应高度均表示各层框架节点的标高。

采用同样的方法，记录了爆炸冲击波作用下 2 号柱 4 个侧面不同高度处的压强时程曲线，如图 7.28(a)～图 7.31(a)所示，并统计了压强峰值随测点高度的变化规律，如图 7.28(b)～图 7.31(b)所示。

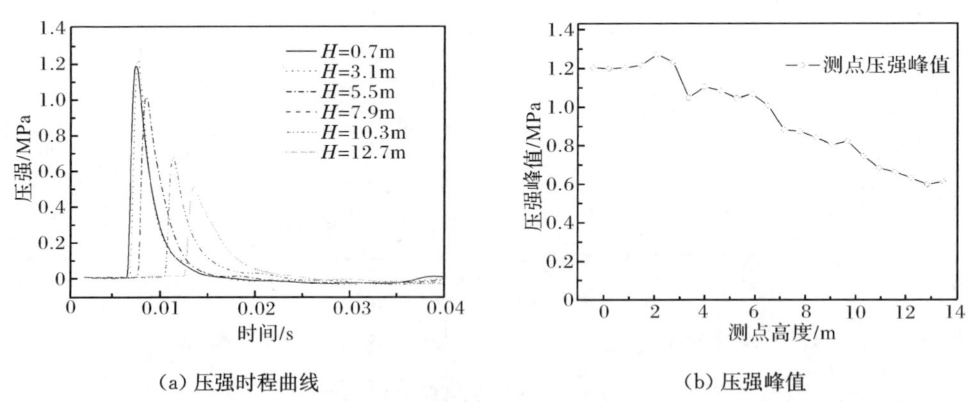

(a) 压强时程曲线　　(b) 压强峰值

图 7.28　2 号柱前表面爆炸压强

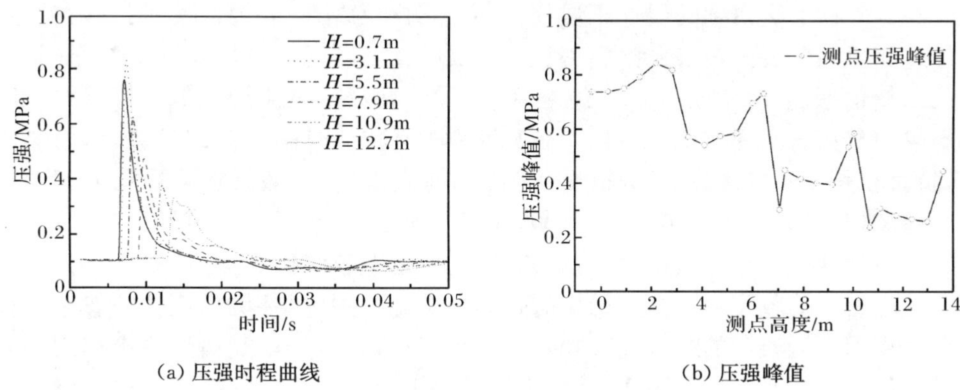

(a) 压强时程曲线　　(b) 压强峰值

图 7.29　2 号柱后表面爆炸压强

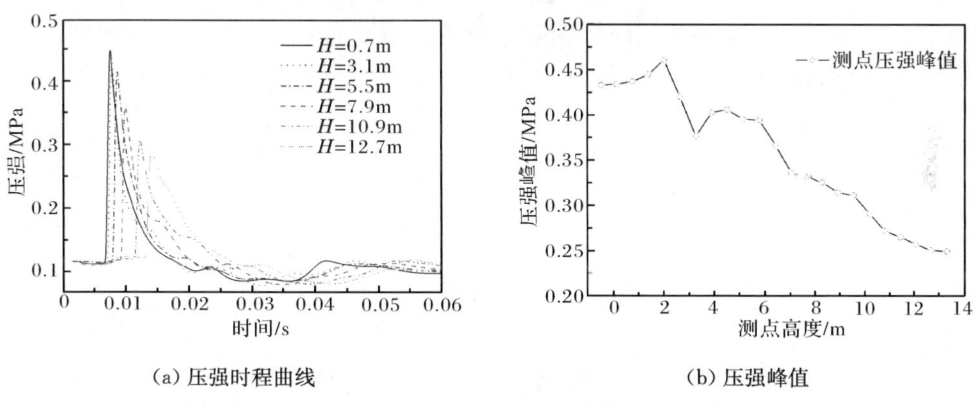

(a) 压强时程曲线　　(b) 压强峰值

图 7.30　2 号柱左侧爆炸压强

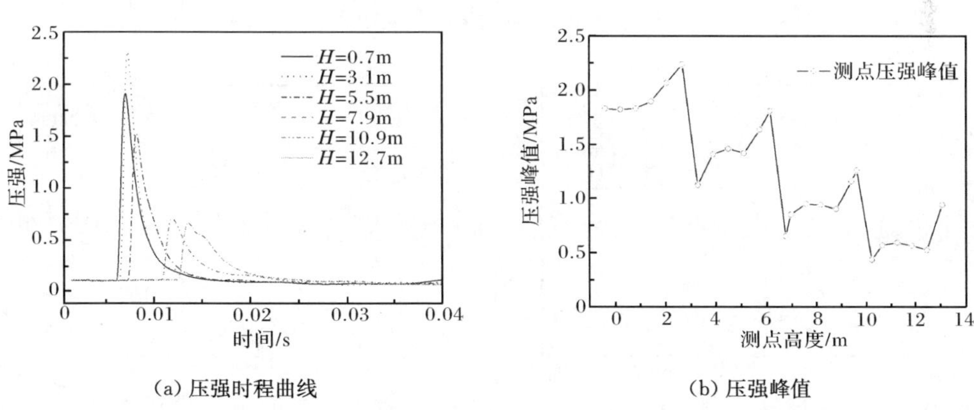

(a) 压强时程曲线　　(b) 压强峰值

图 7.31　2 号柱右侧爆炸压强

在1号柱上观察到的爆炸压强分布特点同样反映在2号柱上。另外,在2号柱的左侧面和后表面,观察到了较明显的压强负压区间。在爆炸冲击波作用下,压强从峰值减弱至大气压强后,继续降低,导致在局部发生压强低于标准大气压的现象。与正压区间类似,负压也同样存在峰值和持时两个荷载参数,但峰值较小,持时较长。当爆炸波波阵面绕过障碍物前表面后,一般会在障碍物的背面形成稀疏波,并形成负压区域。虽然负压的峰值远远小于正压峰值,但由于持时很长,在某些特殊情况下,负压对结构的破坏作用是不容忽视的。

关于爆炸荷载作用下框架结构的破坏分析和模拟,以往的研究往往忽略了爆炸荷载作用下框架梁的结构响应和破坏情况。然而,直接承受爆炸冲击作用的前排框架梁极可能发生严重破坏,并导致局部坍塌,因此,在研究框架结构整体爆炸破坏时,有必要较精细地计算作用于前排框架梁上的实际爆炸荷载值。在本节的研究中,记录了爆炸冲击波作用于前排框架各层框架梁表面的压强时程。图7.32和图7.33分别给出了第1层前排框架梁的前表面和后表面上的压强时程曲线,以及压强峰值在梁表面的分布情况。图中D_x表示测点距中心对称面的距离。

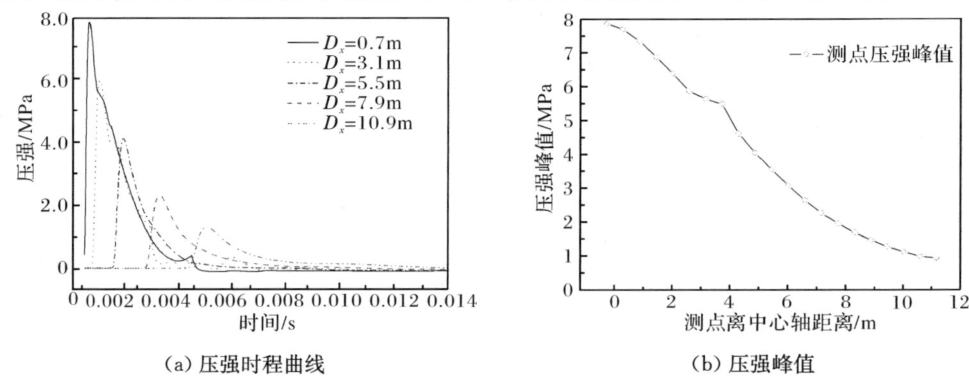

(a) 压强时程曲线　　(b) 压强峰值

图7.32　第1层框架梁前表面压强

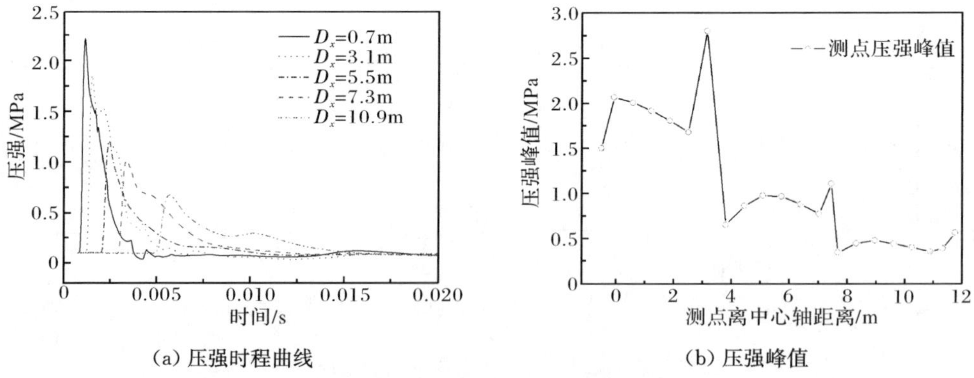

(a) 压强时程曲线　　(b) 压强峰值

图7.33　第1层框架梁后表面压强

框架梁表面的荷载分布情况与柱子类似，在节点附近区域同样存在压强骤增或骤减的现象，构件背面存在不容忽视的负压作用，例如图 7.34 所示的第 4 层框架梁上表面测点记录的压强时程曲线。

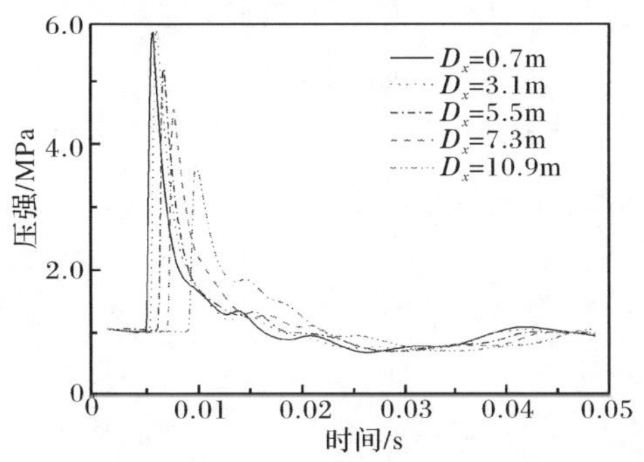

图 7.34　第 4 层框架梁上表面压强

7.3.2　爆炸荷载作用下钢框架结构的动态响应与破坏倒塌分析

与一般常见荷载相比，爆炸荷载具有峰值大、持时短的特点，在爆炸荷载作用下，结构的最初响应往往体现在局部构件的严重变形和破坏，因此，在对爆炸荷载作用下框架结构动态响应的模拟中，需建立较精细的有限元模型，准确分析爆炸作用导致的结构局部破坏[22,23]。本节将详细研究一座 4 层钢框架在爆炸荷载作用下的结构响应和倒塌过程。

1. 钢框架结构的有限元模型

本节的研究对象为一座 4 层钢框架，框架柱、主梁和次梁的各层平面布置如图 7.35 所示，层高均为 3.4m。各楼层承受 2.0kN/m^{2}的楼面活荷载；屋面承受的活荷载为 0.5kN/m^2。将楼板自重和其他永久荷载折算为 5.0kN/m^{2}的恒荷载。柱子采用方钢管；主、次梁采用 H 型钢，截面尺寸列于表 7.5。

表 7.5　框架柱、梁截面表

构件类型	编号	截面/mm
框架柱	GZ1	方钢管 300×12
	GZ2	方钢管 300×16
框架梁	GL1	H 型钢 300×200×10×14
	GL2	H 型钢 350×200×12×16
	GL3	H 型钢 250×200×10×14

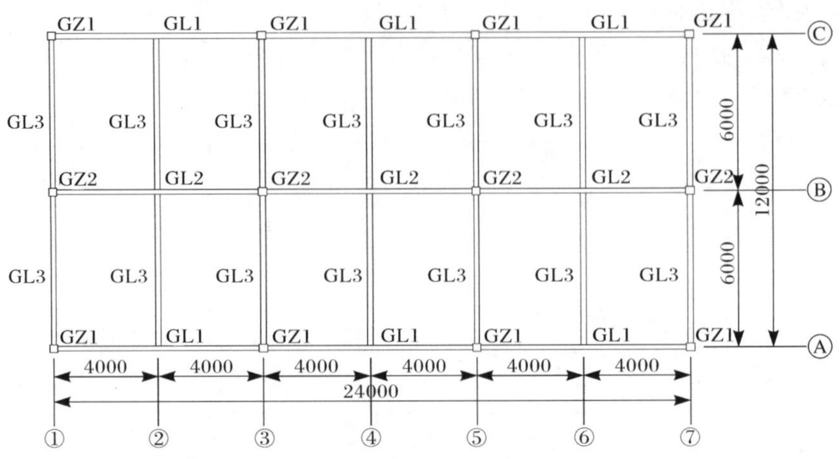

图 7.35　钢框架平面布置图

利用有限元分析软件 ANSYS 建立该钢框架的计算模型，如图 7.36 所示。模型中所有钢构件均采用显式壳单元 SHELL163 模拟，板材间的连接(焊接或螺栓连接)采用共用节点的方式模拟。框架节点处的有限元单元网格尺寸较小，能够较精确地分析节点处的局部应力集中现象，如图 7.37 所示。在框架节点处的柱子内部设置与框架梁翼缘等厚的加劲肋。次梁与主梁采用铰接，因此，仅将次梁腹板通过连接板连接于主梁，如图 7.38 所示。底层柱脚与基础固接。

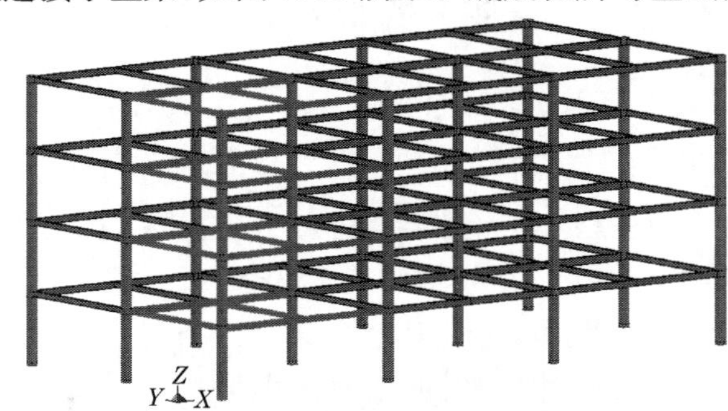

图 7.36　钢框架整体有限元模型

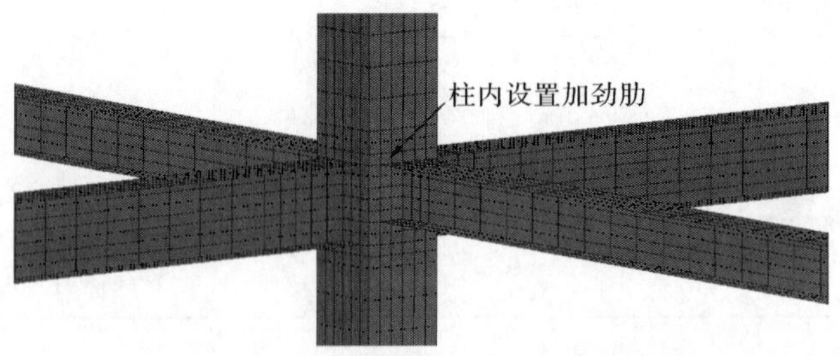

图 7.37　框架节点的有限元模型

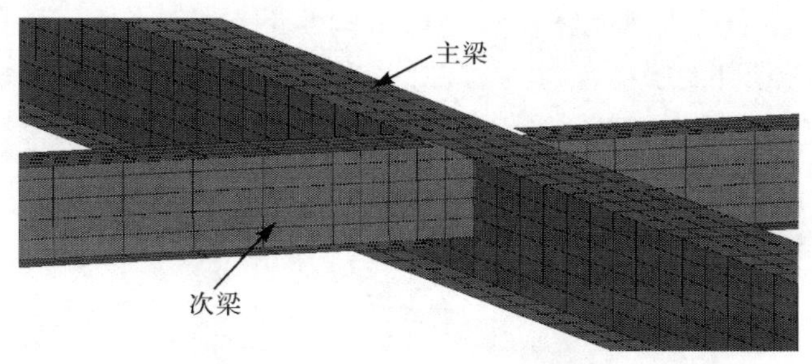

图 7.38　主梁和次梁的连接

2. 爆炸荷载的导入

通过在 AUTODYN 中设置大量压强测点，可准确记录到不同位置处的爆炸压强随时间变化的曲线。针对上文所建立的钢框架模型，在前排框架柱和梁的各侧面上，纵向每隔 0.5m 设置 1 个压强测点。

利用 AUTODYN 模拟了 TNT 炸药量分别为 1000kg、1500kg 和 2500kg 的三种爆炸工况，炸药放置点与框架前表面的距离均为 5m。将所有测点记录的压强曲线编写成 LS-DYNA 的模型输入文件，并逐一施加于各测点所对应的壳单元表面。在对框架梁施加爆炸荷载时，忽略了 H 型钢上下翼缘内表面的爆炸作用，仅在翼缘外表面和腹板两表面施加了爆炸压强。

3. 钢框架结构的动态响应与破坏倒塌分析

利用 LS-DYNA 分析了框架在爆炸荷载作用下的结构响应和破坏情况。当 TNT 炸药质量为 1000kg 时，未发现框架发生严重破坏。图 7.39 显示了爆炸发生 10ms 后框架内各构件的 von Mises 应力的分布情况。

图 7.39　1000kg TNT 炸药爆炸 10ms 后框架应力分布

从图 7.39 可看出，前排框架一、二层梁、柱应力普遍超过弹性极限，进入塑性阶段。前排底层框架柱和中间跨框架梁发生较大的塑性变形，如图 7.40 所示。框架柱在承受爆炸冲击后依然能够支承上部结构传下来的竖向作用力。爆炸冲击激起框架横向振荡，顶部的横向位移时程曲线如图 7.41 所示，最大位移值为0.392m。振荡持续一段时间后，结构趋于稳定，框架顶部的永久残余位移为 0.126m。

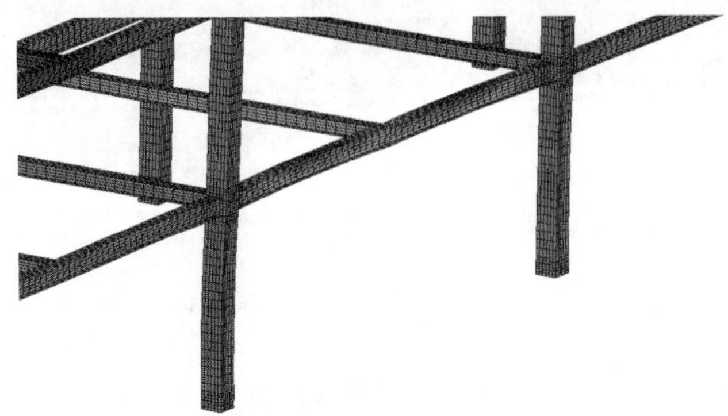

图 7.40　框架前排底层梁、柱的局部变形

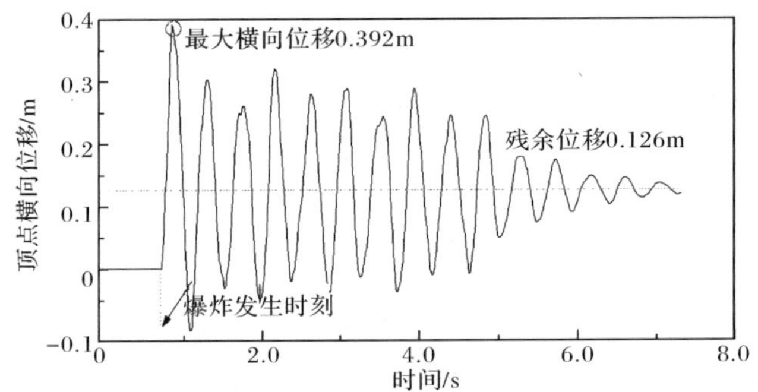

图 7.41　框架顶点横向位移时程曲线

当 TNT 炸药量为 1500kg 时，框架发生局部破坏，如图 7.42 所示，主要表现为一层框架次梁塌落，导致框架局部发生楼板坍塌破坏，但框架整体结构未发生倒塌。

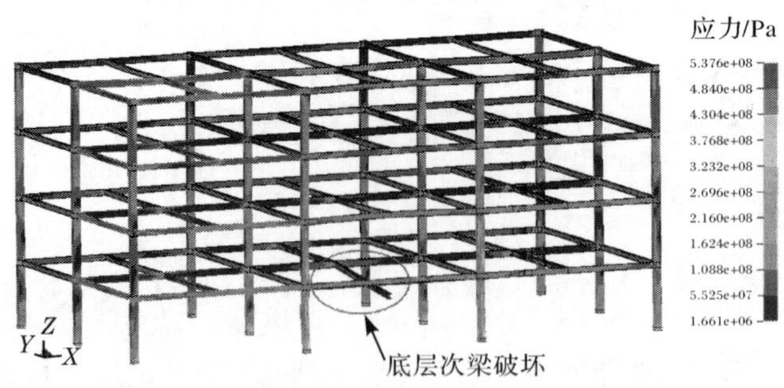

图 7.42　1500kg TNT 炸药爆炸 70ms 后框架应力分布

如图 7.43 所示，前排底层框架柱和中间跨框架梁发生严重塑性变形，框架柱前表面和内侧发生严重屈曲，中间跨纵向框架梁发生扭转，并导致与其相连的次梁塌落。在底层框架节点处，发现局部拉裂破坏，如图 7.44 所示。

图 7.43　框架前排底层梁、柱的塑性应变分布图

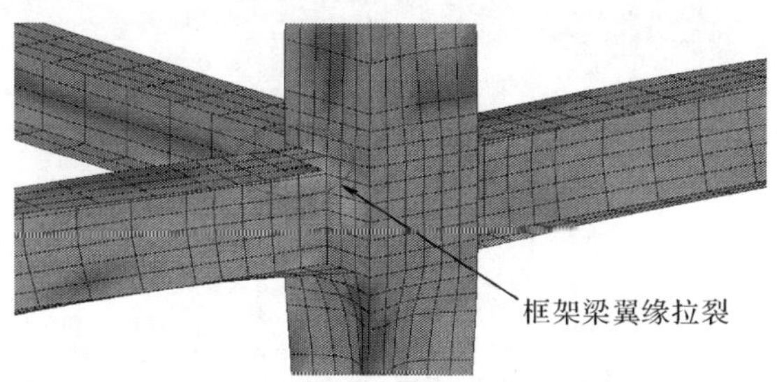

图 7.44　框架节点处框架梁翼缘拉裂

框架顶部的横向位移时程曲线如图 7.45 所示，最大位移为 0.642m，结构稳定后的永久残余位移为 0.341m。

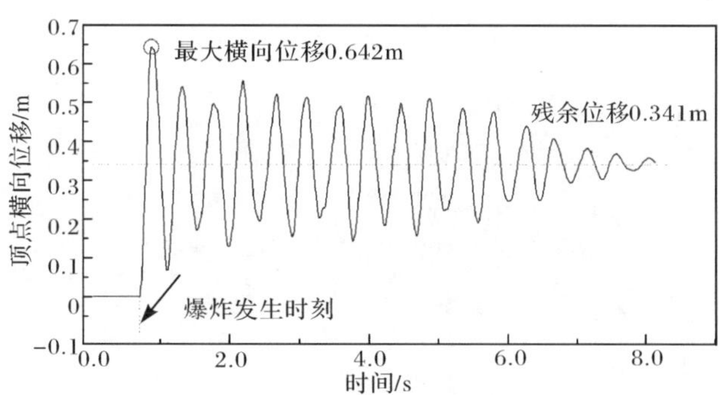

图 7.45　框 5 架顶点横向位移时程曲线

当 TNT 炸药量为 2500kg 时，框架发生整体倒塌，图 7.46 分别给出了爆炸发生 10ms、90ms、300ms 和 500ms 后框架的破坏情况。

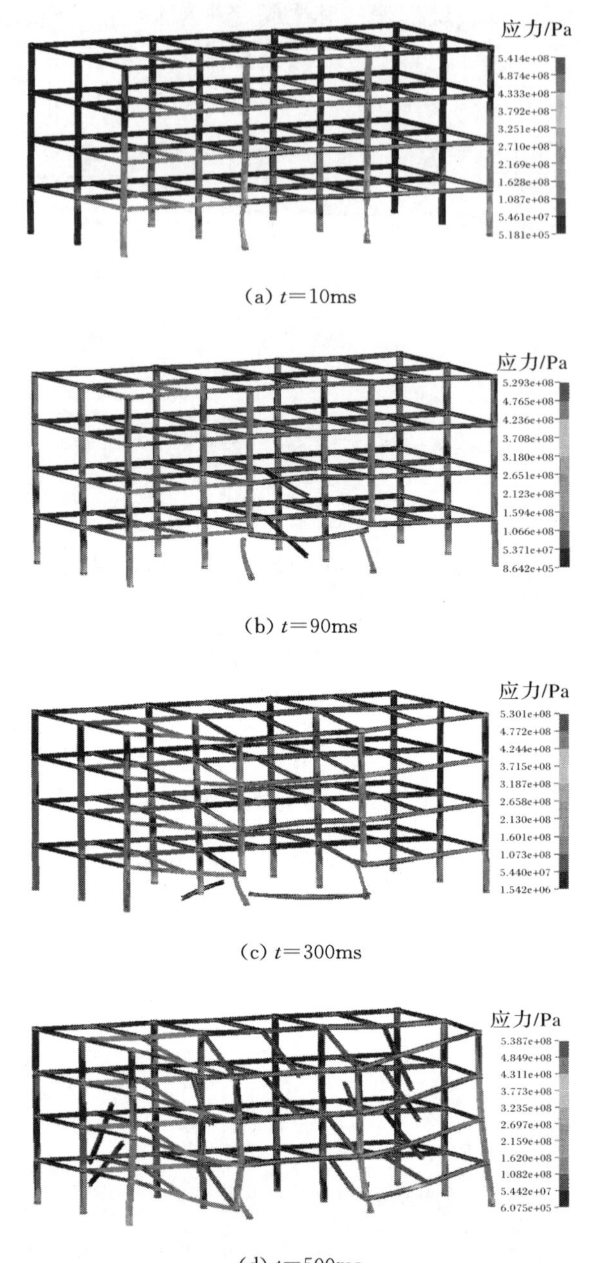

(a) t=10ms

(b) t=90ms

(c) t=300ms

(d) t=500ms

图 7.46　钢框架在 2500kg TNT 炸药爆炸后的破坏和倒塌过程与应力分布

图 7.46 反映了钢框架在 2500kg TNT 炸药爆炸后的破坏和倒塌过程。当爆炸冲击波到达建筑前表面时，首先由底层前排中间框架柱和框架梁承受爆炸荷载

的冲击,框架柱一方面受到作用于各个侧面的爆炸压力,另一方面,由于框架梁受到向上冲击波的作用,导致在结构响应的初期阶段,前排框架有向上的运动趋势,图 7.47 记录了前排框架中间柱顶点的竖向位移时程曲线,图中圆圈所标识的区间内,底层框架柱受到向上的拉力。在这两方面荷载的作用下,前排框架底层中间柱的顶部发生如图 7.48 所示的断裂现象。底层柱的完全破坏导致前排框架发生如图 7.46 所示的连续性倒塌。

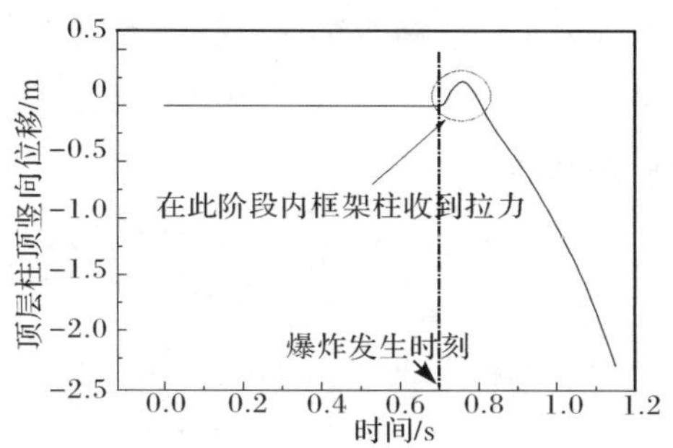

图 7.47　前排框架顶层柱顶竖向位移

图 7.48　底层柱顶的断裂

本节针对三种不同炸药量的爆炸工况,对一座 4 层钢框架的结构响应和破坏过程进行了较精细的模拟和分析。计算结果表明:钢框架整体结构的抗爆性能较好,能够抵御一般规模的室外恐怖爆炸活动(炸药量小于 1000kg);但在超大规模的爆炸事件发生时,极可能发生结构局部破坏,甚至发生严重的连续性倒塌。

7.4　钢平板网架的破坏倒塌

网架结构具有自重轻、刚度大、抗震性能好等优点,因此已被广泛应用于体育场馆、展览馆、大面积工业厂房等屋盖结构中。另外,采用网架或网壳结构,容易实现较复杂的建筑造型,因此被大量应用于大型公共建筑中,如航站楼、火车站等。人员高度密集的公共建筑往往成为恐怖攻击的主要目标。因此,关于网架结构防爆、抗爆方面的研究需引起重点关注。

自美国“9 · 11”事件后的近十年内,国内外大量学者高度重视关于建筑物在爆炸荷载作用下结构响应和破坏模式的研究,并取得了一些阶段性成果,主要集中在对单构件或节点的爆炸响应研究[24~26],以及一些简单框架结构的整体分析[23,27]。然而,据作者调查,关于网架结构在爆炸荷载作用下结构破坏和倒塌机理方面的研究还很缺乏。与多高层建筑结构相比,网架结构具有特殊的力学特点,如网架结构在常规荷载(恒荷载、活荷载、风荷载等)作用下具有三维空间受力的性质;由于多次超静定的结构特点,使得整体安全性较好,个别杆件的屈曲不会导致结构整体破坏。因此,网架结构的抗爆特性应与普通框架结构有所不同。另外，由于网架结构的选型和边界约束形式多样，并且不同结构形式的网架结构抗爆性能差异显著，这使得相关研究工作变得相当复杂。但针对典型的网架结构形式和最常见的边界条件，有必要开展一些基础性研究，为有特殊抗爆要求的建筑的选型和设计工作提供基本的指导。

本节主要研究四种不同柱子布置形式的平板网架在边柱承受室外爆炸荷载作用时的结构响应和破坏模式，并分别计算不同边柱作为爆炸荷载受力柱时的极限爆炸压强。通过对不同柱子布置形式的网架结构爆炸响应的对比，定量分析柱子布置方案对网架抗爆能力的影响。

7.4.1 平板网架结构有限元模型和爆炸荷载

1. 网架有限元模型

本节所建立的网架模型为正放四角锥网架，几何尺寸如图 7.49 所示。

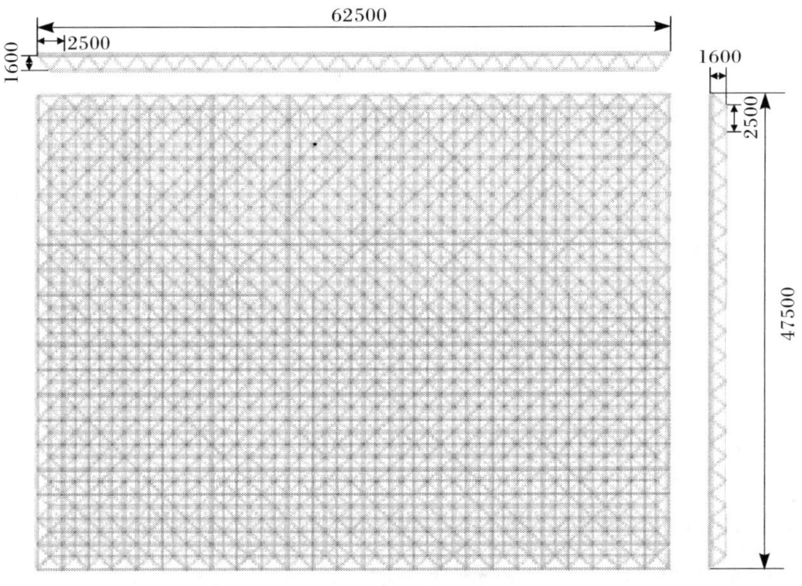

图 7.49 平板网架几何尺寸

除爆炸荷载外，网架上弦承受 0.5kN/m^{2}的恒载、0.5kN/m^{2}的活载；下弦承受 0.3kN/m^{2}的吊挂荷载。利用网架设计软件进行杆件截面设计，并采用有限元软件 ANSYS 建立该网架的有限元模型，如图 7.50 所示，采用显式梁单元 BEAM161 建立网架杆件模型。为了正确模拟受压杆的屈曲现象，每根杆件划分为 6 段，采用 6 个梁单元模拟；杆件间通过耦合平动自由度实现铰接连接。钢材的材料模型采用 Johnson-Cook 修正模型。

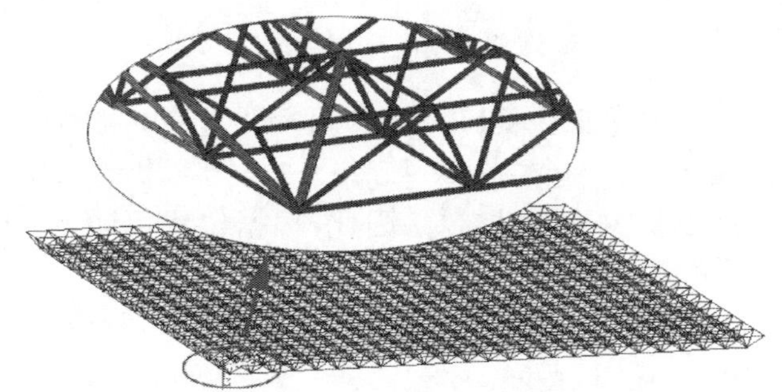

图 7.50　平板网架有限元模型

2. 爆炸荷载

本节仅分析室外爆炸对网架的冲击作用，并且假设爆炸荷载仅作用于网架边柱的外侧面。室外爆炸的压强变化过程可用图 7.51(a)所示的时程曲线表示。本节根据“压强峰值相等、正压冲量相等”的原则将爆炸压强简化为如图 7.51(b)所示的二角形冲击荷载。

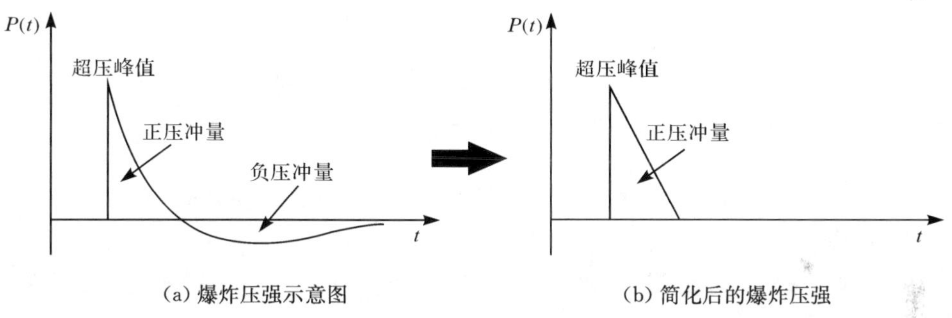

(a) 爆炸压强示意图　(b) 简化后的爆炸压强

图 7.51　爆炸荷载简化模型

7.4.2　爆炸荷载作用下平板网架结构的破坏倒塌分析

网架结构的支座布置情况对其内力分布影响显著，不同支座条件的网架结构的杆件设计截面尺寸差别较大，并且由于支座反力不同，导致柱子的设计截面尺寸也不同。本节主要讨论 4 种常见柱子布置形式的网架结构在爆炸荷载作用下的结构响应和破坏模式。另外，通过计算不同位置的柱子所能承受的最大爆炸冲击压强，分析确定平板网架结构的抗爆薄弱柱，从而为网架结构抗爆设计提供理论依据。下文将逐一介绍关于四种常见柱子布置方案的平板网架结构在室外爆炸荷载作用下的动态响应与破坏倒塌的数值分析。

1. 方案一网架结构的动态响应分析

第1种柱子布置方案如图7.52所示，网架跨度为45m，沿网架两纵向下弦节点每隔3个节间布置支承边柱，柱距为7.5m，柱高为4.2m，采用方钢管，截面尺寸为500mm×24mm。该网架双轴对称，因此，根据位置不同，将柱子由两端向中间依次编号，如图7.52所示。

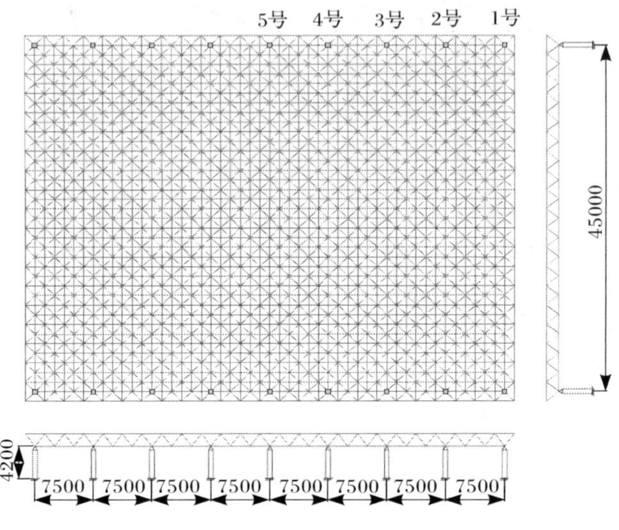

图7.52　柱子布置方案一

本节只考虑单根柱承受爆炸荷载作用时的网架响应。在有限元模型中，非受爆柱采用BEAM161单元模拟；而受爆柱在爆炸冲击作用下将产生较大塑性变形，因此为了提高分析准确度，受爆柱模型采用ANSYS中的显式壳单元SHELL163建立，如图7.53所示。

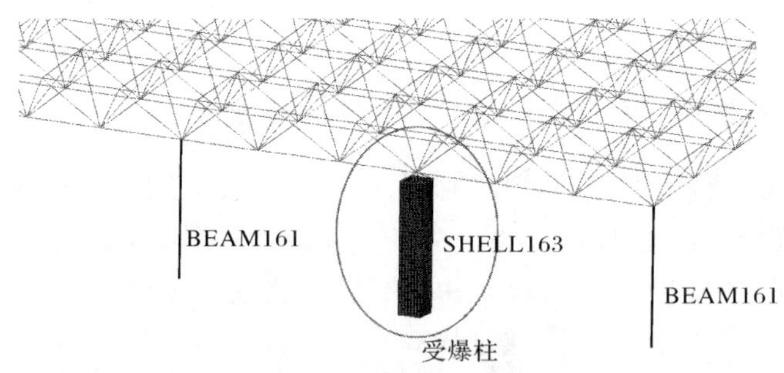

图7.53　柱子有限元模型

利用显式有限元软件 LS-DYNA 模拟了该网架在爆炸荷载作用下的动态响应。通过对不同受爆柱和不同爆炸荷载值的工况模拟，可观察到两类破坏模式：当 1 号柱或 2 号柱为受爆柱时，网架的破坏模式如图 7.54 所示，离爆炸源较近的角柱附近区域的受压杆件发生严重屈曲，导致网架整体倒塌；当受爆柱为 3 号柱、4 号柱或 5 号柱时，网架倒塌开始于受爆柱附近杆件严重屈服，继而发生网架单侧整体垮塌，例如图 7.55 反映的爆炸荷载作用于 5 号柱时的网架倒塌临界状态。

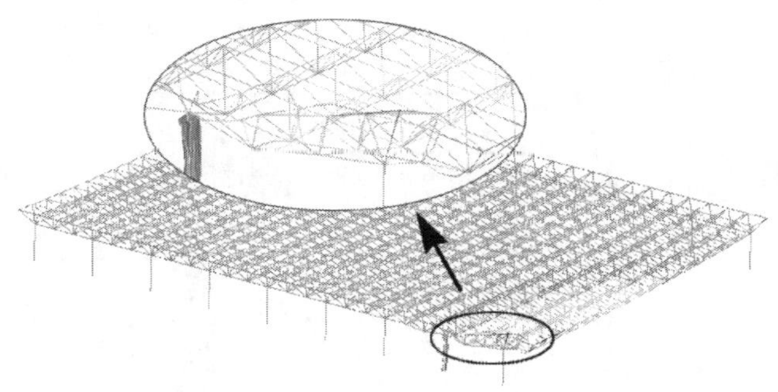

图 7.54　爆炸荷载作用于 2 号柱时的网架倒塌起始状态(方案一)

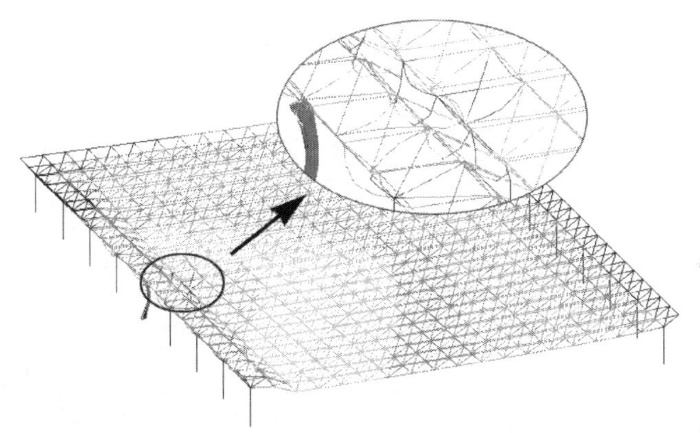

图 7.55　爆炸荷载作用于 5 号柱时的网架倒塌起始状态(方案一)

爆炸荷载作用位置不同，网架所能承受的极限爆炸压强也不同。基于对不同爆炸工况的数值模拟，分别定量分析了不同柱子作为受爆柱时的极限爆炸荷载。为了便于比较，所有爆炸工况的荷载作用时间均为 5ms。图 7.56～图 7.60 分别显示了 1 号柱～5 号柱在不同爆炸压强作用下的跨中竖向位移时程曲线。通过观察位移曲线的形状，可判断网架是否发生严重倒塌。

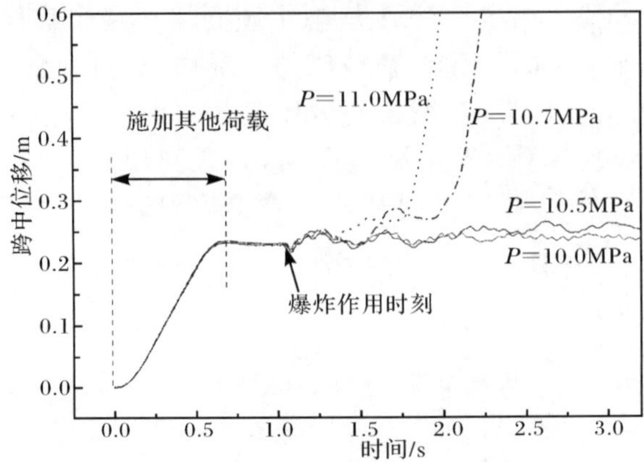

图 7.56　方案一网架跨中竖向位移时程图(1 号柱为受爆柱)

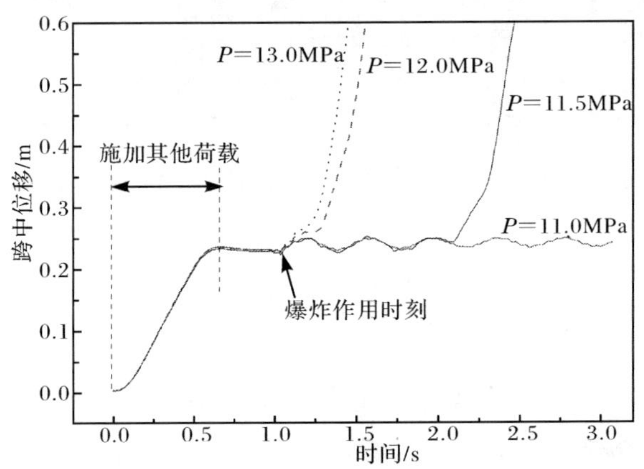

图 7.57　方案一网架跨中竖向位移时程图(2 号柱为受爆柱)

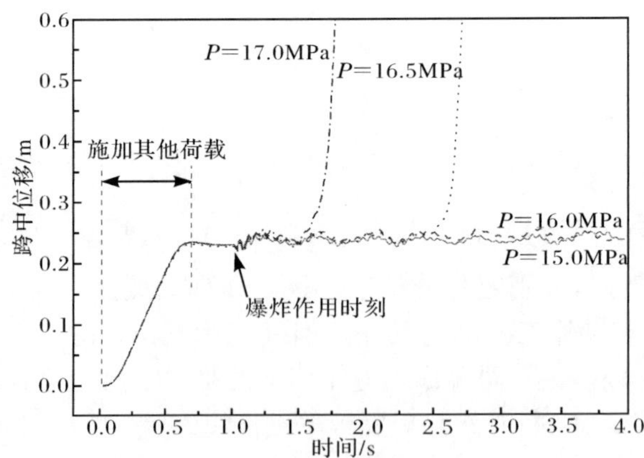

图 7.58　方案一网架跨中竖向位移时程图(3 号柱为受爆柱)

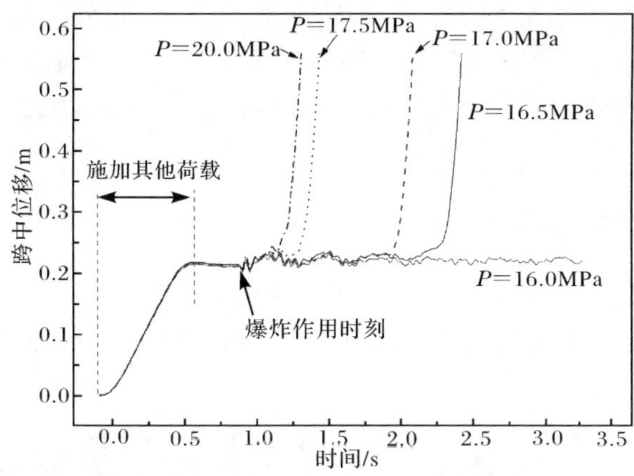

图 7.59　方案一网架跨中竖向位移时程图(4 号柱为受爆柱)

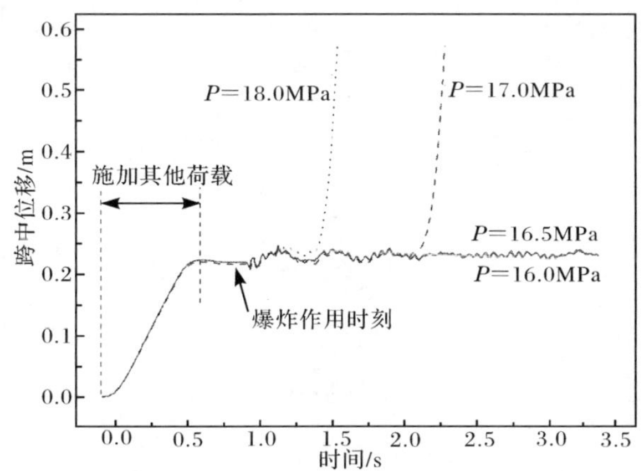

图 7.60　方案一网架跨中竖向位移时程图(5 号柱为受爆柱)

观察图 7.56～图 7.60 的曲线,可确定各类柱承受爆炸荷载的极限压强值 P_{cr},列于表 7.6。

表 7.6　不同受爆柱对应的极限爆炸压强(方案一)

受爆柱	极限爆炸压强 P_{cr}/MPa
1 号柱	$10.5 \leqslant P_{cr} < 10.7$
2 号柱	$11.0 \leqslant P_{cr} < 11.5$
3 号柱	$16.0 \leqslant P_{cr} < 16.5$
4 号柱	$16.0 \leqslant P_{cr} < 16.5$
5 号柱	$16.5 \leqslant P_{cr} < 17.0$

表 7.6 表明,若平板网架的柱子按照方案一布置,当外部爆炸发生在角柱附近区域时,网架最容易发生倒塌,并且网架倒塌起始于角柱附近区域杆件的屈曲,如图7.54所示,在较短时间后相继发生整体倒塌。中段边柱的抗爆能力相对较强。

2. 方案二网架结构的动态响应分析

第 2 种柱子布置方案如图 7.61 所示。在方案一的基础上,在两端山墙位置分别设置 2 根柱子。柱子截面为 500mm×24mm 的方钢管,柱底固结,柱顶与下弦节点铰接。

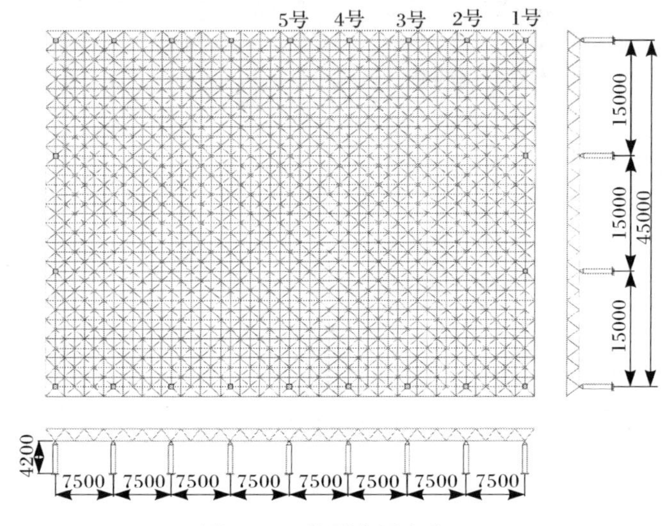

图 7.61 柱子布置方案二

通过对网架在爆炸荷载作用下结构响应的模拟,观察到三类破坏模式,如图 7.62～图 7.64 所示。当作用于 1 号柱上的爆炸压强大于 20MPa,小于 40MPa 时,1 号柱完全破坏,并导致附近区域发生局部倒塌,但由于山墙柱和其他边柱的约束作用,并未发生网架整体垮塌,如图 7.62 所示;当作用于 1 号柱上的爆炸压强大于 40MPa 时,受爆角柱附近局部倒塌引起网架整体剧烈振动,最终导致网架整体倒塌,图 7.63 反映了整体倒塌前的临界状态;当爆炸荷载作用在角柱以外的其他边柱时,可能发生的破坏模式如图 7.64 所示,受爆柱附近杆件严重屈曲,导致网架整体垮塌。

跨中竖向位移的时程曲线可反映出网架在荷载作用下是否发生倒塌。图 7.65～图 7.69 是不同位置的柱子承受不同压强的爆炸荷载时,网架跨中的竖向位移时程曲线。

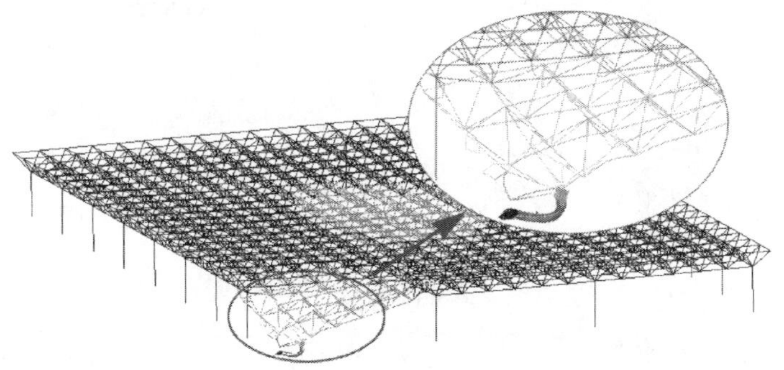

图7.62 1号柱承受爆炸荷载后网架局部倒塌(方案二)

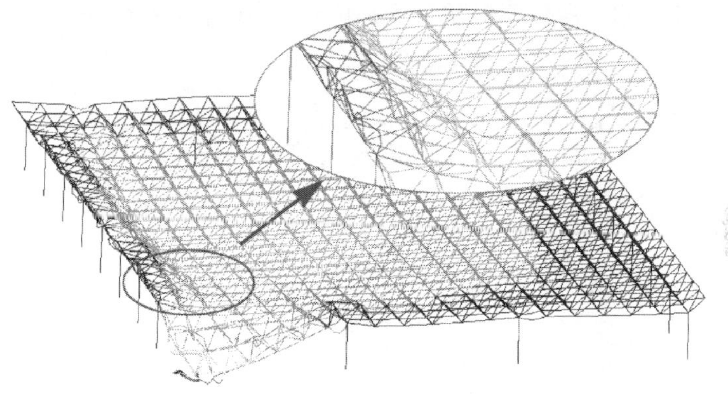

图7.63 1号柱承受强烈爆炸荷载后引起网架整体垮塌(方案二)

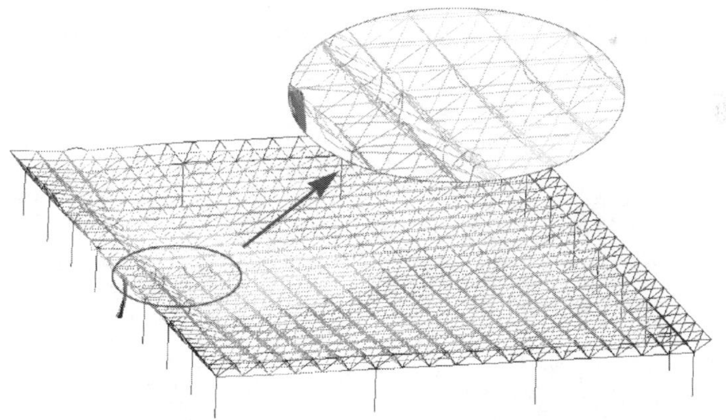

图7.64 1号柱作用爆炸荷载引起网架整体倒塌(方案二)

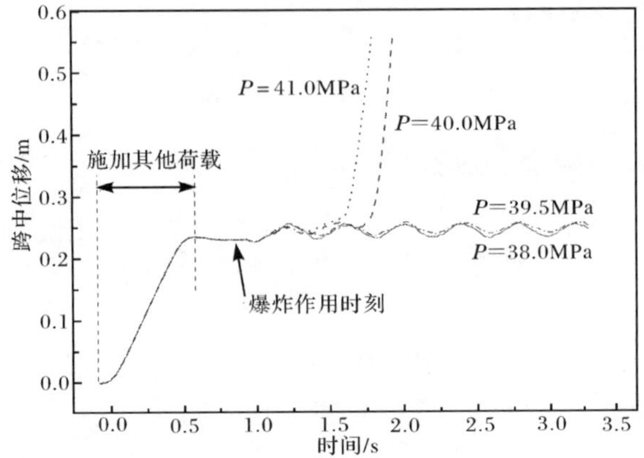

图 7.65 方案二网架跨中竖向位移时程图(1 号柱为受爆柱)

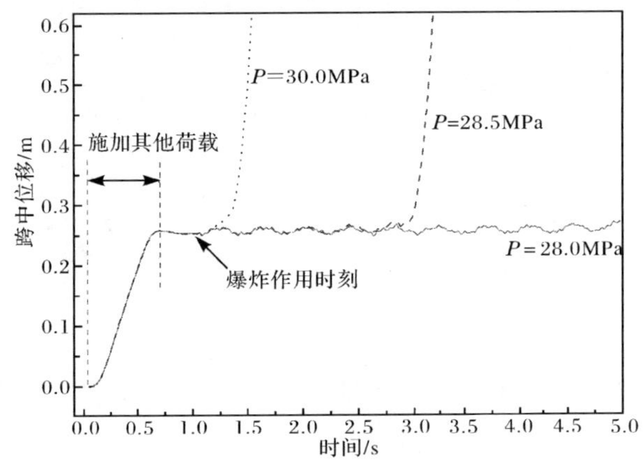

图 7.66 方案二网架跨中竖向位移时程图(2 号柱为受爆柱)

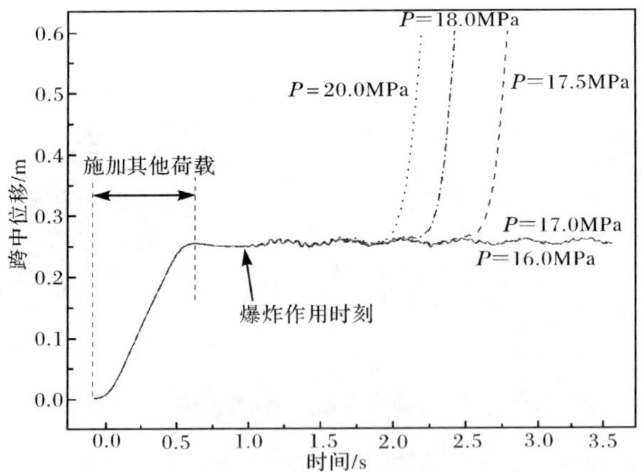

图 7.67 方案二网架跨中竖向位移时程图(3 号柱为受爆柱)

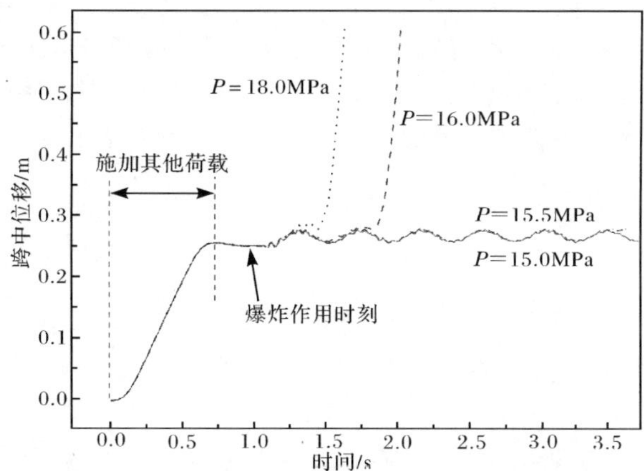

图7.68　方案二网架跨中竖向位移时程图(4号柱为受爆柱)

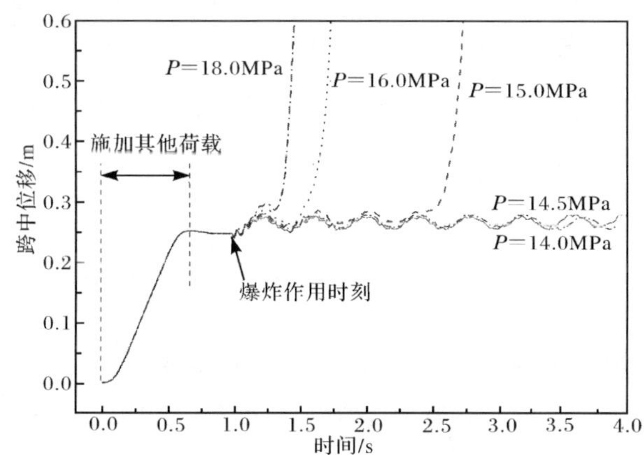

图7.69　方案二网架跨中竖向位移时程图(5号柱为受爆柱)

观察图7.65～图7.69的曲线,可确定不同位置柱承受爆炸荷载的极限压强值 P_{cr},列于表7.7中。

表7.7　不同受爆柱对应的极限爆炸压强(方案二)

受爆柱	极限爆炸压强 P_{cr}/MPa
1号柱(局部倒塌)	$19.5 \leqslant P_{cr} < 20.0$
1号柱(整体倒塌)	$39.5 \leqslant P_{cr} < 40.0$
2号柱	$28.0 \leqslant P_{cr} < 28.5$
3号柱	$17.0 \leqslant P_{cr} < 17.5$
4号柱	$15.5 \leqslant P_{cr} < 16.0$
5号柱	$14.5 \leqslant P_{cr} < 15.0$

表 7.7 表明，若平板网架的柱子按照方案二布置，角柱抵抗爆炸荷载的能力比较强，可能发生局部破坏，但不易发生整体垮塌；外部爆炸的位置越靠近中间的边柱，平板网架越容易发生整体倒塌。

3. 方案三网架结构的动态响应分析

第 3 种柱子布置方案如图 7.70 所示。在方案一的基础上，沿跨中纵向设置柱子，柱距为 15m。与方案一相比，方案三的平板网架跨度减小，因此，网架杆件和柱子的设计截面均减小。该方案中的柱子采用截面为 300mm×16mm 的方钢管。

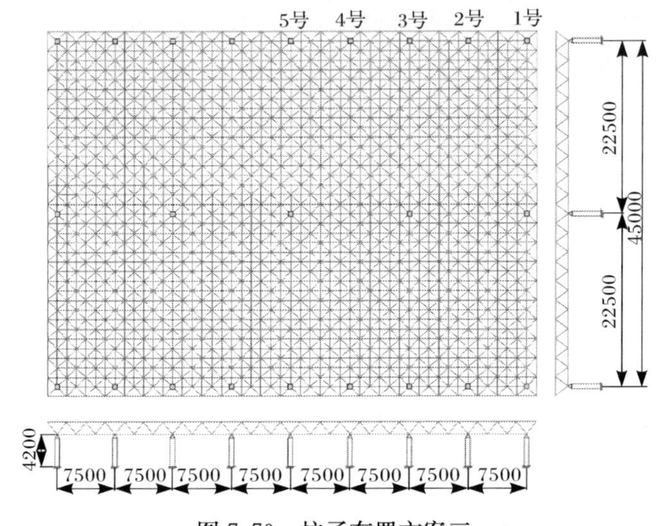

图 7.70　柱子布置方案三

结果表明，按照方案三布置柱子的网架在外部爆炸作用下的倒塌均起始于离近爆一侧边柱第 2 或第 3 个节间的上弦杆件屈曲，破坏形态如图 7.71 所示。

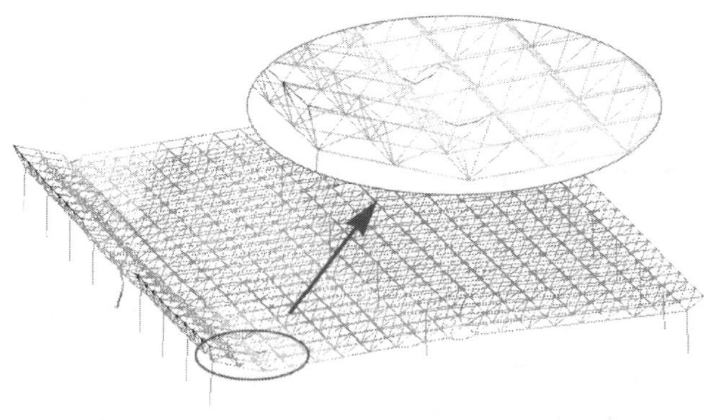

图 7.71　离爆炸发生一侧边柱第 3 个节间上弦杆件屈曲导致倒塌(方案三)

该方案的平板网架在爆炸荷载作用下往往仅发生靠近爆炸一侧的单跨倒塌，而邻跨的网架一般能够维持荷载(恒载、活载)的作用。最终倒塌后的网架如图 7.72所示。

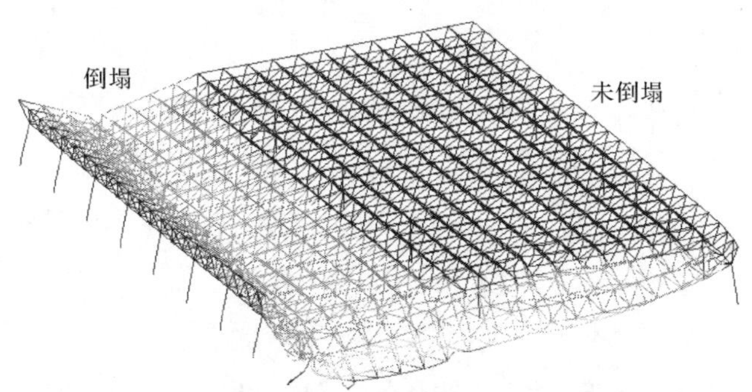

图 7.72　爆炸导致的网架最终倒塌模式(方案三)

在数值模拟中记录了靠近爆炸一跨跨中竖向位移的时间历程，如图 7.73～图 7.77 所示。通过观察各爆炸工况中该时程曲线的形状，可判断网架是否发生倒塌，并且可大概确定临界爆炸压强值。

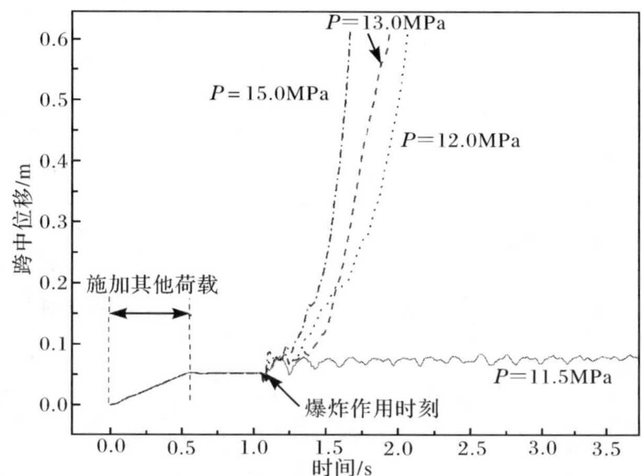

图 7.73　方案三网架跨中竖向位移时程图(1 号柱为受爆柱)

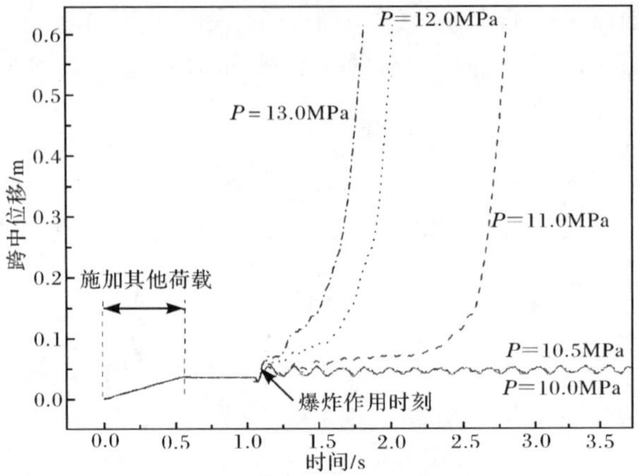

图 7.74　方案三网架跨中竖向位移时程图(2 号柱为受爆柱)

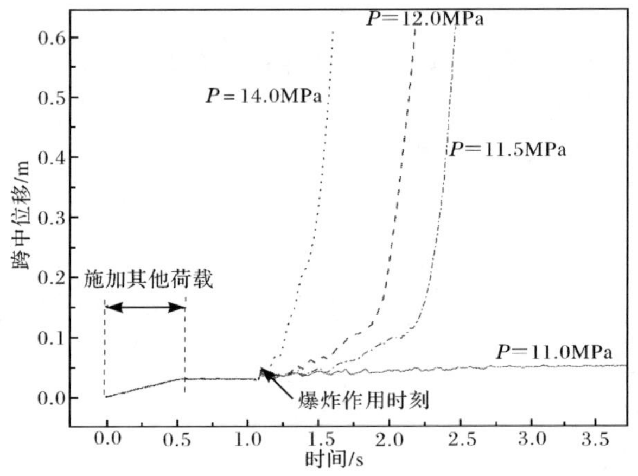

图 7.75　方案三网架跨中竖向位移时程图(3 号柱为受爆柱)

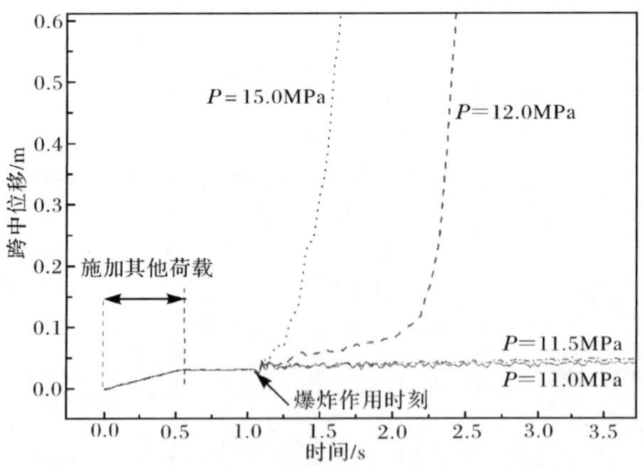

图 7.76　方案三网架跨中竖向位移时程图(4 号柱为受爆柱)

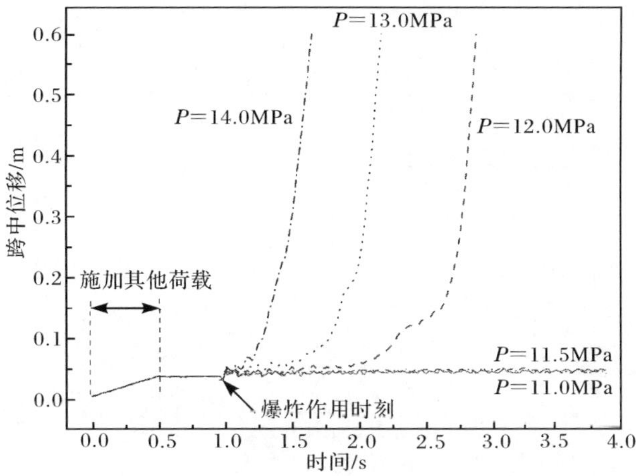

图 7.77　方案三网架跨中竖向位移时程图(5 号柱为受爆柱)

归纳各柱承受爆炸荷载的极限压强值 P_{cr}列于表 7.8 中。

表 7.8　不同受爆柱对应的极限爆炸压强(方案三)

受爆柱	极限爆炸压强 P_{cr}/MPa
1 号柱	$11.5 \leqslant P_{cr} < 12.0$
2 号柱	$10.5 \leqslant P_{cr} < 11.0$
3 号柱	$11.0 \leqslant P_{cr} < 11.5$
4 号柱	$11.5 \leqslant P_{cr} < 12.0$
5 号柱	$11.5 \leqslant P_{cr} < 12.0$

表 7.8 中所列的极限爆炸压强 P_{cr}的数值表明:按照方案三设计的平板网架承受爆炸荷载的性能与外部爆炸的发生位置关系不显著。与前两个方案相比,方案三的网架所能够承受的极限爆炸压强相对较小。

4. 方案四网架结构的动态响应分析

第 4 种柱子布置方案如图 7.78 所示,网架悬挑 2 个节间,网架跨度为 35m。该方案中的柱子采用截面为 400mm×20mm 的方钢管。

当作用于边柱上的爆炸荷载较大时,激起网架剧烈振动,并易产生如图 7.79 所示的倒塌模式,主要表现为靠近爆炸源的边柱内侧相邻节间纵向上弦杆全部屈曲,导致网架发生如图 7.79 所示的整体垮塌。

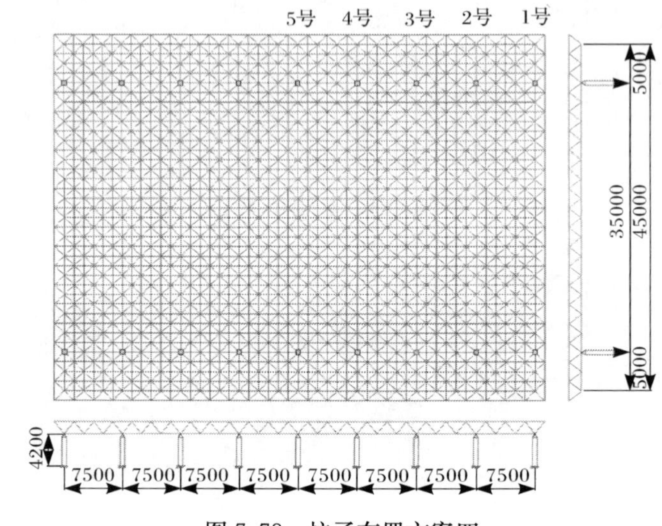

图 7.78 柱子布置方案四

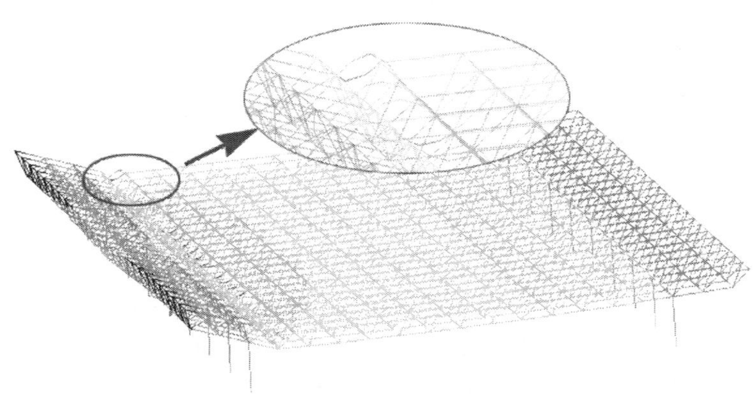

图 7.79 方案四网架的倒塌模式

图 7.79 表明,此种柱子布置方案的网架倒塌主要表现在网架跨内整体塌陷,悬挑段反挑。数值模拟得到不同爆炸工况中跨中竖向位移的时程曲线,如图 7.80～图 7.84 所示。

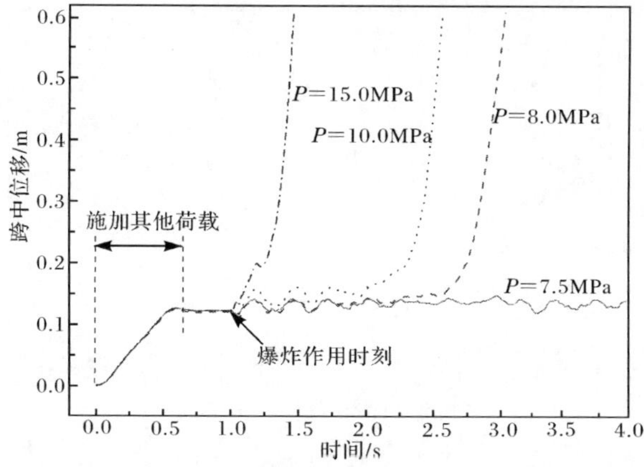

图 7.80　方案四网架跨中竖向位移时程图(1 号柱为受爆柱)

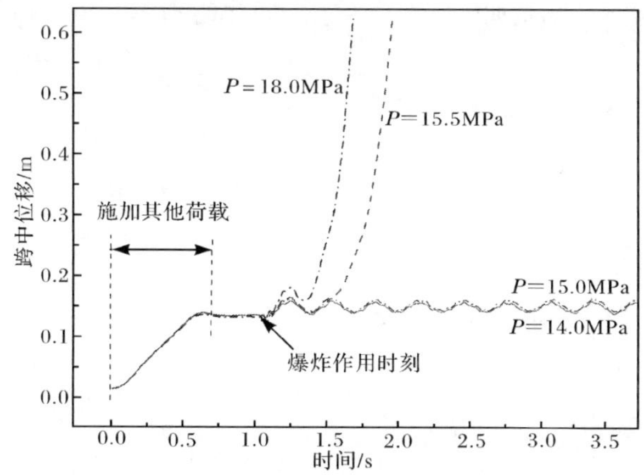

图 7.81　方案四网架跨中竖向位移时程图(2 号柱为受爆柱)

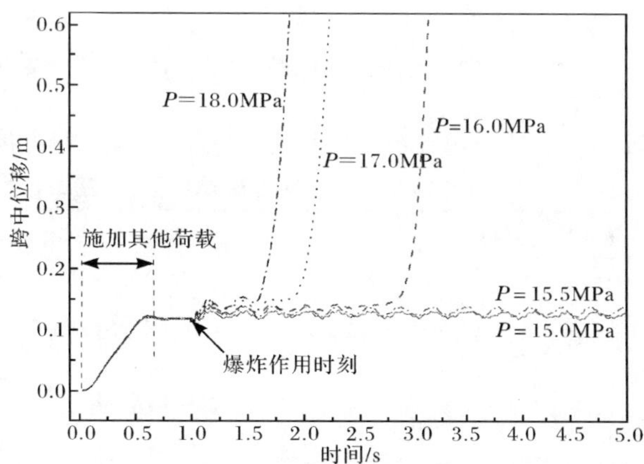

图 7.82　方案四网架跨中竖向位移时程图(3 号柱为受爆柱)

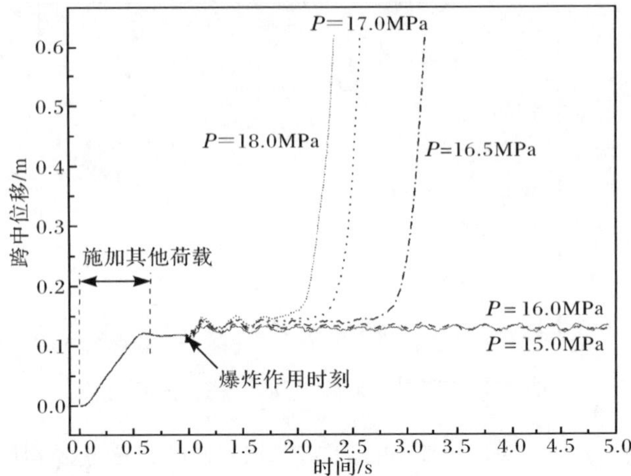

图 7.83　方案四网架跨中竖向位移时程图(4 号柱为受爆柱)

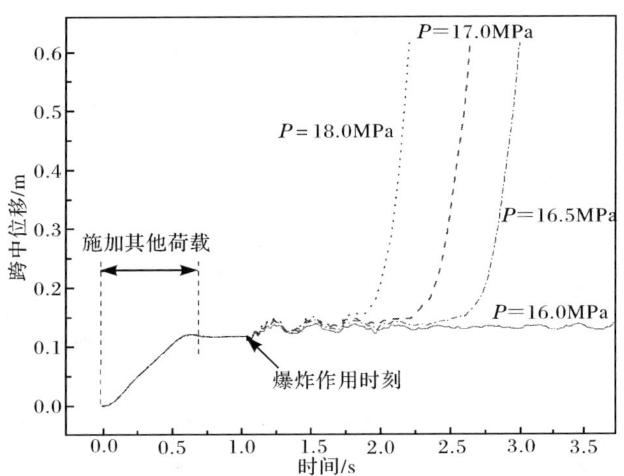

图 7.84　方案四网架跨中竖向位移时程图(5 号柱为受爆柱)

爆炸荷载作用于 1 号柱～5 号柱时的极限爆炸压强 P_{cr}的数值列于表 7.9 中。

表 7.9　不同受爆柱对应的极限爆炸压强(方案四)

受爆柱	极限爆炸压强 P_{cr}/MPa
1 号柱	$7.5 \leqslant P_{cr} < 8.0$
2 号柱	$15.0 \leqslant P_{cr} < 15.5$
3 号柱	$15.5 \leqslant P_{cr} < 16.0$
4 号柱	$16.0 \leqslant P_{cr} < 16.5$
5 号柱	$16.0 \leqslant P_{cr} < 16.5$

由此可以看出：若平板网架的柱子按照方案四布置，角柱抵抗爆炸荷载的能力明显比其他柱子弱，因此对于此网架，若爆炸发生在角柱附近，易发生整体倒塌。

7.5 本章小结

由于爆炸冲击荷载具有传播迅速、峰值大、作用时间短以及具有负超压等特点，爆炸冲击荷载作用下结构的连续倒塌比其他原因引起的结构连续倒塌更为复杂，连续倒塌机理与模式显著不同，危害也更大。因此针对钢筋混凝土框架结构、高层结构、钢框架结构、大跨空间结构等典型建筑结构，基于建立的建筑结构连续倒塌分析方法对其进行连续倒塌分析，揭示其在爆炸荷载作用下的损伤破坏机理及连续倒塌机制与模式，是世界各国工程技术人员急需解决的关键问题，也是实现建筑结构连续倒塌模式控制与防连续倒塌设计的理论基础。

本章采用建立的爆炸荷载作用下建筑结构连续倒塌的高效数值分析方法，分别选取钢筋混凝土框架结构、高层结构、钢框架结构、大跨空间结构等典型建筑结构，对它们在各类爆炸荷载作用下的动态响应、破坏与连续倒塌进行全过程分析。揭示钢筋混凝土框架结构、高层结构、钢框架结构、大跨空间等典型结构在爆炸荷载下的破坏过程、损伤机理以及连续倒塌机制与模式；并在此基础上，根据各类建筑结构连续倒塌的特点，提出了其防连续倒塌设计的技术与措施。

参考文献

[1] 黄真伟. 爆炸荷载作用下钢筋混凝土框架结构连续倒塌的数值模拟. 天津：天津大学硕士学位论文，2007.

[2] LS-DYNA. Keyword User's Manual. Livermore，California：Livermore Software Technology Corporation，2006.

[3] Malvar L J，Crawford J E. A plasticity concrete material model for DYNA3D. International Journal of Impact Engineering，1997，19(9-10)：847—873.

[4] 郭弦. 冲击作用下混凝土中应力波传播规律研究. 长沙：国防科学技术大学硕士学位论文，2010.

[5] 陆新征，林旭川，叶列平. 多尺度有限元建模方法及其应用. 华中科技大学学报(城市科学版)，2008，25(4)：76—80.

[6] 石永久，王萌，王元清. 基于多尺度模型的钢框架抗震性能分析. 工程力学，2011，28(12)：20—26.

[7] 马玉虎，陆新征，叶列平，等. 漩口中学典型框架结构震害模拟与分析. 工程力学，2011，28(5)：71—77.

[8] 林旭川，陆新征，叶列平. 钢-混凝土混合框架结构多尺度分析及其建模方法. 计算力学学报，2010，27(3)：469－475.

[9] 师燕超，李忠献. 爆炸荷载作用下钢筋混凝土柱的动力响应与破坏模式. 建筑结构学报，2008，29(4)：112－117.

[10] 陆新征，张炎圣，江见鲸. 基于纤维模型的钢筋混凝土框架结构爆破倒塌破坏模拟. 爆破，2007，24(2)：1－6.

[11] GSA. Progressive collapse analysis and design guidelines for new federal office buildings and major modernization projects. Washington D C：Office of Chief Architect，2003.

[12] Tang E K C，Hao H. Numerical simulation of a cable stayed bridge response to blast loads. Part I：Model development and response calculations. Engineering Structures，2010，32(10)：3180－3192.

[13] Malvar L J，Ross C A. Review of strain rate effects for concrete in tension. ACI Materials Journal，1999，96(5)：614－616.

[14] Bischoff P H，Perry S H. Compressive behavior of concrete at high stain rate. Materials and Structures，1991，24(144)：425－450.

[15] Malvar L. Review of static and dynamic properties of steel reinforcing bars. ACI Materials Journal，1998，95(5)：609－616.

[16] Ceb-Fip M C. Design of concrete structures. CEB-FIP-Model-Code1990. British Standard Institution，London，UK. 1993.

[17] Randers-Pehrson G，Bannister K A. Airblast Loading Model for DYNA2D and DYNA3D. No. ARL-TR-1310. Army Research Lab Aberdeen Proving Ground MD，1997.

[18] Unified facilities criteria (UFC). DoD minimum antiterrorism standards for buildings. Washington D C，Department of Defense，2005.

[19] 李易，陆新征，叶列平. 基于能量方法的 RC 框架结构连续倒塌抗力需求分析 II：悬链线机制. 建筑结构学报，2011，32(11)：9－16.

[20] AUTODYN User's Manual. Theory manual. Century Dynamics，2006.

[21] Technical Manual (TM5-1300). To resist the effect of accidental explosions. Washington DC：Department of the Army，Navy and the Air force，1990.

[22] Li Z，Shi Y. Methods for progressive collapse analysis of building structures under blast and impact loads. Transactions of Tianjin University，2008，14(5)：329－339.

[23] 师燕超，李忠献，郝洪. 爆炸荷载作用下钢筋混凝土框架结构的连续倒塌分析. 解放军理工大学学报(自然科学版)，2007，8(6)：652－658.

[24] Shi Y C，Hao H，Li Z X. Numerical derivation of pressure-impulse diagrams for prediction of RC column damage to blast loads. International Journal of Impact Engineering，2008，35(11)：1213－1227.

[25] Nurick G N，Gelman M E，Marshall N S. Tearing of blast loaded plates with clamped boundary conditions. International Journal of Impact Engineering，1996，18(7)：802－827.

[26] 方秦，吴平安. 爆炸荷载作用下影响 RC 梁破坏形式的主要因素分析. 计算力学学报，2003，

20(1):39—42.
[27] 李忠献,刘志侠,丁阳.爆炸荷载作用下钢结构的动力响应与破坏模式.建筑结构学报,2008,29(4):106—111.

第8章　建筑结构抗爆设防标准与概念设计

建筑物的安全与其设计规划有着密切的联系，因此建筑物的抗爆防爆措施应当从设计规划阶段开始。一方面，抗爆设防标准是建筑结构抗爆防护设计的基础，在建筑结构抗爆防护研究领域具有重要地位，意义重大；另一方面，对建筑结构的抗爆防爆设计规划，应当从抗爆概念设计开始。所谓“抗爆概念设计”，是指根据爆炸对建筑物的破坏效应、建筑物可能遭受爆炸袭击的概率、影响建筑物抗爆性能的多种因素等，依据爆炸防护的一些基本概念，设计出合理的建筑结构体系，使得建筑在爆炸荷载下具有一定的承载力、防倒塌能力和减少人员伤亡及财产损失的功能[1~4]。基于这种情况，目前爆炸作用下建筑结构的抗爆设防标准与抗爆概念设计已经成为了国际上的一个热点研究问题。众多国家的研究机构及学者在此领域展开了大量的研究工作，并制定了一些相关的抗爆设计导则[5~15]，指导现有建筑结构的抗爆性能评估和新建建筑结构的抗爆防护设计。

然而，由于我国在建筑结构抗爆防护和抗爆概念设计方面的研究起步较晚，迄今为止尚未制订建筑结构的抗爆设防标准，严重制约了我国建筑结构抗爆设计的工程应用[16]。同时，我国目前的建筑结构在设计时都没有考虑抗爆设计的要求，在遭遇爆炸袭击时有很大的安全隐患，应当在新建结构的设计阶段加强对爆炸防护的重视，即进行抗爆概念设计。所以，需要对建筑结构的抗爆设防标准与抗爆概念设计进行一定的研究和总结。

本章主要内容包括以下几方面：

(1) 确定建筑结构的抗爆防护等级。通过对建筑结构抗爆设防烈度和抗爆防护目标的引入，确定建筑结构的抗爆防护等级。建筑结构抗爆设防烈度通过对恐怖爆炸袭击方式和规模的分析得出，再通过文献和各国规范总结出建筑结构在爆炸荷载下的破坏等级，并结合我国的实际情况，可以确定建筑结构的防护目标。

(2) 提出建筑结构的爆炸风险等级。首先引入抗爆重要性和爆炸易损性的概念，通过风险分析的方法，即可以得出建筑结构的爆炸风险等级。抗爆重要性表征建筑结构遭遇爆炸的概率大小；爆炸易损性表征建筑结构遭遇爆炸袭击后可能产生的后果的严重程度。

(3) 建立建筑结构的抗爆设防标准。建筑结构的爆炸风险等级与抗爆防护等级相对应，建立起建筑结构的抗爆设防标准。

(4) 引入建筑结构的抗爆设防类别。根据建筑结构的抗爆重要性，引入建筑结构的抗爆设防类别，对不同的建筑结构采用不同的防护要求。

(5) 综述建筑结构的抗爆概念设计研究成果，主要包括建筑结构抗爆概念设计理念和构造措施。

(6) 计算建筑结构的抗爆防护安全指标。提供足够的防护安全距离是最基本的抗爆概念设计理念。在抗爆设防标准的基础上，以最小防护安全距离为抗爆设防安全指标，计算出了各防护等级所对应的指标值。

8.1　建筑结构抗爆设防标准

参照我国现有的抗震分类设防标准的基本体系，根据爆炸荷载及其致灾的特点，基于前人研究成果，结合我国现有技术与经济条件的实际情况，建立一套适合我国国情的建筑结构抗爆防护分类设防标准，为我国建筑结构的抗爆防护设计提供依据，保证建筑结构抗爆设计可靠性、经济性与安全性的统一。

8.1.1　抗爆设防烈度

抗爆设防烈度是指建筑结构在现有的防护距离下应当抵御的爆炸规模，以 TNT 当量为度量。抗爆设防烈度将作为建筑结构的抗爆设防依据。

据统计，目前国际上恐怖分子惯用的恐怖爆炸袭击方式主要有：直接炸弹/药、汽车炸弹、人体炸弹、邮件/包炸弹和固定箱包炸弹，其爆炸方式和爆炸特点见表 8.1[17,18]。

表 8.1　建筑物遭遇的爆炸袭击方式及特点

爆炸类型	爆炸方式	爆炸特点
直接炸弹/药	直接将炸弹/药放置在建筑物内/外部	较常见，易于实施，炸药当量较高，破坏较大
汽车炸弹	停放或行进中的车辆炸弹爆炸	炸药量大，成功率高，破坏严重
人体炸弹爆炸	将炸弹绑在身上的自杀式爆炸	隐蔽性强，难以发现，随机性和不确定性高
邮件/包炸弹	用信件/包裹把炸弹送入建筑物制造爆炸	破坏威力较小
固定箱包炸弹	将塑性炸药/TNT 手工炸弹以箱子/包裹的形式放置在建筑物的内部或邻近建筑物的外部	突发性强，比较常见，一般小型的爆炸袭击采用

对 20 世纪 80 年代以来世界上发生的部分典型或有重大影响的以建筑结构为目标的(系列)爆炸恐怖事件进行统计分析，列出其爆炸袭击方式见表 8.2。

表 8.2　20 世纪 80 年代以来爆炸袭击方式统计

时间	直接炸弹/药	汽车炸弹	人体炸弹	邮件/包炸弹	固定箱包炸弹
20 世纪 80 年代	3	6	0	1	1
20 世纪 90 年代	2	9	2	1	1
21 世纪	5	18	6	1	1
总数	10	33	8	3	3

由表 8.2 可知，在所有的恐怖分子惯用的恐怖爆炸袭击方式中，建筑结构最容易受到汽车炸弹袭击。与此同时，较之其他恐怖爆炸袭击方式，汽车炸弹炸药量大，成功率高，对建筑结构的破坏最为严重。因此，本书主要通过对汽车炸弹规模的分析来研究恐怖主义爆炸袭击规模，从而确定抗爆设防烈度。

表 8.3 中列出了 20 世纪 80 年代以来全球范围部分重大恐怖爆炸袭击事件炸药量统计数据[19,20]，其中 TNT 当量单位为 kg。

表 8.3　20 世纪 80 年代以来部分爆炸 TNT 当量

爆炸地点	袭击方式	TNT	爆炸地点	袭击方式	TNT
贝鲁特国际机场	汽车炸弹（卡车）	6000	美国俄克拉荷马城	汽车炸弹	454～680
贝鲁特美国大使馆	汽车炸弹（货车）	1360	英国泰龙郡奥马集市	汽车炸弹	227
			巴格达美英联军总部	汽车炸弹	500
贝鲁特	汽车炸弹	200	俄罗斯内务部	汽车炸弹	500
美国世贸中心大厦	汽车炸弹	227～680	车臣政府大楼	汽车炸弹	1000
英国伦敦金融城	汽车炸弹	998	巴格达运河饭店	汽车炸弹	680

文献[21]提出常见的汽车炸弹规模（TNT 当量，kg），见表 8.4。

表 8.4　常见汽车炸弹规模

序号	1	2	3	4	5
类别	基本乘用车型	交叉乘用车型	多功能乘用车型	小客车型	厢式货车型
规模	200	250	300	500	1000

FEMA426 中建议[9]：对于设计而言，根据装载车辆的大小和容量，可以认为：大型汽车炸弹通常载有 10000 磅①（4536kg）或更多当量的 TNT 炸药，使用小型轿车、厢式货车的汽车炸弹的 TNT 当量为 500～4000 磅（227～1814kg），手提箱炸弹的 TNT 当量约为 50 磅（23kg），而钢管炸弹通常为 5 磅（2.3kg）TNT 当量。

综合表 8.3 和表 8.4 以及文献[9]，结合我国常见汽车种类，以及我国对常用

① 1lb（磅）＝0.453592kg。

炸药实行严格管制的国情，提出抗爆设防烈度见表 8.5。

表 8.5　提出的抗爆设防烈度

设防烈度	1	2	3	4	5
TNT 当量/kg	30	200	500	1000	4000

8.1.2　抗爆设防等级

在进行抗爆防护设计时，需要确定建筑结构应当满足的设防等级。抗爆设防等级即是指建筑结构不同等级的抗爆设防要求。

建筑结构抗爆设防要求包括两个方面：①抗爆设防烈度；②抗爆设防烈度下的最低设防目标，即所能允许的破坏程度。

1. 爆炸破坏等级

文献[17]中根据建筑物的破坏程度将安全等级分为 6 级，见表 8.6。

表 8.6　文献[17]中安全等级

安全等级	建筑物的破坏程度
1	门窗玻璃完全无损
2	门窗玻璃有局部损坏
3	门窗玻璃完全破坏
4	门、窗框、隔板损坏；不坚固的干砌砖墙、铁皮烟囱被摧毁
5	轻型结构完全破坏；输电线铁塔倒塌；大树连根拔起
6	砖瓦结构的房屋被摧毁；钢结构建筑物严重破坏

文献[14]、[15]提出了针对砖房的爆炸破坏等级，见表 8.7。

表 8.7　文献[14]、[15]爆炸破坏等级

破坏等级	房屋破坏程度
A	无法居住，需要拆除
B	无法居住，不可修复，需要拆除；外部砖砌体 50%～75%被毁伤，结构不再安全
C_a	无法居住，不可迅速修复；屋顶部分或完全倒塌；1～2 面外墙破坏，承重隔墙完全破坏，需要更换
C_b	无法居住，但可迅速修复；屋顶和墙仅有轻微的结构破坏；门窗严重损坏
D	可以居住，但需修复以消除不方便之感；天花板和贴砖损坏；超过 10%的窗户玻璃破碎

文献[16]将建筑物在爆炸荷载冲击波作用下的破坏分为 6 个等级，见表 8.8。

表 8.8　文献[16]中爆炸破坏等级

破坏等级	等级名称	建筑物破坏情况
一	基本无破坏	玻璃偶尔开裂或震落
二	玻璃破坏	玻璃部分或全部破坏
三	轻度破坏	玻璃破坏，门窗部分破坏，砖墙出现小裂缝(5mm 以内)和稍有倾斜瓦屋面局部掀起
四	中等破坏	门窗大部分破坏，砖墙有较大裂缝(5～50mm)和倾斜(10～100mm)，钢筋混凝土屋盖裂缝，瓦屋面掀起，大部分破坏
五	严重破坏	门窗摧毁，砖墙严重开裂(50mm 以上)，斜裂缝很大甚至部分倒塌，钢筋混凝土屋盖严重开裂，瓦屋面塌下
六	坍塌	砖墙倒塌，钢筋混凝土屋盖塌下

FEMA427 中根据起爆距离划分了爆炸影响产生的损害和伤亡程度，见表 8.9[10]。

表 8.9　文献[10]中爆炸破坏等级

起爆距离	预期的最严重建筑损害	有关伤亡
近距离	整体倒塌	冲击和破碎造成的致命
中距离	外墙失效，外部隔间楼板损坏	颅骨骨折，脑震荡
远距离	玻璃破碎，灯具掉落，碎片飞溅	飞溅玻璃割伤，被甩向物体或者物体撞击人员造成的擦伤

根据已有文献中对建筑结构在爆炸荷载下的破坏程度及等级[14～17]和 DOD[8]、FEMA453[13]等规范中的建议，将建筑结构的爆炸破坏等级划分见表 8.10。

表 8.10　提出的爆炸破坏等级

破坏等级	破坏程度
1	完全损坏，倒塌
2	严重损坏，不可使用及修复，但不倒塌
3	中等损坏，不可继续使用，但可修复
4	轻微损坏，局部破坏，可继续使用
5	基本无损，极小破坏，几乎不影响使用

2. 抗爆防护等级

基于建筑结构的爆炸破坏等级，结合我国国情，主要考虑：一方面，恐怖爆炸袭击引起的建筑结构的倒塌是造成巨大人员伤亡和财产损失的最重要因素，所以爆炸防护的最低目标应当是保证结构不发生倒塌；另一方面，爆炸毕竟是偶然荷载，因此要求结构在爆炸中基本无损并几乎不影响使用，过于严格，也不够经济。因此，提出抗爆设防目标分三个层次，见表 8.11。

表 8.11　提出的抗爆设防目标

设防目标	所能允许破坏程度
第 1 层次	严重损坏，不可继续使用，不可修复，但不倒塌
第 2 层次	中等损坏，不可继续使用，但可修复
第 3 层次	轻微损坏，局部破坏，可继续使用

结合表 8.5 的抗爆设防烈度和表 8.11 的抗爆设防目标，根据我国的实际情况，提出建筑结构的抗爆防护等级，每一防护等级对应一个基本设防烈度，并要求建筑结构：

(1) 在基本设防烈度的爆炸荷载作用下达到第 2 层次的防护目标。同时：①建筑结构遭遇高烈度爆炸的概率较小，考虑到抗爆设计的经济性要求，可适当降低建筑结构在高抗爆设防烈度下的设防目标，故基本设防烈度为 5 度时，防护目标调整为第 1 层次；②建筑结构遭遇低烈度爆炸的概率较大，为确保爆炸荷载下人民群众的生命和财产安全，可适当提高建筑结构在低抗爆设防烈度下的设防目标，故基本设防烈度为 1 度时，设防目标调整为第 3 层次。

(2) 在基本设防烈度升高 1 度的设防烈度下达到第 1 层次的设防目标。

(3) 在基本设防烈度降低 1 度的设防烈度下达到第 3 层次的设防目标。

综合考虑以上原因，提出抗爆防护等级，见表 8.12。

表 8.12　提出的抗爆防护等级

抗爆设防等级	基本设防烈度	抗爆设防要求	
		设防烈度	设防目标
1 级	5 度	5 度	第 1 层次
		4 度	第 3 层次
2 级	4 度	5 度	第 1 层次
		4 度	第 2 层次
		3 度	第 3 层次
3 级	3 度	4 度	第 1 层次
		3 度	第 2 层次
		2 度	第 3 层次
4 级	2 度	3 度	第 1 层次
		2 度	第 2 层次
		1 度	第 3 层次
5 级	1 度	2 度	第 1 层次
		1 度	第 3 层次

8.1.3 抗爆设防标准

通过风险分析的方法，比较建筑结构遭遇爆炸荷载的风险大小，以此确定应当采取的抗爆防护等级。

1. 爆炸风险分析

19 世纪末，西方经济学领域首次提出了风险的概念，现已广泛应用于环境科学、自然灾害、经济学、社会学、建筑工程学等领域。但迄今为止，风险的定义尚未在学术界和工程界达成完全的共识，不同研究领域和专业背景的学者对风险有不同的定义[22]。但是，大多数学者认为，风险包含 3 个方面的含义：不利事件、其发生的概率和可能发生的后果，即可由式(8.1)定义：

$$R=P_{\mathrm{f}}C_{\mathrm{f}} \tag{8.1}$$

式中，R 为风险；P_{f} 为失事概率；C_{f} 为失事后的损失。

建筑结构的爆炸风险分析就是要对某特定的建筑结构遭遇爆炸荷载的可能性及造成的可能后果进行分析。

爆炸风险＝抗爆重要性×爆炸易损性，其中抗爆重要性表征建筑结构遭遇爆炸的可能性大小，爆炸易损性表征一旦遭遇爆炸可能造成的后果的严重程度。

1) 抗爆重要性

不同的建筑物在社会生活中的地位以及对国家以及省市的意义各有差距，一旦遭受恐怖爆炸袭击所造成的影响程度也不尽相同，因此遭遇恐怖主义分子爆炸袭击的可能性也不同，所以在建筑抗爆设计中应当引入抗爆重要性的概念。

抗爆重要性是指：建筑结构在抗爆设计中的重要程度，表征了该结构遭受潜在恐怖爆炸袭击的概率大小。

依据核心功能在社会生活中的地位(因素 1)、对国防战略和军事部署的意义(因素 2)、高峰使用时人员的数量(因素 3)和一旦遭受袭击所产生的次生灾害、社会恐慌等负面影响(因素 4)，将建筑结构抗爆重要性分为四级，见表 8.13。

表 8.13 建筑结构抗爆重要性等级

重要性	因素 1	因素 2	因素 3	因素 4
1 级	非常重要	非常重大	非常多	非常严重
2 级	较重要	较重大	较多	较大
3 级	一般重要	一般重大	一般多	一般大
4 级	不重要	不重大	不多	不大

抗爆重要性为 1、2、3 级的建筑结构从抗爆角度说即为重要建筑结构，在设计时需要考虑抗爆设计；抗爆重要性为 4 级时，则不需考虑抗爆设计。

恐怖分子袭击目标基本上分为外交目标、政府目标、军事目标、商业目标和其他平民目标五大类。统计 1968～1997 年间全球范围的恐怖主义的攻击目标，商业目标占 33.19%；其他平民目标占 30.67%；外交目标占 24.11%；军事目标占 7.00%；政府目标占 5.03%。进一步对上述数据进行分析，全球恐怖主义攻击的首要目标是商业目标；在每年发生的国际恐怖袭击中，约 1/3 是针对商业目标的，接近 2/3 的是针对非官方目标(即商业目标与其他平民目标)的，约 1/4 的是针对外交目标的，1/3 以上是针对官方目标(即外交、军事与政府目标)的[23]。根据 FEMA 的统计，1997～2002 年间，国际上针对各类建筑物的恐怖袭击数据见表 8.14[9]。

表 8.14　1997～2002 年间各类建筑遭受恐怖袭击数据

建筑物＼年份	1997	1998	1999	2000	2001	2002	合计	占总体比例/%
商业	327	282	278	383	408	111	1789	67.64
外交	30	35	59	29	18	14	185	6.99
政府	11	10	27	17	13	17	95	3.59
军事	4	4	17	13	4	1	43	1.63
其他	80	67	96	114	101	75	533	20.15
合计	452	398	477	556	544	218	2645	100

由此可知，建筑结构遭遇恐怖主义袭击的概率由高到低：商业建筑、外交建筑、政府建筑、军事建筑、其他建筑。

基于建筑物的核心功能和我国的实际国情，将建筑结构更细致的分为：政府建筑、商业建筑、外交建筑、交通建筑、文体建筑、医疗建筑、居住建筑、军事建筑、工业建筑，根据建筑结构遭遇恐怖主义袭击的可能性大小，并结合我国实际国情，定义各类建筑结构的重要性等级如下：

(1) 商业建筑。将商业建筑分为 A、B 两类，A 类是大型商场、会所和酒店等，B 类是百货商店、超市、宾馆、菜市场以及中小型酒店、商场等。A 类建筑人口密度大、经济价值大，并且根据近些年来商业建筑物遭受袭击的概率，将其重要性定义为 1 级；B 类建筑相对来说，人口较分散或者经济价值较小，根据我国国情，将其重要性等级定义为 2 级。

(2) 政府建筑。政府类建筑所具有的象征价值，是成为恐怖袭击目标的主要原因。对政府类建筑的恐怖袭击行为，通常是为了表示恐怖主义分子反对、破坏或报复该政府的制度、政权或秩序等，或者是为了制造政治压力迫使政府做出某些让步。政府建筑物一旦遭到袭击，会带来社会混乱、公众恐惧惊慌和政府指挥失灵等极其不利的影响。因此，将其重要性定义为 1 级。

(3) 外交建筑。近年来，西方国家驻外使领馆频频受到恐怖爆炸袭击，国际影响十分恶劣，将其重要性定义为 1 级。

(4) 交通建筑。车站和机场等交通建筑空间大，容纳人数多，特别在我国，人群大量聚集于此，并且往往是一座城市的标志性建筑，经济价值和影响都不容小觑，将其重要性定义为 1 级。

(5) 文体建筑。文体建筑物中的容纳人数较多，容易成为恐怖分子的目标，将其重要性定义为 2 级。

(6) 医疗建筑。主要以医院为主，医院是一个人口聚集的公共场所，且除了小部分的医护人员之外，大部分均是前往就诊的弱势人群。一旦遭袭将会在国内甚至国际上产生严重影响，同时在人们的心理上也将留下长时间的阴影，所以将其重要性定义为 2 级。

(7) 居住建筑。相比其他建筑物来说，恐怖分子袭击价值较低，因此遭遇潜在袭击的概率较小，将其重要性定义为 4 级，属于非重要建筑物，一般不考虑抗爆设计。

(8) 军事建筑。虽然，对军事建筑物的袭击一旦成功，能够造成巨大的轰动效果。但是，军事建筑物都有严格的管理和防护措施，恐怖分子想接近建筑的难度较高，袭击较难实现。所以总的来说，除去战争的因素，军事建筑一般不是恐怖爆炸袭击的主要对象，具体在我国，军事建筑都较隐蔽，安全状况良好，针对军事建筑的袭击可能性较小，所以将其重要性定义为 3 级。

(9) 工业建筑。将工业建筑物划分为 A、B 两类。A 类包括生产易燃、易爆、有毒、有害化学品的工厂、核化工业设施和规模产值很大的工厂，因为这类建筑物爆炸不仅会造成人员和财产的损失，对社会的经济打击十分巨大，更为严重的是可能引发次生灾害，而次生灾害带来的危害会远远超过主灾，重要性定义为 2 级；B 类为一般工业建筑，重要性定义为 3 级。

所提出的各类建筑物抗爆重要性等级总结见表 8.15。

表 8.15　提出的各类建筑物抗爆重要性等级

建筑物	描述	等级
政府	党政机关办公楼等	1
商业	A 类：百货商店、超市、宾馆、菜市场及中小型商场、酒店等	2
	B 类：大型商场、会所和酒店	1
外交	包括外国驻华使领馆、国际组织驻华机构以及涉外人员寓所	1
交通	包括地铁、车站、机场等	1
文体	包括学校、图书馆、电影院、大型体育场馆等	2
医疗	主要以医院为主	2
居住	主要是城市居民区的住宅楼和公寓楼	4

续表

建筑物	描述	等级
军事	军用港口、码头、机场、军事指挥所等	3
工业	A 类：生产易燃易爆或有毒有害化学品的工厂、核化工业设施和规模产值很大的工厂	2
	B 类：一般的工业建筑	3

2) 爆炸易损性

建筑结构的爆炸易损性，是指遭遇爆炸袭击可能造成后果的严重程度，反映出建筑结构面对爆炸袭击的潜在弱点。

影响建筑物的易损性的因素有很多，影响较大的因素主要包括建筑结构有无危险材料、人口容量、可能造成的间接伤害、建筑结构类型和建筑结构高度，因为这些因素从根本上影响了该建筑物遭遇恐怖袭击可能造成后果的严重程度，不妨用易损度的概念，来度量建筑物的易损性：

$$L=f(W,P,S,K,R) \tag{8.2}$$

式中，L 为建筑物的易损度；W 为建筑结构人口容量；P 为爆炸可能造成的间接伤害；S 为存在危险材料等级；K 为建筑结构类型；R 为建筑结构高度。

每个影响因素的等级等分为 6 个等级，用数值量化为 0/1/2/3/4/5，将各个因素的等级值相加，即得到建筑物的易损度。各影响因素的等级及相应数值如下。

(1) 建筑结构人口容量[9]。说明在给定时间内建筑内的最大人口数量，可以是最不利情况下的日平均人数或者是在指定时间内高峰期的人数，见表 8.16。

表 8.16　人口容量及等级值

人口容量	0	1～250	251～500	501～1000	1001～5000	>5000
等级值	0	1	2	3	4	5

(2) 爆炸可能造成的间接伤害。说明可能造成目标指定半径范围内(500m)的间接伤亡数量，见表 8.17。

表 8.17　伤亡人数及其等级值

伤亡人数	0～100	101～500	501～1000	1001～3000	3001～5000	>5000
等级值	0	1	2	3	4	5

(3) 建筑物的危险材料等级[9]。说明建筑物内危险(如易爆)等材料的储量及放置是否足以酿成灾难，见表 8.18。

表 8.18　伤亡人数及其等级值

危险材料程度	等级值
现场无生化及放射性材料	0
生化及放射性材料中等，绝对受到控制，并位于安全位置	1
生化及放射性材料中等，受到控制	2
生化及放射性材料大，形成控制趋势，并保存在建筑内	3
生化及放射性材料大，形成中等程度控制趋势	4
生化及放射性材料大，非内部人员也可接近	5

(4) 建筑物的结构类型[24]。说明建筑物的结构类型对爆炸袭击的有利程度，见表 8.19。

表 8.19　伤亡人数及其等级值

建筑结构类型	等级值
地下空间	0
有特种抗爆手段的结构	1
钢筋混凝土结构	2
结构钢或砌体结构	3
轻型框架结构	4
木结构	5

(5) 建筑物的高度[24]。说明建筑物的高度对爆炸袭击的有利程度。该评估类别针对的是结构的高度，范围是从地下空间到摩天大楼，见表 8.20。

表 8.20　建筑结构高度及其等级值

建筑结构高度	等级值
地下空间	0
单层结构	1
5 层以下结构	2
5～11 层的中高层结构	3
12～29 层的高层结构	4
高度在 30 层以上的摩天楼	5

总共是 5 因素，用数值量化是 0～25。根据 5 个因素评估的总值，即建筑物的易损度的大小，将建筑结构的易损性分为 5 个等级，见表 8.21。

表 8.21　建筑结构的易损性等级

易损性等级	极低	低	中	高	极高
数值	0～5	6～10	11～15	16～20	21～25

3）爆炸风险

建筑结构的爆炸风险等级由爆炸易损性和抗爆重要性综合分析得到，共分为极高、高、中、低、极低五个等级，见表 8.22。由于不考虑抗爆设计，因此不对重要性四级的建筑结构的爆炸风险等级进行考虑。

表 8.22　建筑结构爆炸风险等级

风险等级	重要性一级	重要性二级	重要性三级
易损性极高	极高	极高	高
易损性高	极高	高	中
易损性中	高	中	低
易损性低	中	低	极低
易损性极低	低	极低	极低

2. 抗爆设防标准

综合抗爆防护等级与建筑结构的爆炸风险等级，建立建筑结构抗爆设防标准，见表 8.23。

表 8.23　建筑结构抗爆设防标准

爆炸风险	极高	高	中	低	极低
设防等级	1	2	3	4	5

假设某建筑结构，重要性等级为一级，易损性等级为中，则通过风险分析，确定其爆炸风险等级为高，由上述抗爆设防标准，其抗爆防护等级采用 2 级，查表 8.11，应当满足：

(1) 基本烈度 4 度下的第二层次设防目标。中等损坏，不可继续使用，但可修复。

(2) 3 度下的第三层次目标。轻微损坏，局部破坏，可继续使用。

(3) 5 度下的第一层次目标。严重损坏，不可继续使用，不可修复，但不倒塌。

8.1.4　抗爆设防类别

如前所述，恐怖爆炸袭击虽然会造成严重的建筑结构破坏和人员财产损失，但由于爆炸荷载为偶然荷载，如果对所有建筑结构按照相同的标准进行抗爆设计，虽然在设计上有足够的安全度，但是从经济上说，成本巨大，必然造成资源的浪费。

因此，在建筑结构的抗爆防护设计中，应根据我国现有技术与经济条件的实际情况，在爆炸设防标准的基础上，根据重要建筑结构遭遇爆炸荷载作用的概率大小将建筑结构划分为不同的抗爆防护分类标准。

根据分类设防的思想，在提出的抗爆设防标准的基础上，依据重要性等级，将建筑结构分为重点设防、标准设防、适度设防和不设防四类，见表 8.24。

表 8.24　抗爆建筑设防类别

重要性等级	设防类别	简称
1 级	重点设防	a 类
2 级	标准设防	b 类
3 级	适度设防	c 类
4 级	不设防	d 类

标准设防，是指重要性二级的建筑，仅依据建筑结构的爆炸风险等级，按照表 8.12 提出的抗爆防护等级进行设防。

重点设防，是指重要性一级的建筑，相同的爆炸风险等级下，建筑结构抗爆防护等级提高一级进行设防，防护等级已经为 1 级时，直接将设防目标提高 1 个层次。

适度设防，是指重要性三级的建筑，相同的爆炸风险等级下，建筑结构抗爆防护等级降低一级进行设防，防护等级已经为 5 级时，直接将设防目标降低 1 个层次。

不设防，是指重要性四级的建筑，在设计时不需要考虑爆炸防护。

8.2　建筑结构抗爆概念设计

建筑结构的抗爆概念设计指的是根据建筑物在恐怖爆炸袭击时可能发生的情况、爆炸对建筑物的破坏效应和各类爆炸破坏效应对建筑物的作用特点和规律，利用爆炸防护的一些基本概念设计出合理的建筑方案，包括结构的选型、总体布置以及抗爆措施等。因此，建筑设计人员在建筑方案设计阶段，应当以建筑结构体系功能及其受力、变形特征等整体设计概念和爆炸防护概念为基础，以加强建筑抗爆承载力、防止建筑物倒塌和减小爆炸及次生破坏与杀伤作用为主导，整体构思结构总体方案，完成建筑所要求空间形式与功能的早期设计。

8.2.1　抗爆概念设计的重要性

抗爆概念设计在建筑物的抗爆设计中占有很重要的地位和不可替代的必要性，它是展现先进设计思想的关键，主要是在特定的建筑空间中用整体的概念来完成结构总体方案的设计，其重要性主要体现在以下几方面：

(1) 爆炸现象本身存在着很多不可确定因素的影响，很难做到完全的定量分析。

(2) 现行的结构抗爆设计理论和计算理论仍然存在很多缺陷和不可计算性，抗爆概念设计能够帮助结构设计师更加客观真实的了解结构的抗爆性能。

(3) 在结构方案设计阶段，初步的抗爆设计过程是不能借助于计算机来实现的，必须采用概念设计选择效果与经济兼备的方案。

8.2.2　抗爆防护设计目标

建筑结构抗爆防护的根本目的是减小爆炸产生的实质性危害，保护财产和人员生命安全。相应地，抗爆设计的目标是减少财产损失和人员伤亡程度，促进和简化应急救援工作，加快爆炸后建筑物的修复(抢修)和人民生活与工作的恢复。

从爆炸对建筑物的破坏后果看，建筑物倒塌引起的财产损失和人员伤亡问题最大，并直接影响应急救援工作；爆炸对建筑物产生的局部破坏虽然难以防护，但只要不危及建筑主体结构，影响的范围和由此带来的损失相对较小；空气冲击波造成的玻璃碎片也是造成人员杀伤的重要原因，可通过增大爆源与建筑物的距离并采取一些简要的工程措施加以控制。

因此，建筑结构的抗爆设计目标通常可分为：

(1) 基本目标。结构不发生连续倒塌。

(2) 优先目标。结构不因局部构件或结构损伤而发生整体破坏。

(3) 高级目标。控制或减少爆炸产生的次生杀伤性飞片。

(4) 特殊目标。对建筑物内的生命线系统和通路重点加以防护。

上述目标都是基于以人为本的抗爆设计原则。

8.2.3　抗爆概念设计理念

结构层次的抗爆设计理念主要包括防护安全距离、结构整体性及冗余度、场地选择和外部空间设计、建筑物体型与结构总体布置、功能布局和设计分区、抗爆设计与抗震设计的综合考虑等。

1. 防护安全距离

基于“爆炸产生的能量随距离的增加迅速衰减”这一事实，提高爆源和建筑物之间的防护安全距离是对建筑提供防护最有效的方式，相比之下，其他手段的有效性各不相同，费用较高且常常造成意外的后果。例如，当爆炸紧贴防爆墙发生时，防爆墙本身会成为碎片的来源。因此，在建筑结构抗爆设计中，最基本的设计理念是提供足够的防护安全距离。

防护距离并没有硬性的规定，它的大小取决于建筑和威胁的类型以及期望达到的防护等级。尽管对于一般的建筑来说无法总是保证足够的防护距离，但是尽量拉开距离是成本效益最高的方案，同时也使将来升级建筑物以达到更高的防护水平成为可能。当然，也不能一味的增大防护距离。这是因为，虽然一般来说对建筑物进行加固改造的成本随着防护安全距离的增大而减小。但同时，增大安全距离意味着用以放置障碍物的所需土地更大，因此，需要更大的成本来满足某安全等级的要求。

后续章节将对防护安全距离做进一步说明，并根据防护等级、重要性等级和建筑物风险等级等因素给出了关于各类建筑最小防护安全距离的建议，并作为对建筑抗爆性能评估的指标。如果建筑物的安全防护距离能够达到建议中的要求，那么不需进行更进一步的抗爆加固，否则必须采取加固措施。

2. 结构整体性及冗余度

1) 结构整体性

建筑结构是由很多基本构件组成的一个复杂系统，根据系统科学的基本概念，一个复杂系统的功能主要取决于其整体性。这是因为作为系统子单元的各个要素一旦组成系统整体，就会形成新的性质和功能。换句话说，系统整体的性质和功能不能简单地视为各个要素的性质和功能的加和。对于建筑结构来说，一方面，构件的功能依赖于结构整体，任何构件一旦离开结构整体，就不再具有它在结构系统中所能发挥的功能；另一方面，构件影响结构整体的功能，任何构件一旦离开结构整体，结构整体丧失的功能不等于该构件在结构系统中所发挥的功能，可能更大，也可能更小。

文献[25]从系统科学的角度研究了建筑结构的抗倒塌能力和设计建议，认为“鲁棒性”、“整体稳定性”和“整体牢固性”是常用的从不同的角度对结构系统整体性的描述。整体牢固性是实现鲁棒性和整体稳定性的前提，而鲁棒性和整体稳定性都是对结构损伤的描述，只是分别从不同的角度，其中鲁棒性注重对损伤结果的描述，而整体稳定性则注重对损伤过程的描述。

结构的整体性分为有利的整体性和不利的整体性。有利的整体性表现在由于构件之间的相互帮助和组成的整体性能，提高了结构系统的整体抵抗荷载的能力。如果因为结构构件之间的互相依赖反而加剧了结构系统整体功能的损失，这样的整体性属于不利的整体性。

2) 冗余度

在抗爆设计中，冗余度是反映系统的整体性的一个重要特性。可以将结构的冗余度理解为：在发生爆炸事件对结构造成局部损伤的条件下，结构体系所具有的不发生整体失效后果或者与局部损伤原因不成比例的破坏的能力大小。在可靠性理论中，称之为冗余系统，特征量是冗余度。

在爆炸荷载作用下，冗余度实际上反映了结构在极限状态下的构件受力替补性、稳定性和荷载重分布性。冗余度的设置使得结构不易由局部坍塌发展为整体的连续性倒塌，而整体的倒塌是爆炸作用下人员财产受到破坏的最主要来源。因此，提高结构的冗余度，将会降低结构的失效概率，提高结构体系的可靠性，对防止结构在爆炸作用下的整体倒塌十分有效[26]。

常用的实现结构冗余度的有效措施有：①确保竖向/横向的超静定承载系统；②采用延性材料和连接[27]；③提供反向荷载/弯矩的抵抗能力，例如设置连续/对称的加固梁柱连接；④提供足够的结构构件约束；⑤合理的设置抗震缝/沉降缝，提高结构连续性[28]。

3. 场地选择和外部空间设计

建筑结构所处的场地与外部空间对其抗爆性能有很大的影响。

1）场地选择

在建筑结构的前期设计中，尽可能合理的选址是十分必要的。合理的场地选择可以极大的提升建筑结构的抗爆性能。场地选择通常应该考虑两方面因素：内部因素和外部因素。

内部因素包括场地中可用于防护地带的土地面积，以及场地是否适合于实施自然的或人工的防护爆炸和安全设计要素。

外部因素则是指周边区域的特点以及这些特点对建筑物及人员的影响，主要包括周围建筑环境关系与周围道路交通和人流。

(1) 周围建筑环境关系。

从建筑物遭遇恐怖爆炸袭击的风险的角度来说，建筑物周围的环境不易过于复杂，因为这样会使恐怖袭击分子容易隐蔽，危害建筑安全；但同时，如果周围环境过于单一，又会造成建筑物可见度提高，从而易损性增高。所以，综合的来说，建筑物与周围建筑环境的关系，既应当避免过于复杂，也要在整体上相融合，使恐怖分子进行爆炸袭击的难度增加，从而提高了建筑物的安全。

(2) 周围道路交通与人流。

重要建筑物在场地的规划布局上，应当着眼于对周围的道路交通与人流进行梳理，遵循以下原则：

① 重要建筑物应尽量避免选址在主干道附近。

② 应尽量避免大量复杂的人群在重要建筑物周围滞留聚集。

③ 重要建筑物周围的道路交通应当简明流畅，这样有利于在爆炸袭击发生后对人员进行及时抢救和安全疏散。

④ 进入建筑物的通道应当采取曲线设计，因为直线的道路设计将有利于汽车炸弹进行加速从而越过障碍物接近或进入建筑物内部。

2) 外部空间设计

建筑结构的外部空间设计十分重要，从爆炸防护的角度上说，建筑物四周的屏障（例如山、水或其他天然屏障等）越多，爆炸源（特别是车载的）接近或进入建筑物的道路越少，进行安全检查越方便，则对建筑物的爆炸防护越有利。

遗憾的是，城市中的重要建筑物大都位于街道或马路两旁，甚至有可能四面临街或被交通道路包围。这种情况对安全检查不利，也不好控制爆炸源（特别是汽车炸弹）接近或进入建筑物内。这时，建筑物的外部空间设计就应当考虑四点防护要求：构筑边界线、设置控制区及入口安检、设计障碍物和限制车辆停放。

(1) 构筑边界线。

构筑边界线的目的，在于设立隔离区保证爆炸源与目标建筑之间的最起码的防护距离。通常可以通过建筑外墙将外部环境与内部人员隔开。当选择建筑位置时，应考虑其与场地边界的相对位置，应使建筑区与边界围墙的距离最大，以在围墙内形成尽可能多的开放空间。当边界围墙受到限制，可以通过护柱、花坛和其他不能被车辆突破的障碍将边界线外推到人行道的边缘。为了进一步扩大边界线，则可以通过与职能部门协调以限制或禁止在路边停车。

(2) 设置控制区和入口安检。

重要建筑物要提高自身安全性，达到适当的防护等级并保证建筑物与潜在威胁之间的防护距离，最直接、安全、有效的方法之一就是设立控制区。控制区通过设置的障碍物（如护柱、花坛、喷泉、围墙和栏栅）来确定建筑物与潜在威胁之间的防护距离。这些障碍用于抵挡恐怖主义的车辆攻击，但需注意的是，它们的布置不应影响紧急情况下消防车辆与急救车辆的进出。障碍物的选择应当基于车辆进出和停放的可行性考虑。适用于高风险建筑的一个有效设计原则是：建筑完全为控制区所包围，控制区的大小应当考虑风险等级、防护等级、建筑结构以及可用土地等因素。此外，只能设置一个进入控制区的入口控制站。

控制区可以分为禁区与非禁区，通常情况下，应当在入口控制站处加强安全检查，特别是要严格控制进入禁区的车辆的行车方向与行车速度。因此，要仔细规划建筑物防区内的入口和道路。

(3) 障碍物的设计。

障碍物通常分为两类：自然障碍物和人工障碍物。

自然障碍物主要是依靠场地的选择，利用河流、湖泊、排水沟、险峻地形、山脉、空地、植物和其他自然环境难以逾越的特点，阻止外部人员和汽车炸弹接近建筑物，从而起到一定的保护作用。

人工障碍物，则需要综合考虑建筑周围特定的环境特点、潜在的风险程度、防护等级和建筑物的结构类型等多种因素，设计建造栅栏、墙体护柱或钢筋混凝土障碍物，种植植物，设置喷泉等。

人工障碍物分为静态障碍物与活动障碍物两种。静态障碍物适用于保护边界或边缘，而活动障碍物适用于车道和进出控制点。

静态障碍物，又可以称为被动障碍物，常见的有固定防撞护柱、防撞混凝土矮墙、花坛、护堤等；活动障碍物，又可以称为主动障碍物，指可被撤出道路以允许通过的障碍物，常见的有可撤收式护柱、防撞梁、防撞门、可旋转式锲形障碍物、转板等。

另外，建筑物周围常常有景观设计。这些地形、水景和植被等要素不仅用于营造引人入胜的建筑空间，同时也可以作为增强建筑安全性的有利工具。植被群落和地形可以在一定程度上起到了障碍物的作用，屏蔽爆炸以及阻止爆炸源接近建筑物，当然，过于靠近建筑物的浓密植被可能会为爆炸车辆或人员提供藏匿点，也应当尽量避免。

(4) 限制车辆停放。

① 对车辆停放的限制。对车辆停放的限制有助于使潜在威胁远离建筑。下列是推荐可以考虑的停车限制措施：限制未经许可的人员在建筑物的安全半径内停车；尽量避免在建筑的控制区或内部停车；如果需要在建筑控制区或内部停车，应当对其进行严格的安全检查和身份验证，例如只允许特定的对象在该区域停车；尽量限制车辆在人群密集处停放。

② 车辆停车场设计原则。对重要建筑物而言，停车场的安全设计应当遵循下列原则：停车场远离建筑物(特别是高风险建筑物)以减小潜在汽车炸弹的威胁；停车场应当位于建筑使用者的视线范围内，减轻汽车炸弹引起的破坏效应；如果条件允许，停车场应设计为单向交通，以利于监视潜在爆炸袭击者；停车场应置于对人员安全威胁最小的地方；楼梯和电梯间的设计应当在规范允许的方位内尽可能开放，理想的方案是楼梯和/或电梯等待区对外部和/或停车场完全开放，应鼓励让使用这些区域的人很容易被观察到(也易于向外观察)的设计；尽可能避免采用地下停车场或建筑内部停车场，如果受客观条件所限，必须采用地下停车场或车库时，则首先应当限制进入停车区的车辆，保证停车区的安全和照明，并且消除停车区内视线隐蔽的死角，其次应配备电子监控系统，对出入口进行严格控制，同时要确保建筑物结构有较高的抗震等级；使用不会形成藏匿区域的景观，宜使植被远离停车库和停车位以利于对行人的观察；对于地面上的独立停车场，应最大限度地保持其能见度以监控进出和穿过场地的车辆。

4. 建筑物体型与结构总体布置

建筑体形是指建筑的平面和立面形状，结构总体布置是指结构构件的平面布置和竖向布置。原则上，从爆炸防护的角度讲，建筑应当采用规则有利的体形和结构总体布置，使建筑物利于抵抗外部爆炸产生的空气冲击波荷载。

从冲击波对建筑物的作用原理和结构体系的荷载响应及受力变形机理出发，可归纳如下：

(1) 对爆炸防护有利的结构平面布置：①简单、规则、对称；②长宽比不大，避免过于细长；③建筑物造型成凸状，因为可以避免凹角和悬挑部分对爆炸冲击波有聚集和放大作用；④最好近乎圆形，因为冲击波的入射角会迅速减小，从而降低爆炸冲击波压力。

(2) 对爆炸防护有利的结构立面布置：①规则、均匀、从上到下外形不变或变化不大；②没有大外挑和内收；③建筑造型整体上呈凸状乃至圆形。

(3) 对爆炸防护有利的结构构件竖向布置：沿高度布置连续、均匀，最好是自下而上，逐渐减小无突变。

5. 功能布局和设计分区

根据使用功能要求对建筑物的室内进行设计时，应该根据风险的高低以及其他情况进行分区设计。

室内的区域应当分为高风险区和低风险区。高风险区通常包括门厅走廊、货运平台、邮包房、车库和零售商品区等。

在建筑的功能布局方面，应当采取许多措施来减轻建筑物可能遭到的爆炸破坏。在这种防护中，建筑物内人员的生命安全应当作为最重要的资产来进行保护。概念设计上，主要从降低建筑物被破坏的程度和减少建筑灾难性倒塌的机会(至少在人员完全疏散前)来保护人员生命安全。

(1) 将这些高风险区布置在主楼的外部或沿主楼的边缘布置，即与主体建筑较远，利于防护主体建筑由于高风险区发生的爆炸而导致的破坏乃至坍塌。

(2) 布置灾害应急设施和楼梯电梯等安全疏散通道时，应当远离高风险区，无法做到时，可以考虑设计防爆墙。

(3) 公共区域(如休息室、装卸区、收发室、车库和零售区)应与建筑中更加主要的区域隔离开来，这可以通过使用位于公共区和警戒区之间的楼梯井、电梯间、走廊和储藏区，设置内部“隔离线”或缓冲区来实现。

(4) 将人员、物资和业务分散在大的区域内，以限制破坏程度。

(5) 不要将高风险设施与低风险人员安排在一起，例如，收发室或服务中心不应与儿童保育室位于同一幢建筑内。

(6) 尽量远离高风险区布置关键的抗竖向荷载结构体系或构件布置。

(7) 关键设施应放在建筑物的内部深处，并远离来访者较多的区域。

(8) 玻璃窗的方向尽量垂直于建筑正面，以避免其暴露于爆炸和抛射物的正面冲击。

(9) 避免建筑结构部件(如支柱)暴露在外面。

(10) 注意非结构要素：在发生爆炸时，吊顶、灯架、百叶帘、管道系统、空调和其他设备可能会成为高速碎片。建议在设计时应尽可能简洁，以减少高速碎片带来的伤害。

6. 抗爆设计与抗震设计的综合考虑

1) 爆炸荷载与地震作用的异同

地震作用和爆炸荷载都是建筑结构在使用期间有可能遇到的偶然荷载，建筑结构都可能因此遭遇破坏。

地震作用和爆炸荷载的相似性在于：①都具有随机性；②都有不可确定性；③都具有间断发生、循环往复的特点，即具有一定的周期性；④都会产生一系列的非结构破坏和次生灾害。

地震作用和爆炸荷载区别在于：①地震作用的峰值一般远小于爆炸荷载，持续时间则一般长于爆炸荷载；②爆炸荷载通常是作用于结构的局部区域，而地震作用则针对整个结构，即爆炸荷载的局部性更强一些；③爆炸荷载的大小难以预见，而且与所处的地理位置没有直接联系；④抗震设计理论和方法已经相对较为成熟，通过抗震设计已经在一定程度上使结构在使用寿命期间能够抵抗地震作用，而在抗爆设计方面，目前尚没有完全成熟的方法来保证结构在使用期内的安全性。

2) 抗震设计与抗爆设计的综合考虑

抗震设计是目前结构设计中的必要条件，而抗爆设计是不断发展的防护要求。之所以应当综合考虑抗爆设计与抗震设计，包括以下两个原因：

(1) 结构只进行抗震设计而不进行抗爆设计，则不能抵抗未来可能遇到的爆炸袭击；而只进行抗爆设计而不进行抗震设计，安全隐患则更大。

(2) 虽然爆炸和地震分别主要通过产生空气冲击波荷载和水平地震动方式对建筑结构产生作用，对建筑结构的影响效果也各有差别，但抗地震的结构体系往往对抗爆亦是有利的。

总而言之，综合考虑抗震和抗爆设计既可提高建筑物综合防灾的能力，又可降低工程造价。

抗震结构体系和抗爆结构体系都应当根据建筑的设防类别、设防烈度、环境条件、结构材料和施工等多种因素，经技术、经济和使用条件综合比较确定。

综合结构体系抗爆和抗震的设计理念，可以得出，对结构进行抗爆与抗震综合设计时，应当尽量满足下列原则：

(1) 简单性原则。结构简单，传力明确。

(2) 规则性原则。建筑及其抗侧力结构的平面布置规则、对称，建筑的立面和竖向剖面布置规则[29]。

(3) 均匀性原则。结构的侧向刚度宜均匀变化,竖向抗侧力构件的截面尺寸和材料强度宜自下而上逐渐减小,避免抗侧力结构的侧向刚度和承载力突变[29]。

(4) 承载力原则。具有足够的抗震/抗爆承载力。

(5) 变形耗能原则。结构及构件具有良好的变形能力和耗能能力。

(6) 冗余性原则。结构具有足够的冗余度,不会因为部分结构或构件破坏而导致结构整体失效。

(7) 整体性原则。结构应当具有良好的整体性,从而增强结构在外部环境干扰和内部不确定因素作用下继续保持稳定的能力。

(8) 多防线原则。设置多道爆炸/地震防线,减小防线失效概率。

8.2.4 抗爆构造措施

梁、柱、板和墙是组成各类结构体系的四种基本构件。这四类基本构件在爆炸荷载作用下的动力响应,从而影响结构整体的抗爆性能。此外,玻璃在爆炸中产生的碎片也是致使人员伤亡的重要因素,所以对梁、柱、板、墙和玻璃在概念设计中的构造措施,是抗爆研究的热点之一,有着重大的实际工程意义。

1. 梁柱

1) 破坏模式

研究表明,梁柱构件在爆炸荷载下的破坏模式和普遍规律见表 8.25[30,31]。其中,冲量荷载的特点是超压峰值高、持续时间短,准静态荷载则超压峰值低、持续时间长,动力荷载介于二者之间。

表 8.25 梁柱构件在爆炸荷载下的破坏模式及普遍规律

构件	荷载	破坏模式	备注
钢构件	冲量荷载	柱脚剪切破坏 与柱翼缘局部屈曲破坏	
	动力荷载	柱脚剪切破坏	
	准静态荷载	弯曲破坏	
钢筋混凝土构件	冲量荷载	剪切破坏	钢筋的屈服、拉断以及受压区混凝土的压碎
	动力荷载	弯剪破坏	
	准静态荷载	弯曲破坏	支座处发生直剪破坏或剪跨区发生斜剪破坏

注:钢筋混凝土也有可能发生受压区混凝土的压碎破坏。

从表 8.25 可知,梁柱构件在冲量荷载下易发生剪切破坏,在准静态荷载下易发生弯曲破坏。这是因为冲量荷载的作用时间很短、高频成分丰富、加载速率高，容易激发构件的剪切变形，构件的剪应力迅速增大，导致构件破坏时弯曲位移尚未来得及发展；而准静态荷载的峰值较小，从而剪应力也较小，弯曲变形有足够的时间发展。

2) 有效抗爆措施

梁柱构件的弯曲破坏和剪切破坏模式，决定了提高端部的抗剪能力和跨中的抗弯能力是提高其抗爆性能的重要设计理念。

提高钢筋混凝土梁柱构件抗爆性能的有效措施主要包括构件本身的措施和外部条件的措施两方面。

(1) 构件本身措施。

① 控制柱的轴压比。研究表明，钢筋混凝土柱的轴压比不宜大于 0.5[32]。低于 0.5 的轴压比对钢筋混凝土柱的抗爆性能有利，当轴压比大于 0.5 时，则容易导致其跨中部位因混凝土压碎而破坏。

② 提高混凝土强度。提高混凝土的强度等级，能够有效提高钢筋混凝土梁柱构件的抗爆能力，不过提高的程度随着强度等级增大而逐渐减小[33]。

③ 合理选择截面尺寸。通过改变界面尺寸，提高梁柱构件截面的惯性矩，是降低构件在爆炸荷载下的动力响应的有效措施之一。但需要注意的是，在增大截面尺寸的同时也意味着工程造价的提高，因此合理选择截面尺寸时，需要综合考虑安全因素和经济因素。

④ 柱端箍筋加密。在结构抗爆设计中，特别是当钢筋混凝土柱易于遭受峰值超压较大的爆炸荷载作用时，对梁柱构件端部箍筋进行加密，从而减小箍筋间距，增大柱的配箍率，是提高钢筋混凝土梁柱构件抗爆能力的有效方式。

⑤ 提高纵筋配筋率。研究表明，钢筋混凝土梁柱构件的抗爆性能随着纵筋配筋率的增大而提高，但超过一定值之后，提高幅度越来越小，反而可能会出现超筋的情况。为了避免少筋和超筋的情况，纵筋配筋率可在 1.5%至 2.5%间取值[34]。

⑥ 采用钢管混凝土柱。首先，外包钢管自身刚度较大、强度较高、延性好，能吸收大部分的能量；其次，钢管能够有效地阻止破坏时产生的高速混凝土碎块的飞溅，大幅减少人员的伤亡；最后，钢管内部的混凝土破坏时向四周膨胀，可以限制钢管发生屈曲，从而防止柱在爆炸荷载下发生脆性破坏。因此，采用钢管混凝土柱，可以很有效地提高其抗爆性能，并且套箍系数越大，抗爆性能越好[35]。

(2) 外部条件措施。

① 选择合理约束。通过增加梁柱的各种约束，以获得更高的结构承载能力和更好的延性。特别对于柱来说，在设计中，尽可能采用顶部有约束的柱设计方案。研究表明，相对顶部简支和顶部固支的钢筋混凝土柱，顶部自由的柱横向位移和压力较大，导致其抗爆性能较差，而前两类柱的横向位移和压力几乎相同，其抗爆

性能也相差不大[36]。

② 降低柱顶集中荷载或者减小柱长度。这是提高钢柱在爆炸荷载作用下的承载能力的有效措施[37]。

③ 保证梁构件与相邻构件可靠连接，以便相邻构件能达到其极限承载能力[38]。

④ 允许楼板等连接的结构构件在爆炸荷载下的完全脱离，以达到卸载作用，减弱荷载的作用[38]。

2. 板

钢筋混凝土板在爆炸荷载下的破坏模式与梁柱构件类似，取决于爆炸峰值压力的大小和爆炸持续时间的长短。在准静态荷载下，钢筋混凝土板主要发生边缘和中部的弯曲破坏；随着从准静态荷载向冲量荷载的转变，即爆炸峰值压力增大、作用持续时间减短，破坏模式逐渐转变为支座处的剪切破坏[39]。而在接触爆炸或者近距离爆炸下，钢筋混凝土还有可能发生震塌破坏。

当钢筋混凝土板的破坏对建筑物造成十分严重的影响时，应当采取如下措施，提高楼板的抗爆性能，防止楼板在爆炸作用下过早破坏，丧失承载力，以致引起整体结构坍塌：①提高板支座处的抗剪能力；②提高板的延性，例如提供足够的上部和下部钢筋，从而提高对弯曲破坏的抵抗能力；③加强对楼板的约束，尽量采用连续板而不是简支板，这样使得楼板具有更高的强度和更显著的延性。

3. 墙

1) 剪力墙

在爆炸荷载作用下，框架—剪力墙或纯剪力墙结构中的剪力墙表现出来的力学性态主要有弯曲响应和薄膜响应。有鉴于此，钢筋的连续性是影响剪力墙抗爆性能的至关重要的因素，也是防止剪力墙体系建筑物在爆炸作用下倒塌的主要对策和措施之一[38]。具体的措施为：①剪力墙的受力筋（水平与垂直分布筋及墙体两端的暗柱筋）应当延伸至顶板或底板的有约束的构件（包括上下的墙体）中；②尽量通过机械或焊接使钢筋形成一个连续配筋体，最起码也要使钢筋连接有一个最小的搭接长度，以保证结构的内力能充分的传递；③控制垂直方向分布筋的配筋率，不能低于最低限值。

2) 填充墙

填充墙通常应用于钢筋混凝土或钢框架内，起到围护结构和分割空间的作用。通常情况下，无筋填充墙平面内的抗压能力均较好，但是平面外受弯拉承载力却很差。再加上其脆性性质，在爆炸荷载下很容易发生弯拉破坏[40]。因此，在高爆炸威胁情况下，结构必须采取适当措施，比如说对墙体进行加固等，从而既能保证填充墙有足够的爆炸承载能力，又能控制或减小其破坏后的碎片飞溅所造成的伤害。

4. 玻璃

玻璃在现代建筑中的使用越来越多，特别是在高层幕墙结构中，大量的玻璃幕墙得到应用。在爆炸荷载下，玻璃的破碎产生的碎片会对建筑物特别是建筑物内的人员造成严重的损伤乃至生命威胁，因此在建筑设计时对玻璃的抗爆设计具有重要的理论和工程使用价值。

1）玻璃的类型

退火玻璃，又叫浮法玻璃、平板玻璃，是商业建筑中使用最广泛的玻璃。退火玻璃的强度相对较低，在破碎时裂成尖锐的、匕首形状的碎片，在爆炸冲击波作用下会产生高速碎片，飞入建筑内部造成人员伤亡和财产损失。

淬火玻璃，其强度通常为退火玻璃的 4～5 倍，破碎特征也优于退火玻璃：破碎时会最终裂成小的立方体碎渣，在通常的使用条件下呈现出相对安全的破坏模式。尽管如此，在发生爆炸时，爆炸超压会使小的碎渣达到非常高的速度，足以造成严重伤害。

金属丝网加固的玻璃，由退火玻璃和内嵌的金属丝网组成，是一种常用的玻璃材料，其主要用途是作为耐火玻璃和抗击打玻璃。金属丝网加固玻璃的强度和破碎特征与退火玻璃相同，尽管网线会拦住一些碎片，被抛出的尖锐玻璃碎片和金属碎片还是相当可观，所以不适合作为防爆玻璃。

夹层玻璃，是由多层玻璃和玻璃板之间柔韧的夹层材料（通常为聚乙烯丁缩醛 PVB）组成的。相对于上述三种玻璃材料，夹层玻璃是比较适合抵御爆炸荷载的。这是因为：通过夹层粘贴材料与玻璃材料性能的组合形成的部件具有很好的防爆能力，其机理为：夹层材料起着胶水的作用，将多层玻璃黏成一个整体，这样就形成了一定厚度的整块玻璃，从而更加坚固；同时，当玻璃层在爆炸荷载作用下破裂时，又起到了隔膜作用，大部分碎片会粘在 PVB 胶片上，这就减少了致人伤亡的高速碎片的产生。此外还可以在玻璃的内侧增加装饰性的横木或格栅以增加安全性，这样当爆炸引发玻璃灾难性的破裂时，能够截留住更多的玻璃碎片。

2）玻璃防护系统

玻璃的抗爆设计，有两种设计思路：①增强玻璃自身的抗力和抗爆性能；②通过提高结构或构件的耗能能力来有效的抵抗爆炸荷载作用。前者是尽可能地阻止玻璃的破碎和产生飞溅的碎片，后者则是允许玻璃破碎并产生一定的飞溅碎片，但是通过以下的一些措施，使其无法对建筑物内部的人员和财产造成大的伤害。当爆炸冲击波荷载较小时，只采用第一种思路，可以获得较好的抗爆效果，但是随着爆炸冲击波荷载的增大，仅仅依靠玻璃本身的强度去承受冲击波荷载，是难以实现的，这时就需要采用第二种设计思路，采用玻璃防护系统，主要包括防护膜、防爆窗帘和防爆缆索。

(1) 防护膜。

抗爆防护膜 ASF(anti-shatter film)，是研究机构开发出的一类聚酯贴膜，又称为窗户安全贴膜。防护膜由抗压力强力黏合剂与高强度聚酯膜组成，将其粘在窗户内侧，可以在玻璃破裂时粘住碎片并降低碎片的速度，因此减少了碎片冲击进入建筑物内造成人员伤亡的风险。因为这种抗爆防护膜是直接用于窗户玻璃的表面，所以对新的窗户和已有的窗户都是适用的。

ASF 的施工工艺主要有四种：间隙粘贴(直接将防护膜贴于玻璃，无需任何锚固)、整面粘贴(需将玻璃卸下，然后将防护膜深入玻璃的固定槽)、湿膜粘贴(即防护膜用硅树脂球涂抹在框架的边缘，把薄膜和窗扇连接在一起)和机械连接(机械锚固措施，防护膜直接贴于玻璃，但是防护膜的四周采用机械锚固措施将其连接在窗框或主体结构上)。这四种工艺依上述排序，安全性能逐渐加强、施工工艺逐渐复杂。同夹层玻璃一样，可以通过在内侧增加装饰性的横木或格栅以增加安全性。

(2) 防爆窗帘与防护缆索。

抗爆防护膜在爆炸荷载较小的情况下可以有效地减少碎片的飞溅及危害。但是，当爆炸荷载较大的时候，抗爆防护膜的存在反而可能造成更加不利的效果：玻璃碎片和防护膜共同高速冲入建筑物内，造成更大的人员伤亡和财产损失。为了解决这个隐患，一方面，应当尽量保证比较好的锚固，另一方面，研究人员开发出了另一类防护体系，称为捕捉系统，分为防爆窗帘和防护缆索两种类型[41~44]。

捕捉系统的作用机理是：在冲击波荷载下，防护膜将玻璃破碎后产生的碎片兜住。但是，由于爆炸冲击波荷载较大，碎片和防护膜发生整体脱离。此时，捕捉系统可以阻挡其高速飞入室内，从而保护室内人员安全和减小财产损失。

防爆窗帘并不能消除玻璃碎片进入建筑物内，但却可以有效地减小碎片飞入建筑物内的距离，当然如果人员恰好处于非常靠近窗帘正后方的位置，仍然会受到爆炸碎片的危害；防护缆索系统则具有良好的弹性和显著的吸能能力，一直被认为可以有效地防止大质量和高速度物体飞入建筑物内，并被广泛应用。

3) 玻璃的设计原则

在玻璃的概念设计中，主要的设计原则见表 8.26。

表 8.26　玻璃设计原则

玻璃设计原则	原因
尽量采用夹层玻璃替代普通玻璃	减少玻璃碎片飞溅
尽量减少正面窗户的数量和尺寸	进入建筑内部空间的爆炸气体与正面的开口数量成正比关系[9]

续表

玻璃设计原则	原因
不宜采用尺寸过大的玻璃	研究表明[42]，玻璃尺寸的变化对爆炸荷载的响应灵敏，玻璃的面积越大，越快发生脆性破坏
确保玻璃边框的约束	研究表明[42]，框边约束的退化将导致玻璃内力的急剧变化
考虑在玻璃上使用爆炸防护膜	减少碎片
考虑安装防爆窗帘或防护缆索	以阻止玻璃碎片进入建筑内部空间

注：如果可能的话，将建筑正面的玻璃面积限制在正面总面积的 15%以内。

8.2.5　建筑结构抗爆概念设计要点

综合上述建筑结构抗爆概念设计理念，得出建筑结构抗爆概念设计要点如下。

1. 场地选择与建筑设计

通过场地优化与裙房的巧妙设计，尽可能使主体结构的外边界远离街道以及相邻建筑物；结合抗风设计，选择对建筑结构抗爆有利的建筑外形；通过建筑功能分区优化，将危险的功能区域（如大堂、门厅、对外开放的停车场）与主体结构分开。

2. 结构优化设计

(1) 结构概念设计。结构构件沿高度布置连续均匀，传力路径明确，无突变。

(2) 在进行建筑结构抗爆设计的同时，有必要采用一些构造措施，增强建筑结构的抗爆性能，具体为：①对称配筋；②钢筋搭接处远离高应力区；③与抗震设计相结合，采用延性节点设计；④应采用封闭式箍筋，建议采用螺旋箍筋。

3. 确保有效的防护安全距离

通过建筑外部设计以及有效地安全检查，确保主体结构具有适当的防护安全距离。

(1) 构筑边界线。可以通过护柱、花坛和绿植等构筑边界线。

(2) 设置防撞安全护栏。在汽车有可能高速通过的地点，设置防撞安全护栏，控制突发状况发生。

(3) 地下停车场与周边停车场功能合理划分。将主体结构下的停车场划为核心区，其余为非核心区。限制未经许可的人员在核心区停车，采用先进技术设备，对进入核心区的车辆进行安全监察；外来人员只能在非核心区停车。

(4) 做好安全检查工作。通常情况下,应当在入口控制站处加强安全检查,特别是要严格控制进入核心区的车辆的行车方向与行车速度,以及加强对可疑人员的检查。

4. 非结构构件抗爆防护

应尽量减少正面窗户的数量和尺寸,宜采用夹层玻璃替代普通玻璃,并考虑在玻璃后使用百叶窗、纱帘、爆炸防护膜等,以阻止玻璃碎片进入建筑内部空间。

8.3 建筑结构抗爆防护安全指标

针对已有建筑的抗爆性能评估和新建建筑的抗爆防护设计,提出一定的防护安全指标是十分有意义的。

DOD、GSA 和 ISC 中都在一定程度上将防护安全距离作为防护指标:DOD 基于预期达到的防护等级来规定最小安全距离,如果最小安全距离难以达到,建筑物必须进行加固改造以达到规定的防护等级[6];GSA 和 ISC 安全标准则没有对安全距离作硬性规定,而仅仅作了提供防护要求方面的规定,同时他们提供了临近车辆和停放区域的推荐距离,以便更加经济的达到防护要求的标准[7]。

8.3.1 爆炸破坏效应

与地震、飓风、洪水等其他形式的危害相比,爆炸袭击的破坏效应具有以下显著特点:①与其他形式的危害相比,爆炸袭击作用于目标建筑物的压强要高出多个数量级,在这样的压力下,将会发生巨大的破坏。②随着与爆炸点距离的增加,爆炸产生的压力会迅速衰减。③爆炸的持续过程非常短,为千分之几秒或几毫秒。相比之下,地震和飓风持续时间往往以秒来计量,洪水侵袭持续时间则以小时计量。④建筑物的大质量对爆炸袭击具有很强的减轻作用,因为对于大质量的建筑物而言,产生移动将需要一定的时间。等到建筑物发生移动时,爆炸荷载已经消失了,因此可以缓解对爆炸作用的响应,这和地震破坏与建筑物质量间的关系恰恰相反。

爆炸产生的破坏效应通常主要包括爆炸空气冲击波、碎片致伤、爆炸直接毁伤、爆炸地震和次生破坏效应。

1) 爆炸空气冲击波

爆炸空气冲击波是最主要的爆炸破坏形式,它作用于建筑物表面的压力要比设计的承载量高出好几个数量级。造成的危害主要包括对建筑及设施的破坏和对人员的杀伤。爆炸空气冲击波造成建筑破坏和人员杀伤的程度的主要影响因素有:炸药量的多少、距离爆炸点的远近、爆炸点的高度、建筑结构的抗爆性能及人员的杀伤阈值等。用于表征爆炸空气冲击波杀伤力的参数包括:超压峰值、超压冲量、动压等。

2) 碎片致伤

爆炸中产生的碎片作为杀伤元件,会对建筑物和人员造成破坏。高速碎片造成的伤害是爆炸空气冲击波之外的另一主要破坏形式,其主要作用在于以其质量高速撞击和击穿目标,碎片的杀伤威力很大程度上取决于其命中目标时动能的大小。爆炸中产生的碎片根据其大小、速度、材料和来源分为两类:一级碎片和二级碎片。两者的区别见表 8.27。

表 8.27　一、二级碎片比较

碎片类型	尺寸	速度	数量	来源
一级碎片	小	块	多	炸药的壳体或与炸药接触的物体在爆炸作用下产生的碎片
二级碎片	大	慢	少	冲击波与爆炸点附近物体或结构相互作用产生的有破坏性的抛射物

注:本表中的尺寸大小,速度快慢,数量多少都是相比较而言的。

3) 爆炸直接毁伤

当起爆点与结构的距离较小或者起爆点与结构接触时,附近的材料或结构在爆炸压力作用下,可能被压碎、破裂,造成局部破坏,严重时甚至整体破坏。破坏现象主要包括形成弹坑、混凝土结构震塌和局部破裂、结构被贯穿,甚至造成建筑物倒塌。

4) 爆炸地震

爆炸荷载以地下应力波的形式对地下建筑物或地表建筑物的基础部分施加冲击荷载,叫做爆炸地震。爆炸引起的结构震动是继空气冲击波和高速碎片之外的另一种主要的破坏因素。

5) 爆炸次生破坏效应

炸药爆炸除了产生冲击波和破片的毁伤效应、直接毁伤、爆炸地震以外,还会引起对结构和人员的其他破坏效应,主要包括火灾、噪声和毒气等。

在这几种爆炸破坏效应中,除炸药量相当大的情况外,爆炸地震一般是不大的,可以忽略不计;爆炸直接毁伤和次生破坏效应,是需要针对某些形式的建筑特殊考虑的。同时,研究表明:空气冲击波是爆炸过程中最主要的破坏形式;玻璃是建筑物中最容易被破坏的部分;在爆炸事件中,在整体结构不倒塌的情况下,由高速玻璃碎片所造成的人员刺伤和割伤在各种伤害中所占比重最大[3]。

因此,爆炸破坏效应中占主要作用的是:爆炸空气冲击波和碎片致伤,这两种效应造成的伤害主要包括对建筑物的破坏和对人员的伤害。同时,FEMA426 中指出[9]:爆炸造成的人员伤害程度和方式主要取决于建筑物的破坏程度。同时,玻璃对人员的损伤与建筑物的损坏程度、人员所处位置、玻璃自身位置等多种因素有关，不确定性较高。

因此，本书做简化考虑，仅根据爆炸空气冲击波对建筑结构的破坏效应，研究建筑物爆炸防护荷载标准。

8.3.2 爆炸防护荷载标准

爆炸空气冲击波作用在建筑结构上的荷载主要有超压和冲量，其中超压包括入射超压与反射超压。

空气冲击波遇到障碍物（刚性壁面）时，在刚性壁面上反射，通常将建筑结构与空气冲击波的接触面作为刚性壁面处理。

反射波与入射波有如下关系[45]：

$$\Delta P_2 = 2\Delta P_1 + \frac{6\Delta P_1^2}{\Delta P_1 + 7P_0} \tag{8.3}$$

式中，ΔP_1 为入射冲击波阵面超压，MPa；ΔP_2 为反射冲击波阵面超压，MPa；P_0 为未经扰动介质的压力，MPa。

对于弱冲击波，即 $P_1 - P_0 \leqslant P_0$ 时，

$$\frac{\Delta P_2}{\Delta P_1} = 2 \tag{8.4}$$

对于强冲击波，即 $P_1 \gg P_0$ 时，

$$\frac{\Delta P_2}{\Delta P_1} = 8 \tag{8.5}$$

1. *冲击波破坏准则*

常见的冲击波破坏准则有三种：超压准则、冲量准则和超压-冲量准则，见表 8.28。

表 8.28 冲击波破坏准则

冲击波破坏准则	破坏条件	缺陷
超压准则	超压值≥临界值即可	没有考虑超压持续时间对爆炸破坏效应的重要影响
冲量准则	冲量值≥临界值即可	如果超压低于某一限值，即使作用时间再长，冲量再大，目标也不会破坏
超压-冲量准则	超压值与冲量值共同决定	—

在选取建筑结构在冲击波荷载下的破坏准则时，虽然冲量准则和超压准则均具有明显的缺陷性，冲量-超压准则综合考虑了超压值和冲量值，更加的全面合理，但是本书仍然采用了仅考虑超压值的超压准则。这是因为：

(1) 对冲量与破坏效应程度的试验与理论研究相对较少。

(2) 文献[18]指出，采用超压峰值作为标准是简单、直率和方便的，并且能够

为破坏等级的预测提供大致的思路和合理的初步评估。

(3) UFC-2-340-2 中，为阐述建筑结构对冲击波压力的反应，根据压力的大小对建筑结构进行了划分[8]：高压设计区、中压设计区和低压设计区，见表 8.29。在高压设计区内，作用在建筑结构上的初始压力一般是很高的，并且由于结构的反射，压力得到进一步的加强，而且荷载作用的持续时间较之结构单个构件的反应时间(到达最大挠度的时间)短得多。因此，承受高压冲击波作用的结构是按冲量设计的，而不是按冲击波作用持续时间长的峰值压力设计的；在中压设计区内，作用在建筑结构上的初始压力比高压设计区的小。但荷载作用的持续时间与结构单个构件的反应时间在同一个数量级内。因此，按中压设计区设计的结构及构件设计应考虑是按冲量和压力的合成作用；在低压设计区内，作用于建筑结构上的荷载作用的持续时间比前两种设计区长得多。因此，按低压设计区设计的结构及构件应考虑按峰值压力设计。

表 8.29　UFC 规范中的结构设计分区

压力设计区	高	低	非常低
设计荷载	冲量	超压—时间	超压
压力设计区	高	低	非常低
入射超压	≥689.5kPa	<689.5kPa	<68.95kPa
超压持续时间	短	中等	长
结构响应时间	长	中等	短
t_m/t_0	$t_m/t_0>3$	$3>t_m/t_0>0.1$	$t_m/t_0<0.1$

注：t_m是结构发生最大位移的时间，t_0是爆炸正压持续时间。

2. 防护目标荷载标准

文献[9]、[17]提出空气冲击波超压值及相应建筑物破坏程度见表 8.30[9] 和表 8.31[17]。

表 8.30　文献[9]数据

建筑结构破坏程度	超压/(×10^5Pa)
门窗玻璃完全无损	0.001～0.05
门窗玻璃有局部损坏	0.08～0.10
门窗玻璃完全破坏	0.15～0.20
门、窗框、隔板损坏；不坚固的干砌砖墙、铁皮烟囱被摧毁	0.25～0.40
轻型结构完全破坏；输电线铁塔倒塌；大树连根拔起	0.45～0.70
砖瓦结构的房屋被摧毁；钢结构建筑物严重破坏	0.75～1.00

表 8.31　文献[17]数据

破坏程度	入射超压/($\times 10^5$Pa)
典型窗户玻璃破坏	0.010～0.015
部分建筑轻微破坏	0.034～0.076
金属面板弯曲	0.076～0.124
混凝土砌块墙倒塌	0.0124～0.200
典型窗户玻璃破坏	0.010～0.015
部分建筑轻微破坏	0.034～0.076
金属面板弯曲	0.076～0.124
混凝土砌块墙倒塌	0.0124～0.200

文献[16]将建筑物在爆炸荷载冲击波作用下的破坏分为 6 个等级，并给出了超压荷载值及相应的比例距离，见表 8.32。

表 8.32　文献[16]数据

破坏等级	建筑物破坏情况	实测超压值/($\times 10^5$Pa)	比例距离
基本无破坏	玻璃偶尔开裂或震落	<0.02	
玻璃破坏	玻璃部分或全部破坏	0.02～0.12	>10.55
轻度破坏	玻璃破坏，门窗部分破坏，砖墙出现小裂缝(5mm 以内)和稍有倾斜瓦屋面局部掀起	0.12～0.30	6.1～10.55
中等破坏	门窗大部分破坏，砖墙有较大裂缝(5～50mm)和倾斜(10～100mm)，钢混凝土屋盖裂缝，瓦屋面掀起，大部分破坏	0.30～0.50	4.6～6.1
严重破坏	门窗摧毁，砖墙严重开裂(50mm 以上)，倾斜很大甚至部分倒塌，钢筋混凝土屋盖严重开裂，瓦屋面塌下	0.50～0.76	3.68～4.60
坍塌	砖墙倒塌，钢筋混凝土屋盖塌下	>0.76	<3.68

文献[18]列出了近年来不同学者研究得出的建筑物在空气冲击波荷载下的破坏标准，其中整理和选取部分如下，见表 8.33。

表 8.33　文献[18]数据

损坏描述	入射超压/(psi)
通称“轻微损坏”	>0.5
通称“中度破坏”	>2.5
通称“严重破坏”	>5.0
建筑可能全部破坏	>10.0
通称“全部破坏”	≥12.0

根据对上述多种文献数据的整理和总结，基于表 8.13(即三个层次抗爆设防目标)，本书提出建筑结构基于各层次防护目标的爆炸荷载标准见表 8.34。

表 8.34　建筑结构不同爆炸防护目标的荷载标准

防护目标	荷载值/($\times 10^5$Pa)	
	反射超压	入射超压
第 1 层次	<0.32	<0.15
第 2 层次	<0.80	<0.35
第 3 层次	<1.78	<0.70

8.3.3　比例距离

目前，通常采用冲击波压力、超压峰值、冲量、持续时间等冲击波参数来描述爆炸入射冲击波的传播规律，而冲击波的各项参数通常用比例距离来表达。

比例距离定义为

$$Z=R/W^{1/3} \tag{8.6}$$

式中，R 为测点与爆心之间的距离，m；W 为等效 TNT 当量，kg。

文献[46]建议等效 TNT 当量 W_e的计算方法如下[46]：

$$W_e=\frac{H_{exp}^d}{H_{TNT}^d}W_{exp} \tag{8.7}$$

式中，W_e 为有效炸药量，kg；W_{exp} 为实际炸药量，kg；H_{exp}^d 为实际炸药的比爆热，kJ/kg；H_{TNT}^d 为 TNT 炸药的比爆热，kJ/kg。

本书采用空气冲击波超压峰值来反应爆炸荷载大小，但目前并没有统一的有关计算公式，本书通过两种方法选取计算公式。

1) 常用经验公式

国内外不少学者对空气冲击波峰值超压的计算进行了研究，通过试验研究和理论推导总结出了不少的经验公式，见表 8.35。

表 8.35　空气冲击波峰值超压经验公式

提出学者	时间	计算公式	单位
Brode[47]	1955 年	$P_{s0}=\begin{cases}\dfrac{0.0975}{Z}+\dfrac{0.1455}{Z^2}+\dfrac{0.585}{Z^3}-0.0019\ (0.01<P_{s0}<1)\\ \dfrac{0.67}{Z^3}+0.1\ (P_{s0}>1)\end{cases}$	MPa
Naumyenko 和 Petroskyi[48]	1956 年	$P_{s0}=\begin{cases}\dfrac{1.07}{Z^3}-0.1\ (Z<1)\\ \dfrac{0.076}{Z}+\dfrac{0.255}{Z^2}+\dfrac{0.65}{Z^3}\ (1\leqslant Z\leqslant 15)\end{cases}$	MPa

续表

提出学者	时间	计算公式	单位
Henrych[46]	1979 年	$P_{s0}=\begin{cases}\frac{1.40717}{Z}+\frac{0.55397}{Z^2}-\frac{0.03572}{Z^3}+\frac{0.000625}{Z^4}(0.05\leqslant Z\leqslant 0.3)\\ \frac{0.61938}{Z}-\frac{0.03262}{Z^2}+\frac{0.21324}{Z^3}(0.3<Z<1)\\ \frac{0.0662}{Z}+\frac{0.405}{Z^2}+\frac{0.3288}{Z^3}(1\leqslant Z\leqslant 10)\end{cases}$	MPa
Mills[49]	1987 年	$P_{s0}=\frac{0.108}{Z}-\frac{0.114}{Z^2}+\frac{1.772}{Z^3}$	MPa
Fahmy & Tolba[50]	1995 年	$\frac{P_{s0}}{P_0}=\frac{40.4R^2+810}{[(1+434R^2)(9.77R^2)(1-0.55R^2)]^{1/2}}$	psi
叶晓华[51]	1999 年	$P_{s0}=\frac{0.084}{Z}+\frac{0.27}{Z^2}+\frac{0.7}{Z^3}$	MPa
Wu 和 Hao[52]	2005 年	$P_{s0}=\begin{cases}\frac{1.059}{Z^{2.56}}-0.051(0.1<Z<1)\\ \frac{1.008}{Z^{2.10}}(1\leqslant Z<10)\end{cases}$	MPa

注：P_{s0}为超压峰值；Z为比例距离；P_0为大气压力，psi；R为地面测试点与爆源间距离，m。

可以发现，各经验公式有几点差别：①各经验公式之间的差距随着比例距离 Z 的减小而增大；②在 $Z<1$ 的区间里，各经验公式的计算差距较大；③Mills 经验公式的计算结果偏大，Henrych 经验公式的计算结果偏小。对剩余 4 条经验曲线综合考虑，偏于安全的采用其包络线，拟合出式(8.8)，单位 MPa。

$$P_{s0}=\begin{cases}\dfrac{1.07}{Z^3}-0.1, & Z\leqslant 0.9379\\ \dfrac{1.008}{Z^{2.10}}, & 0.9379<Z<5.3781\\ \dfrac{0.084}{Z}+\dfrac{0.27}{Z^2}+\dfrac{0.7}{Z^3}, & 5.3781\leqslant Z\leqslant 10\end{cases} \tag{8.8}$$

2) 基于统计模型的公式

现有的许多预测爆炸荷载的经验公式都是基于试验数据所拟合出来的，然而进行爆炸试验的环境很难达到完全一致，使得在相同的比例距离下爆炸荷载的峰值超压不尽相同，同时由于试验测量仪器的误差也会对试验数据产生影响。研究表明，即使在相同的爆炸环境下给出的爆炸荷载的预测值也并不相同，在比例距离小于 $0.5\text{m/kg}^{1/3}$，大于 $10\text{m/kg}^{1/3}$ 表现的更为明显。这表明不同的公式给出的爆炸荷载的参数有很大的波动性。

路建辉等基于大量试验数据，总结正反射超压峰值的统计规律，建立了爆炸荷载的统计模型，见式(8.9)～式(8.11)，曲线图见图 8.1。

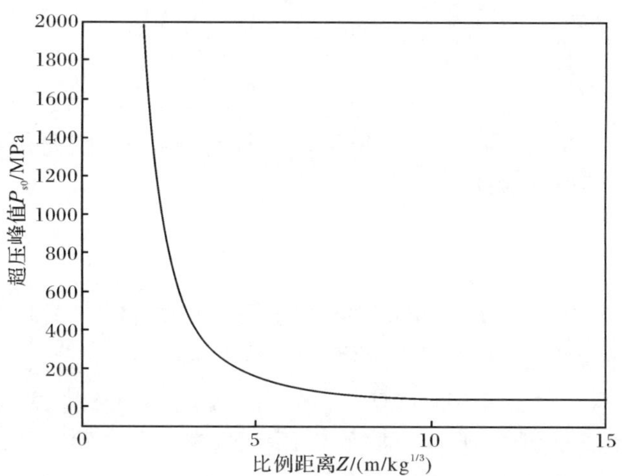

图 8.1　统计模型公式曲线

$$\lg E = 3.77647 - 2.59018\lg X - 0.25825(\lg X)^2 + 0.53658(\lg X)^3 + 0.0174(\lg X)^4 \tag{8.9}$$

$$\lg \sigma = 3.28672 - 2.41735\lg X - 0.94446(\lg X)^2 + 0.50505(\lg X)^3 + 0.51164(\lg X)^4 \tag{8.10}$$

$$P_r = E + 1.645\sigma \tag{8.11}$$

式中，E 为正反射超压峰值均值，MPa；σ 为正反射超压峰值标准差，MPa；X 为比例距离，m/kg$^{1/3}$；P_r 为 95%保证率的正反射超压峰值比例距离，MPa。

由于冲击波超压峰值仅仅与比例距离有关，因此可以用比例距离来表示超压峰值，结合表 8.11，本书提出建筑结构在爆炸荷载下的比例距离标准。

根据两种计算公式，得到基于防护目标的比例距离指标见表 8.36。

表 8.36　比例距离指标

防护目标		比例距离/(m/kg$^{1/3}$)	
		式(8.8)	统计模型公式
第 1 层次	严重损坏，不可使用及修复，但不倒塌	>3.9697	>4.6402
第 2 层次	中等损坏，不可继续使用，但可修复	>5.7350	>6.8477
第 3 层次	轻微损坏，局部破坏，可继续使用	>9.6395	—

注："—"表示不在公式定义域内。

采用统计模型公式计算得到的比例距离指标大于采用式(8.8)的计算结果，这是因为：统计模型公式考虑了 95%的保证率，而式(8.8)中分析的各经验公式考虑的多偏向于平均值。

因此，式(8.8)和统计模型计算得到的比例距离指标相比较，前者更偏向于经济,后者更偏向于安全。

8.3.4 防护安全指标

比例距离不宜作为直接的安全指标对设计进行指导,因此,本书提出以防护距离为安全指标的设计方法。

1. 防护距离

建筑结构的防护距离 R 是指结构与可能发生爆炸的爆源之间的实际距离。

空气冲击波能量随着防护距离的增加下降的非常快,因此增加防护距离是减小爆炸损害的最直接和最有效的方法。

同时,虽然用于对建筑进行保护的费用会随着距爆点距离的增加而减少,但是随着作用距离的增加,防护的面积会加大,防护边界也会加长,这将会使防护的费用增加。因此,在设计防护距离时也不能一味的追求过大。

本书旨在不对建筑采取其他爆炸防护措施的前提下,提出各类建筑结构需要满足的最小防护距离,以此作为抗爆安全指标。

2. 设防指标

根据表 8.13,结合上文提出的比例距离指标,可以得到基于最小防护距离的设防指标,见表 8.37。

表 8.37 最小防护距离安全指标

抗爆设防等级	抗爆设防要求			
	设防烈度	设防目标	最小防护距离/m	
			式(8.8)	统计模型公式
1级	5度	第1层次	63	74
	4度	第3层次	96	—
2级	5度	第1层次	63	74
	4度	第2层次	57	68
	3度	第3层次	77	—
3级	4度	第1层次	40	46
	3度	第2层次	46	54
	2度	第3层次	56	—
4级	3度	第1层次	32	37
	2度	第2层次.	34	40
	1度	第3层次	30	—

续表

抗爆设防等级	抗爆设防要求			
	设防烈度	设防目标	最小防护距离/m	
			式(8.8)	统计模型公式
5级	2度	第1层次	23	27
	1度	第3层次	30	

注：此表中的最小安全防护距离的意义在于，如果建筑结构的实际防护距离小于此距离指标，就应当采取别的抗爆措施来提高抗爆性能，减小爆炸损害，如果满足此指标，则单靠防护距离就可提供足够的安全度。

其中，最小防护距离数值的计算举例如下：建筑结构设防等级为1，则：

(1) 抗爆设防烈度为5度(TNT当量4000kg)时，抗爆设防目标为第一层次：允许发生严重破坏，不可修复但不倒塌。

采用式(4.6)计算：$R \geqslant 3.967 \times \sqrt[3]{4000} = 63\text{m}$。

采用统计模型公式计算：$R \geqslant 4.6402 \times \sqrt[3]{4000} = 74\text{m}$。

(2) 抗爆设防烈度为4度(TNT当量1000kg)时，抗爆设防目标为第三层次：允许发生轻微破坏，可继续使用。

采用式(4.6)计算：$R \geqslant 9.6395 \times \sqrt[3]{1000} = 96\text{m}$。

采用统计模型公式计算：不在定义域内，无法计算结果。

同时，根据前述研究，可知：

(1) 某一特定设防等级应当满足的抗爆设防要求包括：①设防烈度为基本烈度时的抗爆设防要求；②设防烈度为基本烈度降低一度时的抗爆设防要求；③设防烈度为基本烈度提高一度时的抗爆设防要求。

(2) 根据分类设防的思想，将抗爆设防标准分为重点设防、标准设防、适度设防和不设防四类别，进行分类设防。

8.3.5　天津西站抗爆防护分析

1. 工程概况

京沪高速铁路天津西站站房位于天津市红桥区。北临子牙河，南面西青道，冬至西站前街，西向复兴路延长线，所处用地为东西长约800m、南北长约400m的狭长形地块。天津西站站房周边市政工程南侧设地面南广场，西侧停车场和汽车站、地下出租车蓄车场、公共停车场，西南侧地下为地铁换乘厅。站房北侧为行人过河平台，地下一层为出租车蓄车场；西北侧地下布置公共停车场，东北侧地下布置出租车道及自行车库。

车站规模为最高聚集人数 5000 人，本工程总建筑面积 229291m²，其中站房 104481m²，雨篷投影面积 75515m²。站房部分地下层 32053m²，高架层 49540m²，见图 8.2。主体结构共分 3 层，其中地上 2 层，地下 1 层(地下 2、3 层为地铁工程，暂不考虑在内)，从上到下分别为：高架层、站台层和地下一层。主体结构最高处高度约 57m，辅楼高度为 20m，无站台柱雨棚最高点 18m。

图 8.2 天津西站鸟瞰图

2. 爆炸风险评估

1) 抗爆重要性评估

根据建筑分类标准可知，本建筑结构属于交通建筑物，抗爆重要性等级应为 1 级。

2) 爆炸易损性等级

查式(8.2)知，本建筑结构的易损度为

$$L=f(W,P,S,K,R) \tag{8.12}$$

式中，L 为建筑物的易损度；W 为建筑结构人口容量；P 为爆炸可能造成的间接伤害；S 为存在危险材料等级；K 为建筑结构类型；R 为建筑结构高度。

根据表 8.16～表 8.20，分析如下：

(1) 建筑结构人口容量。

由工程概况知，车站规模为最高聚集人数 5000 人，所以取 $W=4$。

(2) 爆炸可能造成的间接伤害。

因为车站规模为最高聚集人数 5000 人，其可能造成间接伤害人数应当大于 5000 人，所以取 $P=5$。

(3) 存在危险材料等级。

车站内不应存在化学类及放射性物品等危险材料，所以取 $S=0$。

(4) 建筑结构类型。

建筑结构由钢管混凝土柱、型钢混凝土梁和钢结构框架等构件组成，所以取

$K=2$。

(5) 建筑结构高度。

结构最高处高度约 57m,属于高层建筑结构,在 12～20 层楼之间,所以 $R=4$。

故 $L=W+P+S+K+R=4+5+0+2+4=15$。

查表 8.21 知,其易损度等级为中等。

查表 8.22 知,本建筑结构重要性等级为 1 级,易损度等级为中等,故其爆炸风险等级为高。

3. 抗爆防护安全指标

根据爆炸风险等级为高,参照表 8.23,其设防等级应当取为 2 级,又因为重要性等级为 1 级,根据本书所提出的分类设防标准,查表可知,应当对此建筑结构采取重点设防,将设防等级提高一级,即按 1 级设防等级进行设防,应当满足:

(1) 5 度烈度下的第 1 层次目标。在 4000kg 的 TNT 当量爆炸下,发生严重破坏,但保持不倒;

(2) 4 度烈度下的第 3 层次目标。在 1000kg 的 TNT 当量爆炸下,发生轻微局部破坏。

查表 8.37 可知,本建筑结构在不采取其他的抗爆加固措施的前提下,应当满足的最小防护安全距离为 96m。

8.4　本章小结

在抗震分类设防标准的基本体系的基础上,本章根据爆炸荷载及其致灾的特点,基于已有研究成果,对建筑结构抗爆设防标准进行了研究。首先通过对爆炸袭击规模的分析,提出抗爆设防烈度;其次,根据文献总结建筑结构在爆炸荷载下的破坏等级,结合抗爆防护的基本目标,提出抗爆设防目标,并基于抗爆设防烈度和抗爆设防目标,提出抗爆防护等级;再次引入建筑结构抗爆重要性和爆炸易损性的概念,通过爆炸风险分析,结合抗爆防护等级,建立抗爆设防标准;最后通过分类设防的思想,引入抗爆设防类别。最终所建立的,是一套适应我国国情,考虑了建筑结构安全性和经济性的统一的建筑结构抗爆分类设防标准。

通过对大量文献资料的总结分析,综述抗爆概念设计理念和构造措施。同时,对防护安全距离和冗余度的要求展开了进一步研究:①在抗爆设防标准的基础上,以最小防护安全距离为指标,计算出了各防护等级对应的指标值;②提出一种针对框架结构的构件重要性识别方法,为结构冗余度的优化提供一定的依据。

参考文献

[1] 李忠献，方秦. 工程结构抗爆防爆的研究与发展//国家自然科学基金委员会工程与材料学部. 学科发展战略研究报告：建筑、环境与土木工程Ⅱ（土木工程卷）. 北京：科学出版社，2006.

[2] Asce Task Committee. Design of Structures to Resist Nuclear Weapons Effects (ASCE Manual 42), American Society of Civil Engineers; Rev Sub edition, 1985.

[3] TM5-1300, Structures to Resist the Effects of Accidental Explosion. Department of the Army Technical Manual, Department of the Navy Publication NAVFAC P-397, Department of the Air Force Manual AFM 88－22, Department of the Army, the Navy, and the Air Force, June 1969.

[4] 汪明. 爆炸荷载作用下钢结构损伤机理及砌体墙破碎过程研究. 天津：天津大学博士学位论文，2010.

[5] ASCE Task Committee on Blast-Resistant Design, Design of Blast-Resistant Buildings in Petrochemical Facilities. 2nd ed. American Society of Civil Engineers, Reston, VA, 2010.

[6] Unified facilities criteria (UFC)、DoD Minimum antiterrorism standards for buildings. Washington D C: Department of Defense, UFC 4-010-01, U. S. Army Corps of Engineering, 2005.

[7] DOD. Structures to Resist the Effects of Accidental Explosions. Washington D C: U. S. Army Corps of Engineering, 2008.

[8] FEMA. Reference Manual to Mitigate Potential Terrorist Attacks against Buildings (FEMA426). U. S. : Federal Emergency Management Agency, 2003.

[9] FEMA. Reference Manual to Mitigate Potential Terrorist Attacks against Buildings (FEMA426). U. S. : Federal Emergency Management Agency, 2003.

[10] FEMA. Primer for Design of Commercial Building to Mitigate Terrorist Attacks (FEMA 427). U. S. : Federal Emergency Management Agency, 2003.

[11] FEMA. Primer to Design Safe School Projects in Case of Terrorist Attacks (FEMA428). U. S. : Federal Emergency Management Agency, 2003.

[12] FEMA. Risk Assessment a How-To Guide to Mitigate Potential Terrorist Attacks Against Buildings (FEMA452). U. S. : Federal Emergency Management Agency, 2005.

[13] FEMA. Safe Rooms and Shelters (FEMA453). U. S. : Federal Emergency Management Agency, 2006.

[14] Jarrett D E. Derivation of the British explosives safety distances. Annals of the New York Academy of Sciences, 1968, 152(1): 18－35.

[15] Lees F P. Prevention in the Process Industries. Amsterdam: Elsevier, 1996.

[16] 叶序双. 爆炸作用基础. 南京：解放军理工大学工程兵工程学院，2001.

[17] 钱七虎. 反爆炸恐怖袭击安全对策. 北京：科学出版社，2005.

[18] Ronald P, Mniszewski K R, et al. Explosion phenomena and effect of explosions on struc-

ture. III: Methods of analysis explosion damage to structures and example cases. Practice Periodical on Structural Design and Construction, 2010, 15(2): 154－169.

[19] 胡联合. 当代世界恐怖主义与对策. 北京：东方出版社，2001.

[20] 孔德森，张伟伟，孟庆辉，等. TNT 当量法估算地铁恐怖爆炸中的炸药当量. 地下空间与工程学报，2010，6(1)：197－200.

[21] 孔新立，金丰年，蒋美容. 恐怖爆炸袭击方式及规模分析. 爆破，2007，24(3)：88－92.

[22] 贾超. 结构风险分析及风险决策的概率方法. 北京：中国水利水电出版社，2007.

[23] 胡联合. 第三只眼看恐怖主义. 北京：世界知识出版社，2002.

[24] 王烨. 评估建筑的易受攻击性. 消防技术和产品信息，2008，(6)：73－75.

[25] 叶列平，曲哲，陆新征，等. 建筑结构的抗倒塌能力——汶川地震建筑震害的教训. 建筑结构学报，2008，29(4)：42－50.

[26] Zhao X F, Hui Q L. Robustness of engineering structures and its role in risk mitigation. Civil Engineering and Environmental Systems, 2009, 26(3): 223－230.

[27] Fang Z X, Fan H T. Redundancy of structural systems in the context of structural safety. Procedia Engineering, 2011, 14: 2172－2178.

[28] Frangopol D M, Curley J P. Effects of damage and redundancy on structural reliability. Journal of Structural Engineering, 1987, 113(7): 1533－1549.

[29] 中华人民共和国住房和城乡建设部. 建筑抗震设计规范(GB50011－2010). 北京：中国建筑工业出版社，2010.

[30] 张秀华，张春巍，段忠东. 爆炸荷载作用下钢框架柱冲击响应与破坏模式的数值模拟. 沈阳建筑大学学报，2007，25(4)：656－662.

[31] 师燕超. 爆炸荷载作用下钢筋混凝土结构的动态响应行为与损伤破坏机理. 天津：天津大学博士学位论文，2009.

[32] 董义领. 爆炸荷载作用下钢筋混凝土柱的动力响应分析. 上海：同济大学硕士学位论文，2008.

[33] 都浩. 城市环境中建筑爆炸荷载模拟及钢筋混凝土构件抗爆性能分析. 天津：天津大学博士学位论文，2008.

[34] 师燕超，李忠献. 爆炸荷载作用下钢筋混凝土柱的动力响应与破坏模式. 建筑结构学报，2008，29(4)：112－117.

[35] 王秀丽. 建筑结构在爆炸荷载下的破坏模式综述. 安徽建筑工业学院学报(自然科学版)，2009，17(1)：1－5.

[36] 吴振涛. 钢筋混凝土承重柱在爆炸冲击荷载作用下的动力分析. 长沙：中南大学硕士学位论文，2008.

[37] 李忠献，刘志侠，丁阳. 爆炸荷载作用下钢结构的动力响应与破坏模式. 建筑结构学报，2008，29(4)：106－111.

[38] 顾渭建，冯丽. 建筑物防止突发爆炸袭击的对策//第十一届全国结构工程学术会议论文集，长沙，2002.

[39] 阎石，张亮，王丹. 钢筋混凝土板在爆炸荷载作用下的破坏模式分析. 沈阳建筑大学学报

(自然科学版),2005,21(3):177—180.

[40] 吕卫东.爆炸荷载作用下混凝土砌块墙力学性能研究.西安:长安大学硕士学位论文,2011.

[41] 吕卫东,黄华,甘露,等.玻璃幕墙抗爆防护设计研究.钢结构,2011,12(26):20—24.

[42] 颜卫亨,李峰.玻璃幕墙结构的抗爆分析//第八届全国现代结构工程学术研讨会论文集,天津,2008:721—724.

[43] U. S. General Services Administration (GSA). Standard Test Method for Glazing and Windows Systems Subject to Dynamic Overpressure Loading. GSA-TS01-[152]2003,GSA,US,2003.

[44] U. S. Industrial Security Commission (ISC). Security Design Criteria for New Federal Office Buildings and Major Modernization Projects. Committee to Review the Security Design Criteria of the Interagency Security Committee,National Research Council,ISC,US,2004.

[45] 周云,等.防灾减灾工程学.北京:中国建筑工业出版社,2007.

[46] Henrych J. 爆炸动力学及其应用.熊建国译.北京:科学出版社,1987.

[47] Brode H L. Numerical solution of spherical blast waves. Journal of Applied Physics,1955,26(6):154—169.

[48] Naumyenko I A,Petroskyi I G. The Shock Wave of A Nuclear Explosion. Amsterdam: Elsevier,1956.

[49] Mills C A. The design of concrete structures to resist explosions and weapon effects//The 1st International Conference Fort Hazard Protection,Edinburgh,1987:61—63.

[50] Fahmy A,Tolba F. Response of FRP-retrofitted reinforced concrete panels to blast loading. Canada:Carleton University,2001.

[51] 叶晓华.军事爆破工程.北京:解放军出版社,1999.

[52] Wu C,Hao H. Modeling of simultaneous ground shock and air blast pressure on nearby structures from surface explosion. International Journal of Impact Engineering, 2005, 31(6):699—717.

索　引

彩　　图

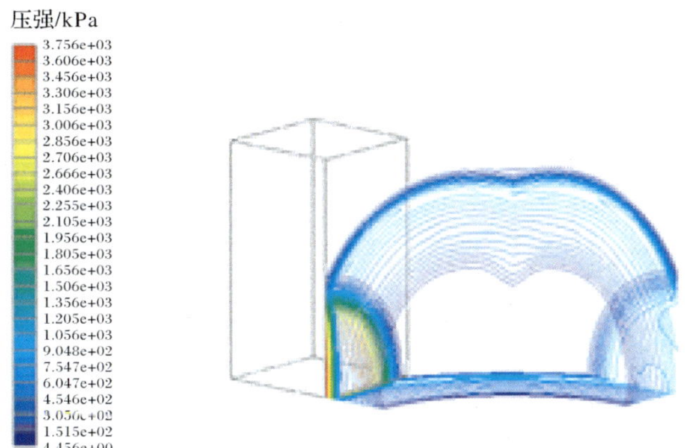

图 2.9　炸药引爆后 5ms 时的压强云图

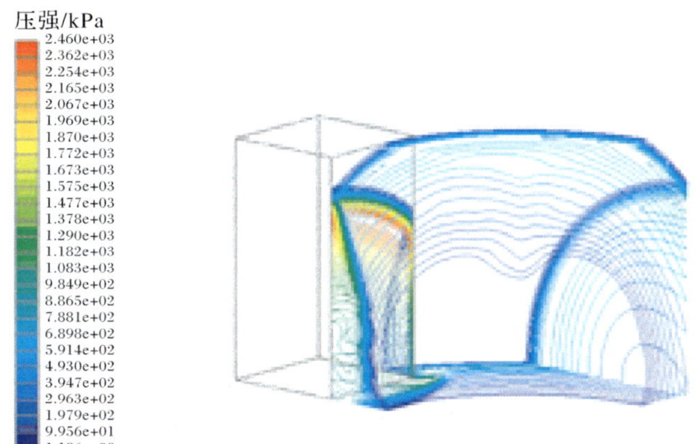

图 2.15　炸药引爆后 7ms 时的压强云图

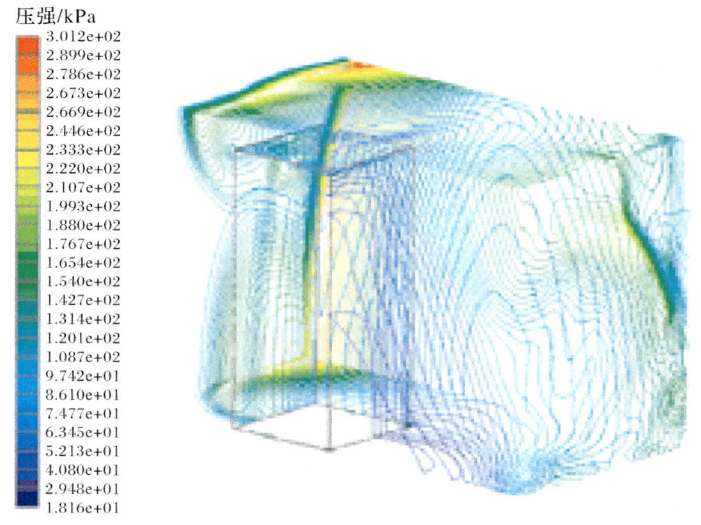

图 2.18　炸药引爆后 21.5ms 时的压强云图

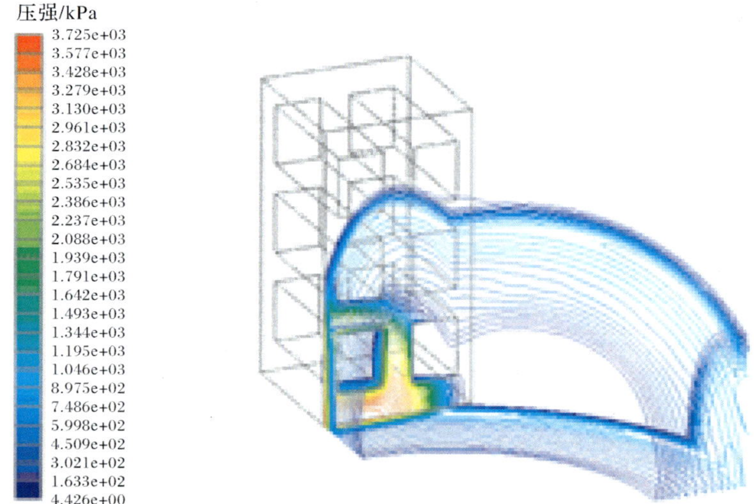

图 2.21　炸药引爆 5ms 时的压强云图

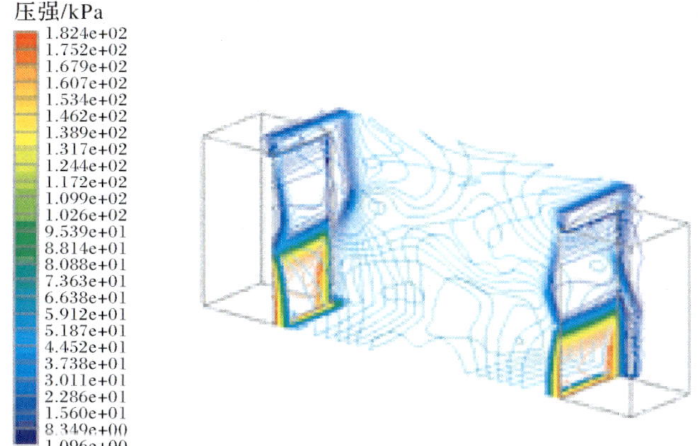

图 2.25　炸药引爆后 31ms 时的压强云图

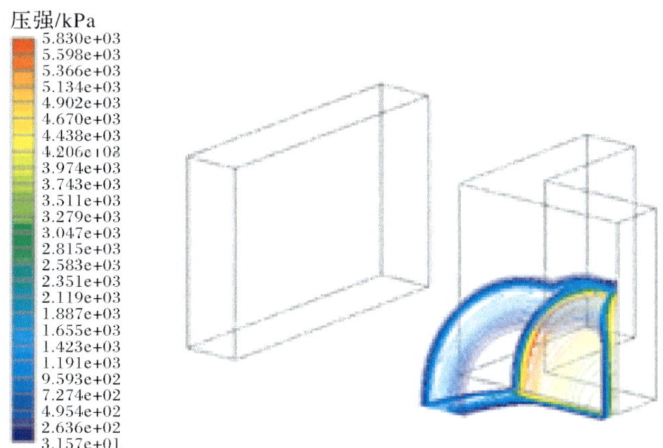

(a) 3ms

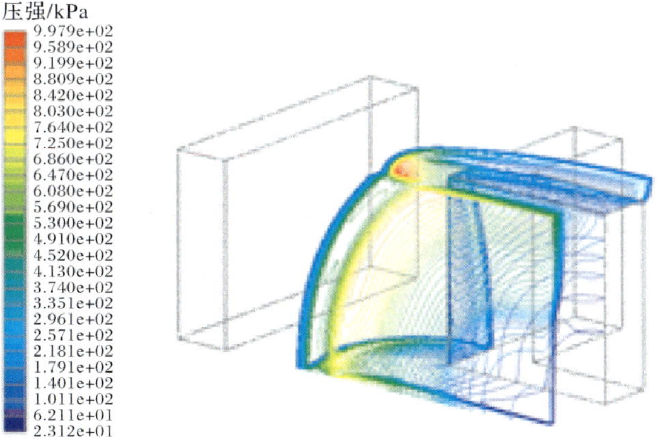

(b) 10ms

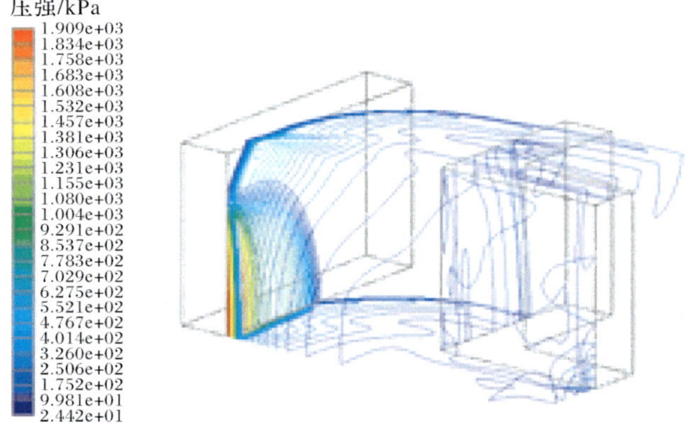

(c) 17ms

图 2.30　爆炸冲击波在 T 形街道中传播的压强云图

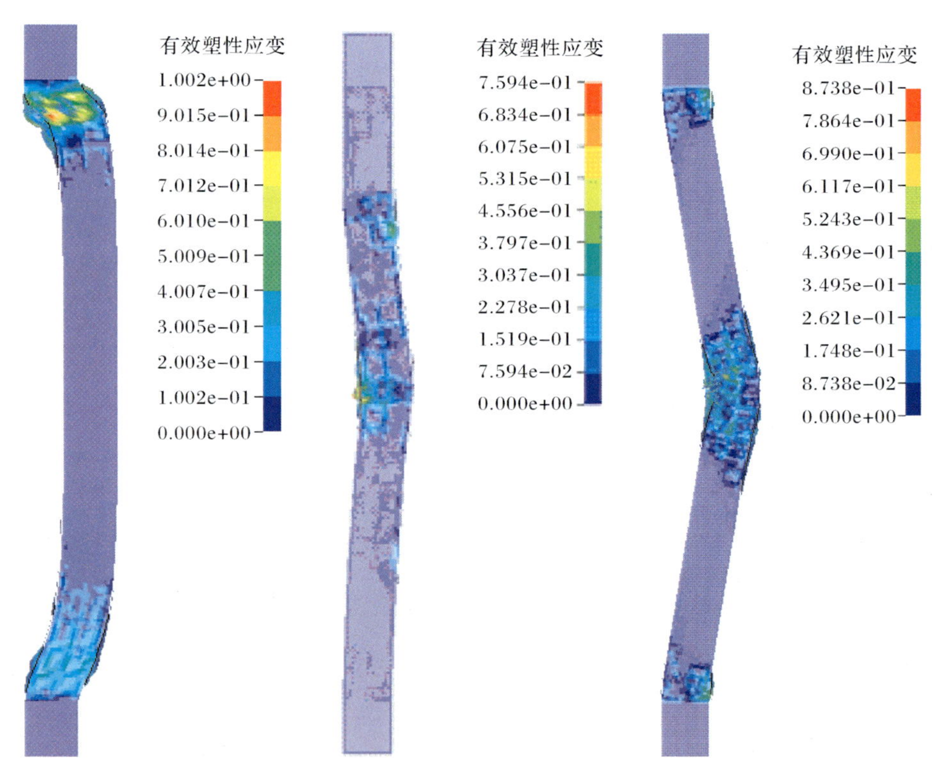

(a) 剪切破坏　　(b) 弯曲破坏　　(c) 弯剪破坏

图 4.9　钢筋混凝土柱的破坏模式

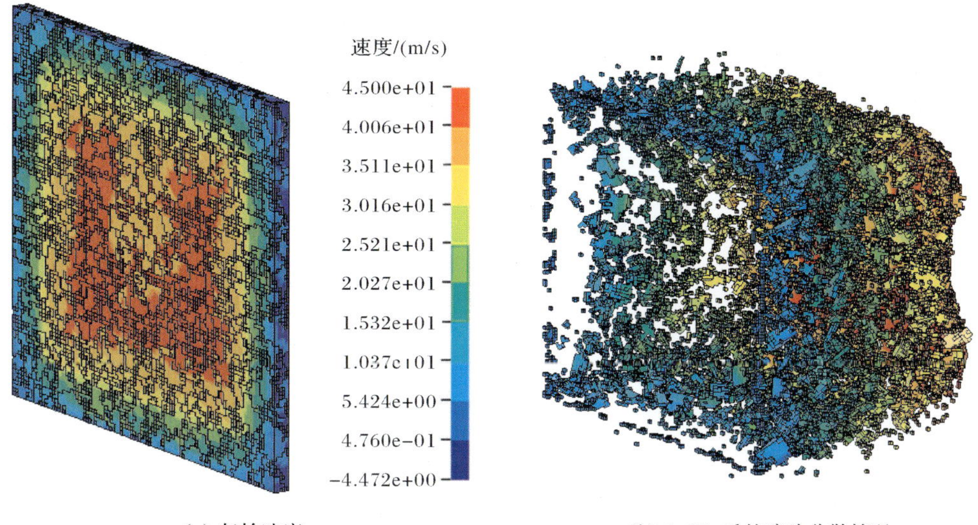

(a) 起始速度　　(b) 0.05s 后的碎片分散情况

图 4.123　爆炸比例距离为 1.0m/kg$^{1/3}$情况下墙体碎片初始速度和飞散情况

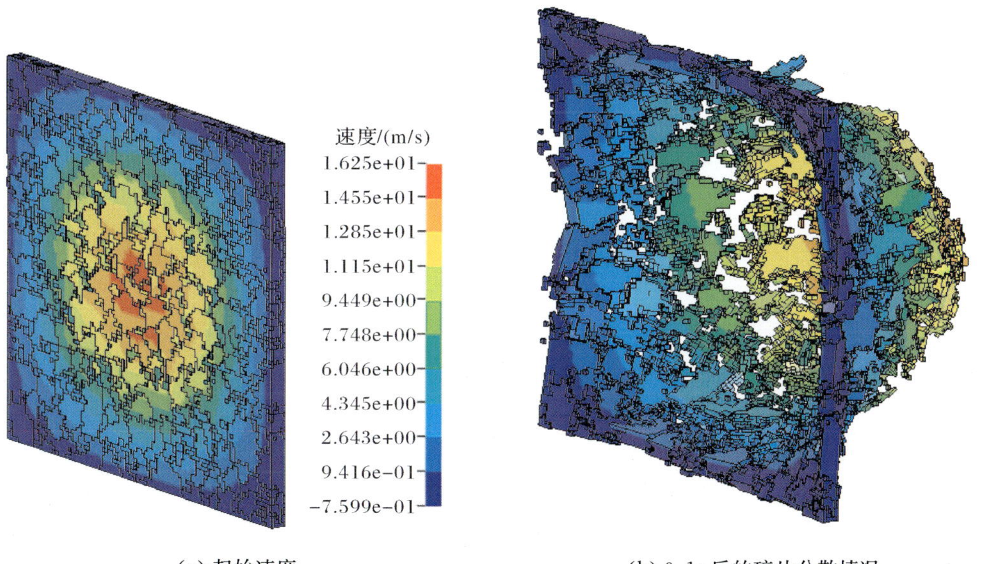

(a) 起始速度　　(b) 0.1s 后的碎片分散情况

图 4.126　爆炸比例距离为 2.5m/kg$^{1/3}$情况下墙体碎片初始速度和飞散情况

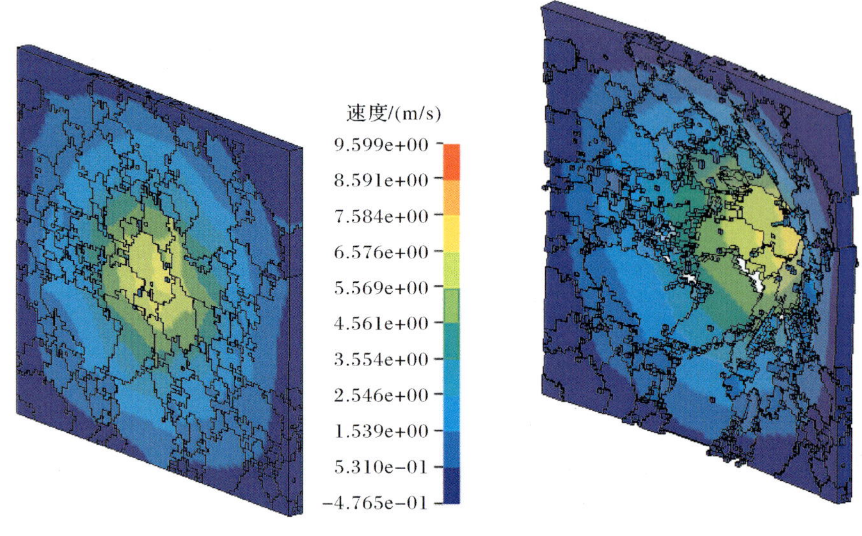

(a) 起始速度　　(b) 0.1s 后的碎片分散情况

图 4.129　爆炸比例距离为 4.0m/kg$^{1/3}$情况下墙体碎片初始速度和飞散情况

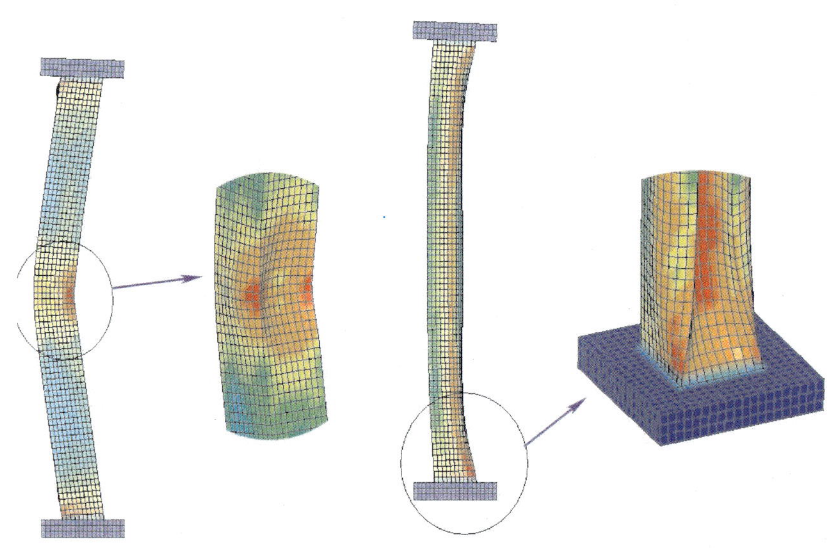

(a) 弯曲变形　　(b) 剪切变形

图 5.22　爆炸荷载作用下方钢管柱破坏模式

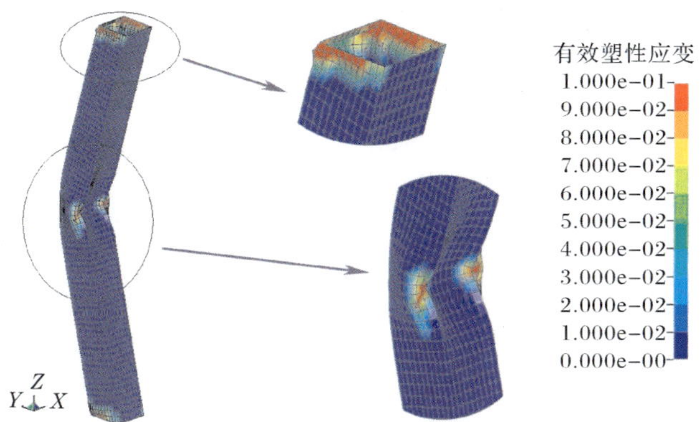

图 5.25　爆炸荷载作用下方钢管柱物理损伤分布

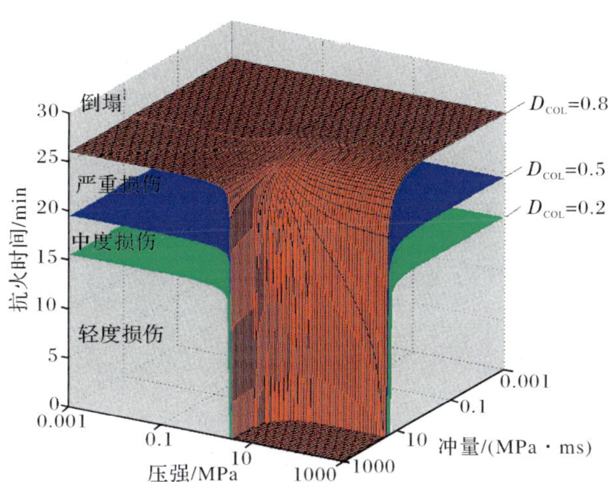

图 5.39　爆炸和火灾综合作用下钢柱 P-I-t 曲面

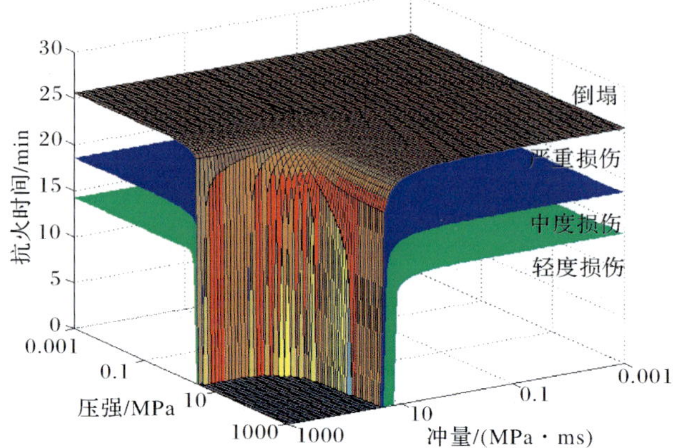

图 5.40　方钢管柱的 *P-I-t* 曲面图

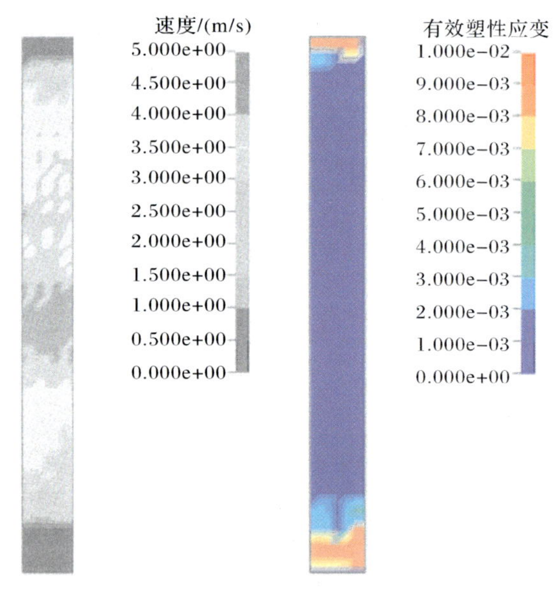

(a) 水平速度　　(b) 有效塑应变

图 6.3　爆炸荷载作用结束时结构柱的水平速度及有效塑应变云图